westermann

Autorinnen und Autoren: Sven Biela, Manfred Eberhardt, Adda Gardemann,
Sabine Holtmann, Marcel Kunze

Ausbildung zum/zur Steuerfachangestellten

2. Ausbildungsjahr

1. Auflage

Bestellnummer 28298

Die in diesem Produkt gemachten Angaben zu Unternehmen (Namen, Internet- und E-Mail-Adressen, Handelsregistereintragungen, Bankverbindungen, Steuer-, Telefon- und Faxnummern und alle weiteren Angaben) sind i. d. R. fiktiv, d. h., sie stehen in keinem Zusammenhang mit einem real existierenden Unternehmen in der dargestellten oder einer ähnlichen Form. Dies gilt auch für alle Kunden, Lieferanten und sonstigen Geschäftspartner der Unternehmen wie z. B. Kreditinstitute, Versicherungsunternehmen und andere Dienstleistungsunternehmen. Ausschließlich zum Zwecke der Authentizität werden die Namen real existierender Unternehmen und z. B. im Fall von Kreditinstituten auch deren IBANs und BICs verwendet.

Zusatzmaterialien zu „Ausbildung zum/zur Steuerfachangestellten. 2. Ausbildungsjahr"

Für Lehrerinnen und Lehrer

Lösungen zum Schulbuch: 978-3-427-28302-7
Lösungen zum Schulbuch Download: 978-3-427-28306-5
Lösungen zum Arbeitsheft: 978-3-427-28314-0
Lösungen zum Arbeitsheft Download: 978-3-427-28318-8

BiBox Einzellizenz für Lehrer/-innen (Dauerlizenz)
BiBox Klassenlizenz Premium für Lehrer/-innen und bis zu 35 Schüler/-innen (1 Schuljahr)
BiBox Kollegiumslizenz für Lehrer/-innen (Dauerlizenz)
BiBox Kollegiumslizenz für Lehrer/-innen (1 Schuljahr)

Für Schülerinnen und Schüler

Arbeitsheft: 978-3-427-28310-2

BiBox Einzellizenz für Schüler/-innen (1 Schuljahr)
BiBox Klassensatz PrintPlus (1 Schuljahr)

Druck und Bindung: Westermann Druck GmbH, Georg-Westermann-Allee 66, 38104 Braunschweig

ISBN 978-3-427-**28298**-3

Vorwort

Der Rahmenlehrplan für Steuerfachangestellte ist mit Beschluss der Kultusministerkonferenz vom 10.06.2022 komplett neu geordnet und in allen Bereichen, auch in Bezug auf die Zunahme elektronischer Verfahren und die sich stetig weiterentwickelnde Kommunikation mit Mandantinnen und Mandanten, umfassend modernisiert worden. Zukunftsorientierung bleibt weiterhin ein zentraler Faktor in der beruflichen Bildung und so erfolgt nun auch die Ausbildung von Steuerfachangestellten nach Lernfeldern, einem Umstand, dem diese neue, nach Ausbildungsjahren konzipierte Reihe Rechnung trägt. Ziel ist es, Schülerinnen und Schülern einen guten Start in ihre steuerliche und betriebswirtschaftliche Beratungstätigkeit zu ermöglichen. Dabei möchten wir die sie begleitenden Lehrkräfte methodisch-didaktisch umfassend unterstützen. Pro Ausbildungsjahr erscheinen, neben dem Schülerband, ein Arbeitsbuch mit Lernsituationen, welches berufsnahe Inhalte praxisorientiert vermitteln und üben lässt, sowie Lösungsbände für Lehrkräfte. Passende digitale BiBoxen in verschiedenen Lizenzformaten runden die Reihe ab.

Der vorliegende Schülerband beinhaltet die Darstellung der fachlichen Inhalte, die für die erfolgreiche Absolvierung der Lernfelder 5 bis 8 und die Bewältigung der entsprechenden Lernsituationen notwendig sind. Lehrplanrelevante Themen wie z. B. die Berechnung und Buchung von Arbeitsentgelten, die Bearbeitung und Erfassung von grenzüberschreitenden Sachverhalten und Sonderfällen in der Umsatzsteuer, die Erfassung der Beschaffung und des Verkaufs von Anlagevermögen sowie die Ermittlung von Gewinn- und weiteren Überschusseinkünften werden praxisbezogen anhand von Fallbeispielen erklärt und durch diverse Aufgabenstellungen vertieft. Dabei wird größter Wert auf das leichte Verständnis der komplexen Materie gelegt. Die konsequente Farbführung in den Lernfeldern 5 und 7 unterstützt und motiviert die Lernenden. Auch im ausklappbaren Kontenplan SKR 04 im Anhang dieses Schülerbandes wird die gleiche Farbführung fortgesetzt. Im selben Anhang befindet sich auch der Kontenplan SKR 03. Den Kapiteln vorangestellte Einstiegsseiten, Definitionen und Zusammenfassungen helfen Lernenden zusätzlich dabei, auch durch komplexere Inhalte sicher navigieren zu können. Die dazugehörigen Arbeitsbücher mit Lernsituationen beinhalten zudem Lernlandkarten, die eine Übersicht über nachfolgende Lernsituationen und ihre Inhalte bieten. Der Aufbau aller Lernsituationen folgt dem Prinzip der vollständigen Handlung. Diese besteht aus den Phasen *Informieren, Planen, Entscheiden, Durchführen, Kontrollieren* und *Bewerten*. In jeder Lernsituation wird der/die Auszubildende angeleitet, diese Phasen zu durchlaufen. Situationsbeschreibungen erweitern dieses Konzept. Der/die Auszubildende wird dabei in eine betriebliche realitätsnahe Handlungssituation versetzt, in der er/sie zu deren Bewältigung neue Kompetenzen erwerben muss. Dadurch erschließt sich dem/der Auszubildenden die Notwendigkeit des Erwerbs neuer beruflicher Kompetenzen. An die Situationsbeschreibung schließen sich Anlagen an, mit deren Hilfe der/die Auszubildende die an ihn/sie gestellten Aufgaben lösen kann.

Diesem Schülerband liegt der Rechtsstand 2024 zugrunde. Aufgrund der hohen Änderungsgeschwindigkeit des Steuerrechts kann unter *www.westermann.de/landing/steuer2023* eine Übersicht zu den wichtigsten Rechtsänderungen abgerufen werden. Somit steht immer der aktuellste Rechtsstand zur Verfügung.

Im Hinblick auf die zukünftige Bearbeitung des Buches sind die Verfasser/-innen für Verbesserungsvorschläge und Richtigstellungen stets dankbar und wünschen viel Erfolg auf dem Weg zum/zur Steuerfachangestellten.

Sommer 2024 *Das Autorenteam*

Inhaltsverzeichnis

Angaben zur Musterkanzlei Rekens, Hamburg	
Anschrift	Steuerkanzlei Rekens, Alsterallee 23, 22397 Hamburg
Telefon	040 10 20 30 40
Fax	040 10 20 30 49
E-Mail	info@rekens-steuerkanzlei.de
Homepage	www.rekens-steuerkanzlei.de
Bankverbindung	Hamburger Sparkasse IBAN: DE12 2005 0550 0123 4005 00 BIC: HASPDEHHXXX
Umsatzsteuer-ID	DE123006789
zuständige Aufsichtsbehörde	Steuerberaterkammer Hamburg, Kurze Mühren 3, 20095 Hamburg
Geschäftsführerin/Inhaberin	Claudia Rekens, 47 Jahre, Steuerberaterin seit 20 Jahren
Steuerfachwirt	Knut Hansen, 41 Jahre, angestellter Büroleiter seit 14 Jahren, auch zuständig für die Ausbildung
Steuerfachangestellte	Maja Hoffmann, 35 Jahre, Angestellte seit zehn Jahren, Arbeitsschwerpunkt Lohn und Gehalt
Steuerfachangestellter	Amir Özkan, 32 Jahre, Angestellter seit fünf Jahren, auch zuständig für die EDV-Anlage
Auszubildender im 1. AJ	Sven Dinges, 21 Jahre
Auszubildende im 3. AJ	Julia Schuster, 24 Jahre

Lernfeld 5

Arbeitsentgelte berechnen und buchen

Zielbeschreibung:

Die Schülerinnen und Schüler verfügen über die Kompetenz, Entgelte von Beschäftigten unter Berücksichtigung von steuer- und sozialversicherungsrechtlichen Besonderheiten zu berechnen und diese buchhalterisch zu erfassen.

5

Es folgen die Inhalte des Rahmenlehrplans für Lernfeld 5:

Arbeitsentgelte berechnen und buchen

Die Schülerinnen und Schüler **analysieren** die mit dem Mandat verbundenen Aufgaben zur Erstellung einer Entgeltabrechnung.

Die Schülerinnen und Schülern erschließen sich auch mit Hilfe digitaler Medien sozialversicherungsrechtliche und lohnsteuerrechtliche Grundlagen und Regelungen im Bereich der Entgeltabrechnung. Sie **informieren** sich über das Sozialversicherungssystem in Deutschland und dessen Leistungen.

Die Schülerinnen und Schüler **bereiten** die Entgeltabrechnung durch Anlegen der Stammdaten und Abfragen der Lohnsteuerabzugsmerkmale unter Berücksichtigung des Datenschutzes vor.

Die Schülerinnen und Schüler **erstellen** eine Entgeltabrechnung, indem sie die verschiedenen Beschäftigungsgruppen *(allgemeine Arbeitnehmer, geringfügige Beschäftigung)* anhand aktueller sozialversicherungs- und lohnsteuerrechtlicher Vorschriften unterscheiden. Sie **berechnen**, ausgehend vom Bruttoentgelt, das Nettoentgelt sowie den Auszahlungsbetrag unter Beachtung von Sachbezügen *(Kraftfahrzeug-Gestellung, Belegschaftsrabatte)* und steuerfreien Arbeitgeberleistungen einschließlich Reisekosten, auch unter Anwendung von digitalen Medien. Dabei grenzen sie die Reisekosten von denen des Unternehmers ab. Abschließend buchen sie die Daten der Entgeltabrechnung, nehmen erforderliche Anmeldungen und Anträge vor und übermitteln diese.

Die Schülerinnen und Schüler **kontrollieren** ihre Arbeitsergebnisse und erklären den Mandantinnen und Mandanten wesentliche Inhalte der Entgeltabrechnungen.

Die Schülerinnen und Schüler **reflektieren** anhand ihrer eigenen Entgeltabrechnung steuerrechtliche und sozialversicherungsrechtliche Optimierungspotenziale.

1 Überblick über die Lohn- und Gehaltsabrechnung

Unternehmer haben die den Beschäftigten zustehenden Löhne und Gehälter (Arbeitslohn) zu berechnen. Vom Arbeitslohn sind den Arbeitnehmerinnen bzw. Arbeitnehmern Steuern (Lohnsteuer, Kirchensteuer, Solidaritätszuschlag) abzuziehen. Weiterhin sind die Arbeitnehmeranteile an der Sozialversicherung vom Arbeitslohn abzuziehen. Die vorgenommenen und zunächst einbehaltenen Abzüge leitet der Arbeitgeber an das Finanzamt bzw. die Krankenkasse weiter. Der verbleibende Nettolohn wird vom Arbeitgeber ausbezahlt bzw. an die Arbeitnehmerinnen bzw. Arbeitnehmer überwiesen.

Der Arbeitgeber hat vom Arbeitslohn noch den Arbeitgeberanteil an der Sozialversicherung abzuführen.

Arbeitslohn im steuerlichen Sinne sind alle Einnahmen, die einer Arbeitnehmerin bzw. einem Arbeitnehmer oder seinem Rechtsnachfolger aus einem bestehenden oder früheren Dienstverhältnis zufließen. Einnahmen sind alle Güter in Geld oder Geldeswert, z.B. monatlicher Arbeitslohn, Urlaubsgeld, Weihnachtsgeld, Überlassung von Dienstwagen zu privaten Zwecken.

§ 19 (1) EStG § 8 (1) EStG § 2 LStDV

Im Sozialversicherungsrecht wird vom Arbeitsentgelt ausgegangen, das in der Regel mit dem steuerlichen Begriff des Arbeitslohns übereinstimmt.

Schema der einfachen Lohn- und Gehaltsabrechnung

Arbeitgeber	Arbeitnehmer/-in
vereinbaren den Arbeitslohn	
Arbeitslohn (brutto) + Sozialversicherungsanteile des Arbeitgebers + Umlagen U1, U2 und U3	**Arbeitslohn (brutto)** – Lohnsteuer – Kirchensteuer – Solidaritätszuschlag – Sozialversicherungsanteile der Arbeitnehmerin bzw. des Arbeitnehmers
= Arbeitskosten	**= Nettolohn**

Liegen keine Besonderheiten vor, wird der Differenzbetrag (= Nettolohn) der Arbeitnehmerin bzw. dem Arbeitnehmer ausgezahlt.

2 Aufzeichnungs- und Meldepflichten

2.1 Aufzeichnungspflichten

Der Gesetzgeber schreibt in § 41 EStG vor, dass der Arbeitgeber für jede Arbeitnehmerin bzw. jeden Arbeitnehmer einen Einzelnachweis über das Arbeitsentgelt führen muss. Deshalb wird für jede Arbeitnehmerin bzw. jeden Arbeitnehmer ein Lohn- bzw. Gehaltskonto geführt.

§ 41 EStG

Zu Beginn eines jeden Kalenderjahres ist ein neues Lohnkonto anzulegen.

Einzutragen sind hier:

- die **Stammdaten der Arbeitnehmerin bzw. des Arbeitnehmers**, wie Name, Anschrift, Geburtsdatum, Steuerklasse/Faktor „F“, Religionszugehörigkeit, eventuell auch die der Ehegattin bzw. des Ehegatten, wenn diese bzw. dieser einer anderen Religionsgemeinschaft angehört, Zahl der Kinderfreibeträge, die Steuer-Identifikationsnummer und die Sozialversicherungsnummer der Arbeitnehmerin bzw. des Arbeitnehmers,
- die **Bewegungsdaten**, wie Tag der Lohnzahlung, Lohnzahlungszeitraum, steuerpflichtiger Bruttoarbeitslohn aufgeteilt in Barlohn und Sachbezüge, Lohnsteuer, Solidaritätszuschlag, Kirchensteuer, Sozialversicherungsbeiträge, vermögenswirksame Leistungen, steuerfreier Arbeitslohn, pauschal versteuerter Arbeitslohn, Kurzarbeitergeld, Freibeträge und die Beschäftigungsdauer im aktuellen Kalenderjahr.

Der Arbeitgeber hat die individuellen Lohnsteuerabzugsmerkmale der Arbeitnehmerin bzw. des Arbeitnehmers einschließlich etwaiger Änderungen im Laufe des Jahres und den jeweiligen Gültigkeitszeitraum in das Lohnkonto zu übernehmen. Die Lohnsteuerabzugsmerkmale sind verpflichtend elektronisch abzurufen (Elektronische Lohnsteuerabzugsmerkmale kurz ELStAM). Werden die Daten nicht elektronisch abgerufen, kann das Finanzamt Zwangsmittel festsetzen.

Nur bei pauschal besteuertem Arbeitslohn, z. B. bei sog. Minijobber, entfällt der elektronische Abruf.

Zu den per ELStAM bereitgestellten Lohnsteuerabzugsmerkmalen zählen insbesondere die Steuerklasse, die Zahl der Kinderfreibeträge, die Merkmale für den Abzug der Kirchensteuer, ein eventuell beim Faktorverfahren gebildeter Faktor sowie gegebenenfalls Freibeträge.

Das Lohnkonto ist am Ende des Kalenderjahres oder bei Ausscheiden einer Arbeitnehmerin bzw. eines Arbeitnehmers abzuschließen und sechs Jahre, beginnend mit der zuletzt eingetragenen Lohnzahlung, aufzubewahren.

Aufgrund der Eintragungen im Lohnkonto muss der Arbeitgeber der Finanzverwaltung eine elektronische Lohnsteuerbescheinigung auf elektronischem Weg übermitteln.

Bei Erstellung der elektronischen Lohnsteuerbescheinigung nach Ablauf des Kalenderjahres muss der Arbeitgeber die Übermittlung bis zum 28.02. des Folgejahres getätigt haben.

Außerdem erhält die Arbeitnehmerin bzw. der Arbeitnehmer vom Arbeitgeber einen nach amtlich vorgeschriebenem Muster gefertigten Ausdruck der elektronischen Lohnsteuerbescheinigung.

Endet das Dienstverhältnis im Laufe des Kalenderjahres, hat der Arbeitgeber dem Betriebsstättenfinanzamt für den kürzeren Zeitraum die Lohnsteuerbescheinigung zu übermitteln.

Arbeitslohn und die Abzüge für jede einzelne Arbeitnehmerin bzw. jeden einzelnen Arbeitnehmer werden in Lohn- und Gehaltslisten zusammengestellt.

2.2 Meldepflichten

Die Sozialversicherungsbeiträge der Arbeitnehmerin bzw. des Arbeitnehmers und des Arbeitgebers sind als **Gesamtsozialversicherungsbeiträge spätestens am drittletzten Bankarbeitstag des Monats fällig**.

Fälligkeit bedeutet, dass an diesem Tag der Betrag auf dem Konto des Empfängers (= Krankenkasse) gutgeschrieben sein muss. Die Zahlung kann per Scheck oder Überweisung erfolgen. In der Regel wird der Krankenkasse eine Einzugsermächtigung erteilt. Die Meldungen dafür müssen den Krankenkassen zwei Tage vorher, also am fünftletzten **Bankarbeitstag**, vorliegen.

Die Höhe der **Gesamtsozialversicherungsbeiträge** liegt am drittletzten Bankarbeitstag nicht immer exakt vor. Beispielsweise können am Monatsende abzurechnende Überstunden hinzukommen und damit auch die Sozialversicherungsbeträge erhöhen. Falls die am drittletzten Bankarbeitstag überwiesene Höhe der Gesamtsozialversicherungsbeiträge von dem Betrag am Monatsende abweichen sollte, erfolgt der entsprechende Ausgleich über die Abrechnung im darauffolgenden Monat.

Bei der Lohn- und Gehaltszahlung werden die Lohnsteuer, die Kirchensteuer und der Solidaritätszuschlag vom Arbeitgeber einbehalten. Der Arbeitgeber hat die einbehaltenen Steuern bis zum 10. des Folgemonats beim zuständigen Finanzamt anzumelden und zu bezahlen. Das Finanzamt leitet die Kirchensteuer weiter.

Es gelten folgende Werte für die **Anmeldungszeiträume**:

Wenn die abzuführende Lohnsteuer im vorangegangenen Kalenderjahr

- mehr als 5.000,00 € betragen hat, der Kalendermonat,
- nicht mehr als 5.000,00 €, aber mehr als 1.080,00 € betragen hat, das Kalendervierteljahr,
- nicht mehr als 1.080,00 € betragen hat, das Kalenderjahr.

§ 41a (2) S. 3 EStG

Hat der Betrieb im Vorjahr nicht das ganze Jahr über bestanden, z. B. bei Eröffnung des Betriebes, so ist die einbehaltene Lohnsteuer des Vorjahres auf einen Jahresbetrag umzurechnen.

Im Jahr der Gründung eines Unternehmens gibt es noch kein Vorjahr. In diesem Fall ist die Lohnsteuer des ersten vollen Monats nach Gründung in einen Jahresbetrag umzurechnen. Dieser Betrag ist maßgebend für den Lohnsteueranmeldungszeitraum.

3 Sozialversicherungssystem in Deutschland

3.1 Überblick

	Gesetzliche Sozialversicherungen für Arbeitnehmer/-innen				
	Renten-versicherung	**Arbeitslosen-versicherung**	**Kranken-versicherung**	**Pflege-versicherung**	**Ges. Unfall-versicherung**
Wie hoch sind die Beitragssätze ab 2024?	**18,6 %**	**2,6 %**	**14,6 %** + Zusatzbeitrag **∅ 1,7 %**	**3,4 %** + Kinderlosen-zuschlag 0,6 % oder – Kindernach-lass 0,25 % pro Kind ab dem zweiten Kind bis zum 5. Kind	
Wieviel zahlt die Arbeitnehmerin bzw. der Arbeit-nehmer?	50 % des Beitragssatzes → **9,3 %**	50 % des Beitragssatzes → **1,3 %**	50 % des Beitragssatzes → **8,15 %** beim durch-schnittlichen Zusatzbeitrag	50 % des Beitragssatzes → **1,7 %** + Kinderlosen-zuschlag 0,6 % oder – Kindernach-lass 0,25 % pro Kind vom 2. bis zum 5. Kind	**0 %**
Wieviel zahlt der Arbeitgeber?	50 % des Beitragssatzes → **9,3 %**	50 % des Beitragssatzes → **1,3 %**	50 % des Beitragssatzes → **8,15 %** beim durch-schnittlichen Zusatzbeitrag	50 % des Beitragssatzes → **1,7 %**	**100 %**
Welche Leis-tungen werden erbracht? (Beispiele)	• Altersrente • Berufsun-fähigkeits-rente • Erwerbsun-fähigkeits-rente • Leistungen zur medizinischen Rehabilitation z. B. Kuren	• Arbeitslosen-geld (wenn in den letzten 2 Jahren mind. 12 Versiche-rungsmonate waren • Arbeitsver-mittlung	• Krankengeld, nachdem der Arbeitgeber sechs Wochen (42 Kalender-tage) die Entgeltfort-zahlung im Krankheitsfall geleistet hat • Arztkosten und Medika-mente • Krankenhaus-kosten	• Geldleistun-gen für Pflege-bedürftige • Sachleistun-gen fur Pflegebedürf-tige	• Leistungen für die Folgen eines Arbeitsunfalls • Leistungen für die Folgen eines Wegeunfalls auf dem Arbeitsweg • Verhütung von Arbeits-unfällen • Berufliche Rehabilitation
Wer erhält die Beiträge?	zuständige gesetzliche Krankenkasse[1]	zuständige gesetzliche Krankenkasse[1]	zuständige gesetzliche Krankenkasse	zuständige gesetzliche Krankenkasse[1]	zuständige Berufsgenossen-schaft oder Unfallkasse

1 Aus Vereinfachungsgründen erhält die zuständige gesetzliche Krankenkasse zunächst die Beiträge, leitet diese dann aber an die jeweiligen Träger weiter.

	Gesetzliche Sozialversicherungen für Arbeitnehmer/-innen				
	Rentenversicherung	Arbeitslosenversicherung	Krankenversicherung	Pflegeversicherung	Ges. Unfallversicherung
Wer ist der Träger?	Deutsche Rentenversicherung Bund	Bundesagentur für Arbeit	Gesetzliche Krankenkassen	Gesetzliche Pflegekassen	Berufsgenossenschaft, Bundesknappschaft, Deutsche Rentenversicherung Mitte, Unfallkasse
Wie hoch ist die Betragsbemessungsgrenze 2024?	West: 90.600,00 €/Jahr 7.550,00 €/Mon. Ost: 89.400,00 €/Jahr 7.450,00 €/Mon.	West: 90.600,00 €/Jahr 7.550,00 €/Mon. Ost: 89.400,00 €/Jahr 7.450,00 €/Mon.	62.100,00 €/Jahr 5.175,00 €/Mon.	62.100,00 €/Jahr 5.175,00 €/Mon.	
Wie hoch ist die Versicherungspflichtgrenze?	keine	keine	69.300,00 € jährlich	69.300,00 € jährlich	keine
Kann die Arbeitnehmerin bzw. der Arbeitnehmer austreten?	nein	nein	ja, aber nur bei Überschreitung der Versicherungspflichtgrenze (69.300,00 €)	ja, aber nur bei Überschreitung der Versicherungspflichtgrenze (69.300,00 €) → folgt immer der Krankenversicherung	
Wer ist bei Streitigkeiten zuständig?	Sozialgericht	Sozialgericht	Sozialgericht	Sozialgericht	Sozialgericht

3.2 Grundsätze in der Sozialversicherung

Grundsätzlich ist jede Arbeitnehmerin bzw. jeder Arbeitnehmer, die bzw. der gegen Entgelt beschäftigt ist, sozialversicherungspflichtig. Die Versicherungspflicht entsteht kraft Gesetzes.

Die Arbeitgeberanteile zur Sozialversicherung sind gemäß § 3 Nr. 62 EStG steuerfreier Arbeitslohn.

Beitragssätze für die Sozialversicherung

(Stand: Januar 2024)	Arbeitnehmer/-in	Arbeitgeber	Gesamt (AN + AG)
Rentenversicherung (RV)	9,3 %	9,3 %	18,6 %
Arbeitslosenversicherung (ALV)	1,3 %	1,3 %	2,6 %
Krankenversicherung (KV) kassenindividueller Zusatzbeitrag[1]	7,3 % 0,85 %	7,3 % 0,85 %	14,6 % 1,7 %
Pflegeversicherung (PV)[2] für Versicherte ohne Kinder ab dem vollendeten 23. Lebensjahr für Versicherte bis zum vollendeten 23. Lebensjahr oder mit 1 Kind	 2,3 % 1,7 %	 1,7 % 1,7 %	 4,0 % 3,4 %

1 Die Krankenkassen können einen individuellen Zusatzbeitrag berechnen, der derzeit zwischen 0,9 % und 2,2 % liegt. Im Folgenden wird aus Vereinfachungsgründen immer vom durchschnittlichen Zusatzbeitrag in Höhe von 1,7 % ausgegangen.

2 Sonderregelung für Sachsen: Der AG-Anteil beträgt generell 1,2 % und der AN-Anteil ist generell um 0,5 %-Punkte höher als in den übrigen Bundesländern.

(Stand: Januar 2024)	Arbeitnehmer/-in	Arbeitgeber	Gesamt (AN + AG)
für Versicherte mit 2 Kindern für Versicherte mit 3 Kindern für Versicherte mit 4 Kindern für Versicherte mit 5 oder mehr Kindern	1,45 % 1,2 % 0,95 % 0,7 %	1,7 % 1,7 % 1,7 % 1,7 %	3,15 % 2,9 % 2,65 % 2,4 %
Gesamtbeitragssatz Sozialversicherungen			
für Versicherte ohne Kinder ab dem vollendeten 23. Lebensjahr	21,05 %	20,45 %	41,5 %
für Versicherte bis zum vollendeten 23. Lebensjahr oder mit 1 Kind	20,45 %	20,45 %	40,9 %
für Versicherte mit 2 Kindern	20,2 %	20,45 %	40,65 %
für Versicherte mit 3 Kindern	19,95 %	20,45 %	40,4 %
für Versicherte mit 4 Kindern	19,7 %	20,45 %	40,15 %
für Versicherte mit 5 oder mehr Kindern	19,45 %	20,45 %	39,9 %

Versichertenanteile für die Sozialversicherung

Entgelt	RV (18,6 % : 2)	ALV (2,6 % : 2)	KV allgemein (14,6 % : 2)	Ø KV-Zusatzbeitrag (1,7 % : 2)[1]	PV (3,4 % : 2)[2]
690,00 €	64,17 €	8,97 €	50,37 €	5,87 €	11,73 €
716,00 €	66,59 €	9,31 €	52,27 €	6,09 €	12,17 €
1.000,00 €	93,00 €	13,00 €	73,00 €	8,50 €	17,00 €
1.500,00 €	139,50 €	19,50 €	109,50 €	12,75 €	25,50 €
2.000,00 €	186,00 €	26,00 €	146,00 €	17,00 €	34,00 €
2.500,00 €	232,50 €	32,50 €	182,50 €	21,25 €	42,50 €
3.000,00 €	279,00 €	39,00 €	219,00 €	25,50 €	51,00 €
4.000,00 €	372,00 €	52,00 €	292,00 €	34,00 €	68,00 €
5.000,00 €	465,00 €	65,00 €	365,00 €	42,50 €	85,00 €
5.175,00 €	481,26 €	67,28 €	377,78 €[4]	43,99 €[4]	87,98 €[4]
6.000,00 €	558,00 €	78,00 €	377,78 €	43,99 €	87,98 €
7.000,00 €	651,00 €	91,00 €	377,78 €	43,99 €	87,98 €
7.550,00 €	702,15 €[3]	98,15 €[3]	377,78 €	43,99 €	87,98 €
8.000,00 €	702,15 €	98,15 €	377,78 €	43,99 €	87,98 €
9.000,00 €	702,15 €	98,15 €	377,78 €	43,99 €	87,98 €

3.2.1 Renten- und Arbeitslosenversicherung

In der Renten- und Arbeitslosenversicherung besteht unabhängig von der Höhe des Arbeitsentgelts stets **Versicherungspflicht**.

Die Beiträge werden von dem Arbeitgeber und der Arbeitnehmerin bzw. dem Arbeitnehmer je zur Hälfte getragen.

1 Die Krankenkassen können einen individuellen Zusatzbeitrag berechnen, der derzeit zwischen 0,9 % und 2,2 % liegt. Aus Vereinfachungsgründen liegt dieser Tabelle der durchschnittliche Zusatzbeitrag in Höhe von 1,7 % zugrunde.

2 Kinderlose ab Vollendung des 23. Lebensjahrs zahlen einen Kinderlosenzuschlag in Höhe von 0,6 %, der von dem/der Arbeitnehmer/-in alleine zu tragen ist. Arbeitnehmer/-innen erhalten ab dem 2. bis zum 5. Kind einen Kindernachlass von 0,25 % pro Kind. Sonderregelung für Sachsen: Der AG-Anteil beträgt generell 1,2 % und der AN-Anteil ist generell um 0,5 %-Punkte höher als in den übrigen Bundesländern.

3 Beitragsbemessungsgrenze RV, ALV 2024: 7.550,00 € (West)

4 Beitragsbemessungsgrenze KV, PV 2024: 5.175,00 €

Unabhängig von der Versicherungspflicht sind zur Berechnung der Beiträge bestimmte Höchstbeträge zu beachten = Beitragsbemessungsgrenze.

Die **Beitragsbemessungsgrenze** beträgt seit dem 01.01.2024 in den

- alten Bundesländern monatlich 7.550,00 €, jährlich 90.600,00 €,
- neuen Bundesländern monatlich 7.450,00 €, jährlich 89.400,00 €.

Bis zu diesen Grenzen ist der Beitrag zur Renten- und Arbeitslosenversicherung vom tatsächlichen Arbeitsentgelt zu berechnen. Liegt das Arbeitsentgelt über den Grenzen, ist der Beitrag von diesen Höchstbeträgen zu berechnen.

Beispiel Das Arbeitsentgelt einer Arbeitnehmerin bzw. eines Arbeitnehmers in Köln beträgt monatlich 8.000,00 €.

Lösung Da das Arbeitsentgelt die Beitragsbemessungsgrenze von 7.550,00 € (alte Bundesländer) übersteigt, sind die Beiträge zur Renten- und Arbeitslosenversicherung von dieser Höchstgrenze zu berechnen.

	Rentenversicherung	Arbeitslosenversicherung
maßgebliches Arbeitsentgelt = 7.550,00 €	18,6 % = 1.404,30 €	2,6 % = 196,30 €

Die Beiträge werden je zur Hälfte von dem Arbeitgeber und der Arbeitnehmerin bzw. dem Arbeitnehmer getragen.

3.2.2 Kranken- und Pflegeversicherung

Eine Kranken- und Pflegeversicherungspflicht ist abhängig von der Höhe des Arbeitsentgelts.

Übersteigt das regelmäßige Jahresarbeitsentgelt **nicht** die sogenannte Jahresarbeitsentgeltgrenze, liegt **Versicherungspflicht** in der Kranken- und Pflegeversicherung vor.

Seit dem 01.01.2011 gilt: Wer die Jahresarbeitsentgeltgrenze überschreitet, kann schon nach einem Jahr von der gesetzlichen in die private Krankenversicherung wechseln.

Die **Jahresarbeitsentgeltsgrenze** für 2024 beträgt 69.300,00 €.

§ 20 (1) Nr. 1 SGB XI

Gemäß § 20 (1) Nr. 1 SGB XI sind Arbeitnehmerinnen und Arbeitnehmer sowie Auszubildende, die aufgrund ihrer Beschäftigung versicherungspflichtige Mitglieder der gesetzlichen Krankenversicherung sind, auch in der Pflegeversicherung versicherungspflichtig.

Umgekehrt heißt das, dass diejenigen, die nicht krankenversicherungspflichtig sind, auch nicht in der Pflegeversicherung versicherungspflichtig sind. Es gilt der Grundsatz „Pflegeversicherung folgt Krankenversicherung".

Der allgemeine **Beitragssatz** zur **Krankenversicherung** beträgt 14,6 %. Arbeitgeber und Arbeitnehmerinnen bzw. Arbeitnehmer übernehmen jeweils 50 %, d. h. 7,3 %.

Dieser Beitragssatz reicht jedoch nicht aus, um die Kosten der gesetzlichen Krankenkassen zu decken. Die entstehende Finanzierungslücke müssen die Krankenkassenmitglieder ausgleichen. Hierzu wird ein **Zusatzbeitrag** erhoben, der prozentual vom Arbeitslohn berechnet wird.

Die Krankenkassen setzen den Zusatzbeitrag individuell fest. Dieser liegt derzeit zwischen 0,9 % und 2,2 %. Der durchschnittliche Zusatzbeitrag beträgt für 2024 1,7 % und wird ebenfalls von Arbeitnehmerinnen bzw. Arbeitnehmern und Arbeitgebern jeweils zur Hälfte getragen.

Den **Beitragssatz** zur **Pflegeversicherung** in Höhe von 3,4 % tragen Arbeitgeber und Arbeitnehmerinnen bzw. Arbeitnehmer je zur Hälfte, d. h. 1,7 %. Außerdem wurde für Kinderlose, die das 23. Lebensjahr vollendet haben, ein **Beitragszuschlag** zur Pflegeversicherung in Höhe von 0,6 %-Punkten festgesetzt, der allein von der Arbeitnehmerin bzw. dem Arbeitnehmer zu zahlen ist.

Arbeitnehmerinnen bzw. Arbeitnehmer erhalten in Abhängigkeit von der Anzahl der Kinder einen **Beitragsnachlass**:

- bei zwei Kindern 0,25 %-Punkte
- bei drei Kindern 0,5 %-Punkte
- bei vier Kindern 0,75 %-Punkte
- bei fünf Kindern 1,0 %-Punkte

Der Beitragssatz des Arbeitgeberanteils an der Pflegeversicherung beträgt generell 1,7 %.

Eine Sonderregelung gibt es für das Bundesland Sachsen. Hier beträgt der Arbeitgeberanteil generell 1,2 % und der Arbeitnehmeranteil jeweils 0,5 %-Punkte mehr als in den restlichen Bundesländern.

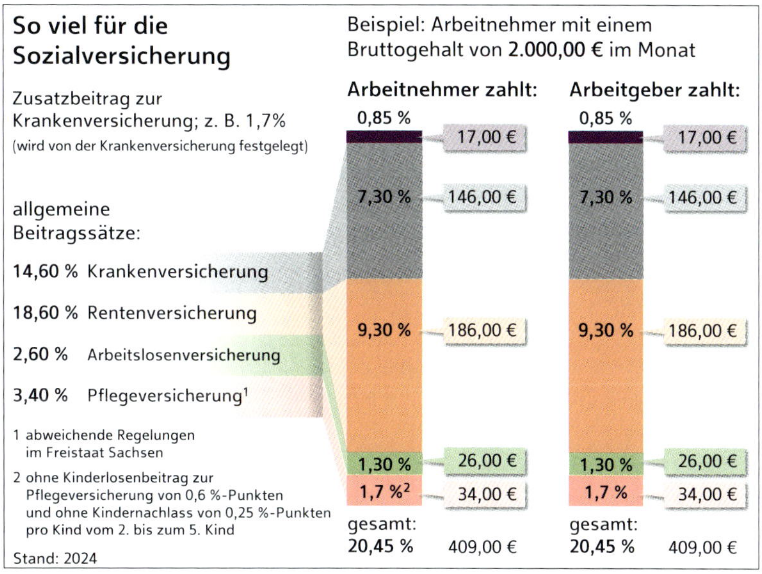

Kinderlos ist ein Arbeitnehmer, der zu keinem Zeitpunkt Kinder hatte. Ohne Bedeutung ist, ob das Kind steuerlich berücksichtigt wird oder nicht. Arbeitnehmerinnen bzw. Arbeitnehmer, die vor dem 01.01.1940 geboren sind, sind von dem Beitragszuschlag ausgenommen. Die Elternschaft muss nachgewiesen werden, wobei der Nachweis an keine besondere Form gebunden ist, z. B. Geburtsurkunde, Kindergeldbescheid, Einkommensteuerbescheid.

Die Nachlässe bei der Pflegeversicherung für Kinder entfallen für das jeweilige Kind, sobald dieses das 25. Lebensjahr vollendet hat.

Auch in der Kranken- und Pflegeversicherung gilt eine **Beitragsbemessungsgrenze**. Sie beträgt 5.175,00 € monatlich/62.100,00 € jährlich für 2024.

Beispiel

Das Arbeitsentgelt eines Arbeitnehmers (mit zwei Kindern) beträgt monatlich 6.000,00 €.

Lösung

Da das Arbeitsentgelt die Beitragsbemessungsgrenze von 5.175,00 € übersteigt, sind die Beiträge zur Kranken- und Pflegeversicherung von dieser Höchstgrenze zu berechnen.

	Krankenversicherung[1]	Pflegeversicherung[2]
maßgebliches Arbeitsentgelt = 5.175,00 €		
AG-Anteil	8,15 % = 421,76 €	1,7 % = 87,98 €
AN-Anteil	8,15 % = 421,76 €	1,45 % = 75,04 €

3.2.3 Gesetzliche Unfallversicherung

Kraft Gesetzes besteht für alle abhängig beschäftigten Personen in der gesetzlichen Unfallversicherung eine **Versicherungspflicht**.

Der Beitrag zur gesetzlichen Unfallversicherung ist vom Arbeitgeber allein zu finanzieren.

Er richtet sich nach der Höhe des Arbeitsentgelts der Arbeitnehmerinnen bzw. Arbeitnehmer **(= Lohnsumme)** und nach dem Grad der Unfallgefahr im Unternehmen **(= Gefahrtarif)**.

Die Beiträge sind gemäß § 3 Nr. 62 EStG steuerfrei und damit auch sozialversicherungsfrei.

Die Leistungen aus der gesetzlichen Unfallversicherung (z. B. Erwerbsminderungsrente) sind nach § 3 Nr. 1 EStG steuerfrei und ebenfalls sozialversicherungsfrei.

1 Bei der Krankenversicherung wurde für AG und AN jeweils der hälftige Beitragssatz 7,3 % und jeweils der hälftige Zusatzbeitrag berücksichtigt (50 % aus 1,7 % = 0,85 %).

2 Beim AN-Anteil wurde vom Beitragssatz 1,7 % nun 0,25 %-Punkte Beitragsnachlass für zwei Kinder berücksichtigt.

3.3 Einmalzahlungen

Der Begriff Einmalzahlungen gilt im Gegensatz zum laufenden Arbeitslohn. Hierzu zählen z. B. Urlaubsgeld, Weihnachtsgeld, Tantiemen oder Sonderzahlungen. Provisionen, Zulagen und Verkaufsprämien, wenn sie monatlich gezahlt werden, gehören nicht dazu.

Für diese Einmalzahlungen kommt eventuell eine besondere Beitragsberechnung für die Sozialversicherungsbeiträge infrage, und zwar dann, wenn durch eine Einmalzahlung die für den Lohnzahlungszeitraum maßgebende Beitragsbemessungsgrenze überschritten wird.

Beispiel

Ein Arbeitnehmer mit einem monatlichen Arbeitslohn in Höhe von 2.000,00 € erhält im Juli 500,00 € Urlaubsgeld und im Dezember Weihnachtsgeld in Höhe von 1.000,00 €.

Lösung

Die monatliche Beitragsbemessungsgrenze wird durch die Zahlungen weder im Juli noch im Dezember überschritten. Daher ist keine besondere Berechnung erforderlich.

Juli:

monatlicher Arbeitslohn	2.000,00 €
Einmalzahlung	+ 500,00 €
Summe	2.500,00 €

Dezember:

monatlicher Arbeitslohn	2.000,00 €
Einmalzahlung	+ 1.000,00 €
Summe	3.000,00 €

In beiden Monaten liegt der Arbeitslohn sowohl unter der Beitragsbemessungsgrenze von 5.175,00 € in der KV und PV als auch unter der Beitragsbemessungsgrenze (West) von 7.550,00 € in der RV und ALV.

Die Beiträge werden folglich vom Arbeitslohn berechnet.
Bemessungsgrundlage für die Sozialversicherungsbeiträge ist im Juli der Arbeitslohn in Höhe von 2.500,00 € und im Dezember in Höhe 3.000,00 €.

Übersteigt der monatliche Arbeitslohn bereits die Beitragsbemessungsgrenze in der Rentenversicherung von 7.550,00 €, ist ebenfalls keine besondere Berechnung der Beiträge erforderlich.

Alle Zahlungen, die über der Beitragsbemessungsgrenze liegen, sind in vollem Umfang beitragsfrei, somit auch die Einmalzahlung.

Beispiel

Ein Arbeitnehmer erhält einen monatlichen Arbeitslohn von 9.000,00 € und im Mai eine Tantieme von 2.000,00 €. Er ist privat krankenversichert.

Lösung

Die Zahlung der Tantieme ist beitragsfrei, da der Arbeitnehmer bereits mit seinem laufenden Arbeitslohn die Beitragsbemessungsgrenze überschreitet.

Berechnung RV, ALV:

laufender Arbeitslohn	9.000,00 €
Tantieme	+ 2.000,00 €
Summe	11.000,00 €

AN-Anteil und AG-Anteil:

Rentenversicherung 18,6 % von maximal 7.550,00 € =	1.404,30 €
Arbeitslosenversicherung 2,6 % von maximal 7,550,00 € =	196,30 €
Summe	1.600,60 €

Übersteigt der monatliche Arbeitslohn durch die einmalige Zuwendung die für den Lohnzahlungszeitraum maßgebende Beitragsbemessungsgrenze, ist eine besondere Berechnung für die Sozialversicherungsbeiträge gemäß § 23 a (3) SGB IV notwendig.

In diesem Fall werden die monatlichen Beitragsbemessungsgrenzen bis einschließlich des Monats der Einmalzahlung addiert und dem Arbeitsentgelt für diese Monate gegenübergestellt.

Ist die Einmalzahlung geringer als die Differenz, unterliegt sie der vollen Beitragspflicht.

Beispiel

Ein Arbeitnehmer mit einem Monatslohn von 4.800,00 € erhält von seinem Arbeitgeber im Juli Urlaubsgeld in Höhe von 1.000,00 € und im November 4.800,00 € Weihnachtsgeld.

Lösung

- Das Urlaubsgeld unterliegt der Beitragspflicht in allen Zweigen der Sozialversicherung.

Berechnung des beitragspflichtigen Arbeitsentgelts:

RV und ALV (Juli)

anteilige Jahresbeitragsbemessungsgrenze 7.550,00 € · 7 =	52.850,00 €
beitragspflichtiges Arbeitsentgelt von Januar bis Juli 4.800,00 € · 7 =	33.600,00 €
Differenz bis zur Erreichung der Jahresbeitragsbemessungsgrenze	19.250,00 €

Folge:
Das Urlaubsgeld unterliegt in voller Höhe der Beitragspflicht in der Renten- und Arbeitslosenversicherung.

KV und PV (Juli)

anteilige Jahresbeitragsbemessungsgrenze 5,175,00 € · 7 =	36.225,00 €
beitragspflichtiges Arbeitsentgelt von Januar bis Juli 4.800,00 € · 7 =	33.600,00 €
Differenz bis zur Erreichung der Jahresbeitragsbemessungsgrenze	2.625,00 €

Folge:
Das Urlaubsgeld in Höhe von 1.000,00 € unterliegt in voller Höhe der Beitragspflicht in der Kranken- und Pflegeversicherung.

- Das Weihnachtsgeld unterliegt in voller Höhe der Beitragspflicht in der Renten- und Arbeitslosenversicherung und nur teilweise der Beitragspflicht in der Kranken- und Pflegeversicherung.

RV und ALV (November)

anteilige Jahresbeitragsbemessungsgrenze 7.550,00 € · 11 =	83.050,00 €
beitragspflichtiges Arbeitsentgelt von Januar bis November 4.800,00 € · 11 = 52.800,00 € + 1.000,00 €	53.800,00 €
Differenz bis zur Erreichung der Jahresbeitragsbemessungsgrenze	29.250,00 €

Folge:
Das Weihnachtsgeld in Höhe von 4.800,00 € unterliegt in voller Höhe der Beitragspflicht in der Renten- und Arbeitslosenversicherung.

KV und PV (November)
anteilige Jahresbeitragsbemessungsgrenze
5.175,00 € · 11 = 56.925,00 €
beitragspflichtiges Arbeitsentgelt von Januar bis November
4.800,00 € · 11 = 52.800,00 € + 1.000,00 € = 53.800,00 €
Differenz bis zur Erreichung der Beitragsbemessungsgrenze 3.125,00 €

Folge:
Das Weihnachtsgeld in Höhe von 4.800,00 € unterliegt mit 3.125,00 € der Beitragspflicht in der Kranken- und Pflegeversicherung. 1.675,00 € (= 4.800,00 € – 3.125,00 €) sind beitragsfrei.

Zeitliche Zuordnung von Einmalzahlungen

Einmalzahlungen sind grundsätzlich dem Lohnabrechnungszeitraum zuzurechnen, in dem sie gezahlt wurden. Allerdings müssen Einmalzahlungen, die in der Zeit zwischen dem 1. Januar und dem 31. März gezahlt werden, dem letzten Abrechnungszeitraum des vorangegangenen Kalenderjahres zugerechnet werden, wenn sie die anteilige Beitragsbemessungsgrenze im Lohnabrechnungszeitraum der Zahlung überschreiten (sogenannte **Märzklausel**).

Beispiel 1 Eine Arbeitnehmerin, monatliches Gehalt 4.000,00 €, erhält im März eine Tantieme von 3.000,00 €.

Lösung 1 Die Zahlung der Tantieme ist in voller Höhe in allen Zweigen der Sozialversicherung beitragspflichtig.

RV und ALV (März)
anteilige Jahresbeitragsbemessungsgrenze
7.550,00 € · 3 = 22.650,00 €
beitragspflichtiges Arbeitsentgelt von Januar bis März
4.000,00 € · 3 = 12.000,00 €
Differenz bis zur Erreichung der Beitragsbemessungsgrenze 10.650,00 €

KV und PV (März)
anteilige Jahresbeitragsbemessungsgrenze
5.175,00 € · 3 = 15.525,00 €
beitragspflichtiges Arbeitsentgelt von Januar bis März
4.000,00 € · 3 = 12.000,00 €
Differenz bis zur Erreichung der Beitragsbemessungsgrenze 3.525,00 €

Folge:
Sowohl in der Renten- und Arbeitslosenversicherung als auch in der Kranken- und Pflegeversicherung ist die Tantieme in voller Höhe beitragspflichtig, da sie mit 3.000,00 € jeweils unter der Differenz liegt.

Beispiel 2 Daten wie im vorangehenden Beispiel, aber die Tantieme beträgt 5.000,00 €.

Lösung 2 Die Tantieme ist dem letzten Entgeltabrechnungszeitraum des Vorjahres (= Dezember) zuzurechnen.

RV und ALV (März)
anteilige Jahresbeitragsbemessungsgrenze
7.550,00 € · 3 = 22.650,00 €
beitragspflichtiges Arbeitsentgelt von Januar bis März
4.000,00 € · 3 = 12.000,00 €
Differenz bis zur Erreichung der Beitragsbemessungsgrenze 10.650,00 €

Folge:
Die Tantieme zzgl. des laufenden Märzgehalts übersteigen nicht die anteilige Jahresbeitragsbemessungsgrenze.

KV und PV (März)

anteilige Jahresbeitragsbemessungsgrenze	
5.175,00 € · 3 =	15.525,00 €
beitragspflichtiges Arbeitsentgelt von Januar bis März	
4.000,00 € · 3 =	12.000,00 €
Differenz bis zur Erreichung der Beitragsbemessungsgrenze	3.525,00 €

Folge:
Das laufende Gehalt und die Tantieme übersteigen die anteilige Jahresbeitragsbemessungsgrenze.
Somit ist die Tantieme dem letzten Entgeltabrechnungszeitraum im Vorjahr (= Dezember) zuzurechnen, § 23 a (5) SGB IV.
Dies gilt für die Berechnung der Kranken-, Pflege- sowie Renten- und Arbeitslosenversicherung.

3.4 Umlagen

Ausgleich von Arbeitgeberaufwendungen

Arbeitgeber müssen nach dem Aufwendungsausgleichsgesetz Umlagen zu Entgeltfortzahlungsversicherungen bei Arbeitsunfähigkeit (= Umlage 1) und bei Mutterschaftsleistungen (= Umlage 2) zahlen.

Umlage 1 (U1) für Krankheitsaufwendungen

Dem Arbeitgeber werden Aufwendungen, die durch **Arbeitsunfähigkeit** von Arbeitnehmerinnen und Arbeitnehmern entstehen, erstattet. Diese Erstattung wird durch die Umlage 1 finanziert, die an die Krankenkasse zu zahlen ist, bei der der Arbeitnehmer versichert ist.

Die Umlage 1 ist vom Arbeitgeber nur zu leisten, wenn er nicht mehr als 30 Arbeitnehmer beschäftigt. Hierbei ist von der Gesamtzahl der im Betrieb tatsächlich beschäftigten Arbeitnehmerinnen und Arbeitnehmer auszugehen.

Nicht berücksichtigt werden

- Wehr- und Zivildienstleistende[1],
- Auszubildende/Praktikantinnen bzw. Praktikanten,
- schwerbehinderte Menschen und
- Heimarbeiter/-innen.

Arbeitnehmerinnen bzw. Arbeitnehmer,

- die wöchentlich regelmäßig nicht mehr als 10 Stunden zu leisten haben, werden mit dem Faktor 0,25,
- die wöchentlich regelmäßig nicht mehr als 20 Stunden zu leisten haben, werden mit dem Faktor 0,5 und
- die wöchentlich regelmäßig nicht mehr als 30 Stunden zu leisten haben, mit dem Faktor 0,75 angesetzt.

Bemessungsgrundlage der Umlage ist das Arbeitsentgelt, wobei nur laufendes Arbeitsentgelt angesetzt wird. Einmalbeträge sind bei der Berechnung nicht anzusetzen. Sie werden auch nicht erstattet. Obergrenze ist die Beitragsbemessungsgrenze in der gesetzlichen Rentenversicherung.

Der zu zahlende **Umlagesatz** ist abhängig von der gewählten Erstattungshöhe. Höchstens 80 % der erstattungsfähigen Aufwendungen sind dem Arbeitgeber zu erstatten. Der Arbeitgeber kann je nach Krankenkasse zwischen verschiedenen Erstattungssätzen wählen, mindestens jedoch 40 %.

1 Für Bundesfreiwilligendienstleistende gelten die gleichen Regelungen wie für Wehr- und Zivildienstleistende.

Danach richtet sich der Umlagesatz, z. B.

- bei Erstattung von 40 % Umlagesatz 0,9 %,
- bei Erstattung von 50 % Umlagesatz 1,2 %,
- bei Erstattung von 65 % Umlagesatz 1,7 %,
- bei Erstattung von 80 % Umlagesatz 3,3 %.

Bei der Erstattung ist vom Bruttoarbeitsentgelt auszugehen. Dies bedeutet, dass zu den erstattungsfähigen Aufwendungen auch gesetzliche Entgeltabzüge, Lohn- und Kirchensteuer, Solidaritätszuschlag, Arbeitnehmerbeiträge zur Sozialversicherung sowie vermögenswirksame Leistungen und Beiträge der Arbeitnehmerin bzw. des Arbeitnehmers für betriebliche Versorgungseinrichtungen gehören.

Umlage 2 (U 2) für Mutterschaftsaufwendungen

Durch die Umlage 2 werden dem Arbeitgeber Zuschüsse zum Mutterschaftsgeld gezahlt. Diese Umlage haben alle Arbeitgeber, unabhängig von der Anzahl der Arbeitnehmerinnen und Arbeitnehmer, zu zahlen. Sie fällt auch an, wenn der Arbeitgeber nur männliche Arbeitnehmer beschäftigt.

Bemessungsgrundlage zur Berechnung der Umlage ist das laufende rentenversicherungspflichtige Arbeitsentgelt ohne Einmalzahlungen.

Dem Arbeitgeber werden die erstattungsfähigen Aufwendungen in vollem Umfang erstattet. Erstattet wird der vom Arbeitgeber gezahlte Zuschuss zum Mutterschaftsgeld. Der Umlagesatz, der abhängig von der Krankenkasse ist, beträgt ca. 0,44 %. Anträge auf Erstattung sowohl aus der U 1 als auch aus der U 2 sind seit 01.01.2011 verbindlich per Datenfernübertragung an die zuständige Krankenkasse zu übermitteln.

Beispiel

Ein Unternehmer beschäftigt zwei Arbeitnehmer mit folgendem monatlichen Gehalt:
- Arbeitnehmer Almas 7.900,00 €
- Arbeitnehmer Baum 3.300,00 €

Der Umlagesatz für die Umlage 1 beträgt 2 % und für die Umlage 2 0,44 %.

Lösung

Arbeitnehmer Almas Arbeitsentgelt höchstens Beitragsbemessungsgrenze in der GRV	7.550,00 €
+ Arbeitnehmer Baum	3.300,00 €
Summe	10.850,00 €

Beitrag U1: 10.850,00 € · 2 % =	217,00 €
+ Beitrag U2: 10.850,00 € · 0,44 % =	47,74 €
Beitrag monatlich	264,74 €

Es sind insgesamt 264,74 € an Umlagen zu zahlen.

Buchungssatz bei Nettolohnverbuchung

		Soll	Haben
6110	Gesetzlich soziale Aufwendungen	264,74 €	
an 1800	Bank		264,74 €

Buchungssatz bei Bruttolohnverbuchung

		Soll	Haben
6110	Gesetzlich soziale Aufwendungen	264,74 €	
an 3790	Lohn- und Gehaltsverrechnungskonto		264,74 €

Erstattungen

Die Erstattung aus der **Umlage 1** errechnet sich aus der Summe des fortgezahlten Arbeitsentgeltes.

Dabei ist jeder Monat mit 30 Tagen zu berücksichtigen.

Beispiel

Eine Arbeitnehmerin war in der Zeit vom 11. September bis 18. September krankgeschrieben. Ihr monatliches Bruttoarbeitsentgelt beträgt 2.400,00 €, das ihr auch für September gezahlt wurde. Der Arbeitgeber zahlt einen Beitragssatz zur Umlage 1 in Höhe von 1,7 % (= Erstattung 65 %).

Lösung

	Bruttoarbeitsentgelt 2.400,00 € : 30 Tage = 80,00 €/Tag	
·	8 Krankheitstage	640,00 €
	Erstattungssatz	65 %
	Erstattungsbetrag	416,00 €

Die Krankenkasse zahlt dem Arbeitgeber 416,00 €.

Buchungssatz

			Soll	Haben
	1800	Bank	416,00 €	
an	4972	Erstattungen Aufwendungsausgleichsgesetz		416,00 €

Die Erstattung aus der **Umlage 2** wird wie folgt berechnet:

1. Schritt: Nettoarbeitsentgelt = Bruttoarbeitsentgelt abzüglich gesetzlicher Abzugsbeträge der letzten drei Monate (= rechnerisch 90 Tage, da jeder Monat mit 30 Tagen angesetzt wird)
2. Schritt: Betrag umrechnen auf einen Betrag pro Tag, d. h., der Betrag wird durch 90 dividiert.
3. Schritt: Hiervon wird das von der Krankenkasse des Arbeitnehmers gezahlte Mutterschaftsgeld (13,00 € pro Tag) abgezogen.
4. Schritt: Der verbleibende Betrag ist der Arbeitgeberzuschuss pro Tag und wird mit den tatsächlichen Kalendertagen des jeweiligen Monats multipliziert. Das Ergebnis entspricht dem Erstattungsbetrag. Der Zuschuss ist steuer- und sozialversicherungsfrei.

Beispiel

Ein Arbeitgeber beschäftigt eine Arbeitnehmerin, die vom 10.08.01 bis 20.11.01 Mutterschaftsgeld bezogen hat. Sie erzielte im Monat Mai ein Nettoarbeitsentgelt in Höhe von 2.000,00 €, im Monat Juni in Höhe von 2.100,00 € und im Juli in Höhe von 2.150,00 €.

Lösung

	Nettoarbeitsentgelt für drei Monate 6.250,00 €	
:	90 Tage	69,44 €
–	Mutterschaftsgeld	13,00 €
	AG-Zuschuss pro Tag	56,44 €
·	103 Tage	5.813,32 €

Die Krankenkasse erstattet dem Arbeitgeber 5.813,32 €.

Buchungssatz

			Soll	Haben
	1800	Bank	5.813,32 €	
an	4972	Erstattungen Aufwendungsausgleichsgesetz		5.813,32 €

Umlage 3 (U 3) – Insolvenzgeldumlage

Die Arbeitnehmerin bzw. der Arbeitnehmer hat einen Anspruch auf Ersatz ihres bzw. seines Arbeitslohns bei Zahlungsunfähigkeit des Arbeitgebers für die letzten **drei Monate** vor Eröffnung des Insolvenzverfahrens, soweit die bzw. er den Arbeitslohn noch nicht erhalten hat.

Die Zahlung in Höhe der Nettobezüge wird von der Agentur für Arbeit vorgenommen = **Insolvenzgeld**.

§ 3 Nr. 2 EStG

Das Insolvenzgeld ist gemäß § 3 Nr. 2 EStG steuerfrei, unterliegt aber dem Progressionsvorbehalt gemäß § 32 b EStG. Die Höhe des Insolvenzgeldes wird durch die Bundesagentur für Arbeit per Datenübertragung automatisch an die Finanzverwaltung übermittelt.

Jeder Arbeitgeber ist zur Teilnahme an der Insolvenzgeldumlage verpflichtet, unabhängig von der Größe oder Branche seines Betriebes.

Der **Umlagesatz** für 2024 beträgt 0,06 % des umlagepflichtigen Arbeitsentgelts.

Zum umlagepflichtigen Arbeitsentgelt gehört das Arbeitsentgelt, das auch zur Berechnung des gesetzlichen Rentenversicherungsbeitrags angesetzt wird. Es gilt höchstens die Beitragsbemessungsgrenze in der gesetzlichen Rentenversicherung. So ist z. B. das Arbeitsentgelt von Arbeitnehmern, die während der Elternzeit beschäftigt sind, umlagepflichtig.

Zahlungen, die nicht zum Arbeitsentgelt im Sinne der Sozialversicherung gehören, bleiben daher außer Ansatz.

Sind Arbeitnehmerinnen oder Arbeitnehmer von der Rentenversicherungspflicht befreit, weil sie z. B. Mitglied eines berufsständischen Versorgungswerks sind, ist das Arbeitsentgelt maßgeblich, das bei Rentenversicherungspflicht anzusetzen wäre.

Die Umlage 3 wird monatlich an die Einzugsstelle der Krankenkassen zusammen mit den Sozialversicherungsbeiträgen und den anderen Umlagen gezahlt.

Die Umlagebeiträge sind im Beitragsnachweis unter dem Beitragsgruppenschlüssel 0050 anzugeben.

Beispiel

Ein Arbeitgeber beschäftigt drei Arbeitnehmer/-innen. Das Arbeitsentgelt für April beträgt für

- Arbeitnehmer Esser, laufendes Arbeitsentgelt 3.000,00 €
- Arbeitnehmer Flink, laufendes Arbeitsentgelt 2.500,00 €
  Einmalzahlung 1.000,00 €
- für Arbeitnehmerin Gitzen, Azubi, laufendes Arbeitsentgelt 700,00 €

Lösung

umlagepflichtiges Arbeitsentgelt, einschließlich Einmalzahlung 7.200,00 €
· 0,06 % = 4,32 € Insolvenzgeldumlage

Die Insolvenzgeldumlage beträgt 4,32 €.

Buchungssatz bei Nettolohnverbuchung

		Soll	Haben
6110	Gesetzlich soziale Aufwendungen	4,32 €	
an 1800	Bank		4,32 €

Buchungssatz bei Bruttolohnverbuchung

		Soll	Haben
6110	Gesetzlich soziale Aufwendungen	4,32 €	
an 3790	Lohn- und Gehaltsverrechnungskonto		4,32 €

Zusammenfassung

Übersicht über die verschiedenen Umlagen

	Umlage 1	Umlage 2	Umlage 3
abgedecktes Risiko	Arbeitsunfähigkeit des Arbeitnehmers	Zuschüsse zum Mutterschaftsgeld	Arbeitslohn
Bemessungsgrundlage	laufendes rentenversicherungspflichtiges Arbeitsentgelt ohne Einmalzahlungen	laufendes rentenversicherungspflichtiges Arbeitsentgelt ohne Einmalzahlungen	laufendes rentenversicherungspflichtiges Arbeitsentgelt mit Einmalzahlungen
Umlagesatz	variiert je nach gewünschter Erstattungshöhe, z. B. 1,7 %	variiert, z. B. 0,44 %	0,06 %
erstattungsfähige Beträge	fortgezahltes Arbeitsentgelt ohne Einmalzahlungen; Höhe variiert, z. B. 65 %	Zuschüsse zum Mutterschaftsgeld zu 100 %	Auszahlung von Insolvenzgeld an Arbeitnehmer

4 Lohnsteuerrechtliche Grundlagen der Entgeltberechnung

4.1 Lohnsteuer

Die Lohnsteuer (LSt) ist keine eigene Steuer, sondern nur eine besondere Form der Erhebung der Einkommensteuer bei den Einkünften aus nichtselbstständiger Arbeit gemäß § 19 EStG. Der Lohnsteuertarif leitet sich aus dem Einkommensteuertarif ab. Der Lohnsteuerabzug richtet sich nach der Höhe des Bruttoarbeitslohns und der Steuerklasse der Arbeitnehmerin bzw. des Arbeitnehmers. *§ 19 EStG*

Es gibt folgende Steuerklassen:

Steuerklasse	hierunter fallen
I	Arbeitnehmer/-innen, die ledig oder geschieden sind Arbeitnehmer/-innen, die zwar verheiratet sind, aber dauernd getrennt leben oder deren Ehepartner/-in im Ausland lebt Arbeitnehmer/-innen, die verwitwet sind und der/die Ehepartner/-in im vorletzten Jahr verstorben ist
II	Arbeitnehmer/-innen der Steuerklasse I, wenn ihnen der Entlastungsbetrag für Alleinerziehende zusteht
III	verheiratete Arbeitnehmer/-innen, die nicht dauernd getrennt leben von ihrem/ihrer Ehepartner/-in, wenn der/die Ehepartner/-in im Inland lebt und der/die Ehepartner/-in keinen Arbeitslohn bezieht oder für ihn/sie die Steuerklasse V gebildet worden ist
IV oder IV mit Faktor	Arbeitnehmer/-innen, die unter Steuerklasse III fallen, wenn beide Arbeitslohn beziehen und beide Steuerklasse IV wählen
V	Arbeitnehmer/-innen, deren Ehepartner/-in die Steuerklasse III hat
VI	Arbeitnehmer/-innen, die gleichzeitig in mehreren Dienstverhältnissen stehen oder wenn der Arbeitgeber von der Abrufberechtigung ausgeschlossen ist

Lohn/Gehalt bis	Steuer-klasse	Lohn-steuer	ohne Kinderfreibetrag			mit 1,0 Kinderfreibetrag			mit 2,0 Kinderfreibeträgen		
			SolZ 5,5 %	Kirchensteuer 8 %	Kirchensteuer 9 %	SolZ 5,5 %	Kirchensteuer 8 %	Kirchensteuer 9 %	SolZ 5,5 %	Kirchensteuer 8 %	Kirchensteuer 9 %
690,00	I/IV										
	II										
	III										
	V	61,58		4,92	5,54						
	VI	76,00		6,08	6,84						
716,00	I/IV										
	II										
	III										
	V	64,41		5,15	5,79						
	VI	78,83		6,30	7,09						
1.000,00	I/IV	–		–	–						
	II	–		–	–						
	III	–		–	–						
	V	95,58		7,64	8,60						
	VI	110,33		8,82	9,92						
1.500,00	I/IV	20,41		1,63	1,83						
	II	–		–	–						
	III	–		–	–						
	V	153,83		12,30	13,84						
	VI	196,08		15,68	17,64						
2.000,00	I/IV	109,83		8,78	9,88						
	II	31,66		–	–						
	III	–		–	–						
	V	327,75		26,22	29,49						
	VI	372,08		29,76	33,48						
2.500,00	I/IV	212,66		17,01	20,89		2,39	2,69		–	–
	II	122,50		–	–		–	–		–	–
	III	–		–	–		–	–		–	–
	V	498,50		39,88	44,86		40,04	45,05		40,04	45,05
	VI	540,66		43,25	48,65		43,40	48,83		43,40	48,83
3.000,00	I/IV	322,75		25,82	29,04		9,62	10,82		–	–
	II	226,25		3,09	3,47		3,17	3,57		–	–
	III	64,33		5,14	5,78		–	–		–	–
	V	651,50		52,12	58,63		52,27	58,80		52,27	58,80
	VI	692,16		55,37	62,29		55,53	62,47		55,53	63,91
4.000,00	I/IV	563,58		45,08	50,72		26,79	30,13		10,37	11,66
	II	454,58		18,83	21,18		19,01	21,39		3,77	4,24
	III	245,66		19,65	22,10		5,79	6,51		–	–
5.000,00	I/IV	833,00		66,64	74,97		46,26	52,04		27,65	31,10
	II	711,50		37,20	41,85		37,49	42,17		19,83	22,30
	III	452,50		36,20	40,72		20,57	23,14		6,37	7,17
7.000,00	I/IV	1.531,83	2,49	122,54	137,86		97,43	109,61		73,96	83,21
	II	1.383,41	–	86,09	96,85		86,43	97,24		63,93	71,92
	III	962,50	–	77,00	86,62		58,96	66,33		41,69	46,90
9.000,00	I/IV	2.350,83	99,96	188,06	211,57	22,25	135,83	152,80	22,25	136,26	153,29
	II	2.202,75	82,21	150,06	168,82	43,28	149,97	168,71	4,50	123,89	139,38
	III	1.595,83	–	127,58	143,53	–	86,71	97,54	–	86,71	97,54

Die **Lohnsteuer** in den **einzelnen Steuerklassen** ist unterschiedlich hoch, weil verschiedene der Arbeitnehmerin bzw. dem Arbeitnehmer zustehende Freibeträge/Pauschbeträge eingearbeitet sind.

Übersicht über die eingearbeiteten Beträge (Veranlagungszeitraum 2024):

	I	II	III	IV	V	VI
Grundfreibetrag	11.604,00 €	11.604,00 €	23.208,00 €	11.604,00 €	–	–
Arbeitnehmer-pauschbetrag	1.230,00 €	1.230,00 €	1.230,00 €	1.230,00 €	1.230,00 €	–
Sonderausgaben-pauschbetrag	36,00 €	36,00 €	36,00 €	36,00 €	36,00 €	–
Entlastungs-betrag für Alleinerziehende	–	4.260,00 € für das erste Kind	–	–	–	–

Der Entlastungsbetrag für Alleinerziehende gemäß § 24b EStG ist zum 01.01.2023 auf 4.260,00 € angehoben und zudem gestaffelt worden. Damit können für das erste Kind 4.260,00 € vom zu versteuernden Einkommen abgezogen werden. Für jedes weitere Kind erhöht sich der Betrag um jeweils 240,00 €. *§ 24b EStG*

Die Vorsorgepauschale wird seit 2010 bei der Veranlagung zur Einkommensteuer nicht mehr berücksichtigt. Sie wird nur noch im Lohnsteuer-Abzugsverfahren gewährt, hier seit 2010 aber auch bei den Steuerklassen V und VI.

Die Vorsorgepauschale setzt sich aus verschiedenen Teilbeträgen zusammen. Dazu gehören ein Teilbetrag für die Rentenversicherung, ein Teilbetrag für die gesetzliche Kranken- und soziale Pflegeversicherung und ein Teilbetrag für die private Basiskranken- und Pflegepflichtversicherung.

Ob die Voraussetzungen für den Ansatz der einzelnen Teilbeträge vorliegen, ist nach den Umständen des Einzelfalls zu prüfen.

ELsterLohn II (ELStAM)

Zum 01.01.2013 erfolgte die Einführung der elektronischen Lohnsteuerkarte und dadurch wurde die bisherige Lohnsteuerkarte durch ein elektronisches Verfahren ersetzt. Bei diesem Verfahren werden in einer Datenbank der Finanzverwaltung Daten zum elektronischen Abruf für die Arbeitgeber bereitgestellt und als **E**lektronische **L**ohn**St**euer**A**bzugs**M**erkmale (ELStAM) bezeichnet.

ELStAM-Verfahren seit 2013

Um eine korrekte Lohnabrechnung durchführen zu können, benötigt der Arbeitgeber die für die Arbeitnehmerin bzw. den Arbeitnehmer zutreffenden Lohnsteuerabzugsmerkmale.

Deshalb ist der Arbeitgeber verpflichtet, die bei ihm beschäftigten Arbeitnehmerinnen und Arbeitnehmer für den Abruf der ELStAM anzumelden und die ELStAM für die darauf folgende nächste Lohnabrechnung abzurufen.

Das Bundeszentralamt für Steuern mit Hauptsitz in Bonn stellt einen Datensatz für den Arbeitgeber zum Abruf mit folgendem Inhalt bereit:

- Steuerklasse, § 38 EStG
- Zahl der Kinderfreibeträge, § 39 EStG
- Merkmale zum Kirchensteuerabzug
- Faktor bei Steuerklasse IV
- Frei- und Hinzurechnungsbeträge
- Datum der Bereitstellung
- Datum „gültig ab" für den gesamten ELStAM-Datensatz.

Die Steuerklasse und die Zahl der Kinderfreibeträge werden in der Regel automatisch geändert und in der Datenbank erfasst. Hierfür müssen die Meldebehörden Mitteilungen über den geänderten Familienstand oder die Anzahl der Kinder machen.

Zum Abruf der elektronischen Lohnsteuerabzugsmerkmale hat sich der Arbeitgeber bei der Finanzverwaltung zu authentifizieren. Dies geschieht über die Steuernummer. Beauftragt der Arbeitgeber z. B. eine Steuerkanzlei, so hat diese sich zu authentifizieren und zusätzlich ihre Steuernummer mitzuteilen.

Für den Abruf der ELStAM sind folgende Identifikationsdaten erforderlich:

- Steuernummer der lohnsteuerlichen Betriebsstätte des Arbeitgebers
- Identifikationsnummer
- Geburtsdatum der Arbeitnehmerin bzw. des Arbeitnehmers
- Auskunft, ob es sich jeweils um eine Hauptarbeitsverhältnis (Steuerklasse I bis V) oder um ein Nebenarbeitsverhältnis (Steuerklasse VI) handelt.

Hat der Arbeitgeber bzw. sein Vertreter die ELStAM erfolgreich abgerufen, so hat er diese Merkmale für die nächste auf den Abrufzeitpunkt folgende Lohnabrechnung anzuwenden und im Lohnkonto aufzuzeichnen.

§ 39 e (4) S. 5 EStG

Die abgerufenen Merkmale sind anzuwenden, bis eine Änderungsmitteilung erfolgt oder die Arbeitnehmerin bzw. der Arbeitnehmer ihre bzw. seine Tätigkeit beendet. Die Beendigung des Dienstverhältnisses ist der Finanzverwaltung unverzüglich mitzuteilen.

Damit der Arbeitgeber bzw. sein Vertreter erfährt, ob eine Änderung der Merkmale vorliegt, ist er verpflichtet, die ELStAM monatlich abzurufen.

Für Änderungen der Steuermerkmale ist alleine das Finanzamt zuständig. Melderechtliche Datenänderungen, z. B. Heirat, Geburt eines Kindes, müssen weiterhin den Meldebehörden mitgeteilt werden. Die Meldebehörden senden diese Änderungen automatisch an das Bundeszentralamt für Steuern.

Bei Meldung einer Betriebsneugründung oder Neuanmeldung einer Arbeitnehmerin bzw. eines Arbeitnehmers werden diese Daten zeitnah bereitgestellt, d. h. innerhalb von fünf Tagen. Allerdings können Änderungen hinsichtlich der Lohnsteuerabzugsmerkmale, z. B. Heirat, Geburt eines Kindes, Kirchenein- oder Kirchenaustritt, Eintrag eines Freibetrags, erst ab dem 5. Arbeitstag des Folgemonats abgerufen werden.

Die neuen Lohnsteuerabzugsmerkmale sind bei der Arbeitnehmerin bzw. dem Arbeitnehmer bei deren bzw. dessen Lohnabrechnung anzugeben. Diese Lohnabrechnung kann der Arbeitnehmerin bzw. dem Arbeitnehmers in Papierform oder elektronisch bereitgestellt werden.

Arbeitgeberwechsel

§ 39 e (4) EStG

Beim Arbeitgeberwechsel hat der bisherige Arbeitgeber die Arbeitnehmerin bzw. den Arbeitnehmer zeitnah elektronisch abzumelden. Der neue Arbeitgeber erhält dann die ELStAM ab dem Beginn des Dienstverhältnisses, unabhängig vom Zeitpunkt der Anmeldung der Arbeitnehmerin bzw. des Arbeitnehmers.

Beispiel

Arbeitnehmer Welter, ledig, wechselt von Arbeitgeber Busch zu Arbeitgeber Waber. Sein Dienstverhältnis bei Busch endet am 31.03.2024 und beginnt bei Waber am 01.04.2024. Arbeitgeber Busch meldet ihn zeitnah zum 31.03.2024 ab, allerdings meldet Arbeitgeber Waber ihn erst zum 01.06.2024 mit Beginn des Dienstverhältnisses und dem Referenzdatum 01.04.2024 an.

Arbeitgeber Waber erhält in der Anmeldebestätigung die Steuerklasse I mit der Gültigkeit 01.04.2024 mitgeteilt, da Arbeitgeber Busch den Arbeitnehmer zum 31.03.2024 in der Datenbank abgemeldet hat.

Freibeträge im Lohnsteuer-Ermäßigungsverfahren

§ 39 a EStG

Die Arbeitnehmerin bzw. der Arbeitnehmer kann sich bestimmte Freibeträge gemäß § 39a EStG im Lohnsteuer-Ermäßigungsverfahren eintragen lassen, um damit die monatliche Lohnsteuer zu verringern. In Betracht kommen z. B. Werbungskosten, Sonderausgaben oder außergewöhnliche Belastungen.

Die Freibeträge werden beim Wohnsitzfinanzamt beantragt, in die ELStAM-Datenbank eingetragen und vom Arbeitgeber elektronisch abgerufen.

Arbeitnehmerinnen und Arbeitnehmer können den Antrag auf Bildung eines Freibetrags nach § 39a EStG für einen Zeitraum von längstens **zwei Kalenderjahren** beim Wohnsitzfinanzamt beantragen. Eingetragene Freibeträge gelten mit Wirkung ab dem 01.01.2024 und dann längstens bis Ende 2025.

4.2 Kirchensteuer

Gehört die Arbeitnehmerin bzw. der Arbeitnehmer einer öffentlich-rechtlichen Religionsgemeinschaft an, ist bei jeder Lohnzahlung neben der Lohnsteuer auch Kirchensteuer (KiSt) einzubehalten und an das Finanzamt abzuführen. In Bayern und Baden-Württemberg beträgt die Kirchensteuer 8 %, im übrigen Bundesgebiet 9 % der einbehaltenen Lohnsteuer.

Die Entlastung bei Steuerpflichtigen mit Kindern geschieht durch das Kindergeld. Kinderfreibetrag und Betreuungsfreibetrag werden bei Ermittlung des zu versteuernden Einkommens nur berücksichtigt, wenn die steuerliche Entlastung durch die Freibeträge günstiger ist als das Kindergeld.

Bei der Berechnung der **Bemessungsgrundlage** (= Lohnsteuer) der Kirchensteuer werden stets die Kinder- und Betreuungsfreibeträge berücksichtigt, d. h., das zu versteuernde Einkommen wird unter Abzug der Freibeträge berechnet und dann wird die Lohnsteuer als Bemessungsgrundlage für die Kirchensteuer ermittelt.

Bei den Steuerklassen I, II und III werden abgezogen:

Zahl der Kinderfreibeträge	Kinderfreibetrag		Betreuungsfreibetrag	
	jährlich	monatlich	jährlich	monatlich
0,5	3.192,00 €	266,00 €	1.464,00 €	122,00 €
1	6.384,00 €	532,00 €	2.928,00 €	244,00 €

Bei Steuerklasse IV werden abgezogen:

Zahl der Kinderfreibeträge	Kinderfreibetrag		Betreuungsfreibetrag	
	jährlich	monatlich	jährlich	monatlich
0,5	1.596,00 €	133,00 €	732,00 €	61,00 €
1	3.192,00 €	266,00 €	1.464,00 €	122,00 €

4.3 Solidaritätszuschlag

Der Solidaritätszuschlag ist eine Ergänzungsabgabe zur Einkommen- und Körperschaftssteuer sowie Kapitalertragsteuer.

Die Freigrenzen betragen für das Jahr 2024 18.130,00 € Einkommensteuerschuld pro Person (bei Zusammenveranlagung 36.260,00 € Einkommensteuerschuld).

So sind derzeit Einzelpersonen mit einem Jahresbruttoeinkommen von bis zu 80.000,00 € (bei Zusammenveranlagung 160.000,00 €) vom Solidaritätszuschlag befreit.

Über 90 % der Steuerpflichtigen zahlen aktuell keinen Solidaritätszuschlag.

Der Arbeitgeber ist verpflichtet, den Solidaritätszuschlag (SolZ) bei jeder Lohnzahlung einzubehalten und an das Finanzamt abzuführen. Er beträgt 5,5 % der Lohnsteuer.

Auch hier werden zur Ermittlung des für die Lohnsteuer maßgebenden zu versteuernden Einkommens Kinder- und Betreuungsfreibeträge abgezogen.

5 Verbuchung der Lohn- und Gehaltsabrechnung

Die prognostizierten Sozialversicherungsbeiträge müssen spätestens am drittletzten Bankarbeitstag des Monats an die Krankenkasse abgeführt werden. Am Monatsende ist die Lohn- und Gehaltsabrechnung mit den tatsächlichen Sozialversicherungsbeiträgen durchzuführen. Gründe für das Abweichen der prognostizierten Sozialversicherungsbeiträge von den tatsächlichen Sozialversicherungsbeiträgen können beispielsweise Überstundenzahlungen, Urlaubsgeld oder Zulagen sein.

Die von der Arbeitnehmerin bzw. dem Arbeitnehmer einbehaltenen Steuern muss der Arbeitgeber spätestens bis zum 10. des Folgemonats an das zuständige Finanzamt abführen.

Bei der Durchführung der Lohnbuchung gibt es die beiden Varianten **Bruttolohnverbuchung** und **Nettolohnverbuchung**. Häufig wird in der Praxis die Bruttolohnverbuchung vorgenommen. Bei der Bruttolohnverbuchung werden die einzelnen zu zahlenden Lohnbestandteile als Verbindlichkeiten eingebucht. Somit hat der Arbeitgeber jederzeit einen Überblick über die noch ausstehenden Zahlungen und es vereinfacht die Abgrenzung bei Erstellung der Bilanz.

Bei der Nettolohnverbuchung werden die einzelnen Lohnbestandteile bei Zahlung eingebucht. Hierbei kann es zu Schwierigkeiten bei den Abgrenzungen beim Bilanzieren kommen. Diese Methode eignet sich deshalb nur für Arbeitgeber mit wenigen Arbeitnehmern.

	Bruttolohnverbuchung	Nettolohnverbuchung
Erfassung der prognostizierten Sozialversicherungsbeiträge spätestens drei Banktage vor dem Monatsende	3759 **an** 1800	3759 **an** 1800
Gehaltsbuchung	6000 **an** 3790 6110 AG SV **an** 3790	6000 (Auszahlungsbetrag) **an** 1800 6000 (AN-Anteil) **an** 3759 6110 (AG-Anteil) **an** 3759
Auflösung Verrechnungskonto	3790 **an** 3720/3730/3740	–
Auflösung Verbindlichkeit gegenüber AN	3720 **an** 1800	–
Ausbuchung der tatsächlichen Beitragsschuld SV	3740 **an** 3759	–
Auflösung Verbindlichkeit gegenüber Finanzamt	3730 **an** 1800	6000 **an** 1800

Zeitlicher Ablauf der Verbuchung von Lohn- und Gehaltszahlungen

Bruttolohnverbuchung

1. Zahlung des Sozialversicherungsbeitrags (prognostizierte Vorausleistung aufgrund der Angaben im letzten Monat) am drittletzten Bankarbeitstag.
Buchungssatz
3759 Voraussichtliche Beitragsschuld gegenüber SV-Trägern
an 1800 Bank

2. Zum Ende des Monats erfolgt die Lohnabrechnung. Damit steht die tatsächliche Höhe der Sozialversicherungsbeiträge, der Lohnsteuer und des Lohns fest.
Buchungssätze
a) 6000 Löhne und Gehälter (brutto)
an 3790 Lohn- und Gehaltsverrechnungskonto
b) 6110 Gesetzlich soziale Aufwendungen (AG-Anteil)
an 3790 Lohn- und Gehaltsverrechnungskonto

3. Auflösung des Verrechnungskontos
Buchungssatz
3790 Lohn- und Gehaltsverrechnungskonto
an 3720 Verbindlichkeiten aus Lohn und Gehalt (Auszahlungsbetrag)
3740 Verbindlichkeiten im Rahmen der sozialen Sicherheit (AG- und AN-Anteil)
3730 Verbindlichkeiten aus Lohn-und Kirchensteuer

4. Die Sozialversicherungsbeiträge werden auf das Konto „3759 Voraussichtliche Beitragsschuld gegenüber SV-Trägern" umgebucht.
Buchungssatz
3740 Verbindlichkeiten im Rahmen der sozialen Sicherheit
an 3759 Voraussichtliche Beitragsschuld gegenüber SV-Trägern

5. Die einzelnen Verbindlichkeiten werden bei Zahlung ausgebucht.
Buchungssätze
3720 Verbindlichkeiten aus Lohn und Gehalt
an 1800 Bank
3730 Verbindlichkeiten aus Lohn-und Kirchensteuer
an 1800 Bank

Nettolohnverbuchung

Eine mögliche Nettolohnverbuchung wird im Folgenden dargestellt. Möglich sind aber auch andere Varianten.

1. Zahlung des Sozialversicherungsbeitrags (prognostizierte Vorausleistung aufgrund der Angaben im letzten Monat) am drittletzten Bankarbeitstag.
   Buchungssatz
   3759 Voraussichtliche Beitragsschuld gegenüber SV-Trägern
   an 1800 Bank

2. Die tatsächliche Zahlung des Lohns zum Ende des Monats wird gebucht.
   Buchungssatz
   6000 Löhne und Gehälter (Auszahlungsbetrag)
   an 1800 Bank

3. Der Arbeitgeber- und Arbeitnehmeranteil zur Sozialversicherung wird gebucht.
   Buchungssätze
   6000 Löhne und Gehälter
   an 3759 Voraussichtliche Beitragsschuld gegenüber SV-Trägern
   6110 Gesetzlich soziale Aufwendungen (AG-Anteil)
   an 3759 Voraussichtliche Beitragsschuld gegenüber SV-Trägern

4. Zahlung der Lohnsteuer an das Finanzamt am 10. des Folgemonats
   Buchungssatz
   6000 Löhne und Gehälter
   an 1800 Bank

Beispiel 1

Für Leo Muster, 21 Jahre, ev., ledig, Mitarbeiter bei der Kranz GmbH in Würzburg, liegen folgende Daten für die Gehaltsabrechnung für den Monat März zur Verbuchung vor:

Bruttogehalt	**2.500,00 €**
Abzüge:	
Lohnsteuer, Kl. I/ Ki 0	212,66 €
Solidaritätszuschlag	– €
Kirchensteuer, ev. 8 %	17,01 €
Krankenkasse (KV) allgemein	182,50 €
Krankenkasse (KV) Zusatzbeitrag der Krankenkasse 0,85 %	21,25 €
Rentenversicherung (RV)	232,50 €
Arbeitslosenversicherung (ALV)	32,50 €
Pflegeversicherung (PV)	42,50 €
	– 740,92 €
Nettogehalt (Überweisungsbetrag)	**1.759,08 €**

Arbeitgeberanteil zur Sozialversicherung von Leo Muster:

Krankenkassenbeitrag + Zusatzbeitrag (7,3 % + 0,85 %)	Deutsche Rentenversicherung Bund (9,3 %)	Arbeitslosenversicherung (1,3 %)	Pflegeversicherung (1,7 %)
203,75 €	232,50 €	32,50 €	42,50 €

Prognostizierte Sozialversicherungsbeiträge am 28. März:
- Arbeitgeber 503,07 €
- Arbeitnehmer 503,07 €

❶ Buchen Sie den Bankeinzug der prognostizierten SV-Beiträge des Arbeitgebers und des Arbeitnehmers am 28. März.
❷ Nehmen Sie die Bruttolohnverbuchung über das Verrechnungskonto vor.

❸ Lösen Sie das Verrechnungskonto auf.
❹ Buchen Sie die tatsächliche Beitragsschuld der Sozialversicherung auf das Konto 3759 Voraussichtliche Beitragsschuld gegenüber Sozialversicherungsträgern.
❺ Buchen Sie die Überweisungen an den Arbeitnehmer und an das Finanzamt.

Lösung 1

❶ Buchung des Bankeinzugs der prognostizierten SV-Beiträge

		Soll	Haben
3759	Vorauss. Beitragsschuld gegenüber SV-Trägern	1.006,14 €	
an 1800	Bank		1.006,14 €

❷ Buchung der Gehaltsabrechnung bei Bruttolohnverbuchung

		Soll	Haben
6000	Löhne und Gehälter	2.500,00 €	
an 3790	Lohn- und Gehaltsverrechnung		2.500,00 €
6110	gesetzl. Soz. Aufwand	511,25 €	
an 3790	Lohn- und Gehaltsverrechnung		511,25 €

❸ Auflösung Verrechnungskonto

		Soll	Haben
3790	Lohn- und Gehaltsverrechnung	3.011,25 €	
an 3720	Verbindlichkeiten Lohn und Gehalt		1.759,08 €
3740	Verbindlichkeiten soziale Sicherheit		1.022,50 €
3730	Verbindlichkeiten Lohnsteuer		229,67 €

❹ Verrechnung der tatsächlichen Sozialversicherungszahlung

		Soll	Haben
3740	Verbindlich. i. R. d. sozialen Sicherheit	1.022,50 €	
an 3759	Vorauss. Beitragsschuld gegenüber SV-Trägern		1.022,50 €

❺ Buchung der Überweisungen an Arbeitnehmer und Finanzamt

		Soll	Haben
3720	Verbindlichkeiten Lohn und Gehalt	1.759,08 €	
an 1800	Bank		1.759,08 €
3730	Verb. aus Lohn- und Kirchensteuer	229,67 €	
an 1800	Bank		229,67 €

(es bleibt eine Restschuld auf Konto 3759 in Höhe von 16,36 €)

S	6000 Löhne und Gehälter		H
❷ 3790	2.500,00		

S	6110 Gesetzlich soziale Aufwendungen		H
❷ 3790	511,25		

S	3759 Vorauss. Beitragsschuld ggü. SV-Trägern		H
❶ 1800	1.006,14	❹ 3740	1.022,50[1]

S	3730 Verbindl. aus Lohn- und Kirchensteuer		H
❺ 1800	229,67	❸ 3790	229,67

S	1800 Bank		H
		❶ 3759	1.006,14
		❺ 3720	1.759,08
		❺ 3730	229,67

S	3740 Verbindl. i. R. d. sozialen Sicherheit		H
❹ 3759	1.022,50	❸ 3790	1.022,50

S	3790 Lohn- und Gehaltsverrechnungskonto		H
❸ 3720	1.759,08	❷ 6000	2.500,00
❸ 3740	1.022,50	❷ 6110	511,25
❸ 3730	229,67		

S	3720 Verbindlichkeiten aus Lohn und Gehalt		H
❺ 1800	1.759,08	❸ 3790	1.759,08

Beispiel 2

Nettolohnverbuchung

Für die Daten zur Lohnabrechnung aus Beispiel 1 auf Seite 31 ist die Nettolohnverbuchung vorzunehmen.

❶ Buchen Sie den Bankeinzug der prognostizierten SV-Beiträge des Arbeitgebers und des Arbeitnehmers am 28. März.

❷ Nehmen Sie die Nettolohnverbuchung vor.

❸ Buchen Sie die Überweisungen an das Finanzamt.

Lösung 2

❶ Buchung des Bankeinzugs der prognostizierten SV-Beiträge

			Soll	Haben
	3759	Vorauss. Beitragsschuld gegenüber SV-Trägern	1.006,14 €	
an	1800	Bank		1.006,14 €

❷ Buchung der Gehaltsabrechnung bei Nettolohnverbuchung

			Soll	Haben
	6000	Löhne und Gehälter	1.759,08 €	
an	1800	Bank		1.759,08 €
	6000	Löhne und Gehälter	511,25 €	
an	3759	Vorauss. Beitragsschuld gegenüber SV-Trägern		511,25 €
	6110	Gesetzlich soziale Aufwendungen	511,25 €	
an	3759	Vorauss. Beitragsschuld gegenüber SV-Trägern		511,25 €

1 Die restliche Beitragsschuld in Höhe von 16,36 € (1.022,50 € tatsächliche Beitragsschuld – 1.006,14 prognostizierte Beitragsschuld) wird mit der Zahlung für den nächsten Monat berücksichtigt.

❸ Überweisung an das Finanzamt

		Soll	Haben
6000	Löhne und Gehälter	229,67 €	
an 1800	Bank		229,67 €

(es bleibt eine Restschuld auf Konto 3759 in Höhe von 16,36 €)

S	**6000 Löhne und Gehälter**		H
❷ 1800	1.759,08		
❷ 3759	511,25		
❸ 1800	229,67		

S	**6110 Gesetzlich soziale Aufwendungen**		H
❷ 3759	511,25		

S	**3759 Vorauss. Beitragsschuld ggü. SV-Trägern**		H
❶ 1800	1.006,14	❷ 6000	511,25
		❷ 6110	511,25

S	**1800 Bank**		H
		❶ 3759	1.006,14
		❷ 6000	1.759,08
		❺ 6000	229,67

Aufgaben

1. Erstellen Sie einen Ablaufplan für die zeitliche Abfolge der Gehaltsbuchungen.

2. Für die Angestellte Hanna Hauber, 20 Jahre, Lohnsteuerklasse I/Ki 0, rk, beschäftigt in Hamburg, liegt folgende Gehaltsabrechnung zur Verbuchung vor:

   Die am 28. Januar prognostizierten Gesamtsozialversicherungsbeiträge betragen 818,00 €.

Bruttogehalt	2.000,00 €
Abzüge: Sozialversicherungsanteil Arbeitnehmer	409,00 €
Lohn-/Kirchensteuer	121,27 €
Nettogehalt	1.469,73 €
Sozialversicherungsanteil Arbeitgeber	409,00 €

   a) Buchen Sie den Bankeinzug der prognostizierten SV-Beiträge.
   b) Buchen Sie die Gehaltsabrechnung.
   c) Buchen Sie den Arbeitgeberanteil zur Sozialversicherung.
   d) Führen Sie die Umbuchung der tatsächlichen Beitragsschuld der Sozialversicherung auf das Konto Voraussichtliche Beitragsschuld gegenüber SV-Trägern durch.
   e) Buchen Sie die Überweisungen an das Finanzamt zum 10. des Folgemonats.

3. Buchen Sie die Lohnabrechnung des 22-jährigen Verkäufers Heiner Renner, Nürnberg, konfessionslos, für den Monat März:

   Bruttolohn (150 Stunden zu je 20,00 €). LSt.-Klasse III/Ki 1
   Zusatzbeitrag der Krankenkasse 1,7 %

   Die am 27. März prognostizierten Gesamtsozialversicherungsbeiträge betragen 1.200,00 €.

   a) Erstellen Sie zunächst die Gehaltsabrechnung.
   b) Buchen Sie den Bankeinzug der prognostizierten SV-Beiträge.
   c) Buchen Sie die Lohnabrechnung.
   d) Buchen Sie den Arbeitgeberanteil zur Sozialversicherung.
   e) Führen Sie die Umbuchung der tatsächlichen Beitragsschuld der Sozialversicherung auf das Konto Voraussichtliche Beitragsschuld gegenüber SV-Trägern durch.
   f) Buchen Sie die Überweisungen an das Finanzamt zum 10. des Folgemonats.

4. Buchen Sie die folgenden Daten der Lohnliste des Installateurs Gerhardt Berger GmbH für den Monat September:

Die am 28. September prognostizierten Gesamtsozialversicherungsbeiträge betragen 11.180,00 €.

Bruttolöhne	27.754,00 €
Lohn- und Kirchensteuer	5.327,00 €
Sozialversicherungsanteil der Arbeitnehmer	5.670,54 €
Arbeitgeberanteil zur Sozialversicherung	5.675,69 €
Nettolohnauszahlungen	16.756,46 €

Hinweis: Die Auszahlungsbeträge werden als Einzelüberweisungen auf die Konten der Arbeitnehmerinnen und Arbeitnehmer überwiesen.

a) Buchen Sie den Bankeinzug der prognostizierten SV-Beiträge.
b) Buchen Sie die Lohnabrechnung.
c) Buchen Sie den Arbeitgeberanteil zur Sozialversicherung.
d) Führen Sie die Umbuchung der tatsächlichen Beitragsschuld der Sozialversicherung auf das Konto Voraussichtliche Beitragsschuld gegenüber SV-Trägern durch.
e) Buchen Sie die Überweisungen an das Finanzamt zum 10. des Folgemonats.

5. Führen Sie die Gehaltsbuchung für den Monat Mai durch:

Die am 28. Mai prognostizierten Gesamtsozialversicherungsbeiträge betragen 93.150,00 €.

Bruttogehälter	234.258,00 €
Lohn- und Kirchensteuer	44.563,00 €
ges. Sozialversicherungsbeiträge der Arbeitnehmer	46.102,12 €
ges. Sozialversicherungsbeiträge des Arbeitgebers	45.996,50 €

Hinweis: Die Auszahlungsbeträge werden als Einzelüberweisungen auf die Konten der Arbeitnehmerinnen und Arbeitnehmer überwiesen.

a) Buchen Sie den Bankeinzug der prognostizierten SV-Beiträge.
b) Buchen Sie die Gehaltsabrechnung.
c) Buchen Sie den Arbeitgeberanteil zur Sozialversicherung.
d) Führen Sie die Umbuchung der tatsächlichen Beitragsschuld der Sozialversicherung auf das Konto Voraussichtliche Beitragsschuld gegenüber SV-Trägern durch.
e) Buchen Sie die Überweisungen an das Finanzamt zum 10. des Folgemonats.

6. Für die Gehaltsabrechnung von Beate Lambert liegen folgende Daten vor: Nettogehalt 1.468,30 €, LSt, KiSt betragen zusammen 600,00 €, Sozialversicherungsanteil Arbeitnehmerin 20,45 %, Sozialversicherungsanteil Arbeitgeber 20,45 %.

a) Berechnen Sie das Bruttogehalt.
b) Buchen Sie die komplette Gehaltsabrechnung.

7. Die Gehaltsabrechnung eines Arbeitnehmers sieht wie folgt aus:

Prognostizierte SV-Beiträge	1.740,00 €
Bruttoarbeitslohn	4.200,00 €
Lohnsteuer	585,23 €
Arbeitnehmeranteil SV-Beiträge	884,10 €
Auszahlung	? €

Der AG-Anteil zur Sozialversicherung beträgt 858,90 €.

Bilden Sie die Buchungssätze zum 26. und 30. des Monats bei der Bruttolohnverbuchung unter der Voraussetzung, dass die Beträge per Banküberweisung/Bankeinzug gezahlt werden.

8. Der Gehaltsliste Ihres Mandanten entnehmen Sie die folgenden Angaben:

Bruttolöhne	Abzüge		Nettolöhne	AG-Anteil zur SV
	Steuern	AN-Anteil zur SV		
57.000,00 €	16.013,97 €	11.204,50 €	29.781,53 €	11.186,25 €

Nehmen Sie die erforderlichen Buchungen zum 26. des Monats, zum Ende des Monats und die Steuerzahlung zum 10. des Folgemonats vor. Unterstellen Sie dabei, dass alle Zahlungen per Banküberweisung/Bankeinzug getätigt werden (Bruttolohnverbuchung). Die prognostizierten Sozialversicherungsbeiträge entsprechen den tatsächlichen Sozialversicherungsbeiträgen.

9. Die Arbeitnehmerin Ihrer Mandanten erhält einen monatlichen Bruttoarbeitslohn in Höhe von 2.800,00 € sowie prognostizierte SV-Beträge, die sich auf 1.140, 00 € belaufen. Die Lohnsteuer beträgt 30,22 €, die Kirchensteuer 2,42 €, der Arbeitnehmeranteil zur Sozialversicherung 558,60 € und der Arbeitgeberanteil 572,60 €.
Berechnen Sie den Auszahlungsbetrag an den Arbeitnehmer und nehmen Sie die erforderlichen Buchungen zum 26. und 31. des Monats vor. Buchen Sie außerdem die Steuerzahlung im nächsten Monat. Alle Zahlungen werden durch Banküberweisung/Bankeinzug getätigt (Bruttolohnverbuchung/Nettolohnverbuchung).

10. Der monatliche Bruttoarbeitslohn eines Arbeitnehmers beträgt 3.100,00 €, die Lohnsteuer 79,87 €, die Kirchensteuer 7,19 €. Insgesamt fallen 1.260,15 € Sozialversicherungsbeiträge an. Der AG-Anteil beträgt 633,95 €.
Bilden Sie sämtliche Buchungssätze (Bruttolohnverbuchung/Nettolohnverbuchung). Die prognostizierten Sozialversicherungsbeiträge entsprechen den tatsächlichen Sozialversicherungsbeiträgen.

11. Sie erstellen zum Monatsende folgende Gehaltsliste:

Bruttolöhne	Abzüge		Nettolöhne	AG-Anteil zur SV
	Steuern	AN-Anteil zur SV		
65.000,00 €	13.240,80 €	13.227,50 €	38.531,70 €	13.292,50 €

Nennen Sie die erforderlichen Buchungssätze bei der Bruttolohnverbuchung (Nettolohnverbuchung), wenn alle Überweisungen und Bankeinzüge pünktlich vorgenommen werden. Die prognostizierten Sozialversicherungsbeiträge entsprechen den tatsächlichen Sozialversicherungsbeiträgen.

6 Verbuchung von Lohn- und Gehaltsvorschüssen

Benötigt eine Mitarbeiterin bzw. ein Mitarbeiter vor Fälligkeit der Lohn- und Gehaltszahlung Bargeld, lässt sie bzw. er sich von der Personalabteilung einen Vorschuss auszahlen.

Das Unternehmen hat somit eine Forderung an die Mitarbeiterin bzw. den Mitarbeiter bis zur Lohn- und Gehaltszahlung. Vorschüsse werden daher auf dem Forderungskonto 1340 Forderungen gegen Personal erfasst und dann mit der Lohn- und Gehaltszahlung am Monatsende verrechnet.

Beispiel

Der Großhandelskaufmann Herbert Lutz, 20 Jahre, beschäftigt in Nürnberg, erhält am 12.10. einen Vorschuss von 500,00 € bar, der mit dem Oktoberlohn verrechnet werden soll.

Herbert Lutz arbeitet im Oktober 150 Stunden zu je 20,00 €/Stunde.

Die am 28.10. prognostizierten Gesamtsozialversicherungsbeiträge betragen 1.227,00 €.

Abzüge lt. Tab. Seite 15 und 26

Arbeitnehmeranteil zur Sozialversicherung	613,50 €
Arbeitgeberanteil zur Sozialversicherung	613,50 €
gesamte Steuerabzüge, LSt I/0; keine KiSt	322,75 €
Verrechnung des Oktobervorschusses	500,00 €

❶ Buchen Sie die Vorschusszahlung vom 12.10.
❷ Buchen Sie den Bankeinzug der prognostizierten Sozialversicherungsbeiträge.
❸ Erstellen Sie die Lohnabrechnung Herbert Lutz für den Monat Oktober.
❹ Erfassen Sie die Lohnabrechnung nach der Bruttolohnverbuchung.
❺ Lösen Sie das Verrechnungskonto auf.
❻ Buchen Sie die tatsächliche Beitragsschuld der Sozialversicherung auf das Konto voraussichtliche Beitragsschuld SV.
❼ Buchen Sie die Überweisung an den Arbeitnehmer.
❽ Buchen Sie die Überweisung an das Finanzamt.

Lösung

❶

		Soll	Haben
1340	Forderungen gegen Personal	500,00 €	
an 1600	Kasse		500,00 €

❷

		Soll	Haben
3759	Voraussichtliche Beitragsschuld ggü. SV-Trägern	1.227,00 €	
an 1800	Bank		1.227,00 €

❸

Bruttolohn: 150 Std. · 20,00 €/Std.	3.000,00 €
– Steuerabzüge	322,75 €
– Sozialversicherungsanteil des AN	613,50 €
= Nettolohn	2.063,75 €
– Vorschusszahlung vom 12.10.	500,00 €
= Auszahlungsbetrag (Überweisung)	1.563,75 €

❹

		Soll	Haben
6000	Löhne und Gehälter	3.000,00 €	
an 3790	Lohn- und Gehaltsverrechnung		3.000,00 €
6110	gesetzl. Soz. Aufwand	613,50 €	
an 3790	Lohn- und Gehaltsverrechnung		613,50 €

❺

		Soll	Haben
3790	Lohn- und Gehaltsverrechnung	3.613,50 €	
an 3720	Verbindlichkeiten Lohn und Gehalt		1.563,75 €
3740	Verbindlichkeiten soziale Sicherheit		1.227,00 €
3730	Verbindlichkeiten Lohnsteuer		322,75 €
1340	Forderungen gegen Personal		500,00 €

❻

		Soll	Haben
3740	Verbindlichkeiten i. R. d. sozialen Sicherheit	1.227,00 €	
an 3759	Voraussichtliche Beitragsschuld ggü. SV-Trägern		1.227,00 €

❼

		Soll	Haben
3720	Verbindlichkeiten Lohn und Gehalt	1.563,75 €	
an 1800	Bank		1.563,75€

❽

		Soll	Haben
3730	Verbindlichkeiten aus Lohn- und Kirchensteuer	322,75 €	
an 1800	Bank		322,75 €

S	**1340 Forderungen gegen Personal**	H
❶ 500,00		❺ 500,00

S	**1600 Kasse**	H
		❶ 500,00

S	**6000 Löhne und Gehälter**	H
❹ 3.000,00		

S	**6110 Gesetzlich soziale Aufwendungen**	H
❹ 613,50		

S	**3759 Vorauss. Beitragsschuld ggü. SV-Trägern**	H
❷ 1.227,00		❻ 1.227,00

S	**3730 Verbindl. aus Lohn- und Kirchensteuer**	H
❽ 322,75		❺ 322,75

S	**3740 Verbindl. i. R. d. sozialen Sicherheit**	H
❻ 1.227,00		❺ 1.227,00

S	**1800 Bank**	H
		❷ 1.227,00
		❼ 1.563,75
		❽ 322,75

S	**3790 Lohn- und Gehaltsverrechnungskonto**	H
❺ 3.613,50		❹ 3.000,00
		❹ 613,50

S	**3720 Verbindlichkeiten aus Lohn und Gehalt**	H
❼ 1.563,75		❺ 1.563,75

Zusammenfassung

- Vorschusszahlungen sind kurzfristige Forderungen des Unternehmens an die Mitarbeiterin bzw. den Mitarbeiter.
- Vorschusszahlungen werden mit der Lohn-/Gehaltszahlung an die Mitarbeiterin bzw. den Mitarbeiter verrechnet: Nettolohn/-gehalt – Vorschusszahlung = Auszahlungsbetrag

Aufgaben

1. Der Mandant Kunze & Co. übermittelt Ihnen im September folgende Daten zur Lohn- und Gehaltsabrechnung September:

20.09.	Banküberweisung für Lohnvorschüsse	1.200,00 €
27.09.	Prognostizierte Sozialversicherungsbeiträge der Arbeitnehmer	8.150,00 €
	Prognostizierte Sozialversicherungsbeiträge des Arbeitgebers	8.300,00 €
30.09.	Lohn- und Gehaltsabrechnung	
	Bruttolöhne	41.000,00 €
	Lohnsteuer	6.650,00 €
	Kirchensteuer	354,00 €
	Sozialversicherungsbeiträge September Arbeitnehmer	8.200,00 €
	Sozialversicherungsbeiträge September Arbeitgeber	8.384,50 €
	Vorschüsse	1.200,00 €
	Banküberweisung	? €

Buchen Sie

a) die Vorschusszahlung,
b) den Bankeinzug der prognostizierten Sozialversicherungsbeiträge für September,
c) die Lohn- und Gehaltsabrechnung für September nach der Bruttolohnverbuchung.
d) Lösen Sie das Verrechnungskonto auf.
e) Buchen Sie die tatsächliche Beitragsschuld der Sozialversicherung auf das Konto voraussichtliche Beitragsschuld SV.
f) Buchen Sie die Überweisung an den Arbeitnehmer.
g) Buchen Sie die Überweisung an das Finanzamt.

2. Der Mandant Metallbau GmbH übermittelt Ihnen im Oktober folgende Daten zur Lohn- und Gehaltsabrechnung Oktober:

20.10.	Sozialversicherungsschuldvortrag aus dem Vormonat September	850,00 €
20.11.	Banküberweisung für Lohnvorschüsse	2.000,00 €
27.11.	Prognostizierte Sozialversicherungsbeiträge der Arbeitnehmer	12.800,00 €
	Prognostizierte Sozialversicherungsbeiträge des Arbeitgebers	12.975,00 €
30.11.	Lohn- und Gehaltsabrechnung	
	Bruttolöhne	64.000,00 €
	Lohnsteuer	8.500,00 €
	Kirchensteuer	500,00 €
	Sozialversicherungsbeiträge September Arbeitnehmer	12.928,00 €
	Sozialversicherungsbeiträge September Arbeitgeber	13.088,00 €
	Vorschüsse	2.000,00 €
	Banküberweisung	40.072,00 €

Buchen Sie

a) die Vorschusszahlung,
b) den Bankeinzug der prognostizierten Sozialversicherungsbeiträge für November,
c) die Lohn- und Gehaltsabrechnung für November nach der Bruttolohnverbuchung.
d) Lösen Sie das Verrechnungskonto auf.
e) Buchen Sie die tatsächliche Beitragsschuld der Sozialversicherung auf das Konto voraussichtliche Beitragsschuld SV.
f) Buchen Sie die Überweisung an den Arbeitnehmer.
g) Buchen Sie die Überweisung an das Finanzamt.

3. Eine Arbeitnehmerin in Hamburg, ledig, keine Kinder, 26 Jahre, evangelisch, erhält ein monatliches Gehalt von 4.000,00 €. Die Steuerabzugsbeträge belaufen sich insgesamt auf 592,32 €. Die Arbeitnehmerin erhält am 10. Juli von ihrem Arbeitgeber einen Vorschuss in Höhe von 1.000,00 €, den sie im August und September gleichmäßig zurückzuzahlen hat.

Berechnen Sie die SV-Beiträge anhand der Beitragssatztabelle auf Seite 15 und bilden Sie die notwendigen Buchungssätze zum 26. Juli und 31. Juli (Bruttolohnverbuchung).

4. Aus der Lohn- und Gehaltsliste Ihrer Mandantin entnehmen Sie folgende Angaben:

Bruttolöhne 30.09.	Abzüge		Gesamtabzüge	Vorschüsse	Auszahlung (Banküberweisung)	AG-Anteil zur SV
	Steuern	AN-Anteil zur SV				
40.700,00 €	8.343,00 €	8.098,50 €	16.441,50 €	4.500,00 €	19.758,50 €	8.114,00 €

Auf Ihre Nachfrage hin erklärt Ihre Mandantin, dass zwei Arbeitnehmer am 02.09. Vorschüsse von insgesamt 4.500,00 € erhalten haben, die am Monatsende mit dem Gehalt verrechnet werden.
Buchen Sie die Überweisung der Vorschüsse, den Bankeinzug der Krankenkasse und die Lohnabrechnung am 30.09. (Bruttolohnverbuchung).

5. Eine Arbeitnehmerin Ihres Mandanten, 35 Jahre, 1 Kind, verheiratet, erhält ein monatliches Gehalt von 7.000,00 €. An Steuern werden insgesamt 962,50 € einbehalten. Der Arbeitgeber gewährt ihr am 15.03. einen Vorschuss in Höhe von 3.000,00 €, der ab April mit monatlich 1.000,00 € verrechnet wird.
Berechnen Sie die Sozialversicherungsbeiträge anhand der Beitragssatztabelle auf Seite 15 und nehmen Sie alle erforderlichen Buchungen der Monate März und April vor (Bruttolohnverbuchung).

7 Vermögenswirksame Leistungen und Wohnungsbauprämie

Zur Förderung einer zusätzlichen Altersvorsorge und des privaten Wohneigentums werden unter bestimmten Voraussetzungen verschiedene staatliche Sparförderungen gewährt.

7.1 Überblick

Vermögenswirksame Leistungen

Nach dem 5. Vermögensbildungsgesetz fördert der Staat die Vermögensbildung durch die Anlage vermögenswirksamer Leistungen. Vermögenswirksame Leistungen sind Geldleistungen, die der Arbeitgeber vom Lohn/Gehalt abzieht und an den Träger der vermögenswirksamen Leistung (z. B. Bausparkasse, Vermögensbeteiligungen) überweist. **Oft beteiligen sich die Arbeitgeber an der Vermögensbildung ihrer Arbeitnehmerin bzw. ihres Arbeitnehmers mit einem entsprechenden Arbeitgeberanteil.** Die staatliche Förderung besteht in einer Arbeitnehmersparzulage, die für bestimmte Anlageformen (siehe Tabelle unten) vom Finanzamt gewährt wird. Begünstigt sind einmalige oder für die Dauer von sechs Jahren laufende Einzahlungen. Die Sperrfrist beträgt sieben Jahre. Die beiden Anlageformen in Bausparverträge oder andere Vermögensbeteiligungen können nebeneinander in Anspruch genommen werden.

Damit die Arbeitnehmersparzulage gewährt wird, dürfen bestimmte Einkommensgrenzen nicht überschritten werden (siehe Tabelle unten).

In der Regel wird die Gewährung der Arbeitnehmersparzulage mit der Lohn- bzw. Einkommensteuerklärung beantragt. Das Finanzamt überweist dann die Sparzulage auf das Konto der vermögenswirksamen Anlage.

Der **Arbeitgeberanteil** an der Vermögensbildung der Arbeitnehmerin bzw. des Arbeitnehmers stellt **Bruttolohn/Bruttogehalt** dar, der/das der **Lohn- und Einkommensteuer** wie auch der **Sozialversicherung** unterliegt.

Wohnungsbauprämie

Der Staat unterstützt die Vermögensbildung neben der Arbeitnehmersparzulage mit der Wohnungsbauprämie. Die Wohnungsbauprämie bekommt, wer das 16. Lebensjahr vollendet hat. Es muss kein Arbeitsverhältnis vorliegen. Allerdings darf das zu versteuernde Einkommen bestimmte Grenzen nicht übersteigen (siehe Tabelle unten). Das Unterschreiten dieser steuerlichen Grenzen wird bei Arbeitnehmerinnen und Arbeitnehmern mit dem Einkommensteuerbescheid nachgewiesen. Aber auch Personen, die in keinem Arbeitsverhältnis stehen (z. B. Schülerinnen/Schüler, Rentnerinnen/ Rentner), können die Wohnungsbauprämie bekommen.

Die Wohnungsbauprämie wird bei der zuständigen Bausparkasse beantragt. Die Bausparerin bzw. der Bausparer muss dabei ihre bzw. seine Einkommensteuernummer angeben. Das Finanzamt überprüft, ob die Einkommensgrenzen nicht überschritten werden. Wird die Wohnungsbauprämie gewährt, überweist das Finanzamt diese Prämie auf das Konto der Bausparerin bzw. des Bausparers bei deren bzw. dessen Bausparkasse.

Staatliche Sparförderungen

Anlageform	Sparvertrag in Wertpapiere oder andere Vermögensbeteiligungen	Bausparvertrag	Bausparvertrag
Zulagenart	Arbeitnehmersparzulage	Arbeitnehmersparzulage	Wohnungsbauprämie
begünstigter jährlicher Aufwand	400,00 €	470,00 €	700,00 € (Alleinstehende) 1.400,00 € (Verheiratete)
Höhe der Förderung	20 % maximal 80,00 € (Alleinstehende); 160,00 € (Verheiratete)	9 % maximal 43,00 € (Alleinstehende); 86,00 € (Verheiratete)	10 % maximal 70,00 € (Alleinstehende); 140,00 € (Verheiratete)
Ansparzeit und Sperrfrist	6 Jahre 7 Jahre (rückwirkend beginnend zum 01.01. der ersten Einzahlung)	7 Jahre ab Vertragsabschluss	Die Gewährung von Wohnungsbauprämie ist generell an den Zweck des Wohnens und Bauens gebunden.
Voraussetzungen	Arbeitnehmer	Arbeitnehmer	alle Personen, die in Deutschland unbeschränkt einkommensteuerpflichtig sind und das 16. Lebensjahr vollendet haben
Einkommensgrenzen[1]	maximal 20.000,00 € (Alleinstehende) bzw. 40.000,00 € (Verheiratete)	maximal 17.900,00 € (Alleinstehende) bzw. 35.800,00 € (Verheiratete)	maximal 35.000,00 € (Alleinstehende) bzw. 70.000,00 € (Verheiratete)

Zusammenfassung

Arbeitgeberbeteiligung zur Vermögensbildung der Arbeitnehmerin bzw. des Arbeitnehmers	• **wird als Bruttolohn/Bruttogehalt gebucht** • **unterliegt** – **Lohnsteuer** – **Kirchensteuer** – **Solidaritätszuschlag** • **unterliegt der Sozialversicherungspflicht**
Arbeitnehmeranteil zur Vermögensbildung (Eigenleistung der Arbeitnehmerin bzw. des Arbeitnehmers)	• **reduziert Nettolohn/Nettogehalt**
AG-Beteiligung + AN-Eigenleistung	• **wird vom Arbeitgeber an das vermögensbildende Institut überwiesen**

1 Maßgeblich ist jeweils das zu versteuernde Einkommen im Jahr der Sparleistung.

7.2 Lohn-und Gehaltsbuchungen mit vermögenswirksamen Leistungen

Arbeitgeberbeteiligung zur Vermögensbildung der/des AN	**Arbeitnehmeranteil** (Eigenleistung) zu seiner Vermögensbildung	**Arbeitgeberbeteiligung** **+ Arbeitnehmeranteil**
↓ Buchung auf Konto	↓ Buchung auf Konto	↓ Buchung auf Konto
S **6080 Verm. L. AG** H	S **3770 Verb. a. Verm.-bildung** H	S **3770 Verb. a. Verm.-bildung** H

Überweisung der vermögenswirksamen Leistung an z.B. die Bausparkasse durch den Arbeitgeber

Buchungssatz: 3770 Verbindlichkeiten aus Vermögensbildung **an** 1800 Bank

Denkbare Szenarien bei den vermögenswirksamen Leistungen

Szenario	Soll		Haben	
Arbeitgeber zahlt komplette VL: z.B. 13,00 €. Arbeitnehmer/-in trägt nichts zur VL bei.	6080 vL AG (Aufwand AG)	13,00 €	3770 Verb. aus vL (Lohnabzug)	13,00 €
	3770 Verb. aus vL	13.00 €	1800 Bank	13,00 €
Arbeitgeber trägt nichts zur VL bei. Arbeitnehmer/-in zahlt komplette VL: z.B. 26,00 €.	6000 L & G	26,00 €	3770 Verb. aus vL (Lohnabzug)	26,00 €
	3770 Verb. aus vL	26,00 €	1800 Bank	26,00 €
Arbeitgeber zahlt z.B. 13,00 € und Arbeitnehmer/-in trägt z.B. 26,00 € zur VL bei.	6080 vL AG (Aufwand AG)	13,00 €	3770 Verb. aus vL (Lohnabzug)	39,00 €
	6000 L & G	26,00 €		
	3770 Verb. aus vL	39,00 €	1800 Bank	39,00 €

Beispiel

Für Klara Knauff, 20 Jahre, rk., ledig, Pharmazeutisch-technische Angestellte bei der Schiller Apotheke in Weimar, liegen folgende Daten für die Gehaltsabrechnung für den Monat November zur Verbuchung vor:

Klara Knauff
PTA
Schiller Apotheke Weimar

vL-Arbeitgeber 26,00 €
vL-Arbeitnehmerin 40,00 €

November 20..

Prognostizierte Sozialversicherungsbeiträge am 27. November:
- Arbeitgeber 599,00 €
- Arbeitnehmer 599,00 €

Bruttogehalt	**2.974,00 €**
+ vermögenswirksame Leistung (vL) des AG	**26,00 €**
= steuerpflichtiges Bruttogehalt	**3.000,00 €**

Abzüge:

Lohnsteuer, Kl. I/ Ki 0	322,75 €	
Solidaritätszuschlag	– €	
Kirchensteuer, rk. 9 %	29,04 €	
Krankenkasse (KV) allgemein	219,00 €	
Krankenkasse (KV) Zusatzbeitrag der Krankenkasse 0,85 %	25,50 €	
Rentenversicherung (RV)	279,00 €	
Arbeitslosenversicherung (ALV)	39,00 €	
Pflegeversicherung (PV)	51,00 €	
		– 965,29 €
Nettogehalt (Überweisungsbetrag)		2.034,71 €
– vermögenswirksame Leistung der Arbeitnehmerin		40,00 €
= Auszahlungsbetrag		1.994,71 €

Arbeitgeberanteil zur Sozialversicherung von Klara Knauff:

Krankenkassenbeitrag + Zusatzbeitrag (7,3 % + 0,85 %)	Deutsche Rentenversicherung Bund (9,3 %)	Arbeitslosenversicherung (1,3 %)	Pflegeversicherung (1,7 %)
219,00 € + 25,50 €	279,00 €	39,00 €	51,00 €

❶ Buchen Sie den Bankeinzug der prognostizierten SV-Beiträge des Arbeitgebers und der Arbeitnehmerin am 27. November.
❷ Buchen Sie die Gehaltsabrechnung am 30. November nach der Bruttolohnverbuchung.
❸ Lösen Sie das Verrechnungskonto auf.
❹ Buchen Sie die tatsächliche Beitragsschuld der Sozialversicherung auf das Konto Voraussichtliche Beitragsschulden SV um.
❺ Buchen Sie die Überweisungen an den Arbeitnehmer und die Bausparkasse am 30. November.
❻ Buchen Sie die Überweisung an das Finanzamt am 10. Dezember.

Lösung

❶ Buchung des Bankeinzugs der prognostizierten SV-Beiträge

		Soll	Haben
3759	Vorauss. Beitragsschuld gegenüber SV-Trägern	1.198,00 €	
an 1800	Bank		1.198,00 €

❷ Buchung der Gehaltsabrechnung

		Soll	Haben
6000	Löhne und Gehälter	2.970,00 €	
6080	Vermögenswirksame Leistungen AG	30,00 €	
6110	Gesetzlich soziale Abgaben	613,50 €	
an 3790	Lohn- und Gehaltverrechnung		3.613,50 €

❸ Auflösung Verrechnungskonto

		Soll	Haben
3790	Lohn- und Gehaltverrechnung	3.613,50 €	
an 3720	Verbindlichkeiten Lohn und Gehalt		1.994,71 €
3740	Verbindlich. i. R. d. sozialen Sicherheit		1.227,00 €
3730	Verbindlichkeiten Lohnsteuer und Kirchensteuer		351,79 €
3770	Verbindlichkeiten aus Vermögensbildung		40,00 €

❹ Buchung der tatsächlichen Beitragsschuld der Sozialversicherung

		Soll	Haben
3740	Verbindlich. i. R. d. sozialen Sicherheit	1.227,00 €	
an 3759	Vorauss. Beitragsschuld gegenüber SV-Trägern		1.227,00 €

❺ Buchung der Überweisungen an Arbeitnehmer und Bausparkasse

		Soll	Haben
3720	Verbindlichkeiten aus Lohn und Gehalt	1.994,71 €	
an 1800	Bank		1.994,71 €
3770	Verbindlichkeiten aus Vermögensbildung	40,00 €	
an 1800	Bank		40,00 €

❻ Buchung der Überweisung an das Finanzamt

		Soll	Haben
3730	Verbindlichkeiten aus Lohn- und Kirchensteuer	351,79 €	
an 1800	Bank		351,79 €

S	**6000 Löhne und Gehälter**	H
❷ 2.970,00		

S	**6080 Vermögenswirksame Leistungen AG**	H
❷ 30,00		

S	**6110 Gesetzlich soziale Aufwendungen**	H
❸ 613,50		

Bruttogehalt Frau Knauff	**3.000,00 €**
+ Arbeitgeberanteil zur SV	**613,50 €**
= Personalkosten Frau Knauff	**3.613,50 €**

S	**3759 Vorauss. Beitragsschuld ggü. SV-Trägern**	H
❶ 1.198,00		❹ 1.227,00

S	**3730 Verbindl. aus Lohn- und Kirchensteuer**	H
❻ 351,79		❸ 351,79

S	**1800 Bank**	H
		❶ 1.198,00
		❺ 1.994,71
		❻ 351,79
		❺ 40,00

S	**3740 Verbindl. i. R. d. sozialen Sicherheit**	H
❹ 1.227,00		❸ 1.227,00

S	**3770 Verbindl. aus Vermögensbildung**	H
❺ 40,00		❸ 40,00

S	**3790 Lohn- und Gehaltsverrechnungskonto**	H
❸ 3.613,50		❷ 3.613,50

S	**3720 Verbindlichkeiten aus Lohn und Gehalt**	H
❺ 1.994,71		❸ 1.994,71

Aufgaben

1. Der Gehaltsabrechnung für Januar eines Arbeitnehmers entnehmen Sie folgende Angaben:

Bruttoarbeitslohn	4.670,00 €
vermögenswirksame Leistung AG-Zuschuss	30,00 €
Gesamtbruttoarbeitslohn	4.700,00 €
Lohnsteuer	– 399,00 €
Kirchensteuer	– 18,37 €
Sozialversicherungsbeiträge	– 961,15 €
vermögenswirksame Leistungen	– 40,00 €
Auszahlungsbetrag	3.281,48 €

Der Arbeitgeberanteil zur Sozialversicherung beträgt 961,15 €.
Die Sozialversicherungsbeiträge werden pünktlich am 26.01. abgebucht und die Auszahlung des Gehalts sowie der vermögenswirksamen Leistungen erfolgt am 31.01.
Bilden Sie die hierfür erforderlichen Buchungssätze (Bruttolohnverbuchung).

2. Der Gehaltsliste Ihres Mandanten entnehmen Sie die folgenden Angaben:

Bruttolöhne 31.03.	Zuschuss zur vermögensw. Anlage	Abzüge		vermögensw. Anlage	Auszahlung (Banküberweisung)	AG-Anteil zur SV
		Steuern	AN-Anteil zur SV			
30.000,00 €	400,00 €	4.300,00 €	6.129,00 €	560,00 €	19.411,00 €	6.135,00 €

Nehmen Sie alle erforderlichen Buchungen des Monats März vor, unter der Voraussetzung, dass die Löhne und vermögenswirksamen Leistungen am 31.03. gezahlt werden.

3. Ein Arbeitnehmer Ihres Mandanten erhält einen monatlichen Bruttoarbeitslohn von 2.500,00 €. An Steuern werden insgesamt 212,66 € und an Sozialversicherungsbeiträgen 511,25 € einbehalten. Er spart monatlich 78,00 € in einen vermögenswirksamen Vertrag. Hiervon übernimmt der Arbeitgeber 40,00 €. Der Arbeitgeber-Anteil zur Sozialversicherung beträgt 511,25 €.
Nennen Sie die erforderlichen Buchungen für eine Lohnabrechnung (Bruttolohnverbuchung).

4. Gehaltsabrechnung für den Angestellten Udo Tandmann, 27 J., ev., Paderborn, LSt-Klasse I, keine Kinder, Zusatzbeitrag KV 1,7 %, Juni:

Bruttogehalt	3.960,00 €
+ vermögenswirksame Leistungen des AG	40,00 €
steuer- und versicherungspflichtige Bezüge	4.000,00 €

Abzüge:

Sozialversicherungsanteil Arbeitnehmer (lt. Tab. Seite 15)	? €
Lohn-/Kirchensteuer,	? €
vermögenswirksame Leistungen (Bausparkasse)	40,00 €
Nettogehalt (Überweisungsbetrag)	? €
Arbeitgeberanteil zur Sozialversicherung	? €

Die Anlage erfolgt auf einem Bausparvertrag.
Die Überweisung erfolgt direkt durch den Arbeitgeber.

Erstellen Sie die Gehaltsabrechnung. Verbuchen Sie die Gehaltsabrechnung.

8 Verschiedene Personengruppen

8.1 Allgemeine Arbeitnehmer/-innen

Allgemeine Arbeitnehmerinnen und Arbeitnehmer weisen bezüglich der Verdiensthöhe und der Beschäftigungsdauer keine Besonderheiten auf. Sie sind im Normalfall fest angestellt und verdienen mehr als 2.000,00 €/Monat bei Vollbeschäftigung.

8.2 Geringfügig entlohnte Beschäftigung – Minijob

Allgemeines

Die geringfügige Beschäftigung ist in § 8 SGB IV geregelt. Danach werden geringfügig Beschäftigte eingeteilt in

- **geringfügig entlohnte Beschäftigte** und
- Beschäftigte, die wegen ihrer kurzen Beschäftigungsdauer als geringfügig anzusehen sind = kurzfristig Beschäftigte (Siehe Kapitel 8.3).

Liegen die Voraussetzungen einer geringfügig entlohnten Beschäftigung vor, besteht Versicherungsfreiheit in der Kranken-, Pflege- und Arbeitslosenversicherung. Personen, die ein geringfügig entlohntes Beschäftigungsverhältnis aufnehmen, unterliegen zwar grundsätzlich der Versicherungspflicht in der gesetzlichen Rentenversicherung. Allerdings wurde die Möglichkeit geschaffen, sich von dieser Rentenversicherungspflicht befreien zu lassen, sogenanntes Opt-out-Verfahren.

Dies gilt für geringfügig Beschäftigte in Privathaushalten gemäß § 8 a SGB IV und auch außerhalb von Privathaushalten.

Die Versicherungsfreiheit gilt nicht für z. B. Auszubildende und Praktikantinnen bzw. Praktikanten.

Der Arbeitgeber hat für geringfügig entlohnte beschäftigte Arbeitnehmerinnen und Arbeitnehmer Pauschalbeiträge und eine Pauschalsteuer zusätzlich zum Arbeitslohn zu entrichten.

Übersichten Minijob

<table>
<tr><th colspan="2">Geringfügig entlohnte Beschäftigung – Minijob bis 538,00 €/Monat</th></tr>
<tr><td colspan="2">Ein Minijob liegt vor, wenn das Arbeitsentgelt regelmäßig im Monat 538,00 € nicht übersteigt. Die wöchentliche Arbeitszeit ist dabei unerheblich.</td></tr>
<tr><td>Arbeitnehmer/-in</td><td>Arbeitgeber</td></tr>
<tr><td>· Der/die Arbeitnehmer/-in kann sich von der Rentenversicherungspflicht befreien lassen.
· Dann ist für den/die Arbeitnehmer/-in Brutto = Netto.
· Falls der/die Arbeitnehmer/-in sich nicht von der Rentenversicherungspflicht befreien lässt, muss er/sie die Differenz zwischen dem Regelbeitrag von zur Zeit 18,6 % und den Arbeitgeberbeitrag von 15 % = 3,6 % selbst bezahlen. Entsprechend verringert sich der Auszahlungsbetrag um diesen Betrag.
· Der/die Arbeitnehmer/-in muss keine Steuern bezahlen.</td><td>Der Arbeitgeber trägt eine Pauschalabgabe in Höhe von 30 %

15 % Rentenversicherung
13 % Krankenversicherung
2 % Steuern
= 30 % Pauschalabgabe + U1, U2, U3[1]</td></tr>
<tr><td colspan="2">Voraussetzung
· Nur eine einzige geringfügig entlohnte Beschäftigung neben einem rentenversicherungspflichtigen Hauptberuf oder
· bei mehreren geringfügig entlohnten Beschäftigungsverhältnissen wird insgesamt die 538,00-€-Grenze nicht überschritten.
· Es darf keine versicherungspflichtige Hauptbeschäftigung sein.</td></tr>
<tr><td colspan="2">Anmeldung bei Minijob-Zentrale Essen</td></tr>
<tr><td colspan="2">Einziehende Stelle der Pauschalabgaben: Minijobzentrale Essen</td></tr>
</table>

1 U1 Umlage 1; 1,1 % für Entgeltfortzahlung Krankheit – U2 Umlage 2; 0,24 % Mutterschutz – U3 Umlage 3; 0,06 % Insolvenzgeld

Geringfügig entlohnte Beschäftigung im Privathaushalt bis 538,00 €/Monat			
Vom Arbeitgeber zu tragende Sätze			
Rentenversicherung 5 %	Krankenversicherung 5 %	Pauschalsteuer 2 %	• **Umlage 1 (U1):** 1,1 % (Entgeltfortzahlung Krankheit) • **Umlage 2 (U2):** 0,24 % (Mutterschutz)

Beispiel 1

Ein Unternehmer hat eine Raumpflegerin beschäftigt, die monatlich 525,00 € erhält. Die Raumpflegerin ist über ihren Ehemann in der gesetzlichen Krankenversicherung familienversichert. **Sie hat auf die Rentenversicherungspflicht verzichtet.**

Lösung 1

Die Tätigkeit ist für die Arbeitnehmerin versicherungsfrei, da das Arbeitsentgelt 538,00 € nicht übersteigt und sie sich von der Rentenversicherungspflicht befreien lässt.

Die Aufwendungen des Unternehmers betragen:

Monatslohn	525,00 €
Pauschalsteuer 2 %	10,50 €
Rentenversicherung 15 %	78,75 €
Krankenversicherung 13 %	68,25 €
Umlage 1 1,1 %	5,78 €
Umlage 2 0,24 %	1,26 €
Umlage 3 0,06 %	0,32 €
Summe der Aufwendungen	689,86 €

Die Aufwendungen für den Unternehmer betragen 689,86 €.

Lohnverbuchung (Bruttolohnverbuchung)

		Soll	Haben
6035	Löhne für Minijobs	525,00 €	
6171	Soziale Abgaben für Minijobber	164,86 €	
an 3790	Lohn- und Gehaltsverrechnungskonto		689,86 €

		Soll	Haben
3790	Lohn- und Gehaltverrechnungskonto	689,86 €	
an 3720	Verbindlichkeiten aus Lohn und Gehalt		525,00 €
3700	Verbindlichkeiten aus Steuern und Abgaben		164,86 €

Buchungssätze bei Zahlung

		Soll	Haben
3720	Verbindlichkeiten aus Lohn und Gehalt	525,00 €	
an 1800	Bank		525,00 €

		Soll	Haben
3700	Verbindlichkeiten aus Steuern und Abgaben	164,86 €	
an 1800	Bank		164,86 €

Beispiel 2 Der Unternehmer hat eine weitere Raumpflegerin für das Verwaltungsgebäude beschäftigt, die monatlich 538,00 € verdient. Die Raumpflegerin hat keine Befreiung von der Rentenversicherungspflicht beantragt.

Lösung 2 Die Tätigkeit ist für die Arbeitnehmerin rentenversicherungspflichtig. Ein Minijob liegt vor, da das Arbeitsentgelt im Monat 538,00 € nicht übersteigt.

Die Aufwendungen für den Unternehmer betragen:

Monatslohn	538,00 €
Pauschalsteuer 2 %	10,76 €
Rentenversicherung 15 %	80,70 €
Krankenversicherung 13 %	69,94 €
Umlage 1 1,1 %	5,92 €
Umlage 2 0,24 %	1,29 €
Umlage 3 0,06 %	0,32 €
Summe der Aufwendungen	706,93 €

Die Aufwendungen für den Unternehmer betragen 706,93 €.

Die Auszahlung an den Arbeitnehmer beträgt 538,00 € – 3,6 % RV-Beitrag (19,37 €) = **518,63 €**

Lohnverbuchung (Bruttolohnverbuchung)

		Soll	Haben
6035	Löhne für Minijobs	538,00 €	
6171	Soziale Abgaben für Minijobber	168,93 €	
an 3790	Lohn- und Gehaltsverrechnungskonto		706,93 €

		Soll	Haben
3790	Lohn- und Gehaltverrechnungskonto	706,93 €	
an 3720	Verbindlichkeiten aus Lohn und Gehalt		518,63 €
3740	Verbindlichkeiten i. R. d. sozialen Sicherheit		188,30 €

Buchungssätze bei Zahlung

		Soll	Haben
3720	Verbindlichkeiten aus Lohn und Gehalt	518,63 €	
an 1800	Bank		518,63 €

		Soll	Haben
3740	Verbindlichkeiten i. R. d. sozialen Sicherheit	188,30 €	
an 1800	Bank		188,30 €

Für die Frage, ob die Grenze von 538,00 € überschritten wird, ist das **regelmäßige Arbeitsentgelt** maßgebend. **Einmalzahlungen**, die mit großer Wahrscheinlichkeit mindestens einmal im Jahr zu erwarten sind, sind bei der Berechnung der 538,00-€-Grenze zu berücksichtigen.

Beispiel

Eine Arbeitnehmerin erhält monatlich 480,00 €. Im Dezember erhält sie ein vertraglich vereinbartes Weihnachtsgeld von 200,00 €.

Lösung

Monatslohn 480,00 € · 12 Monate	5.760,00 €
Weihnachtsgeld	200,00 €
Summe	5.960,00 €
: 12 Monate =	496,67 €

Da die Grenze von 538,00 € monatlich nicht überschritten wird, handelt es sich trotz des Weihnachtsgeldes um eine geringfügig entlohnte Beschäftigung.

Überschreitet das Arbeitsentgelt **gelegentlich** und **unvorhersehbar** die 538,00-€-Grenze, bleibt es trotzdem bei einer geringfügig entlohnten Beschäftigung.

Beispiel

Ein Arbeitnehmer erhält regelmäßig monatlich 538,00 €. Da ein Kollege erkrankt ist, vertritt der Arbeitnehmer den Kollegen und erhält in diesem Monat 800,00 € an Arbeitsentgelt.

Lösung

Da der Einsatz des Arbeitnehmers unvorhersehbar und auch nur gelegentlich war, bleibt es bei der Versicherungsfreiheit in der Kranken-, Pflege- und Arbeitslosenversicherung. In der Rentenversicherung besteht grundsätzlich Rentenversicherungspflicht.

Die Lohnabrechnung sieht wie folgt aus:

Arbeitslohn	800,00 €
kein Steuerabzug	
Rentenversicherung des AN's 18,6 % – 15 % = 3,6 % von 800,00 €	29,80 €
Auszahlung	771,20 €

Der Arbeitgeber muss folgende Pauschalabgaben zahlen:

Lohnsteuer 2 % von 800,00 €	16,00 €
Krankenversicherung 13 % von 800,00 €	104,00 €
Rentenversicherung 15 % von 800,00 €	120,00 €
U1, U2, U3; insges. 1,4 %	11,20 €
Summe Pauschalabgaben des Arbeitgebers	251,20 €

Es handelt sich weiterhin um ein geringfügig entlohntes Beschäftigungsverhältnis.

Zusammenrechnung von mehreren geringfügig entlohnten Beschäftigungsverhältnissen

Übt eine Arbeitnehmerin bzw. ein Arbeitnehmer mehrere geringfügig entlohnte Beschäftigungen bei verschiedenen Arbeitgebern aus, so sind alle Arbeitsentgelte zusammenzurechnen. Wenn die Summe der Arbeitsentgelte 538,00 € im Monat nicht übersteigt, ist bei allen Beschäftigungsverhältnissen Versicherungsfreiheit in der Kranken-, Pflege- und Arbeitslosenversicherung gegeben.

Beispiel

Eine Raumpflegerin, die familienversichert ist, arbeitet bei Arbeitgeber Althoff für 350,00 € und bei Arbeitgeber Braun für 150,00 €.

Lösung

Die addierten Arbeitsentgelte betragen 500,00 € und liegen somit unter 538,00 €. Beide Arbeitgeber haben die Pauschalbeiträge in Höhe von 30 % zu zahlen. Es liegen geringfügig entlohnte Beschäftigungsverhältnisse vor.

Übersteigt die Summe der Arbeitsentgelte die Grenze von 538,00 €, tritt Versicherungspflicht in allen Sozialversicherungszweigen ein und eine Pauschalierung der Lohnsteuer ist nicht mehr möglich.

Zusammenrechnung von Hauptbeschäftigungen und geringfügig entlohnten Beschäftigungen

Eine Nebenbeschäftigung bis zur 538,00-€-Grenze neben einer Hauptbeschäftigung ist für die Arbeitnehmer sozialversicherungsfrei.

Übt eine Arbeitnehmerin bzw. ein Arbeitnehmer neben einer Hauptbeschäftigung **mehrere** Nebenbeschäftigungen aus, bleibt die **zeitlich zuerst aufgenommene** Nebentätigkeit versicherungsfrei. Die anderen geringfügig entlohnten Beschäftigungen werden mit der Hauptbeschäftigung zusammengerechnet. Sie sind versicherungspflichtig mit Ausnahme der Arbeitslosenversicherung.

Die Pauschalsteuer von 2 % entfällt.

Beispiel

Ein Arbeitnehmer erhält beim Arbeitgeber Altmann ein monatliches Gehalt von 2.600,00 €. Bei Arbeitgeber Berns nimmt er einen Minijob ab 01.02.01 für monatlich 250,00 € an und bei Arbeitgeber Claus ab 01.07.01 einen weiteren Minijob für 180,00 € monatlich. Der Arbeitnehmer verzichtet auf die Rentenversicherungspflicht.

Lösung

Die zeitlich **zuerst aufgenommene Nebentätigkeit** bei Arbeitgeber Berns bleibt als Minijob sozialversicherungsfrei mit einer Pauschsteuer von 2 %.
Arbeitgeber Berns zahlt 30 % an Pauschalabgaben von 250,00 €, somit monatlich 75,00 €.

Die **zweite Nebentätigkeit** ab 01.07.01 wird mit der Haupttätigkeit zusammengerechnet und es besteht **Versicherungspflicht** in der Kranken-, Renten- und Pflegeversicherung. Arbeitgeber Claus hat die vollen Beitragssätze an die Krankenkasse abzuführen.
In der **Arbeitslosenversicherung** besteht **Versicherungsfreiheit**, da jede einzelne Nebentätigkeit die 538,00-€-Grenze nicht überschreitet und dieses Arbeitsentgelt nicht mit der Hauptbeschäftigung zusammengerechnet wird.

Die Steuer kann bei Arbeitgeber Claus nicht mit 2 % pauschaliert werden, da keine Pauschalbeiträge zur Rentenversicherung gezahlt werden und die Pauschalierung an die Pauschalbeiträge zur Rentenversicherung gekoppelt ist.

Die geringfügig entlohnte Beschäftigung ab 01.02.01 (zuerst aufgenommene Nebentätigkeit) ist versicherungsfrei.

Pauschalbeitrag zur Krankenversicherung

Der Pauschalbeitrag zur Krankenversicherung beträgt 13 %, bei Beschäftigung in einem Privathaushalt 5 %.

Voraussetzung hierfür ist, dass die oder der geringfügig Beschäftigte in der gesetzlichen Krankenversicherung versichert ist. Hierzu zählen auch die Versicherung im Rahmen der Familienversicherung, als Rentnerin bzw. Rentner, als Studentin bzw. Student und die freiwillige Versicherung. Der Pauschalbeitrag entfällt somit bei privat krankenversicherten geringfügig Beschäftigten.

Pauschalbeitrag zur Rentenversicherung

Seit dem 01.01.2013 sind alle begründeten geringfügig entlohnten Beschäftigungen in der Rentenversicherung grundsätzlich versicherungspflichtig. Als Folge unterliegen sie auch der vollen Beitragspflicht, d. h. die Differenz zwischen dem vollen Beitrag zur Rentenversicherung in Höhe von 18,6 % und dem vom Arbeitgeber übernommenen Pauschalbeitrag von 15 %, also 3,6 %, muss der Arbeitnehmer selbst tragen.

Zu beachten ist hierbei, dass der Rentenversicherungsbeitrag mindestens von einem Arbeitsentgelt in Höhe von 175,00 € zu zahlen ist, auch wenn das Arbeitsentgelt nur z. B. 100,00 € beträgt.

Vorteile

Vorteil der vollen Beitragszahlung ist, dass die Beschäftigungszeit in vollem Umfang auf verschiedene Wartezeiten angerechnet wird, so z. B. für einen früheren Rentenbeginn, für Ansprüche auf Rehabilitationsleistungen oder Anspruch auf Erwerbsminderungsrente.

Antrag auf Befreiung

Die Arbeitnehmerin bzw. der Arbeitnehmer kann sich allerdings von der Versicherungspflicht befreien lassen, indem sie bzw. er dem Arbeitgeber schriftlich mitteilt, dass sie bzw. er die Befreiung von der Versicherungspflicht wünscht.

Übt die Arbeitnehmerin bzw. der Arbeitnehmer mehrere geringfügig entlohnte Beschäftigungen aus, kann der Antrag auf Befreiung nur einheitlich für alle zeitgleich ausgeübten geringfügigen Beschäftigungen gestellt werden. Er ist für die Dauer aller Beschäftigungen bindend, d. h. er kann nicht widerrufen werden.

Höhe der Pauschalbeiträge

Der Pauschalbeitrag zur Rentenversicherung beträgt 15 %, bei Beschäftigung in einem Privathaushalt 5 %.

Voraussetzung für den Pauschalbeitrag ist, dass die oder der geringfügig entlohnte Beschäftigte
- von der Rentenversicherungspflicht befreit oder
- als Rentnerin bzw. Rentner/Beamtin bzw. Beamter nach § 5 (4) SGB VI rentenversicherungsfrei ist.

Demnach ist auch für Beamtinnen bzw. Beamte oder z. B. Anwältinnen bzw. Anwälte, Architektinnen bzw. Architekten, die in einem berufsständischen Versorgungswerk versichert sind, ein Pauschalbeitrag an die Minijob-Zentrale zu leisten.

Beispiel 1

Der pensionierte Lehrer Emsig geht in seiner freien Zeit einem 538,00-€-Job nach. Er hat nicht auf die Rentenversicherungspflicht verzichtet.

Lösung 1

Es handelt sich um eine versicherungsfreie geringfügige Beschäftigung, für die der Arbeitgeber die Pauschalbeiträge zu entrichten hat.

Die Lohnabrechnung sieht wie folgt aus:

Arbeitslohn	538,00 €
keine Steuerabzüge	
Rentenversicherung 18,6 % – 15 % = 3,6 % von 538,00 €	– 19,37 €
Auszahlung	518,63 €

Der Arbeitgeber muss folgende Pauschalabgaben zahlen:

Lohnsteuer 2 % von 538,00 €	10,76 €
Krankenversicherung 13 % von 538,00 €	+ 69,94 €
Rentenversicherung 15 % von 538,00 €	+ 80,70 €
U1, U2, U3; insges. 1,4 %	+ 7,53 €
Summe Pauschalabgaben des Arbeitgebers	168,93 €

Beispiel 2

Eine Arbeitnehmerin erhält als geringfügig Beschäftigte einen Arbeitslohn von 538,00 € und lässt sich von der Rentenversicherungspflicht befreien.

Lösung 2

Berechnung

Arbeitsentgelt	538,00 €
keine Steuerabzugsbeträge	
keine RV-Beiträge	
Auszahlung	538,00 €

Pauschalabgaben

Lohnsteuer 2 % von 538,00 €	10,76 €
Krankenversicherung 13 % von 538,00 €	+ 69,94 €
Rentenversicherung 15 % von 538,00 €	+ 80,70 €
U1, U2, U3; insges. 1,4 %	+ 7,53 €
Summe Pauschalabgaben des Arbeitgebers	168,93 €

Die Aufwendungen des Arbeitgebers betragen 706,93 €. Die Arbeitnehmerin erhält 538,00 € ausbezahlt.

Beispiel 3

Ein Arbeitnehmer erhält aus einer Nebentätigkeit 150,00 € monatlich. Er hat sich nicht von der Rentenversicherungspflicht befreien lassen.

Lösung 3

Berechnung

Arbeitsentgelt	150,00 €
3,6 % AN-Anteil von 175,00 €[1]	– 6,30 €
Auszahlung	143,70 €

Pauschalabgaben

Pauschalsteuer 2 % von 150,00 €	3,00 €
Krankenversicherung 13 % von 150,00 €	+ 19,50 €
Rentenversicherung 15 % von 175,00 €[1]	+ 26,25 €
U1, U2, U3; insges. 1,4 %	+ 2,10 €
Summe der Pauschalabgaben des Arbeitgebers	50,85 €

Die Aufwendungen des Arbeitgebers betragen 200,85 €, die Auszahlung beträgt 143,70 €.

Pauschalierung der Lohnsteuer

Zahlt der Arbeitgeber den Pauschalbeitrag zur Rentenversicherung in Höhe von 15 % bzw. 5 %, kann er die Lohnsteuer mit 2 % pauschal berechnen. Mit den 2 % sind auch der Solidaritätszuschlag und die Kirchensteuer abgegolten.

Die Pauschalierung ist nicht zwingend. Der Arbeitgeber kann den Lohnsteuerabzug auch nach den individuellen Lohnsteuerabzugsmerkmalen der Arbeitnehmerin bzw. des Arbeitnehmers vornehmen.

Bei den Steuerklassen I, II, III oder IV fällt keine Lohnsteuer an. In diesen Fällen spart der Arbeitgeber also die 2 % Pauschalsteuer, z. B. bei Schülerinnen bzw. Schülern oder Studentinnen bzw. Studenten.

Alle pauschalen Beiträge und die Umlagen sind an die Minijob-Zentrale bei der Deutschen Rentenversicherung Knappschaft-Bahn-See abzuführen.

Buchung der Gehaltsabrechnung

Beispiel

Eine Arbeitnehmerin erhält monatlich 538,00 €. Pauschalbeiträge fallen in folgender Höhe an:

Pauschalsteuer 2 % von 538,00 €	10,76 €
Krankenversicherung 13 % von 538,00 €	+ 69,94 €
Rentenversicherung 15 % von 538,00 €	+ 80,70 €
U1, U2, U3; insges. 1,4 %	+ 7,53 €
Summe Pauschalabgaben des Arbeitgebers	168,93 €

Lösung

Buchungssätze der Bruttolohnverbuchung

		Soll	Haben
6035	Löhne für Minijobs	538,00 €	
6171	Soziale Abgaben für Minijobber	168,93 €	
an 3790	Lohn- und Gehaltsverrechnungskonto		706,93 €

		Soll	Haben
3790	Lohn- und Gehaltsverrechnungskonto	706,93 €	
an 3720	Verbindlichkeiten aus Lohn und Gehalt		538,00 €
3700	Verbindlichkeiten aus Steuern und Abgaben		168,93 €

1 vgl. Seite 50

Buchungssätze der Zahlung

		Soll	Haben
3720	Verbindlichkeiten aus Lohn und Gehalt	538,00 €	
an 1800	Bank		538,00 €

		Soll	Haben
3700	Verbindlichkeiten aus Steuern und Abgaben	168,93 €	
an 1800	Bank		168,93 €

Zusammenfassung

Geringfügig entlohnte Beschäftigung – Minijob

bis zu 538,00 € monatlich aus **allen** Beschäftigungsverhältnissen, wenn keine Hauptbeschäftigung vorliegt

oder

bis zu 538,00 € monatlich aus **einer** Beschäftigung, neben **einer** Hauptbeschäftigung

→ geringfügig entlohnte Beschäftigung – Minijob nach § 8 (1) Nr. 1 SGB IV

- Pauschalsteuer 2 %
- Rentenversicherung 15 %
- Krankenversicherung 13 %
- Umlagen U1, U2, U3

geringfügig entlohnte Beschäftigung – Minijob

Wer trägt welche Beiträge?

Arbeitgeber

→ Pauschalsteuer 2 %, Besteuerung nach individuellen Lohnsteuerabzugsmerkmalen möglich

→ Pauschalbeitrag zur Rentenversicherung 15 %; Aufstockung durch Arbeitnehmer/-in bis Regelsatz; ggf. Befreiung auf Antrag

→ Pauschalbeitrag zur Krankenversicherung 13 %, wenn Arbeitnehmer/-in gesetzlich krankenversichert ist

→ Umlage 1, Umlage 2, Umlage 3; insgesamt 1,4 %

Arbeitnehmer

→ Falls AN keine Befreiung von der Rentenversicherungspflicht beantragt: 3,6 % Rentenversicherung

Aufgaben

1. Ihr Mandant beschäftigt einen Arbeitnehmer als Aushilfe, der monatlich 300,00 € erhält. Der Arbeitnehmer ist gesetzlich krankenversichert und hat schriftlich einen Antrag auf Befreiung von der Rentenversicherungspflicht gestellt.
Berechnen Sie die Pauschalabgaben und nehmen Sie die erforderlichen Buchungen vor.
Was würde sich ändern, wenn der Arbeitnehmer privat krankenversichert wäre?

2. Eine als Kellnerin beschäftigte Aushilfskraft erhält monatlich 380,00 €. Sie ist in der gesetzlichen Krankversicherung versichert und möchte, dass ihr Arbeitslohn individuell versteuert wird. Sie hat schriftlich einen Antrag auf Befreiung von der Rentenversicherungspflicht gestellt.
Berechnen Sie die Pauschalabgaben und buchen Sie den Sachverhalt zum Monatsende.

3. Eine Raumpflegerin, die über ihren Ehemann familienversichert ist, erhält einen monatlichen Arbeitslohn von 538,00 €.
Unterstellen Sie, dass die Arbeitnehmerin einen Antrag auf Befreiung von der Rentenversicherungspflicht gestellt hat.
Wie hoch sind die Pauschalabgaben und wie ist am Monatsende zu buchen?

4. Eine Bürokraft, die monatlich als Aushilfe 420,00 € verdient und gesetzlich krankenversichert ist, wird nach der Steuerklasse II besteuert, d. h. der Arbeitgeber nimmt am ELStAM-Verfahren teil. Darüber hinaus hat sie keine Anträge gestellt.
Berechnen Sie die Pauschalabgaben, den Nettolohn und buchen Sie den Sachverhalt zum Monatsende.

5. Ein als Aushilfskraft bei Ihrem Mandanten beschäftigter Arbeitnehmer verdient monatlich 538,00 €. Bei einem anderen Arbeitgeber geht der Arbeitnehmer einer Hauptbeschäftigung mit einem monatlichen Arbeitslohn in Höhe von 2.200,00 € nach.
Berechnen Sie die Pauschalabgaben für Ihren Mandanten, wenn der Arbeitnehmer gesetzlich krankenversichert ist und die Rentenversicherungsfreiheit beantragt hat. Nehmen Sie die erforderlichen Buchungen vor.

6. Eine Arbeitnehmerin ist als kaufmännische Angestellte bei einem Unternehmen mit einem monatlichen Arbeitslohn in Höhe von 5.000,00 € beschäftigt. Sie ist privat krankenversichert.
Am 01.03.01 nimmt sie eine Nebentätigkeit auf, bei der sie monatlich 200,00 € erhält.
Am 01.05.01 beginnt sie eine zweite Nebentätigkeit mit einem monatlichen Arbeitslohn von 150,00 €.
Nehmen Sie eine rechtliche Beurteilung vor und erläutern Sie, ob zwei geringfügig entlohnte Beschäftigungsverhältnisse und eine Hauptbeschäftigung möglich sind.
Geben Sie an, welche Abgaben für die beiden Nebentätigkeiten zu leisten sind.
Berechnen Sie die Aufwendungen des Arbeitgebers aus der ersten Nebentätigkeit.
Gehen Sie davon aus, dass die Arbeitnehmerin von der Befreiung von der Rentenversicherungspflicht soweit wie möglich Gebrauch macht.

8.3 Kurzfristige Beschäftigung

§ 8 (1) Nr. 2 SGB IV

Eine kurzfristige Beschäftigung liegt gemäß § 8 (1) Nr. 2 SGB IV seit Beginn der Tätigkeit vor, wenn die beschäftigte Arbeitskraft nicht mehr als drei Monate oder nicht mehr als insgesamt 70 Arbeitstage beschäftigt wird. Die Beschäftigung muss von Beginn an auf nicht mehr als drei Monate oder 70 Arbeitstage, die auch das Kalenderjahr überschreitend sein können, befristet sein.

Liegt allerdings eine berufsmäßige Ausübung vor, handelt es sich nicht um eine kurzfristige Beschäftigung. Berufsmäßig ausgeübt wird eine kurzfristige Beschäftigung, wenn sie für die Arbeitnehmerin bzw. den Arbeitnehmer nicht von untergeordneter wirtschaftlicher Bedeutung ist.

Kurzfristige Beschäftigungen – bei Saisonarbeitskräften

Saisonarbeitskräfte kommen überwiegend als Erntehelferinnen und Erntehelfer in der Landwirtschaft zum Einsatz.

Wird eine Saisonarbeitskraft im Rahmen einer kurzfristigen Beschäftigung eingestellt, ist die Beschäftigung sozialversicherungsfrei und damit auch beitragsfrei.

Eine zeitlich geringfügige Beschäftigung (kurzfristige Beschäftigung) liegt nach § 115 SGB IV vor, wenn die Beschäftigung innerhalb eines Kalenderjahres auf längstens drei Monate oder 70 Arbeitstage nach ihrer Eigenart begrenzt zu sein pflegt oder im Voraus vertraglich begrenzt ist, und – sofern das Entgelt 538,00 € im Monat übersteigt – nicht berufsmäßig ausgeübt wird.

Wird eine Beschäftigung an mindestens fünf Tagen in der Woche ausgeübt, ist der Dreimonatszeitraum maßgeblich. Bei einer Beschäftigung an regelmäßig weniger als fünf Tagen in der Woche ist der Zeitraum von 70 Arbeitstagen maßgebend.

Berufsmäßig ist eine Beschäftigung, wenn sie nicht von untergeordneter wirtschaftlicher Bedeutung für die Arbeitnehmerin bzw. den Arbeitnehmer ist. Die Beschäftigung darf nicht allein für die Sicherung des Lebensunterhalts und Lebensstandards bestimmend sein.

Sind die Voraussetzungen einer kurzfristigen Beschäftigung erfüllt, fallen keine Beiträge zur Sozialversicherung an, auch keine Pauschalbeiträge. Das gilt auch, wenn gleichzeitig eine geringfügig entlohnte Beschäftigung vorliegt. Seit dem 01.01.2022 haben Arbeitgeber von kurzfristig Beschäftigten der Minijob-Zentrale das Vorliegen eines Krankenversicherungsschutzes zu melden. Die Meldung umfasst, ob ein privater oder ein gesetzlicher Krankenversicherungsschutz besteht.

Gleichwohl muss der Arbeitgeber Beiträge zur Umlage U1, U2 und U3 sowie Beiträge zur gesetzlichen Unfallversicherung leisten.

Behandlung bei der Lohnsteuer

Nach § 40 a (1) EStG liegt eine kurzfristige Beschäftigung vor, wenn die Arbeitnehmerin bzw. der Arbeitnehmer beim Arbeitgeber gelegentlich, nicht regelmäßig wiederkehrend, beschäftigt wird, die Dauer der Beschäftigung 18 zusammenhängende Arbeitstage nicht übersteigt und

- der Arbeitslohn 150,00 € durchschnittlich je Arbeitstag nicht übersteigt
  und
- der Stundenlohn höchstens 19,00 € beträgt
  oder
- die Beschäftigung zu einem unvorhersehbaren Zeitpunkt sofort erforderlich wird.

Liegen die Voraussetzungen einer kurzfristigen Beschäftigung vor, wird die Lohnsteuer pauschal mit 25 % des Arbeitslohns und die Kirchensteuer mit 7 % berechnet. Die Steuern werden vom Arbeitgeber getragen und an das Betriebsstätten-Finanzamt abgeführt. Der Lohnsteuerabzug kann auch nach den individuellen Lohnsteuerabzugsmerkmalen erfolgen.

Beispiel

Im Juli 01 wird eine Aushilfskraft in der Gastronomie an 16 Arbeitstagen eingesetzt. Sie arbeitet täglich sechs Stunden zu einem Stundenlohn von 16,00 €. In den anderen Monaten wird sie nicht beschäftigt.

Lösung

Es handelt sich um eine kurzfristig beschäftigte Aushilfskraft, die sozialversicherungsfrei ist.
Der Arbeitgeber kann die Steuer pauschal berechnen.

Arbeitslohn = 6 Std. · 16,00 € = 96,00 € < 150,00 €/Tag
96,00 € · 16 Tage = 1.536,00 €

1.536,00 € · 25 % LSt =	384,00 €
384,00 € · 7 % KiSt =	26,88 €
384,00 € · 5,5 % SolZ =	21,12 €
1.536,00 € · 1,34 % U1 + U2 =	20,58 €
Summe	452,58 €

Buchungssätze der Bruttolohnverbuchung

		Soll	Haben
6030	Aushilfslöhne	1.536,00 €	
6040	Pauschale Lohnsteuer für Aushilfen	452,58 €	
an 3790	Lohn- und Gehaltsverrechnungskonto		1.988,58 €

		Soll	Haben
3790	Lohn- und Gehaltsverrechnungskonto	1.988,58 €	
an 3720	Verbindlichkeiten aus Lohn und Gehalt		1.536,00 €
3730	Verbindlichkeiten aus Lohn-und Kirchensteuer		452,58 €

Buchungssätze der Zahlung

		Soll	Haben
3720	Verbindlichkeiten aus Lohn und Gehalt	1.536,00 €	
an 1800	Bank		1.536,00 €

		Soll	Haben
3730	Verbindlichkeiten aus Lohn-und Kirchensteuer	453,12 €	
an 1800	Bank		453,12 €

Zusammenfassung

Kurzfristige Beschäftigung

§ 8 (1) Nr. 2 SGB IV
- Beschäftigung von vornherein auf nicht mehr als drei Monate oder auf insgesamt 70 Arbeitstage im Kalenderjahr befristet
- keine berufsmäßige Ausübung

→ keine Beiträge zur Sozialversicherung (auch nicht vom Arbeitgeber)

§ 40 a (1) EStG
- nicht regelmäßig wiederkehrend beschäftigt
- Dauer der Beschäftigung höchstens 18 zusammenhängende Arbeitstage

und
- Arbeitslohn durchschnittlich höchstens 150,00 €/Tag und der Stundenlohn höchstens 19,00 € beträgt

oder
- Beschäftigung wird zu einem unvorhersehbaren Zeitpunkt sofort erforderlich

→ **Pauschalierung**
- Lohnsteuer 25 %
- Solidaritätszuschlag 5,5 %
- Kirchensteuer 7 %[1]

Umlagen
- U 1 ... 1,1 %
- U 2 ... 0,24 %

1 Pauschale Kirchensteuer in Höhe von 7 % gilt in Bayern, Bremen, Hessen, Nordrhein-Westfalen, Rheinland-Pfalz und Saarland. 4 % in Hamburg, 4,5 % in Baden-Württemberg, 5 % in Berlin, Brandenburg, Mecklenburg-Vorpommern, Sachsen, Sachsen-Anhalt, Thüringen und 6 % in Niedersachsen und Schleswig-Holstein.

Aufgaben

1. Eine Aushilfskraft, die einen kranken Arbeitnehmer kurzfristig vertreten muss, arbeitet im Januar 01 zehn Tage jeweils sechs Stunden. Der Stundenlohn beträgt 16,20 €.
   Buchen Sie zum Monatsende.

2. Im Dezember 01 wird von Ihrem Mandanten eine Aushilfskraft zum Verpacken von Geschenken eingestellt. Sie arbeitet an 15 Tagen jeweils fünf Stunden für einen Stundenlohn in Höhe von 15,80 €.
   Buchen Sie zum Monatsende.

8.4 Übergangszone – Midijob

Neben den Minijobs gibt es noch die Midijobs[1] für die Übergangszone (ehemals Gleitzone).

Übersicht Midijob

Übergangszone – Midijob 538,01 € – 2.000,00 €/Monat	
Arbeitnehmer/-in	**Arbeitgeber**
• Die Sozialbeiträge steigen linear von 10 % auf 20,99 % an. • Diesen Anstieg nennt man Übergangszone. • In der Übergangszone zahlt der/die Arbeitnehmer/-in nur reduzierte Sozialversicherungsbeiträge. • Die **Steuern** werden individuell nach den zugrundeliegenden Lohnsteuerdaten erhoben: • Die **Steuern** trägt der/die Arbeitnehmer/-in.	• Die Sozialbeiträge des Arbeitgebers fallen in voller Höhe an. • Pauschalabgaben sind ausgeschlossen. • Die Umlagen U1 bis U3 hat der Arbeitgeber allein zu tragen.
Voraussetzung Es darf keine versicherungspflichtige Haupttätigkeit mit einem Einkommen über 2.000,00 € /Monat vorliegen.	
Anmeldung bei der Krankenkasse der Arbeitnehmerin bzw. des Arbeitnehmers	
Einziehende Stelle der Sozialbeiträge: Krankenkasse der Arbeitnehmerin bzw. des Arbeitnehmers	

Arbeitsentgelt in der Übergangszone

Beträgt das Arbeitsentgelt aus einer Beschäftigung 538,01 € bis 2.000,00 € im Monat, so liegt ein **Beschäftigungsverhältnis in der Übergangszone** vor. Hierbei ist vom regelmäßigen Arbeitsentgelt auszugehen.

Die Arbeitnehmerin bzw. der Arbeitnehmer ist in diesem Fall zwar versicherungspflichtig, hat allerdings nur einen reduzierten Beitragsanteil am Gesamtsozialversicherungsbeitrag zu zahlen. Dies geschieht, indem die Bemessungsgrundlage für die Beiträge gemindert wird. Da für die spätere Rentenberechnung für diese Zeit auch nur die niedrigere Bemessungsgrundlage zugrunde gelegt wird, hat die Arbeitnehmerin bzw. der Arbeitnehmer die Möglichkeit, auf die Reduzierung des beitragspflichtigen Arbeitsentgelts zu verzichten und den vollen Arbeitnehmerbeitrag zu zahlen.

Der Arbeitgeberbeitrag ist hingegen unverändert aus dem tatsächlich erzielten Arbeitsentgelt zu berechnen.

Beitragsberechnung in der Übergangszone

In der Kranken-, Pflege-, Renten- und Arbeitslosenversicherung wird für die Berechnung des Beitrags als beitragspflichtige Einnahme ein Betrag zugrunde gelegt, der nach der Übergangszonenformel berechnet wird.

Die beitragspflichtige Einnahme wird für 2024 nach folgender Formel ermittelt:

$$\text{Beitragspflichtige Einnahme} = 1{,}1160637482 \cdot \text{Arbeitsentgelt} - 232{,}12749658$$

1 Ausgenommen von der Minijob- und der Midijobregelung sind die Auszubildenden.

Beispiel

Ein Arbeitnehmer, verheiratet, keine Kinder, konfessionslos, 30 Jahre alt, hat einen monatlichen Arbeitslohn in Höhe von 650,00 €.

Lösung

Berechnung der Sozialversicherungsbeiträge

Arbeitgeberanteil

Bemessungsgrundlage = 650,00 €

Krankenversicherung 7,3 % aus 650,00 €	47,45 €
Zusatzbeitrag KV 0,85 % aus 650,00 €	5,53 €
Pflegeversicherung 1,7 % aus 650,00 €	11,05 €
Rentenversicherung 9,3 % aus 650,00 €	60,45 €
Arbeitslosenversicherung 1,3 % aus 650,00 €	8,45 €
Summe Arbeitgeberanteil	132,93 €

Arbeitnehmeranteil

Berechnung beitragspflichtige Einnahme

1,1160637482 · 650,00 € – 232,12749658 = 493,31 €

Bemessungsgrundlage = 493,31 €

Krankenversicherung 14,6 % aus 493,31 €	72,02 €
– AG-Anteil	47,45 €
= AN-Anteil	24,57 €
Zusatzbeitrag KV 1,7 % aus 493,31 €	8,39 €
– AG-Anteil	5,53 €
= AN-Anteil	2,86 €
Pflegeversicherung 4,0 % aus 493,31 €	19,73 €
– AG-Anteil	11,05 €
= AN-Anteil	8,68 €
Rentenversicherung 18,6 % aus 493,31 €	91,76 €
– AG-Anteil	60,45 €
= AN-Anteil	31,31 €
Arbeitslosenversicherung 2,6 % aus 493,31 €	12,83 €
– AG-Anteil	8,45 €
= AN-Anteil	4,38 €

Die Summe aller Arbeitnehmeranteile beträgt 71,80 € (24,57 € + 2,86 € + 8,68 € + 31,31 € + 4,38 €).
Der Arbeitgeberanteil zur Sozialversicherung beträgt 132,93 €.

Mehrfachbeschäftigung

Werden mehrere versicherungspflichtige Beschäftigungen ausgeübt und liegt die Summe der Arbeitsentgelte aller Beschäftigungen innerhalb der Übergangszone, so müssen alle beitragspflichtigen Einnahmen aus den einzelnen Beschäftigungen addiert werden, um die Übergangsformel anzuwenden. Die Arbeitgeber müssen daher das Gesamtarbeitsentgelt aus allen Beschäftigungen kennen. Dieser Betrag wird den Arbeitgeberinnen und Arbeitgebern von den Krankenkassen gemeldet. Die Krankenkassen ihrerseits erhalten die notwendigen Daten aus den GKV-Monatsmeldungen der Arbeitgeber.

8.5 Geringverdienergrenze

Für Auszubildende und Praktikantinnen bzw. Praktikanten, die ein vorgeschriebenes Vor- oder Nachpraktikum ableisten und monatlich nicht mehr als 325,00 € verdienen, gilt, dass der Arbeitgeber die Sozialversicherungsbeiträge allein zu tragen hat. Dies gilt auch für den Kinderlosenzuschlag von 0,6 % in der Pflegeversicherung.

§ 20 Abs. 3 SGB IV

Wenn diese Grenze durch eine Einmalzahlung überschritten wird, tragen die Arbeitnehmerin bzw. der Arbeitnehmer und der Arbeitgeber die Beiträge für den Betrag über 325,00 € jeweils anteilig.

Steuerabzugsbeträge fallen bei den Steuerklassen I bis IV in diesen Fällen nicht an.

Beispiel

Monika Meiser, 21 Jahre alt, macht eine Ausbildung zur kaufmännischen Angestellten und erhält einen monatlichen Bruttoarbeitslohn in Höhe von 310,00 €.

Lösung

Berechnung der Sozialversicherungsbeiträge des Arbeitgebers:
KV 16,3 % + PV 3,4 % + RV 18,6 % + ALV 2,6 % = 40,9 %
310,00 € · 40,9 % = 126,79 €

Die Sozialversicherungsbeiträge in Höhe von 126,79 € werden vom **Arbeitgeber** alleine getragen.

Buchungssätze der Bruttolohnverbuchung

		Soll	Haben
6000	Löhne und Gehälter	310,00 €	
6110	Gesetzlich soziale Aufwendungen	126,79 €	
an 3790	Lohn- und Gehaltsverrechnungskonto		436,79 €

		Soll	Haben
3790	Lohn- und Gehaltsverrechnungskonto	436,79 €	
an 3720	Verbindlichkeiten aus Lohn und Gehalt		310,00 €
3740	Verbindlichkeiten i. R. d. sozialen Sicherheit		126,79 €

Buchungssätze der Zahlung

		Soll	Haben
3720	Verbindlichkeiten aus Lohn und Gehalt	310,00 €	
an 1800	Bank		310,00 €

		Soll	Haben
3740	Verbindlichkeiten i. R. d. sozialen Sicherheit	126,79 €	
an 1800	Bank		126,79 €

Aufgaben

1. Ein Auszubildender erhält einen monatlichen Bruttoarbeitslohn von 320,00 €. Er hat seinem Arbeitgeber eine Lohnsteuerkarte mit Steuerklasse I vorgelegt.
   Berechnen Sie die Sozialversicherungsbeiträge, wenn kein Kind zu berücksichtigen ist, und buchen Sie zum Monatsende.

2. Eine Auszubildende, keine Kinder, erhält einen monatlichen Arbeitslohn von 280,00 €, Steuerklasse I.
   Berechnen Sie die Sozialversicherungsbeiträge und nehmen Sie die erforderlichen Buchungen vor.

8.6 Exkurs: Gesellschafter-Geschäftsführer

Verfügt ein Gesellschafter-Geschäftsführer einer GmbH mindestens über die Hälfte des Stammkapitals, ist er nicht Arbeitnehmer im Sinne der Sozialversicherung, denn er bestimmt maßgeblich die Geschicke der GmbH.

Er ist aber Arbeitnehmer im Sinne des Lohnsteuerrechts, d. h., er bezieht Arbeitslohn, von dem Lohnsteuer einzubehalten ist.

Voraussetzung ist, dass der Arbeitslohn angemessen ist, d. h., einem angestellten Fremdgeschäftsführer würde der gleiche Arbeitslohn oder mehr bezahlt werden.

Aus arbeitsrechtlicher Sicht ist der Geschäftsführer einer GmbH kein Arbeitnehmer, egal ob er Gesellschafter ist oder nicht. Die GmbH kann daher z. B. ihrem Geschäftsführer keine vermögenswirksame Leistungen zukommen lassen.

Beispiel Der alleinige Gesellschafter-Geschäftsführer der IMAC-GmbH erhält monatlich einen Bruttoarbeitslohn in Höhe von 6.000,00 €. Die Steuerabzugsbeträge belaufen sich auf 1.924,45 €, sodass ihm 4.075,55 € ausgezahlt werden.

Lösung **Buchungssätze bei Bruttolohnverbuchung**

		Soll	Haben
6000	Löhne und Gehälter	6.000,00 €	
an 3790	Lohn- und Gehaltsverrechnungskonto		6.000,00 €

		Soll	Haben
3790	Lohn- und Gehaltsverrechnungskonto	6.000,00 €	
an 3720	Verbindlichkeiten aus Lohn und Gehalt		4.075,55 €
3730	Verbindlichkeiten aus Lohn- und Kirchensteuer		1.924,45 €

8.7 Exkurs: Ehegattenarbeitsverhältnis

Ein Arbeitsverhältnis mit der Ehegattin bzw. dem Ehegatten ist steuerlich anzuerkennen, wenn es wie unter fremden Dritten durchgeführt wird (= sog. Fremdvergleich).

Dazu gehört, dass es **ernsthaft vereinbart** (sinnvollerweise mit einem schriftlichen Arbeitsvertrag) ist und entsprechend **durchgeführt** wird.

Der an die Ehegattin bzw. den Ehegatten gezahlte Arbeitslohn darf den Arbeitslohn, den eine fremde Arbeitnehmerin bzw. ein fremder Arbeitnehmer erhalten würde, nicht übersteigen. Im Arbeitsvertrag ist deshalb die Höhe des Arbeitslohns anzugeben.

Der Arbeitslohn muss auf ein Konto der mitarbeitenden Ehegattin bzw. des mitarbeitenden Ehegatten überwiesen werden. Unschädlich ist, wenn die Arbeitgeber-Ehegattin bzw. der Arbeitgeber-Ehegatte über dieses Konto unbeschränkte Verfügungsvollmacht besitzt. Die Überweisung auf ein sog. Oder-Konto[1] ist auch zulässig. Schädlich für die Anerkennung des Arbeitsverhältnisses ist es, wenn der Arbeitslohn auf ein Privatkonto der Arbeitgeber-Ehegattin bzw. des Arbeitgeber-Ehegatten überwiesen wird.

Der Lohnsteuerabzug erfolgt nach den allgemeinen Regeln. Auch hinsichtlich der Sozialversicherungspflicht gelten die allgemeinen Grundsätze.

1 Bei einem als Oder-Konto geführten Bankkonto haben beide Ehepartner/-innen unabhängig voneinander Zugriffsberechtigung.

8.8 Exkurs: Lohnsteuerjahresausgleich durch den Arbeitgeber

Bei dem **Lohnsteuerjahresausgleich durch den Arbeitgeber** wird die Lohnsteuer aufgrund der Jahreslohnsteuertabelle für den Jahresbruttoarbeitslohn verglichen mit den im Laufe des Jahres monatlich abgeführten Lohnsteuerbeträgen. Ist die Lohnsteuer aufgrund der Jahreslohnsteuertabelle niedriger, wird der Arbeitnehmerin bzw. dem Arbeitnehmer die Differenz vom Arbeitgeber erstattet.

Zu unterschiedlichen Beträgen zwischen der Jahreslohnsteuer und den monatlich angemeldeten Beträgen kann es kommen, wenn der monatliche Bruttoarbeitslohn nicht immer gleich hoch ist, z. B. durch Überstundenvergütungen, Weihnachtsgeld oder durch Eintragung eines Freibetrags auf der Lohnsteuerkarte im Laufe des Jahres.

Einen Lohnsteuerjahresausgleich kann nur der Arbeitgeber durchführen, nicht das Finanzamt.

Die bzw. der Steuerpflichtige, die bzw. der nur Arbeitnehmerin bzw. Arbeitnehmer ist, kann auf Antrag zur Einkommensteuer veranlagt werden (= sog. **Antragsveranlagung**).

Ist die Lohnsteuer aufgrund der Jahreslohnsteuertabelle höher als die bisher abgeführte Lohnsteuer, sind zwei Varianten zu unterscheiden:

- Ist die monatlich berechnete und einbehaltene Lohnsteuer zutreffend gewesen, sind keine Konsequenzen erforderlich.
- Beruht die Differenz auf einem falsch berechneten Lohnsteuerabzug im Laufe des Jahres, muss die Lohnsteuer berichtigt werden, die Mehrsteuer vom Arbeitslohn einbehalten und an das Finanzamt abgeführt werden.

Gemäß § 42 b (1) S. 2 EStG ist der Arbeitgeber zur Durchführung des Lohnsteuerjahresausgleichs **verpflichtet**, wenn er am 31.12. mindestens zehn Arbeitnehmerinnen bzw. Arbeitnehmer beschäftigt, deren Arbeitslohn nach den jeweiligen individuellen Lohnsteuerabzugsmerkmalen besteuert wird. *§ 42 b (1) S. 2 EStG*

Bei weniger als zehn Arbeitnehmerinnen bzw. Arbeitnehmern **kann** der Arbeitgeber einen Lohnsteuerjahresausgleich durchführen.

Voraussetzung für die Durchführung eines Lohnsteuerjahresausgleichs ist, dass die Arbeitnehmerin bzw. der Arbeitnehmer das ganze Kalenderjahr ununterbrochen in einem Dienstverhältnis gestanden hat. Hierbei ist es ohne Bedeutung, ob die Arbeitnehmerin bzw. der Arbeitnehmer bei einem oder mehreren Arbeitgebern hintereinander beschäftigt war.

Gemäß § 42 b (1) S. 4 EStG darf z. B. kein Lohnsteuerjahresausgleich durchgeführt werden, *§ 42 b (1) S. 4 EStG*

- wenn die Arbeitnehmerin bzw. der Arbeitnehmer es beantragt,
- wenn die Arbeitnehmerin bzw. der Arbeitnehmer für das Kalenderjahr oder **für einen Teil** des Kalenderjahres nach den Steuerklassen V oder VI zu besteuern war,
- wenn die Arbeitnehmerin bzw. der Arbeitnehmer für einen Teil des Kalenderjahres nach den Steuerklassen II, III oder IV zu besteuern war,
- wenn beim Lohnsteuerabzug der Arbeitnehmerin bzw. des Arbeitnehmers ein Freibetrag zu berücksichtigen war.

Beispiele

- Ein Arbeitnehmer heiratet im November 01 und lässt die Steuerklasse von I in III ändern.
  → Da der Arbeitnehmer für einen Teil des Kalenderjahres nach Steuerklasse III zu besteuern war, darf kein Lohnsteuerjahresausgleich durchgeführt werden.
- Bei Eheleuten, die beide Arbeitnehmer sind, hat der Ehemann das gesamte Kalenderjahr die Steuerklasse III und die Ehefrau Steuerklasse V.
  → Für den Ehemann darf ein Lohnsteuerjahresausgleich durchgeführt werden, für die Ehefrau nicht, da sie das gesamte Kalenderjahr über die Steuerklasse V hatte.

Der Lohnsteuerjahresausgleich darf frühestens mit der Lohnabrechnung für den Monat Dezember und muss spätestens bei der Lohnabrechnung für den Monat März des Folgejahres durchgeführt werden.

Der für den Lohnsteuerjahresausgleich maßgebende Jahresbruttoarbeitslohn ermittelt sich wie folgt:

Jahresbruttoarbeitslohn einschließlich Sachbezüge
– steuerfreier Arbeitslohn
– pauschal besteuerter Arbeitslohn
= steuerpflichtiger Arbeitslohn
– Altersentlastungsbetrag gemäß § 24 a EStG
– Versorgungsfreibetrag und
– Zuschlag zum Versorgungsfreibetrag gemäß § 19 (2) EStG
= maßgebender Jahresarbeitslohn

Lohnsteuer, Solidaritätszuschlag und Kirchensteuer werden dann nach der Jahreslohnsteuertabelle ermittelt. Hierbei ist die zuletzt gültige Steuerklasse maßgebend.

Die so ermittelten Beträge sind mit den bereits einbehaltenen Steuerbeträgen zu vergleichen. Die Differenz ist der zu erstattende Betrag.

Beispiel

Die Angestellte Lara Deibert, Steuerklasse I, hatte einen monatlichen Bruttoarbeitslohn von Januar bis November in Höhe von 4.000,00 €.
Die monatlichen Steuerabzugsbeträge betragen: Lohnsteuer 573,83 € und die Kirchensteuer 51,64 € (Summe Steuern = 625,47 €).
Das Dezembergehalt einschließlich Weihnachtsgeld beläuft sich auf 8.000,00 €, die Lohnsteuer beträgt 1.948,08 € und die Kirchensteuer 175,32 € (Summe Steuern = 2.123,40 €).

Lösung

Berechnung des Lohnsteuerjahresausgleiches durch den Arbeitgeber

Gehalt Januar bis Dezember, Jahresarbeitslohn 52.000,00 €	
Lohnsteuer laut Jahrestabelle	7.942,00 €
bisher einbehalten 11 · 573,83 €	– 6.312,13 €
noch abzuführen für Dezember	1.599,87 €
Kirchensteuer laut Jahrestabelle	714,78 €
bisher einbehalten 11 · 51,64 €	– 568,04 €
noch abzuführen für Dezember	146,74 €
Summe der abzuführenden Beträge (1.599,87 € + 146,74 €)	1.746,61 €
Summe der Steuerbeträge laut Monatstabelle für Dezember	– 2.123,40 €
Differenzbetrag	– 376,79 €

Der Lohnsteuerjahresausgleich durch den Arbeitgeber führt zu einer niedrigeren Steuer von insgesamt 376,79 €.

9 Leistungen des Arbeitgebers

Arbeitslohn

Arbeitslohn sind alle Einnahmen, die der Arbeitnehmerin bzw. dem Arbeitnehmer aus einem Dienstverhältnis zufließen, § 2 (1) LStDV. Sie können in Geld oder Geldeswert bestehen, § 8 (1) EStG. Geldzuwendungen sind stets steuer- und sozialversicherungspflichtig, wenn sie nicht gemäß § 3 EStG steuerfrei sind. *§ 2 (1) LStDV* *§ 8 (1) EStG* *§ 3 EStG*

Kein Arbeitslohn sind

- Zuwendungen des Arbeitgebers im ganz überwiegenden betrieblichen Interesse,
- sog. Aufmerksamkeiten.

Mindestlohn

Der zum 01.01.2015 flächendeckend eingeführte gesetzliche Mindestlohn beträgt derzeit (2024) 12,41 € brutto je Zeitstunde und gilt für das gesamte Bundesgebiet.

Der Mindestlohn gilt für alle Arbeitnehmerinnen und Arbeitnehmer über 18 Jahre in allen Branchen.

Ausnahmen hiervon sind Auszubildende, Pflichtpraktikantinnen/Pflichtpraktikanten, Freiberuflerinnen/Freiberufler, Selbstständige, Langzeitarbeitslose, Jugendliche unter 18 Jahren ohne abgeschlossene Ausbildung sowie ehrenamtlich tätige Mitarbeiterinnen und Mitarbeiter. Für Azubis gilt seit dem 01.01.2020 allerdings eine spezielle Mindestvergütung.

Aufzeichnungspflichten

Der Arbeitgeber hat Beginn, Ende und Dauer der täglichen Arbeitszeit spätestens bis zum Ablauf des siebten auf den Tag der Arbeitsleistung folgenden Kalendertages aufzuzeichnen. Diese Aufzeichnung ist zu den Entgeltunterlagen zu nehmen und mindestens zwei Jahre aufzubewahren.

Die Aufzeichnungspflicht gilt für alle geringfügig Beschäftigten außer in Privathaushalten und für Beschäftigte in den in § 2a Schwarz-ArbG genannten Wirtschaftsbereichen oder -zweigen (sofortmeldepflichtige Betriebe).

9.1 Aufwendungen im eigenbetrieblichen Interesse

Bei Zuwendungen des Arbeitgebers an die Arbeitnehmerin bzw. den Arbeitnehmer im ganz überwiegenden eigenbetrieblichen Interesse handelt es sich nicht um Arbeitslohn. Es fehlt an einer objektiven Bereicherung der Arbeitnehmerin bzw. des Arbeitnehmers. Ziel dieser Zuwendungen ist es, das allgemeine Betriebsklima zu verbessern.

Hierunter fallen z. B.

- Benutzung betriebseigener Bäder
- Duschgelegenheiten
- Sportanlagen
- Fitnessräume
- Parkplätze
- Büchereien
- Aufenthaltsräume
- Betriebskindergärten
- regelmäßige ärztliche Untersuchungen

Diese Leistungen erhalten in der Regel alle Arbeitnehmerinnen und Arbeitnehmer im Unternehmen.

Betriebsveranstaltungen

§ 19.5 LStR Zuwendungen des Arbeitgebers bei üblichen Betriebsveranstaltungen (z. B. Betriebsausflug, Weihnachtsfeier) werden im ganz überwiegenden betrieblichen Interesse des Arbeitgebers erbracht und gehören daher nicht zum Arbeitslohn.

Dies gilt, soweit der **Freibetrag von 110,00 €** – inklusive Umsatzsteuer – pro Veranstaltung und teilnehmender Arbeitnehmerin bzw. teilnehmendem Arbeitnehmer nicht überschritten ist und soweit nicht mehr als zwei begünstigte Veranstaltungen pro Jahr durchgeführt werden.

Eine Betriebsveranstaltung liegt auch dann vor, wenn die Veranstaltung nur Betriebsteile betrifft, z. B. eine einzelne Abteilung.

Zur Ermittlung der Kosten sind alle Kosten der Betriebsveranstaltung einzubeziehen, z. B. Saalmiete, Essen, Getränke, Übernachtungen, Fahrtkosten, **einschließlich Umsatzsteuer**, und durch die Anzahl der Teilnehmer zu dividieren.

Aufwendungen für eine Begleitperson sind dem Arbeitnehmer selbst zuzurechnen.

Die Zuwendungen sind **nicht steuerbare** Leistungen im Sinne des UStG.

Beispiel

Ein Unternehmer richtet eine Weihnachtsfeier für seine 25 Angestellten in den eigenen Geschäftsräumen aus. Essen und Getränke werden von einem Catering-Service geliefert. Die Rechnung hierüber lautet auf 2.250,00 € zzgl. 19 % USt 427,50 € = 2.677,50 €.

Lösung

Berechnung

2.677,50 €/25 Personen = 107,10 €/Person < 110,00-€-Freibetrag

Es liegt kein lohnsteuer- und sozialversicherungspflichtiger Arbeitslohn vor, da der Freibetrag von 110,00 € nicht überschritten wird.

Buchungssatz

		Soll	Haben
6060	Freiwillige soziale Aufwendungen, lohnsteuerfrei	2.250,00 €	
1400	Vorsteuer	427,50 €	
an 1800	Bank		2.677,50 €

Fortbildungskosten

R 19.7 LStR Aufwendungen des Arbeitgebers zur Fortbildung der Arbeitnehmerin bzw. des Arbeitnehmers gehören nicht zum steuerpflichtigen Arbeitslohn, wenn die Bildungsmaßnahme im ganz überwiegenden Interesse des Arbeitgebers durchgeführt wird. Dies ist gegeben, wenn durch die Maßnahme die Einsatzfähigkeit der Arbeitnehmerin bzw. des Arbeitnehmers im Betrieb erhöht werden soll.

Dabei kann die Bildungsmaßnahme auch in der Freizeit der Arbeitnehmerin bzw. des Arbeitnehmers stattfinden.

Unter die steuer- und sozialversicherungsfreien Aufwendungen fallen z. B. Aufwendungen für Fortbildungsmaßnahmen

- am Arbeitsplatz,
- in zentralen betrieblichen Einrichtungen und
- durch fremde Unternehmen, die auf Rechnung des Arbeitgebers tätig werden.

Auch hier liegt kein Arbeitslohn vor.

9.2 Aufmerksamkeiten

Aufmerksamkeiten sind Sachzuwendungen von **geringem Wert** (z. B. Blumen), des Arbeitgebers an die Arbeitnehmerin bzw. den Arbeitnehmer, d. h., sie übersteigen nicht **60,00 € brutto (= Freigrenze)**. Die Zuwendung muss anlässlich eines **persönlichen** Ereignisses (z. B. Hochzeit) erfolgen.

Aufmerksamkeiten sind steuer- und sozialversicherungsfrei. Die Freigrenze kann im Jahr mehrfach ausgeschöpft werden, wenn mehrere persönliche Anlässe vorliegen. Es handelt sich nicht um einen Jahresbetrag.

Wird die Freigrenze überschritten, ist der volle Betrag steuer- und sozialversicherungspflichtig.

Zu den Aufmerksamkeiten gehören auch

- Getränke und Genussmittel, z. B. Obst, Gebäck, die der Arbeitgeber zum Verzehr im Betrieb unentgeltlich oder verbilligt überlässt,
- Speisen bis zu 60,00 €, die der Arbeitgeber anlässlich eines außergewöhnlichen Arbeitseinsatzes im Betrieb der Arbeitnehmerin bzw. dem Arbeitnehmer unentgeltlich überlässt.

Geldzuwendungen sind stets steuer- und sozialversicherungspflichtig.

Bei Gewährung von Aufmerksamkeiten handelt es sich um nicht steuerbare Umsätze im Sinne des UStG.

Beispiel

Ein Unternehmer schenkt einer Angestellten zum Geburtstag eine DVD im Wert von brutto 36,99 €.

Lösung

Es liegt eine Aufmerksamkeit vor, die nicht zu Arbeitslohn führt.

Buchungssatz

			Soll	Haben
	6643	Aufmerksamkeiten	31,08 €	
	1400	Vorsteuer	5,91 €	
an	1600	Kasse		36,99 €

9.3 Sonstige Geld- und Sachzuwendungen

Handelt es sich bei den Zuwendungen des Arbeitgebers um sonstige Geld- und Sachzuwendungen, kann steuerfreier Arbeitslohn gemäß § 3 EStG oder steuerpflichtiger Arbeitslohn vorliegen. *§ 3 EStG*

9.3.1 Steuerfreie Zuwendungen

Sachzuwendungen bleiben steuerfrei, wenn sie monatlich den Wert von 50,00 € (einschließlich Umsatzsteuer) nicht übersteigen. Hierbei handelt es sich um eine **Freigrenze**. *§ 8 (2) S. 11 EStG*

Der Arbeitgeber kann also jeden Monat ohne besonderen Anlass der Arbeitnehmerin bzw. dem Arbeitnehmer Sachbezüge, die nach § 8 (2) S. 1 EStG zu bewerten sind, bis zu 50,00 € steuer- und sozialversicherungsfrei zuwenden. *§ 8 (2) S. 1 EStG*

Hierunter fallen z. B.:

- Vorteile aus verbilligter Überlassung von Wohnungen,
- Zinsersparnisse durch Arbeitgeberdarlehen,
- Überlassung von Tennisplätzen,
- Überlassung von Jobtickets,
- Sachgeschenke oder Warengutscheine.

Die Freigrenze gilt somit nur für Sachbezüge, die weder mit den amtlichen Sachbezugswerten oder der 1-%- bzw. Fahrtenbuchmethode zu bewerten noch um den Rabattfreibetrag zu kürzen sind.

Sie gilt daher nicht

- bei Überlassung von Unterkünften und Verpflegung,
- bei Privatnutzung von Firmenwagen.

Die Abgrenzung zwischen Geldleistung und Sachbezug ist ab 2020 gesetzlich in § 8 (1) S. 2 EStG geregelt. Danach gehören zu den Einnahmen in Geld auch zweckgebundene Geldleistungen, nachträgliche Kostenerstattungen und andere Vorteile, die auf einen Geldbetrag lauten. In diesen Fällen handelt es sich also nicht um begünstigte Sachbezüge.

Gleiches gilt auch für durch den Arbeitgeber selbst erstellt Gutscheine, da in diesem Fall eine nachträgliche Kostenerstattung vorliegt.

Beispiel Der Arbeitgeber übergibt einer Arbeitnehmerin monatlich 35,00 € mit der Auflage, hiervon eine Massage zu bezahlen.

Lösung Es handelt sich nicht um einen Sachbezug, obwohl die Hingabe des Geldbetrags mit einer Auflage verbunden ist. Der Sachbezug ist daher steuer- und sozialversicherungspflichtig.

Aus Nachweisgründen sollte der Arbeitgeber geeignete Unterlagen, wie z. B. die Kopie des Gutscheins zum Lohnkonto, nehmen.

Stets als Geldleistung sind folgende Gutscheine bzw. Geldkarten zu behandeln:

- Karten, die über eine Barauszahlungsfunktion verfügen,
- Karten, die über eine eigene IBAN verfügen,
- Karten, die für Überweisungen verwendet werden können,
- Gutscheine, die ausschließlich dazu berechtigen, sie gegen einen anderen Gutschein einzulösen bei z. B. Gutscheinportalen, weil der Bezug eines Gutscheins kein Bezug von Waren oder von einer Dienstleistung ist.

Gutscheine dürfen ausschließlich zum Bezug von Waren oder Dienstleistungen berechtigen, damit sie als Sachbezug gelten. Zusätzlich müssen sie bestimme Kriterien nach dem Zahlungsdiensteaufsichtsgesetz (ZAG) erfüllen. Danach kommen drei Kategorien in Betracht:

1. Limitierte Netze; hierunter fallen Gutscheine von Einkaufsläden, Einzelhandelsketten u. Ä.
2. Limitierte Produktpalette; hierunter fallen z. B. Tankkarten, Gutscheine für ein Fitnessstudio oder eines Buchladens
3. Instrumente zu steuerlichen und sozialen Zwecken; hierzu gehören z. B. Essenmarken.

Beispiel Ein Arbeitgeber hat mit einem Tankstellenpächter vereinbart, dass seine Arbeitnehmer monatlich für 50,00 € brutto dort tanken dürfen. Hierfür erhält jeder Arbeitnehmer eine Tankkarte dieser Tankstelle mit einem monatlichen Höchstbetrag von 50,00 €.

Lösung Der Sachbezug ist in voller Höhe steuer- und sozialversicherungsfrei.

Bei einem Warengutschein, der bei einem Dritten einzulösen ist, erfolgt der Zufluss des Arbeitslohns mit der Hingabe des Gutscheins an die Arbeitnehmerin bzw. den Arbeitnehmer, da diese bzw. dieser zu diesem Zeitpunkt einen Rechtsanspruch gegenüber dem Dritten erhält. Die Bewertung des Arbeitslohns hat demnach auch bei Hingabe zu erfolgen und nicht erst bei Einlösung des Gutscheins. Preisveränderungen, die sich zwischen Hingabe und Einlösung des Gutscheins ergeben, bleiben daher unberücksichtigt. Dem Arbeitnehmer wird dadurch die Möglichkeit eingeräumt, Gutscheine über mehrere Monate zu sammeln.

Die Sachbezüge führen umsatzsteuerlich zu steuerbaren und ggf. steuerpflichtigen Umsätzen.

Beispiel

Ein Arbeitnehmer erhält monatlich einen ordnungsgemäßen Gutschein über 50,00 € eines ortsansässigen Fahrradhändlers. Der Arbeitnehmer sammelt die Gutscheine über vier Monate und kauft dann ein hochwertiges Fahrradschloss für 190,00 €.

Lösung

Die Zuwendungen sind steuerfrei gemäß § 8 (2) S. 11 EStG, da sie die Freigrenze von 50,00 € je Monat nicht übersteigt.

Buchungssatz der Sachzuwendung

		Soll	Haben
6130	Freiwillige soziale Aufwendungen, lohnsteuerfrei	50,00 €	
an 4948	Verrechnung sonstige Sachbezüge mit USt		42,02 €
3800	Umsatzsteuer		7,98 €

Bei Prüfung der 50,00-€-Freigrenze sind alle Sachbezüge eines Monats, die nach § 8 (2) S. 1 EStG bewertet werden, zu addieren.

Beispiel

Eine Arbeitnehmerin erhält im Januar 01 wegen besonderer Leistungen eine Kiste mit Wein im Wert von 43,00 € und außerdem einen Gutschein eines Musikgeschäfts (nur Waren mit 19 % Umsatzsteuer im Angebot). im Wert von 20,00 €.

Lösung

Insgesamt überschreiten die Zuwendungen von 63,00 € die Freigrenze von 50,00 € und sind daher steuer- und sozialversicherungspflichtig. Sie erhöhen als Sachbezug den Bruttoarbeitslohn.

Buchungssatz

		Soll	Haben
6060	Freiwillige soz. Aufwendungen, lohnsteuerpflichtig	63,00 €	
an 4948	Verrechnete sonstige Sachbezüge mit USt		52,94 €
3800	Umsatzsteuer		10,06 €

Bestimmte in § 3 EStG genannte Zuwendungen des Arbeitgebers an die Arbeitnehmerin bzw. den Arbeitnehmer sind steuerfrei und damit in der Regel auch sozialversicherungsfrei. *§ 3 EStG*

Hierunter fallen z. B.

- typische Berufskleidung, die der Arbeitgeber seiner Arbeitnehmerin bzw. seinem Arbeitnehmer unentgeltlich oder verbilligt überlässt, § 3 Nr. 31 EStG,
- die unentgeltliche oder verbilligte Sammelbeförderung einer Arbeitnehmerin bzw. eines Arbeitnehmers zur Wohnung und Arbeitsstätte mit einem vom Arbeitgeber gestellten Beförderungsmittel, § 3 Nr. 32 EStG,
- Ausgaben des Arbeitgebers zur Zukunftssicherung der Arbeitnehmerin bzw. des Arbeitnehmers, z. B. Arbeitgeberanteil zur Sozialversicherung, § 3 Nr. 62 EStG,
- Zuschläge für Sonntags-, Feiertags- oder Nachtarbeit, § 3 b EStG,
- Vergütungen des Arbeitgebers zur Erstattung von Reisekosten, soweit sie bestimmte Höchstbeträge nicht übersteigen, § 3 Nr. 16 EStG,
- zusätzlich zum ohnehin geschuldeten Arbeitslohn erbrachte Leistungen des Arbeitgebers zur Unterbringung und Betreuung von nicht schulpflichtigen Kindern in Kindergärten oder vergleichbaren Einrichtungen, § 3 Nr. 33 EStG,
- private Nutzung von betrieblichen PC- und Telekommunikationsgeräten, § 3 Nr. 45 EStG.

Beispiel Der Arbeitgeber zahlt einer Arbeitnehmerin für deren Kind den Kindergartenbeitrag in Höhe von 150,00 €.

Lösung Die Zahlung ist steuer- und sozialversicherungsfrei.

Buchungssatz

		Soll	Haben
6130	Freiwillige soziale Aufwendungen, lohnsteuerfrei	150,00 €	
an 1800	Bank		150,00 €

9.3.2 Steuerpflichtige Zuwendungen

Sachbezüge, die Arbeitslohn darstellen und nicht steuerfrei sind, sind steuer- und sozialversicherungspflichtig. Sie sind entweder dem laufenden Arbeitslohn, z. B. monatliche private Nutzung eines Firmenwagens, oder den sonstigen Bezügen, z. B. einmaliger Warengutschein, zuzuordnen.

Eine Lohn- und Gehaltsabrechnung mit Sachbezügen gliedert sich wie folgt:

Bruttolohn/-gehalt
+ eventuelle vermögenswirksame Leistungen des Arbeitgebers
+ Sachbezüge

= steuer- und sozialversicherungspflichtiger Arbeitslohn
– Lohn- und Kirchensteuer, Solidaritätszuschlag
– Arbeitnehmeranteil Sozialversicherung

= Nettolohn/-gehalt
– vermögenswirksame Leistungen Sparbetrag
– Sachbezüge

= Auszahlungsbetrag

Beispiel Ein Arbeitnehmer erhält ein monatliches Gehalt von 2.700,00 €. Außerdem überlässt ihm der Arbeitgeber eine verbilligte Wohnung, Vorteil hieraus: 300,00 €. Die Lohnsteuer beträgt 322,75 €, die Kirchensteuer 29,04 €, der AN-Anteil zur Sozialversicherung 613,50 €, der AG-Anteil zur Sozialversicherung 613,50 €.

Lösung **Gehaltsabrechnung**

monatliches Gehalt	2.700,00 €
+ Sachbezug	300,00 €
= LSt- u. SV-pflichtiges Gehalt	3.000,00 €
– Lohnsteuer	322,75 €
– Kirchensteuer	29,04 €
– Arbeitnehmeranteil SV	613,50 €
= Nettogehalt	2.034,71 €
– Sachbezug	300,00 €
= Auszahlungsbetrag	1.734,71 €

Überlassung einer Wohnung/Unterkunft

Überlässt der Arbeitgeber seiner Arbeitnehmerin bzw. seinem Arbeitnehmer verbilligt oder kostenlos eine Wohnung, kann damit ein steuerpflichtiger Sachbezug gegeben sein. Der Sachbezug ist grundsätzlich mit dem ortsüblichen Mietwert abzüglich einer eventuellen Zuzahlung durch den Arbeitnehmer zu bewerten, § 8 (2) S. 1

UStG. Der Ansatz eines Sachbezugs für eine überlassene Wohnung zu eigenen Wohnzwecken unterbleibt allerdings, soweit das vom Arbeitnehmer gezahlte Entgelt mindestens zwei Drittel des ortsüblichen Mietwerts und dieser nicht mehr als 25,00 € je m² ohne umlagefähige Kosten beträgt, § 8 (2) S. 12 EStG.

Beispiel 1

Der Arbeitgeber überlässt einem Arbeitnehmer eine werkseigene Wohnung zum Mietpreis von 180,00 €. Die ortsübliche Miete für eine vergleichbare Wohnung beträgt 700,00 €. Die Angaben sind ohne Nebenkosten, der Quadratmeterpreis liegt unter 25,00 €.

Lösung 1

ortsübliche Miete	700,00 €
– Zahlung Arbeitnehmer	180,00 €
= Wert Sachbezug	520,00 €

Der steuer- und sozialversicherungspflichtige Sachbezug beträgt 520,00 €.

Der Mieter zahlt weniger als zwei Drittel des ortsüblichen Mietpreises, sodass der Sachbezug steuer- und sozialversicherungspflichtig ist.

Beispiel 2

Der Arbeitgeber überlässt einer Arbeitnehmerin eine 80 m² große Wohnung für eine monatliche Zahlung von 950,00 €. Hierbei handelt es sich um die Kaltmiete. Der ortsübliche Mietpreis liegt bei 1.200,00 € (= 15,00 € je m²).

Lösung 2

Ortsüblicher Mietpreis beträgt 1.200,00 € · 2/3 = 800,00 €.

Die Mieterin zahlt mehr als 800,00 €, also mehr als 2/3 des ortsüblichen Mietpreises und der übliche Preis pro m² liegt unter 25,00 €. Der Sachbezug von 250,00 € monatlich (1.200,00 € abzüglich 950,00 €) ist daher steuer- und sozialversicherungsfrei.

Von der Wohnung zu unterscheiden ist eine Unterkunft: „Eine Wohnung ist eine in sich geschlossene Einheit von Räumen, in denen ein selbstständiger Haushalt geführt werden kann". *R 8.1 (6) LStR*

Es müssen eine Küche oder Kochgelegenheit sowie eine Toilette vorhanden sein. Die Möglichkeit einer **Mitbenutzung** von Gemeinschaftsküche, -dusche oder -toilette reicht für das Vorliegen einer Wohnung **nicht aus**. In diesen Fällen handelt es sich um eine Unterkunft.

Der geldwerte Vorteil der Überlassung einer Unterkunft wird zwingend nach der Sozialversicherungsentgeltverordnung (SvEV) bestimmt.

Die Werte der SvEV werden jährlich neu festgesetzt.

Gemäß § 2 (3) SvEV wird der Wert einer Unterkunft für 2024 mit monatlich 278,00 € festgesetzt. *§ 2 (3) SvEV*

Beispiel

Ein Arbeitgeber stellt einer Arbeitnehmerin kostenlos eine Unterkunft zur Verfügung.
→ Der steuer- und sozialversicherungspflichtige Sachbezug beträgt monatlich 278,00 €.

Der Wert einer Unterkunft vermindert sich gemäß § 2 (3) S. 2 SvEV z. B. für Jugendliche bis zur Vollendung des 18. Lebensjahres und Auszubildende um 15 %.

Die Sachbezugswerte für Wohnung und Unterkunft sind umsatzsteuerfrei. Gebucht wird der Sachbezug auf dem Konto

- 4949 Verrechnete sonstige Sachbezüge ohne USt
- 4948 Verrechnete sonstige Sachbezüge mit USt

Verpflegung

Auch die verbilligte oder freie Verpflegung der Arbeitnehmerin bzw. des Arbeitnehmers durch den Arbeitgeber stellt einen Sachbezug dar, der mit dem Wert der SvEV **zwingend** anzusetzen ist, ggf. abzüglich einer Zuzahlung der Arbeitnehmerin bzw. des Arbeitnehmers.

Für 2024 gelten folgende Werte inkl. Umsatzsteuer:

	Frühstück	Mittagessen	Abendessen	Summe
monatlich	65,00 €	124,00 €	124,00 €	313,00 €
täglich	2,17 €	4,13 €	4,13 €	10,43 €

Die Werte gelten auch für Jugendliche und Auszubildende.

Beispiel Eine Angestellte, 17 Jahre alt, erhält im Juni 01 an 20 Tagen freie Verpflegung durch den Arbeitgeber.

Lösung Der steuer- und sozialversicherungspflichtige Sachbezug beträgt monatlich 208,60 €.
Die darin enthaltene Umsatzsteuer beträgt 33,31 €.

§ 2 (2) SvEV Gemäß § 2 (2) SvEV erhöhen sich die Beträge für nicht bei demselben Arbeitgeber beschäftigte Familienangehörige, die ebenfalls freie oder verbilligte Verpflegung erhalten, je Angehöriger bzw. Angehörigem z. B. um 100 %, wenn sie/er das 18. Lebensjahr vollendet hat, oder um 80 %, wenn sie/er das 14., aber noch nicht das 18. Lebensjahr vollendet hat.

Beispiel Eine Arbeitnehmerin erhält einen monatlichen Arbeitslohn von 2.800,00 €. Außerdem überlässt ihr der Arbeitgeber eine Wohnung, für die sie 200,00 € zahlt (ortsüblicher Mietpreis 800,00 €). Die Arbeitnehmerin konnte ferner in der Kantine 21-mal kostenlos zu Mittag essen.

Lösung Die Lohnabrechnung sieht wie folgt aus:

Arbeitslohn	2.800,00 €
+ Sachbezug: Wohnung 800,00 € – 200,00 € =	600,00 €
freie Verpflegung 21 Tage · 4,13 € =	86,73 €
= Bruttoarbeitslohn, steuer- und sozialversicherungspflichtig	3.486,73 €
– Lohn- und Kirchensteuer	475,51 €
– AN-Anteil SV	711,29 €
– Sachbezüge (600,00 € + 86,73 €)	686,73 €
= Auszahlungsbetrag	1.613,20 €

Der AG-Anteil zur Sozialversicherung beläuft sich auf 711,29 €.

Der Sachbezug für Verpflegung beinhaltet die Umsatzsteuer. Die Umsatzsteuer beträgt demnach 13,85 €, der Nettobetrag des Sachbezugs 72,88 €.

Buchungssätze bei Bruttolohnverbuchung

		Soll	Haben
6000	Löhne und Gehälter	3.486,73 €	
6110	Gesetzlich soziale Aufwendungen	711,29 €	
an 3790	Lohn- und Gehaltsverrechnungskonto		4.198,02

		Soll	Haben
3790	Lohn- und Gehaltsverrechnungskonto	4.198,02 €	
an 3720	an Verbindlichkeiten aus Lohn und Gehalt		1.613,20 €
3740	Verbindlichkeiten i. R. d. sozialen Sicherheit		1.422,58 €
3730	Verbindlichkeiten aus Lohn-und Kirchensteuer		475,51 €
4949	Verrechnete sonstige Sachbezüge ohne USt		600,00 €
4948	Verrechnete sonstige Sachbezüge mit USt		72,88 €
3800	Umsatzsteuer		13,85 €

Zusammenfassung

Zuwendungen des Arbeitgebers an die Arbeitnehmerin bzw. den Arbeitnehmer

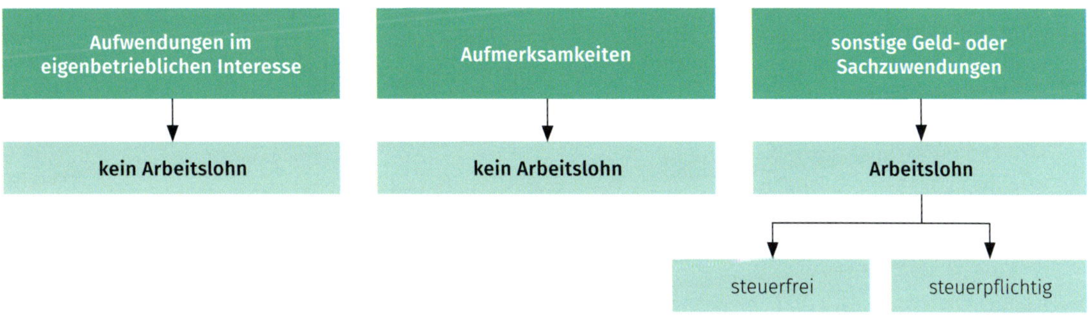

Aufgaben

1. Geben Sie an, für welche freien oder verbilligten Leistungen die Sozialversicherungsentgeltverordnung gilt.

2. Nennen Sie den Unterschied zwischen Wohnung und Unterkunft.

3. Ein Unternehmer zahlt seinem Angestellten ein monatliches Gehalt von 3.350,00 €. Darüber hinaus isst der Angestellte mittags in der Kantine des Arbeitgebers 19-mal im Monat Mai 01 kostenlos. Der Arbeitgeber unterhält einen Betriebskindergarten, den die vierjährige Tochter des Angestellten regelmäßig besucht. Hierfür wird kein Beitrag vom Arbeitgeber berechnet.
Die Steuerabzugsbeträge betragen 141,00 €, der AN-Beitrag zur SV 692,55 €, der AG-Anteil 701,12 €. Erstellen Sie die Gehaltsabrechnung und nehmen Sie die im Mai erforderlichen Buchungen vor, vorausgesetzt, dass die Abbuchung der SV-Beiträge und die Auszahlung des Nettogehalts pünktlich erfolgen.

4. Ihnen sind folgende Angaben zur Lohn- und Gehaltsabrechnung Ihres Mandanten bekannt:

Arbeitnehmer/-in	monatl. Arbeitslohn, Mai 01	freie Unterkunft	freie Verpflegung	Steuern	AN-Anteil SV	AG-Anteil SV
Westphal	2.300,00 €	ja	ja	316,18 €	594,87 €	577,92 €
Dellinger	2.500,00 €	nein	20 Mittagessen	7,33 €	515,24 €	528,16 €
Summe	4.800,00 €			323,51 €	1.110,11 €	1.106,08 €

Nehmen Sie die erforderlichen Buchungen zum 26. und 31. Mai 01 vor, wenn alle Überweisungen und auch der Bankeinzug pünktlich erfolgen (Bruttolohnverbuchung).

5. Ihr Mandant zahlt einer Arbeitnehmerin ein monatliches Gehalt von 2.350,00 €. Darüber hinaus überlässt er ihr eine Wohnung für monatlich 300,00 €; der ortsübliche Mietpreis beträgt 400,00 €, der Quadratmeterpreis liegt unter 25,00 €. Die Miete wird direkt bei der Gehaltsabrechnung einbehalten.
Im Juni 01 hat die Arbeitnehmerin vom Arbeitgeber einen Vorschuss von 2.000,00 € erhalten, den sie ab Juli 01 mit monatlich 200,00 € zurückzahlt.
Außerdem besucht die Arbeitnehmerin im August ein beruflich interessantes Seminar, dessen Kosten von 350,00 € der Arbeitgeber komplett übernimmt.
An Steuern werden für August 01 117,25 € fällig. Der AN-Anteil zur Sozialversicherung beträgt 515,73 €, der AG-AnTeil 501,03 €.
Buchen Sie die Gehaltsabrechnung August 01 (Bruttolohnverbuchung). Alle Zahlungen erfolgen pünktlich per Banküberweisung oder Bankeinzug. Auf die Zahlung der Steuern ist nicht einzugehen.

6. Sie erstellen für einen Arbeitnehmer Ihres Mandanten folgende Gehaltsabrechnung für September 01:

monatliches Gehalt	2.800,00 €
Sachbezug: Verpflegung, 20 Tage Frühstück und Mittagessen, 20 · 6,30 € =	126,00 €
vermögenswirksame Leistungen, AG-Beteiligung	40,00 €
Bruttoarbeitslohn	2.966,00 €
Steuerabzugsbeträge	– 321,41 €
AN-Anteil Sozialversicherung	– 599,13 €
verrechnete Sachbezüge umsatzsteuerpflichtig	– 126,00 €
vermögenswirksame Leistungen	– 40,00 €
Auszahlungsbetrag	**1.879,40** €

Der AG-Anteil zur Sozialversicherung beträgt 606,55 €.

Buchen Sie zum 26.09. den Bankeinzug der SV-Vorauszahlung und zum 30.09. die Gehaltsabrechnung (Bruttolohnverbuchung).

7. Ihr Mandant beschäftigt drei Arbeitnehmer. Folgende Angaben sind Ihnen bekannt:

Arbeitnehmer 1:

– monatliches Gehalt	3.100,00 €
– Überlassung einer Wohnung durch den Arbeitgeber für monatlich (ortsübliche Miete 600,00 €) Die Miete wird direkt vom Gehalt einbehalten.	500,00 €
– monatliche Zahlung in einen vermögenswirksamen Vertrag (Übernahme durch den Arbeitgeber 20,00 €)	40,00 €
– Geschenk zur Hochzeit im Wert von brutto	39,95 €
– Benzingutschein im Wert von	43,00 €
– Steuerabzugsbeträge	404,25 €
– AN-Anteil Sozialversicherung	698,86 €
– AG-Anteil Sozialversicherung	678,94 €

Arbeitnehmer 2:

– monatliches Gehalt	2.900,00 €
– Überlassung einer Wohnung durch den Arbeitgeber für monatlich (ortsübliche Miete 700,00 €)	450,00 €
– Arbeitgeber zahlt monatlich den Kindergartenbeitrag für den Sohn des Arbeitnehmers in Höhe von	110,00 €
– Steuerabzugsbeträge	564,28 €
– AN-Anteil Sozialversicherung	636,30 €
– AG-Anteil Sozialversicherung	644,18 €

Arbeitnehmer 3:

– monatliches Gehalt	4.500,00 €
– Arbeitgeber stellt freie Kost und Logis	
– Steuerabzugsbeträge	874,00 €
– AN-Anteil Sozialversicherung	1.071,66 €
– AG-Anteil Sozialversicherung	1.041,11 €

In diesem Monat hat der Arbeitgeber einen Betriebsausflug veranstaltet. Die Kosten hierfür betrugen für den Bus 120,00 € und das Abendessen in einem Restaurant 200,00 € (alle Beträge sind einschließlich USt).

Berechnen Sie den Auszahlungsbetrag für die einzelnen Arbeitnehmer und nehmen Sie die Buchung für den Bankeinzug der SV-Vorauszahlung und die Gehaltsbuchungen am Ende des Monats vor.

9.3.3 Bezug von Waren und Dienstleistungen

Überlässt ein Arbeitgeber seiner Arbeitnehmerin bzw. seinem Arbeitnehmer verbilligt oder unentgeltlich Waren, liegt ein steuer- und sozialversicherungsfreier Sachbezug vor, wenn die Freigrenze von 50,00 € je Kalendermonat gemäß § 8 (2) EStG nicht überschritten wird. *§ 8 (2) EStG*

Vertreibt der Arbeitgeber Waren oder erbringt er Dienstleistungen an Dritte und überlässt er diese Waren bzw. Dienstleistungen seiner Arbeitnehmerin bzw. seinem Arbeitnehmer verbilligt oder unentgeltlich, kommt der Rabatt-Freibetrag in Höhe von 1.080,00 € je Kalenderjahr zum Tragen. Der Endpreis wird um 4 % gemindert. *§ 8 (3) EStG*

Der Wert des Sachbezugs bleibt bis zur Höhe dieses Betrags steuer- und sozialversicherungsfrei.

Die Bewertung der Sachbezüge im Sinne des § 8 (3) EStG erfolgt nach folgendem Schema:

angebotener Endpreis[1], brutto
– Abschlag 4 %
= Wert der Ware
– vom AN gezahlter Preis
= Wert des Sachbezugs
– Rabatt-Freibetrag 1.080,00 €
= steuer- und sozialversicherungspflichtiger Arbeitslohn

Beispiel

Ein Fernsehhändler verkauft einem Arbeitnehmer im Januar 01 einen Flachbildbildschirm zum Preis von 1.000,00 € (einschließl. USt). Der ortsübliche Endpreis brutto beträgt 1.600,00 €.

1 Dies ist der Preis, der nach Verkaufsverhandlungen als letztes Angebot des Händlers steht. Der angebotene Endpreis berücksichtigt also auch die vom Händler angebotenen Rabatte, BFH-Urteil vom 26.07.2012.

Lösung

Berechnung

Endpreis	1.600,00 €
– Abschlag 4 %	64,00 €
= Wert der Ware	1.536,00 €
– Zahlung	1.000,00 €
= Wert Sachbezug	536,00 €
– Rabatt-Freibetrag, maximal 1.080,00 €	536,00 €
= Arbeitslohn aus dem Sachbezug	0,00 €

Es ist kein Arbeitslohn zu versteuern.
Mit dem Verkauf des Bildschirms tätigt der Arbeitgeber einen umsatzsteuerpflichtigen Umsatz.

Buchungssatz

		Soll	Haben
1800	Bank	1.000,00 €	
an 4000	Umsatzerlöse		840,34 €
3800	Umsatzsteuer		159,66 €

Der Rabatt-Freibetrag wird nur einmal pro Kalenderjahr gewährt.

§ 10 (4) und (5) UStG

Umsatzsteuerlich ist bei der verbilligten Überlassung die Mindestbemessungsgrundlage gemäß § 10 (4) und (5) UStG zu beachten. Das heißt: Wenn der tatsächlich gezahlte Preis netto unter dem Einkaufspreis bzw. den Selbstkosten liegt, sind der Einkaufspreis bzw. die Selbstkosten als Bemessungsgrundlage anzusetzen.

Beispiel

Der Arbeitnehmer im obigen Beispiel erhält im Mai 01 unentgeltlich einen Beamer von seinem Arbeitgeber. Der ortsübliche Endpreis beläuft sich auf brutto 1.142,40 €. Der Einkaufspreis beträgt 500,00 € netto.
Der Arbeitnehmer erhält ein monatliches Gehalt von 2.700,00 €. Bei einem Arbeitslohn von 3.252,70 € (2.700,00 € + 552,70 €) betragen die Steuerabzüge 109,66 €, der AN-Anteil zur Sozialversicherung 657,05 €, der AG-Anteil 665,18 €.

Lösung

Berechnung

Endpreis	1.142,40 €
– Abschlag 4 %	45,70 €
= Wert der Ware, Wert Sachbezug	1.096,70 €
– Rabatt-Freibetrag, 1.080,00 € – 536,00 € =	544,00 €
= Arbeitslohn aus dem Sachbezug	552,70 €

Der steuer- und sozialversicherungspflichtige Arbeitslohn beträgt 552,70 €.

Gehaltsabrechnung:

Gehalt	2.700,00 €
+ Sachbezug steuerpflichtig	552,70 €
+ Sachbezug steuerfrei	544,00 €
= Bruttoarbeitslohn	3.796,70 €
– Steuerabzugsbeträge	109,66 €
– AN-Anteil SV	657,05 €
– Sachbezug st.frei	544,00 €
– Sachbezug st.pflichtig	552,70 €
= Auszahlung	1.933,29 €

Gleichzeitig liegt ein nach § 3 (1 b) Nr. 2 UStG steuerbarer und steuerpflichtiger Umsatz vor. Bemessungsgrundlage ist der Einkaufspreis, § 10 (4) UStG. Er beträgt 500,00 €, die Umsatzsteuer demnach 95,00 €.

Buchungssätze Gehaltsabrechnung (Bruttolohnverbuchung)

		Soll	Haben
6000	Löhne und Gehälter	3.796,70 €	
6110	Gesetzlich soziale Aufwendungen	665,18 €	
an 3790	Lohn- und Gehaltsverrechnungskonto		4.461,88 €

		Soll	Haben
3790	Lohn- und Gehaltsverrechnungskonto	4.461,88 €	
an 3720	an Verbindlichkeiten aus Lohn und Gehalt		1.933,29 €
3740	Verbindlichkeiten i. R. d. sozialen Sicherheit		1.322,23 €
3730	Verbindlichkeiten aus Lohn-und Kirchensteuer		109,66 €
4949	Verrechnete sonstige Sachbezüge ohne USt		1.096,70 €

		Soll	Haben
6060	Freiwillige soz. Aufwendungen, lohnsteuerpflichtig	595,00 €	
an 4948	Verrechnung sonstige Sachbezüge mit USt		500,00 €
3800	Umsatzsteuer		95,00 €

Aufgaben

1. Ein Baumaschinenhändler verkauft einem Arbeitnehmer eine Bohrmaschine statt zum üblichen Verkaufspreis von 250,00 € zum Preis von 180,00 €. Der Einkaufspreis beträgt zu diesem Zeitpunkt 100,00 € zzgl. 19 % Umsatzsteuer.
Bilden Sie die Buchungssätze für den Verkauf der Bohrmaschine und für die Gehaltsabrechnung zum 26. und 31. des Monats. Gehen Sie dabei davon aus, dass der Arbeitnehmer einen monatlichen Lohn von 2.500,00 € hat, der AG-Anteil zur Sozialversicherung 511,25 €, der AN-Anteil zur Sozialversicherung 526,85 € und die Steuerabzugsbeträge 306,27 € betragen.

2. Ein Arbeitnehmer kauft im Mai 01 Waren seines Arbeitgebers zum Preis von 4.760,00 €. Der übliche Abgabepreis beträgt 7.140,00 €, der Einkaufspreis netto 2.500,00 €. Im Übrigen erhält der Arbeitnehmer ein monatliches Gehalt von 2.750,00 €.
Bilden Sie die Buchungssätze für den Verkauf der Waren und für die Gehaltsabrechnung Mai 01 zum 26. und 31.05.01. Gehen Sie dabei von Steuerabzugsbeträgen in Höhe von 431,08 €, einem AN-Anteil zur Sozialversicherung von 769,82 € und AG-Anteil zur Sozialversicherung in Höhe von 769,82 € aus.

3. Eine Autohändlerin verkauft ihrem Arbeitnehmer einen Pkw für 19.000,00 €. Üblicherweise verkauft sie diesen Pkw unter Abzug von 10 % Rabatt für 21.420,00 €. Das Monatsgehalt des Arbeitnehmers beträgt 3.100,00 €, die Steuerabzugsbeträge 393,48 €, der AN-Anteil zur Sozialversicherung 754,26 € und der AG-Anteil zur Sozialversicherung 732,76 €.
Ermitteln Sie die Höhe des Sachbezugs und buchen Sie die Gehaltsabrechnung zum 26. und 31. des Monats.

4. Eine Unternehmerin, die einen Einzelhandel mit Elektrogeräten betreibt, überlässt ihrem Arbeitnehmer unentgeltlich einen Kühlschrank, dessen Verkaufspreis 1.400,00 € beträgt. Zum Zeitpunkt der Schenkung betrug der Einkaufspreis netto 1.000,00 €. Der Arbeitnehmer erhält ein monatliches Gehalt von 2.200,00 €.
Berechnen Sie den Sachbezug, ermitteln Sie die Umsatzsteuer und buchen Sie die Gehaltsabrechnung zum 26. und 31. des Monats, wenn die Steuerabzugsbeträge 210,16 €, der AN-Anteil zur Sozialversicherung 503,99 € und der AG-Anteil zur Sozialversicherung 503,99 € betragen.

9.3.4 Dienstwagengestellung

Oft ist im Anstellungsvertrag vereinbart, dass der Arbeitnehmerin bzw. dem Arbeitnehmer ein betrieblicher Pkw zur Verfügung gestellt wird, der auch privat und für Fahrten zwischen Wohnung und erster Tätigkeitsstätte genutzt werden darf.

§§ 8 (2) und 6 (1) Nr. 4 EStG

Diese Privatnutzung ist ein Sachbezug, der nach §§ 8 (2) und 6 (1) Nr. 4 EStG zu bewerten ist.

Hierbei gibt es zwei Möglichkeiten.

Fahrtenbuchmethode

Anhand eines Fahrtenbuches werden die **tatsächlich gefahrenen** und die davon **privat gefahrenen** Kilometer ermittelt. Anschließend werden anhand der tatsächlichen gesamten Pkw-Kosten die Kosten, die auf die privat gefahrenen Kilometer entfallen, ausgerechnet.

§ 10 (1) UStG

Umsatzsteuerlich handelt es sich um einen steuerbaren und steuerpflichtigen Vorgang (tauschähnlicher Vorgang). Als Bemessungsgrundlage ist gemäß § 10 (1) UStG das Entgelt anzusetzen, das entweder anhand eines Fahrtenbuches oder anhand der 1-%-Regelung zu schätzen ist.

Zu beachten ist, dass bei der Fahrtenbuchmethode die tatsächlichen Kosten, die auf die Fahrten zwischen Wohnung und erster Tätigkeitsstätte entfallen, anzusetzen sind, unabhängig davon, ob ein Vorsteueranspruch bestand oder nicht.

Beispiel

Ein Arbeitnehmer nutzt einen betrieblichen Pkw auch für Privatfahrten. Im September 01 ist er laut Fahrtenbuch insgesamt 5 400 km gefahren. Davon entfallen 1 000 km auf die Privatfahrten. Außerdem fährt er an 20 Tagen von der Wohnung zur ersten Tätigkeitsstätte. Die Entfernung beträgt 20 km.

Aus der Buchführung werden folgende Kosten entnommen:

laufende Kosten, Benzin	670,00 €
Reparaturen	300,00 €
AfA	250,00 €
Kfz-Steuer/-Versicherung	160,00 €
Summe	1.380,00 €

Lösung

Berechnung

insgesamt gefahren	5 400 km
davon privat	1 000 km
und Wohnung – Arbeitsstätte	
20 Tage · 20 km · 2 =	800 km
Privatanteil (1 000 + 800) =	1 800 km
Privatanteil = 1/3	

Summe der Kosten 1.380,00 € · 1/3 =	460,00 €	anteilige Kosten = Bemessungsgrundlage USt
+ 19 % USt =	87,40 €	
= Sachbezug/steuerpflichtiger Arbeitslohn	547,40 €	

Der Sachbezug beträgt 547,40 € für die Privatfahrten und für die Fahrten zwischen Wohnung und Arbeitsstätte.

1-%-Regelung

§ 8 (2) EStG

Wird kein Fahrtenbuch geführt, so wird **1 % des Bruttolistenpreises** pro Monat angesetzt.

Es ist der Bruttolistenpreis zum Zeitpunkt der Erstzulassung maßgebend, auch wenn der Pkw gebraucht gekauft wurde, zzgl. werksseitig eingebauter Sonderausstattung, z. B. Navigationsgerät, aber kein Autotelefon. Der Bruttolistenpreis wird auf volle 100,00 € abgerundet.

Für Fahrten zwischen Wohnung und erster Tätigkeitsstätte sind zusätzlich 0,03 % des Bruttolistenpreises pro Entfernungskilometer pro Monat als Sachbezug zu berücksichtigen, siehe § 8 (2) S. 3 EStG.

Beispiel

Eine Arbeitnehmerin mit einem monatlichen Gehalt von 4.200,00 € fährt mit dem betrieblichen Pkw sowohl privat als auch von ihrer Wohnung zur ersten Tätigkeitsstätte, einfache Entfernung 20 km. Der Bruttolistenpreis hat zum Zeitpunkt der Erstzulassung 30.000,00 € betragen.

Lösung

Berechnung

Privatfahrten

Bruttolistenpreis 30.000,00 € · 1 % =	300,00 €
+	
Fahrten Wohnung – Arbeitsstätte	
Bruttolistenpreis 30.000,00 € · 0,03 % · 20 km =	180,00 €
monatlicher Sachbezug brutto	480,00 €

Ausgehend vom lohnsteuerlichen Wert wird die **Umsatzsteuer** aus 480,00 € **herausgerechnet**, d.h., die Bemessungsgrundlage beträgt 403,36 €, die Umsatzsteuer 76,64 €.
An Steuerabzugsbeträgen werden 824,94 € einbehalten, der AN-Anteil zur Sozialversicherung beträgt 985,14 €, der AG-Anteil zur Sozialversicherung 957,06 €.

Die Gehaltsabrechnung sieht demnach wie folgt aus:

Gehalt	4.200,00 €
+ Sachbezug Pkw	480,00 €
= Bruttoarbeitslohn	4.680,00 €
– Steuerabzugsbeträge	824,94 €
– AN-Anteil SV	985,14 €
– verrechnete Sachbezüge	480,00 €
= Auszahlungsbetrag	2.389,92 €

Buchungssätze

		Soll	Haben
3759	Voraussichtliche Beitragsschuld ggü. SV-Trägern	1.942,20 €	
an 1800	Bank		1.942,20 €

		Soll	Haben
6000	Löhne und Gehälter	4.680,00 €	
6110	Gesetzlich soziale Aufwendungen	957,06 €	
an 3790	Lohn- und Gehaltsverrechnungskonto		5.637,06 €

		Soll	Haben
3790	Lohn- und Gehaltsverrechnungskonto	5.637,06 €	
an 3720	an Verbindlichkeiten aus Lohn und Gehalt		2.389,92 €
3740	Verbindlichkeiten i. R. d. sozialen Sicherheit		1.942,20 €
3730	Verbindlichkeiten aus Lohn-und Kirchensteuer		824,94 €
4947	Verr. sonst. Sachbezüge aus Kfz-Gest. mit USt		403,36 €
3800	Umsatzsteuer		76,64 €

Besonderheit bei Fahrten zwischen Wohnung und Arbeitsstätte

Bei Nutzung des Pkw für Fahrten zwischen Wohnung und erster Tätigkeitsstätte an weniger als 15 Tagen monatlich kann eine Einzelbewertung je Entfernungskilometer und je Fahrt nach der 0,002-%-Methode erfolgen, BMF-Schreiben vom 01.04.2011.

Der Arbeitgeber ist hierzu allerdings nicht verpflichtet.

Hat sich der Arbeitgeber für die Einzelbewertung mit 0,002 % entschieden, so hat die Arbeitnehmerin bzw. der Arbeitnehmer monatlich gegenüber dem Arbeitgeber mit Datumsangabe schriftlich zu erklären, an welchen Tagen der Firmenwagen tatsächlich für Fahrten zwischen Wohnung und erster Tätigkeitsstätte genutzt wurde. Die bloße Anzahl der Tage ohne Datum reicht nicht aus. Diese Erklärung hat der Arbeitgeber als Beleg zum Lohnkonto zu nehmen. Aus Vereinfachungsgründen wird es nicht beanstandet, wenn für die Lohnsteuerberechnung die Erklärung des Vormonats zugrunde gelegt wird.

Die Einzelbewertung ist auf 180 Fahrten pro Jahr begrenzt. Eine monatliche Begrenzung auf 15 Fahrten wird von der Finanzverwaltung ausdrücklich abgelehnt.

Die einmal gewählte Methode ist für das Kalenderjahr verbindlich. Sie darf auch bei einem Fahrzeugwechsel nicht geändert werden.

Beispiel

Ein Arbeitnehmer nutzt einen Dienstwagen, Bruttolistenpreis 40.200,00 €, im Februar 01 an 10 Tagen für Fahrten zwischen Wohnung und erster Tätigkeitsstätte, Entfernung 35 km.

Lösung

Einzelbewertung

40.200,00 € · 0,002 % = 0,804 €
· 35 km = 28,14 € · 10 Tage = 281,40 € steuerpflichtiger Sachbezug für Februar 01

Bewertung mit 0,03 %

40.200,00 € · 0,03 % = 12,06 €
· 35 km = 422,10 € steuerpflichtiger Sachbezug für Februar 01

Die Einzelbewertung ist um 140,70 € monatlich günstiger.

Hat der Arbeitgeber den Wert der Fahrten zwischen Wohnung und Arbeitsstätte nach der 0,03-%-Methode ermittelt, kann die Arbeitnehmerin bzw. der Arbeitnehmer dies im Rahmen ihrer bzw. seiner Einkommensteuererklärung korrigieren.

Hat die Arbeitnehmerin bzw. der Arbeitnehmer keine erste Tätigkeitsstätte, z. B. Außendienstmitarbeitenden, so ist auch kein zusätzlicher geldwerter Vorteil für die Fahrten zwischen Wohnung und erster Tätigkeitsstätte zu versteuern.

Bewertung Privatnutzung eines Firmenwagens durch Arbeitnehmer/-in (tauschähnlicher Umsatz)

Fahrtenbuchmethode	pauschaler Ansatz
privat gefahrene Kilometer + gefahrene Kilometer Wohnung – erste Tätigkeitsstätte · tatsächliche Kosten = Bemessungsgrundlage Umsatzsteuer + 19 % Umsatzsteuer	• **Privatfahrten** Bruttolistenpreis zum Zeitpunkt der Erstzulassung abgerundet auf volle 100,00 € · 1 % pro Monat + • **Fahrten Wohnung – erste Tätigkeitsstätte** Bruttolistenpreis zum Zeitpunkt der Erstzulassung abgerundet auf volle 100,00 € · 0,03 % pro Monat · Entfernungskilometer
=	=
Wert des Sachbezuges	Wert des Sachbezuges (brutto)

Beachten:
Bei der Fahrtenbuchmethode werden **alle** tatsächlichen Kosten unabhängig von einem eventuellen Vorsteuerabzug zugrunde gelegt. Der errechnete Wert bei der pauschalen Wertermittlung ist ein Bruttowert. Deshalb muss die Umsatzsteuer herausgerechnet werden.

Aufgaben

1. Ein Arbeitnehmer Ihrer Mandantin nutzt den ihm zur Verfügung gestellten betrieblichen Pkw für Privatfahrten und Fahrten zwischen Wohnung und erster Tätigkeitsstätte, einfache Entfernung 25 km. Der Bruttolistenpreis zum Zeitpunkt der Erstzulassung betrug 24.990,00 €.
   Berechnen Sie den monatlichen Sachbezug und nehmen Sie die erforderlichen Buchungen bei Bruttolohnverbuchung zum 26. und 31. des Monats vor, unter den Voraussetzungen, dass das monatliche Gehalt 4.100,00 €, die Steuerabzugsbeträge 274,00 €, der AN-Anteil zur Sozialversicherung 20,20 % und der AG-Anteil zur Sozialversicherung 20,45 % betragen.

2. Der Bruttoarbeitslohn einer Arbeitnehmerin beträgt monatlich 3.570,00 €. Laut Arbeitsvertrag darf sie mit dem Dienstwagen auch privat fahren. Dem ordnungsgemäß geführten Fahrtenbuch entnehmen Sie, dass im Mai 01 insgesamt 6 600 km gefahren wurden und davon 2 000 km privat veranlasst waren.
   Es entstanden folgende Kosten: Benzin 890,00 €, Garagenmiete 70,00 €, Reparaturen 450,00 € und AfA 800,00 €.

   Berechnen Sie den Sachbezug aufgrund der Privatnutzung des Dienst-Pkw und buchen Sie die Gehaltsabrechnung Mai 01, wenn

   - die Steuerabzugsbeträge 485,00 €,
   - der AN-Anteil Sozialversicherung 20,45 % und
   - der AG-Anteil Sozialversicherung 20,45 % betragen (Bruttolohnverbuchung).

3. Ein Angestellter mit einem monatlichen Gehalt von 4.400,00 € nutzt einen Firmenwagen, Bruttolistenpreis 28.060,00 €, auch für Privatfahrten und Fahrten zwischen Wohnung und erster Tätigkeitsstätte (Entfernung 15 km). Außerdem erhält er im Monat April 01 Ware seines Arbeitgebers zum Preis von 4.700,00 €. Die Ware

ist mit 5.600,00 € im Geschäft ausgezeichnet. Der Einkaufspreis beträgt zu diesem Zeitpunkt 3.400,00 €. Die Steuerabzugsbeträge belaufen sich auf 996,00 €, der AN-Anteil Sozialversicherung auf 21,05 % und der AG-Anteil Sozialversicherung auf 20,45 %.
Berechnen Sie den Sachbezug und buchen Sie den Verkauf der Waren sowie die Gehaltsabrechnung (Bruttolohnverbuchung) zum 30.04.01.

4. Ihr Mandant zahlt einer Angestellten ein monatliches Gehalt von 3.600,00 €. Außerdem wird ihr ein betrieblicher Pkw gestellt, Bruttolistenpreis 23.050,00 €, mit dem sie auch privat fahren und den sie für Fahrten zwischen Wohnung und erster Tätigkeitsstätte nutzen darf (Entfernung 30 km).
Zum Geburtstag im November erhält der Arbeitnehmer drei Flaschen Wein im Wert von zusammen 38,00 € brutto.
Die ermittelten Steuerabzugsbeträge belaufen sich auf 499,50 €, der AN-Anteil Sozialversicherung auf 19,95 % und der AG-Anteil Sozialversicherung auf 20,45 %.
Nennen Sie die Buchungen für den Monat November (Bruttolohnverbuchung).

5. Die Gehaltsabrechnung eines Angestellten sieht wie folgt aus:

monatliches Gehalt	3.080,00 €
+ Sachbezüge: verbilligte Wohnungsüberlassung	200,00 €
+ Pkw-Nutzung	390,00 €
= Bruttoarbeitslohn	3.670,00 €
– Steuerabzugsbeträge	572,80 €
– AN-Anteil SV	772,54 €
– Sachbezüge: Wohnung	200,00 €
– Pkw-Nutzung	390,00 €
– Verrechnung Vorschuss	50,00 €
– Verrechnung Miete	100,00 €
= Auszahlungsbetrag	**1.584,66 €**

Der AG-Anteil Sozialversicherung beträgt 750,52 €.

Buchen Sie die Gehaltsabrechnung (Bruttolohnverbuchung).

9.3.5 Pauschalierung der Lohnsteuer in bestimmten Fällen

In bestimmten Fällen kann der Arbeitgeber **pauschal** für Zuwendungen an die Arbeitnehmerin bzw. den Arbeitnehmer die Lohnsteuer übernehmen. In diesen Fällen **schuldet der Arbeitgeber die Lohnsteuer**.

§ 40 (2) EStG

Gemäß § 40 (2) EStG werden mit **25 % pauschal** versteuert:

- verbilligte oder unentgeltlich arbeitstägliche Mahlzeiten im Betrieb des Arbeitgebers,
- Erholungsbeihilfen in Höhe von 156,00 € für die Arbeitnehmerin bzw. den Arbeitnehmer, 104,00 € für deren Ehegattin bzw. dessen Ehegatten und 52,00 € für jedes Kind, der steuerpflichtige Teil bei Verpflegungsmehraufwendungen, soweit sie die Pauschbeträge nicht um mehr als 100 % übersteigen.

Ein Pauschalsteuersatz von 15 % gilt bei

- Fahrtkostenzuschüssen für Fahrten zwischen Wohnung und erster Tätigkeitsstätte bis zur Höhe der Entfernungspauschale.

Die Pauschalierung führt zur Beitragsfreiheit in der Sozialversicherung.

Wird die Lohnsteuer pauschal berechnet, gilt für die Kirchensteuer ein Satz von 7 %[1]. Der Solidaritätszuschlag bleibt bei 5,5 %.

1 Der Steuersatz ist abhängig vom Bundesland: Hamburg 4 %; Baden-Württemberg, Berlin, Brandenburg, Mecklenburg-Vorpommern, Sachsen, Sachsen-Anhalt, Thüringen 5 %; Niedersachsen, Schleswig-Holstein 6 %; alle anderen Bundesländer 7 %. In den folgenden Beispielen wird stets mit 7 % gerechnet.

Beispiel

Ein Arbeitgeber zahlt einer Arbeitnehmerin im September 01 zusätzlich zu ihrem Monatslohn von 2.360,00 € einen Fahrtkostenzuschuss für die Fahrten zwischen Wohnung und erster Tätigkeitsstätte von 260,00 € (22 Tage · 20 km). Er macht so weit wie möglich von der Pauschalversteuerung Gebrauch. Der Arbeitgeber übernimmt die Pauschsteuer.

Lösung

Berechnung

Pauschalversteuerung ist bis maximal in Höhe der Entfernungspauschale möglich.

22 Tage · 20 km · 0,30 € =	132,00 €	
· 15 % LSt =		19,80 €
· 5,5 % SolZ (aus der LSt) =		1,09 €
· 7 % KiSt (aus der LSt) =		1,39 €
= Summe Pauschalsteuer		22,28 €

Die Gehaltsabrechnung sieht demnach wie folgt aus:

Gehalt	2.360,00 €
+ Fahrtkostenzuschuss	260,00 €
= Bruttoarbeitslohn	2.620,00 €
– davon pauschal versteuert	132,00 €
= LSt-pfl. und sozialv.pflichtiger Arbeitslohn	2.488,00 €
– Steuerabzugsbeträge	378,21 €
– AN-Anteil SV	508,80 €
=	1.600,99 €
+ pauschal versteuerter Arbeitslohn	132,00 €
= Auszahlungsbetrag	1.732,99 €

Der AG-Anteil SV beträgt 508,80 €.

Buchungssätze

		Soll	Haben
3759	Voraussichtliche Beitragsschuld ggü. SV-Trägern	1.017,60 €	
an 1800	Bank		1.017,60 €

		Soll	Haben
6000	Löhne und Gehälter	2.360,00 €	
6110	Gesetzlich soziale Aufwendungen	508,80 €	
6130	Freiwillige soziale Aufwendungen, lohnsteuerfrei	132,00 €	
6060	Freiwillige soziale Aufwendungen, lst.-pflichtig	128,00 €	
6069	Pauschale Lohnsteuer auf sonstige Bezüge	22,28 €	
an 3790	Lohn- und Gehaltsverrechnungskonto		3.151,08 €

		Soll	Haben
3790	Lohn- und Gehaltsverrechnungskonto	3.151,08 €	
an 3720	an Verbindlichkeiten aus Lohn und Gehalt		1.732,99 €
3740	Verbindlichkeiten i. R. d. sozialen Sicherheit		1.017,60 €
3730	Verbindlichkeiten aus Lohn-und Kirchensteuer[1]		400,49 €

1 Anmerkung: Verbindlichkeiten aus Lohn-und Kirchensteuer: 378,21 € + 22,28 € = 400,49 €

Zusammenfassung

Bewertung von Sachbezügen gemäß § 8 EStG

→ **Einzelbewertung** mit dem üblichen Endpreis am Abgabeort
monatliche Freigrenze von 50,00 €
§ 8 (2) S. 1, S. 11 EStG

→ **private Kfz-Nutzung**
Fahrtenbuchmethode oder 1-%-Regelung
§ 8 (2) S. 2- 4 EStG

→ **Unterkunft, Verpflegung**
Sachbezugswerte
§ 8 (2) S. 6–9 EStG

→ **Waren/Dienstleistungen des AG**
üblicher Endpreis an Letztverbraucher/-innen
Abschlag 4 %
Rabattfreibetrag von 1.080,00 €
§ 8 (3) EStG

Aufgaben

1. Eine Arbeitnehmerin erhält ein monatliches Gehalt von 2.900,00 €. Zusätzlich übernimmt der Arbeitgeber den Kindertagesstättenbeitrag für die 4-jährige Tochter in Höhe von 75,00 € monatlich. Die Arbeitnehmerin war im Monat Juni 01 an 3 Tagen jeweils 10 Stunden auswärts tätig. Der Arbeitgeber zahlte ihr für zusätzliche Verpflegung pro Tag 18,00 €.
Die Steuerabzugsbeträge betragen 306,33 €, der AN-Anteil Sozialversicherung 585,80 € und der AG-Anteil Sozialversicherung 593,05 €.

   a) Ermitteln Sie
      - den steuerfreien,
      - den pauschal zu versteuernden,
      - den individuell zu versteuernden Arbeitslohn,
      - die pauschale Steuer,
      - den Auszahlungsbetrag und
      - die Aufwendungen des Arbeitgebers.

   b) Buchen Sie die Gehaltsabrechnung (Bruttolohnverbuchung).

2. Ihr Mandant zahlt einem Arbeitnehmer
   - ein monatliches Gehalt von 4.600,00 €,
   - die Kosten für ein berufliches Seminar in Höhe von 350,00 €,
   - Reisekosten für Auswärtstätigkeiten
     - an 10 Tagen, Abwesenheit jeweils 9 Stunden, 190,00 €,
     - Fahrtkosten für 700 km mit dem privaten Pkw gefahrene Kilometer, 260,00 €.

   An Steuerabzugsbeträgen werden 388,50 € einbehalten. Der AN-Anteil Sozialversicherung beträgt 21,05 %, der AG-Anteil Sozialversicherung 20,45 %.
   Der Arbeitgeber möchte so weit wie möglich von der Pauschalierung der Lohnsteuer Gebrauch machen.

   a) Ermitteln Sie
      - den steuerfreien,
      - den pauschal zu versteuernden,
      - den individuell zu versteuernden Arbeitslohn,
      - die pauschale Steuer,
      - den Auszahlungsbetrag und
      - die Aufwendungen des Arbeitgebers.

   b) Buchen Sie die Gehaltsabrechnung (Bruttolohnverbuchung).

3. Ein Unternehmen hat mit einer Pension an der Nordsee vereinbart, dass in den Ferien Arbeitnehmerinnen und Arbeitnehmer zum üblichen Preis von 45,00 € pro Nacht pro Arbeitnehmerin bzw. Arbeitnehmer übernachten können.
   7,00 €/Tag übernimmt der Arbeitgeber. Im Sommer 01 machen 15 Arbeitnehmerinnen und Arbeitnehmer von diesem Angebot Gebrauch, die alle 14 Tage bleiben. Von den 15 Arbeitnehmerinnen und Arbeitnehmern fahren zehn mit Ehegattinnen bzw. Ehegatten und fünf allein. Der Geschäftsführer des Unternehmens möchte von der Pauschalierung des § 40 (2) Nr. 3 EStG Gebrauch machen.
   Berechnen Sie den pauschal zu versteuernden Arbeitslohn insgesamt für das Unternehmen und die pauschale Steuer.

4. Ihnen sind folgende Angaben zur Gehaltsabrechnung eines Arbeitnehmers bekannt:
   - monatliches Gehalt 2.450,00 €
   - Wohnungsüberlassung für 400,00 €, üblicher Mietpreis 500,00 €. Die Miete wird separat vom Arbeitnehmer gezahlt.
   - Erhalt eines ordnungsgemäßen Benzingutscheins im Wert von 41,00 €
   - Zuschuss Fahrten zwischen Wohnung und erster Tätigkeitsstätte (20 Tage, 28 km) 250,00 €
   - Verpflegungszuschuss anlässlich fünf Tage Auswärtstätigkeit (Abwesenheit pro Tag 12 Std.) 150,00 €
   - Steuerabzugsbeträge 248,75 €
   - AN-Anteil Sozialversicherung 21,05 %.
   - AG-Anteil Sozialversicherung 20,45 %.

   a) Ermitteln Sie
      - den steuerfreien,
      - den pauschal zu versteuernden,
      - den individuell zu versteuernden Arbeitslohn,
      - die pauschale Steuer,
      - den Auszahlungsbetrag und
      - die Aufwendungen des Arbeitgebers.

   b) Buchen Sie die Gehaltsabrechnung (Bruttolohnverbuchung).

5. Eine Arbeitnehmerin erhält ein monatliches Gehalt von 4.900,00 €. Darüber hinaus erstattet der Arbeitgeber ihr Fahrtkosten für Januar 01 für die Fahrten zwischen Wohnung und erster Tätigkeitsstätte (Entfernung 35 km, 19 Tage) von 260,00 € und Verpflegungskosten anlässlich von Auswärtstätigkeiten in Höhe von 160,00 € (10 Tage, Abwesenheit jeweils 10 Std.).

   Der Arbeitgeber stellt ihr außerdem im Januar typische Berufskleidung im Wert von 100,00 € zur Verfügung und er gestattet die private Nutzung des betrieblichen PC, soweit sie nicht zulasten der Arbeitszeit geht. Vorteil hieraus sind im Januar 15,00 €.

   Zum Geburtstag erhält die Arbeitnehmerin 40,00 € zusätzlich überwiesen.

   Die Steuerabzugsbeträge betragen 703,33 €, der AN-Anteil Sozialversicherung 20,20 % und der AG-Anteil Sozialversicherung 20,45 %.

   a) Ermitteln Sie
      - den steuerfreien,
      - den pauschal zu versteuernden,
      - den individuell zu versteuernden Arbeitslohn,
      - die pauschale Steuer,
      - den Auszahlungsbetrag und
      - die Aufwendungen des Arbeitgebers.

   b) Buchen Sie die Gehaltsabrechnung (Bruttolohnverbuchung).

10 Reisekosten

In der Praxis kommt es häufig vor, dass sowohl die Unternehmerin bzw. der Unternehmer selbst als auch Arbeitnehmerinnen und Arbeitnehmer außerhalb der Arbeitsstätte tätig werden, z. B. bei Kundenbesuchen oder Ortsbesichtigungen.

Durch diese Auswärtstätigkeit verursachte Kosten werden als Reisekosten bezeichnet.

Hierzu gehören

- Fahrtkosten,
- Verpflegungsmehraufwendungen,
- Übernachtungskosten und
- Nebenkosten.

10.1 Fahrtkosten

Fahrten mit dem Pkw

Fährt die Unternehmerin bzw. der Unternehmer oder die Arbeitnehmerin bzw. der Arbeitnehmer mit einem **betrieblichen Pkw**, werden alle anfallenden Kosten als Betriebsausgabe mit Vorsteuerabzug gebucht.

Fährt die Unternehmerin bzw. der **Unternehmer** mit einem **privaten Pkw**, können als Betriebsausgabe 0,30 € pro gefahrenen Kilometer geltend gemacht werden. Es ist kein Vorsteuerabzug möglich.

Fährt die Arbeitnehmerin bzw. der **Arbeitnehmer** mit ihrem bzw. seinem **privaten Pkw**, kann ihr bzw. ihm der Arbeitgeber bis zu 0,30 € pro gefahrenen Kilometer lohn- und sozialversicherungsfrei erstatten.[1]

Fahrausweise der Deutschen Bahn

Bei Fahrausweisen der Deutschen Bahn reicht zum Vorsteuerabzug aus, wenn

- der vollständige Name und die vollständige Anschrift des Leistenden,
- das Ausstellungsdatum und
- das Entgelt und der darauf entfallende Steuerbetrag in einer Summe angegeben sind.

Die Angabe der Tarifentfernung ist nicht notwendig, da gemäß § 12 (2) Nr. 10 UStG der Steuersatz stets 7 % beträgt.

Nutzt eine Arbeitnehmerin bzw. ein Arbeitnehmer die Bahn für ihre bzw. seine Auswärtstätigkeit, so kann ihr bzw. ihm der Arbeitgeber die nachgewiesenen oder glaubhaft gemachten Kosten lohnsteuer- und sozialversicherungsfrei erstatten. Der Arbeitgeber hat bei Vorlage der Originalbelege einen Vorsteuerabzug.

10.2 Verpflegungsmehraufwendungen

§ 4 (5) Nr. 5 EStG

Als Betriebsausgabe abzugsfähig sind die in Rechnung gestellten Beträge, höchstens aber die in § 4 (5) Nr. 5 EStG genannten Pauschbeträge.

Sie betragen

- bei einer Dauer von 24 Stunden 28,00 €,
- jeweils 14,00 € für den An- und Abreisetag in Verbindung mit einer oder mehreren Übernachtung(en),
- 14,00 € für den Tag der Abwesenheit bei einer Abwesenheit von der Wohnung und der Betriebsstätte von mehr als 8 Stunden ohne Übernachtung.

1 Für die ersten 20 Kilometer 0,30 € und für jeden weiteren vollen Kilometer 0,38 € für 2022 bis 2026.

Liegt eine ordnungsgemäße Rechnung vor (auf den Unternehmer ausgestellt), ist ein Vorsteuerabzug möglich.

Einer Arbeitnehmerin bzw. einem Arbeitnehmer können Verpflegungsmehraufwendungen bis zu den Pauschbeträgen des § 4 (5) Nr. 5 EStG lohnsteuer- und sozialversicherungsfrei erstattet werden. Ein Vorsteuerabzug ist in der Regel ausgeschlossen.

10.3 Unentgeltliche Verpflegung durch den Arbeitgeber

Eine arbeitgeberseitige Mahlzeitengestellung liegt vor, wenn

- die Arbeitnehmerin bzw. der Arbeitnehmer eine Auswärtstätigkeit oder doppelte Haushaltsführung verrichtet,
- jede einzelne Mahlzeit keinen höheren Verkehrswert als 60,00 € inkl. Umsatzsteuer hat und
- die Abgabe der Mahlzeit dienstlich veranlasst ist.

Die dienstliche Veranlassung ist gegeben, wenn der Arbeitgeber Tag und Ort der Mahlzeit bestimmt. Davon ist regelmäßig auszugehen, wenn die Aufwendungen vom Arbeitgeber dienst- oder arbeitsrechtlich ersetzt werden und die Rechnung auf den Arbeitgeber ausgestellt ist. Wie die Rechnung beglichen wird ist unerheblich. Ferner kann auch die Arbeitnehmerin bzw. der Arbeitnehmer die Mahlzeit selbst bestellen; selbst eine telefonische Order genügt. Schließlich ist auch eine Bestellung nach Reiseantritt – z. B. erst im Hotel – möglich.

Hierbei sind folgende zwei Fälle zu unterscheiden:

Fall 1: Die Arbeitnehmerin bzw. der Arbeitnehmer kann eine Verpflegungspauschale geltend machen

Kann die Arbeitnehmerin bzw. der Arbeitnehmer im Rahmen einer Auswärtstätigkeit die Verpflegungspauschalen als Werbungskosten geltend machen, so ist die Gestellung von Mahlzeiten durch den Arbeitgeber nicht als Sachbezug zu erfassen. Stattdessen ist die Verpflegungspauschale zu kürzen. Die Kürzungen betragen für ein Frühstück 20 % von 24,00 € und für ein Mittag- bzw. Abendessen jeweils 40 %. Die Verpflegungspauschale kann maximal auf 0,00 € gekürzt werden.

Beispiel

Die Arbeitnehmer Ariane Perlmann ist auf einer dreitägigen Auswärtstätigkeit. Der Arbeitgeber hat zwei Übernachtungen mit Frühstück gebucht und bezahlt. Frau Perlmann erhält zusätzlich eine Verpflegungspauschale.

Lösung

Der Arbeitgeber muss keinen geldwerten Vorteil versteuern. Frau Perlmann kann folgende Pauschalen geltend machen:

Anreisetag	14,00 €
Abreisetag	14,00 €
Zwischentag	28,00 €
Summe	56,00 €
Kürzung für zwei Frühstücke: 2 · 4,80 € =	– 9,60 €
steuer- und sozialversicherungsfreie Erstattung	46,40 €

Fall 2: Die Arbeitnehmerin bzw. der Arbeitnehmer kann keine Verpflegungspauschale geltend machen

Kann die Arbeitnehmerin bzw. der Arbeitnehmer keine Verpflegungspauschale geltend machen, z. B. bei Auswärtstätigkeiten unter acht Stunden Abwesenheit oder wenn die Dreimonatsfrist abgelaufen ist, so kann der amtliche Sachbezugswert als Arbeitslohn versteuert werden. Dieser beträgt für ein Frühstück 2,17 € und für ein Mittag- und Abendessen jeweils 4,13 €.

Die Besteuerung erfolgt entweder nach dem individuellen Steuersatz der Arbeitnehmerin bzw. des Arbeitnehmers oder pauschal mit 25 % zzgl. 5,5 % SolZ und 7 % KiSt gemäß § 40 (29) Nr. 1a EStG.

Seit dem 01.01.2014 muss der Arbeitgeber in der Lohnsteuerbescheinigung der Arbeitnehmerin bzw. des Arbeitnehmers den Großbuchstaben „M" bescheinigen, wenn diese bzw. dieser während einer Dienstreise eine Mahlzeit erhalten hat, die mit dem amtlichen Sachbezugswert zu bewerten ist. Die Bescheinigung ist unabhängig von der Zahl der im Kalenderjahr gewährten Mahlzeiten. „M" muss bereits ab einer Mahlzeit eingetragen werden. Die Bescheinigung ist auch unabhängig davon, ob der Sachbezugswert versteuert wurde oder ob die Versteuerung wegen der Kürzung der Verpflegungspauschale unterbleiben konnte.

10.4 Übernachtungskosten

Bei Vorlage einer ordnungsgemäßen Rechnung sind die tatsächlichen Kosten als Betriebsausgabe abzugsfähig. Der Vorsteuerabzug ist zulässig. Für die Übernachtungsleistung gilt ein Steuersatz von 7 % und für die übrigen Leistungen des Hotels, wie z. B. Frühstück, Bereitstellung von Nebenleistungen, der allgemeine Steuersatz von 19 %.

Der Arbeitgeber kann seiner Arbeitnehmerin bzw. seinem Arbeitnehmer die Kosten für Übernachtung

- in Höhe der nachgewiesenen tatsächlichen Aufwendungen oder
- ohne Nachweis mit einem Pauschbetrag bis zu 20,00 € pro Übernachtung

lohnsteuer- und sozialversicherungsfrei zeitlich unbegrenzt ersetzen.

10.5 Nebenkosten

Nebenkosten können z. B. Parkgebühren, Autobahngebühren, Kosten für Ferngespräche mit Geschäftspartner/Arbeitgeber sein.

Wird eine ordnungsgemäße Rechnung vorgelegt, sind die Kosten als Betriebsausgabe zu berücksichtigen, ein Vorsteuerabzug ist möglich.

Der Arbeitgeber kann seiner Arbeitnehmerin bzw. seinem Arbeitnehmer die entstandenen Kosten steuer- und sozialversicherungsfrei erstatten, soweit die tatsächlichen Aufwendungen nicht überschritten werden.

Beispiel

Ein Arbeitnehmer legt seinem Arbeitgeber folgende Reisekostenabrechnung vor:

Fahrt von Köln nach München 11.01.01 bis 12.01.01

- Fahrt mit eigenem Pkw: 1 260 km
- Übernachtung: 150,00 € zzgl. 7 % USt 10,50 € = 160,50 €, Frühstück 20,00 € zzgl. 19 % = 23,80 €. Eine ordnungsgemäße Rechnung auf den Namen des Arbeitgebers liegt vor.
- Verpflegung:
  Abfahrt 1. Tag: 05:30 Uhr
  Rückkehr 2. Tag: 21:10 Uhr

Die Hotelrechnung beinhaltet auch ein Frühstück über 20,00 € zzgl. 19 % = 23,80 €. Der Arbeitgeber erstattet die Verpflegungsmehraufwendungen in Höhe der zulässigen Pauschbeträge.

Lösung

Der Arbeitgeber kann in folgender Höhe dem Arbeitnehmer die Reisekosten steuer- und sozialversicherungsfrei ersetzen und als Betriebsausgaben geltend machen:

Fahrtkosten: 1 260 km · 0,30 € = 378,00 €

Buchungssatz

		Soll	Haben
6650	Reisekosten Arbeitnehmer	378,00 €	
an 1800	Bank		378,00 €

Übernachtungskosten: 150,00 € zzgl. 7 % USt 10,50 € = 160,50 €

Buchungssatz

		Soll	Haben
6650	Reisekosten Arbeitnehmer	150,00 €	
1400	Vorsteuer	10,50 €	
an 1800	Bank		160,50 €

Verpflegungsmehraufwand: 2 · 12,00 € = 24,00 € – 4,80 € Frühstücksgestellung durch AG = 19,20 €

Buchungssatz

		Soll	Haben
6650	Reisekosten Arbeitnehmer	19,20 €	
an 1800	Bank		19,20 €

Zusammenfassung

Reisekosten

Fahrtkosten
- tatsächliche Kosten
- 0,30 € je gefahrenem Kilometer

Verpflegungsmehraufwand
- tatsächliche Kosten
- höchstens Pauschbeträge

Übernachtungskosten
- tatsächliche Kosten
- 20,00 € PB je Übernachtung bei Arbeitnehmerinnen und Arbeitnehmern

Nebenkosten
- tatsächliche Kosten

Aufgaben

1. Nennen Sie die vier Arten von Reisekosten.
2. Geben Sie an, in welcher Höhe Fahrtkosten geltend gemacht werden können.
3. Erläutern Sie, was bei den Verpflegungsmehraufwendungen zu beachten ist.
4. Ihr Mandant macht aufgrund einer Geschäftsreise folgende Aufwendungen geltend:
   - Fahrtkosten: 400 km mit dem privaten Pkw
   - Verpflegung: Abwesenheit von zu Hause von 06:30 Uhr bis 22:00 Uhr

   Ermitteln Sie die als Betriebsausgabe abzugsfähigen Reisekosten und buchen Sie diese Kosten.
5. Eine Unternehmerin macht eine eintägige Geschäftsreise, Beginn 07:00 Uhr, Ende 16:00 Uhr. Sie fährt mit dem betrieblichen Pkw 450 km und legt eine Tankquittung von diesem Tag über 102,34 € vor. Außerdem hat sie einen Beleg für Parkgebühren, 19 % USt, in Höhe von 8,92 € und eine Rechnung über ein Essen von 19,28 €.
   Bilden Sie die erforderlichen Buchungssätze. Gehen Sie dabei davon aus, dass die Unternehmerin alle Kosten bar gezahlt hat.

6. Ein Arbeitnehmer Ihres Mandanten fährt mit dem eigenen Pkw zu einem Kunden. Er legt Ihrem Mandanten folgende Reisekostenabrechnung vor:
   - gefahrene Kilometer: 360
   - Abwesenheit: 1. Tag Beginn 06:00 Uhr, 2. Tag Ende 18:00 Uhr
   - Hotelrechnung: Übernachtung: netto 160,00 € zzgl. 7 % USt 11,20 € = 171,20 €, Frühstück: netto 15,00 € zzgl. 19 % USt 2,85 € = 17,85 €, Gesamtbetrag der Rechnung 189,05 €.

   Das Hotel wurde von Ihrem Mandanten gebucht und die Rechnung lautet auf seinen Namen.

   Nehmen Sie die erforderlichen Buchungen vor. Unterstellen Sie dabei, dass Ihr Mandant die höchstmöglichen Beträge per Banküberweisung erstatten möchte.

7. Ihre Mandantin besucht eine gute Kundin, um die weitere Zusammenarbeit zu besprechen. Sie fährt mit dem betrieblichen Pkw insgesamt 1 240 Kilometer. Sie legt Ihnen drei Tankquittungen über insgesamt 235,00 € zzgl. 19 % USt 44,65 € = 279,65 € vor. Sie übernachtet zweimal in einem Hotel vor Ort. Die ordnungsgemäße Rechnung lautet über 340,00 € zzgl. 7 % USt 23,80 € = 363,80 €. Die Verpflegungsmehraufwendungen macht sie entsprechend den Pauschbeträgen geltend. Die Abwesenheit betrug am 1. Tag 10 Stunden, am 2. Tag 24 Stunden und am 3. Tag 21 Stunden. Sie zahlt alle anfallenden Kosten bar. Buchen Sie den gesamten Vorgang.

8. Ein Arbeitnehmer legt einem Unternehmer folgende Reisekostenabrechnung vor:
   - Fahrtkosten mit der Deutschen Bahn: 240,00 €, über 50 Kilometer
   - eine Übernachtung, die ordnungsgemäße Rechnung lautet über 180,00 € zzgl. 7 % USt 12,60 € = 192,60 €.
   - Verpflegungsmehraufwendungen nach Pauschbeträgen, Abwesenheit am 1. Tag 11 Stunden und am 2. Tag 15 Stunden.
   - Dem Arbeitnehmer wird am ersten Abend ein Abendessen, am zweiten Tag ein Frühstück und ein Mittagessen vom Arbeitgeber gestellt. Die gesamten Kosten für den Arbeitgeber betragen brutto 44,03 €. Ordnungsgemäße Rechnungen, Steuersatz 19 %, liegen vor.

   Geben Sie an, wie der Unternehmer zu buchen hat, wenn er alles per Banküberweisung zahlt und er die Reisekosten in maximaler Höhe erstattet.

9. Eine Arbeitnehmerin Ihres Mandanten fährt zu einem Kunden mit der Deutschen Bahn, Entfernung über 50 Kilometer. Der Dauer-Spezial-Preis beträgt 59,00 €. Außerdem fährt sie am Ziel noch Taxi. Die Quittung lautet über insgesamt 11,23 € bei 7 % USt. Die Arbeitnehmerin ist von 05:00 Uhr bis 23:30 Uhr unterwegs. Berechnen Sie die Höhe der höchstzulässigen Erstattungsbeträge. Erstellen Sie die erforderlichen Buchungssätze. Unterstellen Sie, dass Ihr Mandant die Beträge bar erstattet.

11 Vollständige Lohn- und Gehaltsabrechnung im Überblick

Stufe I am drittletzten Bankarbeitstag des Monats	Details	Konto Soll	Konto Haben
Feststellung, Überweisung und Buchung der prognostizierten Gesamtsozialversicherungsbeiträge	prognostizierte Arbeitgeber- und Arbeitnehmerbeiträge an der Sozialversicherung	3759 Voraussichtliche Beitragsschuld gegenüber Sozialversicherungsträgern	1800 Bank

Stufe II a) am letzten Bankarbeitstag des Monats	Details	Konto Soll	Konto Haben
Erfassung des tatsächlichen Arbeitgeberanteils an der Sozialversicherung	Tatsächlicher Arbeitgeberanteil an der Sozialversicherung	6110 Gesetzlich soziale Abgaben	3790 Lohn- und Gehaltsverrechnung

Stufe II b)	Details	Konto Soll	Konto Haben
Bruttoarbeitslohn	Bruttolohn/Bruttogehalt	6000 Löhne und Gehälter	
	+ Überstundenentgelt	6000 Löhne und Gehälter[1]	
	+ Urlaubsgeld	6000 Löhne und Gehälter[2]	
	+ Weihnachtsgeld	6000 Löhne und Gehälter[3]	
	+ vermögenswirksame Leistung des AG	6080 Vermögenswirksame Leistungen	
	+ Fahrgeldzuschuss	6090 Fahrtkostenerstattung Wohnung – Arbeitsstätte, lohnsteuerpflichtig	
	+ Sachbezüge ohne USt	6000 Löhne und Gehälter	
	+ Sachbezüge mit USt	6000 Löhne und Gehälter	
	+ Waren/Dienstleistungen ohne USt	6000 Löhne und Gehälter	
	+ Waren/Dienstleistungen mit USt	6000 Löhne und Gehälter	
	= Bruttoarbeitslohn[4]		3790 Lohn- und Gehaltsverrechnung

1 oder spezielles Unterkonto für Überstundenentgelt
2 oder spezielles Unterkonto für Urlaubsentgelt
3 oder spezielles Unterkonto für Weihnachtsgelt
4 steuer- und sozialversicherungspflichtiger Arbeitslohn

Stufe II b) Fortsetzung	**Details**	**Konto Soll**	**Konto Haben**
– Auflösung Verrechnungskonto	– (nur bei Bruttolohn-verbuchung)	3790 Lohn- und Gehalts-verrechnung	
– Steuern	– Lohnsteuer		3730 Verbindlichkeiten aus Lohn-und Kirchensteuer
	– Kirchensteuer		3730 Verbindlichkeiten aus Lohn-und Kirchensteuer
	– Solidaritätszuschlag		3730 Verbindlichkeiten aus Lohn-und Kirchensteuer
– Sozialversicherungs-beiträge des AN	– Rentenversicherungs-beitrag des AN		3740 Verbindlichkeiten i. R. d. sozialen Sicherheit
	– Arbeitslosenversiche-rungsbeitrag des AN		3740 Verbindlichkeiten i. R. d. sozialen Sicherheit
	– Krankenversicherungs-beitrag des AN		3740 Verbindlichkeiten i. R. d. sozialen Sicherheit
	– Pflegeversicherungs-beitrag des AN		3740 Verbindlichkeiten i. R. d. sozialen Sicherheit
– Sozialversicherungs-beiträge des Arbeit-gebers (nur bei Bruttolohn-verbuchung)	– Rentenversicherungs-betrag des AN		3740 Verbindlichkeiten i. R. d. sozialen Sicherheit
	– Arbeitslosenversiche-rungsbeitrag des AN		3740 Verbindlichkeiten i. R. d. sozialen Sicherheit
	– Krankenversicherungs-beitrag des AN		3740 Verbindlichkeiten i. R. d. sozialen Sicherheit
	– Pflegeversicherungs-beitrag des AN		3740 Verbindlichkeiten i. R. d. sozialen Sicherheit
– vermögenwirksame Leistung des AG	– vermögenswirksame Leistung des AG		3770 Verbindlichkeiten aus Vermögensbildung
– Verrechnungen	– sonstige Sachbezüge ohne USt		4949 Verrechnete sonstige Sachbezüge ohne USt
	– sonstige Sachbezüge mit USt		4948 Verrechnete sonstige Sachbezüge mit USt
	– Unentgeltliche Zuwen-dungen von Waren mit USt		4680 Unentgeltliche Zuwendungen von Waren mit USt
	– unentgeltliche Zuwen-dung von Gegenständen ohne USt		4689 Unentgeltliche Zuwendung von Gegen-ständen ohne USt
	– unentgeltliche Zuwen-dung von Gegenständen mit USt		4686 Unentgeltliche Zuwendung von Gegen-ständen mit USt
	– unentgeltliche Erbrin-gung einer sonstigen Leistung ohne USt		4659 Unentgeltliche Erbringung einer sonstigen Leistung ohne USt
	– unentgeltliche Erbrin-gung einer sonstigen Leistung mit USt		4660 Unentgeltliche Erbringung einer sonstigen Leistung mit USt
= Nettoverdienst	= Nettoverdienst		3720 Verbindl. aus Lohn und Gehaltsverrechnung[1]

1 wenn keine Nettoabzüge erfolgen

Stufe II b) Fortsetzung	**Details**	**Konto Soll**	**Konto Haben**
– Nettoabzüge	– vermögenswirksame Leistungen des AN		3770 Verbindlichkeiten aus Vermögensbildung
	– Vorschüsse		1340 Forderungen gegen Personal
	– freiwillige Kranken- und/oder Pflegeversicherung		3725 Verbindlichkeiten für Einbehaltungen von AN
= Auszahlungsbetrag	= Auszahlungsbetrag		3720 Verbindl. aus Lohn und Gehaltsverrechnung[1]

Stufe III	**Details**	**Konto Soll**	**Konto Haben**
Buchung der tatsächlichen Sozialversicherungsbeiträge auf das Konto 3759 Vorauss. Beitragsschuld SV		3740 Verbindlichkeiten i. R. d. sozialen Sicherheit	3759 Voraussichtliche Beitragsschuld gegenüber Sozialversicherungsträgern

Stufe IV	**Details**	**Konto Soll**	**Konto Haben**
Überweisung an den Arbeitnehmer	Nettoverdienst/ Auszahlungsbetrag	3720 Verbindlichkeiten aus Lohn und Gehalt	1800 Bank

Stufe V Ende des Monats/ Beginn des nächsten Monats	**Details**	**Konto Soll**	**Konto Haben**
Überweisung der vermögenswirksamen Leistungen Arbeitgeber + Arbeitnehmer/-in	vermögenswirksame Leistungen	3770 Verbindlichkeiten aus Vermögensbildung	1800 Bank

Stufe VI Spätestens am 10. Kalendertag des Folgemonats	**Details**	**Konto Soll**	**Konto Haben**
Überweisung der einbehaltenen Steuern an das Finanzamt	· Lohnsteuer · Kirchensteuer · ggfs. Solidaritätszuschlag	3730 Verbindlichkeiten aus Lohn- und Kirchensteuer	1800 Bank

1 nur wenn Nettoabzüge zu berichtigen sind

Aufgaben

1. Felix Reuter ist Angestellter bei der Schunck & Söhne GmbH in Bielefeld. Sein monatliches Grundgehalt beträgt 3.580,00 €. Felix Reuter ist am 26.11.1994 geboren. Er hat die Steuerklasse III, ist kinder- und konfessionslos. Vom Arbeitgeber erhält er monatlich 20,00 € vermögenswirksame Leistungen, sein Eigenanteil beträgt 13,00 € monatlich.
Die Beitragssätze zu den Sozialversicherungen betragen:

KV 14,6 %	Zusatzbeitrag: 1,7 %	PV 3,4 %
RV 18,6 %	ALV: 2,6 %	Zusatzbeitrag PV: 0,6 %

Für die Fahrten von der Wohnung zum Arbeitsplatz und darüber hinaus auch für Privatfahrten bekommt Felix Reuter einen Pkw gestellt, der den Listenpreis 35.640,50 € einschließlich 19 % Umsatzsteuer hat. Die einfache Entfernung vom Wohnort zum Arbeitsplatz beträgt 26 km. Die einbehaltene Lohnsteuer beträgt 300,00 €.

a) Wie hoch ist der geldwerte Vorteil aus der Pkw-Überlassung?
b) Berechnen Sie die Gehaltsabrechnung für den März 2024.
c) Buchen Sie die Gehaltsabrechnung für den März 2024.

2. Tina Sander und ihr Arbeitgeber haben für einen Minijob eine Entlohnung von 520,00 € monatlich vereinbart. Frau Sander erhält einen Kindergartenzuschuss in Höhe von 100,00 €.
Die gesetzlich sozialen Abgaben des Arbeitgebers betragen 163,28 €.
Es wurde kein Antrag auf Befreiung von der Rentenversicherungspflicht gestellt.

a) Erstellen Sie die Lohnabrechnung.
b) Buchen Sie die Lohnabrechnung.

3. Niklas Bayer bittet Mitte November um einen Gehaltsvorschuss in Höhe von 800,00 €. Der Vorschuss wird gewährt und Mitte November an Niklas Bayer überwiesen.

a) Buchen Sie die Überweisung des Vorschusses.

Ende November erfolgt die Gehaltszahlung an Niklas Bayer. Das Bruttogehalt beträgt 4.250,00 €.
Niklas Bayer lässt 40,00 € vermögenswirksame Leistungen überweisen, an denen sich der Arbeitgeber zur Hälfte beteiligt. Lohn- und Kirchensteuern werden in Höhe von 652,91 € abgezogen
Die Beitragssätze zu den Sozialversicherungen betragen:

KV 14,6 %	Zusatzbeitrag: 1,7 %	PV 3,4 %
RV 18,6 %	ALV: 2,6 %	Zusatzbeitrag PV: 0,6 %

b) Erstellen Sie die Gehaltsabrechnung für Niklas Bayer.
c) Buchen Sie die Gehaltsabrechnung.

4. Die Gehaltsabrechnung für Lara Simoneit für den Monat August ist noch durchzuführen.
Ihr Bruttolohn beträgt 3.950,00 €. An LSt/KiSt fallen 833,22 an. Ihr Arbeitnehmeranteil an der Sozialversicherung beträgt 20,20 %. Der Arbeitgeberanteil an der Sozialversicherung beträgt 20,45 %.
Lara Simoneit steht ein betrieblicher Benzin-Pkw als Dienstwagen zur Verfügung, den sie auch privat nutzen kann. Sie benutzt den Pkw im August für Fahrten zwischen Wohnung und erster Tätigkeitsstätte, wobei die einfache Entfernung 18 km beträgt. Der Nettolistenpreis des Pkw inkl. Sonderausstattung betrug bei der Erstzulassung 37.295,00 €.

a) Berechnen Sie den geldwerten Vorteil aus der Pkw-Gestellung.
b) Erstellen Sie die Gehaltsabrechnung für den Monat August.
c) Buchen Sie die Gehaltsabrechnung für den Monat August.

5. Der Mitarbeiter Ben Lang entnimmt Waren aus dem betrieblichen Sortiment für Privatzwecke.
Der Verkaufspreis der Waren beträgt 285,00 €, die aktuellen Selbstkosten betragen 120,00 €.
Erfassen Sie diesen Vorgang buchhalterisch korrekt und geben Sie die Höhe und Auswirkung auf den Gewinn an.

Lernfeld 6

Grenzüberschreitende Sachverhalte und Sonderfälle umsatzsteuerrechtlich bearbeiten und erfassen

Zielbeschreibung:

Die Schülerinnen und Schüler verfügen über die Kompetenz, mit Hilfe des Umsatzsteuergesetzes umsatzsteuerrelevante grenzüberschreitende Sachverhalte sowie umsatzsteuerliche Sonderfälle der Mandantinnen und Mandanten zu bearbeiten und zu erfassen.

Es folgen die Inhalte des Rahmenlehrplans für Lernfeld 6:

Grenzüberschreitende Sachverhalte und Sonderfälle umsatzsteuerrechtlich bearbeiten und erfassen

Die Schülerinnen und Schüler **analysieren** das Mandat hinsichtlich umsatzsteuerrelevanter grenzüberschreitender Sachverhalte sowie umsatzsteuerlicher Sonderfälle. Dabei verschaffen sie sich einen Überblick über das Bestimmungsland- und Ursprungslandprinzip in der internationalen Umsatzbesteuerung.

Die Schülerinnen und Schüler erschließen sich umsatzsteuerrechtliche grenzüberschreitende Sachverhalte mit Hilfe des Umsatzsteuergesetzes. Außerdem **informieren** sie sich über die Steuerbarkeit und die Abgrenzung von steuerbaren und nicht steuerbaren Umsätzen.

Die Schülerinnen und Schüler **planen** ihr Vorgehen zur Analyse der umsatzsteuerlichen Sachverhalte zu ihrer Beurteilung anhand der Struktur des Umsatzsteuergesetzes und unterscheiden grenzüberschreitende Sachverhalte eines Unternehmens. Sie bereiten die buchhalterische Erfassung vor.

Die Schülerinnen und Schüler **erstellen** eine Umsatzsteuererklärung, indem sie die Umsatzart bestimmen und über die Anwendbarkeit des Umsatzsteuergesetzes entscheiden. Dabei überprüfen sie die Steuerbarkeit von grenzüberschreitendem Warenverkehr innerhalb und außerhalb der Europäischen Union anhand der Tatbestandsmerkmale *(innergemeinschaftlicher Erwerb, Einfuhr, Fernverkauf)*. Sie untersuchen im Falle der Steuerbarkeit die Steuerpflicht und Steuerfreiheit *(Ausfuhrlieferung, innergemeinschaftliche Lieferung, Einfuhr)*. Sie bestimmen den Steuerschuldner, das Besteuerungsverfahren sowie die Entstehung der Umsatzsteuer und üben Wahlrechte zu Gunsten der Mandantinnen und Mandanten aus *(Steuerschuldnerschaft des Leistenden und des Leistungsempfängers, Internetdienstleistungen, Kleinunternehmer)*. Sie erstellen die Buchungssätze für diese Sachverhalte und die dazugehörigen Erklärungen.

Die Schülerinnen und Schüler bereiten das Mandantinnen- und Mandantengespräch vor, indem sie die umsatzsteuerlichen Konsequenzen von grenzüberschreitenden Sachverhalten und der umsatzsteuerrechtlichen Sonderfälle **überprüfen**. Im Gespräch zeigen sie den Mandantinnen und Mandanten ihre Ergebnisse sachgerecht auf auch unter Verwendung von digitalen Medien. Sie verwenden in der Kommunikation mit den Mandantinnen und Mandanten Berufssprache auch in einer Fremdsprache.

Die Schülerinnen und Schüler **reflektieren** ihre Entscheidungen hinsichtlich der Steueroptimierung sowie der Nachhaltigkeit von Beschaffungswegen.

6

1 Einführung in grenzüberschreitende Umsätze

Viele Warenlieferungen und Dienstleistungen finden nicht nur im Inland statt. Aufgrund der globalen Verflechtung müssen Unternehmen länderübergreifende Geschäfte auch unter den Gesichtspunkten der Umsatzsteuer beurteilen. Hierbei sind Importe und Exporte zu unterscheiden.

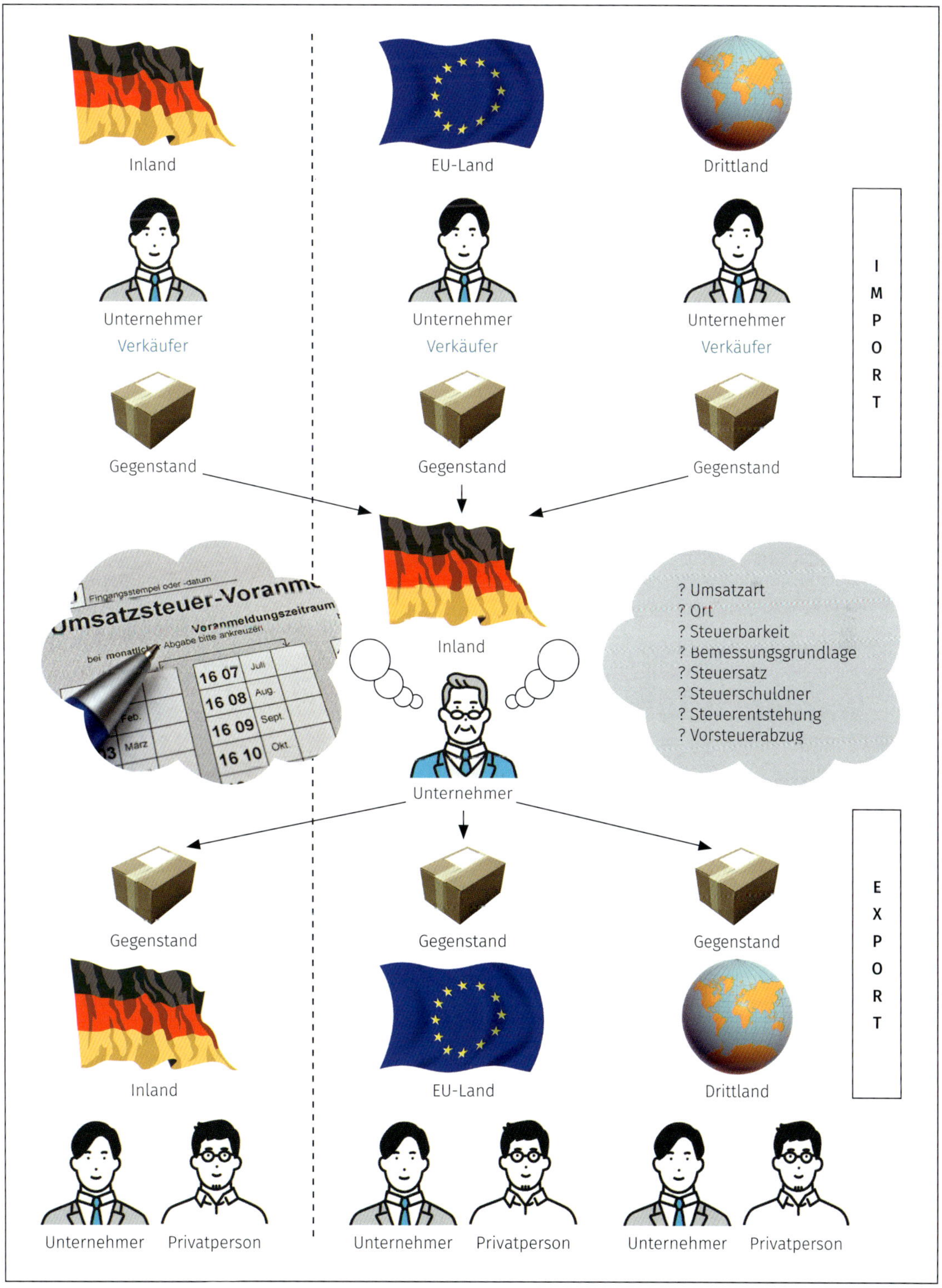

Bereits in Lernfeld 3 wurde im Rahmen der Fragestellung zum Tatbestandsmerkmal „Inland" die umsatzsteuerrechtliche Abgrenzung zum Gemeinschaftsgebiet und Drittlandsgebiet bzw. Inland und Ausland betrachtet.

Überblick Gebietsbegriffe im Umsatzsteuergesetz

Inland
§ 1 (2) S. 1 UStG
(Bundesrepublik Deutschland)

übriges Gemeinschaftsgebiet
§ 1 (2a) S. 1 UStG
(andere EU-Mitgliedstaaten ohne Deutschland) ist gleichzeitig Ausland i. S. d. § 1 (2) S. 2 UStG

Drittlandsgebiet
§ 1 (2a) S. 3 UStG
(auch Büsingen, Helgoland und Freihäfen) ist gleichzeitig Ausland i. S. d. § 1 (2) S. 2 UStG

Das Land, in dem der leistende Unternehmer sein Unternehmen betreibt, möchte grundsätzlich die Besteuerung durchführen (**Ursprungslandprinzip**). Dies würde dazu führen, dass bei grenzüberschreitenden Sachverhalten der Steuersatz des abgebenden Landes berechnet wird. Da in den einzelnen Ländern verschiedene Steuersätze gelten, würde dies zu Wettbewerbsverzerrungen führen. Im Rahmen der Harmonisierung der Umsatzbesteuerung innerhalb der EU haben sich daher die Mitgliedstaaten dafür entschieden, die Besteuerung nach dem **Bestimmungslandprinzip** vorzunehmen. Dies führt dazu, dass das abgebende Land auf sein Besteuerungsrecht verzichtet (= Umsatz ist steuerbar und wird steuerfrei gestellt) und das empfangende Land die Besteuerung übernimmt (= Umsatz ist steuerbar und steuerpflichtig). Bei Warenlieferung mit Drittländern wendet Deutschland ebenfalls das Bestimmungslandprinzip an.

2 Wareneinkäufe

2.1 Einfuhr

2.1.1 Tatbestandsmerkmale, Steuerschuldner, Steuerentstehung

Beispiel 1 Die deutsche Unternehmerin Brinkmann, Frankfurt a. M., erwirbt von einem Sportartikelhersteller aus den USA Sportschuhe im Wert von 4.500,00 € unverzollt und unversteuert für ihr Sportgeschäft. Die Ware wird im Auftrag von Frau Brinkmann mit einer Spedition transportiert. Die zollrechtliche Abwicklung übernimmt die Spedition.

Beispiel 2 Die deutsche Unternehmerin Brinkmann, Frankfurt a. M., erwirbt von einem Bekleidungshersteller aus China Funktionskleidung im Wert von 3.400,00 € für ihr Sportgeschäft. Die Ware wird im Auftrag des chinesischen Herstellers mit einer Spedition verzollt und versteuert versandt.

§ 1 (1) Nr. 4 UStG

Ware, die aus einem Drittland ins Inland gelangt, ist zunächst nicht mit deutscher Umsatzsteuer belastet. Dies würde dazu führen, dass Importeure aus einem Drittland einen Vorteil gegenüber Unternehmern im Inland hätten, da ihre Produkte günstiger wären. Um dies auszugleichen, gibt es eine weitere Umsatzart: den Tatbestand der **Einfuhr** gemäß § 1 (1) Nr. 4 UStG.

Tatbestandsmerkmale

Hiernach liegt ein im Inland steuerbarer Umsatz vor, wenn

- es sich um die Einfuhr
- eines Gegenstandes
- im Inland oder in die österreichischen Gebieten Jungholz und Mittelberg

handelt.

Eine **Einfuhr** liegt vor, wenn ein Gegenstand aus einem Drittland eingeführt und verwendet wird.

Dazu ist eine zollrechtliche Überlassung für den freien Verkehr nötig. Diese erteilt der Zoll, sobald die Ware geprüft und die anfallenden Einfuhrabgaben (Einfuhrumsatzsteuer [EUSt] sowie ggf. Zollgebühren und Verbrauchsteuern) bezahlt sind.

Der Tatbestand der Einfuhr kann auch durch Nichtunternehmer (z. B. Privatpersonen) erfüllt werden. Der Grund liegt darin, dass anders als bei den Umsatzarten nach § 1 (1) Nr. 1 UStG bei der Einfuhr gemäß § 1 (1) Nr. 4 UStG das Tatbestandsmerkmal „Unternehmer" nicht genannt wird.

Befindet sich die Ware nur vorübergehend im Inland, erfolgt keine Freigabe für den inländischen Warenverkehr; es fallen daher keine Einfuhrabgaben an. Dies ist der Fall, wenn die Ware für ein anderes Land bestimmt ist und lediglich durch Deutschland transportiert wird.

Unter Berücksichtigung des § 5 UStG ist die Einfuhr bestimmter Gegenstände steuerfrei.

Steuerschuldner

Steuerschuldner der Einfuhrumsatzsteuer ist die Person, die in eigenem Namen eine Zollanmeldung abgibt bzw. in deren Namen eine Zollanmeldung abgegeben wird.

§ 13a (2) UStG i. V. m. § 21 (2) UStG

Je nach Kaufvertragsgestaltung muss entweder die Käuferin bzw. der Käufer oder die Verkäuferin bzw. der Verkäufer bzw. eine beauftragte dritte Person die Zollabwicklung vornehmen. Damit verwirklicht die Käuferin bzw. der Käufer oder die Verkäuferin bzw. der Verkäufer die Einfuhr.

Übernimmt die **Käuferin** bzw. der **Käufer (= Erwerber/-in)** oder eine von ihr bzw. ihm beauftragte dritte Person die Abwicklung, liegt eine unverzollte und unversteuerte Lieferung vor. In diesem Fall führt die Käuferin bzw. der Käufer als Zollbeteiligter eine steuerbare und in der Regel steuerpflichtige Einfuhr durch.

Steuerentstehung

§ 21 (2) UStG verweist auf die Vorschriften für Zölle. Da es verschiedene Zollverfahren gibt, die sich in den Entstehungszeitpunkten unterscheiden, ist die **Entstehung der EUSt** abhängig vom angewendeten Zollverfahren.

§ 13 (2) UStG i. V. m. § 21 (2) UStG

Lösung 1

Lösung zu Beispiel 1 auf Seite 96

Die Lieferbedingungen „unverzollt und unversteuert" sind stets aus Sicht des Liefernden zu sehen. In diesem Fall liefert der US-amerikanische Hersteller unverzollt und unversteuert. Zollbeteiligte ist daher Unternehmerin Brinkmann. Sie bzw. die von ihr beauftragte Spedition wickelt die Waren zum freien Verkehr ab.

US-amerikanischer Hersteller

§ 1 (1) Nr. 1 UStG

- Lieferung
  → § 3 (1) UStG
  Verschaffung der Verfügungsmacht an einem Gegenstand (Sportschuhe)
- eines Unternehmers (US-amerikanisches Unternehmen)
- im Rahmen seines Unternehmens
- gegen Entgelt (4.500,00 €)

- nicht im Inland
  → § 3 (6) UStG
  Es handelt sich um eine Versendungslieferung. Ort ist dort, wo die Ware an den Spediteur übergeben wird (USA).

Rechtsfolge: Die Lieferung ist gemäß § 1 (1) Nr. 1 UStG nicht steuerbar.

Unternehmerin Brinkmann
§ 1 (1) Nr. 4 UStG
- Einfuhr
  Liegt vor, weil die Ware aus einem Drittland (USA) ins Inland eingeführt wird.
- von Gegenständen (Sportschuhe)
- im Inland
  Liegt vor, da die Einfuhr nach Deutschland erfolgt.

Rechtsfolge: Es liegt eine steuerbare Einfuhr gemäß § 1 (1) Nr. 4 UStG vor.
Steuerschuldnerin ist Frau Brinkmann, § 13a (2) UStG i. V. m. § 21 (2) UStG.
Die Steuer entsteht in Abhängigkeit des zugrunde gelegten Zollverfahrens, § 13 (2) UStG i. V. m. § 21 (2) UStG.

Übernimmt hingegen die bzw. der im Drittland ansässige **Verkäuferin bzw. Verkäufer (= Leistender)** oder eine von ihr bzw. ihm beauftragte dritte Person (z. B. Spedition) die zollrechtliche Abwicklung, liegt eine verzollte und versteuerte Lieferung vor. Der/die Verkäufer/-in als Zollbeteiligte/-r führt eine steuerbare und in der Regel steuerpflichtige Einfuhr durch.

Lösung 2

Lösung Teil 1 zu Beispiel 2 auf Seite 96
Die Lieferbedingungen lauten „verzollt und versteuert“. Daher ist der chinesische Hersteller Zollbeteiligter. Für ihn erfolgt die Abwicklung der Ware in Deutschland zum freien Warenverkehr.

Chinesischer Hersteller
§ 1 (1) Nr. 4 UStG
- Einfuhr
  Liegt vor, weil die Ware aus einem Drittland (China) ins Inland eingeführt wird.
- von Gegenständen (Funktionskleidung)
- im Inland
  Liegt vor, da die Einfuhr nach Deutschland erfolgt.

Rechtsfolge: Es liegt eine steuerbare Einfuhr vor, § 1 (1) Nr. 4 UStG.
Steuerschuldner ist der chinesische Hersteller, § 13a (2) UStG i. V. m. § 21 (2) UStG.
Die Steuer entsteht in Abhängigkeit des zugrunde gelegten Zollverfahrens, § 13 (2) UStG i. V. m. § 21 (2) UStG.

2.1.2 Ort der Lieferung gemäß § 3 (8) UStG

Bei einer Lieferung, die aus dem Drittland kommt, ist abweichend zur Ortsbestimmung nach § 3 (6) UStG zu prüfen, ob die Sonderregelung § 3 (8) UStG erfüllt ist (A 3.13 UStAE).

§ 3 (8) UStG Gelangt

- ein Gegenstand
- bei der Beförderung oder Versendung
- aus dem Drittlandsgebiet
- ins Inland und
- ist der Lieferer oder sein Beauftragter Schuldner der Einfuhrumsatzsteuer,

Rechtsfolge: so gilt der Ort als im Inland gelegen.

Es erfolgt also eine Ortsverlagerung aus dem Drittland ins Inland. Der Vorgang wird damit für den Lieferer steuerbar.

MERKE:

Zusätzlich zur Einfuhr bewirkt der/die im Drittland ansässige Verkäufer/-in eine steuerbare Lieferung.

Lösung Teil 2 zu Beispiel 2 auf Seite 96 Lösung 2

Chinesischer Hersteller

§ 1 (1) Nr. 1 UStG

- Lieferung
  → § 3 (1) UStG
  Verschaffung der Verfügungsmacht an einem Gegenstand (Funktionskleidung)
- eines Unternehmers (chinesischer Hersteller)
- im Rahmen seines Unternehmens
- gegen Entgelt (3.400,00 €)
- im Inland
  → § 3 (6) UStG
  Grundsatz: Versendungslieferung. Der Ort der Lieferung ist dort, wo die Waren an den fremden Dritten übergeben wird (China).
  aber:
  → § 3 (8) UStG
  - Der Gegenstand der Lieferung gelangt
  - bei der Versendung
  - aus dem Drittland (China)
  - ins Inland und
  - der Lieferer oder sein Beauftragter ist Schuldner der Einfuhrumsatzsteuer, da verzollt und versteuert geliefert wird.

  Rechtsfolge: Der Ort der Versendungslieferung gilt als im Inland gelegen, § 3 (8) UStG.

  Die Lieferung ist damit ein steuerbarer Umsatz gemäß § 1 (1) Nr. 1UStG.

Beispiel 3

Das australische Unternehmen Music Ltd. exportiert Didgeridoos u.a. nach Deutschland. An das Unternehmen Bormann GmbH aus Aachen werden 50 Stück zum Preis von jeweils 100,00 € nach Deutschland geliefert. Der Transport erfolgt zunächst mit einem Transporter der Music Ltd. bis zum Flughafen und dann mit dem Flugzeug nach Frankfurt. Die Lieferbedingungen lauten „unverzollt und unversteuert".

Music Ltd. Lösung 3

§ 1 (1) Nr. 1 UStG

- Lieferung
  → § 3 (1) UStG
  Verschaffung der Verfügungsmacht an einem Gegenstand (Didgeridoos)
- eines Unternehmers (Music Ltd.)
- im Rahmen seines Unternehmens
- gegen Entgelt (5.000,00 €)
- nicht im Inland
  → § 3 (6) UStG
  Versendungslieferung. Ort ist dort, wo die Ware an den Spediteur übergeben wird (Australien).

  Rechtsfolge: Die Lieferung ist gemäß § 1 (1) Nr. 1 UStG nicht steuerbar.

Bormann GmbH

Da die Lieferbedingungen „unverzollt und unversteuert" lauten, ist Zollbeteiligter die Bormann GmbH. Für sie wird die Ware in Deutschland zum freien Verkehr abgefertigt.

§ 1 (1) Nr. 4 UStG

- Einfuhr
  Liegt vor, weil die Ware aus einem Drittland (Australien) ins Inland eingeführt wird.
- von Gegenständen (Didgeridoos)
- im Inland
  Liegt vor, da die Einfuhr nach Deutschland erfolgt.

Rechtsfolge: Es liegt eine steuerbare Einfuhr gemäß § 1 (1) Nr. 4 UStG vor.
Steuerschuldner ist die Bormann GmbH, § 13a (2) UStG i. V. m. § 21 (2) UStG.
Die Steuer entsteht in Abhängigkeit des zugrunde gelegten Zollverfahrens, § 13 (2) UStG i. V. m. § 21 (2) UStG.

Beispiel 4

Die neuseeländische Unternehmerin Karyn Blank verkauft original Maori-Handwerkskunst unter anderem nach Deutschland. Sie verkauft Kunstgegenstände an den Importeur Bricks uG aus Erfurt zum Preis von 5.000,00 €. Der Transport erfolgt per Schiff; die Lieferbedingungen lauten „verzollt und versteuert".

Lösung 4

Karyn Blank

§ 1 (1) Nr. 1 UStG

- Lieferung
  → § 3 (1) UStG
  Verschaffung der Verfügungsmacht an einem Gegenstand (Maori- Kunstgegenstände)
- eines Unternehmers (Karyn Blank)
- im Rahmen des Unternehmens
- gegen Entgelt (5.000,00 €)
- im Inland
  → § 3 (6) UStG
  Grundsatz: Versendungslieferung. Der Ort ist dort, wo die Ware an den Spediteur übergeben wird (Neuseeland).
  aber:
  → § 3 (8) UStG
  - Der Gegenstand der Lieferung gelangt
  - bei der Versendung
  - aus dem Drittlandsgebiet (Neuseeland)
  - ins Inland und
  - der Lieferer oder sein Beauftragter ist Schuldner der Einfuhrumsatzsteuer, da die Lieferbedingungen „verzollt und versteuert" lauten.

  Rechtsfolge: Der Ort der Versendungslieferung gilt als im Inland gelegen, § 3 (8) UStG.

Rechtsfolge: Die Lieferung ist gemäß § 1 Abs.1 Nr. 1 UStG steuerbar.

§ 1 (1) Nr. 4 UStG

Da die Lieferbedingungen „verzollt und versteuert" lauten, ist Zollbeteiligte Karyn Blank. Für sie wird die Ware in Deutschland zum freien Verkehr abgefertigt.

- Einfuhr
  → Liegt vor, weil die Ware aus einem Drittland (Neuseeland) ins Inland eingeführt wird.
- von Gegenständen (Maori Kunstwerke)
- im Inland
  → Liegt vor, da die Einfuhr nach Deutschland erfolgt.

Rechtsfolge: Karyn Blank tätigt eine steuerbare Einfuhr gemäß § 1 (1) Nr. 4 UStG.

Zusammenfassung

Einfuhr gemäß § 1 (1) Nr. 4 UStG

Einfuhr	von Gegenständen	im Inland
Die Gegenstände werden aus einem Drittland nach Deutschland eingeführt.		oder österreichische Gebiete Jungholz und Mittelberg

Beachte: Den Tatbestand der Einfuhr kann auch ein Nichtunternehmer erfüllen.

Ort der Lieferung gemäß § 3 (8) UStG

Der Liefergegenstand gelangt bei der Beförderung oder Versendung → aus dem Drittlandsgebiet ins Inland → und der Lieferer oder sein Beauftragter ist Schuldner der EUSt.

Rechtsfolge: Der Ort der Lieferung gilt als im Inland gelegen.

Beachte: Es schuldet derjenige die EUSt, der den Auftrag zur Abfertigung zum freien Verkehr gestellt hat und damit Zollbeteiligter ist. Lauten die Lieferbedingungen „verzollt und versteuert", so ist dies stets der Lieferer. Der Ort der Lieferung verlagert sich in diesen Fällen ins Inland, § 3 (8) UStG.

MERKE:

Die Lieferbedingungen lauten „unverzollt und unversteuert". → Der Erwerber hat die Einfuhr zu versteuern.

Die Lieferbedingungen lauten „verzollt und versteuert". → Der Lieferer hat die Einfuhr zu versteuern **und** die Lieferung ist im Inland steuerbar und steuerpflichtig.

2.1.3 Bemessungsgrundlage

Die Bemessungsgrundlage errechnet sich auf Basis des Zollwertes des Gegenstandes zuzüglich folgender Beträge: *§ 11 UStG*

- Einfuhrabgaben, Steuern und sonstige Abgaben, die im Ausland entstanden sind,
- Zoll und Verbrauchsteuern, die der Zoll erhebt,
- Kosten der Vermittlung der Lieferung,
- Kosten der Beförderung bis zum ersten Bestimmungsort im Gemeinschaftsgebiet.

2.1.4 Steuersatz, Vorsteuerabzug

Der Steuersatz richtet sich nach dem für die Lieferung geltenden Steuersatz gemäß § 12 UStG. *§ 12 UStG, § 15 (1) Nr. 2 UStG A 15.8 UStAE*

Die entstandene EUSt kann als Vorsteuer geltend gemacht werden, § 15 (1) Nr. 2 UStG.

2.1.5 Buchungen

Lauten die Lieferbedingungen „unverzollt und unversteuert", ist der Erwerber Steuerschuldner der Einfuhrumsatzsteuer und der Zollgebühren, die bei der Zollabfertigung entstehen. Der Verkäufer tätigt eine Lieferung, die allerdings nach § 1 (1) Nr. 1 UStG nicht steuerbar ist.

Grund: Der Ort der Lieferung liegt gemäß § 3 (6) nicht im Inland. Der Verkäufer stellt daher eine Rechnung ohne Steuerausweis aus. Die vom Zoll berechneten Einfuhrabgaben werden getrennt gebucht.

Beispiel 1

Ein US-amerikanischer Hersteller aus Washington liefert Maschinenbauteile unverzollt und unversteuert nach Deutschland. Er berechnet seinem Kunden, dem Unternehmer Kurt Mahler aus Aurich, den Warenwert i. H. v. 10.000,00 €; es erfolgt kein Steuerausweis. Die Ware wird über den Seeweg im Auftrag von Kurt Mahler nach Deutschland verschifft.

Die Spedition berechnet Herrn Mahler bei Anlieferung gegen Barzahlung:

Transportkosten	1.000,00 €
+ Versicherung	200,00 €
+ verauslagter Zoll	500,00 €
+ verauslagte EUSt	2.223,00 €
= zu zahlen	3.923,00 €

Lösung 1

		Soll	Haben
5599	Einfuhren	10.000,00 €	
an 3310	Verbindlichkeiten a. LL.		10.000,00 €

		Soll	Haben
5800	Bezugskosten	1.200,00 €	
1433	Entstandene Einfuhrumsatzsteuer	2.223,00 €	
5840	Zölle und Einfuhrabgaben	500,00 €	
an 1600	Kasse		3.923,00 €

Bei Buchungen, die zu einer Veränderung der Bemessungsgrundlage führen (Nachlässe wegen Mängeln, Zahlung mit Skonto, Bonuszahlung), muss eine Korrektur der EUSt erfolgen.

Beispiel 1

Fortsetzung

Der US-amerikanische Hersteller gibt Unternehmer Mahler aufgrund von leichten Qualitätsmängeln einen Preisnachlass in Höhe von 200,00 € auf den Warenwert. Herr Mahler erhält beim Zollamt entsprechend 38,00 € EUSt bar erstattet.

Lösung 1

Fortsetzung

		Soll	Haben
3310	Verbindlichkeiten a. LL.	200,00 €	
an 5599	Einfuhren		200,00 €

		Soll	Haben
1600	Kasse	38,00 €	
an 1433	Entstandene Einfuhrumsatzsteuer		38,00 €

Beispiel 2

Ein kanadischer Hersteller aus Toronto liefert Gymnastikgeräte verzollt und versteuert. Die Ware wird im Auftrag des kanadischen Herstellers auf dem Seeweg von Kanada nach Deutschland verschifft. Er stellt der Unternehmerin Brinkmann folgende Rechnung aus:

Warenwert	10.000,00 €
+ Frachtkosten bis Grenze	800,00 €
+ Versicherung	200,00 €
=	11.000,00 €
+ Zoll	500,00 €
+ Frachtkosten Inland	200,00 €
=	11.700,00 €
+ Umsatzsteuer 19 %	2.223,00 €
= zu zahlen	13.923,00 €

Erfolgt die Lieferung verzollt und versteuert, tätigt der Verkäufer eine steuerbare Lieferung gemäß § 1 (1) Nr. 1 UStG.
Grund: Der Ort der Lieferung ist gemäß § 3 (8) UStG im Inland. Die Lieferung ist steuerpflichtig. Der Verkäufer stellt eine Rechnung mit Steuerausweis aus. Die Buchung der Eingangsrechnung wird analog zu einer inländischen Eingangsrechnung auf dem entsprechenden Warenkonto und Vorsteuer erfasst.

Lösung 2

		Soll	Haben
5200	Wareneingang	11.000,00 €	
5800	Bezugskosten	700,00 €	
1400	Abziehbare Vorsteuer	2.223,00 €	
an 3310	Verbindlichkeiten a. LL.		13.923,00 €

Bei Buchungen, die zu einer Veränderung der Bemessungsgrundlage führen (Nachlässe wegen Mängeln, Zahlung mit Skonto, Bonuszahlung), muss eine Korrektur über die Konten Nachlässe (5700 oder 5701), Skonti (5702 oder 5703) oder Boni (5704 oder 5705) sowie der Vorsteuer erfolgen.

Beispiel 2

Fortsetzung

Der kanadische Hersteller gibt Frau Brinkmann aufgrund von leichten Qualitätsmängeln einen Preisnachlass i. H. v. 500,00 € auf den Warenwert zzgl. 95,00 € Umsatzsteuer. Die Rechnung wird um 595,00 € gekürzt.

Lösung 2

Fortsetzung

		Soll	Haben
3310	Verbindlichkeiten a. LL.	595,00 €	
an 5700	Nachlässe		500,00 €
1400	Abziehbare Vorsteuer		95,00 €

Aufgaben

1. Die Privatperson Martin Panne erwirbt während eines USA-Aufenthalts im Mai eine US-Motorrad für 4.000,00 € von einem amerikanischen Händler. Der Händler organisiert im Auftrag für Herrn Panne den Transport. Herr Panne erhält vom Münchner Zoll im Juli einen Brief mit der Aufforderung, die erforderlichen Einfuhrformalitäten zu erledigen sowie die EUSt und Zollgebühren zu zahlen.

Bestimmen Sie unter Angabe der Rechtsgrundlagen die Umsatzart, den Steuerschuldner, die Entstehung der EUSt, die Bemessungsgrundlage sowie den Steuersatz und geben Sie an, ob Herr Panne die EUSt als Vorsteuer geltend machen kann.

2. Der Lampenhändler „Lichtflut OHG", Hannover, schließt am 10.09. bei einem brasilianischen Hersteller in Rio de Janeiro einen Kaufvertrag über Lampen ab. Die Ware im Wert von 3.000,00 € wird im Auftrag des brasilianischen Unternehmers durch eine Spedition von Rio nach Hamburg befördert. Die Zollabwicklung in Hamburg übernimmt am 01.10. der Spediteur. Die Lieferbedingungen lauten „freihaus" und „verzollt und versteuert". Die Lampen werden am gleichen Tag in Hamburg an eine zweite Spedition übergeben, die die Ware zum Kunden nach Hannover transportiert und dort an den Lampenhändler übergeben. Die zweite Spedition erstellt eine eigene Rechnung an die OHG.

   - Warenwert/Zollwert inkl. Transportkosten bis zum ersten Bestimmungsort (Hamburg): 3.200,00 €
   - Zollgebühren: 145,45 €
   - EUSt: 635,64 €
   - Transportkosten Hamburg-Hannover: netto 300,00 €

   a) Bestimmen Sie unter Angabe der Rechtsgrundlagen die Umsatzart, den Steuerschuldner, die Entstehung der EUSt, die Bemessungsgrundlage sowie den Steuersatz
      aa) aus Sicht des brasilianischen Lieferanten sowie
      ab) aus Sicht des deutschen Kunden.

   b) Nehmen Sie die Buchung der Eingangsrechnung aus Sicht des Unternehmens „Lichtflut OHG" vor.

3. Der Einkäufer der Frankfurter „Porzellanhaus GmbH" erwirbt bei einer Lieferanten-Akquise in Mexiko von einem mexikanischen Künstler aus Mexiko-Stadt eine Serie handgefertigter Vasen im Wert von 800,00 €. Die Bezahlung erfolgt sofort bar. Der Einkäufer nimmt die Waren direkt mit. Am Frankfurter Zoll wickelt er die Formalitäten ab und bezahlt er die fällige EUSt in Höhe von 152,00 € bar.

   a) Bestimmen Sie unter Angabe der Rechtsgrundlagen die Umsatzart, den Steuerschuldner, die Entstehung der EUSt, die Bemessungsgrundlage sowie den Steuersatz.

   b) Nehmen Sie die Buchungen aus Sicht der Porzellanhaus GmbH vor.

2.2 Innergemeinschaftlicher Erwerb (igE)

2.2.1 Tatbestandsmerkmale

Beispiel 1

Die Unternehmerin Brinkmann aus Frankfurt a. M. schließt mit einem spanischen Sportartikelhersteller einen Vertrag über Sportschuhe zum Warenwert in Höhe von 7.200,00 € ab. Frau Brinkmann holt die Ware mit dem eigenen Lkw in Barcelona ab. Beide Unternehmer verfügen über eine USt-IdNr ihres jeweiligen Landes.

Lösung 1

<u>**Spanischer Hersteller**</u>

§ 1 (1) Nr. 1 UStG

- Lieferung
  → § 3 (1) UStG
  Verschaffung der Verfügungsmacht an einem Gegenstand (Sportschuhe)
- eines Unternehmers (spanischer Hersteller)
- im Rahmen seines Unternehmens
- gegen Entgelt (7.200,00 €)
- nicht im Inland
  → § 3 (6) UStG
  Beförderungslieferung. Der Ort ist dort, wo die Beförderung beginnt (Spanien).

Rechtsfolge: Die Lieferung ist gemäß § 1 (1) Nr. 1UStG nicht steuerbar.

Der spanische Sportartikelhersteller stellt eine Rechnung ohne Umsatzsteuerausweis aus.

Über die Prüfung des Tatbestandes gemäß § 1 (1) Nr. 1 UStG erfolgt keine Besteuerung in Deutschland. Um die in Kapitel 1 beschriebene Besteuerung im Bestimmungsland (Deutschland) zu erreichen, wird eine andere gesetzliche Regelung benötigt.

Wird Ware aus dem Gemeinschaftsgebiet ins Inland geliefert, erfolgt keine Abwicklung über den Zoll. Unter bestimmten Voraussetzungen wird die Besteuerung auf den Erwerber übertragen. Liegen diese vor, spricht man von einem **innergemeinschaftlichen Erwerb (igE)**.

Der igE stellt für den Leistungsempfänger (= Erwerber/-in, Käufer/-in) einen steuerbaren und in der Regel steuerpflichtigen Umsatz dar.

Hiernach liegt ein steuerbarer Umsatz vor, wenn *§ 1 (1) Nr. 5 UStG*

- es sich um einen innergemeinschaftlichen Erwerb
- gegen Entgelt
- im Inland

handelt.

Unter welchen Voraussetzungen ein innergemeinschaftlicher Erwerb vorliegt, ist in §§ 1a, 1b UStG geregelt.

Gemäß § 1a (1) UStG liegt ein innergemeinschaftlicher Erwerb unter folgenden Voraussetzungen vor: *§ 1a (1) UStG*

- § 1a (1) Nr. 1 UStG
  Ein Gegenstand gelangt bei einer Lieferung an den Abnehmer aus dem Gebiet eines Mitgliedstaates in das Gebiet eines anderen oder in die in § 1 (3) UStG bezeichneten Gebiete.
  Es muss also eine bewegte Lieferung von einem Mitgliedstaat in einen anderen vorliegen

- § 1a (1) Nr. 2a UStG
  Der Erwerber ist ein Unternehmer, der den Gegenstand für sein Unternehmen erwirbt.
  Damit der Lieferer erkennt, dass diese Voraussetzung erfüllt ist, verwendet der Erwerber seine USt-IdNr. Sie weist ihn als Unternehmer aus und der Unternehmer gibt zu erkennen, dass er den Gegenstand für sein Unternehmen erwirbt.

oder

- § 1a (1) Nr. 2b UStG
  Der Erwerber ist eine juristische Person, die nicht Unternehmer ist oder die den Gegenstand nicht für ihr Unternehmen erwirbt.

- § 1a (1) Nr. 3a UStG
  Der Lieferer ist Unternehmer und wird gegen Entgelt im Rahmen seines Unternehmens tätig

und

- § 1a (1) Nr. 3b) UStG
  er ist kein Kleinunternehmer.

  Ein Kleinunternehmer ist ein Unternehmer, der wegen Geringfügigkeit keine Umsatzsteuer ausweisen darf und im Gegenzug auch keinen Vorsteuerabzug hat (ausführlich in Kapitel 7). *§ 19 UStG*

Verwendet der Lieferer in der Rechnung seine USt-IdNr und erstellt er die Rechnung unter Hinweis auf die Steuerbefreiung seiner Lieferung als innergemeinschaftliche Lieferung, so kann der Erwerber davon ausgehen, dass die Voraussetzung gegeben ist.

Unternehmen, die für ihr Unternehmen Leistungen aus dem Gemeinschaftsgebiet erhalten oder in dieses tätigen, müssen folglich über eine **USt-IdNr** verfügen. Deutsche Unternehmen erhalten diese beim Bundeszentralamt für Steuern (BZSt), Unternehmen in anderen EU-Ländern bei der jeweils für sie zuständigen Behörde. *A 3d.1 (3) UStAE*

2.2.2 Grundfall des innergemeinschaftlichen Erwerbs

2.2.2.1 Tatbestandsmerkmale

Beispiel 1

Die Unternehmerin Brinkmann aus Frankfurt a.M. schließt mit einem spanischen Sportartikelhersteller einen Vertrag über Sportschuhe zum Warenwert in Höhe von 7.200,00 € ab. Frau Brinkmann holt die Ware mit dem eigenen Lkw in Barcelona ab. Beide Unternehmer verfügen über eine USt-IdNr ihres jeweiligen Landes.

Lösung 1

Unternehmerin Brinkmann

§ 1 (1) Nr. 5 UStG

- innergemeinschaftlichen Erwerb
  → § 1a UStG
  - § 1a (1) Nr. 1 UStG
    Ein Gegenstand (Sportschuhe) gelangt bei einer Lieferung an den Abnehmer aus dem Gebiet eines Mitgliedstaates (Spanien) in das Gebiet eines anderen (Deutschland).
  - § 1a (1) Nr. 2a UStG
    Die Erwerberin (Frau Brinkmann) ist Unternehmerin, die den Gegenstand für ihr Unternehmen erwirbt.
  - § 1a (1) Nr. 3a UStG
    Der Lieferer (spanischer Sportartikelhersteller) ist Unternehmer und wird gegen Entgelt im Rahmen seines Unternehmens tätig
    und
  - § 1a (1) Nr. 3b UStG
    er ist kein Kleinunternehmer.

  Rechtsfolge: Es handelt sich um einen innergemeinschaftlichen Erwerb.
- gegen Entgelt (7.200,00 €)
- im Inland (die Ortsbestimmung erfolgt nach § 3d UStG; darauf wird in Kapital 2.2.2.2 näher eingegangen).

Rechtsfolge: Es handelt sich um einen steuerbaren innergemeinschaftlichen Erwerb gemäß § 1 (1) Nr. 5 UStG.

Beispiel 2

Der albanische Exporteur Ivo Nowak aus Tirana verkauft Maschinen an den deutschen Importeur Alex Bauer aus München. Der Warenwert hierfür beträgt 100.000,00 €. Den Transport übernimmt Ivo Nowak mit einem eigenen Lkw. Er fährt zwar durch verschiedene EU-Länder, fertigt die Maschinen aber erst an der deutschen Grenze zum freien Verkehr ab. Die Lieferbedingungen lauten „verzollt und versteuert".

Lösung 2

Ivo Nowak

Es liegt kein innergemeinschaftlicher Erwerb vor, da die Maschinen nicht aus einem anderen Mitgliedstaat nach Deutschland gelangen. Deshalb sind § 1 (1) Nr. 1 UStG sowie § 1 (1) Nr. 4 UStG zu prüfen.

§ 1 Abs.1 Nr. 1 UStG

- Lieferung
- → § 3 (1) UStG
  Verschaffung der Verfügungsmacht an einem Gegenstand (Maschinen)
- eines Unternehmers (Ivo Nowak)
- im Rahmen seines Unternehmens
- gegen Entgelt (10.000,00 €)
- im Inland
  → § 3 (6) UStG
  Grundsatz: Es handelt sich um eine Beförderungslieferung. Der Ort ist dort, wo die Beförderung beginnt (Tirana, Albanien).

aber:
→ § 3 (8) UStG Ausnahme
- Der Gegenstand der Lieferung gelangt
- bei der Beförderung
- aus dem Drittlandsgebiet (Albanien)
- ins Inland.
  Die Ware wird erst an der deutschen Grenze zum freien Verkehr abgefertigt. Ivo Nowak darf nur durch die anderen Länder durchfahren, nicht aber die Ware dort verkaufen.

und
- der Lieferer oder sein Beauftragter ist Schuldner der Einfuhrumsatzsteuer, da die Lieferbedingungen „verzollt und versteuert" lauten.

Rechtsfolge: Der Ort der Versendungslieferung gilt als im Inland gelegen, § 3 (8) UStG.

Rechtsfolge: Die Lieferung ist gemäß § 1 (1) Nr. 1 UStG steuerbar.

§ 1 (1) Nr. 4 UStG
Da die Lieferbedingungen „verzollt und versteuert" lauten, ist Zollbeteiligter Ivo Nowak. Für ihn wird die Ware in Deutschland zum freien Verkehr abgefertigt.
- Einfuhr
  Liegt vor, weil die Ware aus einem Drittland (Albanien) ins Inland eingeführt wird.
- von Gegenständen (Maschinen)
- im Inland
  → Liegt vor, da die Einfuhr nach Deutschland erfolgt.

Rechtsfolge: Ivo Nowak tätigt eine steuerbare Einfuhr gemäß § 1 (1) Nr. 4 UStG.

Es liegt kein innergemeinschaftlicher Erwerb vor, weil die Maschinen nicht aus einem anderen EU-Mitgliedstaat nach Deutschland gelangen.

Beispiel 3

Abwandlung zu Beispiel 2
Der albanische Exporteur Ivo Nowak aus Tirana verkauft Maschinen an den deutschen Importeur Alex Bauer aus München. Der Preis hierfür beträgt 100.000,00 €. Den Transport übernimmt Ivo Nowak mit einem eigenen Lkw. Er fertigt die Maschinen an der slowenischen Grenze (Slowenien = EU-Mitgliedstaat) zum freien Verkehr ab. Ivo Nowak verwendet seine slowenische und Alex Bauer seine deutsche USt-IdNr.

Lösung 3

§ 1 (1) Nr. 4 UStG
Da die Ware nun an der slowenischen Grenze zum freien Verkehr von Ivo Nowak abgefertigt wird, liegt keine Einfuhr vor. Die Maschinen gelangen aus einem Mitgliedstaat der EU (Slowenien, dort zum freien Verkehr abgefertigt) in einen anderen Mitgliedstaat (Deutschland).

Deshalb ist § 1 (1) Nr. 5 UStG zu prüfen.

<u>Alex Bauer</u>
§ 1 (1) Nr. 5 UStG
- innergemeinschaftlichen Erwerb
  → § 1a UStG
  - § 1a (1) Nr. 1 UStG
    Ein Gegenstand (Maschinen) gelangt bei einer Lieferung an den Abnehmer aus dem Gebiet eines Mitgliedstaates (Slowenien) in das Gebiet eines anderen (Deutschland).
  - § 1a (1) Nr. 2a UStG
    Der Erwerber (Alex Bauer) ist ein Unternehmer, der den Gegenstand für sein Unternehmen erwirbt.
  - § 1a (1) Nr. 3a UStG
    Der Lieferer (Ivo Nowak) ist Unternehmer und wird gegen Entgelt im Rahmen seines Unternehmens tätig

und
- § 1a (1) Nr. 3b UStG
  er ist kein Kleinunternehmer.

Rechtsfolge: Es handelt sich um einen innergemeinschaftlichen Erwerb.
- gegen Entgelt (100.000,00 €)
- im Inland (die Ortsbestimmung erfolgt nach § 3d UStG; darauf wird in Kapital 2.2.2.1.2 näher eingegangen).

Rechtsfolge: Alex Bauer tätigt einen steuerbaren innergemeinschaftlichen Erwerb gemäß § 1 (1) Nr. 5 UStG.

2.2.2.2 Ort des innergemeinschaftlichen Erwerbs

§ 3d UStG Die Ortsbestimmung erfolgt nach § 3d UStG. Der innergemeinschaftliche Erwerb wird grundsätzlich dort bewirkt, wo sich der Gegenstand am Ende der Beförderung oder Versendung an den Erwerber befindet, § 3d S. 1 UStG.

Beispiel 1 Unternehmerin Sanchez betreibt in München ein spanisches Lebensmittelgeschäft. Sie bekommt von einem spanischen Produzenten aus Madrid verschiedene Wurstwaren im Wert von 500,00 € angeliefert. Frau Sanchez verwendet ihre deutsche USt-IdNr, der spanische Hersteller die seines Landes.

Lösung 1 **Unternehmerin Sanchez**

§ 1 (1) Nr. 5 UStG
- innergemeinschaftlichen Erwerb
  → § 1a UStG
  - § 1a (1) Nr. 1 UStG
    Ein Gegenstand (Lebensmittel) gelangt bei einer Lieferung an den Abnehmer aus dem Gebiet eines Mitgliedstaates (Spanien) in das Gebiet eines anderen (Deutschland).
  - § 1a (1) Nr. 2a UStG
    Der Erwerber (Frau Sanchez) ist ein Unternehmer, der den Gegenstand für sein Unternehmen erwirbt.
  - § 1a (1) Nr. 3a UStG
    Der Lieferer (spanischer Produzent) ist Unternehmer und wird gegen Entgelt im Rahmen seines Unternehmens tätig

  und
  - § 1a (1) Nr. 3b UStG
    er ist kein Kleinunternehmer.

  Rechtsfolge: Es handelt sich um einen innergemeinschaftlichen Erwerb.
- gegen Entgelt (500,00 €)
- im Inland
  → § 3d S. 1 UStG
  Der Ort ist dort, wo sich der Gegenstand am Ende der Beförderung befindet (München).

Rechtsfolge: Es handelt sich um einen steuerbaren innergemeinschaftlichen Erwerb nach § 1 (1) Nr. 5 UStG.

Beachte:

Verwendet der Erwerber jedoch die USt-IdNr eines anderen EU-Mitgliedstaates als dem EU-Land, in dem der Transport endet, so verlagert sich gemäß § 3d S. 2 UStG der Ort des innergemeinschaftlichen Erwerbs in den Staat, vom dem die verwendete USt-IdNr ausgestellt wurde. Weist der Erwerber die Besteuerung im Bestimmungsland nach (also in dem Land, in dem der Transport endet), dann wird die Besteuerung im Land, aus dem die USt-IdNr stammt, rückgängig gemacht.

Beispiel 2

Ein belgischer Schokoladenhersteller liefert vertragsgemäß mit dem eigenen Lkw von seinem Werk in Brüssel die bestellten Schokoladenpralinen im Wert von 500,00 € zu einem französischen Händler nach Paris. Da der französische Unternehmer auch viele Umsätze in Deutschland tätigt, besitzt er sowohl eine französische als auch eine deutsche USt-IdNr. Er gibt dem belgischen Händler seine deutsche USt-IdNr an.

Lösung 2

Französischer Händler

§ 1 (1) Nr. 5 UStG

- innergemeinschaftlicher Erwerb
  → § 1a UStG
  - § 1a (1) Nr. 1 UStG
    Ein Gegenstand (Pralinen) gelangt bei einer Lieferung an den Abnehmer aus dem Gebiet eines Mitgliedstaates (Belgien) in das Gebiet eines anderen (Frankreich).
  - § 1a (1) Nr. 2a UStG
    Der Erwerber (Pariser Händler) ist ein Unternehmer, der den Gegenstand für sein Unternehmen erwirbt.
  - § 1a (1) Nr. 3a UStG
    Der Lieferer (belgischer Unternehmer) ist Unternehmer und wird gegen Entgelt im Rahmen seines Unternehmens tätig

  und
  - § 1a (1) Nr. 3b UStG
    er ist kein Kleinunternehmer.

  Rechtsfolge: Es handelt sich um einen innergemeinschaftlichen Erwerb.
- gegen Entgelt (500,00 €)
- nicht im Inland
  → § 3d S. 1 UStG

  Grundsatz: Der Ort ist dort, wo sich der Gegenstand am Ende der Beförderung befindet (Paris, Frankreich).

  Aber:

  → § 3d S. 2 UStG

  Der französische Unternehmer verwendet die USt-IdNr eines anderen EU-Mitgliedstaates (Deutschland) als dem EU-Land, in dem die Beförderung endet (Frankreich).

  Der Ort verlagert sich gemäß § 3d S. 2 UStG in den Staat, dessen USt-IdNr verwendet wird (Deutschland).

  Rechtsfolge: Der Ort ist im Inland gelegen.

Rechtsfolge: Es liegt für den französischen Händler ein steuerbarer innergemeinschaftlicher Erwerb in Deutschland gemäß § 1 (1) Nr. 5 UStG vor.

Beispiel 3

Ein Berliner Modelabel erwirbt von einem portugiesischen Designer verschiedene T-Shirts im Warenwert von 1.350,00 €. Die Ware wird mit einem Paketdienstleister angeliefert. Das Berliner Unternehmen verwendet irrtümlicherweise seine polnische USt-IdNr.

Lösung 2

Berliner Modelabel

§ 1 (1) Nr. 5 UStG

- innergemeinschaftlichen Erwerb
  → § 1a UStG
  - § 1a (1) Nr. 1 UStG
    Ein Gegenstand (T-Shirt) gelangt bei einer Lieferung an den Abnehmer aus dem Gebiet eines Mitgliedstaates (Portugal) in das Gebiet eines anderen (Deutschland).
  - § 1a (1) Nr. 2a UStG
    Der Erwerber (Berliner Modelabel) ist ein Unternehmer, der den Gegenstand für sein Unternehmen erwirbt.
  - § 1a (1) Nr. 3a UStG
    Der Lieferer (portugiesischer Designer) ist Unternehmer und wird gegen Entgelt im Rahmen seines Unternehmens tätig

und
- § 1a (1) Nr. 3b UStG
  er ist kein Kleinunternehmer.

Rechtsfolge: Es handelt sich um einen innergemeinschaftlichen Erwerb.
- gegen Entgelt (1.350,00 €)
- im Inland
  → § 3d S. 1 UStG
  Grundsatz: Der Ort ist dort, wo sich der Gegenstand am Ende der Versendung befindet (Berlin).
  aber:
  → § 3d S. 2 UStG
  Der deutsche Unternehmer verwendet die USt-IdNr eines anderen EU-Mitgliedstaates (Polen) als dem EU-Land, in dem die Beförderung endet (Deutschland).
  Der Ort verlagert sich gemäß § 3d S. 2 UStG in den Staat, dessen USt-IdNr verwendet wird (Polen).
  Rechtsfolge: Der Ort ist nicht im Inland gelegen.

Rechtsfolge: Es liegt für das Modelabel kein innergemeinschaftlicher Erwerb in Deutschland gemäß § 1 (1) Nr. 5 UStG vor, der Vorgang ist in Deutschland nicht steuerbar.

Zusammenfassung

Innergemeinschaftlicher Erwerb gemäß § 1 (1) Nr. 5 UStG

- **innergemeinschaftlicher Erwerb § 1a UStG**
- **im Inland § 3d UStG**
- **gegen Entgelt**

§ 1a (1) Nr. 1 UStG
Der Gegenstand gelangt aus einem EU-Mitgliedstaat in einen anderen EU-Mitgliedstaat.

§1a (a) Nr. 2 UStG
Der Erwerber ist Unternehmer, der den Gegenstand für sein Unternehmen erwirbt.

§1 (1) Nr. 3 UStG
Der Lieferer ist Unternehmer und liefert in Rahmen seines Unternehmens und ist kein Kleinunternehmer

Ortsbestimmung nach § 3d UStG

Der Empfänger verwendet eine dem Bestimmungsland entsprechende USt-IdNr.	Der Empfänger verwendet eine vom Bestimmungsland abweichende USt-IdNr.
↓ Der innergemeinschaftliche Erwerb wird in dem Land bewirkt, in dem sich der Gegenstand am Ende der Beförderung/Versendung befindet.	↓ Der innergemeinschaftliche Erwerb ist in dem Land bewirkt, dessen USt-IdNr verwendet wird.
	↓ **Beachte:** Weist der Erwerber die Besteuerung im Bestimmungsland nach, dann wird die Besteuerung im Land, aus dem die USt-IdNr stammt, rückgängig gemacht.

2.2.2.3 Steuerfreiheit, Steuerschuldner, Steuerentstehung

Der innergemeinschaftliche Erwerb stellt für den/die Käufer/-in einen steuerbaren und in der Regel steuerpflichtigen Umsatz dar. Unter Berücksichtigung des § 4b UStG sind innergemeinschaftliche Erwerbe, die für die Verwendung bestimmter steuerfreier Umsätze des § 4 UStG vorgesehen sind, steuerbar, aber steuerfrei. *§ 4b UStG*

Der Leistungsempfänger (= Käufer/-in, Erwerber/-in) ist **Steuerschuldner** der Umsatzsteuer. *§ 13a (1) Nr. 2 UStG*

Die **Steuer entsteht** mit Ausstellung der Rechnung, spätestens jedoch mit Ablauf des dem Erwerb folgenden Kalendermonats. Die Zahlung der Rechnung spielt keine Rolle. *§ 13 (1) Nr. 6 UStG*

Beispiel 1

Eine Bremer Unternehmerin bestellt im Juli bei einem dänischen Händler Waren. Es liegt nachweislich ein für die deutsche Unternehmerin steuerbarer und steuerpflichtiger innergemeinschaftlicher Erwerb vor. Die Waren werden im September 01 in Bremen durch eine Spedition angeliefert. Der dänische Unternehmer stellt die Rechnung mit Datum 15.09.01. Die Bremer Unternehmerin erhält sie noch im selben Monat. Die Zahlung wird im Oktober geleistet.

Lösung 1

Die Steuer entsteht mit Ausstellung der Rechnung: 15.09.01.

Beispiel 2

Ein Unternehmer aus Lübeck bestellt im April bei einem maltesischen Händler Waren. Es liegt nachweislich ein für den deutschen Unternehmer steuerbarer und steuerpflichtiger innergemeinschaftlicher Erwerb vor. Die Waren werden im August 01 in Lübeck beim Unternehmer angeliefert. Die Rechnungsausstellung des maltesischen Händlers erfolgt am 25.10.01. Der Unternehmer aus Lübeck erhält sie noch im Oktober 01. Die Zahlung erfolgt im November.

Lösung 2

Die Steuer entsteht mit Ausstellung der Rechnung am 25.10.01, spätestens jedoch mit Ablauf des dem Erwerb folgenden Kalendermonats, hier September 01.

2.2.2.4 Bemessungsgrundlage, Steuersatz, Vorsteuerabzug

Die Bemessungsgrundlage wird beim **innergemeinschaftlichen Erwerb** nach dem Entgelt bemessen. *§ 10 (1) UStG*

Der Steuersatz richtet sich nach dem für die Lieferung geltenden Steuersatz gemäß § 12 UStG. Gemäß § 15 (1) Nr. 3 UStG kann die Umsatzsteuer aus einem innergemeinschaftlichem Erwerb als Vorsteuer geltend gemacht werden, sofern der innergemeinschaftliche Erwerb im Inland bewirkt wird. Der Vorsteuerabzug entsteht in dem Zeitpunkt, in dem die Erwerbsteuer entsteht, A 15.10 (3) UStAE. *§ 12 UStG* *§ 15 (1) Nr. 3 und (3) UStG* *A 15.10 UStAE*

Beispiel

Zusammenfassendes Beispiel

Süßwarenhändlerin Sweety aus Aachen schließt im Februar mit einem finnischen Produzenten einen Vertrag über die Lieferung traditioneller finnischer Weihnachtsspezialitäten ab. Beide Unternehmer verwenden die USt-IdNr ihres Landes. Die Süßwaren im Wert von 1.500,00 € werden im Oktober durch den finnischen Hersteller in Aachen angeliefert. Die Rechnung wird am 02.12.01 ausgestellt und sofort elektronisch an Frau Sweety übermittelt.

Lösung

Unternehmerin Sweety

§ 1 (1) Nr. 5 UStG

- innergemeinschaftlicher Erwerb
  → § 1a UStG
  - § 1a (1) Nr. 1 UStG
    Ein Gegenstand (Weihnachtsspezialitäten) gelangt bei einer Lieferung an den Abnehmer aus dem Gebiet eines Mitgliedstaates (Finnland) in das Gebiet eines anderen (Deutschland).

- § 1a (1) Nr. 2a UStG
  Der Erwerber (Frau Sweety) ist eine Unternehmerin, die den Gegenstand für ihr Unternehmen erwirbt.
- § 1a (1) Nr. 3a UStG
  Der Lieferer (finnischer Produzent) ist Unternehmer und wird gegen Entgelt im Rahmen seines Unternehmens tätig

und

- § 1a (1) Nr. 3b UStG
  er ist kein Kleinunternehmer.

Rechtsfolge: Es handelt sich um einen innergemeinschaftlichen Erwerb

- gegen Entgelt (1.500,00 €)
- im Inland
  → § 3d S. 1 UStG
  Der Ort ist dort, wo sich der Gegenstand am Ende der Beförderung befindet (Aachen).

Rechtsfolge: Es handelt sich um einen steuerbaren innergemeinschaftlichen Erwerb nach § 1 (1) Nr. 5 UStG.

Eine Steuerbefreiung nach § 4b UStG liegt nicht vor. Der innergemeinschaftliche Erwerb ist daher steuerpflichtig.
Die Steuer entsteht mit Ausstellung der Rechnung am 02.12.01, spätestens jedoch mit Ablauf des dem Erwerb folgenden Kalendermonats, § 13 (1) Nr. 6 UStG: also **November**.
Unternehmerin Sweety ist Steuerschuldnerin gemäß § 13a (1) Nr. 2 UStG.

Aufgaben

1. Die Unternehmerin Ader betreibt in Aachen eine Modeboutique. Sie erwirbt von einem italienischen Händler Sommerkleider im Wert von 1.200,00 €. Frau Ader holt die Ware am 15.05. mit dem eigenen Lkw in Mailand ab. Beide Unternehmer sind regelversteuernde Unternehmer und zum Vorsteuerabzug berechtigt. Sie verwenden ihre jeweilige USt-IdNr. Die Rechnung über 600,00 € netto geht Frau Ader am 10.07. zu.

   Entscheiden und begründen Sie, ob ein steuerbarer und ggfs. steuerpflichtiger Erwerb vorliegt.

2. Der Unternehmer Nguyen aus Bremen importiert aus Ungarn Stühle für sein Möbelgeschäft. Die Ware wird mit einer Spedition im Auftrag des ungarischen Händlers nach Bremen geliefert. Beide Unternehmer sind regelversteuernde Unternehmer, zum Vorsteuerabzug berechtigt und verwenden ihre jeweilige USt-IdNr. Die Rechnung in Höhe von 3.200,00 € netto geht Herr Nguyen mit Zustellung der Ware am 22.10. zu. Bei der Sichtung der Ware werden kleinere Mängel festgestellt. Der ungarische Händler gewährt deshalb einen Preisnachlass in Höhe von 5 %. Herr Nguyen überweist am 11.11. den Restbetrag unter Abzug von 2 % Skonto.

   a) Entscheiden und begründen Sie, ob ein steuerbarer und ggfs. steuerpflichtiger Erwerb vorliegt.

   b) Nehmen Sie die Buchungen bei Rechnungseingang, zum Zeitpunkt des Nachlasses sowie zum Zeitpunkt der Zahlung vor.

3. Frau Zigan betreibt in Dresden ein Feinkostgeschäft. Sie bezieht im Juni von einem griechischen Käsehersteller diverse Sorten Ziegenkäse. Diese werden mit einem Paketdienstleister im Auftrag des Verkäufers versandt. Die Ware wird Frau Zigan am 15.06. übergeben, die Rechnung beträgt 200,00 € netto und geht ihr am 02.07. zu. Beide Unternehmer verfügen über eine USt-IDNr ihres Landes.

   a) Bestimmen Sie unter Angabe der Rechtsgrundlagen die Umsatzart sowie die Steuerbarkeit.

   b) Geben Sie Auskunft zur Steuerschuldnerschaft und zur Entstehung der Steuer.

4. Das Unternehmen 2Camp4Fun GmbH mit Sitz in Groß-Gerau bezieht von einem französischen Hersteller Faltcaravane im Warenwert von 100.000,00 €. Den Transport übernimmt der der Hersteller. Die Ware wird am 01.05. in Groß-Gerau angeliefert. Die GmbH besitzt neben der deutschen Niederlassung auch eine spanische, die Waren sind für den spanischen Markt bestimmt. Der französische Hersteller verwendet die USt-IdNr seines Landes, das deutsche Unternehmen gibt seine spanische USt-IdNr an. Die GmbH weist nach, dass die Besteuerung in Spanien vorgenommen wurde.

   Bestimmen Sie unter Angabe der Rechtsgrundlagen die Umsatzart sowie die Steuerbarkeit.

2.2.3 Innergemeinschaftliches Verbringen (igV)

Warenbewegungen zwischen zwei Betriebsstätten innerhalb von Deutschland stellen nicht steuerbaren Innenumsatz dar.

Bei grenzüberschreitenden Warenbewegungen zwischen zwei Betriebsstätten des gleichen Unternehmers innerhalb des Gemeinschaftsgebietes und bei **nicht nur vorübergehender** Verwendung des Gegenstands im Bestimmungsmitgliedstaat fingiert § 1a (2) UStG einen innergemeinschaftlichen Erwerb gegen Entgelt = **rechtgeschäftsloses Verbringen, grenzüberschreitender Innenumsatz**.

Hierbei ist es unerheblich, ob der Unternehmer den Gegenstand selbst befördert oder ob er die Beförderung durch eine/-n selbstständige/-n Beauftragte/-n ausführen oder besorgen lässt.

Der Unternehmer gilt im EU-Ausgangsstaat als Lieferer, im Inland als Erwerber. *A 1a.2 UStAE*

§ 1 (1) Nr. 5 UStG *§ 1a (2) UStG*
- innergemeinschaftlicher Erwerb
- gegen Entgelt
  → § 1a (2) UStG
  - Verbringen eines Gegenstands des Unternehmens
  - aus dem übrigen Gemeinschaftsgebiet
  - ins Inland
  - durch einen Unternehmer
  - zu seiner Verfügung,
  - ausgenommen zu einer nur vorübergehenden Verwendung.

  Rechtsfolge: Es liegt ein innergemeinschaftlicher Erwerb vor, der als innergemeinschaftlicher Erwerb gegen Entgelt gilt. Somit sind zwei der drei Tatbestandsmerkmale des § 1 (1) Nr. 5 UStG erfüllt.
- im Inland, § 3d UStG.

Rechtsfolge: Es liegt ein steuerbarer innergemeinschaftlicher Erwerb gemäß § 1 (1) Nr. 5 UStG vor.

Eine **nicht nur vorübergehende Verwendung**, d. h. eine dauerhafte Verwendung, liegt vor, wenn der Unternehmer den Gegenstand im Bestimmungsland dem Anlagevermögen zuführt bzw. als Roh-, Hilfs- oder Betriebsstoff verarbeitet oder verbraucht bzw. als Handelsware für den Verkauf bestimmt.

Beim **innergemeinschaftlichen Verbringen** entspricht die Bemessungsgrundlage dem Einkaufspreis zuzüglich der Nebenkosten bzw. der Selbstkosten zum Zeitpunkt des Umsatzes. *§ 10 (4) Nr. 1 UStG*

Beispiel 1

Der belgische Unternehmer van den Heuvel verbringt eine Maschine aus seinem Unternehmen in Lonzen (Belgien) in seine Zweigstelle nach Aachen, um sie dort auf Dauer einzusetzen.

Es ist zu prüfen, ob hier ein innergemeinschaftlicher Erwerb gemäß § 1 (1) Nr. 5 vorliegt.

Lösung 1

§ 1 (1) Nr. 5 UStG
- innergemeinschaftlicher Erwerb
- gegen Entgelt
  → § 1a (2) UStG
  - Verbringen eines Gegenstands des Unternehmens (Maschine)
  - aus dem übrigen Gemeinschaftsgebiet (Belgien)
  - in das Inland (Aachen)
  - durch einen Unternehmer (van den Heuvel)
  - zu seiner Verfügung (Betriebsstätte in Aachen),
  - ausgenommen zu einer nur vorübergehenden Verwendung (wird dem Anlagevermögen zugeordnet).

  Rechtsfolge: Das Verbringen gilt als innergemeinschaftlicher Erwerb gegen Entgelt.
- im Inland
  § 3d UStG Ort ist dort, wo sich der Gegenstand am Ende der Beförderung/Versendung befindet (Aachen).

Rechtsfolge: Es handelt sich um einen steuerbaren innergemeinschaftlichen Erwerb gemäß § 1 (1) Nr. 5 UStG.

Beispiel 2

Der dänische Unternehmer Torben Amundsen verbringt Heizöl aus seiner Betriebsstätte in Dänemark zu seiner deutschen Zentrale in Flensburg, um damit seine Lagerhalle zu beheizen.

Es ist zu prüfen, ob ein steuerbarer innergemeinschaftlicher Erwerb gemäß § 1 (1) Nr. 5 UStG vorliegt.

Lösung 2

§ 1 (1) Nr. 5 UStG
- innergemeinschaftlicher Erwerb
- gegen Entgelt
  → § 1a (2) UStG
  - Verbringen eines Gegenstands des Unternehmens (Heizöl)
  - aus dem übrigen Gemeinschaftsgebiet (Dänemark)
  - in das Inland (Flensburg)
  - durch einen Unternehmer (Torben Amundsen)
  - zu seiner Verfügung (Zweigstelle Flensburg),
  - ausgenommen zu einer nur vorübergehenden Verwendung (wird in Flensburg verbraucht).

  Rechtsfolge: Das Verbringen gilt als innergemeinschaftlicher Erwerb gegen Entgelt.
- im Inland
  § 3d UStG
  Ort ist dort, wo sich der Gegenstand am Ende der Beförderung/Versendung befindet (Flensburg).

Rechtsfolge: Es handelt sich um einen steuerbaren innergemeinschaftlichen Erwerb gemäß § 1 (1) Nr. 5 UStG.

Beispiel 3

Ein tschechischer Unternehmer produziert ausgefallene Holzspielfiguren. In den Monaten November und Dezember betreibt er auf diversen Wochen- und Weihnachtsmärkten in Deutschland einen mobilen Verkaufsstand. Dazu transportiert er die Figuren im eigenen Lkw aus seinem tschechischen Unternehmen nach Deutschland. Am Ende der Markttage bleiben einige Figuren übrig, die er wieder mit zurück nimmt. Der Unternehmer verfügt über eine deutsche USt-IdNr.

Lösung 3

Verkauf der Waren auf dem Markt

§ 1 (1) Nr. 1 UStG
- Lieferung
  → § 3 (1) UStG
  Verschaffung der Verfügungsmacht an einem Gegenstand (Holzfiguren)
- eines Unternehmers (tschechischer Unternehmer)
- im Rahmen des Unternehmens
- gegen Entgelt

- im Inland
  → § 3 (6) UStG
  Beförderungslieferung. Der Ort ist dort, wo die Beförderung beginnt (jeweiliger Markt in Deutschland).

Rechtsfolge: Es liegen steuerbare Lieferungen gemäß § 1 (1) Nr. 1 UStG vor.

Transport der Holzfiguren von Tschechien nach Deutschland zum jeweiligen Markt
Verkaufte Figuren

§ 1 (1) Nr. 5 UStG

- innergemeinschaftlicher Erwerb
- gegen Entgelt
  → § 1a (2) UStG
  - Verbringen eines Gegenstands des Unternehmens (Holzfiguren)
  - aus dem übrigen Gemeinschaftsgebiet (Tschechien)
  - ins Inland (verschiedene inländische Märkte)
  - durch einen Unternehmer (tschechischer Unternehmer)
  - zu seiner Verfügung (zum Verkauf),
  - ausgenommen zu einer nur vorübergehenden Verwendung (Figuren werden im Inland verkauft).

  Rechtsfolge: Das innergemeinschaftliche Verbringen gilt als innergemeinschaftlicher Erwerb gegen Entgelt.
- im Inland
  → § 3d UStG
  Ort ist dort, wo sich die Ware am Ende der Beförderung befindet (verschiedene Märkte im Inland).

Rechtsfolge: Es liegt ein steuerbarer innergemeinschaftlicher Erwerb in Form des innergemeinschaftlichen Verbringens gemäß § 1 (1) Nr. 5 UStG vor.

Nicht verkaufte Figuren

§ 1 (1) Nr. 5 UStG

- innergemeinschaftlicher Erwerb
- gegen Entgelt
  → § 1a (2) UStG
  - Verbringen eines Gegenstands des Unternehmens (Holzfiguren)
  - aus dem übrigen Gemeinschaftsgebiet (Tschechien)
  - ins Inland (verschiedene inländische Märkte)
  - durch einen Unternehmer (tschechischer Unternehmer)
  - zu seiner Verfügung (zum Verkauf),
  - aber nur zu einer vorübergehenden Verwendung, denn sie werden im Inland nicht verkauft sondern werden wieder mit zurück nach Tschechien genommen.

  Rechtsfolge: Das innergemeinschaftliche Verbringen gilt nicht als innergemeinschaftlicher Erwerb gegen Entgelt.

Rechtsfolge: Es liegt kein steuerbarer innergemeinschaftlicher Erwerb gemäß § 1 (1) Nr. 5 UStG vor.

Das Verbringen zu einer Verwendung ist von der Erwerbsfiktion ausgenommen. Das heißt, es liegt kein innergemeinschaftlicher Erwerb vor, wenn die Verwendung des Gegenstands im Bestimmungsland

- ihrer Art nach nur vorübergehend oder
- befristet ist (nur Hinweis).

Ihrer Art nach nur vorübergehende Verwendung

Ein Gegenstand wird nur **vorübergehend** ins Inland verbracht, wenn

- er in Zusammenhang mit einer sonstigen Leistung genutzt oder
- zur Erfüllung einer Werklieferung verwendet wird.

Die Dauer der tatsächlichen Verwendung ist dabei unerheblich. *A1a.2 (10), (11) UStAE*

Befristete Verwendung (Hinweis)

Von einer befristeten Verwendung ist auszugehen, wenn ein Gegenstand im Bestimmungsmitgliedstaat nur für eine Höchstdauer verwendet wird. Diese beträgt grundsätzlich 24 Monate. Es gibt aber auch Höchstdauern von 18 Monaten bzw. 6 Monaten. Es gelten hier die Rechts- und Verwaltungsvorschriften zu der zoll- und einfuhrumsatzsteuerrechtlichen Abgabenbefreiung.

Beispiel 1

Unternehmerin Brinkmann betreibt neben ihrem Ladenlokal in Frankfurt a. M. eine weitere Filiale in Amsterdam (Niederlande). Sie bringt monatlich Waren (Sportartikel) mit dem eigenen Lkw aus dem Lager in Amsterdam nach Frankfurt a. M., um sie dort zu verkaufen.

Lösung 1

Unternehmerin Brinkmann

§ 1 (1) Nr. 5 UStG

- innergemeinschaftlicher Erwerb
- gegen Entgelt
  → § 1a (2) UStG
  - Verbringen eines Gegenstands des Unternehmens (Sportartikel)
  - aus dem übrigen Gemeinschaftsgebiet (Niederlande)
  - in das Inland (Frankfurt)
  - durch einen Unternehmer (Frau Brinkmann)
  - zu seiner Verfügung (eigenes Ladenlokal),
  - ausgenommen zu einer nur vorübergehenden Verwendung (Verkauf in Frankfurt).

  Rechtsfolge: Das Verbringen gilt als innergemeinschaftlicher Erwerb gegen Entgelt.
- im Inland
  § 3d UStG
  Der Ort ist dort, wo sich der Gegenstand am Ende der Beförderung befindet (Frankfurt a. M.).

Rechtsfolge: Es handelt sich um einen steuerbaren innergemeinschaftlicher Erwerb gemäß § 1 (1) Nr. 5 UStG.
Frau Brinkmann ist Steuerschuldnerin, § 13a (1) Nr. 2 UStG.
Die Steuer entsteht spätestens mit Ablauf des dem Erwerb folgenden Monats, § 13 (1) Nr. 6 UStG.

Beispiel 2

Bauunternehmer Klein aus Luxemburg führt Straßenbauarbeiten in Freiburg durch. Die hierfür benötigten Baumaschinen bringt er aus Luxemburg nach Freiburg. Nach Abschluss der Bautätigkeiten werden die Maschinen wieder nach Luxemburg gebracht.

Lösung 2

Bauunternehmer Klein

§ 1 (1) Nr. 5 UStG

- innergemeinschaftlicher Erwerb
- gegen Entgelt
  → § 1a (2) UStG
  Ort ist dort, wo sich der Gegenstand am Ende der Beförderung befindet: Frankfurt a. M.
  - Verbringen von Gegenständen des Unternehmens (Baumaschinen)
  - aus dem übrigen Gemeinschaftsgebiet (Luxemburg)
  - in das Inland (Freiburg)
  - durch einen Unternehmer (Bauunternehmer Klein)
  - zu seiner Verfügung,
  - ausgenommen zu einer nur vorübergehenden Verwendung (Erfüllung einer Werklieferung).

  Damit liegt eine vorübergehende Nutzung vor, A 1a.2 UStAE.
  Rechtsfolge: Das Verbringen gilt nicht als innergemeinschaftlicher Erwerb gegen Entgelt.

Rechtsfolge: Es handelt sich nicht um einen steuerbaren innergemeinschaftlichen Erwerb gemäß § 1 (1) Nr. 5 UStG.

Innergemeinschaftlicher Erwerb gemäß § 1 (1) Nr. 5 UStG

innergemeinschaftlicher Erwerb Grundfall

- innergemeinschaftlicher Erwerb § 1a (1) UStG
- gegen Entgelt
- im Inland § 3d UStG

innergemeinschaftliches Verbringen § 1a (2) UStG

- Verbringen eines Gegenstands des Unternehmens
- aus dem übrigen Gemeinschaftsgebiet
- ins Inland
- durch einen Unternehmer
- zu seiner Verfügung
- ausgenommen zu einer nur vorübergehenden Verfügung.

Rechtsfolge: Das Verbringen gilt als **innergemeinschaftlicher Erwerb** gegen **Entgelt**.

- im Inland § 3d UStG

MERKE:

- Eine vorübergehende Verwendung liegt vor, wenn
  - der Gegenstand in Zusammenhang mit einer sonstigen Leistung steht oder
  - zur Erfüllung einer Werklieferung genutzt wird.
- Bei dauerhafter Verwendung liegt ein innergemeinschaftliches Verbringen vor. Eine dauerhafte Verwendung ist gegeben, wenn
  - der Gegenstand dem Anlagevermögen zugeordnet wird oder
  - als Roh-, Hilfs-, Betriebsstoff verbraucht wird bzw. als Handelsware für den Verkauf bestimmt ist.

Aufgaben

1. Die Unternehmerin Aos betreibt in Dresden eine Seifenmanufaktur und ist zum vollen Vorsteuerabzug berechtigt. Sie erwirbt aus Malta verschiedene Rohstoffe. Die Ware wird über einen Paketdienstleister am 17.02.02 angeliefert. Beide Unternehmer verfügen jeweils über eine USt-IdNr aus verschiedenen EU-Ländern. Frau Aos besitzt neben ihrer Filiale in Dresden eine weitere in Warschau (Polen). Bei der Vertragsabwicklung verwendet sie ihre polnische USt-IdNr.

   Entscheiden und begründen Sie, ob ein steuerbarer und ggfs. steuerpflichtiger Erwerb vorliegt. Prüfen Sie dabei auch den Ort des innergemeinschaftlichen Erwerbs. Bestimmen Sie außerdem den Ort und die Steuerbarkeit der Lieferung.

2. Die Unternehmerin aus Aufgabe 1 bringt im Dezember mit dem eigenen Fahrzeug aus der polnischen Manufaktur Seifen in die Dresdner Filiale, um sie dort zu verkaufen. Die Waren haben einen Verkaufswert von 400,00 €, die Herstellungskosten betrugen 230,00 €.

   Bestimmen Sie unter Angabe der Rechtsgrundlagen die Umsatzart sowie die Steuerbarkeit. Bei einem steuerbaren Umsatz geben Sie zudem den Steuerschuldner, die Entstehung der Umsatzsteuer, die Bemessungsgrundlage sowie den Steuersatz an.

3. Die Unternehmerin Aos aus Aufgabe 1 bringt im Dezember mit dem eigenen Fahrzeug aus der polnischen Manufaktur diverse Formen und Arbeitsmaterialien im Wert von 500,00 € in die Dresdner Filiale, um sie dort für zwei Monate in der Seifenproduktion zu verwenden.

   Bestimmen Sie unter Angabe der Rechtsgrundlagen die Umsatzart sowie die Steuerbarkeit.

2.2.4 Innergemeinschaftlicher Erwerb neuer Fahrzeuge

Beispiel

Unternehmerin Brinkmann aus Frankfurt a. M. erwirbt während eines Urlaubs in Frankreich von einem Autohändler am 15.12. des Jahres für private Zwecke ein Fahrzeug zum Preis von 30.000,00 €. Das Auto weist eine Laufleistung von 15 000 km aus; laut Papieren fand die Erstzulassung am 01.08. des gleichen Jahres statt. Frau Brinkmann überführt das Auto zu ihrem privaten Wohnsitz nach Frankfurt a. M.

Lösung

Teil 1

Frau Brinkmann erwirbt das Fahrzeug als Privatperson. Das schließt im Grundfall einen innergemeinschaftlichen Erwerb aus. Aber beim Erwerb eines Neufahrzeugs liegt ein innergemeinschaftlicher Erwerb bereits vor, wenn das Neufahrzeug von einem Mitgliedstaat in einen anderen gelangt. Der Erwerber muss nicht zwingend Unternehmer sein, § 1b (1) UStG.

§ 1 (1) Nr. 5 UStG

- innergemeinschaftlicher Erwerb
  § 1b (1) UStG
  - Erwerb eines Neufahrzeugs
  - Der Erwerber gehört nicht zum Personenkreis des § 1a (1) Nr. 2 UStG.
    Dies sind Privatpersonen und Unternehmen, die den Gegenstand nicht für ihr Unternehmen erwerben. Erwirbt ein Unternehmer ein neues Fahrzeug für sein Unternehmen, so gilt § 1 (1) Nr. 5 UStG i. V. m. § 1a UStG. Es handelt sich um einen innergemeinschaftlichen Erwerb so wie beim Erwerb jedes anderen Gegenstands auch.
  - Das Fahrzeug gelangt von einem Mitgliedstaat der EU in einen anderen Mitgliedstaat, § 1b (1) UStG i. V. m. § 1a (1) Nr. 1 UStG.

  Rechtsfolge: Es handelt sich um einen innergemeinschaftlichen Erwerb.
- im Inland
- gegen Entgelt

Rechtsfolge: Es liegt ein gemäß § 1 (1) Nr. 5 UStG steuerbarer innergemeinschaftlicher Erwerb vor.

Fahrzeuge

Fahrzeuge sind gemäß § 1b (2) UStG Land-, Wasser- und Luftfahrzeuge, die bestimmte Größen überschreiten.

Zu den Landfahrzeugen gehören insbesondere Personenkraftwagen, Lastkraftwagen, Motorräder und motorbetriebene Wohnmobile sowie landwirtschaftliche Zugmaschinen. Keine Landfahrzeuge sind dagegen Wohnwagen und andere Anhänger ohne eigenen Motor sowie selbstfahrende Arbeitsmaschinen, die nach ihrer Bauart oder ihren besonderen, mit dem Fahrzeug fest verbundenen Einrichtungen nicht zur Beförderung von Personen oder Gütern bestimmt und geeignet sind.

Neues Fahrzeug

Ein Landfahrzeug gilt nach § 1b (3) Nr. 1 UStG als neu, wenn

- es nicht mehr als 6 000 km zurückgelegt hat (unabhängig von der ersten Inbetriebnahme)
  oder
- wenn seine erste Inbetriebnahme im Zeitpunkt des Erwerbs nicht mehr als sechs Monate zurückliegt (unabhängig von der Fahrleistung).

Bei Wasserfahrzeugen gilt § 1b (3) Nr. 2 UStG, bei Luftfahrzeugen § 1b (3) Nr. 3 UStG.

§ 13a (1) Nr. 2 UStG

Steuerschuldner ist der Erwerber.

§ 13 (1) Nr. 7 UStG

Die **Steuer entsteht** am Tag des Erwerbs.

Der Erwerber muss spätestens bis zum 10. Tag nach dem Datum des Erwerbs eine Steueranmeldung, in der er die Steuer selbst errechnet hat, zu seinem Wohnsitzfinanzamt übermittelt oder dort einen Vordruck abgegeben haben. Gleichzeitig ist die Steuer fällig und muss entrichtet werden. *§ 18 (1a) UStG*

Lösung

Teil 2

Frau Brinkmann

§ 1 (1) Nr. 5 UStG

- innergemeinschaftlicher Erwerb
  → § 1a UStG
  - § 1a (1) Nr. 1 UStG
    Ein Gegenstand (Fahrzeug) gelangt aus dem Gebiet eines Mitgliedstaates (Frankreich) in das Gebiet eines anderen (Deutschland).
  - § 1a (1) Nr. 2a UStG
    Die Erwerberin (Frau Brinkmann) ist keine Unternehmerin.

  Rechtsfolge: Es liegt kein innergemeinschaftlicher Erwerb gemäß § 1a (1) UStG vor.
  → § 1b UStG
  - § 1b (2) Nr. 1 UStG
    Es handelt sich um ein Landfahrzeug (Auto).
  - § 1b (3) Nr. 1 UStG
    Das Auto hat zwar mehr als 6000 km zurückgelegt, die erste Inbetriebnahme im Zeitpunkt des Erwerbs liegt jedoch nicht mehr als sechs Monate zurück (01.08. bis 15.12.).

  Rechtsfolge: Es liegt ein innergemeinschaftlicher Erwerb neuer Fahrzeuge gemäß § 1b UStG vor. Es reicht aus, wenn § 1a (1) Nr. 1 UStG (bewegte Lieferung von einem EU-Staat in einen anderen) erfüllt ist.
- gegen Entgelt (30.000,00 €)
- im Inland
  § 3d UStG
  Der Ort ist dort, wo sich der Gegenstand am Ende der Beförderung befindet (Frankfurt a. M.).

Rechtsfolge: Es liegt ein steuerbarer innergemeinschaftlicher Erwerb neuer Fahrzeuge vor, § 1 (1) Nr. 5 UStG i. V. m. § 1b UStG.
Der innergemeinschaftliche Erwerb ist mangels Steuerbefreiung steuerpflichtig.
Die Steuer entsteht am Tag des Erwerbs, also am 15.12. gemäß § 13 (1) Nr. 7 UStG in Höhe von 5.700,00 € (30.000,00 € · 19 %).
Frau Brinkmann ist Steuerschuldnerin der Umsatzsteuer, § 13a (1) Nr. 2 UStG.
Sie muss den innergemeinschaftlichen Erwerb innerhalb des Zeitraums vom 15.12. bis 25.12. anzeigen und die Steuer zahlen, § 18 (5a) UStG.

Zusammenfassung

Innergemeinschaftlicher Erwerb gemäß § 1 (1) Nr. 5 UStG

innergemeinschaftlicher Erwerb Grundfall

- innergemeinschaftliche Erwerb § 1a (1) UStG
- gegen Entgelt
- im Inland § 3d UStG

innergemeinschaftlicher Erwerb neuer Fahrzeuge § 1a UStG i. V. m. § 1b UStG

- ein neues Fahrzeug gelangt von einem EU-Staat in einen anderen, §§ 1b (1), 1a (1) Nr. 1 UStG
- Erwerber ist eine Privatperson oder ein Unternehmer, der nicht für sein Unternehmen erwirbt, §§ 1b (1), 1a (1) Nr. 2 UStG
- **Fahrzeuge:** Land-, Wasser- Luftfahrzeuge, §1b (2) UStG
- **Neu:** heißt bei Landfahrzeugen
  - nicht mehr als 6 000 km zurückgelegt

  oder
  - erste Inbetriebnahme liegt im Zeitpunkt des Erwerbs nicht mehr als sechs Monate zurück

Rechtsfolge: Es liegt ein innergemeinschaftlicher Erwerb vor.

- gegen Entgelt
- im Inland § 3d UStG

↓

Der innergemeinschaftliche Erwerb ist gemäß § 1 (1) Nr. 5 UStG steuerbar und mangels Befreiung auch steuerpflichtig.

↓

MERKE:
- **§ 13 (1) Nr. 7 UStG**
  Die Steuer entsteht am Tag des Erwerbs.
- **§ 18a (5) UStG**
  Eine Steueranmeldung muss innerhalb von zehn Tagen nach Erwerb zum Wohnsitzfinanzamt übermittelt werden. Gleichzeitig ist die Steuer fällig und muss entrichtet werden.

Aufgaben

1. Frau Vlam, Privatperson aus Neuwied, erwirbt von einem spanischen Händler, Barcelona, am 27.09.01 einen Vorführwagen zum Preis von 25.000,00 €. Sie überführt das Fahrzeug am gleichen Tag zu ihrem Wohnsitz in Deutschland. Die Laufleistung des Fahrzeugs beträgt bei Übergabe 2 000 km; die Erstzulassung fand am 01.02.01 statt. Der spanische Händler verfügt über eine USt-IdNr seines Landes.

   Bestimmen Sie unter Angabe der Rechtsgrundlagen die Umsatzart sowie die Steuerbarkeit aus Sicht von Frau Vlam.

2. Abwandlung zu Aufgabe 1: Die Laufleistung des Fahrzeugs beträgt bei Übergabe 12 000 km.

   Bestimmen Sie unter Angabe der Rechtsgrundlagen die Umsatzart sowie die Steuerbarkeit aus Sicht von Frau Vlam.

3. Frau Vlam, Unternehmerin aus Neuwied, erwirbt von einem spanischen Händler, Barcelona, am 27.09.01 ein Fahrzeug zum Preis von 25.000,00 € für ihr Unternehmen. Sie überführt das Fahrzeug am gleichen Tag

zu ihrem Unternehmenssitz nach Deutschland. Die Laufleistung des Fahrzeugs beträgt bei Übergabe 12 000 km; die Erstzulassung fand am 01.02.01 statt. Beide Unternehmer verwenden die USt-IdNr ihres Landes.

Bestimmen Sie unter Angabe der Rechtsgrundlagen die Umsatzart sowie die Steuerbarkeit aus Sicht der Unternehmerin Vlam.

2.2.5 Ausnahmen

Ein **innergemeinschaftlicher Erwerb liegt nicht vor**,

§ 1a (3) UStG

- wenn der Erwerber gemäß § 1a (3) Nr. 1 UStG
  - nur steuerfreie Umsätze ausführt, die den Vorsteuerabzug ausschließen, (z. B. Ärzte, Wohnungsvermieter, Versicherungsvertreter)
  oder
  - ein Kleinunternehmer gemäß § 19 UStG
  oder
  - ein Land- und Forstwirt mit einer Besteuerung nach Durchschnittssätzen gemäß § 24 UStG
  oder
  - eine juristische Person ist, die nicht Unternehmer ist oder die den Gegenstand nicht für ihr Unternehmen erwirbt, z. B. Städte, Gemeinden
- und die Erwerbsschwelle nach § 1a (3) Nr. 2 UStG nicht überschreitet.

Die Erwerbsschwelle wird nicht überschritten, wenn der Gesamtbetrag der Entgelte aus innergemeinschaftlichem Erwerb und innergemeinschaftlichem Verbringen
- im vorangegangenen Kalenderjahr insgesamt 12.500,00 € nicht überstiegen hat
  und
- im laufenden Kalenderjahr voraussichtlich nicht überschreiten wird.

Hierbei rechnet man **alle** innergemeinschaftlichen Erwerbe aus **allen EU-Staaten** zusammen.

Für das laufende Jahr ist dabei eine realistische Prognose über die voraussichtlichen Erwerbe abzugeben. Wurde hierbei prognostiziert, dass die Erwerbe unter der Erwerbsschwelle liegen, kann die Erwerbsbesteuerung unterbleiben, auch wenn die tatsächlichen innergemeinschaftlichen Erwerbe im Laufe des Kalenderjahres die Grenze von 12.500,00 € überschreiten.

Bei dem genannten Personenkreis unterliegt der innergemeinschaftliche Erwerb neuer Fahrzeuge und verbrauchsteuerpflichtiger Waren unabhängig von der Erwerbsschwelle stets der Erwerbsbesteuerung.

Die Erwerber des § 1a (3) UStG nennt man auch **Schwellenunternehmer** oder **Halbunternehmer**.

Beispiel 1

Kinderärztin Cülek betreibt ihre Arztpraxis in Hanau. Sie erwirbt am 15.04.02 gegen Vorkasse von einem ungarischen Hersteller neue Liegen im Wert von 2.000,00 € für die Untersuchungsräume. Die Ware wird im Auftrag von Frau Cülek mit einer Spedition versandt. Frau Cülek tätigte im vorangegangenen sowie im laufenden Jahr darüber hinaus keine Einkäufe aus dem Ausland.

Lösung 1

Frau Cülek

§ 1 (1) Nr. 5 UStG
- innergemeinschaftlicher Erwerb
  → § 1a UStG
  - § 1a (1) Nr. 1 UStG
    Ein Gegenstand (Liegen) gelangt bei einer Lieferung an den Abnehmer aus dem Gebiet eines Mitgliedstaates (Ungarn) in das Gebiet eines anderen (Deutschland).
  - § 1a (1) Nr. 2a UStG
    Der Erwerber (Kinderärztin Cülek) ist eine Unternehmerin, die den Gegenstand für ihr Unternehmen erwirbt.

aber:
→ § 1a (3) Nr. 1 UStG
Kinderärztin Cülek ist Unternehmerin, die nur steuerfreie Umsätze tätigt, die den Vorsteuerabzug ausschließen,
und
→ sie überschreitet die Erwerbsschwelle nicht, § 1a (3) Nr. 2 UStG.
Rechtsfolge: Es liegt kein innergemeinschaftlicher Erwerb i. S. d. § 1a UStG vor.
Somit ist das erste Tatbestandsmerkmal des § 1 (1) Nr. 5 nicht erfüllt.

Rechtsfolge: Es liegt kein steuerbarer innergemeinschaftlicher Erwerb gemäß § 1 (1) Nr. 5 UStG vor.

Der Erwerber kann auf die **Anwendung der Erwerbsschwelle verzichten**, § 1a (4) UStG = **Option**. Als Verzicht gilt die Verwendung einer USt-IdNr gegenüber dem Leistenden. Der Erwerber ist an den Verzicht zwei Kalenderjahre gebunden.

Beispiel 2

Der Kleinunternehmer Peter Paulsen aus Leer erwirbt am 20.08.02 in Almere (Niederlande) für sein Ladenlokal eine neue Theke zum Preis von 5.600,00 € vom Unternehmer Arjen Rubens. Peter Paulsen nimmt noch am gleichen Tag die Theke in seinem Anhänger mit nach Leer und stellt sie in seinem Geschäft auf. Bei Abholung übergibt Arjen Rubens Peter Paulsen die Rechnung vom gleichen Tag. Peter Paulsen hat darüber hinaus weder in 01 noch in 02 Einkäufe in einem anderen EU-Land getätigt.

Lösung 2

Kleinunternehmer Peter Paulsen

§ 1 (1) Nr. 5 UStG

- innergemeinschaftlicher Erwerb
  → § 1a UStG
  - § 1a (1) Nr. 1 UStG
    Ein Gegenstand (Theke) gelangt bei einer Lieferung an den Abnehmer aus dem Gebiet eines Mitgliedstaates (Niederlande) in das Gebiet eines anderen (Deutschland).
  - § 1a (1) Nr. 2 a UStG
    Der Erwerber (Kleinunternehmer Paulsen) ist ein Unternehmer, der den Gegenstand für sein Unternehmen erwirbt.
    aber:
    → § 1a (3) Nr. 1b UStG Peter Paulsen ist Kleinunternehmer.
    → § 1a (3) Nr. 2 UStG Er überschreitet die Erwerbsschwelle nicht.
    Beachte: § 1a (4) UStG Peter Paulsen optiert.
    Rechtsfolge: Es liegt ein innergemeinschaftlicher Erwerb i. S. d. § 1a UStG vor.
    Somit ist das erste Tatbestandsmerkmal des § 1 (1) Nr. 5 UStG erfüllt.
- im Inland
  § 3d UStG
  Der Ort ist dort, wo sich der Gegenstand am Ende der Beförderung befindet (Leer).
- gegen Entgelt (5.600,00 €)

Rechtsfolge: Es liegt ein steuerbarer innergemeinschaftlicher Erwerb gemäß § 1 (1) Nr. 5 UStG vor.
Der innergemeinschaftliche Erwerb ist mangels Steuerbefreiung steuerpflichtig.
Steuerschuldner ist Peter Paulsen, § 13a (1) Nr. 2 UStG.
Die Steuer entsteht mit Ausstellung der Rechnung am 20.08.02, § 13 (1) Nr. 6 UStG in Höhe von 1.064,00 € (5.600,00 € · 19 %).

Beispiel 3

Der Hausarzt Klaus Klein aus Erfurt erwirbt am 05.11.02 ein gebrauchtes Ultraschallgerät für 8.000,00 € vom belgischen Hersteller Finn Flambon aus Lüttich. Flambon stellt die Rechnung am 07.11.02 aus und gibt sie seinem Fahrer mit, der das Ultraschallgerät noch am gleichen Tag nach Erfurt transportiert und zusammen mit der Rechnung Klaus Klein aushändigt. Klaus Klein hat im Vorjahr ein Röntgengerät für 15.000,00 € in Österreich gekauft. Für 02 plant er keine weiteren Einkäufe aus dem EU-Ausland.

Lösung 3

Hausarzt Klaus Klein

§ 1 (1) Nr. 5 UStG

- innergemeinschaftlicher Erwerb
  → § 1a UStG
  - § 1a (1) Nr. 1 UStG
    Ein Gegenstand (Ultraschallgerät) gelangt bei einer Lieferung an den Abnehmer aus dem Gebiet eines Mitgliedstaates (Belgien) in das Gebiet eines anderen (Deutschland).
  - § 1a (1) Nr. 2a UStG
    Der Erwerber (Hausarzt Klein) ist ein Unternehmer, der den Gegenstand für sein Unternehmen erwirbt.
    aber:
    → § 1a (3) Nr. 1 UStG
    Hausarzt Klaus Klein ist Unternehmer, der nur steuerfreie Umsätze tätigt, die den Vorsteuerabzug ausschließen
    und
    → er überschreitet die Erwerbsschwelle nicht, § 1a (3) Nr. 2 UStG.
    Zwar hat er sie im Vorjahr überschritten, Kauf eines Röntgengeräts für 15.000,00 € > 12.500,00 € Erwerbsschwelle. Im laufenden Jahr überschreitet er die Grenze jedoch nicht, weil er keine weiteren Einkäufe plant.
    Rechtsfolge: Es liegt kein innergemeinschaftlicher Erwerb i. S. d. § 1a UStG vor.

Rechtsfolge: Es liegt kein steuerbarer innergemeinschaftlicher Erwerb gemäß § 1 (1) Nr. 5 UStG vor.

Beispiel 4

Wie in Beispiel 3, nur mit der Abwandlung, dass der Hausarzt Klaus Klein optiert gemäß § 1a (4) UStG.

Lösung 4

Hausarzt Klaus Klein

§ 1 (1) Nr. 5 UStG

- innergemeinschaftlicher Erwerb
  → § 1a UStG
  - § 1a (1) Nr. 1 UStG
    Ein Gegenstand (Ultraschallgerät) gelangt bei einer Lieferung an den Abnehmer aus dem Gebiet eines Mitgliedstaates (Belgien) in das Gebiet eines anderen (Deutschland).
  - § 1a (1) Nr. 2a UStG
    Der Erwerber (Hausarzt Klein) ist ein Unternehmer, der den Gegenstand für sein Unternehmen erwirbt.
    aber:
    → § 1a (3) Nr. 1 UStG
    Hausarzt Klaus Klein ist Unternehmer, der nur steuerfreie Umsätze tätigt, die den Vorsteuerabzug ausschließen,
    und
    → er überschreitet die Erwerbsschwelle nicht, § 1a (3) Nr. 2 UStG.
    Beachte: § 1a (4) UStG Klaus Klein hat optiert.
    Rechtsfolge: Es liegt ein innergemeinschaftlicher Erwerb i. S. d. § 1a UStG vor.
    Somit ist das erste Tatbestandsmerkmal des § 1 (1) Nr. 5 UStG erfüllt.
- im Inland
  § 3d UStG
  Ort des innergemeinschaftlichen Erwerbs ist dort, wo die Versendung endet (Erfurt).
- gegen Entgelt (8.000,00 €)

Rechtsfolge: Es liegt ein steuerbarer innergemeinschaftlicher Erwerb gemäß § 1 (1) Nr. 5 UStG vor.
Der innergemeinschaftliche Erwerb ist mangels Steuerbefreiung auch steuerpflichtig.
Steuerschuldner ist Klaus Klein, § 13a (1) Nr. 2 UStG.
Die Steuer entsteht mit Ausstellung der Rechnung am 07.11.02, § 13 (1) Nr. 6 UStG
in Höhe von 1.520,00 € (8.000,00 € · 19 %).

Zusammenfassung

Innergemeinschaftlicher Erwerb gemäß § 1 (1) Nr. 5 UStG

innergemeinschaftlicher Erwerb Grundfall

innergemeinschaftlicher Erwerb § 1a (1) UStG

innergemeinschaftlicher Erwerb durch Schwellenunternehmer § 1a (3) UStG

- § 1a (3) Nr. 1 UStG
  - Erwerber ist ein Unternehmer, der nur steuerfreie Umsätze ausführt, die den Vorsteuerabzug ausschließen
  oder
  - Erwerber ist ein Kleinunternehmer
  oder
  - Erwerber ist ein Unternehmer, der die Steuer nach Durchschnittssätzen gem. § 24 UStG berechnet, Land- und Forstwirte
  oder
  - Erwerber ist eine juristische Person, die nicht Unternehmer ist oder den Gegenstand nicht für ihr Unternehmen erwirbt

und

- § 1a (3) Nr. 2 UStG
  Erwerbsschwelle von 12.500,00 € wurde weder im Vorjahr noch wird sie voraussichtlich im laufenden Jahr überschritten.

Rechtsfolge: Es liegt kein innergemeinschaftlicher Erwerb vor.

Beachte:

Es liegt ein innergemeinschaftlicher Erwerb vor, wenn entweder

- die Erwerbsschwelle in einem Jahr überschritten wurde/wird
  oder
- der Unternehmer auf die Anwendung der Erwerbsschwelle verzichtet hat = Option, § 1a (4) UStG.

Hinweis: Auf die übrigen Ausnahmetatbestände nach § 1a (3) Nr. 1c) und d) sowie § 1a (5) UStG wird im Rahmen der Grundlagenausbildung nicht eingegangen.

Aufgaben

1. Mette Gunnarson betreibt in Stuttgart eine Physiotherapie-Praxis. Um die Hygienevorschriften zu erfüllen, tragen sie und ihre Mitarbeiter/-innen Arbeitskleidung. Sie kauft diese im Mai bei einem großen niederländischen Anbieter. Die Hosen, Shirts und Schuhe im Gesamtwert von 500,00 € werden mit einem Paketdienstleister im selben Monat in ihrer Praxis angeliefert. Frau Gunnarson tätigte im vorangegangenen Jahr sowie im laufenden Jahr keine weiteren Einkäufe im Ausland.

   Prüfen Sie nachvollziehbar, ob Frau Gunnarson einen innergemeinschaftlichen Erwerb tätigt.

2. Der Unternehmer Kovac hat Ende des vergangenen Jahres ein Unternehmen in Saarbrücken eröffnet, das Server für Firmen nach EU-Datenschutzrechtlichen Vorgaben wartet. Aus Luxemburg importiert er im Februar zwei Hochleistungs-PCs im Gesamtwert von 5.000,00 € für sein Unternehmen. Darüber hinaus tätigt er in keinem weiteren EU-Land Käufe. Herr Kovac ist Kleinunternehmer gemäß § 19 UStG und hat nicht optiert. Sein Geschäftspartner verwendet die luxemburgische USt-IDNr.

   Entscheiden und begründen Sie, ob ein steuerbarer und ggfs. steuerpflichtiger Erwerb vorliegt.

3. Ferndando Rodriguez ist selbstständiger Bausparkassenvertreter mit mehreren Angestellten. Er renoviert alle Büroräume und ersetzt die gesamten Möbel durch modernere im Wert von 15.000,00 €. Die Möbel erwirbt er bei einem dänischen Hersteller. Am 24.09. werden die Möbel durch den Hersteller angeliefert, die Rechnung wird bei Anlieferung übergeben. Herr Rodriguez tätigte im vorangegangenen Jahr sowie im laufenden Jahr keine weiteren Einkäufe im Ausland.

Prüfen Sie nachvollziehbar, ob Herr Rodriguez einen innergemeinschaftlichen Erwerb tätigt.

2.2.6 Buchungen

Beispiel

Unternehmerin Brinkmann erwirbt für ihr Ladenlokal von einem italienischen Hersteller Fitnessgeräte. Die Voraussetzungen des innergemeinschaftlichen Erwerbs sind erfüllt. Der Hersteller berechnet Frau Brinkmann den Warenwert in Höhe von 10.000,00 €. Frau Brinkmann zahlt die Rechnung unter Abzug von 2 % Skonto.

Es erfolgen zwei Buchungen: die erste erfasst den Warenerwerb netto. Die zweite beinhaltet die Buchung der Umsatzsteuer, die gleichzeitig als Vorsteuer geltend gemacht wird. Bei Buchungen, die zu einer Veränderung der Bemessungsgrundlage führen (Nachlässe wegen Mängeln, Zahlung mit Skonto, Bonuszahlung) muss eine Korrektur beider Steuern erfolgen.

Lösung

Buchungssätze bei Rechnungseingang

		Soll	Haben
5425	Innergemeinschaftlicher Erwerb	10.000,00 €	
an 3310	Verbindlichkeiten a. LL.		10.000,00 €

		Soll	Haben
1402	Abziehbare Vorsteuer aus igE	1.900,00 €	
an 3802	Umsatzsteuer aus igE		1.900,00 €

Buchungssätze bei Zahlung

		Soll	Haben
3310	Verbindlichkeiten a. LL.	10.000,00 €	
an 1800	Bank		9.800,00 €
5725	Nachlässe/Skonti/Boni igE		200,00 €

		Soll	Haben
3802	Umsatzsteuer aus igE	38,00 €	
an 1402	Abziehbare Vorsteuer aus igE		38,00 €

Aufgaben

1. Martin Schnurig betreibt in Bad Homburg das Spielzeugwarengeschäft GameIT e. K. Herr Schnurig verwendet stets seine deutsche USt-IdNr. Die Rechnungen entsprechen den gesetzlichen Bedingungen. Kein Unternehmer ist Kleinunternehmer.
Klären Sie für die folgenden Sachverhalte aus Sicht von Herrn Schnurig jeweils

- die Umsatzart,
- den Ort,
- die Bemessungsgrundlage sowie den anzuwendenden Steuersatz,
- den Steuerschuldner,
- die Steuerentstehung sowie
- einen möglichen Vorsteuerabzug

und nehmen Sie die erforderlichen Buchungen vor.

a) Aus Norwegen bezieht Herr Schnurig von einem Hersteller Kartenspiele im Wert von 100,00 €. Diese werden unverzollt und unversteuert mit einem Paketdienst am 10.01. geliefert. Beim zuständigen Zollamt holt Herr Schnurig die Ware ab. Die sofort fällige Steuer in Höhe von 19,00 € zahlt er bar. Weitere Abgaben fallen nicht an.

b) Herr Schnurig schließt am 02.04.mit einem italienischen Händler einen Kaufvertrag über diverse Brettspiele ab. Die Ware wird vom Händler am 20.04. angeliefert. Die Rechnung, zugegangen am 25.04., beläuft sich auf 500,00 € netto und wird am 28.04. vom betrieblichen Bankkonto bezahlt. Der italienische Händler verwendet seine italienische USt-IdNr.

c) Ein japanischer Spielehersteller verkauft Herrn Schnurig Brettspiele. Diese werden verzollt und versteuert am 15.06. geliefert. Die Rechnung umfasst folgende Angaben:

Warenwert	500,00 €
+ Transportpauschale	50,00 €
+ Zollgebühren	30,00 €
+ 19 % Umsatzsteuer	110,20 €
= Summe	690,20 €

Zahlbar innerhalb von zwei Wochen.

d) Herr Schnurig erhält per Spedition am 22.10 von einem holländischen Großhändler Holzspielfiguren. Die mit den Figuren erhaltene Rechnung (Ausstellungsdatum 20.10.) weist einen Betrag in Höhe von 275,00 € netto aus. Aufgrund von kleineren Materialfehlern kürzt Herr Schnurig nach Rücksprache am 23.10. mit dem Verkäufer die Rechnung um 10 % des Warenwertes und überweist den offenen Betrag am gleichen Tag vom betrieblichen Bankkonto.

3 Steuerbefreiungen bei Warenverkäufen gemäß § 4 UStG

Wie bereits in Lernfeld 3 beschrieben, können nur steuerbare Umsätze eventuell steuerfrei sein. Alle Steuerbefreiungen sind abschließend in § 4 UStG aufgeführt.

Steuerfreie Umsätze sind möglich

- bei Lieferungen und sonstigen Leistungen gemäß § 4 UStG,
- beim innergemeinschaftlichen Erwerb gemäß § 4b UStG,
- bei der Einfuhr gemäß § 5 UStG.

Steuerfreie Umsätze lassen sich in zwei Gruppen einteilen:

1. steuerfreie Umsätze ohne Vorsteuerabzug, sog. **Ausschlussumsätze**
2. steuerfreie Umsätze mit Vorsteuerabzug, sog. **Abzugsumsätze**
   Hierunter fallen die Steuerbefreiungen gemäß § 4 Nr. 1 bis 7 UStG.

3.1 Ausfuhr

3.1.1 Ausfuhrlieferung gemäß § 4 Nr. 1a UStG i.V.m. § 6 (1) Nr. 1 UStG

Beispiel 1

Die deutsche Unternehmerin Brinkmann, Frankfurt a. M., verkauft an ein indisches Sportteam einen Satz Trikots. Der Warenwert beträgt 4.000,00 €. Die Liefervereinbarung lautet „unverzollt und unversteuert". Die Waren werden per Luftfracht ab Frankfurt a.M. verschickt.

Beispiel 2

Die deutsche Unternehmerin Brinkmann verkauft an eine Schweizer Privatperson Skibekleidung im Wert von 899,00 €. Die Waren werden als Paket ab Frankfurt a.M. per Post verschickt. Die Zollabwicklung übernimmt der Schweizer Kunde.

Gemäß § 4 Nr. 1a UStG ist die Ausfuhrlieferung steuerfrei. *§ 4 Nr. 1a UStG*

§ 6 UStG bestimmt, was eine Ausfuhrlieferung ist. *§ 6 UStG*

Bei einer Lieferung *§ 6 (1) Nr. 1 UStG*

- befördert oder versendet
- der Unternehmer
- den Gegenstand der Lieferung
- in das Drittlandsgebiet, ausgenommen Gebiete nach § 1 (3) UStG.

Rechtsfolge: Es handelt sich um eine steuerfreie Ausfuhrlieferung.

Wichtig ist somit, dass der Unternehmer selbst oder eine von ihm beauftragte dritte Person den Gegenstand befördert oder versendet. Holt die Kundin bzw. der Kunde oder eine von ihr bzw. ihm beauftragte dritte Person den Gegenstand ab, so trifft § 6 (1) Nr. 1a UStG nicht zu.

Es spielt keine Rolle, ob die Kundin bzw. der Kunde Unternehmer oder Privatperson ist.

Lösung 1

Lösung zu Beispiel 1 auf dieser Seite

Unternehmerin Brinkmann

Die Lieferung ist gemäß § 1 (1) Nr. 1 UStG steuerbar.

§ 6 (1) Nr. 1 UStG
Bei einer Lieferung

- befördert oder versendet (Versendung, Transport durch Luftfracht)

- der Unternehmer (Frau Brinkmann)
- den Gegenstand der Lieferung (Satz Trikots)
- in das Drittlandsgebiet (Indien).

Rechtsfolge: Es handelt sich um eine steuerfreie Ausfuhrlieferung.

Lösung 2

Lösung zu Beispiel 2 auf Seite 127

Unternehmerin Brinkmann

Die Lieferung ist gemäß § 1 (1) Nr. 1 UStG steuerbar.

§ 6 (1) Nr. 1 UStG
Bei einer Lieferung
- befördert oder versendet (Versendung, Transport per Post)
- der Unternehmer (Frau Brinkmann)
- den Gegenstand der Lieferung (Skibekleidung)
- in das Drittlandsgebiet (Schweiz) .

Rechtsfolge: Es handelt sich um eine steuerfreie Ausfuhrlieferung.

3.1.2 Ausfuhrlieferung gemäß § 4 Nr. 1a UStG i.V.m. § 6 (1) Nr. 2 UStG

Von § 6 (1) Nr. 2 UStG werden Abholfälle erfasst, d.h. der Leistungsempfänger holt die Ware selbst ab oder eine von ihm beauftragte dritte Person.

§ 6 (1) Nr. 2 UStG

Bei einer Lieferung

- befördert oder versendet
- der Abnehmer
- den Gegenstand der Lieferung
- in das Drittlandsgebiet, ausgenommen Gebiete nach § 1 (3) UStG,
  und
- er ist ein ausländischer Abnehmer, § 6 (2) UStG.

Ausländischer Abnehmer

- Gemäß § 6 (2) Nr. 1 UStG ist ein ausländischer Abnehmer ein Abnehmer, der seinen Wohnort oder Sitz im Ausland, ausgenommen die in § 1 (3) UStG bezeichneten Gebiete, hat.
- Gemäß § 6 (2) Nr. 2 UStG ist ein ausländischer Abnehmer auch eine Zweigniederlassung eines im Inland ansässigen Unternehmers, die ihren Sitz im Ausland, ausgenommen die bezeichneten Gebiete, hat, wenn sie das Umsatzgeschäft im eigenen Namen abgeschlossen hat.

Rechtsfolge: Es handelt sich um eine steuerfreie Ausfuhrlieferung gemäß § 4 Nr. 1a UStG i.V.m. § 6 (1) Nr. 2 UStG.

Holt also der Kunde oder eine von ihm beauftragte dritte Person den Gegenstand ab, so muss er ein ausländischer Kunde sein. Als Ausland zählen hierbei sowohl das Drittland als auch das EU-Ausland.

Beispiel 1

Malik Sahin aus Ankara (Türkei) kauft beim Unternehmer Noah Reinartz in Miesbach eine Stanzmaschine für 7.300,00 €. Malik Sahin beauftragt eine Spedition damit, die Maschine in Miesbach abzuholen und nach Ankara zu transportieren.

Lösung 1

Die Lieferung ist gemäß § 1 (1) Nr. 1 UStG steuerbar.

§ 6 (1) Nr. 2 UStG
Bei einer Lieferung
- befördert oder versendet (Versendung, Spediteur transportiert)

- der Abnehmer (von ihm beauftragte Spedition)
- den Gegenstand der Lieferung (Stanzmaschine)
- in das Drittlandsgebiet (Türkei)

  und
- er ist ein ausländischer Abnehmer

  → § 6 (2) Nr. 1 UStG

  Der Abnehmer, hat seinen Wohnort oder Sitz im Ausland (Ankara, Türkei).

  Rechtsfolge: Malik Sahin ist ein ausländischer Abnehmer.

Rechtsfolge: Es handelt sich um eine steuerfreie Ausfuhrlieferung gemäß § 4 Nr. 1a UStG i. V. m. § 6 (1) Nr. 2 UStG.

Beispiel 2

Finn Schmitz, Unternehmer aus Köln, verkauft 30 Computer an die Unternehmerin Elena Pütz, die einen Handel mit elektronischen Geräten in Rosenheim betreibt. Frau Pütz bittet Finn Schmitz, die Ware zu ihrem Auslieferungslager nach Bern (Schweiz) zu transportieren. Anlässlich einer geplanten Reise in die Schweiz nimmt Finn Schmitz die Computer in seinem Fahrzeug mit.

Lösung 2

Die Lieferung ist gemäß § 1 (1) Nr. 1 UStG steuerbar.

§ 6 (1) Nr. 1 UStG

Bei einer Lieferung

- befördert oder versendet (Beförderung, Transport durch den Liefernden)
- der Unternehmer (Finn Schmitz)
- den Gegenstand der Lieferung (Computer)
- in das Drittlandsgebiet (Schweiz).

Rechtsfolge: Es handelt sich um eine steuerfreie Ausfuhrlieferung gemäß § 4 Nr. 1a UStG i. V. m. § 6 (1) Nr. 1 UStG.

Beispiel 3

Wie in Beispiel 2, nur Frau Elena Pütz beauftragt einen Spediteur mit dem Transport der Ware in die Schweiz.

Lösung 3

Die Lieferung ist gemäß § 1 (1) Nr. 1 UStG steuerbar.

§ 6 (1) Nr. 2 UStG

Bei einer Lieferung

- befördert oder versendet (Versendung, Spediteur transportiert)
- der Abnehmer (Spediteur von Elena Pütz beauftragt)
- den Gegenstand der Lieferung (Computer)
- in das Drittlandsgebiet (Schweiz)

  aber:

  sie ist kein ausländischer Abnehmer

  → § 6 (2) Nr. 1 UStG

  Der Abnehmer hat seinen Wohnort oder Sitz nicht im Ausland (Rosenheim).

  Rechtsfolge: Elena Pütz ist kein ausländischer Abnehmer.

Rechtsfolge: Es handelt sich nicht um eine steuerfreie Ausfuhrlieferung gemäß § 4 Nr. 1a UStG i. V. m. § 6 (1) Nr. 2 UStG.

Beispiel 4

Das Unternehmen P&M GmbH mit Sitz in Augsburg hat in Zürich (Schweiz) eine Zweigniederlassung. Die Zweigniederlassung bestellt bei der Firma Berger in Stuttgart eine Maschine und lässt diese durch einen Angestellten mit dem firmeneigenen Lkw abholen und in die Schweiz bringen.

Lösung 4

Die Lieferung ist gemäß § 1 (1) Nr. 1 UStG steuerbar.

§ 6 (1) Nr. 2 UStG
Bei einer Lieferung

- befördert oder versendet (Beförderung, Abholfall)
- der Abnehmer (Arbeitnehmer der Zweigniederlassung)
- den Gegenstand der Lieferung (Maschine)
- in das Drittlandsgebiet (Schweiz)
  und
- er ist ein ausländischer Abnehmer
  → § 6 (2) Nr. 2 UStG
  Die ausländische Zweigniederlassung (Schweiz) eines im Inland ansässigen Unternehmers (P&M GmbH aus Augsburg) bestellt im eigenen Namen.
  Rechtsfolge: Die Zweigniederlassung der P&M GmbH ist ein ausländischer Abnehmer.

Rechtsfolge: Es handelt sich um eine steuerfreie Ausfuhrlieferung gemäß § 4 Nr. 1a UStG i. V. m. § 6 (1) Nr. 2 UStG.

3.1.3 Sonderregelung für Ausfuhren im Reiseverkehr gemäß § 6 (3a) UStG i. V. m. § 17 UStDV

Führt eine Person aus einem Drittland in ihrem persönlichen **Reisegepäck** im Inland erworbene Waren ins Drittland aus, so liegt unter den Voraussetzungen des § 6 (3a) UStG ebenfalls eine Ausfuhr vor.

§ 6 (3a) UStG

Eine Ausfuhr liegt vor, wenn

- der Erwerb des Liefergegenstands für nicht unternehmerische (private) Zwecke bestimmt ist
  und
- eine Mitnahme durch den Abnehmer im persönlichen Reisegepäck erfolgt
  und
- der Abnehmer seinen Wohnort oder Sitz im Drittlandsgebiet hat
  und
- der Gegenstand der Lieferung vor Ablauf des dritten Kalendermonats, der auf den Monat der Lieferung folgt, ausgeführt wird
  und
- der Gesamtwert der Lieferung 50,00 € brutto übersteigt.

Beispiel

Die deutsche Unternehmerin Brinkmann verkauft in ihrem Frankfurter Ladenlokal Fahrradbekleidung im Wert von 150,00 € netto an einen norwegischen Urlauber. Frau Brinkmann weiß aufgrund des Beratungsgesprächs mit dem Kunden, dass er für eine Woche Urlaub in Frankfurt macht und danach nach Norwegen zurückfliegt.

Lösung

Unternehmerin Brinkmann

Es handelt sich um eine steuerbare Lieferung gemäß § 1 (1) Nr. 1 UStG.

§ 6 (3a) UStG

- Erwerb des Liefergegenstands für nicht unternehmerische (private) Zwecke (Fahrradbekleidung für Freizeit)
- Mitnahme durch den Abnehmer im persönlichen Reisegepäck
- Abnehmer hat seinen Wohnort oder Sitz im Drittlandsgebiet (Norwegen)
- der Gegenstand der Lieferung wird vor Ablauf des dritten Kalendermonats, der auf den Monat der Lieferung folgt, ausgeführt (eine Woche nach Erwerb)
  und
- der Gesamtwert der Lieferung übersteigt 50,00 € brutto (hier 150,00 €).

Rechtsfolge: Es handelt sich um eine steuerfreie Ausfuhrlieferung gemäß § 4 Nr. 1a UStG i. V. m. § 6 (3a) UStG.

Beleg- und Buchnachweis

Der liefernde Unternehmer muss die Voraussetzungen für das Vorliegen einer Ausfuhrlieferung beleg- und buchmäßig nachweisen. Dieser Nachweis betrifft insbesondere das tatsächliche körperliche Gelangen des Gegenstands in das Drittlandsgebiet.

Belegnachweis

Der Lieferant muss bestimmte Belege vorhalten und dem Finanzamt auf Anfrage vorlegen können. *§ 9 UStDV*

Im Beförderungsfall muss die Ausfuhr gemäß § 9 UStDV nachgewiesen werden, im Versendungsfall gilt § 10 UStDV, z. B. Zollbestätigung oder Nachweis durch die Spedition. *§ 10 UStDV*

Buchnachweis

Der für die Umsatzsteuerfreiheit einer Ausfuhrlieferung erforderliche Buchnachweis kann dadurch erbracht werden, dass der Unternehmer die Ausfuhrlieferungen auf einem separaten Konto bucht und dabei unter Angabe der jeweiligen Rechnungsnummer auf die einzelnen Rechnungen Bezug nimmt.

Kann der Beleg- oder Buchnachweis nicht geführt werden, darf die Steuerbefreiung nicht in Anspruch genommen werden. In dem Fall muss die Rechnung mit deutscher Umsatzsteuer ausgestellt werden.

Zusammenfassung

Ausfuhrlieferungen gemäß § 4 Nr. 1a i. V. m. § 6 UStG

§ 6 (1) Nr. 1 UStG	§ 6 (1) Nr. 2 UStG	§ 6 (3a) UStG
• Unternehmer befördert/versendet • den Liefergegenstand in das Drittlandsgebiet, ausgenommen Gebiete nach § 1 (3) UStG (= Freihäfen, Gewässer und Watten zwischen Hoheitsgrenze und der jeweiligen Standlinie).	• Abnehmer befördert/versendet • den Liefergegenstand in das Drittlandsgebiet, ausgenommen Gebiete nach § 1 (3) UStG. • Abnehmer ist ausländischer Abnehmer, § 6 (2) UStG	• Liefergegenstand wird für private Zwecke erworben **oder** • durch den Abnehmer im persönlichen Reisegepäck ausgeführt. • Abnehmer hat seinen Wohnort oder Sitz im Drittlandsgebiet, ausgenommen Gebiete nach § 1 (3) UStG. • Liefergegenstand wird vor Ablauf des dritten Kalendermonats, der auf den Monat der Lieferung folgt, ausgeführt. • Der Bruttowert der Lieferung übersteigt 50,00 €.
• Ausfuhrnachweis • Buchnachweis	• Ausfuhrnachweis • Buchnachweis	• Ausfuhrnachweis • Buchnachweis

Ausländischer Abnehmer, § 6 (2) UStG
liegt vor, wenn
- der Abnehmer seinen Wohnort/Sitz im Ausland hat, ausgenommen die in § 1 (3) UStG genannten Gebiete,

  oder
- ein im Inland oder in den in § 1 (3) UStG bezeichneten Gebieten ansässiger Unternehmer eine Zweigniederlassung mit Sitz im Ausland betreibt und diese Niederlassung das Umsatzgeschäft im eigenen Namen abgeschlossen hat.

3.1.4 Bemessungsgrundlage

§ 10 (1) UStG

Die Bemessungsgrundlage wird nach dem Entgelt bemessen.

3.1.5 Steuersatz, Vorsteuerabzug, Steueranmeldung

Ein Steuersatz fällt nicht an. Im Rahmen der Steueranmeldung gibt der Unternehmer die Summe der steuerfreien Ausfuhrlieferungen an.

§ 15 (2), (3) UStG

Grundsätzlich ist ein Vorsteuerabzug für erworbene Gegenstände, die für steuerfreie Umsätze genutzt werden, nicht möglich. Für Ausfuhrlieferungen tritt der Ausschluss jedoch nicht ein. Der Vorsteuerabzug bleibt bestehen.

3.1.6 Buchungen

Beispiel 1

Die deutsche Unternehmerin Brinkmann tätigt eine steuerfreie Ausfuhrlieferung an ein Schweizer Hockeyteam. Vertraglich wurde eine unverzollte und unversteuerte Lieferung vereinbart. Die Waren werden per Bahn ab Frankfurt am Main verschickt. Frau Brinkmann erstellt eine Rechnung in Höhe von 800,00 €.

Lösung 1

Buchungssatz bei Rechnungsstellung

		Soll	Haben
1210	Forderungen a. LL.	800,00 €	
an 4120	Steuerfreie Umsätze § 4 Nr. 1a UStG		800,00 €

Vorgänge, die zu einer Veränderung der Bemessungsgrundlage führen (Nachlässe wegen Mängeln, Zahlung mit Skonto, Bonuszahlung), werden auf einem separaten Konto erfasst.

Beispiel 2

Der Schweizer Kunde aus Beispiel 1 zahlt unter Abzug von 2 % Skonto.

Lösung 2

Buchungssatz bei Zahlungseingang

		Soll	Haben
1800	Bank	784,00 €	
4705	Erlösschmälerungen/Skonti/Boni bei steuerfreien Ausfuhrlieferungen	16,00 €	
an 1210	Forderungen a. LL.		800,00 €

Beispiel 3

Unternehmerin Brinkmann tätigt in ihrem Landelokal durch den Barverkauf von Fahrradbekleidung an einen norwegischen Urlauber eine steuerfreie Ausfuhrlieferung im Wert von 150,00 € netto.

Lösung 3

Buchungssatz bei Verkauf

		Soll	Haben
1600	Kasse	150,00 €	
an 4120	Steuerfreie Umsätze § 4 Nr. 1a UStG		150,00 €

Beispiel 3

In Abwandlung zu Beispiel 3 ist Frau Brinkmann nicht bekannt, dass es sich um eine Ausfuhr handelt.

Lösung 3

Buchungssatz bei Verkauf

		Soll	Haben
1600	Kasse	178,50 €	
an 4000	Umsatzerlöse		150,00 €
3800	Umsatzsteuer		28,60 €

Aufgaben

1. Vasily Kudanski verkauft im Mai einen Oldtimer, den er in seiner Freizeit restauriert hat, für 96.000,00 € an einen amerikanischen Sammler. Der Sammler beauftragt eine Spedition, die das Fahrzeug bei Herrn Kudanski in München abholt.

   Prüfen Sie, ob Herr Herr Kudanski einen Umsatz gemäß UStG tätigt. Gehen Sie auch auf die Steuerbarkeit in Deutschland ein.

2. Herr Kudanski aus Aufgabe 1 betreibt ein Autohaus in München.
   a) Beurteilen Sie den Sachverhalt aus Aufgabe 1, wenn Herr Kudanski im Rahmen seines Unternehmens den Oldtimer an einen US-amerikanischen Privatkunden verkauft.
   b) Buchen Sie die Ausgangsrechnung.

3. Der IT-Händler „CTclever KG", Bad Kreuznach, verkauft am 10.09. an einem britischen Kunden, London, PCs und Monitore. Die Ware im Wert von 30.000,00 € wird im Auftrag des Unternehmers durch eine Spedition von Bad Krueznach nach London befördert. Die Lieferbedingungen lauten „unverzollt und unversteuert". Aufgrund mangelhafter Verpackung ist ein Monitor nachhaltig beschädigt. Man einigt sich mit dem Kunden auf einen Preisnachlass in Höhe von 850,00 €.
   a) Prüfen Sie, ob der IT-Händler einen Umsatz gemäß UStG tätigt. Gehen Sie auch auf die Steuerbarkeit in Deutschland ein.
   b) Buchen Sie die Ausgangsrechnung, die Rechnungskorrektur sowie den Geldeingang.

3.2 Innergemeinschaftliche Lieferung (igL) gemäß § 4 Nr. 1b UStG i. V. m. § 6a UStG

Eine Lieferung ist gemäß § 4 Nr. 1b UStG steuerfrei, wenn es sich um eine innergemeinschaftliche Lieferung handelt. Die tatbestandsmäßigen Voraussetzungen einer innergemeinschaftlichen Lieferung sind in § 6a UStG aufgeführt. *§ 4 Nr. 1b UStG § 6a UStG*

Die innergemeinschaftliche Lieferung gehört zu den Abzugsumsätzen.

3.2.1 Grundfall der innergemeinschaftlichen Lieferung

Beispiel

Die deutsche Unternehmerin Brinkmann verkauft an einen Händler aus Lettland diverse Sportgeräte im Wert von 2.000,00 €. Die Waren werden per Luftfracht ab Frankfurt a. M. verschickt. Beide Unternehmer verwenden die USt-IdNr ihres Landes. Alle erforderlichen Beleg- und Buchnachweise liegen vor.

§ 4 Nr. 1b UStG
§ 6a UStG

§ 4 Nr. 1b UStG nennt folgende Tatbestandsmerkmale:

- innergemeinschaftliche Lieferung, § 6a UStG
- Negativabgrenzung: Dies gilt nicht, wenn der Unternehmer seiner Pflicht zur Abgabe der Zusammenfassenden Meldung gemäß § 18a UStG nicht nachgekommen ist oder soweit er die Angaben unrichtig oder unvollständig abgegeben hat.

§ 18a UStG

Erkennt der Unternehmer, dass er unrichtige oder unvollständige Angaben gemacht hat, so ist er verpflichtet, eine berichtigte Zusammenfassende Meldung abzugeben (siehe dazu Kapitel 3.2.5).

Nach § 6a UStG liegt eine innergemeinschaftliche Lieferung unter folgenden Voraussetzungen vor:

- § 6a (1) Nr. 1 UStG:
  Der Unternehmer oder der Abnehmer hat den Gegenstand der Lieferung in das übrige Gemeinschaftsgebiet befördert oder versendet.
  Ein Gegenstand gelangt also bei einer Lieferung an den Abnehmer aus dem Inland in das übrige EU-Gemeinschaftsgebiet = bewegte Lieferung.
  Im Gegensatz zur Ausfuhrlieferung spielt es keine Rolle, ob der liefernde Unternehmer oder der Abnehmer für den Transport der Ware zuständig ist.
- § 6 (1) Nr. 2a UStG
  Der Erwerber ist ein Unternehmer, der in einem anderen Mitgliedstaat für Zwecke der Umsatzsteuer erfasst ist, und der den Gegenstand für sein Unternehmen erwirbt.
  oder
  § 6a (1) Nr. 2b UStG
  Der Erwerber ist eine erfasste juristische Person, die nicht Unternehmer ist, oder die den Gegenstand nicht für ihr Unternehmen erworben hat und zudem in einem anderen Mitgliedstaat für Zwecke der Umsatzsteuer erfasst ist.
- § 6a (1) Nr. 3 UStG
  Der Erwerb des Gegenstandes unterliegt beim Abnehmer den Vorschriften eines innergemeinschaftlichen Erwerbs.
- § 6a (1) Nr. 4 UStG
  Der Abnehmer hat gegenüber dem Unternehmer eine ihm von einem anderen Mitgliedstaat erteilte gültige USt-IdNr verwendet.
  Es ist also nicht von Bedeutung, wo der Abnehmer seinen Sitz hat. Er könnte auch ein inländischer Abnehmer sein. Entscheidend ist, dass er im Zeitpunkt der Lieferung an ihn eine von einem anderen Mitgliedstaat erteilte und gültige USt-IdNr hat.
  Das Vorliegen einer USt-IdNr ist damit materiell-rechtliche Voraussetzung für die Steuerbefreiung.

Rechtsfolge: Es handelt sich um eine innergemeinschaftliche Lieferung gemäß § 4 Nr. 1b UStG i.V.m. § 6a (1) UStG.

Buch- und Belegnachweis gemäß § 6a (3) UStG

Materiell-rechtliche Voraussetzung für die Steuerbefreiung ist (analog zu den Ausfuhrlieferungen ins Drittland) gemäß § 6a (3) UStG, dass der Unternehmer die innergemeinschaftliche Lieferung **belegmäßig** und **buchmäßig** nachweist.

Vertrauensschutzregelung gemäß § 6a (4) UStG

Hat der Unternehmer eine Lieferung als steuerfrei behandelt, obwohl die Voraussetzungen nicht vorgelegen haben, so ist die Lieferung gleichwohl als steuerfrei anzusehen, wenn die Steuerbefreiung auf unrichtigen Angaben des Abnehmers beruht und der Unternehmer die Unrichtigkeit dieser Angaben auch bei Beachtung der Sorgfalt eines ordentlichen Kaufmanns nicht erkennen konnte. Dann schuldet der Abnehmer die entgangene Umsatzsteuer.

Der Unternehmer soll in dem Zusammenhang eine Anfrage beim Bundesamt für Finanzen stellen und sich die Gültigkeit der USt-IdNr, den Namen und die Anschrift des Abnehmers bestätigen lassen. So sollte der Unternehmer ebenfalls einen Nachweis vorlegen können, dass die Ware tatsächlich in ein anderes EU-Land verbracht wurde.

Greift die Vertrauensschutzregelung, dann schuldet der Abnehmer die Steuer im Inland. Die Steuer entsteht gemäß § 13 (1) Nr. 8 UStG in dem Zeitpunkt, in dem die Leistung ausgeführt wird. Der Abnehmer ist Steuerschuldner gemäß § 13 (1) Nr. 3 UStG und er hat die Umsatzsteuer in einer Voranmeldung anzugeben. *§ 18 (4b) UStG*

Lösung

Lösung zum Beispiel auf Seite 133

Frau Brinkmann

Es handelt sich um eine steuerbare Lieferung gemäß § 1 (1) Nr. 1 UStG.

§ 4 Nr. 1b UStG und § 6a UStG

- § 6a (1) Nr. 1 UStG
  Ein Gegenstand (Sportgeräte) gelangt bei einer Lieferung an den Abnehmer aus dem Inland in das übrige EU-Gemeinschaftsgebiet (Lettland).
- § 6 (1) Nr. 2a UStG
  Der Erwerber ist ein Unternehmer (lettischer Händler), der in einem anderen Mitgliedstaat für Zwecke der Umsatzsteuer erfasst ist (USt-IdNr) und der den Gegenstand für sein Unternehmen erwirbt.
- § 6a (1) Nr. 3 UStG
  Der Erwerb des Gegenstandes unterliegt beim Abnehmer den Vorschriften eines innergemeinschaftlichen Erwerbs.
- § 6a (1) Nr. 4 UStG
  Der Erwerber verwendet seine lettische USt-IDNr.
  Rechtsfolge: Es handelt sich um eine innergemeinschaftliche Lieferung gemäß § 6a UStG.

Rechtsfolge: Es handelt sich um eine steuerfreie innergemeinschaftliche Lieferung gemäß § 4 Nr. 1b UStG i. V. m. § 6a (1) UStG.

3.2.2 Innergemeinschaftliches Verbringen (igV)

Beispiel

Unternehmerin Brinkmann transportiert Waren mit ihrem eigenen Lkw aus ihrer Frankfurter Betriebsstätte in ihre Filiale in Amsterdam (Niederlande), um sie dort zu verkaufen.

Verbringt ein inländischer Unternehmer Waren aus dem Inland in eine EU-Betriebsstätte, liegt ein **innergemeinschaftliches Verbringen gemäß § 3 (1a) UStG** vor, das einer Lieferung gegen Entgelt gleichgestellt ist. Das innergemeinschaftliche Verbringen ist steuerbar gemäß § 1 (1) Nr. 1 UStG und steuerfrei gemäß § 4 Nr. 1b UStG i. V. m. § 6a (2) UStG. *§ 3 (1a) UStG*

Diese Regelung ist in Zusammenhang mit dem fiktiven innergemeinschaftlichen Erwerb gemäß § 1a (2) UStG zu sehen. Beide Vorschriften korrespondieren miteinander. Im Bestimmungsland hat der Unternehmer einen steuerbaren und steuerpflichtigen innergemeinschaftlichen Erwerb zu versteuern; im Abgangsland hat er den Tatbestand einer steuerbaren und steuerfreien innergemeinschaftlichen Lieferung erfüllt. *§ 1a (2) UStG*

Lösung

Zunächst ist die Steuerbarkeit zu prüfen.

§ 1 (1) Nr. 1 UStG

- Lieferung
  - Verbringen eines Gegenstands des Unternehmens (Waren)
  - aus dem Inland (Frankfurt am Main)
  - in das übrige Gemeinschaftsgebiet (Niederlande)
  - durch einen Unternehmer (Unternehmerin Brinkmann)
  - zu seiner Verfügung (Betriebsstätte in Amsterdam),
  - ausgenommen zu einer nur vorübergehenden Verwendung (Ware soll in den Niederlanden verkauft werden).

  Rechtsfolge: Das Verbringen gilt als Lieferung gegen Entgelt.

- eines Unternehmers
- im Rahmen seines Unternehmens
- im Inland.

Rechtsfolge: Es handelt sich um eine steuerbare Lieferung gemäß § 1 (1) Nr. 1 UStG.

Steuerbefreiung gemäß § 4 Nr. 1b UStG i.V.m. § 6a (2) UStG

Gemäß § 6a (2) UStG gilt als innergemeinschaftliche Lieferung das einer Lieferung gleichgestellte Verbringen eines Gegenstands gemäß § 3 (1a) UStG.

Rechtsfolge: Es handelt sich um eine steuerfreie innergemeinschaftliche Lieferung gemäß § 4 Nr. 1b UStG i.V.m. § 6 (2) UStG.

3.2.3 Lieferung neuer Fahrzeuge

§ 1b UStG Der Erwerb eines neuen Fahrzeugs ist unter den Voraussetzungen des § 1b UStG, u.a. Transport des Neufahrzeugs von einem EU-Mitgliedstaat in einen anderen, stets ein innergemeinschaftlicher Erwerb, auch wenn der Erwerber eine Privatperson ist oder ein Unternehmer ist, der als Privatperson handelt, siehe Kapitel 2.2.4.

Analog zu dieser Vorschrift ist die Lieferung eines Neufahrzeugs eine innergemeinschaftliche Lieferung.

§ 2a UStG Gemäß § 2a UStG wird der Lieferer als Unternehmer behandelt, selbst wenn er als Privatperson auftritt. Die Lieferung des Neufahrzeugs findet im Rahmen seines Unternehmens statt.

Beispiel 1

Privatperson Henner Hansen aus Flensburg liefert einen Pkw, Kilometerstand 1 000 km, Erstzulassung 30.04.01, an den dänischen Unternehmer Anders Sörensen, der seine dänische USt-IdNr vorlegt. Sörensen holt den Pkw am 10.06.02 bei Hansen mit einem eigenen Transporter ab und bringt ihn nach Kopenhagen, wo er in seinem Unternehmen genutzt wird. Der Kaufpreis beträgt 30.000,00 €.

Lösung 1

Henner Hansen

§ 1 (1) Nr. 1 UStG

- Lieferung
  § 3 (1) UStG Verschaffung der Verfügungsmacht an einem Gegenstand (Pkw)
- im Inland
  § 3 (6) UStG Beförderungslieferung (Flensburg)
- durch einen Unternehmer
  Henner Hansen handelt als Privatperson
  aber:
  § 2a UStG
  - Lieferung eines neuen Fahrzeugs, § 1b (2), (3) UStG, (Kilometerstand < 6000 km)
  - Fahrzeug gelangt in das übrige Gemeinschaftsgebiet (Dänemark)

  Rechtsfolge: Henner Hansen wird wie ein Unternehmer behandelt.
- im Rahmen seines Unternehmens
  Dazu gehört nur die Lieferung des Neufahrzeugs
- gegen Entgelt (30.000,00 €).

Rechtsfolge: Die Lieferung des Neufahrzeugs ist gemäß § 1 (1) Nr. 1 UStG steuerbar.

Steuerbefreiung gemäß § 4 Nr. 1b UStG i.V.m. § 6a (1) UStG

- § 6a (1) Nr. 1 UStG
  Der Unternehmer oder der Abnehmer hat den Gegenstand der Lieferung in das übrige Gemeinschaftsgebiet befördert oder versendet (Abnehmer holt den Pkw ab).

- § 6a (1) Nr. 2a UStG
  Der Abnehmer ist ein in einem anderen Mitgliedstaat erfasster Unternehmer, der den Gegenstand der Lieferung für sein Unternehmen erworben hat (Sörensen nutzt den Pkw in seinem Unternehmen).
- § 6a (1) Nr. 3 UStG
  Der Erwerb unterliegt der Erwerbsbesteuerung (in Dänemark).
- § 6a (1) Nr. 4 UStG
  Der Abnehmer hat seine aus einem anderen Mitgliedstaat gültige USt-IdNr verwendet (Dänemark).

Rechtsfolge: Es handelt sich bei der Lieferung des Pkw um eine steuerfreie innergemeinschaftliche Lieferung.

Beispiel 2

Wie in Beispiel 1, aber Henner Hansen liefert den Pkw an den Unternehmer Anders Sörensen, der diesen ausschließlich privat nutzt.

Lösung 2

Die Lieferung des Pkw ist gemäß § 1 (1) Nr. 1 UStG steuerbar. Es ergibt sich keine Änderung zum Beispiel 1.

Steuerbefreiung gemäß § 4 Nr. 1b UStG i. V. m. § 6a (1) UStG

- § 6a (1) Nr. 1 UStG
  Der Unternehmer oder der Abnehmer hat den Gegenstand der Lieferung in das übrige Gemeinschaftsgebiet befördert oder versendet (Abnehmer holt den Pkw ab).
- § 6a (1)Nr. 2c UStG
  bei der Lieferung eines neuen Fahrzeugs jeder andere Erwerber, d. h. Privatpersonen bzw. Unternehmer, die als Privatpersonen handeln (Sörensen nutzt den Pkw ausschließlich privat).
- § 6a (1) Nr. 3 UStG
  Der Erwerb unterliegt der Erwerbsbesteuerung (in Dänemark).
  Der Erwerb eines Neufahrzeugs ist stets ein innergemeinschaftlicher Erwerb.

Rechtsfolge: Es handelt sich bei der Lieferung des Pkw um eine steuerfreie innergemeinschaftliche Lieferung.

Zusammenfassung

Innergemeinschaftliche Lieferung gemäß § 4 Nr. 1b UStG i. V. m. § 6a (1) UStG

↓

Voraussetzungen
- Warenbewegung von einem Mitgliedstaat in einen anderen durch den Unternehmer selbst oder den Abnehmer.
- Der Abnehmer ist ein Unternehmer, der den Gegenstand für sein Unternehmen erworben hat
  oder
  eine juristische Person, die nicht Unternehmer ist oder die den Gegenstand nicht für ihr Unternehmen erworben hat.
  Beachte: Bei der Lieferung eines neuen Fahrzeugs gilt dies auch für jeden anderen Erwerber (Privatperson).
- Der Erwerb unterliegt beim Abnehmer den Vorschriften des innergemeinschaftlichen Erwerbs.
- Der Abnehmer hat eine ihm von einem anderen Mitgliedstaat erteilte gültige USt-IdNr (keine deutsche USt-IdNr.) verwendet.
  Ausnahme: nicht erforderlich, bei Lieferung eines Neufahrzeugs an eine Privatperson.

↓

Nachweis
- Die Voraussetzungen müssen vom liefernden Unternehmer beleg- und buchmäßig nachgewiesen werden.
- Bei unrichtigen Angaben des Erwerbers bleibt die Steuerfreiheit des liefernden Unternehmers bestehen, wenn dieser die USt-IdNr des Erwerbers beim Bundesamt der Finanzen bestätigt hat, **Vertrauensschutzregelung**, § 6a (4) UStG.

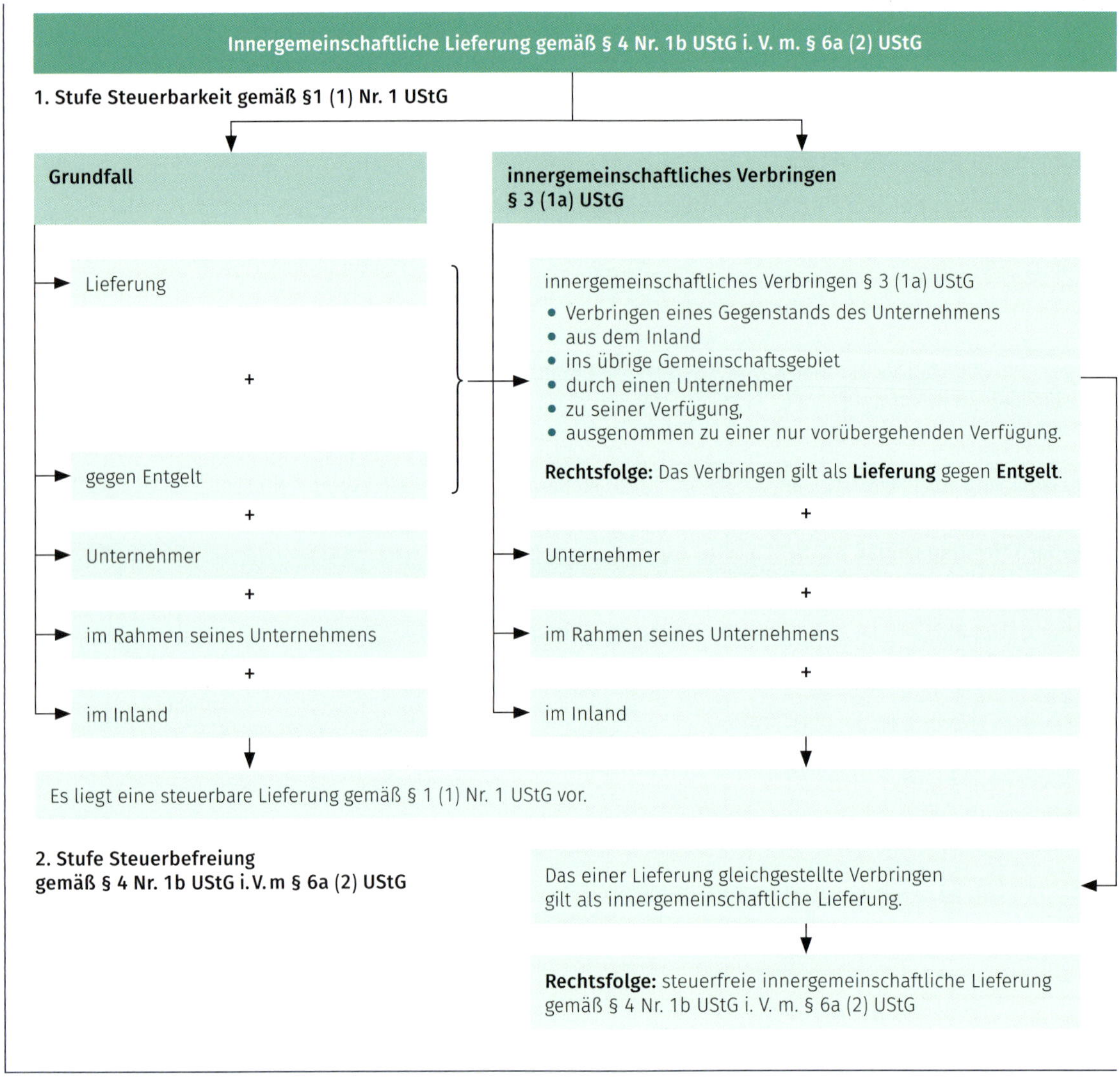

3.2.4 Bemessungsgrundlage

§ 10 (1), (4) Nr. 1 UStG Die Bemessungsgrundlage wird bei der **innergemeinschaftlichen Lieferung** nach dem Entgelt bemessen. Beim **innergemeinschaftlichen Verbringen** berechnet sich die Bemessungsgrundlage nach dem Einkaufspreis zuzüglich der Nebenkosten bzw. der Selbstkosten zum Zeitpunkt des Umsatzes.

3.2.5 Steuersatz, Vorsteuerabzug, Steueranmeldung

Ein Steuersatz fällt nicht an.

§ 15 (2), (3) UStG Grundsätzlich ist ein Vorsteuerabzug für erworbene Gegenstände, die für steuerfreie Umsätze genutzt werden, nicht möglich. Für die innergemeinschaftliche Lieferung und das innergemeinschaftliche Verbringen tritt der Ausschluss jedoch nicht ein. Der Vorsteuerabzug bleibt bestehen.

§ 18a UStG Neben der Angabe in der Umsatzsteuervoranmeldung muss zusätzlich eine **Zusammenfassende Meldung** an das Bundeszentralamt für Steuern (BZSt) erfolgen. Diese dient zur Kontrolle des innergemeinschaftlichen Warenverkehrs. Die beteiligten Staaten überprüfen, ob die Umsatzbesteuerung jeweils korrekt vorgenommen wurde.

Die Meldung nach amtlich vorgeschriebenem Datensatz muss grundsätzlich elektronisch bis zum 25. Tag nach Ablauf des Kalendermonats, in dem die innergemeinschaftliche Warenlieferung stattgefunden hat, erfolgen. Gemeldet wird

- bei der innergemeinschaftlichen Lieferung:
  - die USt-IdNr des Erwerbers sowie
  - die Summe der Bemessungsgrundlage je Erwerber,
- bei dem innergemeinschaftlichen Verbringen:
  - die USt-IdNr des Unternehmers in dem Mitgliedsstaat, in den der Gegenstand verbracht wird, sowie
  - die Bemessungsgrundlage.

Beträgt die Summe der Bemessungsgrundlagen für das laufende Kalendervierteljahr sowie für die vier vorangegangenen Quartale jeweils nicht mehr als 50.000,00 €, so gilt das Kalendervierteljahr. *§ 18a (1) S. 2 UStG*

3.2.6 Buchungen

Beispiel

Unternehmerin Brinkmann verkauft an einen belgischen Unternehmer Fitnessgeräte. Die Voraussetzungen der innergemeinschaftlichen Lieferung sind erfüllt. Frau Brinkmann berechnet den Warenwert in Höhe von 10.000,00 €. Der belgische Kunde zahlt die Rechnung unter Abzug von 2 % Skonto.

Der leistende Unternehmer stellt eine ordnungsgemäße Rechnung aus. Vorgänge, die zu einer Veränderung der Bemessungsgrundlage führen (Nachlässe wegen Mängeln, Zahlung mit Skonto, Bonuszahlung), werden auf einem separaten Konto erfasst.

Lösung

Buchungssatz bei Warenausgang

		Soll	Haben
1210	Forderungen a. LL.	10.000,00 €	
an 4125	Steuerfreie igL § 4 Nr. 1b UStG		10.000,00 €

Buchungssatz bei Zahlung

		Soll	Haben
1800	Bank	9.800,00 €	
an 4724	Erlösschmälerungen/Skonti/Boni bei steuerfreien igL	200,00 €	
1210	Forderungen a. LL.		10.000,00 €

Aufgaben

1. Fahrradhersteller Fredo GmbH aus Siegen liefert am 22.10. über eine Spedition Fahrräder an einen Wiener Händler (Österreich). Er berechnet ihm dafür 15.000,00 €. Beide Unternehmer verwenden ihre jeweilige USt-IdNr. Die ordnungsgemäße Rechnung wird mit Ablieferung der Fahrräder am 22.10. übergeben.
   a) Bestimmen Sie unter Angabe der Rechtsgrundlage die Umsatzart sowie die Steuerbarkeit in Deutschland.
   b) Nehmen Sie die Buchung bei Rechnungsstellung vor.
2. Abwandlung zu Aufgabe 1: Der Fahrradhersteller liefert an ein türkisches Unternehmen.
   a) Bestimmen Sie unter Angabe der Rechtsgrundlage die Umsatzart sowie die Steuerbarkeit in Deutschland.
   b) Nehmen Sie die Buchung bei Rechnungsstellung vor.
3. Ein Autoteilehersteller aus Olpe (Deutschland) unterhält in Warschau (Polen) ein Auslieferungslager, in das monatlich Waren mittels einer Spedition für den polnischen Markt gebracht werden.

   Bestimmen Sie unter Angabe der Rechtsgrundlage die Umsatzart sowie die Steuerbarkeit in Deutschland.

4. Autohändler Schneider aus Ulm verkauft an eine luxemburgische Familie ein Auto zum Nettopreis von 30.000,00 €. Das Fahrzeug hat bei Übergabe am 05.05. eine Laufleistung von 550 km. Die Erstzulassung erfolgte am 02.04. des gleichen Jahres. Die Familie überführt das Fahrzeug an ihren Wohnsitz in Luxemburg.

   Bestimmen Sie unter Angabe der Rechtsgrundlage die Umsatzart sowie die Steuerbarkeit in Deutschland.

5. Der Autohändler aus Aufgabe 4 verkauft einen Transporter im Wert von 55.000,00 € an ein rumänisches Unternehmen. Bei Übergabe am 21.08. an den Käufer weist das Fahrzeug eine Laufleistung von 5000 km aus; die Erstzulassung war am 11.11. des Vorjahres.

   Bestimmen Sie unter Angabe der Rechtsgrundlage die Umsatzart sowie die Steuerbarkeit in Deutschland.

6. Die Lilian AG, Braunschweig, erstellt nach Kundenvorgabe Spezialwerkzeuge. Ein Unternehmen aus Rom (Italien) gibt diverse Produkte im Gesamtwert von 5.000,00 € in Auftrag. Die Ware wird am 06.03. mittels einer Spedition an den Kunden versandt. Der Kunde erhält die Ware am 08.03. und zahlt am 11.03. den Rechnungsbetrag unter Abzug von 2 % Skonto. Beide Unternehmen verwenden die USt-Id-Nr ihres Landes.

   a) Bestimmen Sie unter Angabe der Rechtsgrundlage die Umsatzart sowie die Steuerbarkeit in Deutschland.

   b) Nehmen Sie die Buchungen bei Rechnungsstellung und Zahlungseingang vor.

4 Vorsteuerabzug

In Lernfeld 3 wurden die Grundzüge des Vorsteuerabzugs gemäß § 15 UStG behandelt.

4.1 Kurzübersicht Vorsteuerabzug, Ausschlussumsätze und Abzugsumsätze

Voraussetzung für einen Vorsteuerabzug ist gemäß § 15 (1) Nr. 1 UStG, dass ein Unternehmer eine Lieferung oder sonstige Leistung von einem anderen Unternehmer für das eigene Unternehmen erhält und im Besitz einer ordnungsgemäßen Rechnung ist.

Gemäß § 15 (2) UStG muss geprüft werden, für welche Umsätze die Eingangsleistung verwendet wird; denn für Lieferungen, die Einfuhr und den innergemeinschaftlichen Erwerb von Gegenständen sowie für sonstige Leistungen ist der Vorsteuerabzug ausgeschlossen, wenn die Leistungen zur Ausführung von steuerfreien Umsätzen verwendet werden. Erfolgt die Verwendung für steuerpflichtige Umsätze, so ist die Vorsteuer abzugsfähig = **Ausschlussumsätze**.

Allerdings ist gemäß § 15 (3) UStG der Vorsteuerabzug bei bestimmten steuerfreien Umsätzen doch zulässig = **Abzugsumsätze**.

Der Vorsteuerabzug ist möglich, wenn entweder

- die Leistung ausgeführt wurde und eine ordnungsgemäße Rechnung vorliegt oder
- wenn eine Anzahlung geleistet wurde und eine ordnungsgemäße Rechnung vorliegt.

Neben der Vorsteuer gemäß § 15 (1) Nr. 1 UStG kann der Unternehmer noch die folgenden Vorsteuerbeträge abziehen:

- § 15 (1) Nr. 2 UStG
  entstandene Einfuhrumsatzsteuer, für Gegenstände, die für das Unternehmen eingeführt worden sind

- § 15 (1) Nr. 3 UStG
  die Steuer für den innergemeinschaftlichen Erwerb von Gegenständen, die der Unternehmer für sein Unternehmen erworben hat, wenn der innergemeinschaftliche Erwerb nach § 3d S. 1 UStG im Inland bewirkt wird. Eine Rechnung ist nicht erforderlich.
  Die Vorsteuer entsteht in demselben Zeitpunkt, in dem die Erwerbsteuer entsteht. Deshalb werden die Erwerbsteuer und die Vorsteuer i.d.R. in derselben Voranmeldung angemeldet.
  Eine Zahllast entsteht so für den Unternehmer nicht.
  Verlagert sich der Ort des innergemeinschaftlichen Erwerbs gemäß § 3d S. 2 UStG ins Inland, so ist der Vorsteuerabzug nicht möglich.
- § 15 (1) Nr. 4 UStG
  die Steuer, die der Unternehmer als Leistungsempfänger gemäß § 13b (1), (2) UStG schuldet.
  Soweit die Steuer auf eine Zahlung vor Ausführung dieser Leistungen entfällt, ist sie abziehbar, wenn die Zahlung geleistet worden ist.
  § 13b UStG, Umkehrung der Steuerschuldnerschaft wird in Kapitel 6 erläutert.

4.2 Vorsteuerabzug bei steuerfreien Umsätzen gemäß § 15 (3) UStG

Sowohl die Ausfuhrlieferungen als auch die innergemeinschaftlichen Lieferungen sind steuerfrei, gehören aber gemäß § 15 (3) Nr. 1a UStG zu den Abzugsumsätzen.

Beispiel 1

Unternehmerin Claudia Klüser aus Pfronten im Allgäu liefert eine Maschine an Kim Mannikhan in Thailand. Alle Buch- und Belegnachweise für eine Ausfuhrlieferung liegen vor. Claudia Klüser hat die Maschine für 2.000,00 € zzgl. 380,00 € Umsatzsteuer von der Firma MaBau-GmbH aus Memmingen eingekauft und ist im Besitz einer ordnungsgemäßen Rechnung.

Lösung 1

§ 15 (1) Nr. 1 UStG
- Lieferung (Maschine)
- von einem anderen Unternehmer (MaBau-GmbH)
- für das Unternehmen des Unternehmers (Claudia Klüser verkauft die Maschine weiter)
- Rechnung mit gesondertem Steuerausweis

Rechtsfolge: Der Vorsteuerabzug ist möglich.

§ 15 (2) UStG
Verwendung für steuerfreie Umsätze (Ausfuhrlieferung)
Rechtsfolge: Es ist kein Vorsteuerabzug möglich.

§ 15 (3) Nr. 1a UStG
Die Ausfuhrlieferungen werden in § 4 Nr. 1a UStG genannt.
Der Ausschluss des Vorsteuerabzugs tritt nicht ein = Abzugsumsatz.
Rechtsfolge: Der Vorsteuerabzug ist möglich.

Unternehmerin Claudia Klüser kann einen Vorsteuerabzug geltend machen.

Beispiel 2

Unternehmer Pierre Schmidt aus Passau erwirbt beim österreichischen Unternehmer Heinz Rief Snowboards, die er nach Slowenien transportiert. Pierre Schmidt verwendet seine deutsche USt-IdNr, Heinz Rief seine österreichische.

Lösung 2

Unternehmer Pierre Schmidt tätigt einen innergemeinschaftlichen Erwerb gemäß § 1a UStG.

Gemäß § 3d S. 1 UStG ist der Ort in Slowenien. Allerdings verwendet Pierre Schmidt seine deutsche USt-IdNr, sodass der innergemeinschaftliche Erwerb in Deutschland als bewirkt gilt, § 3d S. 2 UStG. Weist er eine Besteuerung in Slowenien nach, so kann er die Besteuerung im Inland rückgängig machen.

Unternehmer Pierre Schmidt kann die Erwerbsteuer nicht als Vorsteuer abziehen, weil der innergemeinschaftliche Erwerb nicht nach § 3d S. 1 UStG im Inland bewirkt wird, § 15 (1) Nr. 3 UStG.

Zusammenfassung

Vorsteuerabzug gemäß § 15 UStG

persönliche Voraussetzung

Unternehmereigenschaft
i. S. d. § 2 UStG
Kleinunternehmer ausgenommen

Zusammenhang mit Folgeumsätzen

- Abzugsverbot bei steuerfreien Umsätzen gemäß §15 (2) UStG = **Ausschlussumsätze**
- § 15 (3) UStG Ausschluss des Abzugsverbots, Vorsteuerabzug bei bestimmten steuerfreien Umsätzen, z. B. bei Ausfuhrlieferungen, innergemeinschaftlichen Lieferungen = **Abzugsumsätze**

sachliche Voraussetzungen

- Umsatz von einem anderen Unternehmer; kein Gutglaubensschutz bezüglich der Unternehmereigenschaft.
- für das Unternehmen des Leistungsempfängers ausgeführte Lieferung oder sonstige Leistung
- nur die gesetzlich geschuldete Umsatzsteuer
- Die nach §14c UStG geschuldete Umsatzsteuer darf nicht als Vorsteuer abgezogen werden.
- Vorliegen einer ordnungsgemäßen Rechnung oder Gutschrift
- Zeitpunkt des Vorsteuerabzugs: nach Ausführung der Leistung an das Unternehmen und Vorliegen der ordnungsgemäßen Rechnung oder bei Zahlung und ordnungsgemäßer Rechnung.

Aufgaben

1. Entscheiden Sie in den nachfolgenden Fällen, ob ein Ausschluss vom Vorsteuerabzug für den leistenden Unternehmer eintritt. Die Voraussetzungen des § 15 (1) UStG liegen jeweils vor.

	Sachverhalt	Abzug von Vorsteuern gemäß §...	Kein Abzug von Vorsteuern Begründung
a)	Hauseigentümer Heinz Maurer vermietet Wohnungen seines in Köln gelegenen Gebäudes.		
b)	Maschinenfabrikant Paul Bremm aus Miesbach liefert Ware nach Japan zum dort ansässigen Abnehmer.		
c)	Kinderärztin Susanne Lipkowski aus Roth erbringt Behandlungsleistungen.		
d)	Rechtsanwalt Rudi Ratgeber aus Köln berät einen Fabrikanten aus Aachen in einer betrieblichen Angelegenheit.		
e)	Fernsehhändler Fritz Gitzen aus Pottenstein/Franken liefert Geräte an die Unternehmerin Annette Dünker aus Dänemark.		

	Sachverhalt	Abzug von Vorsteuern gemäß §...	Kein Abzug von Vorsteuern Begründung
f)	Tim Gareth aus Nürnberg verkauft seine in Münster gelegene Lagerhalle an den in der Schweiz ansässigen Unternehmer Uri für 200.000,00 € zzgl. 38.000,00 € Umsatzsteuer.		
g)	Anna Brings aus Freiburg vermittelt berufsmäßig Versicherungen.		

2. Ermitteln Sie für die Firma Mohabix die Umsatzsteuerzahllast für den Monat September 02 unter Angabe der Rechtsvorschriften.
Die Firma Mohabix aus Düren hat sich auf die Herstellung und den Vertrieb von Glühweinbechern spezialisiert. Sie versteuert ihre Umsätze nach den allgemeinen Vorschriften des UStG, ist zum vollen Vorsteuerabzug berechtigt und übermittelt monatlich Umsatzsteuervoranmeldungen. Alle erforderlichen Beleg- und Buchnachweise sind erbracht.

Für September 02 liegen folgende Informationen vor:

a) Die Firma Mohabix liefert an inländische Kunden Glühweinbecher zum Preis von 119.000,00 €.
Die Vorsteuer, die auf diese Lieferungen entfällt, beträgt 10.450,00 €

b) Es wurden Becher nach Frankreich zu diversen Kunden zum Preis von 18.900,00 € geliefert. Alle Kunden sind Unternehmer, kauften die Becher für ihr Unternehmen und verwendeten ihre französische USt-IdNr.
Die Vorsteuer in diesem Zusammenhang beträgt 2.100,00 €.

c) Ein Großkunde aus der Schweiz holte Waren im Wert von 31.000,00 € bei der Firma Mohabix mit einem eigenen Lkw ab und transportierte sie nach Bern (Schweiz).
Auf diese Lieferung entfallen 2.850,00 € Vorsteuer.

d) Die Firma Mohabix kauft unter Angabe ihrer deutschen USt-IdNr in den Niederlanden bei einem dort ansässigen Unternehmer eine Maschine zur Herstellung der Becher ein. Da die Firma Mohabix in Belgien einen neuen Standort eröffnen möchte, wird die Maschine nach Eupen (Belgien) verbracht. Der Preis beträgt 42.000,00 €.

e) Es werden Rohstoffe von Düren nach Belgien im Wert von 10.000,00 € verbracht, damit die neue Maschine genutzt werden kann. Die Vorsteuer aus dem Einkauf dieser Rohstoffe betrug 1.900,00 €.

f) Die übrige abzugsfähige Vorsteuer aus diversen Kosten, wie z. B. Telefon, Internet und Büromaterial, beträgt 800,00 €.

3. Svetlana Timova betreibt in Nürnberg einen Musikgroßhandel. Sie bezieht Instrumente und Noten weltweit und vertreibt diese in Deutschland und anderen Ländern. Frau Timova ist Regelversteuerin. Alle Unternehmer verfügen über eine USt-IdNr, sofern in der Aufgabe nichts anderes angegeben ist.
Klären Sie für die folgenden Sachverhalte, jeweils aus Sicht von Frau Timova,

- ob ein Umsatz vorliegt und wenn ja, welcher,
- den Zeitpunkt der Steuerentstehung sowie
- einen möglichen Vorsteuerabzug.

a) Frau Timova bezieht von einem italienischen Geigenbauer Geigen. Die Instrumente werden mit einer Spedition im Auftrag des Verkäufers am 12.05. angeliefert. Die Rechnung in Höhe von 30.000,00 € geht Frau Timova am 01.06. zu. Sie überweist diese am 10.06.

b) Ein japanischer Profimusiker erwirbt während einer Tournee bei Frau Timova im Ladenlokal Ende Mai eine Trompete. Frau Timova ist bekannt, dass der Musiker nur kurze Zeit in Deutschland verweilt und in der kommenden Woche wieder nach Japan fliegen wird. Der Musiker zahlt die Rechnung über 4.500,00 € bar.

c) Eine Musikschule aus München erwirbt einen Klassensatz Blockflöten im Wert von 30,00 € je Stück. Frau Timova liefert die 20 Blockflöten am 02.06. persönlich in der Musikschule ab. Die Rechnung liegt bei.

d) Für einen Nürnberger Chor besorgt Frau Timova eine seltene Choral-Reihe eines kanadischen Komponisten. Ein kanadischer Händler verschickt diese unverzollt und unversteuert mit einem Paketdienstleister an Frau Timova. Die Ware wird am 03.06. beim Zoll für den Warenverkehr zugelassen und geht am 04.06. bei Frau Timova ein. Die Rechnung über 500,00 € netto überweist Frau Timova noch am gleichen Tag.
e) Frau Timova betreibt zusätzlich ein Ladenlokal in Tschechien. Aus dem Nürnberger Lager überführt sie am 10.06. diverse Musikinstrumente, um sie in Tschechien zu verkaufen. Der Wert der Waren liegt bei 10.000,00 €.
f) Über einen spanischen Gitarrenproduzenten erwirbt Frau Timova fünf Flamenco-Gitarren im Wert von 1.200,00 € je Stück. Die Ware wird im Auftrag des Verkäufers über eine Spedition am 12.06. in Nürnberg angeliefert; die Rechnung liegt dabei. Frau Timova verwendet bei der Vertragsgestaltung versehentlich die tschechische USt-IdNr.

5 Umsätze mit besonderen Besteuerungsverfahren

5.1 Fernverkäufe gemäß § 3c UStG

Bisher wurden zur Ortsbestimmung bei Lieferungen § 3 (6), (7) und (8) UStG geprüft. § 3c UStG ist eine weitere Vorschrift, um den Ort bei sog. Fernverkäufen (= Lieferungen) zu bestimmen.

Hierbei wird der Ort aus dem Inland in das Bestimmungsland verlagert, sofern kein Ausschlusstatbestand nach § 3c (4) S. 1 UStG vorliegt.

Ziel ist es Lieferungen an Privatpersonen in einem anderen EU-Mitgliedstaat im Bestimmungsland zu versteuern.

§ 3c (1) UStG

Ein **innergemeinschaftlicher Fernverkauf** liegt vor, wenn
- ein Gegenstand
- aus einem EU-Mitgliedstaat
- in das Gebiet eines anderen Mitgliedstaates oder in die in § 1 (3) UStG bezeichneten Gebiete
- durch den Lieferer oder für dessen Rechnung
- befördert oder versendet wird.

Anders als bei der Ortsbestimmung nach § 3 (6) UStG darf keine Abholung durch den Erwerber oder von diesem beauftragten Dritten erfolgen.

Der **Erwerber** der Lieferung ist
- ein Empfänger i. S. d. § 3a (5) UStG (z. B. Privatperson) oder
- ein Empfänger i. S. d. § 1a (3) Nr. 1 UStG (z. B. Kleinunternehmer oder Unternehmer mit steuerfreien Umsätzen, die zu einem Ausschluss des Vorsteuerabzugs führen), der weder die Erwerbsschwelle überschreitet noch auf ihre Anwendung verzichtet.

Empfänger der Lieferungen können somit nur Nichtunternehmer oder die sog. Schwellenunternehmer (im Fall der Beendigung der Beförderung oder Versendung im Gebiet eines anderen Mitgliedstaates ist die von diesem Mitgliedstaat festgesetzte Erwerbsschwelle maßgebend) sein.

§ 3c (4) UStG

Der **leistende Unternehmer** hat
- die EU-einheitliche Lieferschwelle überschritten oder
- auf deren Anwendung verzichtet.

§ 3c (1) UStG ist hingegen nicht anzuwenden, wenn
- der leistende Unternehmer seinen Sitz in nur einem Mitgliedsstaat hat und
- die Lieferschwelle unterschreitet.

Die **Lieferschwelle (Geringfügigkeitsschwelle)** ermittelt sich aus dem Gesamtbetrag der Entgelte aus
- innergemeinschaftlichen Fernverkäufen nach § 3c (1) S. 2 UStG und
- der in § 3a (5) S. 2 UStG genannten sonstigen Leistungen an in § 3a (5) S. 1 UStG bezeichnete Personen (siehe Kapitel 5.2).

Die Lieferschwelle wird nicht überschritten, wenn der oben genannte Umsatz
- im vorangegangenen Kalenderjahr insgesamt 10.000,00 € nicht überstiegen hat und
- im laufenden Kalenderjahr nicht überschreitet.

Somit ist § 3c UStG anzuwenden, wenn der Lieferer in einem Jahr die Lieferschwelle überschritten hat.

Sind diese Voraussetzungen erfüllt,
- gilt der Ort der Lieferung an dem Ort als ausgeführt,
- an dem sich der Gegenstand bei der Beendigung der Beförderung oder Versendung an den Erwerber befindet.

Es wird folglich zur Bestimmung des Ortes ausschließlich auf das Ende des Warentransports abgestellt. Unerheblich ist, wo der liefernde Unternehmer oder der Empfänger der Lieferung ansässig sind.

Dies führt dazu, dass der Umsatz im Inland nicht steuerbar ist und der inländische Unternehmer im Empfängerstaat eine Umsatzbesteuerung durchführen muss.

Bis zum Erreichen der Lieferschwelle erfolgt die Besteuerung im Inland aufgrund der Ortsbestimmung nach § 3 (6) UStG. Wird im laufenden Kalenderjahr die Lieferschwelle überschritten, verlagert sich der Leistungsort mit dem ersten Umsatz, der die Schwelle überschreitet, sowie alle nachfolgenden Umsätze an den Bestimmungsort. *§ 3c (1) UStG*

Auf die Anwendung der Geringfügigkeitsschwelle kann verzichtet werden. Die Erklärung bindet den Unternehmer für mindestens zwei Kalenderjahre. *§ 3c (4) S. 2 und 3 UStG*

Beispiel 1

Das Unternehmen Sport & Fit GmbH betreibt in Kiel ein Sportgeschäft. Es verkauft seine Produkte zudem über einen eigenen Onlineshop. Ein Freizeitsportler aus den Niederlanden bestellt über diesen Shop Schwimmbekleidung im Wert von 150,00 €. Das Unternehmen versendet die Ware mit einem Paketdienstleister in Kiel. Die Umsätze aus Warenverkäufen im Ladenlokal betragen jährlich mehr als 100.000,00 €, die Verkäufe im innerdeutschen Versandhandel sowie in andere EU-Länder an Nicht-Unternehmer liegen jeweils bei ca. 20.000,00 € pro Jahr.

Lösung 1

<u>Unternehmen Sport & Fit GmbH</u>

§ 1 (1) Nr. 1 UStG:
- Lieferung
  → § 3 (1) UStG
  Verschaffung der Verfügungsmacht an einem Gegenstand (Schwimmbekleidung).
- eines Unternehmers (Sport & Fit GmbH)
- im Rahmen des Unternehmens (Sportgeschäft)
- gegen Entgelt (150,00 €).
- im Inland
  → **Grundsatz:** § 3 (6) UStG:
  Versendungslieferung. Der Ort ist dort, wo die Ware an den Versender übergeben wird (Kiel).
  aber:
  → § 3c (1) UStG
  - Ein Gegenstand (Schwimmbekleidung) gelangt
  - aus einem EU-Mitgliedstaat (Inland)
  - in das Gebiet eines anderen Mitgliedstaates (Niederlande), der
  - auf Rechnung des Lieferers (Sport & Fit GmbH)
  - versendet (Paketdienstleister) wird.
  - Der Erwerber ist eine Privatperson (Freizeitsportler) gemäß § 3a (5) UStG.

  → § 3c (4) UStG

- Der leistende Unternehmer (Sport & Fit GmbH) ist nur in einem EU-Mitgliedstaat ansässig.
- Der leistende Unternehmer (Sport & Fit GmbH) überschreitet die Lieferschwelle von 10.000,00 €.

Rechtsfolge: Es liegt ein innergemeinschaftlicher Fernverkauf gemäß § 3c UStG vor.

Der Umsatz gilt an den dem Ort ausgeführt, am dem sich der Gegenstand am Ende der Versendung befindet: Niederlande. Die Lieferung ist nicht steuerbar.

Der Unternehmer muss die niederländische Umsatzsteuer anmelden und abführen. Der Kunde zahlt mit dem Kaufpreis niederländische Umsatzsteuer.

Beispiel 2

Unternehmer Mohn betreibt in Düsseldorf ein Fachgeschäft für exotische Tiere. Er veräußert auf der eigenen Internetseite eine Wärmelampe für Echsen zum Warenwert von 99,00 € an eine Privatperson in Paris (Frankreich). Die Ware wird aus dem Lager in Düsseldorf an den Wohnsitz der Privatperson mit einem Paketdienstleister versendet. Unternehmer Mohn überschreitet nicht die Lieferschwelle und hat auch nicht optiert.

Lösung 2

Unternehmer Mohn

§ 1 (1) Nr. 1 UStG:

- Lieferung
  → § 3 (1) UStG
  Verschaffung der Verfügungsmacht an einem Gegenstand (Wärmelampe).
- eines Unternehmers (Mohn)
- im Rahmen des Unternehmens (Zoohandlung)
- gegen Entgelt (99,00 €)
- im Inland
  → **Grundsatz:** § 3 (6) UStG
  Versendungslieferung. Der Ort ist dort, wo die Ware an den Versender übergeben wird (Düsseldorf).
  aber:
  → § 3c (1) UStG
  - Ein Gegenstand (Wärmelampe) gelangt
  - aus einem EU-Mitgliedstaat (Inland)
  - in das Gebiet eines anderen Mitgliedstaates (Frankreich), die
  - auf Rechnung des Lieferers (Mohn)
  - versendet (Paketdienstleister) wird.
  - Der Erwerber ist eine Privatperson gemäß § 3a (5) UStG.

  → § 3c (4) UStG
  - Der leistende Unternehmer (Mohn) ist nur in einem EU-Mitgliedstaat ansässig.
  - Der leistende Unternehmer (Mohn) überschreitet nicht die Lieferschwelle von 10.000,00 €.

  Rechtsfolge: Es liegt kein innergemeinschaftlicher Fernverkauf gemäß § 3c UStG vor.

  Es bleibt beim Grundsatz gemäß § 3 (6) UStG. Ort des Umsatzes ist Düsseldorf.

Rechtsfolge: Es handelt sich um eine steuerbare Lieferung nach § 1 (1) Nr. 1 UStG.

§ 3c (5) UStG

Eine **Verlagerung des Ortes erfolgt nicht** bei der

- Lieferung neuer Fahrzeuge,
- bei der Lieferung eines Gegenstandes, der mit oder ohne probeweise Inbetriebnahme durch den Lieferer oder für dessen Rechnung montiert oder installiert geliefert wird,
- wenn auf die Lieferung eines Gegenstandes die Differenzbesteuerung nach § 25a (1) und (2) UStG angewendet wird oder
- verbrauchsteuerpflichtige Waren an eine in § 1a (3) Nr. 1 UStG genannte Person geliefert werden.

Hinweis: Die hier betrachteten Regelungen gelten für Verkäufe, die über einen Katalog oder einen eigenen Onlineshop erfolgen. Fernverkäufe mittels einer elektronischen Schnittstelle, bei denen der Unternehmer den Onlineshop eines anderen Unternehmers nutzt (z. B. Verkäufe von Unternehmern über Amazon oder eBay) fallen unter die Regelungen des § 3 (3a) UStG und sind nicht Gegenstand dieses Lernfeldes. Auf die Besonderheiten nach Fernverkäufen mit Drittlandsbezug nach § 3c (2) und (3) UStG wird nicht eingegangen.

Zusammenfassung

Ortsbestimmung einer Lieferung gemäß § 3c UStG

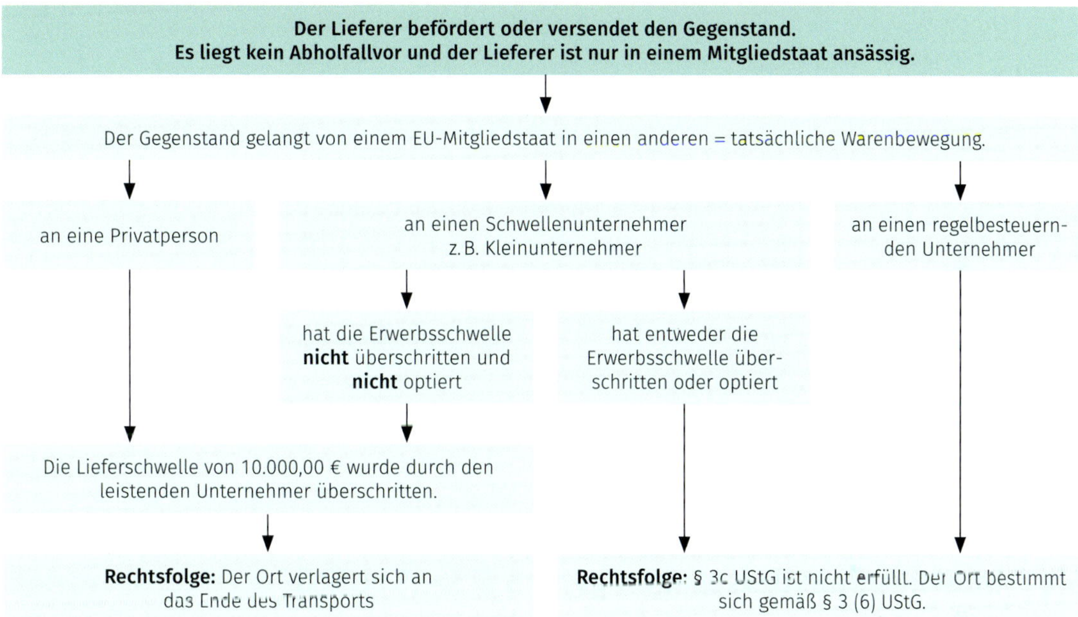

Beachte

Damit § 3c UStG Anwendung findet, reicht es aus, dass der Lieferer entweder im Vorjahr **oder** im laufenden Jahr die Lieferschwelle überschreitet. Überschreitet er im Laufe des Jahres die Lieferschwelle, so ist der Ort ab dieser Lieferung gemäß § 3c UStG zu bestimmen.

B2B-Lieferungen fallen **nicht** unter den Fernverkauf. Hier bleibt es bei der Behandlung als innergemeinschaftliche Lieferungen nach § 6a UStG.

Aufgaben

1. Die Bürger und Henkel OHG mit Sitz in Miltenberg verkauft Zweiräder aller Art. Die OHG unterliegt der Regelbesteuerung, gibt monatlich Umsatzsteuervoranmeldungen ab und ist zum vollen Vorsteuerabzug berechtigt. Die Bürger und Henkel OHG tätigt Lieferungen in Höhe von 55.000,00 € in andere EU-Mitgliedstaaten. Alle erforderlichen Beleg- und Buchnachweise gelten als erbracht.
   Entscheiden Sie in den folgenden Fällen jeweils

   a) wo sich der Ort der Lieferung befindet und
   b) ob die Lieferung steuerbar, nicht steuerbar, steuerfrei oder steuerpflichtig ist. Begründen Sie Ihre Lösung unter Angabe der entsprechenden Rechtsvorschriften.

   Fall 1:
   Die OHG verkauft drei Fahrräder an Familie Katzenburg aus Calm zum Preis von 4.200,00 €. Die Familie nimmt die Fahrräder in einem Anhänger mit.

Fall 2:
An die Unternehmerin Eva Dittmarova aus Bamberg werden fünf Bikes verkauft, die den Arbeitnehmerinnen und Arbeitnehmern von Frau Dittamrova zur Verfügung gestellt werden. Die OHG transportiert die E-Bikes mit einem eigenen Transporter nach Frankfurt. Der Gesamtkaufpreis beträgt 18.500,00 €

Fall 3:
Zwei E-Scooter werden an ein Ehepaar aus Frankreich verkauft, die das Ehepaar im eigenen Fahrzeug mitnimmt. Der Preis von 2.980,00 € wird per Sofortüberweisung auf das Konto der OHG beglichen.

Fall 4:
Ein Motorrad wird an Herrn Lorenzo Rossini, Privatperson, wohnhaft in Pisa (Italien) zum Preis von 28.900,00 € verkauft und im Auftrag der OHG mit der Bahn nach Pisa versendet.

Fall 5:
Frau Grit Gerdes aus Kopenhagen (Dänemark) kauft über die Website der OHG ein E-Bike zum Preis von 3.800,00 €, das sie auf ihrem Firmengelände nutzen möchte, um die weiten Wege schneller zurück legen zu können. Die OHG versendet das E-Bike mit der Bahn nach Kopenhagen.

2. Herr Steinmeier betreibt eine Gärtnerei in Bad Nauheim. Er verkauft seine Pflanzen im örtlichen Geschäft sowie über die eigene Website. Der Online-Versandhandel steckt noch in der Aufbauphase. Der Umsatz für versendete Pflanzen an Privatpersonen in andere EU-Länder betrug im vorigen Jahr 2.000,00 €. Im laufenden Jahr rechnet er mit einer Verdopplung der Umsätze.

   Klären und begründen Sie, ob Herr Steinmeier innergemeinschaftliche Fernverkäufe i. S. d. § 3c UStG tätigt. Geben Sie an, in welchem Land die Umsatzversteuerung stattfindet.

3. Herr Steinmeier aus Aufgabe 2 hat gehört, dass ein Verzicht auf die Anwendung der Lieferschwelle vorteilhaft sein könnte. Erläutern Sie dies.

5.2 Internetdienstleistungen gemäß § 3a (5) UStG

Telekommunikationsdienstleistungen, Rundfunk- und Fernsehdienstleistungen sowie auf elektronischem Weg erbrachte sonstige Leistungen, sog. „TRFE-Leistungen[1]", werden immer dort ausgeführt, wo der Leistungsempfänger ansässig ist.

Beispiel 1

Unternehmer Nowak aus Hannover programmiert Software, die er seinen Kunden zum Download anbietet. Für ein Unternehmen in Warschau (Polen) programmiert er eine Individualsoftware zum Preis von 1.800,00 €. Nowaks maßgebender Umsatz beträgt jährlich 30.000,00 €.

Lösung 1

§ 1 (1) Nr. 1 UStG
- Sonstige Leistung an einen Unternehmer
  → § 3 (9) UStG
  Individualsoftware zum Download
- eines Unternehmers (Nowak)
- im Rahmen des Unternehmens
- gegen Entgelt (1.800,00 €).
- nicht im Inland
  → § 3a (2) UStG
  Der Ort der sonstigen Leistung ist dort, wo der Leistungsempfänger seinen Sitz hat (Warschau, Polen).

Rechtsfolge: Es liegt kein steuerbarer Umsatz nach § 1 (1) Nr. 1 UStG vor. Die Leistung wird im Bestimmungsland versteuert.

1 TRFE-Leistungen bezeichnen Leistungen, die auf dem Gebiet der **T**elekommunikation, der **R**undfunk- und **F**ernsehdienstleistungen und auf **e**lektronischem Weg erbracht werden.

Das Ergebnis zeigt, dass über die Ortsbestimmung nach § 3a (2) UStG das Ziel der Besteuerung im Bestimmungsland erreicht wird.

Für die Fälle, die nicht unter § 3a (2) UStG fallen, z. B. wenn der Leistungsempfänger eine Privatperson ist, wurde § 3a (5) UStG eingeführt. Hiernach wird der Ort aus dem Inland ins Bestimmungsland verlagert, sofern kein Ausschlusstatbestand vorliegt. *§ 3a (5) UStG*

Sonstige Leistungen (TRFE-Leistungen) im Sinne des § 3a (5) UStG sind: *§ 3a (5) S. 2 UStG*

- sonstige Leistungen auf dem Gebiet der Telekommunikation (A 3a.10 UStAE):
  - Übertragung von Signalen, Schrift, Bild, Ton, Sprache oder Informationen jeglicher Art via Mobilfunknetz etc.
  - Zugang zum Internet
  - usw.
- Rundfunk- und Fernsehdienstleistungen (A 3a.11 UStAE):
  - Rundfunk- und Fernsehprogramme, die auf der Grundlage eines Sendeplans über Kabel, Antenne oder Satellit verbreitet werden
  - nicht darunter fallen: auf Abruf erhältliche Programme
  - usw.
- auf elektronischem Weg erbrachte sonstige Leistungen (A 3a.12 UStAE):
  - Software und Updates
  - Bereitstellung von Websites
  - Online-Zeitungen
  - usw.

Der **Erwerber** der TRFE-Leistung ist gemäß § 3a (5) S. 1 UStG *§ 3a (5) S. 1 UStG*
- kein Unternehmer, für dessen Unternehmen die Leistung bezogen wird (z. B. Privatperson), oder
- keine ausschließlich nicht unternehmerisch tätige juristische Person, der eine USt-IdNr zugeteilt wurde, oder
- keine juristische Person, die sowohl unternehmerisch als auch nicht unternehmerisch tätig ist, bei der die Leistung nicht ausschließlich für den privaten Bedarf des Personals oder eines Gesellschafters bestimmt ist.

Der **leistende Unternehmer** hat nach § 3a (5) S. 3 UStG *§ 3a (5) S. 3 UStG*
- die EU-einheitliche Lieferschwelle überschritten oder
- auf deren Anwendung verzichtet.

§ 3a (5) UStG ist hingegen nicht anzuwenden, wenn
- der leistende Unternehmer seinen Sitz in nur einem Mitgliedstaat hat und
- den maßgebenden Umsatz unterschreitet.

Der **maßgebende Umsatz (Lieferschwelle)** ermittelt sich aus dem Gesamtbetrag der Entgelte aus
- innergemeinschaftlichen Fernverkäufen nach § 3c (1) S. 2 UStG (siehe Kapitel 5.1) und
- der in § 3a (5) S. 2 UStG bezeichneten sonstigen Leistungen an in § 3a (5) S. 1 UStG bezeichnete Personen.

Der maßgebende Umsatz wird nicht überschritten, wenn der oben genannte Umsatz
- im vorangegangenen Kalenderjahr insgesamt 10.000,00 € nicht überstiegen hat und
- im laufenden Kalenderjahr nicht überschreitet.

Sind diese Voraussetzungen erfüllt
- gilt der Ort der sonstigen Leistung an dem Ort als ausgeführt,
- an dem der Leistungsempfänger seinen Wohnsitz, seinen gewöhnlichen Aufenthaltsort oder seinen Sitz hat.

Dies führt dazu, dass der Umsatz im Bestimmungsland steuerbar und steuerpflichtig wird. Der Unternehmer muss im Empfängerstaat die Umsatzsteuer anmelden und abführen.

Bis zum Erreichen der Lieferschwelle erfolgt die Besteuerung in dem Mitgliedstaat, in dem der leistende Unternehmer seinen Sitz hat (Inland gemäß § 3a (2) UStG). Wird im laufenden Kalenderjahr die Lieferschwelle überschritten, verlagert sich der Leistungsort mit dem ersten Umsatz, der die Schwelle überschreitet, sowie alle nachfolgenden Umsätze an den Bestimmungsort, § 3a (5) UStG. *§ 3a (5) UStG*

Auf die Anwendung der Geringfügigkeitsschwelle kann verzichtet werden. Die Erklärung bindet den Unternehmer für zwei Kalenderjahre, § 3a (5) S. 4 und 5 UStG. *§ 3a (5) S. 4 und 5 UStG*

Beispiel 2

Unternehmer Nowak aus Hannover programmiert Software, die er seinen Kunden zum Download anbietet. Herr Sanchez aus Barcelona (Spanien) erwirbt eine Software zum Download (250,00 €) für private Zwecke. Nowaks maßgebender Umsatz beträgt jährlich 30.000,00 €.

Lösung 2

§ 1 (1) Nr. 1 UStG

- Sonstige Leistung an eine Privatperson
  → § 3 (9) UStG
  Software zum Download
- eines Unternehmers (Nowak)
- im Rahmen des Unternehmens
- gegen Entgelt (250,00 €).
- im Inland
  → **Grundsatz:** § 3a (1) UStG
  Der Ort der sonstigen Leistung ist dort, wo der Unternehmer seinen Sitz hat (Hannover).
  aber:
  → § 3a (5) UStG
  - Ein Unternehmer (Nowak)
  - erbringt eine TRFE- Leistung (Software zum Download) gemäß § 3a (5) UStG
  - im Rahmen des Unternehmens
  - an eine Privatperson (Herr Sanchez).
  - Der maßgebende Umsatz beträgt mehr als 10.000,00 €.

  Rechtsfolge: Der Ort der sonstigen Leistung liegt dort, wo der Empfänger seinen Wohnsitz hat (Barcelona, Spanien).

Rechtsfolge: Es liegt keine sonstige Leistung gemäß § 1 (1) Nr. 1 UStG im Inland vor, der Umsatz ist in Deutschland nicht steuerbar.

Zusammenfassung

Ortsbestimmung für innergemeinschaftliche digitale Dienstleistungen nach § 3a (5) UStG TRFE-Leistungen

Sonstige Leistung gemäß § 1 (1) Nr. 1 UStG

↓

TRFE-Leistung

Leistender Unternehmer
- überschreitet die Lieferschwelle oder
- verzichtet auf deren Anwendung

↓ ↓

Erwerber ist

eine Privatperson in einem EU-Mitgliedsstaat	eine bestimmte juristische Person in einem EU-Mitgliedstaat

↓ ↓

Ortsbestimmung gemäß § 3a (5) S. 1 UStG: Wohnsitz/Sitz des Leistungsempfängers

Ortsbestimmung für innergemeinschaftliche digitale Dienstleistungen nach § 3a (5) UStG TRFE-Leistungen

Sonstige Leistung gemäß § 1 (1) Nr. 1 UStG

↓

TRFE-Leistung

Leistender Unternehmer
- unterschreitet die Lieferschwelle und
- hat seinen Sitz o. Ä. nur in einem EU-Land

Erwerber ist

eine Privatperson in einem EU-Mitgliedsstaat	eine bestimmte juristische Person in einem EU-Mitgliedstaat

↓

Ortsbestimmung gemäß § 3a (2) UStG: Sitz des Unternehmers

Lieferschwelle: Summe der Umsätze nach § 3c (1) S. 2 UStG und § 3a (5) S. 2 UStG

Vorjahr ≤ 10.000,00 €
laufendes Jahr voraussichtlich ≤ 10.000,00 €

Wird die Lieferschwelle im Vorjahr und im laufenden Jahr nicht überschritten, ist § 3a (5) UStG nicht anzuwenden.

Aufgabe

Unternehmerin Mansoor mit Sitz in Braunschweig hat sich selbstständig gemacht und vertreibt über ihre eigene Website Tutorials zum Erstellen von Makramee-Objekten. Kunden können sich dort die Anleitung nach Zahlung einer Gebühr herunterladen.

Sie rechnet im ersten Jahr mit folgenden Umsätzen:

- Downloads von Privatpersonen in Deutschland: 5.000,00 €
- Downloads von Privatpersonen in Frankreich: 2.500,00 €
- Downloads von Privatpersonen in Italien: 700,00 €

Darüber hinaus vertreibt Frau Mansoor passende Materialpakete, die sie mit einem Paketdienstleister verschickt.

Sie rechnet im ersten Jahr mit folgenden Umsätzen:

- Lieferungen an Privatpersonen in Deutschland: 8.000,00 €
- Lieferungen an Privatpersonen in Frankreich: 7.000,00 €
- Lieferungen an Privatpersonen in Italien: 500,00 €

Über die genannten Umsätze hinaus, tätigt Frau Mansoor noch steuerbare und steuerpflichtige Umsätze in Höhe von 34.000,00 €.

Frau Mansoor ist sich hinsichtlich der Besteuerungsvorgaben unschlüssig.

a) Prüfen Sie, ob die beiden Leistungsgruppen unter die Regelungen des § 3c UStG bzw. § 3a (5) UStG fallen. Geben Sie an, welche Auswirkung dies auf die Steuerbarkeit im Inland bzw. EU-Ausland hat.
b) Geben Sie eine begründete Empfehlung ab, wie sich Frau Mansoor im Gründungsjahr verhalten sollte.

5.3 Bemessungsgrundlage

§ 10 (1) UStG Die Bemessungsgrundlage wird nach dem Entgelt bemessen.

5.4 Steuersatz, Vorsteuerabzug

§ 15 (2) und (3) UStG Ein Steuersatz fällt nicht an, wenn der Umsatz nicht steuerbar ist.

Verlagert sich der Ort der sonstigen Leistung aus einem anderen EU-Mitgliedstaat ins Inland beträgt der Steuersatz 19 %. Der Vorsteuerabzug für erworbene Vorleistungen bleibt auch im Fall der nicht steuerbaren sonstigen Leistung bestehen.

5.5 Buchungen

Erfolgt die Besteuerung erfolgt bei innergemeinschaftlichen Fernverkäufen sowie TRFE-Leistungen im Empfängerland, so muss in den Rechnungen die Umsatzsteuer des Empfängerstaates ausgewiesen werden.

Beispiel 1 Unternehmer Sport & Fit GmbH betreibt in Kiel ein Sportgeschäft. Er verkauft seine Produkte zudem über einen eigenen Onlineshop. Er tätigt einen innergemeinschaftlichen Fernverkauf gemäß § 3c UStG an eine dänische Privatperson, der im Empfängerland steuerbar ist. Dem Kunden stellt er 125,00 € (inkl. 25 % dänischer Umsatzsteuer) in Rechnung.

Lösung 1 **Buchungssatz**

		Soll	Haben
1210	Forderungen a. LL.	125,00 €	
an 4320	Erlöse aus im anderen EU-Land steuerpflichtigen Lieferungen		100,00 €
3817	Umsatzsteuer aus im anderen EU-Land steuerpflichtigen Lieferungen		25,00 €

(Umsatzsteuersatz Dänemark: 25 %)

Beispiel 2 Unternehmer Nowak, Hannover, tätigt eine TRFE-Leistung, die im Empfängerland steuerbar ist. Er berechnet einem italienischen Privatkunden für einen Softwaredownload 200,00 € netto zzgl. 22 % italienischer Umsatzsteuer.

Lösung 2 **Buchungssatz**

		Soll	Haben
1210	Forderungen a. LL.	244,00 €	
an 4339	Erlöse aus im anderen EU-Land steuerbaren Leistungen		200,00 €
3818	Umsatzsteuer aus im anderen EU-Land steuerpflichtigen sonstigen Leistungen		44,00 €

(Umsatzsteuersatz Italien: 22 %)

5.6 One-Stop-Shop-Verfahren

Bei den zuvor beschriebenen Sachverhalten der innergemeinschaftlichen Fernverkäufe sowie der TRFE-Leistungen müsste der leistende Unternehmer eine individuelle steuerliche Erfassung im Bestimmungsland vornehmen. Zur Vereinfachung der Erklärungspflichten kann an einem besonderen Besteuerungsverfahren, dem **One-Stop-Shop-Verfahren (OSS)**, teilgenommen werden.

Über das Besteuerungsverfahren wird es einem Unternehmen ermöglicht, seine Umsätze *§ 18j UStG*

- elektronisch nach amtlich vorgeschriebenem Datensatz
- zentral über das Bundeszentralamt für Steuern (BZSt)
- in einer gesonderten Steuererklärung zu erklären
- und die Steuer insgesamt zu entrichten.

Die Steuererklärung ist innerhalb eines Monats nach Ablauf jedes Besteuerungszeitraums (Kalendervierteljahr) zu erklären. Die selbst zu berechnende Steuer ist am letzten Tag des auf den Besteuerungszeitraum folgenden Monats zu entrichten, § 18j (4) UStG.

In der Steuererklärung sind je EU-Land der

- Gesamtbetrag, netto, sowie
- der Steuerbetrag, aufgegliedert nach den jeweils landesspezifischen Steuersätzen,

anzugeben.

Die Teilnahme an diesem Verfahren ist nicht verpflichtend. Entscheidet sich der Unternehmer für die Teilnahme am OSS-Verfahren, ist es für alle B2C-Umsätze bindend.

Aufgaben

1. Verschaffen Sie sich einen Überblick über die im Gemeinschaftsgebiet geltenden Steuersätze.
   a) Nennen Sie die Länder, die einen niedrigeren Mehrwertsteuersatz als Deutschland haben.
   b) Geben Sie an, welches Land den höchsten Mehrwertsteuersatz hat.

2. Die folgenden Sachverhalte fallen unter die Regelungen der § 3a (5) UStG bzw. § 3c UStG. Nehmen Sie die erforderlichen Buchungen vor. Die Kunden haben vorab überwiesen.
   a) Lieferung von Waren an eine Privatperson in Portugal: 500,00 netto.
   b) Erbringung einer TRFE-Leistung an eine Privatperson in Schweden: 50,00 €.

6 13b-Fälle

6.1 Abgrenzung der Umsatzarten, Steuerschuldner, Steuerentstehung

Grundsätzlich ist der leistende Unternehmer (Verkäufer/-in) auch Steuerschuldner der Umsatzsteuer im Inland. Erste Ausnahmen bildeten die Einfuhr sowie der innergemeinschaftliche Erwerb.

Darüber hinaus regelt § 13b UStG Tatbestände, für die die Steuerschuldnerschaft auf den Leistungsempfänger übertragen wird = **Reverse-Charge-Verfahren**. Der Leistungsempfänger ist in allen Fällen ein Unternehmer (auch Kleinunternehmer) oder eine bestimmte juristische Person. Privatpersonen als Leistungsempfänger fallen nicht unter § 13b UStG. *§ 13b UStG*

Steuerschuldnerschaft des Leistungsempfängers § 13b UStG

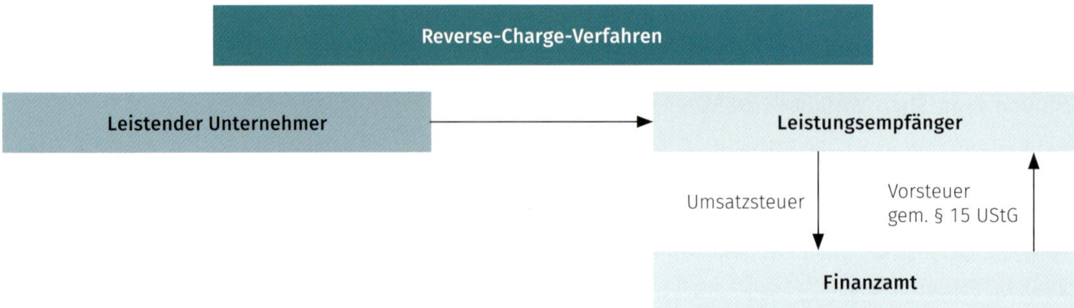

§ 13b UStG Im Folgenden wird sich auf die folgenden Tatbestände beschränkt:

• § 13b (1) UStG	sonstige Leistungen eines im EU-Ausland ansässigen Unternehmers im Inland, deren Leistungsort sich nach § 3a (2) UStG richtet	§ 13b (5) S. 1 UStG Der Leistungsempfänger wird zum Steuerschuldner, wenn er ein Unternehmer oder eine juristische Person ist.
• 13b (2) Nr. 1 UStG	Werklieferungen und nicht unter Absatz 1 fallende sonstige Leistungen eines im Ausland ansässigen Unternehmers – sofern kein 13b-(1)-Fall vorliegt	
• § 13b (2) Nr. 3 UStGa	Umsätze, die unter das Grunderwerbsteuergesetz fallen	
• § 13b (2) Nr. 4 UStG	Erbringung von Bauleistungen einschließlich Werklieferungen oder sonstigen Leistungen in Zusammenhang mit Grundstücken (ausgenommen Planungs- und Überwachungsleistungen) eines im Inland ansässigen Unternehmers	§ 13b (5) S. 2 UStG Der Leistungsempfänger wird zum Steuerschuldner, wenn er ein Unternehmer ist, der nachhaltig entsprechende Leistungen erbringt; unabhängig davon, ob er die empfangene Leistung für eine Bauleistung erbringt oder nicht.
• § 13b (2) Nr. 7 UStG	Lieferung von bestimmten Abfällen	§ 13b (5) S. 1 UStG Der Leistungsempfänger wird zum Steuerschuldner, wenn er ein Unternehmer ist.
• § 13b (2) Nr. 8 UStG	Reinigung von Gebäuden und Gebäudeteilen	§ 13b (5) S. 5 UStG Der Leistungsempfänger schuldet die Umsatzsteuer unabhängig davon, ob er sie für eine von ihm erbrachte Leistung i. S. d. § 13b (1) Nr. 8 UStG verwendet, wenn er ein Unternehmer ist, der nachhaltig entsprechende Leistungen erbringt.

Nach A 13b.1 (2) UStAE sind **Bauleistungen** alle Leistungen, die der Herstellung, Instandsetzung, Instandhaltung, Änderung oder Beseitigung von Bauwerken dienen. Zu den Bauleistungen gehören insbesondere auch der Einbau von Fenstern und Türen, Dachbegrünung, der Hausanschluss durch Versorgungsunternehmen, Werklieferungen von Photovoltaikanlagen. Ausgenommen sind Planungs- und Überwachungsleistungen, wie z. B. die Leistungen von Statikern, Architekten, Vermessungsingenieuren, (siehe Katalog von Bauleistungen in A 13b.2

(5)–(7) UStAE). Hierunter fallen auch Werklieferungen und sonstige Leistungen in Zusammenhang mit Grundstücken. Nicht unter § 13b (2) Nr. 4 UStG fallen z. B. reine Materiallieferungen, Anliefern von Beton, das Zurverfügungstellen von Baugeräten, das Aufstellen von Bürocontainern oder mobilen Toilettenhäusern.

Hierbei ist zu beachten, dass bei erbrachten Bauleistungen eines im Inland ansässigen Unternehmers die Steuerschuldnerschaft auf den Leistungsempfänger nur dann übergeht, wenn der Leistungsempfänger selbst Bauleistungen erbringt. *§ 13b (5) S. 2 UStG A 13b.3 UStAE*

Zu beachten ist also:

§ 13b (2) Nr. 4 UStG
Handelt es sich um eine **Bauleistung (Werklieferung, Werkleistung oder sonstige Leistungen in Zusammenhang mit Grundstücken)** eines **im Inland ansässigen Unternehmers** an einen **Leistungsempfänger im Inland, der selbst Bauleistungen** erbringt?
(A 13b.1 (2) Nr. 3, 13b.2 und 13b.3 UStAE) **VORRANGIG**

oder

§ 13b (2) Nr. 1 UStG
Handelt es sich um eine **Werklieferung** eines **im Ausland (EU-Land oder Drittland) ansässigen Unternehmers im Inland?**
(A 13b.1 (2) Nr. 2 UStAE)

Unternehmen, die nachhaltig Bauleistungen oder Gebäudereinigungsleistungen erbringen, haben einen entsprechenden Nachweis über ihre Unternehmereigenschaft vorzulegen. Diese Bescheinigung wird auf Antrag vom zuständigen Finanzamt ausgestellt. Und gilt längstens für einen Zeitraum von drei Jahren. *§ 13b (5) S. 2 UStG*

Ein Wechsel der Steuerschuldnerschaft bei Leistungen im privaten Bereich erfolgt nicht.

Der leistende Unternehmer darf in seiner Rechnung keine Umsatzsteuer ausweisen. Zudem muss die Rechnung bei Leistungen im Sinne des§ 13b (2) UStG den Zusatz „Steuerschuldnerschaft des Leistungsempfängers" enthalten. *§ 14a (5) UStG*

Stellt der leistende Unternehmer fälschlicherweise eine Rechnung mit Umsatzsteuer aus, schuldet er gemäß § 14c (1) UStG den zu hohen Steuerbetrag. Der Vorsteuerabzug aus dieser Rechnung für den Leistungsempfänger ist untersagt (§ 15 (1) Nr 1 UStG). Zudem schuldet der Leistungsempfänger trotzdem die Umsatzsteuer nach § 13b UStG.

Die Zuordnung des Sachverhaltes ist für die Festlegung der **Steuerentstehung** von Bedeutung:

- Für die Sachverhalte nach § 13b (1) UStG entsteht die Steuer mit Ausstellung der Rechnung, spätestens jedoch mit Ablauf des auf die Ausführung der Leistung folgenden Kalendermonats.
- Für die Sachverhalte nach § 13b (2) UStG entsteht die Steuer mit Ablauf des Voranmeldungszeitraums, in dem die Leistung ausgeführt wurde.

Beispiel 1

Ein österreichischer Architekt plant im April den Umbau eines Münchner Kaufhauses des Unternehmers Schmidt. Der Architekt berechnet für seine Leistung aus dem Monat April 10.000,00 €. Die Rechnung erstellt er im Juni, die Zahlung erfolgt im gleichen Monat.

Lösung 1

<u>Österreichischer Architekt</u>

§ 1 (1) Nr. 1 UStG
- Sonstige Leistung
  → § 3 (9) UStG
  Planung eines Umbaus eines Gebäudes
- eines Unternehmers (Architekt)
- im Rahmen des Unternehmens

- gegen Entgelt (10.000,00 €)
- im Inland
  → § 3a (3) Nr. 1UStG
  Der Ort der sonstigen Leistung in Zusammenhang mit einem Grundstück ist dort, wo sich das Grundstück befindet (München).

Rechtsfolge: Es handelt sich um eine steuerbare sonstige Leistung nach § 1 (1) Nr. 1 UStG, die auch steuerpflichtig ist.

Es ist zu prüfen, ob über § 13b UStG die Besteuerung auf den Leistungsempfänger übergeht:

Unternehmer Schmidt

§ 13b (1) UStG
- Es handelt sich um eine sonstige Leistung
- eines im EU-Ausland ansässigen Unternehmers.
- Es handelt sich um eine Leistung in Zusammenhang mit einem Grundstück.
  Die Ortsbestimmung erfolgt nach § 3a (3) Nr. 1 UStG.

Rechtsfolge: Da die Ortsbestimmung nicht gemäß § 3a (2) UStG erfolgt, liegt keine sonstige Leistung i. S. d. § 13b (1) vor.

§ 13b (2) Nr. 1 UStG
- Es handelt sich um eine sonstige Leistung
- eines im Ausland ansässigen Unternehmers.
- Es handelt sich um eine Leistung in Zusammenhang mit einem Grundstück.
  Die Ortsbestimmung erfolgt nach § 3a (3) Nr. 1 UStG.

Rechtsfolge: Es handelt sich um eine sonstige Leistung nach § 13b UStG.

Rechtsfolge: Steuerschuldner ist der Leistungsempfänger gemäß § 13b (5) S. 1 UStG. Die Steuer entsteht mit Ausstellung der Rechnung, spätestens jedoch mit Ablauf des der Ausführung der Leistung folgenden Kalendermonats, § 13b (2) S. 1 UStG. Hier: mit Ablauf des Voranmeldungszeitraums Mai.

Beispiel 2

Monteur Martin aus Hamburg übernimmt im September den Einbau von Fenstern in dem Münchner Kaufhaus aus Beispiel 1. Die Fenster wurden von einem anderen Unternehmen geliefert.

Lösung 2

Monteur Martin

§ 1 (1) Nr. 1 UStG
- Sonstige Leistung
  → § 3 (10) UStG
  Werkleistung: Einbau von gestellten Fenstern
- eines Unternehmers (Monteur Martin)
- im Rahmen des Unternehmens
- gegen Entgelt.
- im Inland
  → § 3a (3) Nr. 1 UStG
  Der Ort der sonstigen Leistung in Zusammenhang mit einem Grundstück ist dort, wo sich das Grundstück befindet (München).

Rechtsfolge: Es handelt sich um eine steuerbare sonstige Leistung nach § 1 (1) Nr. 1 UStG, die auch steuerpflichtig ist.

Es ist zu prüfen, ob über § 13b UStG die Besteuerung auf den Leistungsempfänger übergeht:

Unternehmer Schmidt

- § 13b (2) Nr. 4 UStG
  Es handelt sich um eine Bauleistung.
- § 13b (5) S. 2 UStG
  Der Unternehmer Schmidt schuldet nicht die Umsatzsteuer, weil er kein Unternehmer ist, der selbst Bauleistungen erbringt.
- § 13b (1) UStG
  Es handelt sich um eine sonstige Leistung. Die Ortsbestimmung erfolgt jedoch nicht über § 3a (2) UStG, sondern aufgrund einer sonstigen Leistung in Zusammenhang mit einem Grundstück nach § 3a (3) UStG.
- § 13b (2) Nr. 1 UStG
  Es liegt eine sonstige Leistung vor.
  Der leistende Unternehmer ist jedoch kein ausländischer Unternehmer.

Rechtsfolge: Es liegt kein 13b-Fall vor; ein Wechsel der Steuerschuldnerschaft erfolgt nicht. Steuerschuldner ist der leistende Unternehmer Monteur Martin.

Beispiel 3

Bodenleger Michalski aus Tschechien übernimmt im November die Anlieferung und die Verlegearbeiten des Bodenbelages in dem Münchner Geschäftshaus aus Beispiel 1. Die Rechnung erstellt er im Dezember.

Lösung 3

Bodenleger Michalski

§ 1 (1) Nr. 1 UStG

- Lieferung
  → § 3 (4) UStG
  Werklieferung (Stellung des Hauptmaterials Bodenbelag inkl. Verlegearbeiten)
- eines Unternehmers (Bodenleger Michalski)
- im Rahmen des Unternehmens
- gegen Entgelt
- im Inland
  → § 3 (7) UStG
  Der Ort der (Werk)Lieferung ist München.

Rechtsfolge: Es handelt sich um eine steuerbare sonstige Leistung nach § 1 (1) Nr. 1 UStG, die auch steuerpflichtig ist.

Es ist zu prüfen, ob über § 13b UStG die Besteuerung auf den Leistungsempfänger übergeht:

Unternehmer Schmidt

- § 13b (2) Nr. 4 UStG
  Es handelt sich um eine Bauleistung, da der Leistungsempfänger kein Unternehmer ist, die aber nicht von einem inländischen Unternehmer ausgeführt wird.
- § 13b (2) Nr. 1 UStG
  Es liegt
  - eine Werklieferung
  - eines im EU-Ausland ansässigen Unternehmers
  - im Inland vor.

Rechtsfolge: Steuerschuldner ist Unternehmer Schmidt, § 13b [5] S. 1 UStG. Die Steuer entsteht mit Ablauf des Voranmeldungszeitraums Dezember, da hier die Rechnung erstellt wurde, § 13b (2) UStG.

Beispiel 4 Unternehmer Schmidt plant die Einrichtung einer Betriebsstätte in Österreich. Er lässt sich von einem österreichischen Steueranwalt im Februar beraten. Die Rechnung erhält er im März, die Zahlung erfolgt im April.

Lösung 4 **Österreichischer Steueranwalt**

§ 1 (1) Nr. 1 UStG
- Sonstige Leistung
  → § 3 (9) UStG
  Beratungsleistung
- eines Unternehmers (Steueranwalt)
- im Rahmen des Unternehmens
- gegen Entgelt
- im Inland
  → § 3a (2) UStG
  Der Ort der sonstigen Leistung ist dort, wo der Leistungsempfänger seinen Sitz hat (München).

Rechtsfolge: Es handelt sich um eine steuerbare sonstige Leistung nach § 1 (1) Nr. 1 UStG, die auch steuerpflichtig ist.

Es ist zu prüfen, ob über § 13b UStG die Besteuerung auf den Leistungsempfänger übergeht:

Unternehmer Schmidt

- § 13b (1) UStG
  - Es handelt sich um eine sonstige Leistung
  - eines im EU-Ausland ansässigen Unternehmers (Österreich).
  - Die Ortsbestimmung erfolgt nach § 3a (2) UStG.

Rechtsfolge: Es erfolgt ein Wechsel der Steuerschuldnerschaft.
Steuerschuldner ist Unternehmer Schmidt, § 13b (5) S. 1 UStG.
Die Steuer entsteht mit Ablauf des Voranmeldungszeitraums, in dem die Leistung ausgeführt wurde.
§ 13b (1) UStG); hier: Veranlangszeitraum Februar.

Beispiel 5 Unternehmer Schmidt lässt sein Münchner Geschäftsgebäude täglich von einer Reinigungsfirma aus Österreich reinigen. Die Reinigung eines anderen Geschäftshauses in der Nähe der Schweizer Grenze lässt er von einem Schweizer Unternehmen durchführen.

Lösung 5 **Österreichisches Reinigungsunternehmen**

§ 1 (1) Nr. 1 UStG
- Sonstige Leistung
  → § 3 (9) UStG
  Reinigungsleistung
- eines Unternehmers (Reinigungsunternehmens)
- im Rahmen des Unternehmens
- gegen Entgelt
- im Inland
  → § 3a (2) UStG
  Der Ort der sonstigen Leistung ist dort, wo der Leistungsempfänger seinen Sitz hat (München).

Rechtsfolge: Es handelt sich um eine steuerbare sonstige Leistung nach § 1 (1) Nr. 1 UStG, die steuerpflichtig ist.

Es ist zu prüfen, ob über § 13b UStG die Besteuerung auf den Leistungsempfänger übergeht:

Unternehmer Schmidt

- § 13b (1) UStG
  - Es handelt sich um eine sonstige Leistung
  - eines im EU-Ausland ansässigen Unternehmers (Österreich).
  - Die Ortsbestimmung erfolgt nach § 3a (2) UStG.

Rechtsfolge: Es erfolgt ein Wechsel der Steuerschuldnerschaft.
Steuerschuldner ist Unternehmer Schmidt, § 13b (5) S. 1 UStG.
Die Steuer entsteht mit Ablauf des Voranmeldungszeitraums, in dem die Leistung ausgeführt wurde, § 13b (1) UStG.

Schweizer Reinigungsunternehmen

§ 1 (1) Nr. 1 UStG

- Sonstige Leistung
  → § 3 (9) UStG
  Reinigungsleistung
- eines Unternehmers (Reinigungsunternehmens)
- im Rahmen des Unternehmens
- gegen Entgelt
- im Inland
  → § 3a (2) UStG
  Der Ort der sonstigen Leistung ist dort, wo der Leistungsempfänger seinen Sitz hat (München).

Rechtsfolge: Es handelt sich um eine steuerbare sonstige Leistung nach § 1 (1) Nr. 1 UStG, die steuerpflichtig ist.

Es ist zu prüfen, ob über § 13b UStG die Besteuerung auf den Leistungsempfänger übergeht:

Unternehmer Schmidt

- § 13b (1) UStG
  - Es handelt sich um eine sonstige Leistung.
  - Die Ortsbestimmung erfolgt über § 3a (2) UStG.
  - Der leistende Unternehmer ist nicht im EU-Ausland ansässig (Schweiz).
- 13b (2) Nr. 1 UStG
  Es handelt sich um eine sonstige Leistung eines im Ausland ansässigen Unternehmers.

Rechtsfolge: Steuerschuldner ist das schweizerische Reinigungsunternehmen gemäß § 13b (5) S. 1 UStG. Die Steuer entsteht mit Ausstellung der Rechnung, spätestens jedoch mit Ablauf des auf die Ausführung der Leistung folgenden Kalendermonats, § 13b (2) UStG.

Zusammenfassung

Entstehung der Umsatzsteuer bei Wechsel der Steuerschuldnerschaft nach § 13b UStG

§ 13b (1) UStG	§ 13b (2) UStG
Leistungsempfänger = Steuerschuldner	
Die Steuer entsteht mit Ablauf des Veranlagungszeitraums, in dem die Leistung ausgeführt wird.	Steuer entsteht mit Ablauf des Veranlagungszeitraums mit Ausstellung der Rechnung, spätestens jedoch mit Ablauf des der Ausführung der Leistung folgenden Kalendermonats.

6.2 Bemessungsgrundlage

§ 10 (1) UStG

Die Bemessungsgrundlage wird nach dem Entgelt bemessen.

6.3 Steuersatz, Vorsteuerabzug

§ 12, § 15 (1) Nr. 4 UStG

A 15.10 (4) UStAE i. V. m. A13b.15 UStAE

Der Steuersatz richtet sich nach dem für die Leistung geltenden Steuersatz gemäß § 12 UStG. Im Rahmen der Umsatzsteuervoranmeldung kann die Umsatzsteuer als Vorsteuer geltend gemacht werden.

6.4 Buchungen

Es erfolgen zwei Buchungen:
- Die erste Buchung erfasst den Leistungserwerb, netto und
- Die zweite beinhaltet die Buchung der Umsatzsteuer, die gleichzeitig als Vorsteuer geltend gemacht wird.

Beispiel 1

Bauunternehmerin Slawiz aus Magdeburg bezieht nachweislich eine Leistung gemäß § 13b (2) Nr. 4 UStG eines Handwerkers aus Berlin. Sie wird gemäß § 13b (5) S. 2 UStG zur Steuerschuldnerin. Der Handwerker stellt eine ordnungsgemäße Rechnung in Höhe von 4.000,00 € aus.

Lösung 1

		Soll	Haben
5920	Bauleistungen eines im Inland ansässigen Unternehmers	4.000,00 €	
an 3310	Verbindlichkeiten a. LL.		4.000,00 €

		Soll	Haben
1408	Abziehbare Vorsteuer nach § 13b UStG	760,00 €	
an 3835	Umsatzsteuer nach § 13b UStG		760,00 €

Beispiel 2

Ein Schweizer Reinigungsunternehmen erbringt nachweislich eine Leistung gemäß § 13b (2) Nr. 1 UStG bei einem Frankfurter Unternehmen der IT-Branche. Die monatliche Rechnung beträgt 300,00 €.

Lösung 2

		Soll	Haben
5925	Leistungen von ausländischen Unternehmen	300,00 €	
an 3310	Verbindlichkeiten a. LL.		300,00 €

		Soll	Haben
1408	Abziehbare Vorsteuer nach § 13b UStG	57,00 €	
an 3835	Umsatzsteuer nach § 13b UStG		57,00 €

Beispiel 3

Ein polnisches Unternehmen übernimmt die Wartung einer Produktionsanlage eines Dresdner Unternehmens und erbringt damit eine Leistung gemäß § 13b (1) UStG. Der Leistungsempfänger wird gemäß § 13b (5) S. 1 UStG zum Steuerschuldner. Die Rechnung beträgt 560,00 € netto.

Lösung 3

		Soll	Haben
5900	Fremdleistungen	560,00 €	
an 3310	Verbindlichkeiten a. LL.		560,00 €

		Soll	Haben
1408	Abziehbare Vorsteuer nach § 13b UStG	106,40 €	
an 3835	Umsatzsteuer nach § 13b UStG		106,40 €

Aufgaben

1. Der Rechtsanwalt Ludan, Paris (Frankreich), berät die deutsche Unternehmerin Flynn, Düsseldorf, am 20.06. zu Fragen einer möglichen Betriebsübernahme eines Unternehmens in Frankreich. Die ordnungsgemäße Rechnung ist auf den 01.07. datiert und weist einen Rechnungsbetrag in Höhe von 1.200,00 € aus. Unternehmerin Flynn nimmt die fällige Bezahlung per Banküberweisung am gleichen Tag vor.
   a) Prüfen Sie, ob es sich um einen Sachverhalt nach § 13b UStG handelt.
   b) Nehmen Sie die erforderlichen Buchungen vor.

2. Heizungsbauer Rüller, Belgien, liefert und montiert am 22.03. eine neue Heizungsanlage in ein Mehrfamilienhaus des Steuerberaters Heinrich, Frankfurt a. M. Vereinbart ist ein Festpreis in Höhe von 60.000,00 €. Die ordnungsgemäße Rechnung erhält Unternehmer Heinrich am 01.05. Die Bezahlung erfolgt am 01.06.
   a) Prüfen Sie, ob es sich um eine Bauleistung oder eine sonstige Leistung i. S. d. § 13b UStG handelt.
   b) Geben Sie an, zu welchem Ergebnis Sie gekommen wären, wenn Heizungsbauer Rüller ein deutscher Unternehmer wäre.

3. Der in Kiel ansässige Bauunternehmer Ulrich hat den Auftrag erhalten, in Flensburg ein Geschäftshaus zu errichten. Die Lieferung und den Einbau der Fenster lässt der Unternehmer von einem niederländischen Unternehmen ausführen. Auftragswert: 55.000,00 €.
   a) Prüfen Sie, ob es sich um einen Sachverhalt nach § 13b UStG handelt.
   b) Geben Sie den Steuerschuldner sowie die Entstehung der Steuer an.

4. Ingenieurin Gaston aus Frankreich berät im September ein Maschinenbauunternehmen in Aachen zu Fragen des Brandschutzes von Maschinen. Die Rechnung in Höhe von 1.000,00 € netto wird im November erstellt.
   a) Prüfen Sie, ob es sich um einen Sachverhalt nach § 13b UStG handelt.
   b) Geben Sie den Steuerschuldner sowie die Entstehung der Steuer an.

5. Abwandlung zu Aufgabe 4: Die Ingenieurin Shallen aus den USA berät im September ein Maschinenbauunternehmen in Aachen in Fragen zum Brandschutz von Maschinen. Die Rechnung in Höhe von 1.000,00 € netto wird im November erstellt.
   a) Prüfen Sie, ob es sich um einen Sachverhalt nach § 13b UStG handelt.
   b) Geben Sie den Steuerschuldner sowie die Entstehung der Steuer an.

7 Kleinunternehmer

Unternehmer, die bestimmte Umsatzgrenzen nicht übersteigen, müssen grundsätzlich keine Umsatzsteuer erheben und abführen.

§ 19 (1) S. 1 UStG

Für die Entscheidung, ob ein Unternehmer als Kleinunternehmer i. S. d. UStG gewertet wird, sind als **Grenzen** der ermittelte Umsatz (siehe unten) des Vorjahres und der zu Beginn des Jahres geschätzte Umsatz des laufenden Jahres maßgebend.

Ein Unternehmer gilt als Kleinunternehmer,

- wenn der Umsatz im vorangegangenen Kalenderjahr 22.000,00 € nicht überstiegen hat
  und
- im laufenden Kalenderjahr voraussichtlich 50.000,00 € nicht übersteigen wird.

Unterschreitet der Unternehmer beide Grenzen, ist er Kleinunternehmer; die Regelungen des § 19 UStG finden Anwendung.

Für die Frage, ob der Umsatz im laufenden Kalenderjahr 50.000,00 € übersteigt, sind die Verhältnisse zu Beginn des Jahres maßgebend. Der Unternehmer hat sachgerecht seinen voraussichtlichen Umsatz für das laufende Jahr zu schätzen. Übersteigt der Umsatz dann tatsächlich die Grenze von 50.000,00 €, so bleibt es trotzdem bei der Kleinunternehmerregelung, es sein denn, dem Unternehmer kann nachgewiesen werden, dass er bewusst den Umsatz zu niedrig geschätzt hat.

§ 19 (3) S. 3 UStG
A 19.1 (4) UStAE

Im Falle von **Neugründungen** besteht noch kein Vorjahresumsatz. Für das Gründungsjahr ist auf den voraussichtlichen Umsatz des laufenden Jahres abzustellen. Der zu schätzende Umsatz ist auf einen Jahresumsatz hochzurechnen. Dieser darf nicht mehr als 22.000,00 € betragen. Die Umsatzgrenze von 50.000,00 € spielt in diesem Fall keine Rolle. Bei der Umrechnung sind angefangene Kalendermonate als volle Kalendermonate zu behandeln, es sei denn, dass die Umrechnung nach Tagen zu einem niedrigeren Jahresumsatz führt.

Die Umsätze aus der Veräußerung oder Entnahme des Anlagevermögens sind nicht in einen Jahresgesamtumsatz umzurechnen. Sie sind deshalb vor der Umrechnung aus dem tatsächlichen Gesamtumsatz auszuscheiden und nach der Umrechnung des restlichen Umsatzes dem ermittelten Betrag hinzuzurechnen.

Sollte die Hochrechnung später nicht mit den tatsächlichen Umsätzen übereinstimmen, ist dies unschädlich.

Für die Prüfung der Kleinunternehmerregelung im Folgejahr ist zu beachten, dass bei der Prüfung der Umsätze des Vorjahres (= Gründungsjahr) die tatsächlichen Umsätze auf ein Kalenderjahr hochgerechnet werden müssen, sofern das Unternehmen kein volles Kalenderjahr bestanden hat.

§ 19 (1) und (3) UStG

Maßgebend ist nicht der gesamte **Umsatz**, den der Unternehmer tätigt, sondern eine für die Anwendung der Kleinunternehmerregelung gesonderte Bestimmung. Hierbei wird auf einen separat – nach **vereinnahmten** Entgelten, A 19.1 (2) S. 2 UStAE – berechneten Bruttoumsatz abgestellt:

steuerbare Umsätze, § 1 (1) Nr. 1 UStG
– steuerfreie Umsätze, § 4 Nr. 8i, Nr. 9b, Nr. 11–29 UStG
– steuerfreie Hilfsumsätze, § 4 Nr. 8a–h, Nr. 9a, Nr. 10 UStG

= Gesamtumsatz i. S. d. § 19 (3) UStG
– Umsätze aus dem Verkauf von Anlagevermögen, § 19 (1) S. 2 UStG

= Umsatz i. S. d. § 19 (1) S. 2 UStG
+ darauf anfallende Umsatzsteuer

= Umsatz i. S. d. § 19 (1) S. 1 UStG

§ 19 (1) S. 3 UStG

Ausgenommen von der Regelung sind Umsätze nach § 13a (1) Nr. 6 UStG, § 13b (5) UStG, § 14c (2) UStG, § 25b (2) UStG sowie innergemeinschaftliche Lieferungen neuer Fahrzeuge gemäß § 19 (4) UStG.

Die nach diesen Vorschriften geschuldete Umsatzsteuer hat auch der Kleinunternehmer anzumelden und abzuführen.

Folgen der Kleinunternehmerregelung

Folgende Auswirkungen hat die Kleinunternehmerregelung für den Unternehmer: *§ 19 (1) S. 4 UStG*

- kein Ausweis von Umsatzsteuer in den Rechnungen (= kein Vorsteuerabzug für den Leistungsempfänger); weist der Kleinunternehmer die Umsatzsteuer gesondert aus, so schuldet er diese nach § 14c (2) UStG,
- kein Vorsteuerabzug aus Eingangsrechnungen,
- kein Vorsteuerabzug bei EUSt und Erwerbsteuer,
- keine Nutzung einer USt-IdNr,
- keine steuerfreien innergemeinschaftliche Lieferungen sowie
- keine Option nach § 9 UStG möglich.

Auf die Anwendung der Kleinunternehmerregelung kann der Unternehmer verzichten. Der Verzicht ist an keine besondere Form gebunden. So kann der Unternehmer z. B. Voranmeldungen abgeben oder auch die Option in der Jahressteuererklärung mit entsprechenden Angaben von steuerpflichtigen Umsätzen erklären. *§ 19 (2) UStG*

Die **Option** gilt ab Beginn des Kalenderjahres, für das sie erklärt wird, und bindet den Unternehmer für fünf Kalenderjahre. Der Unternehmer unterliegt mit der Option der Besteuerung nach den allgemeinen Vorschriften des UStG.

Auch wenn dies bedeutet, dass der Unternehmer seine Umsätze versteuern muss, gibt es Gründe für eine Option. So steht dem Unternehmer der Vorsteuerabzug zu. Wenn er z. B. hohe Vorsteuerbeträge aus der Anschaffung von Anlagevermögen oder aus Wareneinkäufen hat und seine Kunden überwiegend vorsteuerabzugsberechtigte Unternehmer sind, so ist eine Option sinnvoll, weil er selbst die Vorsteuer aus seinen Eingangsleistungen geltend machen kann und seine Kundinnen und Kunden mit der Umsatzsteuer nicht belastet sind, da sie auch die Umsatzsteuer als Vorsteuer berücksichtigen können.

Beispiel

Jannis Heggenberger eröffnet einen Großhandel für Sanitätsbedarf. Dazu kauft er neben der kompletten Laden- und Büroeinrichtung einschließlich einer EDV-Anlage auch Waren ein. Die ihm in Rechnung gestellte Umsatzsteuer beträgt 19.000,00 €, ordnungsgemäße Rechnungen liegen vor. Sein Umsatz im Erstjahr beträgt hochgerechnet auf ein Jahr 10.000,00 €. Seine Kunden sind ausschließlich Unternehmer, z. B. Sanitätsfachhändler.

Lösung

Anwendung Kleinunternehmerregelung

Jannis Heggenberger ist Kleinunternehmer i. S. d. § 19 UStG. Die Umsatzgrenze von 22.000,00 € im Erstjahr wird nicht überschritten. Er weist keine Umsatzsteuer aus und hat keinen Vorsteuerabzug.

Option gemäß § 19 (2) UStG zur Regelbesteuerung

Da Jannis Heggenberger optiert hat, kann er nun die Umsatzsteuer gesondert ausweisen, d. h.

10.000,00 € · 19 % = 1.900,00 € Umsatzsteuer. Seine Kunden können diese Umsatzsteuer als Vorsteuer geltend machen und sind daher nicht damit belastet.

Aus den Eingangsrechnungen kann Jannis Heggenberger die Vorsteuer in Höhe von 19.000,00 € gegenüber dem Finanzamt geltend machen.

Er erhält eine Erstattung vom Finanzamt in Höhe von
19.000,00 € Vorsteuer − 1.900,00 € Umsatzsteuer = 17.100,00 €.

Eine Option gemäß § 19 (2) UStG ist für Jannis Heggenberger sinnvoll.

Folgen der Option

Der Unternehmer kann

- wählen, ob er Regelbesteuerung oder Ist-Besteuerung vorzieht,
- in der Rechnung die Steuer gesondert ausweisen,
- den Vorsteuerabzug nutzen sowie
- nach § 9 UStG optieren.

Die Erklärung kann nach Ablauf der Fünfjahresfrist nur mit Wirkung vom Beginn eines Kalenderjahres widerrufen werden. Dies muss spätestens bis zur Unanfechtbarkeit der Steuerfestsetzung des Kalenderjahres, in dem er gelten soll, erklärt werden. *A 19.2 (4) UStAE*

Bis einschließlich 2023 mussten Kleinunternehmer eine Umsatzsteuerjahreserklärung einreichen, damit das Finanzamt überprüfen konnte, ob die Grenze tatsächlich eingehalten wurde. In der Praxis war es allerdings nicht üblich, eine Umsatzsteuererklärung abzugeben. Das Finanzamt forderte diese nur in Ausnahmefällen an. Diese Abgabeverpflichtung ist ab 2024 entfallen. Die Abgabe einer Umsatzsteuererklärung ist nur noch nach Anforderung durch das Finanzamt verpflichtend.

Zusammenfassung

Kleinunternehmer § 19 UStG

↓

Voraussetzungen

- Vorjahresumsatz ≤ 22.000,00 €

und

- Voraussichtlicher Umsatz im laufenden Jahr ≤ 50.000,00 €
  Schätzung des Umsatzes zu Beginn des Kalenderjahres. Es bleibt bei der Kleinunternehmerregelung, auch wenn der tatsächliche Umsatz später über 50.000,00 € liegt.
  Ausnahme: Die Schätzung war absichtlich zu niedrig.

↓

Ermittlung des maßgebenden Umsatzes i. S. d. §19 (1) UStG

	steuerbare Umsätze, § 1 (1) Nr. 1 UStG
–	steuerfreie Umsätze, § 4 Nr. 8i, Nr. 9b, Nr. 11–29 UStG
–	steuerfreie Hilfsumsätze, § 4 Nr. 8a–h, Nr. 9a, Nr. 10 UStG
=	Gesamtumsatz i. S. d. § 19 (3) UStG
–	Umsätze aus dem Verkauf von Anlagevermögen, A 19.1 (6) UStAE
=	Umsatz i. S. d. § 19 (1) S. 2 UStG
+	darauf anfallende Umsatzsteuer
=	Umsatz i. S. d. § 19 (1) S. 1 UStG

↓

Beachte

- Hat der Unternehmer seine Tätigkeit erst im Laufe eines Kalenderjahres begonnen, ist auf den voraussichtlichen Umsatz des laufenden Kalenderjahres, maximal 22.000,00 €, abzustellen.
- Hat der Unternehmer tatsächlich nur während eines Teils des Kalenderjahres Umsatz erzielt, muss der voraussichtliche Gesamtumsatz in einen Jahresumsatz umgerechnet werden.

↓

Folgen

- Die Umsatzsteuer wird nicht erhoben.
- Die Vorschriften über die Steuerbefreiung von innergemeinschaftlichen Lieferungen und über die Angabe der USt-IdNr in einer Rechnung scheiden aus.
- Der Kleinunternehmer
  - kann nicht auf Steuerbefreiungen verzichten, § 9 UStG.
  - darf die Umsatzsteuer nicht gesondert in Rechnungen ausweisen, sonst schuldet er diese gemäß §14c (2) UStG,
  - darf in Rechnungen keine USt-IdNr angeben, hat keinen Vorsteuerabzug.

↓

Verzicht gemäß § 19 (2) UStG

- Der Verzicht ist an keine besondere Form gebunden. Der Unternehmer kann z. B. Umsatzsteuervoranmeldungen abgeben.
- Der Verzicht kann dem Finanzamt spätestens bis zur Unanfechtbarkeit der Steuerfestsetzung erklärt werden.
- An den Verzicht ist der Unternehmer fünf Jahre gebunden.
- Der Verzicht kann nur mit Wirkung vom Beginn eines Kalenderjahres widerrufen werden.

Folge des Verzichts

Der Verzicht führt zur Besteuerung nach den allgemeinen Vorschriften des UStG, z. B. berechnet der Unternehmer Umsatzsteuer auf seine steuerpflichtigen Umsätze, er hat einen Vorsteuerabzug und kann Rechnungen mit gesondertem Steuerausweis ausstellen.

Beispiel 1

Unternehmer Jacobs eröffnet zum 01.05. eine Kfz-Werkstatt. Er schätzt seinen Umsatz im Eröffnungsjahr auf 14.000,00 €.

Im zweiten Jahr stellt sich die Situation wie folgt dar:
- Der tatsächliche Umsatz im Gründungsjahr lag bei 15.500,00 €.
- Der für das zweite Jahr prognostizierte Umsatz beträgt 45.000,00 €.

Lösung 1

Im Gründungsjahr ist der Umsatz in einen Jahresumsatz hochzurechnen:
14.000,00 € · 12/8 = 21.000,00 €

Hinweis: Grundsätzlich ist auch eine taggenaue Hochrechnung möglich; Günstigerprüfung.

Der prognostizierte Umsatz überschreitet nicht die Grenze von 22.000,00 €. Unternehmer Jacobs erfüllt die Voraussetzungen des § 19 UStG und kann sein Unternehmen als Kleinunternehmer führen.

Im zweiten Jahr sind zwei Grenzen zu prüfen. Der tatsächliche Umsatz des Gründungsjahres ist in einen Jahresumsatz hochzurechnen:
15.500,00 € · 12/8 = 23.250,00 €

Der Umsatz übersteigt damit die Grenze von 22.000,00 €.
Unternehmer Jacobs ist kein Kleinunternehmer mehr, auch wenn der zu erwartende Umsatz für das laufende Kalenderjahr 50.000,00 € nicht übersteigt.

Beispiel 2

Unternehmerin Kleinschmid betreibt seit Januar 02 (= Gründungsjahr) einen Feinkostladen.
Aus der Finanzbuchführung ergeben sich folgende Umsätze:

Jahr	geschätzter Umsatz	erzielter Umsatz
02	17.000,00 €	15.800,00 €
03	45.000,00 €	49.000,00 €
04	45.000,00 €	21.000,00 €
05	49.000,00 €	???

Lösung 2

Gründungsjahr 02: Grenzen erfüllt, da 22.000,00 € nicht überschritten.
→ Frau Kleinschmid ist Kleinunternehmerin.

Jahr 03: Die Grenzen sind erfüllt, da Vorjahr ≤ 22.000,00 € und laufendes Kalenderjahr ≤ 50.000,00 €.
→ Frau Kleinschmid ist weiterhin Kleinunternehmerin.

Jahr 04: Die Grenzen sind nicht erfüllt, da Vorjahr > 22.000,00 €.
→ Frau Kleinschmid ist keine Kleinunternehmerin mehr.

Jahr 05: Die Grenzen erfüllt, da Vorjahr ≤ 22.000,00 € und laufendes Kalenderjahr ≤ 50.000,00 €
→ Frau Kleinschmid ist wieder Kleinunternehmerin.

Aufgaben

1. Unternehmerin Kuis eröffnet am 01.09.01 ein Süßwarengeschäft in Düsseldorf.

   a) Der Umsatz im Eröffnungsmonat beträgt 1.200,00 €.
   Prüfen Sie, ob Unternehmerin Kuis im Gründungsjahr Kleinunternehmerin i. S. d. § 19 UStG ist.

   b) Aufgrund eines sehr gut gelaufenen Weihnachtsgeschäftes beträgt der tatsächliche Umsatz im Gründungsjahr 7.000,00 €. Frau Kuis schätzt deshalb ihren Monatsumsatz für das Jahr 02 auf 3.000,00 € und rechnet in den Folgejahren mit steigenden Einnahmen. Zudem möchte sie im Frühjahr das Ladenlokal grundlegend renovieren und neu ausstatten. Die hierfür anfallenden Kosten schätzt sie auf 50.000,00 €.
   Geben Sie eine begründete Empfehlung ab, ob Frau Kuis sich für oder gegen die Kleinunternehmerregelung entscheiden sollte.

2. Unternehmer Waller betreibt eine kleine Bäckerei in Berlin, die sich auf die Herstellung alter Brotsorten spezialisiert hat. Folgende Informationen sind seinen Aufzeichnungen zu entnehmen:

Einnahmen aus dem Verkauf von Backwaren	13.589,00 €
Einnahmen aus dem Verkauf eines alten Backofens	500,00 €
Einnahmen aus der umsatzsteuerfreien Vermietung eines dem Unternehmen zugeordneteten Hauses	5.000,00 €

Ermitteln Sie den Umsatz i. S. d. § 19 (1) S. 1 UStG.

3. Friseur Udo Batic betreibt in Mainz in eigenen Räumen einen Friseursalon. Das Erdgeschoss, in dem der Salon betrieben wird, gehört zum Betriebsvermögen. Die 1. Etage, die nicht zum Betriebsvermögen gehört, ist als Wohnung an einen fremden Dritten vermietet.

Er hat bisher von der Kleinunternehmerregelung gemäß § 19 UStG Gebrauch gemacht.

Für das Jahr 03 sind folgende Umsätze bekannt:

• aus Friseurleistungen	11.000,00 €
• aus dem Verkauf von Perücken	5.000,00 €
• aus steuerfreien Lieferungen von Perücken nach Frankreich	2.100,00 €
• aus der Vermietung der Wohnung	6.600,00 €
• aus dem Verkauf seines Betriebs-Pkw	15.000,00 €
• aus dem steuerfreien Verkauf eines zum Betriebsvermögen gehörenden Grundstücks, das bisher als Parkplatz genutzt wurde	90.000,00 €

Berechnen Sie den Gesamtumsatz im Sinne des § 19 (1) UStG.

4. Janine Österberg betreibt in Geißlingen einen Blumeneinzelhandel in angemieteten Räumen. Zum Betriebsvermögen gehört ein Geschäftsgrundstück, das umsatzsteuerfrei vermietet wird.

Sie macht für 03 folgende Angaben:

• Einnahmen aus Lieferungen Pflanzen, 7 % Umsatzsteuer	8.239,00 €
• Einnahmen aus Verkauf von Übertöpfen und sonstigen	
• Dekoartikeln, 19 % Umsatzsteuer	2.975,00 €
• Einnahmen aus der Vermietung des Geschäftsgrundstücks	26.000,00 €
• Entnahmen von Pflanzen, netto 7 %	1.000,00 €
• Einnahmen aus dem Verkauf des Geschäftsgrundstücks	600.000,00 €

Berechnen Sie den Umsatz gemäß § 19 (1) S. 1 UStG.

5. Reza Parast eröffnet am 01.11.01 einen Kochshop, in dem er Zubehör zum Kochen und Backen, wie z. B. hochwertige Töpfe, Milchaufschäumer, Kochlöffel, anbietet. Er schätzt, dass er bis Ende des Jahres Umsätze in Höhe von 2.900,00 € erzielen wird. Die Ladeneinrichtung hat er für 23.800,00 € brutto erworben und den Warenbestand für brutto 41.650,00 €. Ordnungsgemäße Rechnungen liegen insoweit vor. Außerdem rechnet er mit einem Umsatz in 02 in Höhe von 70.000,00 €.

a) Ermitteln Sie den Bruttoumsatz im Sinne des § 19 (1) S. 1 UStG.

b) Geben Sie an, ob Herr Parast bei Eröffnung des Betriebs von der Kleinunternehmerregelung Gebrauch machen kann.

c) Erläutern und begründen Sie, ob Sie ihm zur Option raten würden.
Hinweis: Im Fall einer Option erhöhen sich die Einnahmen um die Umsatzsteuer.

Lernfeld 7

Beschaffung und Verkauf von Anlagevermögen erfassen

Zielbeschreibung:

Die Schülerinnen und Schüler verfügen über die Kompetenz, die Beschaffung, Abschreibung und den Verkauf von Anlagevermögen unter Beachtung der handels- und steuerrechtlichen Vorschriften zu buchen.

Es folgen die Inhalte des Rahmenlehrplans für Lernfeld 7:

Beschaffung und Verkauf von Anlagevermögen erfassen

Die Schülerinnen und Schüler **machen sich** mit den im Zusammenhang mit der Beschaffung und dem Verkauf von Anlagevermögen stehenden Tätigkeiten **vertraut**. Sie ermitteln im Gespräch mit den Mandantinnen und Mandanten die geplanten Veränderungen des Anlagevermögens und die Finanzierungsart.

Die Schülerinnen und Schüler **verschaffen sich** auch mit Hilfe digitaler Medien einen **Überblick** über die Finanzierungsarten und die Kreditsicherheiten *(Bürgschaft, Grundschuld)* zur Beschaffung von Anlagevermögen. Sie informieren sich über die Anlagenbuchhaltung der Mandantinnen und Mandanten. Dazu erschließen sie sich die Begriffe Anschaffungs- und Herstellungskosten des unbeweglichen und beweglichen Anlagevermögens nach handels- und steuerrechtlichen Vorschriften *(Sachanlagen)*, sowie die Gründe für Abschreibungen. Sie machen sich mit den handels- und steuerrechtlichen Vorschriften im Zusammenhang mit Abschreibungsmöglichkeiten vertraut *(lineare Abschreibung, Geringwertige Wirtschaftsgüter)*.

Die Schülerinnen und Schüler **richten** ein Anlagenverzeichnis ein, indem sie die Werte der Anschaffung oder Herstellung, die Abschreibungsart und -höhe, die Buchwerte und die Werte der Abgänge von Anlagegegenständen vorbereiten.

Die Schülerinnen und Schüler **buchen** die finanzwirtschaftlichen Geschäftsprozesse *(Fälligkeitsdarlehen, Zuordnung zum Leasinggeber)*. Die sich daraus ergebenden Werte dokumentieren sie, auch mit Hilfe von digitalen Medien, im Anlagenverzeichnis. Sie erfassen die Anlagenabgänge mit dem maßgeblichen Wert. Sie nehmen die erforderlichen Buchungen vor *(Anschaffung, Verkauf, Inzahlunggabe, Abschreibung, aktivierungspflichtige Steuern)*. Dabei berücksichtigen sie auch geleistete Anzahlungen.

Die Schülerinnen und Schüler **analysieren** die betriebswirtschaftlichen Auswirkungen der gewählten Vorgehensweise auf die Vermögens-, Erfolgs- und Liquiditätslage *(Anlagendeckung I und II, Gewinnauswirkung, Liquiditätskennziffern)* und präsentieren die Ergebnisse den Mandantinnen und Mandanten mediengestützt.

Die Schülerinnen und Schüler **reflektieren** die im Mandantinnen- und Mandantengespräch getroffenen Entscheidungen und ihr eigenes Handeln sowie ihr Kommunikationsverhalten unter Einhaltung betrieblicher Regelungen im Sinne einer ökonomischen, ökologischen und sozial nachhaltigen Entwicklung.

1 Anschaffungskosten und Herstellungskosten

Werden Gegenstände des Anlagevermögens erworben, so sind sie mit den **Anschaffungskosten** (AK) zu aktivieren. Aktivieren bedeutet, das Wirtschaftsgut wird in der Bilanz als Anlagevermögen ausgewiesen. Die Anschaffungskosten bilden die Basis für die vorzunehmenden Abschreibungen.

Werden Wirtschaftsgüter des Anlagevermögens selbst hergestellt, so sind sie mit den **Herstellungskosten** zu aktivieren. Die Herstellungskosten bilden dann die Basis für die vorzunehmenden Abschreibungen.

Anschaffungskosten (AK)	Herstellungskosten (HK)
gekauftes, erworbenes Anlagevermögen	selbst hergestelltes Anlagevermögen
↓	↓
Anschaffungskosten werden aktiviert	Herstellungskosten werden aktiviert
Anschaffungskosten bilden die Basis für Abschreibungen	Herstellungskosten bilden die Basis für Abschreibungen
AV, mit AK aktivieren – Abschreibungen = Buchwert	AV, mit HK aktivieren – Abschreibungen = Buchwert
§ 255 (1) HGB (1) **Anschaffungskosten** sind die Aufwendungen, die geleistet werden, um einen Vermögensgegenstand zu erwerben und ihn in einen betriebsbereiten Zustand zu versetzen, soweit sie dem Vermögensgegenstand einzeln zugeordnet werden können. Zu den Anschaffungskosten gehören auch die Nebenkosten sowie die nachträglichen Anschaffungskosten. Anschaffungspreisminderungen, die dem Vermögensgegenstand einzeln zugeordnet werden können, sind abzusetzen.	**§ 255 (2) und (3) HGB** (2) **Herstellungskosten** sind die Aufwendungen, die durch den Verbrauch von Gütern und die Inanspruchnahme von Diensten für die Herstellung eines Vermögensgegenstands, seine Erweiterung oder für eine über seinen ursprünglichen Zustand hinausgehende wesentliche Verbesserung entstehen. Dazu gehören die Materialkosten, die Fertigungskosten und die Sonderkosten der Fertigung sowie angemessene Teile der Materialgemeinkosten, der Fertigungsgemeinkosten und des Werteverzehrs des Anlagevermögens, soweit dieser durch die Fertigung veranlasst ist. Bei der Berechnung der Herstellungskosten dürfen angemessene Teile der Kosten der allgemeinen Verwaltung sowie angemessene Aufwendungen für soziale Einrichtungen des Betriebs, für freiwillige soziale Leistungen und für die betriebliche Altersversorgung einbezogen werden, soweit diese auf den Zeitraum der Herstellung entfallen. Forschungs- und Vertriebskosten dürfen nicht einbezogen werden. (3) Zinsen für Fremdkapital gehören nicht zu den Herstellungskosten. Zinsen für Fremdkapital, das zur Finanzierung der Herstellung eines Vermögensgegenstands verwendet wird, dürfen angesetzt werden, soweit sie auf den Zeitraum der Herstellung entfallen; in diesem Falle gelten sie als Herstellungskosten des Vermögensgegenstands.

§ 255 HGB

MERKE:

Sowohl Anschaffungskosten als auch Herstellungskosten werden ohne Umsatzsteuer berechnet, wenn der Unternehmer zum vollen Vorsteuerabzug berechtigt ist, § 9b EStG. Hat der Unternehmer keinen Vorsteuerabzug, gehört die Umsatzsteuer zu den Anschaffungs- bzw. Herstellungskosten.

2 Anschaffungskosten bei unbeweglichem Anlagevermögen

Zu dem unbeweglichen Anlagevermögen gehören das Eigentum an Grundstücken, Gebäuden und grundstücksgleichen Rechten.[1] Hierbei unterscheidet man zwischen dem nicht abnutzbaren Grund und Boden und dem abnutzbaren Gebäude. Bei Kauf eines Gebäudes müssen daher zwei Wirtschaftsgüter bilanziert werden. Aus dem Grund sind die Anschaffungskosten auf beide aufzuteilen.

Die **Anschaffungskosten** bei unbeweglichem Anlagevermögen werden nach § 255 HGB folgendermaßen berechnet:

Unbewegliches Anlagevermögen	
Anschaffungspreis	Kaufpreis
+ Anschaffungsnebenkosten (einmalige, eng mit der Anschaffung verbundene Aufwendungen)	+ Maklerprovision + Notargebühren für Kaufvertrag + Grundbuchgebühren für die Eintragung des Eigentums + Vermessungsgebühren + Grunderwerbsteuer + Aufwendungen zur Prüfung der Bodenbeschaffenheit + auf dem Objekt noch ruhende Lasten
– Anschaffungspreisminderungen	– Preisnachlässe aufgrund von Reklamationen
= Anschaffungskosten	**= Anschaffungskosten**

Nachträgliche Anschaffungskosten und anschaffungsnahe Anschaffungskosten bei unbeweglichem abnutzbarem Anlagevermögen

Nach der Anschaffung können Kosten entstehen, die eine nachträgliche Erhöhung der Anschaffungskosten verursachen:

- Kosten für Um- oder Ausbauten
- Instandsetzung und Modernisierungsmaßnahmen, die sich auf mehr als 15 % der Anschaffungskosten des Gebäudes belaufen und die innerhalb von drei Jahren nach Anschaffung des Gebäudes erfolgen, § 6 (1) Nr. 1a EStG. Zum Vergleich der 15 %-Grenze sind die Kosten stets netto zu rechnen, unabhängig davon, ob ein Vorsteuerabzug besteht oder nicht.

Was sind Anschaffungsnebenkosten?

Anschaffungsnebenkosten sind alle Aufwendungen, die zum Erwerb eines Wirtschaftsgutes geleistet werden und die nötig sind, um das Wirtschaftsgut in einen betriebsbereiten Zustand zu bringen und dem Wirtschaftsgut direkt zugerechnet werden können (vgl. obiges Schaubild).

H 21.2 EStR

Was sind keine Anschaffungsnebenkosten bei unbeweglichem Anlagevermögen?

Nicht aktiviert werden dürfen:

- Grundsteuer (laufende Steuer, nicht einmalig!)
- Notargebühren für die Eintragung von Grundschulden/Hypotheken
- Fremdfinanzierungskosten (Zinsen, Tilgungen, Damnum, Kreditgebühren)

1 z. B. Erbbaurecht

Beispiel

Im Januar 2024 erwarb die Speckmaier GmbH ein mit einer Lagerhalle bebautes Grundstück zum Kaufpreis von 1.000.000,00 €. Auf den Grund und Boden entfielen 25 %. Die GmbH ist zum vollen Vorsteuerabzug berechtigt.

Es sind weiterhin folgende Kosten angefallen:

- Grunderwerbsteuer 5 %
- Notarrechnung für Kaufvertrag in Höhe 14.875,00 € inkl. 19 % Umsatzsteuer
- Notarrechnung 2.300,00 € zzgl. 19 % Umsatzsteuer für die Grundschuldbestellung
- Gebührenrechnung des Grundbuchamtes betreffend des Kaufvertrages, 1.200,00 €[1]
- Gebührenrechnung des Grundbuchamtes betreffend die Grundschuldeintragung 500,00 €[1]
- Maklerprovision in Höhe von 3 % vom Kaufpreis zzgl. 19 % Umsatzsteuer
- Gebäudeversicherung für das laufende Jahr 800,00 € + 19 % Versicherungssteuer

a) Berechnen Sie die Anschaffungskosten für das Grundstück.
b) Berechnen Sie die Anschaffungskosten für das Gebäude.
c) Buchen Sie den Kauf. Alle Vorgänge wurden über das betriebliche Bankkonto beglichen.

Lösung

a) und b)

Anschaffungskosten	Insgesamt	Grundstücksanteil	Gebäudeanteil
Kaufpreis	1.000.000,00 €	250.000,00 €	750.000,00 €
+ Grunderwerbsteuer	50.000,00 €	12.500,00 €	37.500,00 €
+ Notarrechnung Kaufvertrag	12.500,00 €	3.125,00 €	9.375,00 €
+ Gebühren Grundbuch und Kaufvertrag	1.200,00 €	300,00 €	900,00 €
+ Maklerkosten	30.000,00 €	7.500,00 €	22.500,00 €
= Anschaffungskosten	**1.093.700,00 €**	**273.425,00 €**	**820.275,00 €**

Die Notargebühren für die Bestellung der Grundschuld und die Gebühren für die Eintragung der Grundschuld stellen Finanzierungskosten dar und dürfen nicht zu den Anschaffungskosten gerechnet werden. Die Gebäudeversicherung ist eine laufende Versicherung, sie ist nicht einmalig. Deshalb darf sie nicht zu den Anschaffungskosten gerechnet werden. Die drei genannten Positionen sind als Aufwand zu buchen. Sie dürfen nicht als Anschaffungskosten aktiviert werden.

c) Es sind verschiedene Gläubiger, deshalb wird getrennt gebucht.

Buchungssatz für den Grundstückskauf

		Soll	Haben
0235	Grundstückswerte eigener bebauter Grundstücke	250.000,00 €	
0240	Gebäude	750.000,00 €	
an 1800	Bank		1.000.000,00 €

Buchungssatz für die Grunderwerbsteuer

		Soll	Haben
0235	Grundstückswerte eigener bebauter Grundstücke	12.500,00 €	
0240	Gebäude	37.500,00 €	
an 1800	Bank		50.000,00 €

1 Gebührenrechnungen des Grundbuchamtes sind umsatzsteuerfrei.

Buchungssatz für die Notarkosten Kaufvertrag

	Soll	Haben
0235 Grundstückswerte eigener bebauter Grundstücke	3.125,00 €	
0240 Gebäude	9.375,00 €	
1400 Vorsteuer	2.375,00 €	
an 1800 Bank		14.875,00 €

Buchungssatz für die Grundbuchgebühren Kaufvertrag

	Soll	Haben
0235 Grundstückswerte eigener bebauter Grundstücke	300,00 €	
0240 Gebäude	900,00 €	
an 1800 Bank		1.200,00 €

Buchungssatz für die Maklerkosten

	Soll	Haben
0235 Grundstückswerte eigener bebauter Grundstücke	7.500,00 €	
0240 Gebäude	22.500,00 €	
1400 Vorsteuer	5.700,00 €	
an 1800 Bank		35.700,00 €

Buchungssatz für die Notarkosten Grundschuldbestellung

	Soll	Haben
6825 Rechts- und Beratungskosten	2.300,00 €	
1400 Vorsteuer	437,00 €	
an 1800 Bank		2.737,00 €

Buchungssatz für die Grundbuchgebühren Grundschuldbestellung

	Soll	Haben
6855 Nebenkosten des Geldverkehrs	500,00 €	
an 1800 Bank		500,00 €

Buchungssatz für die Gebäudeversicherung[1]

	Soll	Haben
6400 Versicherungen	952,00 €	
an 1800 Bank		952,00 €

1 Da es sich bei der **Versicherungssteuer** nicht um die Umsatzsteuer handelt, berechtigt die Rechnung der Versicherung nicht zum Vorsteuerabzug. Das kann verwirrend sein, weil die Versicherungssteuer ähnlich oder gleich hoch ist wie die Umsatzsteuer und auch grundsätzlich auf der Prämienrechnung ausgewiesen sein muss, aber Versicherungsprämien enthalten grundsätzlich keine Umsatzsteuer.

Aufgaben

1. Ein Unternehmer kauft ein unbebautes Grundstück für 180.000,00 €. An Maklercourtage fallen 4 % vom Kaufpreis (+ 19 % Umsatzsteuer) an. Die Grunderwerbsteuer beträgt 5 % des Kaufpreises. An den Notar entrichtet der Unternehmer für den Kaufvertrag 1.523,00 € einschließlich 19 % Umsatzsteuer.
Die Grundbuchkosten für die Eintragung des Eigentums belaufen sich auf 250,00 €. 150.000,00 € der Anschaffungskosten finanziert der Unternehmer mit einer Hypothek bei 100 %iger Auszahlung. 6.000,00 € sind im Anschaffungsjahr an Hypothekenzinsen zu zahlen.

   Ermitteln Sie die Anschaffungskosten für das unbebaute Grundstück. Geben Sie die Buchungssätze an. Gehen Sie dabei davon aus, dass der Zahlungsausgleich durch die Aufnahme der Hypothek und über das Bankkonto erfolgt. Die Maklerrechnung ist allerdings noch nicht gezahlt.

2. Eine Unternehmerin kauft ein unbebautes Grundstück. Der Kaufpreis beträgt 50.000,00 €.
Außerdem erhält sie einen Grunderwerbsteuerbescheid (Grunderwerbsteuersatz 5 %) und eine Notarrechnung über die Beurkundung des Kaufvertrages in Höhe von brutto 476,00 € und eine über die Eintragung einer Grundschuld in Höhe von brutto 178,50 €. Das Gericht stellt ihr 350,00 € für die Eintragung des Eigentums und 100,00 € für die Eintragung der Grundschuld in Rechnung.

   Bisher wurde gebucht:

	Soll	Haben
0215 Unbebaute Grundstücke	50.000,00 €	
6300 Sonstige betriebliche Aufwendungen	1.000,00 €	
1400 Vorsteuer	104,50 €	
an 3310 Verbindlichkeiten a. LL.		51.104,50 €

   Die Grunderwerbsteuer wurde bisher weder gebucht noch bezahlt.
Nehmen Sie die erforderlichen Buchungen vor.

3. Ihr Mandant kauft ein Verwaltungsgebäude für 800.000,00 €. Laut Kaufvertrag entfallen 100.000,00 € vom Kaufpreis auf den Grund und Boden. Ferner fallen noch 5 % Grunderwerbsteuer an.
Vom Notar erhält er eine Rechnung über 2.380,00 € brutto für die Beurkundung des Eigentums und über 1.428,00 € brutto für die Eintragung einer Grundschuld.
Die Gebühren für die Eintragung des Eigentums an das Gericht betragen 1.800,00 € und für die Eintragung der Grundschuld 1.000,00 €.
Ihr Mandant finanziert den Kauf durch eine Einlage in Höhe von 250.000,00 € und durch Aufnahme eines Darlehens von 500.000,00 € (100 % Auszahlung). Den Restbetrag zahlt er von seinem betrieblichen Bankkonto.

   Ermitteln Sie die Anschaffungskosten und buchen Sie den gesamten Vorgang.

4. Ihre Mandantin erwirbt in 01 ein Mehrfamilienhaus für 1.000.000,00 €, das sie zulässigerweise bilanziert und umsatzsteuerfrei vermietet.
Vom Kaufpreis entfallen 20 % auf den Grund und Boden.

   An Nebenkosten fallen an
   - 5 % Grunderwerbsteuer
   - Notarrechnung
     - für Beurkundung des Kaufvertrages über brutto 5.950,00 €
     - für die Eintragung einer Grundschuld über brutto 3.570,00 €
   - Rechnung des Gerichts
     - für die Eintragung des Eigentums 4.200,00 €
     - für die Eintragung der Grundschuld 2.400,00 €.

   Außerdem hat Ihr Mandant für das aufgenommene Darlehen in 01 10.000,00 € Zinsen gezahlt.
Noch in 01 wurde das Dachgeschoss zu einer weiteren Wohnung ausgebaut. Die Herstellungskosten hierfür betrugen unstreitig 120.000,00 € zzgl. 19 % Umsatzsteuer und wurden noch in 01 bezahlt.

   Nehmen Sie die erforderlichen Buchungen vor.

5. Ein Unternehmer erwirbt eine Fabrikhalle zum Preis von 450.000,00 € (Anteil Grund und Boden 25 %).
An das Gericht überweist er 3.000,00 €, wovon 2.100,00 € auf die Eintragung des Eigentums entfallen und der Restbetrag auf die Eintragung einer Grundschuld.
Vom Notar erhält er eine Rechnung über die Eintragung des Eigentums in Höhe von brutto 2.142,00 € und für die Eintragung einer Grundschuld in Höhe von brutto 952,00 €. Beide Rechnungen wurden vom Privatkonto bezahlt.
Die Grunderwerbsteuer beträgt 22.500,00 € und wurde noch nicht bezahlt.

Bisher hat die Buchhalterin gebucht:

		Soll	Haben
0240	Gebäude	450.000,00 €	
an 1800	Bank		450.000,00 €

		Soll	Haben
6825	Rechts- und Beratungskosten	3.000,00 €	
an 1800	Bank		3.000,00 €

Ermitteln Sie die Anschaffungskosten und geben Sie die Korrekturbuchungen an.

6. Ihr Mandant Ingo Potthoff legt Ihnen die folgenden Belege 1 bis 4 vor.
Nennen Sie die Geschäftsvorfälle, die den Belegen zugrunde liegen und geben Sie die Buchungssätze an.

Beleg 1: Auszug aus einem Notarvertrag

Notarvertrag

Kauf eines Dreifamilienhauses, 99084 Erfurt, Schlossallee 22

Verkäufer: Maria Schön, Am Stadion 45, 99084 Erfurt
Käufer: Ingo Potthoff, Kreisstraße 71, 99084 Erfurt
Kaufpreis: 210.000,00 €, davon entfallen auf den Grund und Boden 40.000,00 €

Übergang von Nutzen und Lasten am 01.05.02.

Beleg 2: Rechnung des Notars (Auszug)

Rechnung Nr. 02/1245 – Urkundenrolle 478/456

Sehr geehrter Herr Potthoff,
hiermit stelle ich Ihnen in Rechnung:

Kaufvertrag, Grundstück Schossallee 22, 99084 Erfurt		630,00 €
Vertrag über eine Grundschuldbestellung		200,00 €
		830,00 €
	zzgl. 19 % USt	157,70 €
	zu zahlen	987,70 €

Beleg 3: Rechnung des Maklers (Auszug)

Rechnung Nr. 8945/1/03

Sehr geehrter Herr Potthoff,
für die Vermittlung des Grundstücks Schlossallee 22, 99084 Erfurt stellen wir Ihnen in Rechnung:

Kaufpreis 210.000,00 € · 4 % =	8.400,00 €
zzgl. 19 % USt	1.596,00 €
Summe	**9.996,00 €**

Wir bitten Sie, den Betrag innerhalb von 14 Tagen auf das unten genannte Konto zu überweisen.

Beleg 4: Kontoauszug (Auszug)

Bu.-Tag	**Wert**	**Vorgang**	**alter Kontostand**	**EUR 10.458,45 +**
25.03.	25.03	Amtsgericht Erfurt Gebühr Eigentumseintragung Grundstück Schlossallee 22		**EUR 550,00 –**
25.03.	25.03	Amtsgericht Erfurt Gebühr Eintragung Grundschuld		**EUR 320,00 –**
25.03.			**neuer Kontostand**	**EUR 9.588,45 +**

3 Anschaffungs- und Herstellungskosten bei beweglichem abnutzbarem Anlagevermögen

3.1 Anschaffungskosten bei beweglichem abnutzbarem Anlagevermögen

Bewegliches Vermögen ist nicht untrennbar mit einem Grundstück oder Gebäude verbunden. Unter abnutzbar versteht man, dass dieses Vermögen abgenutzt wird und damit an Wert verliert. Typische Beispiele für bewegliches, abnutzbares Anlagevermögen sind Maschinen, Fahrzeuge und Betriebs- und Geschäftsausstattung.

Die **Anschaffungskosten** bei beweglichem abnutzbarem Anlagevermögen werden nach § 255 HGB folgendermaßen berechnet: *§ 255 HGB*

Bewegliches abnutzbares Anlagevermögen	
Anschaffungspreis	Kaufpreis
+ Anschaffungsnebenkosten (einmalige, eng mit der Anschaffung verbundene Aufwendungen)	+ Eingangsfrachten + Transportkosten + Transportversicherung + Einfuhrzölle + Provisionen + Montagekosten + Fundamentierungsarbeiten + Sonderausstattung + Überführungskosten + Zulassungskosten + Kosten der erstmaligen Installation und Vernetzung + Entladekosten + Sonderlackierung usw.

Bewegliches abnutzbares Anlagevermögen	
– Anschaffungspreisminderungen	– Rabatte – Skonti – Boni – Preisnachlässe aufgrund von Reklamationen – Gutschriften
= zu aktivierende Anschaffungskosten	= zu aktivierende Anschaffungskosten

Nachträgliche Anschaffungskosten und anschaffungsnahe Anschaffungskosten bei beweglichem abnutzbarem Anlagevermögen

Nach der Anschaffung können Kosten entstehen, die eine nachträgliche Erhöhung der Anschaffungskosten verursachen:

- Kosten der Erweiterung oder wesentlichen Verbesserung bestehender selbstständig nutzbarer Anlagegüter, soweit sie zeitlich mit der Anschaffung in Zusammenhang stehen.

Was sind keine Anschaffungsnebenkosten bei beweglichem abnutzbarem Anlagevermögen?

Nicht aktiviert werden dürfen:

- erste Tankfüllung, Treibstoffkosten
- Kfz-Steuer
- laufende Versicherungen

Beispiel

Am 10. September erwarb die Trautmann GmbH einen neuen Lkw. Sie ist zum vollen Vorsteuerabzug berechtigt. Der neue Lkw wurde am 12. September geliefert und wie folgt in Rechnung gestellt:

Listenpreis Lkw, 24 t Nutzlast	160.000,00 €
– 5 % Rabatt	8.000,00 €
=	152.000,00 €
+ Sonderausstattung	6.000,00 €
= Verkaufspreis netto	158.000,00 €
+ 19 % Umsatzsteuer	30.020,00 €
= Verkaufspreis brutto	188.020,00 €

Weiterhin wurden in Rechnung gestellt:

Überführungskosten	2.400,00 €
+ Kfz-Zulassung inkl. 40,00 € für Nummernschilder	280,00 €
+ erste Tankfüllung	320,00 €
= weitere Kosten netto	3.000,00 €
+ 19 % Umsatzsteuer	570,00 €
= weitere Kosten brutto	3.570,00 €

Auch die Kfz-Versicherung wurde in Rechnung gestellt:
6.000,00 € + 19 % Versicherungssteuer.

a) Ermitteln Sie die Anschaffungskosten für den neuen Lkw.

b) Buchen Sie die Anschaffung des neuen Lkw. Alle Vorgänge wurden über das betriebliche Bankkonto beglichen.

Lösung

a) Berechnung der Anschaffungskosten für den neuen Lkw:

Kaufpreis, netto	158.000,00 €
+ Überführungskosten	2.400,00 €
+ Kfz-Zulassung inkl. Nummernschilder	280,00 €
= Anschaffungskosten	**160.680,00 €**

Die erste Tankfüllung und die Kfz-Versicherung sind laufende Kosten und dürfen deshalb nicht aktiviert werden.

b) Buchungssatz für den Lkw-Kauf

		Soll	Haben
0520	Fuhrpark	158.000,00 €	
1400	Vorsteuer	30.020,00 €	
an 1800	Bank		188.020,00 €

Buchungssatz für die Überführungskosten und die Kfz-Zulassung

		Soll	Haben
0520	Fuhrpark	2.680,00 €	
1400	Vorsteuer	509,20 €	
an 1800	Bank		3.189,20 €

Buchungssatz für die erste Tankfüllung und die Kfz-Versicherung

		Soll	Haben
6500	Fahrzeugkosten	7.140,00 €	
6500	Fahrzeugkosten	320,00 €	
1400	Vorsteuer	60,80 €	
an 1800	Bank		7.520,80 €

Aufgaben

1. Ihr Mandant kauft eine Maschine zum Kaufpreis von brutto 83.300,00 €. Hierauf gewährt der Verkäufer ihm einen Rabatt von 5 %.
Ihr Mandant zahlt die Rechnung unter Abzug von 2 % Skonto.
Außerdem fallen Transportkosten in Höhe von 1.190,00 € (19 % Umsatzsteuer) und Montagekosten von 2.975,00 € (19 % Umsatzsteuer) an, die noch nicht bezahlt worden sind.

Buchen Sie den Vorgang.

2. Eine Unternehmerin erwirbt für ihr Büro eine Schrankwand zum Preis von brutto 5.355,00 €.
Der Lieferant rechnet noch 238,00 € Transportkosten und 714,00 € Aufbaukosten hinzu.

Bisher wurde gebucht:

		Soll	Haben
0650	Betriebs-und Geschäftsausstattung	4.500,00 €	
6300	Sonstige betriebliche Aufwendungen	800,00 €	
1400	Vorsteuer	1.007,00 €	
an 3310	Verbindlichkeiten a. LL.		6.307,00 €

Der Gesamtbetrag wird vom Unternehmer unter Abzug von 2 % Skonto gezahlt. Die Zahlung wurde noch nicht gebucht.

Nehmen Sie die erforderlichen Buchungen vor.

3. Ihr Mandant hat eine EDV-Anlage für brutto 14.280,00 € erworben. Der Verkäufer hat einen Sofortrabatt von 5 % gewährt. Der Restbetrag wurde unter Abzug von 2 % Skonto per Banküberweisung gezahlt.

   Nehmen Sie die erforderlichen Buchungen vor.

4. Eine Unternehmerin hat eine Maschine mit Anschaffungskosten in Höhe von 75.000,00 € und Vorsteuer von 14.250,00 € erworben und die Anschaffung richtig gebucht.
   Da die Maschine kleinere Mängel aufweist, gewährt der Lieferant eine Kaufpreisminderung in Höhe von insgesamt 2.000,00 €. Den Restbetrag von 87.250,00 € zahlt die Unternehmerin unter Abzug von 3 % Skonto. Die Kaufpreisminderung und der Skontoabzug wurden wie folgt gebucht:

		Soll	Haben
3310	Verbindlichkeiten a. LL.	89.250,00 €	
an 1800	Bank		84.632,50 €
4830	Sonstige betriebliche Erträge		4.617,50 €

   Nehmen Sie die erforderlichen Korrekturbuchungen vor.

5. Ihr Mandant kauft einen Lkw für 220.000,00 € zzgl. 19 % Umsatzsteuer.
   Er erhält folgende Abrechnung:

Kaufpreis Lkw	220.000,00 €
+ Nummernschilder	60,00 €
+ Diesel	120,00 €
	220.180,00 €
+ 19 % USt	41.834,20 €
	262.014,20 €
+ Zulassungsgebühren	100,00 €
zu zahlen	262.114,20 €

   Buchen Sie die Anschaffung des Lkw.

6. Ihre Mandantin erwirbt eine Produktionsmaschine zum Kaufpreis von 600.000,00 € zzgl. 19 % Umsatzsteuer.
   Außerdem fallen folgende Kosten an:

   - Transportkosten an einen Spediteur, brutto .... 11.900,00 €
   - Transportversicherung .... 2.000,00 €
   - Fundamentierungskosten, brutto .... 5.831,00 €
   - Montagekosten, brutto .... 8.330,00 €

   Der Lieferant gewährt nachträglich einen Rabatt von 3 % auf den Kaufpreis.
   Der restliche Kaufpreis wird unter Abzug von 2 % Skonto per Banküberweisung gezahlt.
   Die Anschaffungsnebenkosten wurden noch nicht bezahlt.

   Ermitteln Sie die Anschaffungskosten und buchen Sie die Anschaffung der Maschine.

3.2 Herstellungskosten und Herstellkosten bei beweglichem abnutzbarem Anlagevermögen

Herstellungskosten sind ein Maßstab, um selbst hergestellte Vermögensgegenstände für die Bilanz zu bewerten. Wird ein Anlagegegenstand nicht käuflich erworben, sondern selbst hergestellt, muss dieser selbst hergestellte Vermögensgegenstand zu seinen **Herstellungskosten** aktiviert werden.

Herstellkosten sind Aufwendungen, die durch Verbrauch von Gütern und die Inanspruchnahme von Diensten für die Herstellung eines Vermögengegenstandes, seine Erweiterung oder für eine über seinen ursprünglichen Zustand hinausgehende wesentliche Verbesserung entstehen.

Herstellungskosten und Selbstkosten der Kostenrechnung

Zu den **Herstellungskosten** gehören sowohl Einzelkosten als auch Gemeinkosten. Einzelkosten können dem einzelnen Wirtschaftsgut unmittelbar zugerechnet werden. Hierbei gibt es Material-, Fertigungs- und Sondereinzelkosten. Gemeinkosten werden durch den Betrieb als solches verursacht und nicht unmittelbar durch ein Produkt selbst. Sie können deshalb nur indirekt über die Aufteilung auf Kostenstellen dem Wirtschaftsgut zugeordnet werden.

Es gehören zu den
- Materialeinzelkosten insbesondere das Fertigungsmaterial, z. B. Rohstoffaufwendungen,
- Fertigungseinzelkosten die Löhne, die bei der Fertigung im Betrieb anfallen,
- Sondereinzelkosten z. B. Produktionslizenzen,, Kosten zur Fertigung von Modellen,
- Materialgemeinkosten z. B. Kosten für die Lagerung des Materials, Transport, Werkzeuglager, Versicherung des Materials, Gehälter für Lagerarbeiter,
- Fertigungsgemeinkosten u. a. Gehälter für technische Angestellte, Maschinenführer, Betriebsstoffe, Abschreibungen auf Maschinen,
- Verwaltungsgemeinkosten z. B. Abschreibungen auf Verwaltungsgebäude und Betriebsausstattung, Aufwendungen für den Betriebsrat.

Aufwendungen für soziale Einrichtungen sind z. B. Aufwendungen für eine Kantine.

Fremdkapitalzinsen sind Zinsaufwendungen, die zur Finanzierung der Herstellung eines Vermögensgegenstandes verwendet werden, soweit sie auf den Zeitraum der Herstellung entfallen. Für das Handelsrecht regelt § 255 (2) HGB, welche Kosten als Herstellungskosten zu aktivieren sind und für welche ein Aktivierungswahlrecht bzw. ein Aktivierungsverbot besteht. Für das Steuerrecht gilt R 6.3 EStR.

Es gibt folglich eine Wertuntergrenze der Herstellungskosten, eine Wertobergrenze und alle Werte zwischen den beiden Beträgen. Besteht nun ein Wahlrecht, kann entweder die Wertuntergrenze, die Wertobergrenze oder jeder Wert zwischen Untergrenze und Obergrenze aktiviert werden.

Berechnung der Herstellungskosten nach Handelsrecht und Steuerrecht

Die **Herstellungskosten** werden im Handelsrecht etwas anders als im Steuerrecht ermittelt.

Herstellungskosten nach Handelsrecht (HR)	Herstellungskosten nach Steuerrecht (SR)
§ 255 (2) (3) HGB	**EStR 6.3**
Materialeinzelkosten + Angemessene Materialgemeinkosten + Fertigungseinzelkosten + Angemessene Fertigungsgemeinkosten einschließlich Abschreibungen + Sondereinzelkosten der Fertigung + Entwicklungskosten[1]	Materialeinzelkosten + Materialgemeinkosten + Fertigungseinzelkosten + Fertigungsgemeinkosten + Sondereinzelkosten der Fertigung + Entwicklungskosten[1]
= Herstellungskosten HR (Wertuntergrenze)	**= Herstellungskosten SR(Wertuntergrenze)**

1 Können Forschungs- und Entwicklungskosten nicht eindeutig getrennt werden, dürfen gemäß § 255 (2a) S. 4 HGB keine Entwicklungskosten aktiviert werden. Entwicklungskosten, die von den Forschungskosten klar abgegrenzt werden können, sind zu aktivieren.

+ angemessene Verwaltungsgemeinkosten (Wahlrecht) + angemessene Aufwendungen für soziale Einrichtungen, für freiwillige soziale Leistungen und für die betriebliche Altersversorgung + Fremdkapitalzinsen[2] (Wahlrecht) für Herstellung eines Vermögensgegenstands, für den Zeitraum der Herstellung	+ angemessene Verwaltungsgemeinkosten (Wahlrecht) + Fremdkapitalzinsen[2] (Wahlrecht) für Herstellung von Vermögen, für den Zeitraum der Herstellung
= Herstellungskosten (HR) (Wertobergrenze)	**= Herstellungskosten (SR) (Wertobergrenze)**[3]
Nicht in die Herstellungskosten nach Handelsrecht eingerechnet werden: · Forschungskosten · Vertriebskosten · sonstige Fremdkapitalzinsen · kalkulatorische Kosten	**Nicht** in die Herstellungskosten nach Steuerrecht eingerechnet werden: · Forschungskosten · Vertriebskosten · sonstige Fremdkapitalzinsen · kalkulatorische Kosten

MERKE:

Herstellungskosten	· Begriff aus dem **externen Rechnungswesen** handels- oder steuerrechtlicher Begriff für den Aktivierungsbetrag (Wertansatz) von selbst hergestelltem Vermögen · Es gibt mehrere mögliche Beträge: – Wertuntergrenze – Wertobergrenze – oder jeder Wert dazwischen
Buchung der Herstellungskosten	Die Herstellung von Sachanlagen ist eine betriebliche Leistung. Diese wird auf dem Erfolgskonto 4820 Andere aktivierte Eigenleistungen erfasst. Mit dieser Ertragsbuchung werden die als Aufwendungen für die selbst erstellten Anlagen gebuchten Beträge erfolgsmäßig neutralisiert.

Übereinstimmungsvorbehalt nach § 6(1) Nr. 1b EStG

- Wird lediglich eine **Steuerbilanz** erstellt, können die Wahlrechte für den Ansatz der Herstellungskosten nach EstR 6.3 ausgeübt werden.
- Wird allerdings neben der **Steuerbilanz auch eine Handelsbilanz** erstellt, muss das handelsrechtlich ausgeübte Wahlrecht auch steuerrechtlich ausgeübt werden.

Bilanzierungsziele

- **Bilanzierungsziel: Möglichst viel Gewinn ausweisen**

  Gewinn max → Aufwand ↓ → Vermögen ↑ → Herstellungskosten ↑

  Je höher die Herstellungskosten (steuerlicher Wertansatz des selbst erstellten Anlagevermögens) angesetzt werden, desto höher wird der Gewinn ausgewiesen.

  Soll das Vermögen in der Bilanz so hoch wie möglich ausgewiesen werden, wird man die Herstellungskosten so hoch wie möglich ausweisen. Es bleiben damit weniger Aufwendungen, die den Gewinn sofort mindern könnten.

- **Bilanzierungsziel: Möglichst wenig Gewinn ausweisen**

  Gewinn min → Aufwand ↑ → Vermögen ↓ → Herstellungskosten ↓

---

1 Wird in unmittelbarem wirtschaftlichen Zusammenhang mit der Herstellung eines Wirtschaftsgutes ein Kredit aufgenommen, dürfen die Zinsen, soweit sie auf die Herstellung entfallen, bei der Berechnung der Herstellungskosten berücksichtigt werden. Sind auf diese Art handelsrechtlich Fremdkapitalzinsen in die Herstellungskosten einbezogen worden, sind sie auch steuerrechtlich als Herstellungskosten zu berücksichtigen, sofern die Herstellung eines Vermögengegenstandes sicher ist (R 6.3 (5) EStR).

2 Übereinstimmungsvorbehalt § 6 (1) Nr. 1b S. 2 EStG beachten. Das handelsrechtlich ausgeübte Wahlrecht muss auch steuerrechtlich ausgeübt werden.

Je geringer die Herstellungskosten in der Bilanz angesetzt werden, desto geringer wird der Gewinn ausgewiesen.

Soll das Vermögen in der Bilanz so gering wie möglich ausgewiesen werden, wird man die Herstellungskosten so gering wie möglich ausweisen. Es bleiben damit mehr Aufwendungen, die den Gewinn sofort mindern.

Zusammenfassung

Kosten	Herstellungskosten nach Handelsrecht	Herstellungskosten nach Steuerrecht
Materialeinzelkosten	Pflicht	Pflicht
Angemessene Materialgemeinkosten	Pflicht	Pflicht
Fertigungseinzelkosten	Pflicht	Pflicht
Angemessene Fertigungsgemeinkosten einschl. Abschreibungen	Pflicht	Pflicht
Sondereinzelkosten der Fertigung	Pflicht	Pflicht
Entwicklungskosten	Pflicht	Pflicht
	Bewertungsuntergrenze in Handelsbilanz	**Bewertungsuntergrenze in Steuerbilanz**
Angemessene allgemeine Verwaltungskosten	Wahlrecht	Wahlrecht
Angemessene Aufwendungen für soziale Einrichtungen **Aufwendungen für freiwillige soziale Leistungen** **Aufwendungen für die betriebliche Alterssicherung**	Wahlrecht	Wahlrecht
Fremdkapitalzinsen	Wahlrecht	Wahlrecht
Entwicklungskosten	Wahlrecht	Wahlrecht
	Bewertungsobergrenze in Handelsbilanz	**Bewertungsobergrenze in Steuerbilanz**
Vertriebskosten	Verbot	Verbot
Sonstige Finanzierungskosten	Verbot	Verbot

Beispiel

Eine Ziegelei hat im Abrechnungszeitraum 14580000 Klinkersteine hergestellt. Davon hat sie 20000 Klinkersteine zur Verklinkerung des eigenen Verwaltungsgebäudes verwendet. Bei der Herstellung sind folgende Kosten angefallen:

Fertigungsmaterial	1.060.000,00 €	Fertigungsgemeinkosten	180.000,00 €
Materialgemeinkosten	140.000,00 €	Verwaltungsgemeinkosten	210.000,00 €
Fertigungslöhne	310.000,00 €	Vertriebsgemeinkosten	108.000,00 €

Der Gewinnzuschlag beträgt 10 %. Es werden 3 % Kundenskonto und 20 % Wiederverkäuferrabatt gewährt.

Berechnen und buchen Sie

a) die geringstmöglichen handelsrechtlichen Herstellungskosten für die eigengenutzten Klinker. Geben Sie den Buchungssatz an.

b) die geringstmöglichen steuerrechtlichen Herstellungskosten für die eigengenutzten Klinker. Geben Sie den Buchungssatz an.

c) die Obergrenze der handelsrechtlichen Herstellungskosten für die eigengenutzten Klinker. Geben Sie den Buchungssatz an.

d) die Obergrenze der steuerrechtlichen Herstellungskosten für die eigengenutzten Klinker. Geben Sie den Buchungssatz an.

Lösung

a) Untergrenze der handelsrechtlichen Herstellungskosten

$$\frac{(1.060.000{,}00\text{ €} + 140.000{,}00\text{ €} + 310.000{,}00\text{ €} + 180.000{,}00\text{ €}) \cdot 20\,000}{14\,580\,000} = 2.318{,}24\text{ €}$$

Buchungssatz

		Soll	Haben
0240	Gebäude	2.318,24 €	
an 4820	Andere aktivierte Eigenleistungen		2.318,24 €

b) Untergrenze der steuerrechtlichen Herstellungskosten

$$\frac{(1.060.000{,}00\text{ €} + 140.000{,}00\text{ €} + 310.000{,}00\text{ €} + 180.000{,}00\text{ €}) \cdot 20\,000}{14\,580\,000} = 2.318{,}24\text{ €}$$

Buchungssatz

		Soll	Haben
0240	Gebäude	2.318,24 €	
an 4820	Andere aktivierte Eigenleistungen		2.318,24 €

c) Obergrenze der handelsrechtlichen Herstellungskosten

$$\frac{(1.060.000{,}00\text{ €} + 140.000{,}00\text{ €} + 310.000{,}00\text{ €} + 180.000{,}00\text{ €} + 210.000{,}00\text{ €}) \cdot 20\,000}{14\,580\,000} = 2.606{,}31\text{ €}$$

Buchungssatz

		Soll	Haben
0240	Gebäude	2.606,31 €	
an 4820	Andere aktivierte Eigenleistungen		2.606,31 €

d) Obergrenze der steuerrechtlichen Herstellungskosten

$$\frac{(1.060.000{,}00\text{ €} + 140.000{,}00\text{ €} + 310.000{,}00\text{ €} + 180.000{,}00\text{ €} + 210.000{,}00\text{ €}) \cdot 20\,000}{14\,580\,000} = 2.606{,}31\text{ €}$$

Buchungssatz

		Soll	Haben
0240	Gebäude	2.606,31 €	
an 4820	Andere aktivierte Eigenleistungen		2.606,31 €

Beachte: Sind handelsrechtlich Wahlrechte ausgeübt worden, sind diese Wahlrechte auch steuerrechtlich als Herstellungskosten zu berücksichtigen.

Aufgaben

1. Nennen Sie jeweils zwei Beispiele für Einzelkosten und Gemeinkosten.

2. Geben Sie an, welche der nachfolgend aufgeführten Kosten eines Industriebetriebes Einzelkosten bzw. Gemeinkosten sind.
   Fertigungsmaterial, Benzinverbrauch des Lieferwagens, Gehälter der kaufmännischen Angestellten, Hypothekenzinsen, Einkaufsprovision, Energiekosten in der Fertigung, Abschreibungen der Büromöbel und sonstigen Geschäftsausstattung, Absatzwerbung für ein Produkt, Miete für das Verwaltungsgebäude, Versandverpackung für einzelne Produkte.

3. Ein Fliesenhersteller hat sich auf die Produktion einer Standardfliese spezialisiert. Im Abrechnungszeitraum wurden 1854000 Fliesen produziert. Es fielen dafür folgende Kosten an: Fertigungsmaterial: 643.000,00 €, Materialgemeinkosten 69.000,00 €, Fertigungslöhne 53.000,00 €, Fertigungsgemeinkosten 35.000,00 €, Verwaltungsgemeinkosten 22.000,00 €, Vertriebsgemeinkosten 18.000,00 €. Gewinn 10 %, Skonto 3 %, Rabatt 10 %.

a) Berechnen Sie die Untergrenze der steuerlichen Herstellungskosten für 10000 Fliesen, die der Unternehmer im Abrechnungszeitraum zum Fliesen in Betriebsräumen gebraucht hat.
b) Buchen Sie den Vorgang.

4. Eine GmbH stellt Kühlschränke in drei verschiedenen Größen her. Die Kosten sind aus folgender Tabelle zu entnehmen.

Größe	Fertigungsmaterial	Fertigungslöhne	Gemeinkosten	Produktionsmenge
150 Liter	405.000,00 €	270.000,00 €	18 %	9000 Stück
180 Liter	840.000,00 €	560.000,00 €	40 %	16000 Stück
200 Liter	798.000,00 €	532.000,00 €	42 %	14000 Stück

Gewinn: 10 % für 150-Liter- und 180-Liter-Modell
7,5 % für 200-Liter-Modell
Skonto 3 % für alle Modelle
Rabatt 10 % für alle Modelle

Die GmbH stellt von jedem Modell einen Kühlschrank in die Küche ihres Bürogebäudes.

Errechnen Sie die steuerrechtliche Untergrenze der Herstellungskosten und geben Sie die notwendigen Buchungen an.

5. Ermitteln Sie die handelsrechtlichen und steuerrechtlichen Herstellungskosten und den Listenverkaufspreis.

	a)	b)	c)	d)
Fertigungsmaterial	7.900,00 €	4.200,00 €	8.300,00 €	5.500,00 €
Fertigungslohn	4.200,00 €	3.800,00 €	2.400,00 €	3.300,00 €
MGKZ[1]	7 %	9 %	8 %	5 %
FGKZ[2]	120 %	95 %	150 %	130 %
VwGKZ[3]	10 %	8 %	9 %	7 %
VtGKZ[4]	9 %	6 %	5 %	4 %
Gewinn	10 %	8 %	20 %	12 %
Kundenskonto	2 %	3 %	1 %	2 %
Kundenrabatt	10 %	20 %	15 %	10 %

Bemessungsgrundlage für VwGKZ und VtGKZ ist die handelsrechtliche Untergrenze der Herstellungskosten.

6. An Einzelkosten sind zu berücksichtigen: Fertigungsmaterial 8.000,00 €, Fertigungslöhne 5.000,00 €, Sondereinzelkosten der Fertigung 500,00 €.
Folgende Gemeinkostenzuschläge wurden ermittelt:

MGKZ 10 %, FGKZ 120 %, VwGKZ 8 %, VtGKZ 5 % (VwGKZ und VtGKZ berechnet von den handelsrechtlichen HK).

Der Unternehmer kalkuliert mit 20 % Gewinn, 2 % Kundenskonto und 10 % Kundenrabatt.

Ermitteln Sie die handelsrechtlichen und steuerrechtlichen Herstellungskosten (Untergrenze) und den Listenverkaufspreis.

1 Materialgemeinkostenzuschlag
2 Fertigungsgemeinkostenzuschlag
3 Verwaltungsgemeinkostenzuschlag
4 Vertriebsgemeinkostenzuschlag

7. Der Hersteller von Computern nutzt einen selbst hergestellten Laptop im Büro. Für die Herstellung eines Laptops entstehen 320,00 € Fertigungsmaterialkosten und 180,00 € Fertigungslöhne.
Die Gemeinkostenzuschlagssätze betragen:
MGKZ 12 %, FGKZ 140 %, VwGKZ 11 %, VtGKZ 5 % (VwGKZ und VtGKZ berechnet von den handelsrechtlichen HK).

Berechnen Sie die handelsrechtlichen und steuerrechtlichen Herstellungskosten und geben Sie den erforderlichen steuerlichen Buchungssatz an.

4 Abschreibungen auf Anlagevermögen

4.1 Gründe für Abschreibungen

Abnutzbare Anlagegüter (z. B. Gebäude, Fuhrpark, Maschinen) sind am Ende des Geschäftsjahres mit den Anschaffungs- oder Herstellungskosten, abzüglich Abschreibungen, anzusetzen.

Nicht abnutzbare Anlagegüter (z. B. Grundstücke) dürfen höchstens mit ihren Anschaffungskosten in die Jahresbilanz aktiviert werden. Ist der Wert am Bilanzstichtag jedoch **nachhaltig** niedriger, so ist das betreffende Anlagegut mit dem niedrigeren beizulegenden Wert anzusetzen, indem eine außerplanmäßige Abschreibung vorgenommen wird.

§

§ 253 HGB

(1) Vermögensgegenstände sind höchstens mit den Anschaffungs- oder Herstellungskosten, vermindert um Abschreibungen, anzusetzen.
[...]

(3) Bei Vermögensgegenständen des Anlagevermögens, deren Nutzung zeitlich begrenzt ist, sind die Anschaffungs- oder Herstellungskosten um planmäßige Abschreibungen zu vermindern.
[...]
Ohne Rücksicht darauf, ob ihre Nutzung zeitlich begrenzt ist, können bei Vermögensgegenständen des Anlagevermögens außerplanmäßige Abschreibungen vorgenommen werden, um die Vermögensgegenstände mit dem niedrigeren Wert anzusetzen, der ihnen am Abschlussstichtag beizulegen ist; sie sind vorzunehmen bei einer voraussichtlich dauernden Wertminderung.

Abschreibungen sollen die Wertminderung erfassen, die bei Anlagegütern durch Abnutzung, technischen Fortschritt oder wirtschaftliche Entwertung entsteht. Abschreibungen stellen Aufwand dar. Sie vermindern deshalb den Gewinn des Unternehmens und damit auch die gewinnabhängigen Steuern. Man unterscheidet zwischen planmäßigen und außerplanmäßigen Abschreibungen.

Planmäßige Abschreibungen. Abnutzbare Anlagegüter werden planmäßig, d. h. entsprechend ihrer betriebsgewöhnlichen Nutzungsdauer (ND) entweder linear, degressiv[1] oder auch nach Leistungseinheiten abgeschrieben. Amtliche AfA[2]-Tabellen weisen die gewöhnliche[3] Nutzungsdauer nahezu aller Arten von Anlagegütern aus.

1 Die degressive Abschreibung darf in Höhe von 25 %, höchstens das 2,5-fache der linearen Abschreibung, für bewegliche Wirtschaftsgüter des Anlagevermögens vorgenommen werden, die in den Jahren 2020 und 2021 angeschafft oder hergestellt wurden. Für Wirtschaftsgüter, die vom 1.4.2024 bis einschließlich 31.12.2024 angeschafft oder hergestellt worden sind, ist eine degressive Abschreibung möglich. Die Höhe der degressiven AfA beträgt das Doppelte der linearen AfA, maximal 20 %.

2 **AfA** = **A**bsetzung **f**ür **A**bnutzung (planmäßige Abschreibungen)

3 Bei tatsächlich nachgewiesener kürzerer Nutzungsdauer kann der Abschreibungssatz entsprechend höher sein.

Auszug aus der AfA-Tabelle (Stand 2024):

Anlagegut	Allgemeine AfA-Tabelle			AfA-Tabelle Güterverkehr[1]		
	ND in Jahren	Berechnung	Linearer AfA-Satz	ND in Jahren	Berechnung	Linearer AfA-Satz
Pkw	6	100 : 6	16 2/3 %	5	100 : 5	20 %
Lkw · unter 7,5 t · ab 7,5 t	 9 9	 100 : 9 100 : 9	 11 1/9 % 11 1/9 %	 6 5	 100 : 6 100 : 5	 16 2/3 % 20 %
Anhänger, Auflieger	11	100 : 11	9 1/11 %	6	100 : 6	16 2/3 %
Büromöbel	13	100 : 13	7 9/13 %	13	100 : 13	7 9/13 %
PC	3	100 : 3	33 1/3 %	3	100 : 3	33 1/3 %
DV-Großrechner	7	100 : 7	14 2/7 %	7	100 : 7	14 2/7 %

Außerplanmäßige Abschreibungen werden im Fall einer außergewöhnlichen Wertminderung vorgenommen, wie bei plötzlich auftretenden Schäden oder bei wirtschaftlicher Entwertung des Anlagegutes.

Übersicht: Abschreibungsmöglichkeiten der Anlagegüter

Anlagevermögen	Planmäßige Abschreibung (normale Abschreibung) verursacht durch	Abschreibungsmethode der planmäßigen Abschreibung	Außerplanmäßige Abschreibung verursacht durch
Bebaute Grundstücke **· Grundstücke**			außergewöhnliche Ereignisse
· Bauten	Nutzung (Gebrauch)	lineare Abschreibung	technische Überholung, Katastrophenverschleiß, ruhender Verschleiß
Maschinen	Nutzung (Gebrauch)	lineare oder degressive[2] Abschreibung; nach Leistungseinheiten	
Betriebs- und Geschäftsausstattung	Nutzung (Gebrauch)	lineare oder degressive[2] Abschreibung	
Fuhrpark	Nutzung (Gebrauch)	lineare oder degressive[2] Abschreibung; nach Leistungseinheiten	

Die Abschreibungen werden zunächst in der Kontenklasse 6 auf dem Konto 6220 Abschreibungen auf Sachanlagen erfasst. Für die Kosten- und Leistungsrechnung erfolgt später eine Abgrenzung (Umbewertung), da in der Kosten- und Leistungsrechnung die Abschreibungshöhe nach anderen Kriterien berechnet wird als in der Geschäftsbuchführung.

Buchungssatz

6220 Abschreibungen auf Sachanlagen **an** Anlagekonto (Kontenklasse 0)

↓ erhöht den Aufwand in der GuV

↓ vermindert den Buchbestand

1 Es gibt diverse branchenspezifische AfA-Tabellen, die Vorrang vor den allgemeinen AfA-Tabellen haben.

2 falls in den Jahren 2020 und 2021 angeschafft oder hergestellt bzw. für Wirtschaftsgüter, die vom 01.04.2024 bis einschließlich 31.12.2024 angeschafft oder hergestellt worden sind.

Beispiel

Gegeben sind:

- Fuhrpark; Anschaffungskosten und zugleich Anfangsbestand: 300.000,00 €;
- Abschreibung am Ende des ersten Jahres: 60.000,00 €.

Buchen Sie die Abschreibung.

Lösung

❶ zuerst den Anfangsbestand eintragen
❷ die Abschreibung buchen
❸ Abschreibungen (Aufwandskonto) über das GuV-Konto abschließen
❹ Fuhrpark über die Schlussbilanz abschließen

Soll	**0520 Fuhrpark**		Haben
❶	300.000,00	❷	**60.000,00**
		❹	240.000,00

Soll	**6220 Abschreibungen auf Sachanl.**		Haben
❷	60.000,00	❸	60.000,00

Aktiva	**Schlussbilanz**		Passiva
❹	240.000,00		

Aufwand	**GuV**		Ertrag
❸	60.000,00		

- mindert den Gewinn in der GuV
- mindert gewinnabhängige Steuern

Buchungssatz der Abschreibung

		Soll	**Haben**
6220	Abschreibungen auf Sachanlagen	60.000,00 €	
an 0520	Fuhrpark		60.000,00 €

Zusammenfassung

Gründe für Abschreibungen	Wertminderung erfassen durch · Abnutzung · technischen Fortschritt · wirtschaftliche Entwertung
Wirkung der Abschreibung	Aufwand in der GuV · mindert den Gewinn · mindert gewinnabhängige Steuern
Buchung der Abschreibung	Aufwand in der Kontenklasse 6

Abschreibungskreislauf

Abschreibungen bewegen sich nahezu in einem **Kreislauf**. Aus dem Anlagevermögen fließen sie über die Umsatzerlöse in das Umlaufvermögen (Bank) und von dort durch Neuanschaffungen in das Anlagevermögen zurück.

In der Kalkulation der Verkaufspreise werden die **Abschreibungen** als Kosten eingesetzt. Über die Umsatzerlöse fließen die einkalkulierten Abschreibungsbeträge in Form von liquiden Mitteln (Geld) in das Unternehmen zurück. Diese Mittel stehen nun wiederum für Anschaffungen (Investitionen) zur Verfügung. Das Unternehmen finanziert somit die Anschaffung von Sachanlagegütern in erster Linie aus **Abschreibungsrückflüssen**. Die Abschreibung stellt deshalb ein bedeutendes Mittel der Finanzierung dar.

Beispiel

Ein Kurierfahrzeug (Pkw) wird für 30.000,00 € angeschafft. Es wird sechs Jahre genutzt. Jährlich werden 16 2/3 % = **5.000,00 €** abgeschrieben. Die Wertentwicklung von 30.000,00 € zu Beginn des ersten Jahres bis zum Wert 0,00 € am Ende des sechsten Jahres wird mit dem **grünen Kreislauf** dargestellt. Der Buchwert des Pkw verringert sich jährlich um 5.000,00 € Abschreibungen. Der zweite, **rot dargestellte Kreislauf** zeigt den Rückfluss der in die Umsatzerlöse einkalkulierten Abschreibungen. Nach jedem Jahr steigen die zurückgeflossenen Mittel. Nach sechs Jahren reicht der Mittelrückfluss zur Ersatzbeschaffung aus.

Lösung

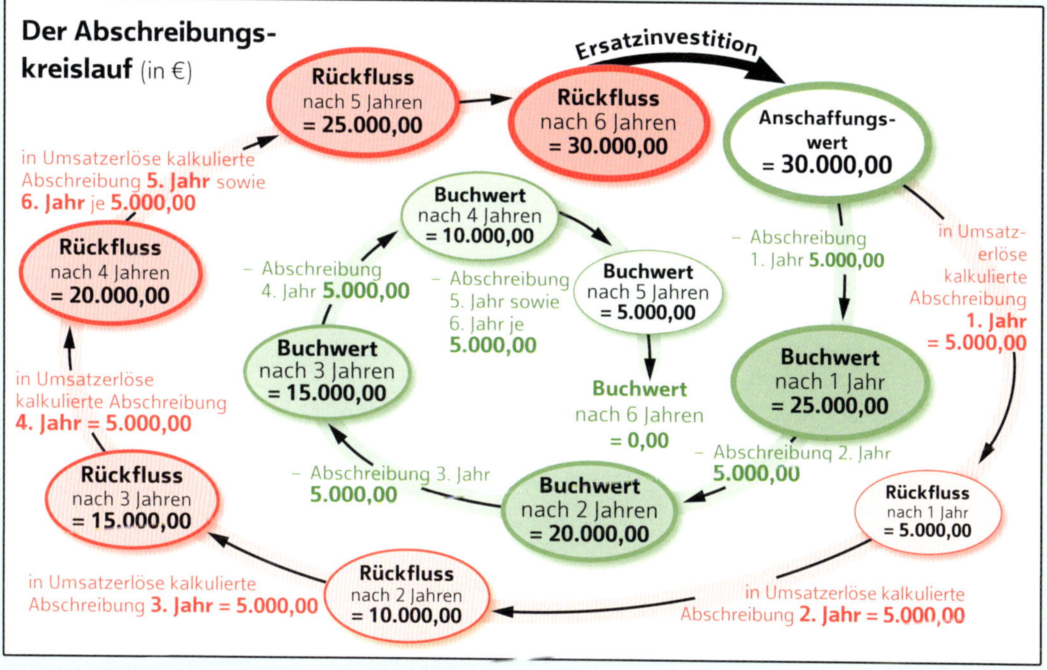

4.2 Methoden der planmäßigen Abschreibung im Überblick

Die Berechnung der planmäßigen Abschreibung erfolgt gemäß § 7 EStG nach folgenden Methoden: *§ 7 EStG*

- lineare[1] Abschreibung
- degressive[2] Abschreibung[3]
- Abschreibung nach Leistungseinheiten

Beginn der planmäßigen Abschreibung

Bei abnutzbaren Anlagegütern beginnt die AfA grundsätzlich im Monat der Anschaffung bzw. Inbetriebnahme (zeitanteilige AfA).

Ende der planmäßigen Abschreibung

Nach Ablauf der betriebsgewöhnlichen Nutzungsdauer ist das Wirtschaftsgut abgeschrieben. Wird das Wirtschaftsgut nach Ablauf der betriebsgewöhnlichen Nutzungsdauer weiterhin im Unternehmen genutzt, wird es nicht vollständig, sondern bis auf 1,00 € **Erinnerungswert** abgeschrieben. Der Erinnerungswert von 1,00 € sagt aus, dass im Unternehmen bereits abgeschriebene Wirtschaftsgüter noch genutzt werden.

1 linear = gleichbleibend, geradlinig

2 degressiv = fallend, sich vermindernd

3 bei Anschaffung in den Jahren 2020 und 2021 sowie in der Zeit vom 01.04.2024 bis 31.12.2024

4.2.1 Lineare Abschreibung

Gemäß § 7 (1) EStG ist die lineare Abschreibung bei allen beweglichen und unbeweglichen abnutzbaren Anlagegütern erlaubt.

Die **lineare Abschreibung** erfolgt in einem gleichbleibenden Prozentsatz von den Anschaffungs- oder Herstellungskosten des Anlagegutes. Die Anschaffungskosten werden somit „planmäßig" in gleichen Beträgen auf die Nutzungsjahre verteilt. Deshalb ist das Anlagegut bei linearer Abschreibung am Ende der geplanten Nutzungsdauer voll abgeschrieben.

§ 7 (1) S. 4 EStG

Die lineare Abschreibung wird auch als Abschreibung zu gleichen Jahresbeträgen bezeichnet. Der Abschreibungsbetrag wird im ersten Nutzungsjahr zeitanteilig berechnet. Bei einer Anschaffung z. B. am 20.10. erfolgt die Abschreibung ab 01.10.

Beispiel

Die Anschaffungskosten für eine Maschine betragen 60.000,00 €. Sie wird am 15.08.01 angeschafft. Die betriebsgewöhnliche Nutzungsdauer beträgt zehn Jahre.

jährlicher Abschreibungsbetrag: 60.000,00 € : 10 = 6.000,00 €
jährlicher Abschreibungssatz: 100 % : 10 = 10 %

Die Abschreibung im Jahr der Anschaffung beträgt 6.000,00 € /12 · 5 = 2.500,00 €.

MERKE:

$$\textbf{AfA-Betrag p. a.} = \frac{\text{Anschaffungskosten}}{\text{Nutzungsdauer}}$$

$$\textbf{AfA-Prozentsatz} = \frac{100\,\%}{\text{Nutzungsdauer in Jahren}}$$

Abschreibungsbeginn = Der Anschaffungsmonat wird bereits vollständig abgeschrieben.

4.2.2 Degressive Abschreibung

Gemäß § 7(2) EStG ist die degressive Abschreibung bei beweglichen abnutzbaren Anlagegütern möglich. Sie wird nur im ersten Jahr von den Anschaffungskosten des Anlagegutes berechnet, in den folgenden Jahren dagegen mit dem gleichbleibenden Prozentsatz vom jeweiligen Restbuchwert. Da der Buchwert von Jahr zu Jahr geringer wird, ergeben sich bei gleichbleibendem Abschreibungsprozentsatz fallende (degressive) Abschreibungsbeträge. Nach Ablauf der betriebsgewöhnlichen Nutzungsdauer erreicht der Buchwert nicht den Wert 0,00 €. In der Regel wird dann von der degressiven zur linearen Abschreibungsmethode gewechselt. Erfolgt kein Wechsel, wird im letzten Nutzungsjahr auf 0,00 € bzw. 1,00 € Erinnerungswert abgeschrieben. Wird von der degressiven Abschreibung auf die lineare Abschreibung gewechselt, bleibt kein Restwert.

Die folgende Tabelle gibt einen Überblick über die zulässige degressive Abschreibung:

Anschaffungszeitraum abnutzbarer beweglicher Wirtschaftsgüter	Degressive AfA-Satz
01.01.2020 – 31.12.2022	• das 2,5- fache der linearen AfA • maximal aber 25 % (Obergrenze) der Anschaffungs- oder Herstellungskosten bzw. des Restbuchwerts
01.01.2023 – 31.03.2024	keine degressive Abschreibung möglich
01.04.2024 – 31.12.2024	• das 2-fache der linearen AfA • maximal aber 20 % (Obergrenze) der Anschaffungs- oder Herstellungskosten bzw. des Restbuchwerts

Beispiel 1

Anschaffung am 10.04.2021

Die Anschaffungskosten für eine Montagemaschine betragen 480.000,00 €. Berechnen Sie den jeweiligen degressiven Abschreibungssatz und den jeweiligen Abschreibungsbetrag im ersten Jahr
a) bei einer Nutzungsdauer von 8 Jahren,
b) bei einer Nutzungsdauer von 10 Jahren,
c) bei einer Nutzungsdauer von 12 Jahren.

Lösung 1

a) lineare Abschreibung 100 % : 8 Jahre = 12,5 %; davon das 2,5-Fache = 31,25 %; max. aber **25 %**
degressive Abschreibung p. a.: **25 %** von 480.000,00 € = 120.000,00 € p. a.
degressive Abschreibung im ersten Jahr für 9 Monate = 120.000,00 € : 12 · 9 = **90.000,00 €**

b) lineare Abschreibung 100 % : 10 Jahre = 10 %; davon das 2,5-Fache = **25 %**; max. aber **25 %**
degressive Abschreibung p. a.: **25 %** von 480.000,00 € = 120.000,00 € p. a.
degressive Abschreibung im ersten Jahr für 9 Monate = 120.000,00 € : 12 · 9 = **90.000,00 €**

c) lineare Abschreibung 100 % : 12 Jahre = $8^1/_3$ %; davon das 2,5-Fache = **20,83 %**; max. aber **25 %**
degressive Abschreibung p. a.: **20,83 %** von 480.000,00 € = 99.984,00 € p. a.
degressive Abschreibung im ersten Jahr für 9 Monate = 99.984,00 € : 12 · 9 = **74.988,00 €**

Beispiel 2

Anschaffung am 10.04.2024

Die Anschaffungskosten für eine Krananlage betragen 240.000,00 €. Berechnen Sie den jeweiligen degressiven Abschreibungssatz und den jeweiligen Abschreibungsbetrag im ersten Jahr
a) bei einer Nutzungsdauer von 8 Jahren,
b) bei einer Nutzungsdauer von 10 Jahren,
c) bei einer Nutzungsdauer von 12 Jahren.

Lösung 2

a) lineare Abschreibung 100 % : 8 Jahre = 12,5 %; davon das 2-Fache = **25 %**; max. aber **20 %**
degressive Abschreibung im 1. Jahr: **20 %** von 240.000,00 € = **48.000,00 €;**
für 8 Monate 48.000,00 € : 12 · 8 = 32.000,00 €

b) lineare Abschreibung 100 % : 10 Jahre = 10,0 %; davon das 2-Fache = **20 %**; max. aber **20 %**
degressive Abschreibung im 1. Jahr: **20 %** von 240.000,00 € = **48.000,00 €;**
für 8 Monate 48.000,00 € : 12 · 8 = 32.000,00 €

c) lineare Abschreibung 100 % : 12 Jahre = $8^1/_3$ %; davon das 2-Fache = **$16^2/_3$ %**; max. aber **20 %**
degressive Abschreibung im 1. Jahr: **$16^2/_3$ %** von 240.000,00 € = **40.000,00 €;**
für 8 Monate 40.000,00 € : 12 · 8 = 26.667,00 €

Beispiel 3

Darstellung des Verlaufs der degressiven Abschreibung bei Anschaffungskosten 480.000,00 €, Nutzungsdauer 6 Jahre, **Anschaffung Januar 2021**:

Nutzungsjahr	Buchwert zu Jahresbeginn	25 % degressive Abschreibung vom Buchwert	Buchwert am Jahresende
1. Jahr	480.000,00 €	120.000,00 €	360.000,00 €
2. Jahr	360.000,00 €	90.000,00 €	270.000,00 €
3. Jahr	270.000,00 €	67.500,00 €	202.500,00 €
4. Jahr	202.500,00 €	50.625,00 €	151.875,00 €
5. Jahr	151.875,00 €	37.968,75 €	113.906,25 €
6. Jahr	113.906,25 €	28.476,56 €	85.429,69 €[1]

1 falls nicht zur linearen Abschreibung gewechselt wird

MERKE:

1. **Die degressive Abschreibung wird mit einem gleichbleibenden Prozentsatz vom jeweiligen Buchwert vorgenommen.**
2. **Die Abschreibungsbeträge fallen von Jahr zu Jahr, sind also „degressiv".**

Vorteile der degressiven Abschreibung

Die degressive Abschreibung führt in den ersten Nutzungsjahren zu höheren Abschreibungsbeträgen als die lineare Abschreibung, wenn die Nutzungsdauer vier Jahre und mehr beträgt. Der höhere Abschreibungsaufwand bewirkt eine stärkere Minderung des steuerpflichtigen Gewinns. Die daraus resultierenden geringeren Steuerzahlungen erhöhen die Liquidität des Unternehmens, deshalb wird die degressive Abschreibung in der Praxis bevorzugt.

Vergleich: lineare Abschreibung – degressive Abschreibung

	Lineare Abschreibung	Degressive Abschreibung
Abschreibungsbasis	immer Anschaffungskosten	immer Buchwert
Berechnung des Prozentsatzes der Abschreibung	100 %: Nutzungsdauer	**Anschaffung 2020/2021:** linearer Abschreibungssatz · 2,5, maximal jedoch 25 % **Anschaffung 01.04.–31.12.2024:** linearer Abschreibungssatz · 2,0; maximal jedoch 20 %
Buchwert am Ende der Nutzungsdauer	0,00 € (vollständige Abschreibung)	Restwert 0,00 € entweder durch Wechsel zur linearen Abschreibung oder durch Abschreibung im letzten Jahr der Nutzungsdauer.
Gewinnminderung in den ersten Nutzungsjahren	geringer als bei degressiver Abschreibung	höher als bei linearer Abschreibung

Gemäß § 7 (3) EStG ist der Wechsel von der degressiven zur linearen AfA steuerrechtlich erlaubt, jedoch nicht umgekehrt.

siehe Kapitel 4.5.5

Der Wechsel von der degressiven zur linearen AfA ist aus folgenden Gründen zu empfehlen:

- Mit dem Wechsel zur linearen Abschreibung wird das Anlagegut am Ende der Nutzungsdauer voll abgeschrieben.
- Der lineare Abschreibungsbetrag ist vom günstigsten Zeitpunkt des Wechsels an höher als bei fortgesetzter degressiver Abschreibung.

siehe Kapitel 4.5.5

Der günstigste Zeitpunkt des Wechsels ist gegeben, wenn der AfA-Betrag der linearen Abschreibung größer ist als bei fortgeführter degressiver Abschreibung. Der Restbuchwert wird dann in gleichen Beträgen auf die restlichen Nutzungsjahre verteilt.

4.2.3 Abschreibung nach Leistungseinheiten

Die Abschreibung kann bei Anlagegütern auch nach Maßgabe der Inanspruchnahme oder Leistung (km, Stunden u. a.) vorgenommen werden. Diese AfA-Methode kommt der technischen Abnutzung am nächsten. In diesen Fällen sind Fahrzeuge gemäß ihrer jährlichen Kilometerleistung abzuschreiben, wobei eine Gesamtkilometerleistung von 600 000 km zugrunde gelegt wird.

Beispiel

Betragen die Anschaffungskosten für einen Lkw 60.000,00 € und die voraussichtliche Gesamtleistung 600 000,00 km, so ergibt sich daraus ein Abschreibungsbetrag je Leistungseinheit (km) von 60.000,00 € : 600 000 = 0,10 €/km.

Den Jahresabschreibungsbetrag erhält man, indem die jährliche Kilometerleistung mit dem AfA-Betrag von 0,10 € je km multipliziert wird.

1. Jahr: 90 000 · 0,10 € = 9.000,00 € AfA
2. Jahr: 150 000 · 0,10 € = 15.000,00 € AfA
3. Jahr: 120 000 · 0,10 € = 12.000,00 € AfA

Aufgaben

1. Ein Lkw wurde am 1. April 2023 für netto 125.000,00 € angeschafft. Er hat eine Nutzungsdauer von zehn Jahren und wird linear abgeschrieben.
Ermitteln Sie die zeitanteilige Abschreibung für das erste Geschäftsjahr.

2. Ein Gabelstapler wurde am 2. Januar 2021 für netto 40.000,00 € angeschafft.
Er hat eine Nutzungsdauer von acht Jahren.

   a) Geben Sie an, wie viel Euro in den ersten drei Geschäftsjahren jährlich linear abzuschreiben sind.
   b) Geben Sie an, wie viel Euro in den ersten drei Geschäftsjahren jährlich degressiv abzuschreiben sind.

3. Die Anschaffungskosten eines Lkw betrugen im Januar 2021 125.000,00 € zzgl. Umsatzsteuer.
Die Gesamtleistung wird auf 1 Mio. km geschätzt. Nutzungsdauer fünf Jahre.
Die km-Leistung: 1. Geschäftsjahr: 240 000 km, 2. Jahr: 220 000 km, 3. Jahr: 200 000 km, 4. Jahr: 190 000 km, 5. Jahr: 150 000 km.

   a) Ermitteln Sie die AfA nach Leistungseinheiten für jedes Geschäftsjahr.
   b) Ermitteln Sie die AfA für das erste Geschäftsjahr bei linearer Abschreibung.
   c) Ermitteln Sie die AfA für das erste Geschäftsjahr bei degressiver Abschreibung.
   d) Nennen Sie die Gründe, die für bzw. gegen die AfA nach Leistungseinheiten sprechen.

4.3 Bewertung von immateriellem Anlagevermögen

Nach Handelsrecht gehören zu den immateriellen Vermögensgegenständen u.a. Konzessionen, gewerbliche Schutzrechte und ähnliche Rechte und Werte, Lizenzen an solchen Rechten sowie der Geschäfts- oder Firmenwert.

§§ 246 (1), 248 (2), 253 (2), 255 (4) HGB

Immaterielle Vermögensgegenstände sind nicht fassbar. Sie stellen jedoch einen wirtschaftlichen Wert dar, der selbstständig bewertbar ist.

§§ 5 (2), 6 (1) Nr. 1, 7 (1) EStG

Die EStR sehen folgende immaterielle Wirtschaftsgüter vor:

- **Rechte:** Dazu zählen Markenrechte, Patente, Gebrauchsmuster, Urheberrechte, Lizenzen, Leistungsschutzrechte.
- **Rechtsähnliche Werte:** Hierzu zählen Nutzungsrechte, Konzessionen, Wettbewerbsrechte, Vertriebsrechte und Vorkaufsrechte.
- **Sonstige Vorteile:** Darunter fallen z.B. Geheim- oder Fertigungsverfahren und Know-how.

Entgeltlich erworbene immaterielle Vermögensgegenstände

§ 246 (1) HGB § 5 (2) EStG

Werden immaterielle Vermögensgegenstände **entgeltlich erworben**, besteht eine **Aktivierungspflicht** in der Handels- und Steuerbilanz.

Selbst geschaffene immaterielle Vermögensgegenstände

§ 248 (2) HGB

Selbst geschaffene immaterielle Vermögensgegenstände des Anlagevermögens **können** gemäß § 248 (2) HGB als Aktivposten in die **Handelsbilanz** aufgenommen werden. Es besteht also ein **Aktivierungswahlrecht**. Hierunter fallen z. B. Patente, Software oder Know-how.

§ 255 (2) und (2a) HGB

Das Aktivierungswahlrecht besteht **nur für** die in der **Entwicklungsphase** angefallenen Herstellungskosten. Für die **Herstellungskosten in der Forschungsphase** gilt ein **Aktivierungsverbot**.

§ 248 (2) S. 2 HGB

Gemäß § 248 (2) S. 2 HGB dürfen allerdings selbst geschaffene Marken, Drucktitel, Verlagsrechte, Kundenlisten oder vergleichbare immaterielle Vermögensgegenstände des Anlagevermögens **nicht aktiviert** werden.

§ 5 (2) EStG

Selbst geschaffene immaterielle Vermögensgegenstände dürfen in der **Steuerbilanz** gemäß § 5 (2) EStG nicht aktiviert werden. Die Kosten bleiben Aufwendungen.

Man unterscheidet zwischen **abnutzbaren** und **nicht abnutzbaren** immateriellen Wirtschaftsgütern.

Bleibt das immaterielle Wirtschaftsgut für die Dauer seines Bestehens im Betrieb, erfolgt keine Abschreibung.

§ 7 (1) EStG

Wird der Nutzen des immateriellen Wirtschaftsguts mit der Zeit geringer, gehört es zu den abnutzbaren immateriellen Wirtschaftsgütern. Die Abschreibung erfolgt gemäß § 7 (1) EStG.

Grundsätzlich erfolgt die Bewertung mit den Herstellungskosten bzw. den Herstellungskosten abzüglich Abschreibung.

Wertminderungen

Grundsätze in der Handelsbilanz

§ 253 (3) HGB

Liegt am Bilanzstichtag eine **dauerhafte Wertminderung** vor, muss handelsrechtlich auf den **niedrigeren Wert** abgeschrieben werden, § 253 (3) HGB = **strenges Niederstwertprinzip**.

Bei einer nur **vorübergehenden Wertminderung** besteht bei immateriellen Vermögensgegenständen ein **Abschreibungsverbot** gemäß § 253 (3) HGB.

§ 6 (1) Nr. 1 EStG

Grundsätze in der Steuerbilanz

Steuerlich besteht bei dauerhafter Wertminderung ein **Abschreibungswahlrecht**, § 6 (1) Nr. 1 EStG.

Da für die Handelsbilanz bei dauerhafter Wertminderung eine Abschreibungspflicht, für die Steuerbilanz aber ein Wahlrecht besteht, kann es über § 5 (1) S. 1 HS 2 EStG zu unterschiedlichen Bilanzansätzen kommen.

Bei **vorübergehender Wertminderung** ist eine Abschreibung **unzulässig**.

Beispiel

Ein Produktionsunternehmen, eine GmbH, zahlt in 01 80.000,00 € für ein Produktionsverfahren. Gegen Ende des Jahres bringt ein Konkurrenzunternehmen ein ähnliches, aber verbessertes Produkt heraus. Dadurch sinkt der Wert dauerhaft auf 25.000,00 €.

Lösung

Das Produktionsunternehmen hat ein immaterielles Wirtschaftsgut = Know-how entgeltlich erworben. Es ist mit den Anschaffungskosten zu aktivieren und am Bilanzstichtag mit dem niedrigeren Wert in der Handelsbilanz zu bewerten. In der Steuerbilanz besteht ein Abschreibungswahlrecht.

Buchungssatz bei Zahlung

		Soll	Haben
0100	Konzessionen, Schutzrechte, Lizenzen	80.00,00 €	
an 1800	Bank		80.000,00 €

Buchungssatz am 31.12.01

		Soll	Haben
6210	Außerplanm. Abschr. auf immat. Vermögensg.	55.000,00 €	
an 0100	Konzessionen, Schutzrechte, Lizenzen		55.000,00 €

Wertsteigerungen

Steigt der Wert eines immateriellen Wirtschaftsguts nach einer außerplanmäßigen Abschreibung wieder, so besteht sowohl **handels- als auch steuerrechtlich eine Zuschreibungspflicht**, § 253 (5) HGB, § 6 (1) Nr. 1 S. 4 EStG.

Beispiel

Das im vorstehenden Beispiel genannte Konkurrenzunternehmen muss seinen Betrieb wegen schlechter wirtschaftlicher Planung im Jahr 02 aufgeben. Die Produkte des Produktionsunternehmens können daraufhin wesentlich besser verkauft werden und der Wert des immateriellen Wirtschaftsguts steigt auf 85.000,00 €.

Lösung

Handelsrechtlich und steuerrechtlich besteht eine Zuschreibungspflicht. Die Obergrenze sind die Anschaffungskosten von 80.000,00 €.

Buchungssatz am 31.12.02

		Soll	Haben
0100	Konzessionen, Schutzrechte, Lizenzen	55.000,00 €	
an 4910	Erträge aus Zuschreibung des Sach-AV		55.000,00 €

4.3.1 Bewertung von Computerprogrammen

Computerprogramme sind immaterielle Wirtschaftsgüter unter der Voraussetzung, dass sie eine eigene Befehlsstruktur enthalten. Enthalten sie nur Daten, sind diese Programme als bewegliche abnutzbare Wirtschaftsgüter zu aktivieren und abzuschreiben, z. B. Rechtschreibprogramme oder Nachschlagewerke (Trivialprogramme).

Erworbene Softwareprogramme sind aufgrund des Vollständigkeitsgebots aktivierungspflichtig. Hierzu gehört stets die Anwendungssoftware, da sie als eigenständiges Wirtschaftsgut gilt.

Da Software ein immaterielles Wirtschaftsgut darstellt, kann sie nur gemäß § 7 (1) EStG linear abgeschrieben werden. Die Nutzungsdauer beträgt drei Jahre.

Nach dem BMF-Schreiben vom 22.02.2022 **kann** als Nutzungsdauer von Betriebs- und Anwendersoftware ein Zeitraum von einem Jahr unterstellt werden. Dies stellt keine besondere Form der Abschreibung, keine neue Abschreibungsmethode und keine Sofortabschreibung dar.

Die Abschreibung beginnt mit Anschaffung, allerdings wird sie nicht zeitanteilig über zwölf Monate vorgenommen. In dem Fall würde die Abschreibung in der Regel zwei Wirtschaftsjahre betreffen. Es kann vielmehr eine vollständige Abschreibung im Wirtschaftsjahr der Anschaffung vorgenommen werden. Die Wirtschaftsgüter müssen nicht in ein besonderes, laufend zu führendes Bestandsverzeichnis aufgenommen werden.

Die Nutzungsdauer von einem Jahr gilt nicht für die Handelsbilanz. Dort muss die voraussichtliche Nutzungsdauer der Abschreibung zu Grunde gelegt werden. Deshalb kann es zu unterschiedlichen Ansätzen in der Handels- und Steuerbilanz kommen.

Alternativ kann der Unternehmer Computerprogramme bis 800,00 € netto als geringwertige Wirtschaftsgüter sofort als Aufwand erfassen (siehe auch Kapitel 3.6).

4.3.2 Bewertung des Geschäfts- oder Firmenwertes

Der Geschäfts- oder Firmenwert ist der Unterschied zwischen Reinvermögen und Preis eines Unternehmens. Er wird für den guten Ruf, den Kundenstamm, den Standort, eine erfahrene Belegschaft, gutes Management, gute Auftragslage und/oder gute innerbetriebliche Organisation eines Unternehmens gezahlt.

Die Berechnung des Geschäfts- oder Firmenwertes erfolgt gemäß § 246 (1) HGB. Er gilt als **zeitlich begrenzt nutzbarer Vermögensgegenstand**.

Ermittlung des Geschäfts- oder Firmenwertes

Kaufpreis
− Reinvermögen → Vermögenswerte − Schulden
= Geschäfts- oder Firmenwert

Man nennt den selbst geschaffenen Geschäfts- oder Firmenwert auch **originären** Geschäfts- oder Firmenwert, beim entgeltlich erworbenen Geschäfts- oder Firmenwert spricht man vom **derivativen** Geschäfts- oder Firmenwert.

Grundsätze in der Handelsbilanz

Handelsrechtlich **muss** ein **entgeltlich erworbener** Geschäfts- oder Firmenwert **aktiviert** werden, da er als zeitlich begrenzt nutzbarer Vermögensgegenstand gemäß § 246 (1) HGB gilt. Der Ausweis erfolgt als immaterieller Vermögenswert.

Er ist planmäßig abzuschreiben, i.d.R. über fünf Jahre. Für außerplanmäßige Abschreibungen gelten die Regelungen für immaterielle Vermögensgegenstände des § 253 (3) HGB, d.h.

- bei dauernder Wertminderung muss abgeschrieben werden,
- bei vorübergehender Wertminderung besteht ein Abschreibungsverbot.

Allerdings ist eine **Wertaufholung** gemäß § 253 (5) S. 2 HGB **nicht zulässig**.

Ein **selbst geschaffener** Geschäfts- oder Firmenwert **darf nicht bilanziert** werden.

Grundsätze in der Steuerbilanz

Steuerrechtlich besteht gemäß § 5 (2) EStG eine **Aktivierungspflicht** für den derivativen Geschäfts- oder Firmenwert. Er ist zwingend auf 15 Jahre abzuschreiben, § 7 (1) S. 3 EStG. Eine Übereinstimmung zwischen Handels- und Steuerbilanz ist somit nur gegeben, wenn in der Handelsbilanz eine Nutzungsdauer von 15 Jahren zugrunde gelegt wird.

Beispiel

Eine Einzelunternehmerin kauft ein Konkurrenzunternehmen auf. Der Kaufpreis beträgt 1.000.000,00 €, die Vermögensgegenstände des Konkurrenzunternehmens 900.000,00 €, die Schulden 200.000,00 €. Die Einzelunternehmerin zahlt per Banküberweisung am 15.06.01.

Lösung

Der Unterschiedsbetrag zwischen Kaufpreis 1.000.000,00 € und 700.000,00 € (900.000,00 € abzgl. 200.000,00 €) ist als entgeltlich erworbener Geschäfts- oder Firmenwert zu bilanzieren.

Buchungssatz am 15.06.01

		Soll	Haben
0150	Geschäfts- oder Firmenwert	300.000,00 €	
an 1800	Bank		300.000,00 €

Zusammenfassung

Bewertung der immateriellen Vermögensgegenstände

	Handelsbilanz	Steuerbilanz
1. Grundlage der Bewertung	Anschaffungs- oder Herstellungskosten, ggf. abzgl. Abschreibung = Obergrenze der Bewertung	
2. voraussichtlich dauernde Wertminderung	Pflicht zur außerplanmäßigen Abschreibung = strenges Niederstwertprinzip	Wahlrecht zur Teilwertabschreibung
3. vorübergehende Wertminderung	Abschreibungsverbot	Abschreibungsverbot
4. Grund für die außerplanmäßige Abschreibung entfällt	Zuschreibungspflicht **Ausnahme:** Geschäfts- oder Firmenwert: Zuschreibungsverbot	

Aufgaben

1. Geben Sie an, welche immateriellen Vermögensgegenstände das HGB nennt und unter welcher Position diese auszuweisen sind.

2. Geben Sie an, wie immaterielle Vermögensgegenstände grundsätzlich zu bewerten sind.

3. Geben Sie an, wie immaterielle Vermögensgegenstände bei vorübergehender Wertminderung zu bilanzieren sind.

4. Nennen Sie die Berechnungsformel für den Geschäfts- oder Firmenwert.

5. Erläutern Sie, wie der Geschäfts- oder Firmenwert handelsrechtlich behandelt wird.

6. Erläutern Sie, was in der Steuerbilanz hinsichtlich des Geschäfts- oder Firmenwertes zu beachten ist.

7. Ihr Mandant, ein Einzelunternehmer, erwirbt im Jahr 01 eine Lizenz, die ihn zu einer Produktion von neuen Waren berechtigt. Er zahlt dafür 60.000,00 €. Da im Jahr 02 eine ähnliche Ware aus dem Ausland billiger auf dem Markt angeboten wird, sinkt der Wert des Patents nachhaltig auf 20.000,00 €.
   Geben Sie an, wie die Lizenz zum 31.12.01 und 31.12.02 in der Handels- und Steuerbilanz zu bilanzieren ist. Nennen Sie den handelsrechtlichen Buchungssatz zum 31.12.02 und die Gewinnauswirkungen in der Handels- und Steuerbilanz.

8. Eine GmbH benötigt neue EDV-Programme. Sie erwirbt die Programme im Juni 01 für 10.000,00 € zzgl. 19 % USt. Die Nutzugsdauer der Programme wird auf drei Jahre geschätzt.
   Geben Sie an, wie die Zahlung für die EDV-Programme zu buchen ist und mit welchem Wert die Programme am 31.12.01 bilanziert werden.

9. Im Unternehmen Ihrer Mandantin wird aufgrund intensiver Forschung und Entwicklung ein neues Verfahren zur Verbesserung von Produktionsmaschinen entwickelt. Um die Ertragslage besser aussehen zu lassen, will die Geschäftsführerin die Aufwendungen für dieses Verfahren als immaterielles Wirtschaftsgut aktivieren.
   Die Geschäftsführerin fragt Sie um Rat. Kann sie die Kosten aktivieren?

10. Ihr Mandant, eine GmbH, kauft zum 01.10.01 ein Konkurrenzunternehmen auf und zahlt dafür 1,2 Mio.€. Die Vermögenswerte des Konkurrenzunternehmens betragen 1,5 Mio.€ und die Schulden 600.000,00 €. Berechnen Sie den Geschäfts- oder Firmenwert und geben Sie an, wie er in der Handels- und Steuerbilanz zum 31.12.01 auszuweisen ist, wenn unterstellt wird, dass die Nutzugsdauer fünf Jahre beträgt.

11. Eine KG kauft zur Erweiterung ihres Angebots ein Einzelunternehmen auf und zahlt dafür am 01.05.01 550.000,00 €. Die Vermögensgegenstände des Einzelunternehmens haben einen Wert von 400.000,00 € und die Schulden von 30.000,00 €.
Berechnen Sie den Geschäfts- oder Firmenwert und stellen Sie die möglichen Folgen in der Handelsbilanz und Steuerbilanz zum 31.12.01 und 31.12.02 dar. Unterstellen Sie dabei eine Nutzungsdauer von zehn Jahren.

4.4 Bewertung des nicht abnutzbaren Anlagevermögens

§ 253 (3), (5) HGB

§ 6 (1) Nr. 2 EStG

4.4.1 Allgemeines

Grund und Boden sowie Finanzanlagen, die langfristig angelegt sind, gehören zum nicht abnutzbaren Anlagevermögen.

Zum Finanzanlagevermögen gehören Beteiligungen, Wertpapiere und Ausleihungen.

- **Beteiligungen:** Sie liegen vor, wenn dem Unternehmen mehr als 20 % des Nennkapitals einer Kapitalgesellschaft gehören. Ziel ist die Beeinflussung des Beteiligungsunternehmens durch den Kapitalgeber. Beteiligungen sind gemäß § 271 HGB an Kapitalgesellschaften, aber auch an Personengesellschaften möglich.
- **Wertpapiere:** Hierzu gehören u.a. festverzinsliche Wertpapiere, z.B. Bundesobligationen, und Dividendenpapiere, z.B. Aktien, vorausgesetzt, es besteht keine Beteiligung oder Ausleihung.
- **Ausleihungen:** Dies sind langfristige Forderungsdarlehen. Bei der Entscheidung, ob die Zurechnung zum Anlagevermögen erfolgt, ist die vereinbarte Mindestlaufzeit von Bedeutung. Ein Darlehen mit einer Mindestlaufzeit von vier Jahren zählt stets zum Anlagevermögen. Bei einer Laufzeit von einem Jahr oder weniger gehört das Darlehen zum Umlaufvermögen. Bei einer vereinbarten Laufzeit von mehr als einem Jahr und weniger als vier Jahren muss ermittelt werden, ob die Kapitalforderung dazu bestimmt ist, dauernd dem Geschäftsbetrieb zu dienen und damit zum Anlagevermögen gehört. Entscheidend hierbei ist die Absicht des Kaufmanns.

Grundsätze in der Handelsbilanz

Grundsätzlich ist das nicht abnutzbare Anlagevermögen mit den **Anschaffungskosten** zu bewerten, die zugleich die **Wertobergrenze** bilden (Anschaffungskostenprinzip, § 253 (1) S. 1 HGB).

Liegt eine **dauernde Wertminderung** vor, **müssen handelsrechtlich** außerplanmäßige Abschreibungen gemäß § 253 (3) S. 3 HGB vorgenommen werden = **strenges Niederstwertprinzip**.

Liegt nur eine **vorübergehende Wertminderung** vor, **können handelsrechtlich** außerplanmäßige Abschreibungen nur für Finanzanlagen vorgenommen werden, § 253 (3) S. 4 HGB. Darüber hinaus besteht für das nicht abnutzbare Anlagevermögen bei **vorübergehender** Wertminderung ein **Abschreibungsverbot**, § 253 (3) S. 3 HGB.

Grundsätze in der Steuerbilanz

Steuerrechtlich besteht ein **Wahlrecht**, außerplanmäßige Abschreibungen vorzunehmen, wenn sie durch eine voraussichtliche **dauernde Wertminderung** veranlasst sind. Nach § 5 (1) S. 1 HS 2 EStG kann das Wahlrecht unabhängig vom Handelsbilanzansatz ausgeübt werden.

Bei einer **vorübergehenden Wertminderung** besteht steuerrechtlich ein **Abschreibungsverbot**, § 6 (1) Nr. 2 EStG.

Beispiel Ein Grundstück wurde bisher zu seinen Anschaffungskosten von 200.000,00 € aktiviert. Aufgrund der Stilllegung der Straße, die am Grundstück vorbeiführt, sinkt der Wert des Grundstücks auf 150.00,000 €.

Lösung

Da eine voraussichtlich dauernde Wertminderung des Grundstücks vorliegt, wird das Grundstück handels- und steuerrechtlich auf 150.000,00 € abgeschrieben.[1]

Buchungssatz

		Soll	Haben
6230	Außerplanmäßige Abschreibungen auf Sachanlagen	50.000,00 €	
an 0215	Unbebaute Grundstücke		50.000,00 €

Steigt der Wert nach einer außerplanmäßigen Abschreibung wieder, gilt sowohl handelsrechtlich als auch steuerlich ein Wertaufholungsgebot, § 253 (5) HGB, § 6 (1) Nr. 2 EStG.

Der Buchungssatz lautet in diesem Fall:

0215 Unbebaute Grundstücke **an** 4910 Erträge aus Zuschreibung Anlagevermögen

4.4.2 Besonderheiten bei der Bewertung von Anteilen an Kapitalgesellschaften im Steuerrecht

Anteile im Besitz eines Einzelunternehmers bzw. einer Personengesellschaft

Liegt eine dauerhafte Wertminderung vor, ist eine Abschreibung auf diesen niedrigeren Wert möglich, § 6 (1) Nr. 2 EStG. Es ist von einer dauerhaften Wertminderung bei börsennotierten Aktien grundsätzlich auszugehen, wenn der Börsenwert zum Bilanzstichtag unter den Börsenwert zum Zeitpunkt des Aktienerwerbs gesunken ist. Aus Vereinfachungsgründen ist eine Bagatellgrenze von 5 % der Anschaffungskosten zu berücksichtigen. Auf die Kursentwicklung nach dem Bilanzstichtag kommt es nicht an, da es sich hierbei nicht um wertaufhellende Erkenntnisse, sondern um wertbegründende Tatsachen handelt. Ausnahmsweise spiegelt der Börsenkurs den Anteilswert dann nicht wider, wenn der Kurs, z. B. durch Insidergeschäfte, manipuliert wurde.

Beispiel 1

Eine Einzelunternehmerin erwirbt am 15.11.01 zum Kurs von 50,00 € 600 Aktien der ABC-AG.
Die Anschaffungsnebenkosten betragen 90,00 €.
Zum 31.12.01 ist der Börsenkurs auf 42,00 € gefallen.
Am 30.01.02 beträgt der Kurs 48,00 €.

Lösung 1

Kurswert am 15.11.01, 600 Stück · 50,00 € =	30.000,00 €
Anschaffungsnebenkosten (0,30 % der AK)	+ 90,00 €
Anschaffungskosten gesamt	30.090,00 €
Börsenkurs am 31.12.01, 600 Stück · 42,00 € = Teilwert	25.200,00 €
Differenz = Teilwertabschreibung zum 31.12.01	4.890,00 €

Der Anstieg des Kurswertes zum 30.01.02 hat keine Auswirkung auf die Höhe der Teilwertabschreibung zum 31.12.01.
Die Aktien sind mit dem niedrigeren Teilwert von 25.200,00 € zum 31.12.01 zu bewerten.

Beispiel 2

Abwandlung von Beispiel 1:
Der Kurswert zum 31.12.01 beträgt 48,50 € je Aktie.

Lösung 2

Der Kursverlust zum Bilanzstichtag beträgt gegenüber dem Kurs zum Anschaffungszeitpunkt 3 % (Kursverlust 1,50 €, entspricht 3 % von 50,00 €). Er überschreitet somit nicht die Bagatellgrenze von 5 % und es erfolgt keine Teilwertabschreibung.

1 Zu beachten ist, dass gemäß § 5 (1) S. 1 HS 2 EStG für das Steuerrecht ein Wahlrecht besteht, d. h., das Grundstück kann auch mit 200.000,00 € bilanziert werden.

Gewinnausschüttungen, Veräußerungsgewinne, Teilwertabschreibungen und Zuschreibungen aus Anteilen an Kapitalgesellschaften, die nach dem 31.12.2008 zufließen, werden zu 60 % als steuerpflichtig behandelt = **Teileinkünfteverfahren** gemäß § 3 Nr. 40 EStG. Aufwendungen, die hiermit im Zusammenhang stehen, sind auch nur zu 60 % steuermindernd zu berücksichtigen gemäß § 3c (2) EStG.

Beispiel 1

Ein Einzelunternehmer hat im Jahr 01 GmbH-Anteile für 10.000,00 € erworben. Am 31.12.01 sinkt der Wert der Anteile nachhaltig auf 4.000,00 €.

Lösung 1

Da eine dauerhafte Wertminderung vorliegt, kann der niedrigere Wert in der Bilanz angesetzt werden.

Buchungssatz am 31.12.01

		Soll	Haben
7200	Abschreibungen auf Finanzanlagen	6.000,00 €	
an 0900	Wertpapiere		6.000,00 €

Außerbilanziell sind nach dem Teileinkünfteverfahren 40 % von 6.000,00 € = 2.400,00 € dem Gewinn wieder hinzuzurechnen.

Beispiel 2

Die GmbH-Anteile in Beispiel 1 steigen aufgrund einer unerwartet wirtschaftlich verbesserten Situation der GmbH zum 31.12.04 auf 12.000,00 €.

Lösung 2

Gemäß § 6 (1) Nr. 2 S. 3 EStG besteht eine Zuschreibungspflicht, aber nur bis maximal zu den Anschaffungskosten.

Buchungssatz am 31.12.04

		Soll	Haben
0900	Wertpapiere	6.000,00 €	
an 4910	Erträge aus Zuschreibung des Sach-AV		6.000,00 €

Aufgrund des Teileinkünfteverfahrens ist außerbilanziell der Gewinn um 40 % von 6.000,00 € = 2.400,00 € zu kürzen.

Anteile im Besitz einer Kapitalgesellschaft

Ist eine unbeschränkt steuerpflichtige Körperschaft an einer anderen Körperschaft beteiligt, wird gemäß § 8b KStG auf die Besteuerung der Gewinnausschüttungen dieser Körperschaft auf der Ebene der beteiligten Körperschaft verzichtet. Das bedeutet umgekehrt, dass sämtliche Gewinnminderungen, in diesem Zusammenhang z. B. durch Teilwertabschreibungen auf die Anteile, bei der Gewinnermittlung nicht berücksichtigt werden. Sie sind außerbilanziell wieder hinzuzurechnen.

Beispiel

Eine AG ist an einer GmbH beteiligt. Die Anschaffungskosten dieser Beteiligung betrugen in 01 25.000,00 €. Aufgrund einer dauernden Wertminderung sinkt der Wert der GmbH-Anteile in 03 auf 15.000,00 €.

Lösung

Da eine dauerhafte Wertminderung vorliegt, kann der niedrigere Wert in der Bilanz angesetzt werden.

Buchungssatz am 31.12.03

		Soll	Haben
7200	Abschreibungen auf Finanzanlagen	10.000,00 €	
an 0900	Wertpapiere		10.000,00 €

Über § 8b KStG ist der Gewinn der AG außerbilanziell um 10.000,00 € zu erhöhen.

Gewinnausschüttungen von Tochtergesellschaften

Gewinnausschüttungen von Tochtergesellschaften, an denen eine unmittelbare Beteiligung von unter 10 % besteht, sind in vollem Umfang körperschaftsteuerpflichtig. Die eigentlich bestehende Freistellung nach § 8b (1) KStG wird suspendiert. *§ 8 b (4) KStG*

Zusammenfassung

Bewertung der nicht abnutzbaren Sach- und Finanzanlagen

	Handelsbilanz	Steuerbilanz
1. Grundlage der Bewertung	Anschaffungs- oder Herstellungskosten = Obergrenze der Bewertung	
2. voraussichtlich dauernde Wertminderung	Pflicht zur außerplanmäßigen Abschreibung = strenges Niederstwertprinzip	Wahlrecht zur Teilwertabschreibung
3. vorübergehende Wertminderung	Abschreibungsverbot **Ausnahme:** Wahlrecht zur außerplanmäßigen Abschreibung bei Finanzanlagen	Abschreibungsverbot
4. Grund für die außerplanmäßige Abschreibung entfällt	Zuschreibungspflicht	

Aufgaben

1. Nennen Sie den Wert, mit dem Finanzanlagen grundsätzlich in der Handels- bzw. Steuerbilanz auszuweisen sind.

2. Geben Sie an, wie ein unbebautes Grundstück in der Handels- bzw. Steuerbilanz zu bewerten ist, wenn der Wert vorübergehend unter die Anschaffungskosten sinkt.

3. Geben Sie an, wie in Aufgabe 2 zu verfahren ist, wenn die Wertminderung von Dauer ist.

4. Der Wert von Finanzanlagen steigt nach einer vorhergehenden Abschreibung wieder.
   Geben Sie an, mit welchem Wert die Finanzanlagen in der Handels- bzw. Steuerbilanz anzusetzen sind.

5. Nennen Sie die Gruppen, in die Finanzanlagen gemäß § 266 (2) HGB eingeteilt werden.

Vorbemerkung: In den folgenden Aufgaben ist das Abschreibungswahlrecht gemäß § 6 (1) Nr. 2 EStG bei dauerhafter Wertminderung stets in Übereinstimmung mit der Handelsbilanz auszuüben.

6. Ihre Mandantin, eine GmbH, hat bisher zwei vor drei Jahren angeschaffte unbebaute Grundstücke zu ihren Anschaffungskosten bilanziert (Grundstück I: 60.000,00 €, Grundstück II: 70.000,00 €). Zum Abschlussstichtag ist der Verkehrswert des Grundstücks I auf 90.000,00 € gestiegen. Aufgrund einer Straßenverlegung verliert hingegen Grundstück II dauerhaft 20.000,00 € an Wert.
   a) Geben Sie an, mit welchem Wert die beiden Grundstücke zu bilanzieren sind.
   Begründen Sie Ihre Entscheidung.
   b) Nennen Sie den/die entsprechenden Buchungssatz/Buchungssätze.
   c) Fünf Jahre später wird die für das Grundstück II nachteilige Straßenverlegung rückgängig gemacht und die Straße neu ausgebaut. Dadurch steigt gemäß Sachverständigengutachten der Wert von Grundstück II auf 100.000,00 €.
      ca) Geben Sie an, ob handelsrechtlich eine Wertzuschreibung erfolgen muss oder kann.
      cb) Nennen Sie den Wert, der in der Steuerbilanz auszuweisen ist.
      cd) Geben Sie an, auf welchen Wert höchstens eine Wertzuschreibung erfolgen kann.

7. In der Bilanz Ihres Mandanten ist ein unbebautes Grundstück mit Anschaffungskosten in Höhe von 40.000,00 € erfasst. Neben dem Grundstück Ihres Mandanten wird im Jahr 02 eine Großbaustelle zum Bau eines Einkaufszentrums eingerichtet. Dadurch kommt es zu einer Straßensperrung für den Durchgangsverkehr und der Wert des Grundstücks sinkt auf 30.000,00 €. Ihr Mandant rechnet damit, dass die Sperrung nach Ende der Baustelle wieder entfällt.

a) Geben Sie an, mit welchem Wert das Grundstück zum 31.12.02 in der Handels- und Steuerbilanz zu erfassen ist.
b) Nach Beendigung der Baustelle ist der Wert des Grundstücks aufgrund der guten Einkaufsmöglichkeiten auf 55.000,00 € gestiegen.
Geben Sie an, wie nun das Grundstück in der Handels- und Steuerbilanz zu bewerten ist.

8. Ihre Mandantin, eine GmbH, weist in der Bilanz seit Jahren ein unbebautes Grundstück aus. Die ursprünglichen Anschaffungskosten betrugen 60.000,00 €. Vor drei Jahren wurde zu Recht eine Abschreibung auf 20.000,00 € vorgenommen. Aufgrund neuer straßenbaulicher Veränderungen steigt der Wert des Grundstücks zum 31.12.02 auf 32.000,00 €.
Nennen Sie den Wert, mit dem das Grundstück zum 31.12.02 in der Handels- bzw. Steuerbilanz zu bilanzieren ist.
Die Buchungssätze sind nach Handelsrecht vorzunehmen. Geben Sie auch die Gewinnauswirkung in der Handels- und Steuerbilanz an.

9. Ein unbebautes Grundstück ist mit den Anschaffungskosten von 30.000,00 € bilanziert. Zum 31.12.03 mindert sich der Wert des Grundstücks wegen Altlasten um 5.000,00 €. Nachdem die Altlasten entfernt wurden und in der Nachbarschaft ein Wohngebiet ausgeschrieben wurde, steigt der Wert zum 31.12.05 auf 32.000,00 €.
Nennen Sie den Wert, mit dem das Grundstück zum 31.12.03 und 31.12.05 in der Handels- und Steuerbilanz auszuweisen ist.

10. Eine Einzelunternehmerin bilanziert seit Jahren ein unbebautes Grundstück mit den Anaschaffungskosten von 150,00 €/m². Das Grundstück ist 500 m² groß. Im Jahr 01 wurden Altlasten im Erdreich entdeckt, die zu einer dauerhaften Wertminderung führen. Der Preis beträgt nun 20,00 €/m².
Geben Sie an, mit welchem Wert das Grundstück zum 31.12.01 in der Handels- und Steuerbilanz zu bewerten ist.
Geben Sie den ggf. erforderlichen handelsrechtlichen Buchungssatz und die Gewinnauswirkung in der Handels- und Steuerbilanz an.

11. Ihr Mandant, ein Einzelunternehmer, hat im Jahr 01 ein unbebautes Grundstück für 22.000,00 € gekauft. Vorübergehend wird in 02 die Zufahrtsstraße gesperrt. Daraufhin sinkt der Wert des Grundstücks auf 5.000,00 €.
Nennen Sie den Wert, mit dem das Grundstück in der Handels- bzw. Steuerbilanz zu bilanzieren ist.

12. In der Bilanz zum 31.12.02 einer Einzelunternehmerin wurde zulässigerweise ein unbebautes Grundstück, 200 m², Anschaffungskosten 45.000,00 €, wegen einer dauerhaften Wertminderung mit 30.000,00 € angesetzt. Um einen noch größeren Verlust zu vermeiden, verkauft die Einzelunternehmerin in 03 die Hälfte des Grundstücks für 15.000,00 €. Kurz nach dem Verkauf, noch im Jahr 03, sinkt der Wert des Grundstücks dauerhaft auf 100,00 €/m².
Geben Sie an, wie das Grundstück in der Handels- und Steuerbilanz zum 31.12.03 zu bewerten ist. Nennen Sie den Buchungssatz und geben Sie die Gewinnauswirkung in der Handels- und Steuerbilanz an.

13. Eine KG hat vor zehn Jahren Wertpapiere zu Anschaffungskosten von 150.000,00 € erworben. Der Wert dieser Wertpapiere ist aufgrund der derzeitigen Konjunkturlage vorübergehend auf 100.000,00 € gesunken.

a) Geben Sie an, ob handelsrechtlich und steuerrechtlich ein Abschreibungsgebot oder Abschreibungswahlrecht auf den niedrigeren Wert besteht,
b) Nennen Sie den handelsrechtlichen Buchungssatz, wenn die außerplanmäßige Abschreibung bis zur Wertuntergrenze der Wertpapiere vorgenommen wird.
c) Der Wert der Wertpapiere steigt auf 180.000,00 €. Geben Sie an, ob ein Zuschreibungsgebot besteht oder zugeschrieben werden kann. Entscheiden Sie für die Handels- und die Steuerbilanz und geben Sie den Buchungssatz an.

14. Ihre Mandantin, eine KG, hat eine Beteiligung an einer GmbH bilanziert, die vor Jahren für 50.000,00 € angeschafft worden war. Nach einer zulässigen Abschreibung im Jahr 03 ist diese Beteiligung mit 35.000,00 € bilanziert. Die branchenbedingte Verschlechterung der wirtschaftlichen Lage führt zu einer weiteren Wertminderung der Beteiligung im Jahr 04 auf 25.000,00 €.
Eine Besserung der Ertragslage ist nicht in Sicht.
Geben Sie an, wie die GmbH-Beteiligung zum 31.12.04 in der Handels- bzw. Steuerbilanz bilanziert werden muss bzw. kann. Bilden Sie den Buchungssatz nach handelsrechtlichen Grundsätzen und geben Sie die handels- und steuerrechtliche Gewinnauswirkung an.

15. Unter den Wertpapieren Ihres Mandanten (Einzelunternehmer) befinden sich folgende Aktien:

	Stück	AK/Stück	letzter Bilanzansatz	aktueller Wert
Aktie A	120	100,00 €	100,00 €	50,00 €, von Dauer
Aktie B	60	250,00 €	140,00 €	230,00 €
Aktie C	200	320,00 €	180,00 €	150,00 €, von Dauer
Aktie D	70	120,00 €	65,00 €	50,00 €, nicht von Dauer

Geben Sie an, mit welchem Wert die Aktien in der Handels- und Steuerbilanz ausgewiesen werden können/müssen. Bilden Sie die erforderlichen handelsrechtlichen Buchungssätze und geben Sie die Gewinnauswirkung in der Handels- und Steuerbilanz an. Gehen Sie davon aus, dass die Wertminderungen beim letzten Bilanzansatz jeweils von Dauer waren.

16. Eine GmbH hält im Anlagevermögen Bundesobligationen im Nennwert von 15.000,00 €, die sie im Jahr 01 zum Kurswert von 98 % zzgl. 0,45 % Nebenkosten erworben hat. Zum 31.12.01 sinkt der Kurs dauerhaft auf 97 %.
Ermitteln Sie die Anschaffungskosten. Geben Sie an, wie die GmbH die Bundesobligationen zum 31.12.01 in der Handels- bzw. Steuerbilanz bilanzieren muss bzw. kann. Bilden Sie den Buchungssatz nach handelsrechtlichen Grundsätzen und geben Sie die Gewinnauswirkung in der Handels- und Steuerbilanz an.

17. Im Anlagevermögen einer Einzelunternehmerin befindet sich eine GmbH-Beteiligung. Die ursprünglichen Anschaffungskosten im Jahr 01 betrugen 100.000,00 €. Im Jahr 03 mindert sich der Wert der Beteiligung vorübergehend auf 60.000,00 €. Bereits im April 04 erholt sich die Auftragslage der GmbH und der Wert der Anteile steigt auf 110.000,00 €.
Geben Sie an, wie die Beteiligung zum 31.12.03 und 31.12.04 zu bilanzieren ist, wenn der Einzelunternehmer einen möglichst geringen Gewinn ausweisen möchte. Bilden Sie die erforderlichen handelsrechtlichen Buchungssätze und geben Sie die Gewinnauswirkungen in der Handels- und Steuerbilanz an.

18. Ihr Mandant hat seit Jahren 100 Aktien im Anlagevermögen. Die Anschaffungskosten betrugen 70.000,00 €. Im Jahr 02 sinkt der Wert dauerhaft auf 40.000,00 €. Daraufhin verkauft er 75 % dieser Aktien im Mai 03 für 42.000,00 €. Der Restbestand hat zum 31.12.03 einen Wert von 15.000,00 €.
Nennen Sie den Wert, mit dem die Aktien zum 31.12.02 und 31.12.03 handels- und steuerrechtlich zu bewerten sind. Buchen Sie den Verkauf im Jahr 03. Den Verkaufspreis hat der Käufer sofort bei Kauf auf das Bankkonto Ihres Mandanten überwiesen.
Buchungen sind nach handelsrechtlichen Vorschriften vorzunehmen. Geben Sie auch die Gewinnauswirkungen in der Handels- und Steuerbilanz an.

4.5 Bewertung des abnutzbaren Sachanlagevermögens

Anlagegüter stehen dem Unternehmen längerfristig zur Verfügung. Sie können abnutzbar und nicht abnutzbar sein. Zum abnutzbaren Anlagevermögen gehören beispielsweise Maschinen, Kraftfahrzeuge, Betriebs- und Geschäftsausstattung. Der Wert der abnutzbaren Anlagegüter nimmt im Zeitablauf ab; deshalb werden die abnutzbaren Anlagegüter planmäßig abgeschrieben.

Das Anlagegut Grund und Boden wird im Zeitablauf üblicherweise nicht abgenutzt; deshalb wird auf Grund und Boden keine planmäßige Abschreibung vorgenommen.

Möglichkeiten der planmäßigen Abschreibung

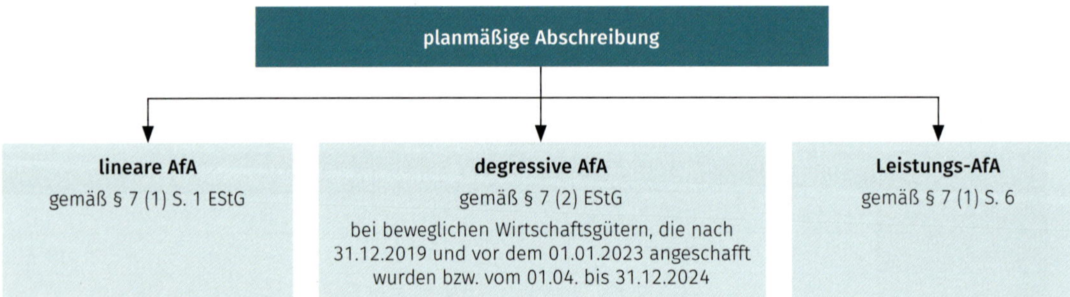

4.5.1 Grundsätze der linearen Abschreibung

Bei der linearen Abschreibung wird mit einem gleichbleibenden Prozentsatz von den Anschaffungs- oder Herstellungskosten abgeschrieben. Die lineare Abschreibung wird auch als jährlich gleichbleibende Abschreibung bezeichnet. Aber jährlich gleichbleibend ist die lineare Abschreibung nur, wenn es sich um vollständige Nutzungsjahre handelt. Wird das Anlagegut während des Jahres angeschafft, ist der lineare Abschreibungsbetrag geringer als in den Folgejahren, da das Anschaffungsjahr nur zeitanteilig abgeschrieben werden darf gegenüber den Folgejahren.

$$\textbf{Abschreibungssatz} = \frac{100\,\%}{\text{Nutzungsdauer in Jahren}} = x\,\%$$

$$\textbf{Abschreibungsbetrag pro Jahr} = \frac{\text{Anschaffungskosten oder Herstellungskosten}}{\text{Nutzungsdauer in Jahren}} = x\,€$$

Zeitanteilige Abschreibung

Anlagegüter, die während des Wirtschaftsjahres

- **angeschafft** bzw. **hergestellt** (= Zugang) oder
- **veräußert** bzw. **entnommen** (= Abgang)

werden, sind grundsätzlich **zeitanteilig** abzuschreiben.

In der Praxis wird dabei nach **Nutzungsmonaten** abgeschrieben.

Zugang von Anlagegütern (zeitanteilige Abschreibung im Zugangsjahr)

Im Zugangsjahr wird die zeitanteilige Abschreibung so gehandhabt, dass das angeschaffte bzw. hergestellte Anlagegut ab dem Monat des Zugangs abgeschrieben wird.

Beispiel

Bei Anschaffung eines Betriebsgebäudes am 27. März werden 10/12 der Jahresabschreibung angesetzt (**Annahme:** Wirtschaftsjahr entspricht Kalenderjahr).

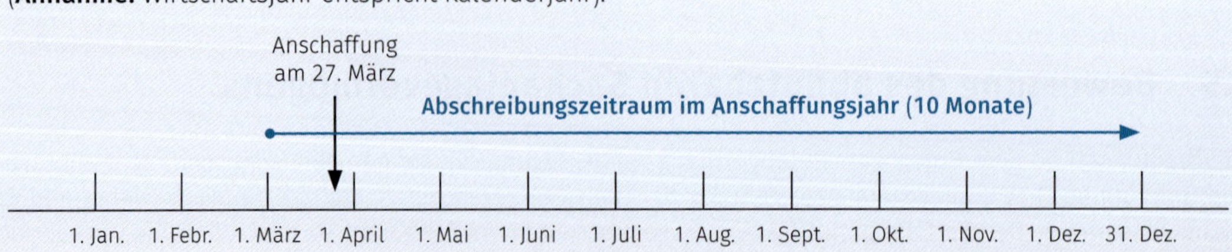

Abgang von Anlagegütern (zeitanteilige Abschreibung im Abgangsjahr)

Wird ein Anlagegut **veräußert oder entnommen**, wird auf volle Monate abgeschrieben. Endet die Nutzung eines Anlagegutes im Laufe eines Monats, ist es nach herrschender Rechtsauffassung zulässig, **wahlweise auf volle Monate auf- oder abzurunden**. Da bei Ausscheiden eines Anlagegutes sein Wert ohnehin auf null gebracht wird, hat die Höhe der Abschreibung im Abgangsjahr keinen Einfluss auf den zu versteuernden Gewinn.

Beispiel

Eine Maschine wird am 3. August veräußert (Betriebszugehörigkeit im Abgangsjahr: 1. Januar bis 3. August). Der Abschreibungsbetrag beträgt nun im Jahr des Ausscheidens 7/12 oder 8/12 der Jahresabschreibung (**Annahme:** Wirtschaftsjahr entspricht Kalenderjahr).

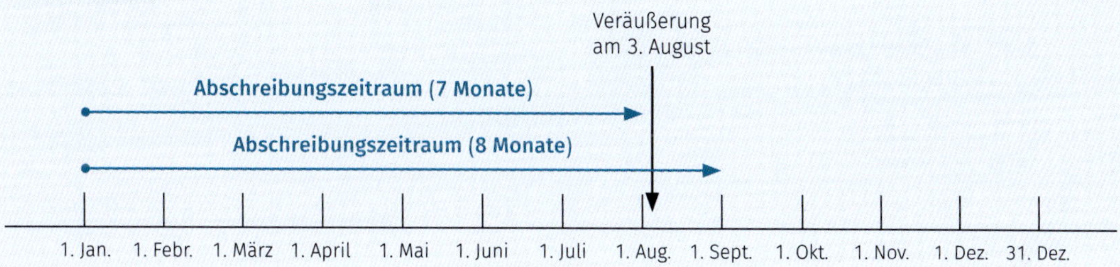

4.5.2 Lineare Abschreibungsmethode bei Gebäuden und Außenanlagen

Beispiel

Im April 2024 erwarb die Metallunion GmbH ein Gebäude zum Kaufpreis von 2.200.000,00 €. Auf den Grund und Boden entfielen 20 %.

Es sind weiterhin folgende Kosten angefallen:
- Grunderwerbsteuer 5 %
- Notarrechnung für Kaufvertrag in Höhe 26.180,00 € inkl. 19 % Umsatzsteuer.

Das Gebäude hat eine Nutzungsdauer von 40 Jahren und wird entsprechend linear abgeschrieben.
a) Buchen Sie die Eingangsrechnungen bei der Anschaffung.
b) Berechnen Sie die Abschreibungen für die ersten drei Jahre.

Lösung

a) Berechnung der Anschaffungskosten und Aufteilung der Anschaffungsnebenkosten

	Insgesamt	Grundstücksanteil	Gebäudeanteil
Kaufpreis	2.200.000,00 €	440.000,00 €	1.760.000,00 €
+ Grunderwerbsteuer	110.000,00 €	22.000,00 €	88.000,00 €
+ Notarrechnung Kaufvertrag	22.000,00 €	4.400,00 €	17.600,00 €
= Anschaffungskosten	**2.332.000,00 €**	**466.400,00 €**	**1.865.600,00 €**

Buchungssatz für den Grundstückskauf

		Soll	Haben
0235	Grundstückswerte eigener bebauter Grundstücke	440.000,00 €	
0240	Gebäude	1.760.000,00 €	
an 3310	Verbindlichkeiten a. LL.		2.200.000,00 €

Buchungssatz für die Grunderwerbsteuer

		Soll	Haben
0235	Grundstückswerte eigener bebauter Grundstücke	22.000,00 €	
0240	Gebäude	88.000,00 €	
an 3310	Verbindlichkeiten a. LL.		110.000,00 €

Buchungssatz für die Notarkosten Kaufvertrag

		Soll	Haben
0235	Grundstückswerte eigener bebauter Grundstücke	4.400,00 €	
0240	Gebäude	17.600,00 €	
1400	Vorsteuer	4.180,00 €	
an 3310	Verbindlichkeiten a. LL.		26.180,00 €

b) Abschreibung im ersten Jahr, zeitanteilig

zeitanteilig für 9 Monate, da Anschaffung im 4. Monat erfolgte
lineare Abschreibung/Jahr = AK : ND = 1.865.600,00 € : 40 Jahre = 46.640,00 €/Jahr
zeitanteilige Abschreibung im 1. Jahr
= lineare Abschreibung/Jahr : 12 · Leistungsmonate
= 46.640,00 € : 12 · 9 = 34.980,00 €

Buchungssatz

		Soll	Haben
6220	Abschreibungen auf Sachanlagen	34.980,00 €	
an 0240	Gebäude		34.980,00 €

Abschreibung im zweiten und dritten Jahr

lineare Abschreibung/Jahr = AK : ND = 1.865.600,00 € : 40 = 46.640,00 €/Jahr
Abschreibung im 2. und 3. Jahr jeweils 46.640,00 €

Buchungssatz

		Soll	Haben
6220	Abschreibungen auf Sachanlagen	46.640,00 €	
an 0240	Gebäude		46.640,00 €

4.5.3 Lineare Abschreibung bei beweglichem abnutzbarem Anlagevermögen

§ 7 (1) EStG

Bei beweglichen abnutzbaren Anlagegütern erfolgt die Abschreibung nach § 7 (1) EStG.

Beispiel

Am 10. September erwarb die Niklas Schnaars Drucktechnik GmbH eine neue Druckmaschine. Die neue Druckmaschine wurde am 28. September geliefert und Anfang Oktober montiert und betriebsbereit aufgestellt. In der Eingangsrechnung für die Druckmaschine wurden folgende Beträge berechnet:

Druckmaschine	85.000,00 €
– 10 % Rabatt	8.500,00 €
= Verkaufspreis, netto	76.500,00 €
+ 19 % Umsatzsteuer	14.535,00 €
= Verkaufspreis, brutto	91.035,00 €

Weiterhin wurden in Rechnung gestellt:

Lieferkosten	2.400,00 €
+ Aufbau- und Montagekosten	5.100,00 €
+ 19 % Umsatzsteuer	1.425,00 €
= weitere Kosten, brutto	8.925,00 €

Die Druckmaschine hat eine Nutzungsdauer von acht Jahren und wird entsprechend linear abgeschrieben.

a) Ermitteln und buchen Sie die Anschaffung im ersten Jahr.

b) Stellen Sie den Abschreibungsverlauf tabellarisch dar.

c) Ermitteln und buchen Sie die Abschreibung im ersten und zweiten Jahr.

Lösung

a) **Berechnung der Anschaffungskosten für die Druckmaschine**

Kaufpreis, netto	76.500,00 €
+ Lieferkosten	2.400,00 €
+ Aufbau- und Montagekosten	5.100,00 €
= Anschaffungskosten	84.000,00 €
+ 19 % Umsatzsteuer	15.960,00 €
= Kaufpreis, brutto	99.960,00 €

Buchungssatz für die Maschinenanschaffung

		Soll	Haben
0440	Maschinen	84.000,00 €	
1400	Vorsteuer	15.960,00 €	
an 3310	Verbindlichkeiten a. LL.		99.960,00 €

b)

	Buchwert bei Anschaffung bzw. zum Jahresbeginn	Abschreibung	Buchwert am Ende des Geschäftsjahres
1. Geschäftsjahr (zeitanteilig)	84.000,00 €	2.625,00 €	81.375,00 €
2. Geschäftsjahr	81.375,00 €	10.500,00 €	70.875,00 €
3. Geschäftsjahr	70.875,00 €	10.500,00 €	60.375,00 €
4. Geschäftsjahr	60.375,00 €	10.500,00 €	49.875,00 €
5. Geschäftsjahr	49.875,00 €	10.500,00 €	39.375,00 €
6. Geschäftsjahr	39.375,00 €	10.500,00 €	28.875,00 €
7. Geschäftsjahr	28.875,00 €	10.500,00 €	18.375,00 €
8. Geschäftsjahr	18.375,00 €	10.500,00 €	7.875,00 €
9. Geschäftsjahr (zeitanteilig)	7.875,00 €	7.875,00 €	0,00 €
Insgesamt	–	84.000,00 €	–

c) **Abschreibung im ersten Jahr, zeitanteilig**

lineare Abschreibung/Jahr = AK : ND = 84.000,00 € : 8 Jahre = 10.500,00 €/Jahr

Abschreibung von Oktober bis Dezember (ab Betriebsbereitschaft) für 3 Monate

zeitanteilige Abschreibung für 3 Monate = 10.500,00 € : 12 · 3 = 2.625,00 €

Buchungssatz

		Soll	Haben
6220	Abschreibungen auf Sachanlagen	2.625,00 €	
an 0440	Maschinen		2.625,00 €

Abschreibung im zweiten Jahr
lineare Abschreibung/Jahr = AK : ND = 84.000,00 € : 8 Jahre = 10.500,00 €/Jahr

Buchungssatz

		Soll	Haben
6220	Abschreibungen auf Sachanlagen	10.500,00 €	
an 0440	Maschinen		10.500,00 €

4.5.4 Degressive Abschreibung für neu gebaute bzw. erworbene Wohngebäude

§ 7 (5a) EStG

Neu gebaute bzw. erworbene Wohngebäude dürfen degressiv mit 5 % abgeschrieben werden, wenn sie zwischen dem 01.10.2023 und dem 30.09. 2029 erworben wurden bzw. werden.

Die degressive Abschreibung gilt ausschließlich für neu gebaute bzw. im Jahr der Fertigstellung erworbene Wohngebäude und Wohnungen.

Im ersten Jahr können 5 % der Investitionskosten steuerlich geltend gemacht werden. In den folgenden Jahren können jeweils 5 % des Restwertes steuerlich geltend gemacht werden.

Ein Wechsel zur linearen AfA ist möglich.

Der Baubeginn des Wohngebäudes muss zwischen dem 01.10.2023 und dem 30.9.2029 (6-Jahres Zeitraum) liegen.

4.5.5 Degressive Abschreibung bei beweglichem abnutzbarem Anlagevermögen

Bei der degressiven Abschreibung werden die jährlichen Abschreibungsbeträge immer geringer, weil ein gleichbleibender Abschreibungssatz vom jeweils geringer werdenden Restbuchwert berechnet wird. Deshalb wird die degressive Abschreibung auch als Abschreibung in fallenden Jahresbeträgen bezeichnet. Mithilfe eines gleichbleibenden Prozentsatzes wird vom jeweiligen Buchwert (Restwert) abgeschrieben.

Abschreibungssatz

Der maximal mögliche Abschreibungssatz für den Zeitraum 2021/2022 wird vom Gesetzgeber mit 25 % vorgegeben, aber dann maximal das 2,5-Fache der linearen Abschreibung.

- linearer Abschreibungssatz · 2,5 ≤ 25 % → mit Ergebnis rechnen
- linearer Abschreibungssatz · 2,5 ≥ 25 % → mit 25 % rechnen

Der maximal mögliche Abschreibungssatz für Anschaffungen vom 01.04. bis 31.12.2024 wird vom Gesetzgeber mit 20 % vorgegeben, aber dann maximal das 2,0-Fache der linearen Abschreibung.

- linearer Abschreibungssatz · 2,0 ≤ 20 % → mit Ergebnis rechnen
- linearer Abschreibungssatz · 2,0 ≥ 20 % → mit 20 % rechnen

$$\frac{\text{Buchwert} \cdot \text{Abschreibungssatz}}{100} = \text{Abschreibungssatz in Euro pro Jahr}$$

Im Gegensatz zur linearen Abschreibung erreicht der Buchwert bei der degressiven Abschreibung nicht den Wert 0,00 €. Da die Abschreibungsbeträge bei der degressiven Abschreibung in der ersten Nutzungsjahren größer als die linearen Abschreibungsbeträge sind, hat der erlaubte Wechsel von der degressiven Abschreibung zur linearen Abschreibung Vorteile.

Um den steuerpflichtigen Gewinn gering zu halten, wird – im Rahmen der steuerrechtlichen Vorschriften – Jahr für Jahr angestrebt, möglichst hohe Abschreibungsbeträge gewinnmindernd anzusetzen.

Da der degressive Abschreibungsprozentsatz meistens höher ist als der lineare, ist die degressive Abschreibungsmethode unter steuerlichen Gesichtspunkten in den ersten Jahren in der Regel günstiger. Ein späterer Wechsel von der degressiven Abschreibung zur linearen ist dann sinnvoll, wenn die linearen Abschreibungsbeträge die degressiven übersteigen.

Von der degressiven zur linearen Abschreibungsmethode wird in dem Nutzungsjahr übergegangen, in dem folgende Bedingungen erstmals erfüllt sind:

$$\frac{\text{Buchwert bei degressiver Abschreibung}}{\text{Restnutzungsdauer}} \geq \text{Abschreibungsbetrag bei degressiver Abschreibung}$$

bzw.
linearer Abschreibungsprozentsatz
(bezogen auf die Restnutzungsdauer) ≥ degressiver Abschreibungsprozentsatz

Beispiel 1

Anschaffung 2021/2022

Am 12. Januar 2022 erwarb die Metalltechnik GmbH eine neue Pressmaschine. Die Maschine wurde am 28. Januar geliefert, betriebsfertig aufgebaut und wie folgt in Rechnung gestellt:

Pressmaschine	125.000,00 €
– 5,6 % Rabatt	7.000,00 €
= Verkaufspreis, netto	118.000,00 €
+ 19 % Umsatzsteuer	22.420,00 €
= Verkaufspreis, brutto	140.420,00 €

Weiterhin wurden Montagekosten in Höhe von 2.380,00 € inkl. 19 % Umsatzsteuer in Rechnung gestellt. Die Pressmaschine hat eine Nutzungsdauer von acht Jahren.

a) Ermitteln Sie die Anschaffungskosten für die neue Maschine.
b) Berechnen Sie die lineare Abschreibung.
c) Berechnen Sie die degressive Abschreibung.
d) Stellen Sie den maximal möglichen Abschreibungsverlauf in einer Tabelle dar. Weisen Sie dabei den Übergang auf ein anderes Abschreibungsverfahren aus.
e) Nennen Sie den generellen Zeitpunkt, zu dem der Wechsel von der degressiven zur linearen Abschreibung stattfinden sollte.
f) Buchen Sie die Anschaffung der neuen Maschine.

Lösung 1

a) Berechnung der Anschaffungskosten für die neue Maschine

Kaufpreis, netto	118.000,00 €
+ Montagekosten, netto	2.000,00 €
= Anschaffungskosten	120.000,00 €

b) lineare Abschreibung

lineare Abschreibung/Jahr = AK : ND = 120.000,00 € : 8 = 15.000,00 €/Jahr
Die lineare Abschreibung im 1. Jahr beträgt ebenfalls 15.000,00 €, da der volle Anschaffungsmonat abgeschrieben wird.

c) degressive Abschreibung

25 %, aber max. das 2,5-Fache der linearen Abschreibung;
lineare Abschreibung/Jahr = 100 % : ND = 100 % : 8 = 12,5 %
Das 2,5-Fache der linearen Abschreibung beträgt 2,5 · 12,5 % = 31,25 %; folglich dürfen degressiv 25 % abgeschrieben werden.

Die degressive Abschreibung im 1. Jahr gilt ebenfalls für 12 Monate, da der volle Anschaffungsmonat Januar abgeschrieben wird.
25 % von 120.000,00 € = 30.000,00 € degressive Abschreibung 1. Jahr

d)

(Anschaffung 2020/2021)	Lineare AfA 1.–8. Jahr jeweils 12,5 % von den AK	Degressive AfA 1.–6. Jahr jeweils 25 % vom Buchwert	Maximal mögliche AfA mit Übergang von degressiver zu linearer AfA
Anschaffungskosten im 1. Jahr – AfA 1. Jahr	120.000,00 € 15.000,00 €	120.000,00 € 30.000,00 €	degressive Abschreibung ist höher als lineare Abschreibung; **degressive AfA 30.000,00 €**
= Buchwert Beginn 2. Jahr – AfA 2. Jahr	105.000,00 € 15.000,00 €	90.000,00 € 22.500,00 €	lineare Rest-AfA bei Wechsel: 90.000,00 € : 7 = 12.857,14 €; degressive AfA dagegen 22.500,00 € ist höher, also kein Wechsel **degressive AfA 22.500,00 €**
= Buchwert Beginn 3. Jahr – AfA 3. Jahr	90.000,00 € 15.000,00 €	67.500,00 € 16.875,00 €	lineare Rest-AfA bei Wechsel: 67.500,00 € : 6 = 11.250,00 €; degressive AfA dagegen 16.875,00 € ist höher, also kein Wechsel **degressive AfA 16.875,00 €**
= Buchwert Beginn 4. Jahr – AfA 4. Jahr	75.000,00 € 15.000,00 €	50.625,00 € 12.656,25 €	lineare Rest-AfA bei Wechsel: 50.625,00 € : 5 = 10.125,00 €; degressive AfA dagegen 12.656,25 € ist höher, also kein Wechsel **degressive AfA 12.656,25 €**
= Buchwert Beginn 5. Jahr – AfA 5. Jahr	60.000,00 € 15.000,00 €	37.968,75 € 9.492,19 €	lineare Rest-AfA bei Wechsel: 37.968,75 € : 4 = 9.492,19 €; degressive AfA ebenfalls 9.492,19 €; in diesem Jahr führen degressive und lineare AfA zum gleichen Ergebnis **lineare oder degressive AfA 9.492,19 €**
= Buchwert Beginn 6. Jahr – AfA 6. Jahr	45.000,00 € 15.000,00 €	28.476,56 € 7.119,14 €	lineare Rest-AfA bei Wechsel: 28.476,56 € : 3 = 9.492,19 €; degressive AfA dagegen 7.119,14 € ist geringer, deshalb Wechsel zur linearen AfA **lineare AfA 9.492,19 €**
= Buchwert Beginn 7. Jahr – AfA 7. Jahr	30.000,00 € 15.000,00 €	21.357,42 € 5.339,36 €	Buchwert nach Wechsel 18.984,37 € **lineare AfA 9.492,19 €**
= Buchwert Beginn 8. Jahr – AfA 8. Jahr	15.000,00 € 15.000,00 €	16.018,06 € 4.004,52 €	Buchwert nach Wechsel 9.492,18 € **lineare AfA 9.492,18 €**
= Buchwert Beginn 9. Jahr	0,00 €	12.013,54 €	**0,00 €**

e) Der optimale Wechsel von der degressiven zur linearen Abschreibung findet dann statt, wenn die degressive Jahresabschreibung weniger Aufwand ergibt als die lineare Abschreibung. Die lineare Abschreibung darf hier aber nicht von den Anschaffungskosten berechnet werden, sondern muss vom jeweiligen Buchwert verteilt auf die Restlaufzeit erfolgen.
Der Wechsel von der degressiven zur linearen Abschreibung ist aufwandoptimal, wenn die lineare Restabschreibung höher ist als die degressive Abschreibung.

f) Buchungssatz für die Anschaffung des Lkw

		Soll	Haben
0520	Fuhrpark	120.000,00 €	
1400	Vorsteuer	22.800,00 €	
an 3310	Verbindlichkeiten a. LL.		144.800,00 €

Beispiel 2

Die **Anschaffungskosten** für einen Lkw betrugen **am 02.07.2024** 120.000,00 €.
Der Lkw wird sechs Jahre genutzt. Stellen Sie den maximal möglichen Abschreibungsverlauf in einer Tabelle dar. Weisen Sie dabei den eventuellen Übergang auf ein anderes Abschreibungsverfahren aus.

Lösung 2

(Anschaffung Juli 2024)	Lineare AfA 1.–6. Jahr jeweils 16 2/3 % von den Anschaffungskosten	Degressive AfA 1.–6. Jahr jeweils 20 % vom Buchwert	Übergang von degressiver zu linearer Abschreibung
Anschaffungskosten – AfA 1. Jahr (2024) für 6 Monate	120.000,00 € 10.000,00 €	120.000,00 € 12.000,00 €	**degressive AfA (12.000,00 €)** ist höher als lineare
= Buchwert Beginn 2. Jahr (2025) – AfA 2. Jahr (2025)	110.000,00 € 20.000,00 €	108.000,00 € 21.600,00 €	lineare AfA: 108.000,00 € : 5,5 = 19.636,36 € degressive AfA 108.000,00 € · 20 % = 21.600,00 € **degressive AfA ist höher (21.600,00 €)**
= Buchwert Beginn 3. Jahr (2026) – AfA 3. Jahr (2026)	90.000,00 € 20.000,00 €	86.400,00 € 17.280,00 €	lineare AfA: **86.400,00 € : 4,5** **= 19.200,00 €** degressive AfA 86.400,00 € · 20 % = 17.280,00 € **lineare Abschreibung ist höher (19.200,00 €), jetzt erfolgt der Übergang; ab hier lineare Restabschreibung**
= Buchwert Beginn 4. Jahr (2027) – AfA 4. Jahr (2027)	70.000,00 € 20.000,00 €	69.120,00 € 13.824,00 €	67.200,00 € **19.200,00 €**
= Buchwert Beginn 5. Jahr (2028) – AfA 5. Jahr (2028)	50.000,00 € 20.000,00 €	55.296,00 € 11.059,20 €	48.000,00 € **19.200,00 €**
= Buchwert Beginn 6. Jahr (2029) – AfA 6. Jahr (2029)	30.000,00 € 20.000,00 €	44.236,80 € 8.847,36 €	28.800,00 € **19.200,00 €**
= Buchwert Beginn 7. Jahr (2030) – AfA 7. Jahr (2030) für 6 Monate	10.000,00 € 10.000,00 €	35.389,44 € 3.538,94 €	9.600,00 € **9.600,00 €**

Die lineare Abschreibung erreicht hier nach sechs Nutzungsjahren den Nullwert. Die degressive Abschreibung weist dagegen nach sechs Nutzungsjahren einen Restwert von 31.850,50 € auf. Es ist hier empfehlenswert, im Jahr 3 von der degressiven zur linearen Abschreibung zu wechseln, da mit der linearen Abschreibung danach eine höhere Abschreibung erreicht wird.

4.5.6 Abschreibung nach Leistungseinheiten

Bei der Abschreibung nach Leistungseinheiten werden die Anschaffungs- oder Herstellungskosten nicht auf die Nutzungsdauer, sondern auf die Leistungseinheiten verteilt; z.B. Kilometer. So können bei einem Lkw beispielsweise 800 000 km Gesamtleistungseinheiten zugrunde gelegt werden. Je nach jährlicher Kilometerinanspruchnahme wird dann anteilig abgeschrieben.

$$\frac{\text{Anschaffungs- oder Herstellungskosten} \cdot \text{Leistungseinheiten}}{\text{Gesamtleistungseinheiten}} = \text{Abschreibungsbetrag in Euro}$$

Beispiel

Ein Lkw mit dem Listenpreis 148.750,00 € einschließlich 19 % Umsatzsteuer erbringt die voraussichtliche Gesamtleistung von 800 000 km. Der Lkw wurde im Januar angeschafft und in Betrieb genommen. Eingangsrechnung am 12. Januar.

Der Lkw hat eine Nutzungsdauer von acht Jahren.

a) Welche Beträge werden pro Jahr abgeschrieben, wenn folgende Leistungsabgabe zugrunde gelegt wird:

1. Geschäftsjahr: 90 000 km
2. Geschäftsjahr: 110 000 km
3. Geschäftsjahr: 80 000 km
4. Geschäftsjahr: 130 000 km
5. Geschäftsjahr: 100 000 km
6. Geschäftsjahr: 95 000 km
7. Geschäftsjahr: 110 000 km
8. Geschäftsjahr: 85 000 km

Berechnen Sie darüber hinaus die Buchwerte zu Beginn und am Ende jedes Geschäftsjahres.

b) Buchen Sie die Anschaffung und die Abschreibung im ersten Geschäftsjahr.

Lösung

a) Abschreibung je Leistungseinheit (km)

Anschaffungskosten = 148.750,00 € : 1,19 = 125.000,00 €

Anschaffungskosten : Leistungsvolumen = 125.000,00 € : 800 000 km = 0,15625 €/km

Geschäftsjahr	Buchwert zu Beginn des Geschäftsjahres	Leistungsabgabe in km	Abschreibung im Geschäftsjahr km · 0,15625 €	Buchwert am Ende des Geschäftsjahres
1	(AK) 125.000,00 €	90 000	14.062,50 €	110.937,50 €
2	110.937,50 €	110 000	17.187,50 €	93.750,00 €
3	93.750,00 €	80 000	12.500,00 €	81.250,00 €
4	81.250,00 €	130 000	20.312,50 €	60.937,50 €
5	60.937,50 €	100 000	15.625,00 €	45.312,50 €
6	45.312,50 €	95 000	14.843,75 €	30.468,75 €
7	30.468,75 €	110 000	17.187,50 €	13.281,25 €
8	13.281,25 €	85 000	13.281,25 €	0,00 €
Insgesamt		**800 000**	**125.000,00 €**	

b) Buchungssatz für die Anschaffung des Lkw

		Soll	Haben
0520	Fuhrpark	125.000,00 €	
1400	Vorsteuer	23.750,00 €	
an 3310	Verbindlichkeiten a. LL.		148.750,00 €

Buchungssatz für die Abschreibung im ersten Geschäftsjahr

		Soll	Haben
6220	Abschreibungen auf Sachanlagen	14.062,50 €	
an 0520	Fuhrpark		14.062,50 €

Bei der Leistungsabschreibung wird ausschließlich die technische Abnutzung berücksichtigt. Die Leistungsabschreibung ist steuerlich zulässig, wenn folgende Bedingungen erfüllt sind:

- Die Leistungsabschreibung muss wirtschaftlich begründet sein.
  Diese wirtschaftliche Begründung ist gegeben, wenn die jährlichen Leistungsabgaben erheblich schwanken.
- Die auf das einzelne Jahr entfallende Leistungsabgabe muss nachweisbar sein; z. B. Kilometerzähler im Fahrzeug, Stundenzähler in Maschinen.

Aufgaben

1. Ein Lkw wurde am 1. April 2023 für netto 150.000,00 € angeschafft. Er hat eine Nutzungsdauer von zehn Jahren und wird linear abgeschrieben.
   Ermitteln Sie die zeitanteilige Abschreibung für das erste Geschäftsjahr.

2. Ein Seitenstapler wurde am 2. Januar 2022 für netto 36.000,00 € angeschafft.
   Er hat eine Nutzungsdauer von acht Jahren.

   a) Geben Sie an, wie viel Euro in den ersten drei Geschäftsjahren jährlich linear abzuschreiben sind.
   b) Geben Sie an, wie viel Euro in den ersten drei Geschäftsjahren jährlich degressiv abzuschreiben sind.

3. Ein Pkw wurde am 2. Januar 2022 für netto 40.000,00 € angeschafft. Er wird bei einer Nutzungsdauer von sieben Jahren linear oder degressiv abgeschrieben.

   Stellen Sie in einer tabellarischen Übersicht

   a) die lineare Abschreibung für die gesamte Nutzungsdauer dar.
   b) die degressive Abschreibung für die gesamte Nutzungsdauer dar.
   c) den günstigsten Übergang von der degressiven zur linearen Abschreibung dar.
   d) Nennen Sie Gründe, die für einen Wechsel von der degressiven zur linearen AfA sprechen.

4. Eine EDV-Anlage wurde am 2. Januar 2022 für 4.000,00 € zzgl. Umsatzsteuer angeschafft.
   Sie wird vier Jahre genutzt.

   Geben Sie an, wie viel Euro im ersten Jahr abgeschrieben werden

   a) bei linearer Abschreibung.
   b) bei degressiver Abschreibung.

5. Die Anschaffungskosten einer Zugmaschine betrugen im Januar 2022 90.000,00 € zzgl. Umsatzsteuer
   Die Gesamtleistung wird auf 1 Mio. km geschätzt. Nutzungsdauer fünf Jahre.
   Die km-Leistung: 1. Geschäftsjahr: 200 000 km, 2. Jahr: 220 000 km, 3. Jahr: 240 000 km, 4. Jahr: 210 000 km, 5. Jahr: 130 000 km.

   a) Ermitteln Sie die AfA nach Leistungseinheiten für jedes Geschäftsjahr.
   b) Ermitteln Sie die AfA für das erste Geschäftsjahr bei linearer Abschreibung.
   c) Ermitteln Sie die AfA für das erste Geschäftsjahr bei degressiver Abschreibung.
   d) Nennen Sie Gründe, die für bzw. gegen die AfA nach Leistungseinheiten sprechen.

6. Geben Sie an, warum der Kauf eines Anlagegutes nicht als Aufwand gebucht wird.

7. Nennen Sie die Bilanzveränderung, die z. B. beim Barkauf eines Druckers vorliegt.

8. Nennen Sie die Ursachen für die Wertminderungen von Anlagegütern.

9. Geben Sie an, wie die Wertminderungen des Anlagevermögens buchhalterisch erfasst werden.

10. Geben Sie an, um welche Art Konto es sich beim Abschreibungskonto handelt.

11. Nennen Sie den Vorteil von hohen Abschreibungen.

12. Geben Sie an, wie ein Anlagegut buchhalterisch erfasst wird, das über seine Nutzungsdauer hinaus benutzt wird.

13. Die Herstellungskosten einer Fabrikhalle Ihres Mandanten betragen im Jahr 01 820.000,00 € und wurden auf dem Konto „Gebäude" erfasst. Fertigstellung der Halle war am 15.08.01, der Bauantrag wurde 02 gestellt.
Berechnen Sie die AfA des Jahres 01 und nehmen Sie die erforderlichen Buchungen zum 31.12.01 vor.

14. Ihre Mandantin erwirbt ein mit einer Lagerhalle bebautes Grundstück für 950.000,00 €. Davon entfallen auf den Grund und Boden 20 %, Übergang von Nutzen und Lasten am 01.12.01 (Bauantrag 02).

In diesem Zusammenhang fielen noch folgende Kosten an:
- 3,5 % Grunderwerbsteuer
- 560,00 € zzgl. 106,40 € USt = 666,40 € Notargebühren für die Umschreibung des Eigentums
- 400,00 € zzgl. 76,00 € USt = 476,00 € Notargebühren für die Eintragung der Grundschuld
- 350,00 € Gerichtskosten für die Eintragung des Eigentums
- 200,00 € Gerichtskosten für die Eintragung der Grundschuld

Alle Beträge wurden erst im Januar 02 bezahlt.
Buchen Sie den Anschaffungsvorgang und die Abschreibung zum 31.12.01.

15. Zum Betriebsvermögen Ihres Mandanten gehört ein Mehrfamilienhaus, in dem fünf Wohnungen an Arbeitnehmerinnen und Arbeitnehmer Ihres Mandanten vermietet sind. Die Anschaffungskosten des Grundstücks betragen 620.000,00 €, die über ein Darlehen finanziert werden, der Grund- und Bodenanteil beträgt 20 %. Der Notarvertrag über den Kauf des Grundstücks wurde am 23.11.00 unterschrieben, Übergang von Nutzen und Lasten ist am 01.02.01, die Eintragung ins Grundbuch erfolgt am 17.05.01. Ferner muss Ihr Mandant noch 3,5 % Grunderwerbsteuer sowie Notarkosten für den Kaufvertrag von 600,00 € zzgl. 19 % Umsatzsteuer, Gerichtskosten für die Eintragung des Eigentums von 320,00 € und Maklerkosten von 18.600,00 € zzgl. 19 % Umsatzsteuer zahlen.
Buchen Sie den Kauf des Grundstücks und nehmen Sie die erforderlichen Buchungen zum 31.12.01 vor.

16. Ihr Mandant errichtet eine Produktionshalle, deren Herstellungskosten 1.150.000,00 € zzgl. 19 % Umsatzsteuer betragen, Fertigstellung 13.08.01. Er finanziert die Halle über ein Darlehen. Der Grund und Boden wurde bisher auf dem Konto „Unbebaute Grundstücke" mit 60.000,00 € erfasst.
Geben Sie an, wie Ihr Mandant die Fertigstellung zu buchen hat und welche Buchungen am 31.12.01 erforderlich sind.

17. Eine GmbH erwirbt am 17.09.01 ein Verwaltungsgebäude zum Kaufpreis von 240.000,00 €, Grund- und Bodenanteil 25 % (Baujahr 02). Der Kaufpreis wird durch ein Darlehen finanziert. Das Gebäude wurde durch den Vorbesitzer stark beschädigt, sodass nur noch von einer Nutzungsdauer von 20 Jahren auszugehen ist.
Berechnen Sie die Abschreibung für 01 und nehmen Sie die erforderlichen Buchungen vor.

18. Mit Wirkung vom 05.04.01 erwirbt Ihre Mandantin eine Lagerhalle zum Preis von 420.000,00 €, Grund- und Bodenanteil 15 %, Baujahr 1974. Die Zahlung an den Verkäufer erfolgt durch die Aufnahme eines Darlehens.
Nennen Sie die Buchungen, die Ihre Mandantin im Jahr 01 aufgrund der Anschaffung der Lagerhalle vornehmen muss.

19. Ihr Mandant lässt auf seinem Betriebsgrundstück, das durch einen Bach geteilt wird, eine Brücke bauen, um den hinteren Teil des Grundstücks nutzen zu können. Die Herstellungskosten der Brücke betragen 250.000,00 € zzgl. 19 % Umsatzsteuer, Fertigstellung am 01.04.01, die voraussichtliche Nutzungsdauer beträgt 30 Jahre. Die Brücke wird aus dem Eigenkapital bezahlt.
Nehmen Sie alle erforderlichen Buchungen vor.

20. Eine Unternehmerin lässt ihren bisher unbefestigten Hof asphaltieren, damit ihre Kundinnen und Kunden ihn als Parkplatz nutzen können, Fertigstellung 07.02.01. Hierfür werden ihr 11.000,00 € zzgl. 19 % Umsatzsteuer in Rechnung gestellt, die sie sofort per Banküberweisung zahlt. Die Nutzungsdauer schätzt die Unternehmerin auf zehn Jahre.
Nennen Sie die Buchungen, die die Unternehmerin im Jahr 01 vornehmen muss.

21. Abschreibungen mindern den steuerpflichtigen Gewinn. Errechnen Sie für die Fälle a) bis e) die durch die linearen Abschreibungen erzielte Steuerersparnis jeweils im Anschaffungsjahr (volle Jahresabschreibung) und ebenso für die gesamte Nutzungsdauer.

Anschaffungskosten	betriebsgewöhnliche Nutzungsdauer	Steuersatz	Steuerersparnis im Anschaffungsjahr	Steuerersparnis im gesamten Abschreibungszeitraum
a) 100.000,00 €	5 Jahre	50 %	?	?
b) 60.000,00 €	6 Jahre	40 %	?	?
c) 320.000,00 €	8 Jahre	25 %	?	?
d) 200.000,00 €	4 Jahre	32 %	?	?
e) 210.000,00 €	7 Jahre	30 %	?	?

22. Errechnen Sie für die folgenden Anlagegüter

a) den linearen Abschreibungsbetrag,
b) den linearen Abschreibungsprozentsatz.

Anlagegut	betriebsgewöhnliche Nutzungsdauer	Anschaffungswert
Klimageräte	11 Jahre	77.000,00 €
Drucker	6 Jahre	1.500,00 €
Lastkraftwagen	9 Jahre	90.000,00 €

23. Die Anfangsbestände zum 01.01.02 folgender Konten betragen:

0235 Bebaute Grundstücke	470.000,00 €
0440 Maschinen	180.000,00 €
0520 Fuhrpark	120.000,00 €
0650 Betriebs-und Geschäftsausstattung	85.000,00 €

Die Anschaffungskosten betrugen:

0235 Bebaute Grundstücke	500.000,00 €
0440 Maschinen	250.000,00 €
0520 Fuhrpark	240.000,00 €
0650 Betriebs- und Geschäftsausstattung	150.000,00 €

Buchen Sie die Abschreibungen nach der linearen Methode bei folgenden betriebsgewöhnlichen Nutzungsdauern:

0235 Bebaute Grundstücke	50 Jahre
0440 Maschinen	10 Jahre
0520 Fuhrpark	6 Jahre
0650 Betriebs- und Geschäftsausstattung	5 Jahre

24. Der Anfangsbestand auf dem Konto Betriebs- und Geschäftsausstattung beträgt 40.000,00 €. Es handelt sich hierbei lediglich um ein Anlagegut, das vor zwei Jahren im Januar angeschafft wurde. Die Anschaf-

fungskosten dieses Anlagegutes betrugen 80.000,00 € (72.000,00 €). Es wird linear abgeschrieben.
Der Kauf von zwölf PCs im Januar 01 bewirkt eine Bestandsmehrung auf dem Konto Betriebs- und Geschäftsausstattung von insgesamt 20.000,00 €. Für die PCs gilt eine betriebsgewöhnliche Nutzungsdauer von drei Jahren.

a) Berechnen Sie den Abschreibungsprozentsatz und den jährlichen Abschreibungsbetrag für den bereits zwei Jahre abgeschriebenen Anfangsbestand des Kontos Betriebs- und Geschäftsausstattung bei linearer Abschreibung.
b) Berechnen Sie den Abschreibungsprozentsatz und den jährlichen Abschreibungsbetrag für die zwölf neu angeschafften PCs bei linearer Abschreibung.
c) Berechnen Sie gesamten Abschreibungsbetrag nach der Neuanschaffung der zwölf PCs.

25. Die Anschaffungskosten eines im Oktober 2024 angeschafften Pkw betragen 36.000,00 €, betriebsgewöhnliche Nutzungsdauer: sechs Jahre.

a) Errechnen Sie den linearen Abschreibungsprozentsatz und den maximal möglichen degressiven Abschreibungsprozentsatz bei Anschaffung im Oktober 2024[1].
b) Stellen Sie in einer Abschreibungstabelle die lineare (und die degressive) Abschreibungsmethode mit den errechneten Abschreibungsbeträgen bis zum Ende des 6. Jahres dar.
c) Geben Sie den Abschreibungsbuchungssatz am Ende des 3. Nutzungsjahres bei linearer
d) (und bei degressiver) Abschreibung an.
e) Nennen Sie den Abschreibungsbuchungssatz am Ende des 6. Jahres bei linearer Abschreibung,
f) wenn der Pkw weiterhin genutzt wird.
g) Geben Sie an, wann ein Wechsel der AfA-Methoden sinnvoll wäre.

26. Für die Erstellung der monatlichen Buchführung für Ihren Mandanten Torsten Ebert liegen Ihnen u. a. die folgenden Belege vor.
Buchen Sie die Belege und die Abschreibung am Abschlussstichtag bei einer betriebsgewöhnlichen Nutzungsdauer von 6 Jahren.

Beleg 1: Eingangsrechnung Pkw-Kauf

Rechnung

1 Pkw VAN lt. Spezifikation	27.000,00 €
zzgl. Sonderausstattung	2.500,00 €
Überführungskosten	500,00 €
Summe	30.000,00 €
19 % USt	5.700,00 €
Rechnungsbetrag	**35.700,00 €**

Zahlbar innerhalb von 14 Tagen nach Erhalt der Rechnung.

Beleg 2: Quittung Schilderdienst

Quittung

1 Paar Nummernschilder	160,00 €
19 % USt	30,40 €
GESAMT	**190,40 €**

Betrag dankend erhalten.

1 Hinweis für die Lehrerin bzw. den Lehrer: Soll die degressive Abschreibungsmethode im Unterricht nicht mehr besprochen werden, so verzichten Sie bitte auf die Lösung der eingeklammerten Aufgaben/Teilaufgaben.

27. Berechnen Sie die linearen Abschreibungsbeträge für das Anschaffungsjahr.

Anlagegut	Anschaffungsdatum	Anschaffungskosten	Nutzungsdauer
Pkw Fernsprechanlagen	27. Juni 9. Dezember	48.000,00 € 8.000,00 €	6 Jahre 8 Jahre

28. Berechnen Sie die linearen Abschreibungsbeträge für das Veräußerungsjahr.

Anlagegut	Anschaffungsdatum	Anschaffungskosten	Nutzungsdauer
Pkw Maschine Schreibtisch	11. Juli 2. März 21. September	48.000,00 € 100.000,00 € 1.500,00 €	6 Jahre 10 Jahre 8 Jahre

29. Geben Sie an, wie hoch bei Anschaffung der Anlagegüter zwischen dem 1.04.2024 und 31.12.2024 die degressiven Abschreibungssätze sind.

a) bei folgenden linearen Abschreibungssätzen: 2 %, 5 %, 6 %, 8 %, 10 %, 12 %, 15 %, 18 %, 20 %.
b) bei folgenden betriebsgewöhnlichen Nutzungsdauern: 4 Jahre, 5 Jahre, 8 Jahre, 10 Jahre, 20 Jahre, 25 Jahre, 50 Jahre.

30. Eine Maschine mit einem Anschaffungswert von 90.000,00 € (110.000,00 €) soll nach Leistungseinheiten abgeschrieben werden. Die Maschine kann insgesamt 20 000 Stück (25 000 Stück) produzieren. Die jährlichen Leistungen betragen:

1. Jahr 6 000 Stück (7 000 Stück)
2. Jahr 4 000 Stück (3 000 Stück)
3. Jahr 7 000 Stück (11 000 Stück)
4. Jahr 3 000 Stück (4 000 Stück)

Erstellen Sie eine Abschreibungstabelle für die vier Nutzungsjahre.

31. Eine Unternehmerin erwirbt im September 2024 eine Maschine mit Anschaffungskosten von 24.000,00 €. Die betriebsgewöhnliche Nutzungsdauer beträgt fünf Jahre. Die Unternehmerin möchte die Maschine degressiv abschreiben

a) Berechnen Sie die degressive AfA. Geben Sie an, wann ein Wechsel zur linearen AfA sinnvoll ist.
b) Erstellen Sie eine Abschreibungstabelle bis zum Ende des Jahres 06.

32. Ihr Mandant kauft am 06.03.01 einen Lkw für brutto 142.800,00 €. Eine ordnungsgemäße Rechnung liegt vor. Die Gesamtfahrleistung beträgt 200 000 km. Im Jahr 01 werden 50 000 km, im Jahr 02 80 000 km, im Jahr 03 60 000 km und im Jahr 04 10 000 km gefahren.
Berechnen Sie die Leistungsabschreibung für die Jahre 01 bis 04.

33. Ein Pkw wurde am 22. Juli 2024 für netto 30.000,00 € angeschafft. Er wird bei einer Nutzungsdauer von sieben Jahren linear oder degressiv abgeschrieben.
Stellen Sie in einer tabellarischen Übersicht

a) die lineare Abschreibung für die gesamte Nutzungsdauer dar.
b) die degressive Abschreibung für die gesamte Nutzungsdauer dar.
c) den günstigsten Übergang von der degressiven zur linearen Abschreibung dar.
d) Nennen Sie Gründe, die für einen Wechsel von der degressiven zur linearen AfA sprechen.

34. Eine EDV-Anlage wurde am 26. November 2024 für 3.000,00 € zzgl. Umsatzsteuer angeschafft.
Sie wird vier Jahre genutzt.
Geben Sie an, wie viel Euro im ersten Jahr abgeschrieben werden

a) bei linearer Abschreibung und
b) bei degressiver Abschreibung.

4.5.7 Außerplanmäßige Abschreibungen auf das abnutzbare Anlagevermögen Gebäude

Neben der planmäßigen Abschreibung können auch außerplanmäßige Abschreibungen berücksichtigt werden, um den Buchwert des Anlagegutes an einen niedrigeren Wert anzupassen. Sie sind nur in dem Jahr, in dem sie eingetreten sind, geltend zu machen.

Eine Nachholung ist nicht möglich.

Handelsrecht

§ 253 (3) S. 3 HGB

Außerplanmäßige Abschreibungen werden

- aufgrund einer außergewöhnlichen **technischen** Abnutzung, z. B. verursacht durch Explosion, Brand, Unfall, Bruch, oder
- aufgrund einer außergewöhnlichen **wirtschaftlichen** Entwertung, z. B. Preisverfall infolge veränderter Marktbedingungen infolge Geschmackswandel oder Unrentabilität durch eine neue Erfindung,

vorgenommen.

Steuerrecht

Außerplanmäßige Abschreibungen sind die Absetzungen

§ 7 (1) S. 7 EStG

- für **außergewöhnliche** technische oder wirtschaftliche Abnutzung i. S. d. § 7 (1) S. 7 EStG = Absetzung für außergewöhnliche Abnutzung, AfaA, und

§ 6 (1) Nr. 1 EStG

- die Teilwertabschreibung.

Voraussetzung bei der AfaA ist, dass die geltend gemachten Gründe geeignet sind, die voraussichtliche Nutzungsdauer zu verkürzen. Eine bloße Wertminderung, die die Nutzungsdauer des Gegenstandes nicht beeinflusst, ist keine außergewöhnliche Abnutzung, sondern kann lediglich zu einer Teilwertabschreibung führen.

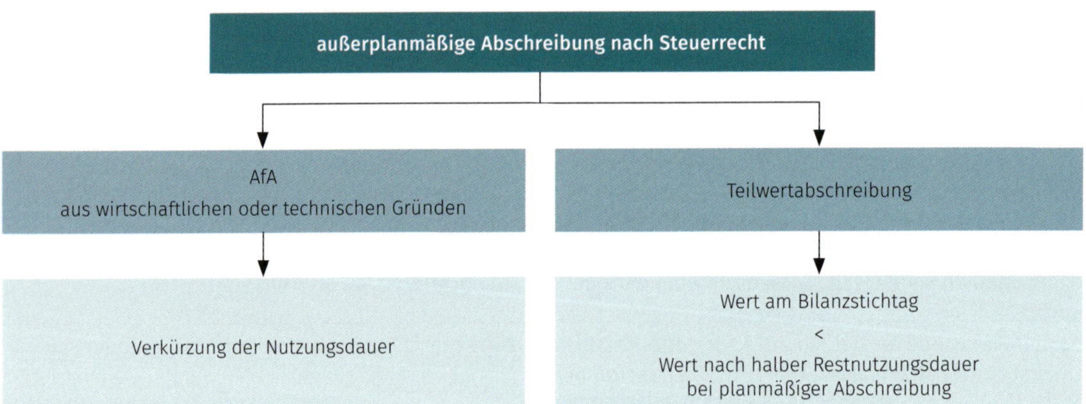

Bewertung zum Abschlussstichtag

Grundsätzlich ist das abnutzbare Anlagevermögen sowohl steuer- als auch handelsrechtlich mit den **fortgeführten Anschaffungskosten** (Herstellungskosten) zu bewerten. Die fortgeführten Anschaffungskosten (Herstellungskosten) stellen zugleich die **Wertobergrenze** dar.

Sie ergeben sich wie folgt:

Handelsrecht
Anschaffungskosten (Herstellungskosten) – planmäßige Abschreibung (§ 253 (2) S. 1 HGB)
= fortgeführte Anschaffungskosten (fortgeführte Herstellungskosten)

Steuerrecht
Anschaffungskosten (Herstellungskosten) – Absetzung für Abnutzung (AfA) (§ 6 (1) Nr. 1 S. 1 und § 7 EStG)
= fortgeführte Anschaffungskosten (fortgeführte Herstellungskosten)

Dauernde Wertminderungen des abnutzbaren Anlagevermögens, die über die planmäßigen Abschreibungen (AfA) hinausgehen, **müssen handelsrechtlich zusätzlich** durch außerplanmäßige Abschreibungen berücksichtigt werden = **strenges Niederstwertprinzip**. *§ 253 (3) S. 3 HGB*

Liegt nur eine **vorübergehende Wertminderung** vor, **besteht handelsrechtlich ein Abschreibungsverbot**.

Steuerrechtlich können außerplanmäßige Abschreibungen nur vorgenommen werden, wenn sie durch eine voraussichtlich **dauernde Wertminderung** veranlasst werden. Bei einer **vorübergehenden Wertminderung** besteht steuerrechtlich ein **Abschreibungsverbot**. *§ 6 (1) Nr. 1 EStG*

Sind außerplanmäßige Abschreibungen vorgenommen worden und **steigt** nun der Wert der entsprechenden abnutzbaren Anlagegüter, **besteht handels- und steuerrechtlich eine Zuschreibungspflicht**. *§ 253 (5) HGB § 6 (1) Nr. 1 S. 4 EStG*

Außergewöhnliche AfA bei Gebäuden

Gemäß § 7 (4) S. 2 i.V.m. § 7 (1) S. 7 EStG ist eine AfaA für Gebäude zulässig.

Sie ist vorzunehmen, wenn die Nutzung des Gebäudes z.B. durch Abbruch, Brand oder ähnliche Ereignisse beeinträchtigt ist. Allerdings muss durch die Beeinträchtigung die Nutzungsdauer verkürzt werden. Eine Wertminderung ohne gleichzeitige Beeinträchtigung der gewöhnlichen Nutzungsdauer reicht nicht aus.

Beispiel

Die Lagerhalle eines Unternehmers, in der hochgiftige und entzündbare Giftstoffe gelagert waren, wurde durch eine Explosion im Juli 02 völlig zerstört. Die Anschaffungskosten der Lagerhalle betrugen 280.000,00 €. Bei einem AfA-Satz von 3 % betrug der Buchwert zum 31.12.01 271.600,00 €.

Lösung

Da die Lagerhalle völlig zerstört wurde, ist neben der linearen AfA noch eine außergewöhnliche Abschreibung vorzunehmen.

Buchungssatz am 31.12.02

		Soll	Haben
6220	Abschreibungen auf Sachanlagen	4.200,00 €	
6230	Außerplanmäßige Abschreibungen auf Sachanlagen	267.400,00 €	
an 0240	Gebäude		271.600,00 €

Teilwertabschreibung bei Gebäuden

Gebäude sind mit dem Teilwert anzusetzen, wenn der tatsächliche Wert unter dem **Buchwert** (= Anschaffungskosten – AfA) liegt.

Die Teilwertabschreibung ist nur zum Bilanzstichtag zulässig. Wertänderungen im Laufe des Jahres bleiben unberücksichtigt.

Eine außerplanmäßige Abschreibung ist handelsrechtlich bei dauerhafter Wertminderung Pflicht, § 253 (3) S. 3 HGB. Steuerrechtlich besteht ein Wahlrecht, § 6 (1) Nr. 1 EStG. Eine dauerhafte Wertminderung liegt vor, wenn der Wert des Gebäudes zum Bilanzstichtag mindestens für die halbe Restnutzungsdauer unter dem planmäßigen Restbuchwert liegt. *§ 253 (3) S. 3 HGB § 6 (1) Nr. 1 EStG*

Beispiel

Eine Unternehmerin hat ein Verwaltungsgebäude mit einem Buchwert von 319.800,00 € zum 31.12.01 in ihrer Bilanz ausgewiesen, ursprüngliche Anschaffungskosten 390.000,00 €, AfA-Satz 2 %, bisher wurden neun Jahre abgeschrieben.
Im März 02 werden Bauschäden entdeckt. Daraufhin sinkt der Wert des Gebäudes auf 75.000,00 €.

Lösung

Es ist zu prüfen, ob eine dauerhafte Wertminderung gegeben und damit eine Teilwertabschreibung erforderlich ist. Dabei ist zunächst die planmäßige AfA zu berücksichtigen.

Buchwert 01.01.02	319.800,00 €
lineare AfA 02	– 7.800,00 €
vorläufiger Buchwert 31.12.02	312.000,00 €
Restnutzungsdauer 40 Jahre	
halbe Restnutzungsdauer 20 Jahre	
20 · 7.800,00 € =	– 156.000,00 €
planmäßiger Restbuchwert	156.000,00 €
Vergleich mit Teilwert	75.000,00 €

Der Teilwert ist niedriger als der planmäßige Restbuchwert nach halber Restnutzugsdauer. Daher erfolgt eine Teilwertabschreibung.

Buchungssatz am 31.12.02

			Soll	Haben
	6220	Abschreibungen auf Sachanlagen	7.800,00 €	
	6230	Außerplanmäßige Abschreibungen auf Sachanlagen	237.000,00 €	
an	0240	Gebäude		244.800,00 €

Steigt der Wert des Gebäudes nach einer außerplanmäßigen Abschreibung wieder, ist sowohl für die Handels- als auch für die Steuerbilanz eine Zuschreibung bis zu den fortgeführten Anschaffungskosten (Anschaffungskosten abzüglich planmäßiger Abschreibung) vorzunehmen.

Folgebewertung

Nach einer Teilwertabschreibung bemisst sich die weitere AfA nach den Anschaffungs- oder Herstellungskosten des Gebäudes abzüglich des Betrags der Teilwertabschreibung, siehe § 11c (2) EStDV.

4.5.8 Außergewöhnliche Abschreibungen bei beweglichen abnutzbaren Anlagegütern

§ 7 (1) S. 7 EStG

Abschreibungen für außergewöhnliche technische oder wirtschaftliche Abnutzung sind gemäß § 7 (1) S. 7 EStG möglich.

Um den Wert der AfaA zu ermitteln, wird die AfA aufgrund der verkürzten Nutzungsdauer neu berechnet. Die Differenz zwischen bisher in Anspruch genommener Abschreibung und der neu berechneten (höheren) Abschreibung stellt die AfaA dar.

Beispiel

In einem Unternehmen beläuft sich der Buchwert einer Maschine zum 31.12.01 auf 96.000,00 €.
Die planmäßige Abschreibung beträgt linear 24.000,00 €, ursprüngliche Anschaffungskosten 120.000,00 €, betriebsgewöhnliche Nutzungsdauer fünf Jahre. Durch nicht sachgemäße Handhabung leidet die Maschine und die Nutzungsdauer verkürzt sich auf drei Jahre.

Lösung

Die Nutzungsdauer hat sich verkürzt, sodass die Abschreibung aufgrund der dreijährigen Nutzungsdauer neu zu berechnen ist.

Buchwert 01.01.02	96.000,00 €
lineare AfA 02	– 24.000,00 €
vorläufiger Buchwert 31.12.02	72.000,00 €
AfaA	– 32.000,00 €
Buchwert 31.12.02	40.000,00 €

Ermittlung der AfaA		
lineare AfA bei drei Jahren Nutzungsdauer =	40.000,00 € / Jahr	
für die Jahre 01 und 02 =	80.000,00 €	
bisher in Anspruch genommen 01 und 02	48.000,00 €	
somit mehr	32.000,00 €	= AfaA siehe Ermittlung Buchwert 31.12.02

Buchungssatz am 31.12.02

		Soll	Haben
6220	Abschreibungen auf Sachanlagen	24.000,00 €	
6230	Außerplanmäßige Abschreibungen auf Sachanlagen	32.000,00 €	
an 0440	Maschinen		56.000,00 €

Teilwertabschreibung bei beweglichen abnutzbaren Anlagegütern

Unter der Teilwertabschreibung ist die Anpassung des Buchwertes eines Wirtschaftsguts an den tatsächlich gesunkenen Wert zu verstehen.

Gründe für eine Teilwertabschreibung können bei gesunkenen Wiederbeschaffungskosten, bei einer Fehlinvestition oder bei einer nachhaltig gesunkenen Rentabilität des Unternehmens vorliegen. Auch hier gilt: Eine Teilwertabschreibung ist zulässig, wenn der Teilwert des Wirtschaftsguts zum Bilanzstichtag mindestens für die halbe Restnutzungsdauer unter dem planmäßigen Restbuchwert liegt.

Beispiel

Eine Unternehmerin hat im Januar 01 eine Maschine angeschafft, Anschaffungskosten 48.000,00 €, betriebsgewöhnliche Nutzungsdauer acht Jahre. Im Jahr 02 stellt sich heraus, dass die Maschine kaum genutzt werden kann, weil ein Großkunde zum Konkurrenten gewechselt ist. Eine anderweitige Nutzung ist nicht möglich. Der Teilwert der Maschine sinkt deshalb auf 15.000,00 €.

Lösung

Da die Wertminderung von Dauer ist, muss handelsrechtlich eine Abschreibung erfolgen. Steuerrechtlich liegt eine dauerhafte Wertminderung vor, wenn der Wert des Wirtschaftsguts zum Bilanzstichtag mindestens für die halbe Restnutzungsdauer unter dem planmäßigen Restbuchwert liegt.

Anschaffungskosten 01	48.000,00 €
AfA 01	– 6.000,00 €
Buchwert 31.12.01	42.000,00 €
AfA 02	– 6.000,00 €
vorläufiger Buchwert 31.12.02	36.000,00 €
Teilwertabschreibung	– 21.000,00 €
Buchwert 31.12.02	15.000,00 €

Berechnung, ob steuerrechtlich eine dauernde Wertminderung vorliegt

planmäßiger Buchwert 31.12.02	36.000,00 €
Restnutzungsdauer sechs Jahre	
halbe Restnutzungsdauer drei Jahre	
3 · 6.000,00 € =	– 18.000,00 €
planmäßiger Restbuchwert	18.000,00 €
Vergleich mit Teilwert	15.000,00 €

Der Teilwert ist niedriger als der planmäßige Restbuchwert nach halber Restnutzugsdauer. Es erfolgt daher eine Teilwertabschreibung auf 15.000,00 €.

Buchungssatz am 31.12.02

		Soll	Haben
6220	Abschreibungen auf Sachanlagen	6.000,00 €	
6230	Außerplanmäßige Abschreibungen auf Sachanlagen	21.000,00 €	
an 0440	Maschinen		27.000,00 €

Nach einer Teilwertabschreibung ist bei beweglichen Wirtschaftsgütern die AfA nur noch vom Buchwert möglich (Verteilung des Restbuchwertes auf die verbleibende Nutzungsdauer bei der linearen AfA).

Beispiel Die Unternehmerin im vorangehenden Beispiel kann die Maschine trotz intensiver Bemühungen nicht verkaufen, sodass diese am 31.12.03 immer noch im Betriebsvermögen vorhanden ist.

Lösung

$$\frac{\text{Restbuchwert 31.12.03}}{\text{Restnutzungsdauer}} \quad \frac{15.000{,}00\ €}{6\ \text{Jahre}} = 2.500{,}00\ €$$

Die Abschreibung beträgt für das Jahr 03 2.500,00 €.

Buchungssatz am 31.12.03

		Soll	Haben
6220	Abschreibungen auf Sachanlagen	2.500,00 €	
an 0440	Maschinen		2.500,00 €

§ 253 (5) HGB § 6 (1) Nr. 1 S. 4 EStG

Entfällt der Grund für die Wertminderung, besteht handelsrechtlich und steuerrechtlich eine Zuschreibungspflicht.

Hierbei ist der Restbuchwert mit dem planmäßigen Restbuchwert ohne Teilwertabschreibung zu vergleichen. Der Differenzbetrag ist die Zuschreibung.

Beispiel Im Jahr 04 kann die Unternehmerin aus dem vorangehenden Beispiel oben die Maschine voll einsetzen, weil sie einen neuen Kunden geworben hat. Der Wert der Maschine steigt daraufhin auf 24.000,00 €.

Lösung

Restbuchwert 31.12.02	15.000,00 €
AfA 03	– 2.500,00 €
Buchwert 31.12.03	12.500,00 €
AfA 04	– 2.500,00 €
Vorläufiger BW 31.12.04	10.000,00 €
Zuschreibung	+ 14.000,00 €
Buchwert 31.12.04	24.000,00 €

Berechnung des Zuschreibungsbetrags

Anschaffungskosten	48.000,00 €
Abschreibung 01–04 4 · 6.000,00 €	– 24.000,00 €
planmäßiger BW ohne TW-Abschreibung = Wertobergrenze für Zuschreibung	24.000,00 €
tatsächlicher Buchwert	10.000,00 €
Zuschreibung	14.000,00 €

Buchungssatz am 31.12.04

		Soll	Haben
0440	Maschinen	14.000,00 €	
an 4910	Erträge aus Zuschreibung des Sach-AV		14.000,00 €

Zusammenfassung

Bewertung des abnutzbaren Sachanlagevermögens

	Handelsbilanz	Steuerbilanz
1. Grundlage der Bewertung	Anschaffungs- oder Herstellungskosten abzüglich planmäßige Abschreibungen = fortgeführte AK bzw. HK = Obergrenze der Bewertung	
2. voraussichtlich dauernde Wertminderung	Pflicht zur außerplanmäßigen Abschreibung = strenges Niederstwertprinzip	Wahlrecht zur Teilwertabschreibung
3. vorübergehende Wertminderung	Abschreibungsverbot	
4. Grund für die außerplanmäßige Abschreibung entfällt	Zuschreibungspflicht	

Abschreibung

Handelsrecht

- planmäßige Abschreibung
- außerplanmäßige Abschreibung auf den niedrigeren beizulegenden Wert, § 253 (3) S. 3 HGB

Steuerrecht

- planmäßige AfA
- • AfaA aus wirtschaftlichen oder technischen Gründen § 7 (1) S. 7 EStG
  • Teilwertabschreibung § 6 (1) Nr. 1 S. 2 EStG
- • steuerliche Sonderabschreibungen, z. B. § 7g (5) EStG, § 81 EStDV
  • erhöhte Abschreibungen, z. B. §§ 7h und 7k EStG

Beachten

1. Sonderabschreibungen sind neben der normalen AfA möglich, erhöhte Abschreibungen treten an die Stelle der normalen AfA.

2. Die AfaA ist nur bei abnutzbaren Wirtschaftsgütern des Anlagevermögens möglich, die Teilwertabschreibung bei allen Wirtschaftsgütern des Anlage- und Umlaufvermögens.

Aufgaben

1. Nennen Sie die AfA-Methoden, die es bei Gebäuden gibt

2. Geben Sie an, wann eine Absetzung für außergewöhnliche Abnutzung in Betracht kommt.

3. Erläutern Sie, was man unter einer Teilwertabschreibung versteht.

Vorbemerkung: Das steuerliche Abschreibungswahlrecht bei dauernder Wertminderung gemäß § 6 (1) Nr. 1 EStG wird in den folgenden Aufgaben stets in Übereinstimmung mit der HB ausgeübt.

4. Eine Maschine des Unternehmers, die er im Januar 01 erworben hat, Anschaffungskosten 72.000,00 €, betriebsgewöhnliche Nutzungsdauer acht Jahre, bisher lineare Abschreibung, wird aufgrund eines Brandes im Jahr 04 in der Maschinenhalle stark beschädigt. Die Nutzungsdauer verkürzt sich dadurch um zwei Jahre. Berechnen Sie den Buchwert zum 31.12.04 und buchen Sie zum 31.12.04 und 31.12.05.

5. Ein Bus, der zum Betriebsvermögen Ihrer Mandantin gehört, erleidet durch einen Unfall in 05 einen schweren Schaden. Die ursprünglichen Anschaffungskosten 01 betragen 180.000,00 €, Anschaffung Januar 01, betriebsgewöhnliche Nutzungsdauer zwölf Jahre. Durch den Schaden verkürzt sich die Nutzungsdauer auf neun Jahre.
   Geben Sie an, wie am 31.12.05 und 31.12.06 zu buchen ist. Ermitteln Sie den Buchwert zum 31.12.05.

6. Ihr Mandant hat im Juli 01 einen Hochleistungsdrucker für netto 20.000,00 € angeschafft, betriebsgewöhnliche Nutzungsdauer fünf Jahre. Durch unsachgemäße Bedienung im Jahr 02 ist der Drucker nicht mehr voll leistungsfähig und die Nutzungsdauer halbiert sich.
   Geben Sie an, wie am 31.12.02 und 31.12.03 zu buchen ist. Ermitteln Sie den Buchwert zum 31.12.02.

7. Ihre Mandantin hat im Januar 01 eine EDV-Anlage zum Preis von 21.000,00 € netto angeschafft, betriebsgewöhnliche Nutzungsdauer fünf Jahre. Im Jahr 03 sinkt der Wert der Anlage aufgrund neuerer Programme auf

   a) 2.000,00 €,
   b) 7.000,00 €.

   Geben Sie an, wie zum 31.12.03 handelsrechtlich zu buchen ist. Geben Sie die Gewinnauswirkung auf die Handels- und Steuerbilanz an.

8. Ihr Mandant hat am 15.07.01 einen Lkw zum Preis von 250.000,00 € zzgl. 19 % Umsatzsteuer erworben, betriebsgewöhnliche Nutzungsdauer zehn Jahre. Der Wert des Busses sinkt aufgrund modernerer Busse im Jahr 07 dauerhaft auf 30.000,00 €.
   Geben Sie an, wie zum 31.12.07 und 31.12.08 handelsrechtlich zu buchen ist. Geben Sie die Buchwerte und die Gewinnauswirkungen in der Handels- und Steuerbilanz an.

9. Eine Maschine, die Ihre Mandantin, eine GmbH, im Januar 01 erworben hat (Anschaffungskosten 64.000,00 €, betriebsgewöhnliche Nutzungsdauer acht Jahre) sinkt im Jahr 03 auf einen Wert von 15.000,00 €. Im Jahr 05 entfällt der Grund für die Wertminderung und der Wert steigt auf

   a) 20.000,00 €,
   b) 27.000,00 €.

   Berechnen Sie die Buchwerte der Maschine zum 31.12.03, 31.12.04 und 31.12.05. Buchen Sie zu den entsprechenden Abschlussstichtagen und geben Sie die Gewinnauswirkung in der Handels- und Steuerbilanz an.

10. Ihr Mandant hat im Januar 01 eine Maschine mit Anschaffungskosten von 43.000,00 € erworben, betriebsgewöhnliche Nutzungsdauer zehn Jahre. Die Abschreibung erfolgte linear. Zum 31.12.02 wurde die Maschine auf den dauerhaft niedrigeren Wert von 12.000,00 € abgeschrieben. Im Jahr 04 steigt der Wert der Maschine wieder.

Geben Sie an, mit welchem Wert die Maschine am 31.12.04 in der Handels- bzw. Steuerbilanz zu erfassen ist,

a) bei einem Einzelunternehmer, wenn der gestiegene Wert 15.000,00 € beträgt,
b) bei einem Einzelunternehmer, wenn der gestiegene Wert 28.000,00 € beträgt,
c) bei einer GmbH und einem Wert von 20.000,00 €.

11. Auf dem Konto Betriebs- und Geschäftsausstattung ist eine Schrankwand mit Anschaffungskosten von 5.000,00 € bilanziert, Anschaffung im Juli 01, betriebsgewöhnliche Nutzungsdauer zehn Jahre.
Da sich im Laufe der Zeit der Modetrend geändert hat, ist der Wert im Jahr 08 auf 400,00 € gesunken.
Geben Sie an, wie der Unternehmer am 31.12.07 handelsrechtlich zu buchen hat und mit welchem Wert die Schrankwand in der Handels- bzw. Steuerbilanz steht.

4.6 Geringwertige Wirtschaftsgüter

4.6.1 Geringwertige Wirtschaftsgüter im Überblick

Bei geringwertigen Wirtschaftsgütern (GWG) handelt es sich um abnutzbare, bewegliche Wirtschaftsgüter des Anlagevermögens, die selbstständig nutzungsfähig sind und bestimmte Wertgrenzen nicht übersteigen.

Typische Beispiele für selbstständig nutzungsfähige GWG sind: Schreibtische, Schreibtischstühle, Bürocontainer, Telefone, Paletten, elektrische Kleingeräte, Regale, Schränke, Tablets, Laptops, PCs.

Von einer selbstständigen Nutzungsfähigkeit ist nicht auszugehen, wenn ein Wirtschaftsgut nur mit anderen Wirtschaftsgütern gemeinsam genutzt wird.

Typische Beispiele für nicht selbstständig nutzungsfähige GWG sind: Monitor, Drucker, Maus, Tastatur, Ersatzteil, Schreibtischschublade.

Grundsätzlich können auch GWG wie andere Wirtschaftsgüter des Anlagevermögens aktiviert und über die betriebsgewöhnliche Nutzungsdauer planmäßig abgeschrieben werden.

Das Steuerrecht räumt für die einzelnen Gruppen geringwertiger Wirtschaftsgüter jedoch Wahlrechte ein:

- Bei Anschaffungskosten bis 250,00 € wird die Anschaffung als Betriebsausgabe gebucht.
  Es findet also keine Aktivierung des Vermögens statt.
- Entweder Sofortabschreibung[1] von GWG mit Anschaffungskosten über 250,00 € bis 800,00 € (GWG-alt-Methode)

oder

- bei Anschaffungskosten über 250,00 € bis 1.000,00 € Bildung eines Sammelpostens[1] für GWG (GWG-neu-Methode; Poollösung). Der Sammelposten ist im Jahr seiner Bildung und in den vier Folgejahren mit jeweils 20 % abzuschreiben.

Die Bewertungswahlrechte für GWG leisten einen erheblichen Beitrag zur Vereinfachung in der Buchführung. Die Ausübung der Wahlrechte für GWG führt zu höheren Abschreibungen als die planmäßigen Abschreibungen. In der Folge vermindern sich der zu versteuernde Gewinn und die Belastung mit Ertragssteuern.

1 Die Entscheidung entweder Sofortabschreibung von GWG oder Sammelpostenbildung für GWG muss einheitlich für ein Geschäftsjahr getroffen werden.

MERKE:

Anschaffungs- oder Herstellungskosten, die 250,00 € nicht übersteigen, können im Jahr der Anschaffung in voller Höhe als Betriebsausgabe abgezogen werden.

- Anschaffungs- oder Herstellungskosten über 250,00 € bis 800,00 € können entweder im Anschaffungsjahr als GWG-alt in voller Höhe abgeschrieben werden

oder

- Anschaffungs- oder Herstellungskosten über 250,00 € bis 1.000,00 € können als GWG-neu jährlich mit 20 % abgeschrieben werden.

§

§ 6 (2) EStG

Die Anschaffungs- oder Herstellungskosten von abnutzbaren beweglichen Wirtschaftsgütern des Anlagevermögens, die einer selbstständigen Nutzung fähig sind, können im Wirtschaftsjahr der Anschaffung oder Herstellung in voller Höhe als Betriebsausgaben abgezogen werden, wenn die Anschaffungs- oder Herstellungskosten, vermindert um einen darin enthaltenen Vorsteuerbetrag für das einzelne Wirtschaftsgut 800,00 € nicht übersteigen.

§ 6 (2a) EStG

Abweichend von § 6 (2) kann für die abnutzbaren beweglichen Wirtschaftsgüter des Anlagevermögens, die einer selbstständigen Nutzung fähig sind, im Wirtschaftsjahr der Anschaffung oder Herstellung ein Sammelposten gebildet werden, wenn die Anschaffungs- oder Herstellungskosten, vermindert um einen darin enthaltenen Vorsteuerbetrag, für das einzelne Wirtschaftsgut 250,00 €, aber nicht 1.000,00 € übersteigen. Der Sammelposten ist im Wirtschaftsjahr der Bildung und den folgenden vier Wirtschaftsjahren mit jeweils einem Fünftel gewinnmindernd aufzulösen. Scheidet ein Wirtschaftsgut im Sinne des Satzes 1 aus dem Betriebsvermögen aus, wird der Sammelposten nicht vermindert.

Geringwertige Wirtschaftsgüter

Alternative Buchungsmöglichkeiten für bewegliche, abnutzbare Anlagegüter bis 1.000,00 € Anschaffungskosten (AK)

AK bis 250,00 €	**AK 250,01 € bis 800,00 €**	**AK 250,01 € bis 1.000,00 €**	**Für alle AK bis 1.000,00 €**
sofortiger Betriebsausgabenabzug; steuerrechtliches Wahlrecht	**GWG (alt)**; steuerrechtliches Wahlrecht	**GWG neu (Sammelposten)**; steuerrechtliches Wahlrecht	ohne Ausübung eines steuerrechtlichen Wahlrechts
§ 6 (2a) EStG GWG mit AK bis 250,00 €, netto	**§ 6 (2) EStG** GWG mit AK über 250,00 € bis 800,00 €	**§ 6 (2a) EStG** GWG mit AK über 250,00 € bis 1.000,00 €	Grundsätzlich können GWG wie andere Wirtschaftsgüter des Anlagevermögens aktiviert und über die betriebsgewöhnliche Nutzungsdauer planmäßig abgeschrieben werden. Jedoch räumt das Steuerrecht die links stehenden alternativen Wahlrechte ein.
dürfen im Jahr der Anschaffung in voller Höhe als Betriebsausgaben abgezogen werden	**dürfen** im Jahr ihrer Anschaffung in voller Höhe abgeschrieben werden (Sofortabschreibung).	**dürfen** im Jahr ihrer Anschaffung zu einem **Sammelposten (Pool)** zusammengefasst werden. Der Sammelposten ist jährlich mit 20 % abzuschreiben; unabhängig von der tatsächlichen Nutzungsdauer.	
Wahlrecht kann für jedes GWG gesondert ausgeübt werden.	Wahlrecht kann für jedes GWG (alt) gesondert ausgeübt werden.	Wahlrecht muss auf alle GWG (neu) mit AK größer 250,00 € **einheitlich** angewendet werden.	–

Entscheidend für den Ansatz des Wirtschaftsgutes sind die Anschaffungskosten. Anschaffungskosten stellen den Kaufpreis ohne Umsatzsteuer nach Abzug aller Preisnachlässe (auch Skonto!) dar.

Für die schnelle Entscheidung, in welchen Bereich ein Wirtschaftsgut fällt, sind Grenzwerte hilfreich.

Anschaffungskosten (Kaufpreis ohne USt nach Abzug von Preisnachlässen)	19 % Umsatzsteuer	Grenzwert (maximaler Bruttopreis)	Auswirkung
250,00 €	47,50 €	bis 297,50 €	noch sofortige Betriebsausgabe
800,00 €	152,00 €	bis 952,00 €	noch GWG-alt
1.000,00 €	190,00 €	bis 1.190,00 €	noch GWG-neu; Poollösung

So fällt z. B. ein Kaufpreis von 950,00 € bei der GWG-alt-Methode noch unter die Anschaffungskostengrenze, da die Anschaffungskosten lediglich 798,32 € betragen, also nicht über 800,00 € liegen. Dagegen kann bei einem Kaufpreis von 955,00 € nicht die GWG-alt-Methode angewandt werden, da die Anschaffungskosten 802,52 € betragen, also über 800,00 € liegen.

Beispiel 1

Eingangsrechnung 277, 18. April Jahr 1

Kartenlesegerät, netto	139,00 €
+ 19 % Umsatzsteuer	26,41 €
= Rechnungspreis, brutto	165,41 €

Lösung 1

Buchungssatz

		Soll	Haben
6300	Sonstige betriebliche Aufwendungen	139,00 €	
1400	Vorsteuer	26,41 €	
an 3310	Verbindlichkeiten a. LL.		165,41 €

Beispiel 2

Eingangsrechnung 278, 2. Mai Jahr 1

Schreibtisch, Nutzungsdauer zehn Jahre, netto	750,00 €
+ 19 % Umsatzsteuer	142,50 €
= Rechnungspreis, brutto	892,50 €

a) Buchen Sie die Anschaffung am 2. Mai und die Abschreibung zum 31.12., wenn für das Geschäftsjahr die „GWG-alt-Methode“ gewählt wird.

b) Buchen Sie die Anschaffung am 2. Mai und die Abschreibung zum 31.12., wenn für das Geschäftsjahr die „GWG-neu-Sammelpostenmethode“ angewandt wird.

c) Buchen Sie die Anschaffung am 2. Mai und die Abschreibung zum 31.12., wenn für das Geschäftsjahr weder die „GWG-alt-Methode“ noch die „GWG-neu-Sammelpostenmethode“ gewählt wird.

Lösung 2

a) Buchungssatz am 2. Mai

		Soll	Haben
0670	Geringwertige Wirtschaftsgüter	750,00 €	
1400	Vorsteuer	142,50 €	
an 3310	Verbindlichkeiten a. LL.		892,50 €

Buchungssatz am 31.12.

		Soll	Haben
6262	Abschreibungen auf aktivierte GWG	750,00 €	
an 0670	Geringwertige Wirtschaftsgüter		750,00 €

b) Buchungssatz am 2. Mai

		Soll	Haben
0675	Sammelposten GWG	750,00 €	
1400	Vorsteuer	142,50 €	
an 3310	Verbindlichkeiten a. LL.		892,50 €

Buchungssatz am 31.12.

		Soll	Haben
6264	Auflösung Sammelposten GWG	150,00 €	
an 0675	Sammelposten GWG		150,00 €

c) Buchungssatz am 2. Mai

		Soll	Haben
0650	Betriebs- und Geschäftsausstattung	750,00 €	
1400	Vorsteuer	142,50 €	
an 3310	Verbindlichkeiten a. LL.		892,50 €

Buchungssatz am 31.12.

		Soll	Haben
6220	Abschreibungen auf Sachanlagen	50,00 €[1]	
an 0650	Betriebs- und Geschäftsausstattung		50,00 €

Beispiel 3

Eingangsrechnung 279, 1. Juli Jahr 1

Aktenschrank, Nutzungsdauer acht Jahre, netto	920,00 €
+ 19 % Umsatzsteuer	174,80 €
= Rechnungspreis, brutto	1.094,80 €

a) Buchen Sie die Anschaffung am 1. Juli und die Abschreibung zum 31.12., wenn für das Geschäftsjahr die „GWG-alt-Methode“ gewählt wird.

b) Buchen Sie die Anschaffung am 1. Juli und die Abschreibung zum 31.12., wenn für das Geschäftsjahr die „GWG-neu-Sammelpostenmethode“ angewandt wird.

c) Buchen Sie die Anschaffung am 1. Juli und die Abschreibung zum 31.12., wenn für das Geschäftsjahr weder die „GWG-alt-Methode“ noch die „GWG-neu-Sammelpostenmethode“ gewählt wird.

1 750,00 : 10 = 75,00 € jährlich; für acht Monate im ersten Jahr = 50,00 €

Lösung 3

a) Buchungssatz am 1. Juli

		Soll	Haben
0650	Betriebs- und Geschäftsausstattung	920,00 €	
1400	Vorsteuer	174,80 €	
an 3310	Verbindlichkeiten a. LL.		1.094,80 €

Buchungssatz am 31.12.

		Soll	Haben
6220	Abschreibungen auf Sachanlagen[1]	57,50 €[2]	
an 0650	Betriebs- und Geschäftsausstattung		57,50 €

b) Buchungssatz am 1. Juli

		Soll	Haben
0675	Sammelposten GWG	920,00 €	
1400	Vorsteuer	174,80 €	
an 3310	Verbindlichkeiten a. LL.		1.094,80 €

Buchungssatz am 31.12.

		Soll	Haben
6264	Auflösung Sammelposten GWG	184,00 €	
an 0675	Sammelposten GWG		184,00 €

c) siehe Lösung a)

Aufgaben

1. ER 201, 30. April, Kleincontainer, 127,70 € + 19 % Umsatzsteuer 24,26 €
Buchen Sie die Anschaffung am 30. April.

2. ER 302, 12. August, Schreibtisch, 405,00 € + 19 % Umsatzsteuer 76,95 € (Nutzungsdauer acht Jahre)

a) Buchen Sie die Anschaffung am 12. August und die Abschreibung zum 31.12., wenn für das Geschäftsjahr die „GWG-alt-Methode“ gewählt wird.
b) Buchen Sie die Anschaffung am 12. August und die Abschreibung zum 31.12., wenn für das Geschäftsjahr die „GWG-neu-Sammelpostenmethode“ angewandt wird.
c) Buchen Sie die Anschaffung am 12. August und die Abschreibung zum 31.12., wenn weder die „GWG-alt-Methode“ noch die „GWG-neu-Sammelpostenmethode“ gewählt wird.

3. ER 303, 10. Mai, drei Bürocontainer für insgesamt 1.428,00 € einschließlich 19 % Umsatzsteuer

a) Entscheiden Sie, ob die GWG-alt-Methode angewandt werden kann.
b) Entscheiden Sie, ob die Sammelposten-Methode angewandt werden kann.
c) Begründen Sie, welche Methode zu wählen ist, wenn der Gewinnausweis gesenkt werden soll.

4. ER 304, 25. Juni, fünf PCs für insgesamt 4.500,00 € zuzüglich 19 % Umsatzsteuer

a) Entscheiden Sie, ob die GWG-alt-Methode angewandt werden kann.
b) Entscheiden Sie, ob die Sammelposten-Methode angewandt werden kann.

1 Bei AK > 800,00 € ist die GWG-alt-Methode nicht anwendbar; deshalb „normale“ Aktivierung und „normale“ Abschreibung
2 920,00 € : 8 = 115,00 € jährlich, für sechs Monate = 57,50 €

5. ER 305, 7. August, zwei Mobiltelefone für insgesamt 2.100,00 € zuzüglich 19 % Umsatzsteuer

a) Entscheiden Sie, ob die GWG-alt-Methode angewandt werden kann.
b) Entscheiden Sie, ob die Sammelposten-Methode angewandt werden kann.

6. ER 303, 1. Dezember, Aktenschrank, 995,00 € + 19 % Umsatzsteuer 189,05 € (Nutzungsdauer acht Jahre)

a) Buchen Sie die Anschaffung am 1. Dez. und die Abschreibung zum 31.12., wenn im laufenden Wirtschaftsjahr die „GWG-alt-Methode" gewählt wird.
b) Buchen Sie die Anschaffung am 1. Dez. und die Abschreibung zum 31.12., wenn im laufenden Wirtschaftsjahr die „GWG-neu-Sammelpostenmethode" angewandt wird.
c) Buchen Sie die Anschaffung am 1. Dez. und die Abschreibung zum 31.12., wenn im laufenden Wirtschaftsjahr weder die „GWG-alt-Methode" noch die „GWG-neu-Sammelpostenmethode" gewählt wird.

7. In der Großhandlung Kössig GmbH sind die Buchungsfälle a) bis k) zu erfassen. Die Großhandlung Kössig GmbH hat sich für die Anwendung der GWG-alt-Methode entschieden. (Alternativ können Sie alle Fälle auch unter Anwendung der Sammelposten-Methode buchen.)

a) ER 288, Anrufbeantworter 99,00 € + 18,81 € Umsatzsteuer

b) ER 289

Aktenschrank	415,00 €
+ Transportkosten	35,00 €
= Rechnungsbetrag, netto	450,00 €
+ 19 % Umsatzsteuer	85,50 €
= Rechnungsbetrag, brutto	535,50 €

c) ER 290

10 Schreibtische à 449,00 €	4.490,00 €
+ 19 % Umsatzsteuer	853,10 €
= Rechnungsbetrag, brutto	5.343,10 €

d) Banküberweisung für ER 288 (Buchungsfall a)
e) ER 291, Diktiergerät, netto 254,00 € + 48,26 € Umsatzsteuer
f) Banküberweisung für ER 291 (Buchungsfall e) unter Abzug von 5 % Skonto
g) ER 292, Oktober, Bildschirm für PC, 260,00 € + 49,40 € Umsatzsteuer, Nutzungsdauer vier Jahre
h) ER 293, März, Schreibtisch 500,00 € + 95,00 € Umsatzsteuer, Nutzungsdauer zehn Jahre
i) ER 294, Januar, Büroschrank 1.219,75 € einschl. 19 % Umsatzsteuer, Nutzungsdauer zehn Jahre
j) ER 295, Dezember, Telefonanlage 980,00 € + Umsatzsteuer, Nutzungsdauer acht Jahre
k) Buchen Sie die Abschreibung am Jahresende für die Buchungsfälle g) bis j).

8. Im Jahr 1 wurden auf dem Konto „0670 Geringwertige Wirtschaftsgüter" insgesamt 192.000,00 € erfasst. Buchen Sie die Abschreibung am Jahresende.

9. Der Unternehmer möchte bei Aufgabe 8 nicht den vollen Betrag als GWG sofort im Anschaffungsjahr abschreiben. Ideal wäre für ihn aus steuerlichen Gründen, lediglich 62.000,00 € sofort abzuschreiben und die verbleibenden 130.000,00 € auf die Nutzungsdauer zu verteilen.

a) Begründen Sie, ob die geplante Vorgehensweise rechtlich zulässig ist.
b) Begründen Sie, warum der Unternehmer so taktieren könnte.

10. Alternative zu Aufgabe 8:
Im Jahr 1 wurden auf dem Konto „0675 Sammelposten GWG" 240.000,00 € erfasst.

a) Geben Sie an, in welcher Höhe dafür im Jahr 2 eine Abschreibung vorgenommen werden muss.
b) Buchen Sie die Abschreibung im Jahr 2.
c) Geben Sie an, wie hoch der Abschreibungsbetrag im Jahr 3 für die im Jahr 1 angeschafften GWG ist.
d) Buchen Sie die Abschreibung im Jahr 3 für die in Jahr 1 angeschafften GWG.

11. In der Spedition Winkler sind die Buchungsfälle a) bis k) zu bearbeiten. Die Spedition Winkler hat sich für die Anwendung der GWG-alt-Methode entschieden. (Alternativ können Sie alle Fälle auch unter Anwendung der Sammelposten-Methode buchen.)

a) ER 305, Lkw-Kauf am 2. Januar Jahr 1; netto 98.000,00 €. Überführungskosten fielen in Höhe von 2.380,00 € einschl. 19 % Umsatzsteuer an. Der Lkw hat eine Nutzungsdauer von acht Jahren.
aa) Buchen Sie die Anschaffung.
ab) Buchen Sie die Abschreibung am Ende des ersten Nutzungsjahres.

b) ER 306; Rechnungsdatum 4. Januar; Aktenschrank netto 588,00 € zzgl. Umsatzsteuer

c) ER 307; Schreibtisch; 820,00 € zzgl. Umsatzsteuer

d) ER 308, Gabelstapler-Kauf am 5. Mai Jahr 1; netto 30.000,00 € zzgl. Umsatzsteuer, Nutzungsdauer sechs Jahre.
da) Buchen Sie die Anschaffung.
db) Buchen Sie die Banküberweisung unter Abzug von 2 % Skonto.
dc) Ermitteln und buchen Sie die Abschreibung im ersten Nutzungsjahr.

e) Banküberweisung für ER 307 (Buchungsfall c) unter Abzug von 3 % Skonto.

f) ER 309, Rechnungsdatum 1. März; bebautes Grundstück (Lagerhalle), 700.000,00 €. Im Kaufpreis ist der Grundstückswert von 200.000,00 € enthalten.
fa) Ermitteln und buchen Sie die lineare Abschreibung in Höhe von 2 % für das erste Nutzungsjahr.
fb) Ermitteln und buchen Sie die lineare Abschreibung in Höhe von 2 % für das zweite Nutzungsjahr.

g) ER 310, Pkw-Kauf am 5. Oktober Jahr 1; netto 25.000,00 € zzgl. Umsatzsteuer, Nutzungsdauer sechs Jahre.
ga) Buchen Sie die Anschaffung.
gb) Ermitteln und buchen Sie die Abschreibung im ersten Nutzungsjahr.

h) Banküberweisung für ER 310 (Buchungsfall g) unter Abzug von 3 % Skonto.

i) ER 311

Kopiergerät	440,00 €
+ Papier, usw.	300,00 €
= Rechnungsbetrag, netto	740,00 €
+ 19 % Umsatzsteuer	140,60 €
= Rechnungsbetrag, brutto	880,60 €

j) Ausschnitt einer Eingangsrechnung:

Rechnung Nr. 09-05/098 **Rechnungsdatum:** 18.08.20..

Anzahl	Artikel	Einzepreis netto	Gesamtpreis netto	Umsatzsteuer 19 %	Gesamtpreis brutto
4	Schreibtisch-container	375,00 €	1.500,00 €	285,00 €	1.785,00 €
5	Büroschrank	875,00 €	5.250,00 €	997,50 €	6.247,50 €
			6.750,00 €	**1.282,50 €**	**8.032,30 €**

Schreibtischcontainer und Büroschränke haben eine Nutzungsdauer von zwölf Jahren.
ja) Buchen Sie die Eingangsrechnung und die Abschreibung im Anschaffungsjahr bei Anwendung der GWG-alt-Methode.
jb) Buchen Sie die Eingangsrechnung und die Abschreibung am Jahresende bei Anwendung der GWG-Sammelposten-Methode.

k) ER 312, Rechnungsdatum 5. Mai Jahr 1; bebautes Grundstück (Lagerhalle), 1,2 Mio. €.
Der anteilige Grundstückswert beträgt 40 %. Die Grunderwerbsteuer beläuft sich auf 3,5 %. Notariats- und sonstige Anschaffungsnebenkosten betragen 24.000,00 € ohne Umsatzsteuer.
ka) Ermitteln und buchen Sie die lineare Abschreibung in Höhe von 2 % für das erste Nutzungsjahr.
kb) Ermitteln und buchen Sie die lineare Abschreibung in Höhe von 2 % für das zweite Nutzungsjahr.

4.6.2 Abschreibung geringwertiger Wirtschaftsgüter/Bildung von Sammelposten

Abschreibung geringwertiger Wirtschaftsgüter gemäß § 6 (2) EStG

Bewegliche Wirtschaftsgüter des abnutzbaren Anlagevermögens **können** (Wahlrecht) im Anschaffungs- oder Herstellungsjahr vollständig abgeschrieben werden, wenn

- die Anschaffungs- oder Herstellungskosten für das einzelne Wirtschaftsgut 800,00 € (netto) nicht übersteigen und wenn
- sie selbstständig bewertbar und nutzbar sind.

Diese Regelung gilt für Wirtschaftsgüter, die seit dem 01.01.2010 angeschafft oder hergestellt wurden. Alternativ können sie auch aktiviert und über die betriebsgewöhnliche Nutzungsdauer abgeschrieben werden.

Wird von dem Wahlrecht GWG (alt) für Wirtschaftsgüter deren Wert zwischen 250,01 € und 800,00 € liegt, Gebrauch gemacht, sind unter Angabe des Tages der Anschaffung oder Herstellung und der Anschaffungs- oder Herstellungskosten in ein besonderes, laufend zu führendes Verzeichnis aufzunehmen. Das Verzeichnis braucht nicht geführt zu werden, wenn diese Angaben aus der Buchführung ersichtlich sind.

§ 6 (2) EStG Die Abschreibung über die Nutzungsdauer und auch die Sofortabschreibung können handelsrechtlich übernommen werden. Der Steuerpflichtige kann das Wahlrecht nach § 6 (2) EStG bei jedem Wirtschaftsgut neu ausüben, da das Wahlrecht wirtschaftsgutbezogen ist.

§ 7 EStG Alle Wirtschaftsgüter, deren Anschaffungs- oder Herstellungskosten über 800,00 € liegen, sind bei der Ausübung des Wahlrechtes GWG (alt, § 6 (2) EStG) durch Abschreibungen gemäß § 7 EStG abzuschreiben.

Beispiel Ein Unternehmer kauft einen Büroschrank für 375,00 € zzgl. 19 % Umsatzsteuer. Die Zahlung erfolgt per Banküberweisung.

Lösung Es handelt sich um ein geringwertiges Wirtschaftsgut, dessen Anschaffungskosten sofort gewinnmindernd erfasst werden können.

Buchungssatz bei Zahlung

		Soll	Haben
6260	Sofortabschreibungen GWG	375,00 €	
1400	Vorsteuer	71,25 €	
an 1800	Bank		446,25 €

Alternativ:

1. Schritt: Aktivierung des geringwertigen Wirtschaftsguts

		Soll	Haben
0670	Geringwertige Wirtschaftsgüter	375,00 €	
1400	Vorsteuer	71,25 €	
an 1800	Bank		446,25 €

2. Schritt: Abschreibung

		Soll	Haben
6262	Abschreibungen auf aktivierte GWG	375,00 €	
an 0670	Geringwertige Wirtschaftsgüter		375,00 €

Sammelpostenregelung gemäß § 6 (2a) EStG

Anschaffungs- bzw. Herstellungskosten von 250,01 € bis 1.000,00 €

Bewegliche Wirtschaftsgüter des abnutzbaren Anlagevermögens **können** im Anschaffungs- oder Herstellungsjahr **vollständig** abgeschrieben werden, wenn

- die Anschaffungs- oder Herstellungskosten für das einzelne Wirtschaftsgut 250,00 € ohne die darin enthaltene Vorsteuer **nicht übersteigen** und wenn *§ 6 (2a) EStG*
- sie selbstständig bewertbar und nutzbar sind.

Es ist kein besonderes Verzeichnis zu führen. Alternativ können sie auch über die Nutzungsdauer abgeschrieben werden.

Für abnutzbare bewegliche Wirtschaftsgüter des Anlagevermögens, die selbstständig genutzt werden können, kann im Wirtschaftsjahr der Anschaffung, Herstellung oder Einlage des Wirtschaftsguts oder der Eröffnung des Betriebs ein **Sammelposten** (Pool) gebildet werden, wenn die Anschaffungs- oder Herstellungskosten, vermindert um einen darin enthaltenen Vorsteuerbetrag, für das einzelne Wirtschaftsgut **250,00 €, aber nicht 1.000,00 € übersteigen**. *§ 6 (2a) EStG*

Diese Regelung ist dann für alle Wirtschaftsgüter verbindlich. Es besteht kein wirtschaftsgutbezogenes Wahlrecht.

Dieser **Sammelposten** ist im Wirtschaftsjahr der Bildung und in den folgenden vier Wirtschaftsjahren mit **jeweils einem Fünftel gewinnmindernd** aufzulösen.

Dabei ist unerheblich,

- zu welchem Zeitpunkt die Wirtschaftsgüter im Anschaffungsjahr erworben werden (keine zeitanteilige Abschreibung im Anschaffungsjahr),
- wann die Wirtschaftsgüter aus dem Betriebsvermögen ausscheiden (konstante Abschreibungen auf den Jahressammelposten im Fünfjahreszeitraum auch bei vorzeitigem oder nachträglichem Ausscheiden der Wirtschaftsgüter).

Beispiel

Ein Unternehmer kauft am 14. Mai 01 für seine Außendienstmitarbeiter 150 Aktenkoffer zum Preis von je 357,00 € inkl. 19 % Umsatzsteuer auf Ziel.

Lösung

Die Anschaffungskosten eines einzelnen Koffers betragen 300,00 €, sodass ein Sammelposten zu bilden ist. Die Abschreibung erfolgt auf fünf Jahre.

Buchungssatz beim Kauf

		Soll	Haben
0675	Sammelposten GWG	45.000,00 €	
1400	Vorsteuer	8.550,00 €	
an 3310	Verbindlichkeiten a. LL.		53.550,00 €

Buchungssatz zum 31.12.01

		Soll	Haben
6264	Auflösung Sammelposten GWG	9.000,00 €	
an 0675	Sammelposten GWG		9.000,00 €

MERKE:

Die beiden Regelungen des § 6 (2) und (2a) EStG sind nicht nebeneinander in einem Wirtschaftsjahr anzuwenden, d.h., entweder wird für alle Wirtschaftsgüter, die in einem Wirtschaftsjahr angeschafft oder hergestellt werden, die Regelung des § 6 (2) EStG oder die des § 6 (2a) EStG angewandt.

Nachträgliche Anschaffungs- oder Herstellungskosten

Nachträgliche Anschaffungs- oder Herstellungskosten von Wirtschaftsgütern im Sinne des § 6 (2a) EStG erhöhen den Sammelposten des Wirtschaftsjahres, in dem die Aufwendungen entstehen (R 6.13 Abs. 5 S. 2 EStR). Beabsichtigt die bzw. der Steuerpflichtige, in diesem Wirtschaftsjahr § 6 (2a) EStG nicht anzuwenden, beschränkt sich der Sammelposten auf die nachträglichen Anschaffungs- oder Herstellungskosten der in § 6 (2a) S. 1 EStG genannten Wirtschaftsgüter.

Fallen die nachträglichen Anschaffungs- oder Herstellungskosten bereits im Wirtschaftsjahr der Investition an und übersteigt die Summe der Gesamtkosten in diesem Wirtschaftsjahr die Betragsgrenze von 1.000,00 €, kann § 6 (2a) EStG nicht angewendet werden. Das Wirtschaftsgut ist nach § 6 (1) Nr. 1 EStG einzeln zu bewerten.

Scheidet ein Wirtschaftsgut im Jahr der Anschaffung oder Herstellung aus dem Betriebsvermögen aus, liegen die Voraussetzungen für die Berücksichtigung des Wirtschaftsguts im Sammelposten zum Schluss dieses Wirtschaftsjahres nicht vor; BMF-Schreiben vom 30.09.2010, Rn 10.

Beispiel 1 Ein Unternehmer, der zum vollen Vorsteuerabzug berechtigt ist, kauft am 15.04.01 eine Digitalkamera für netto 950,00 € zzgl. 19 % Umsatzsteuer. Im Juni 01 erwirbt er ein Weitwinkelobjektiv dazu für netto 100,00 € zzgl. 19 % Umsatzsteuer.

Lösung 1 Die Anschaffungskosten der Digitalkamera betragen insgesamt 1.050,00 € und liegen somit über 1.000,00 €. Sie dürfen nicht im Sammelposten erfasst werden. Die Kamera ist über die betriebsgewöhnliche Nutzungsdauer abzuschreiben.

Beispiel 2 Abweichend zu Beispiel 1 erwirbt der Unternehmer das Weitwinkelobjektiv erst im März 02.

Lösung 2 Die Anschaffungskosten des Jahres 01 in Höhe von 950,00 € sind im Sammelposten zu erfassen und mit jährlich 1/5 abzuschreiben. Die nachträglichen Anschaffungskosten sind im Sammelposten des Jahres 02 zu erfassen, auch wenn sonst von der Möglichkeit des Sammelpostens kein Gebrauch gemacht wird.

Zusammenfassung

Behandlung von geringwertigen Wirtschaftsgütern

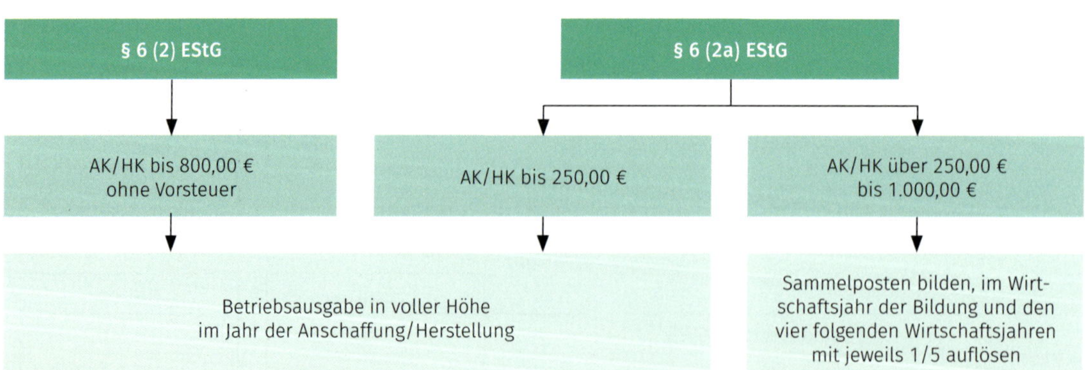

1. **Für die Frage, ob sofort abzugsfähige Betriebsausgaben vorliegen oder ein Sammelposten zu bilden ist, sind die Anschaffungskosten ohne Vorsteuer zu berücksichtigen, auch wenn der Unternehmer nicht zum Vorsteuerabzug berechtigt ist.**
2. **Scheidet ein Wirtschaftsgut aus dem Betriebsvermögen aus, bleibt der Sammelposten unverändert.**

Aufgaben

1. Geben Sie an, wie selbstständig nutzbare Wirtschaftsgüter mit Anschaffungs- bzw. Herstellungskosten

a) bis 250,00 € netto,
b) von mehr als 250,00 € netto und höchstens 1.000,00 € netto

gemäß § 6 (2a) EStG buchhalterisch behandelt werden.

2. Es gibt verschiedene Abschreibungskategorien für selbstständig nutzbare Wirtschaftsgüter. Ordnen Sie den unter A stehenden Anschaffungs- bzw. Herstellungskosten der Wirtschaftsgüter die unter B stehende vorgeschriebene steuerliche Behandlung zu.

A Anschaffungs- bzw. Herstellungskosten	B mögliche steuerliche Behandlung
1. bis 250,00 € (netto) 2. über 250,00 € (netto) bis 1.000,00 € (netto) 3. über 1.000,00 € (netto) 4. bis 800,00 € (netto)	1. Jahressammelposten (Pool), gemeinsame Abschreibung über 5 Jahre (20 % linear) 2. lineare Abschreibung gemäß Abschreibungstabellen, degressive Abschreibung bzw. Leistungsabschreibung 3. Betriebsausgabe (Sofortaufwand)

3. Folgende Geschäftsvorfälle entnehmen Sie den Buchführungsunterlagen Mai 01 Ihrer Mandantin:

1) Kauf eines Fotokopiergerätes mit Girocard zum Listenpreis von	500,00 €
– 25 % Rabatt	125,00 €
+ 19 % Umsatzsteuer	71,25 €
2) Barkauf eines Schreibtisches zum Listenpreis von	300,00 €
+ 19 % Umsatzsteuer	57,00 €
3) Kauf eines Druckers mit Girocard zum Listenpreis von	375,00 €
+ 19 % Umsatzsteuer	71,25 €
4) Barkauf eines Tresors für	500,00 €
+ 19 % Umsatzsteuer	95,00 €

a) Nehmen Sie die erforderlichen laufenden Buchungen und die zum Abschlussstichtag 31.12.01 vor, unter der Voraussetzung, dass Ihr Mandant von der Regelung des § 6 (2a) EStG Gebrauch macht.
b) Geben Sie an, wie die Lösung wäre, wenn Ihr Mandant die Vorschrift des § 6 (2) EStG in Anspruch nehmen würde.

4. Ihr Mandant, ein Versicherungsmakler, erwirbt im Juli 01 einen Kopierer für 242,00 € zzgl. 19 % USt und eine neue Aktentasche für 420,00 € zzgl. 19 % Umsatzsteuer. Beides zahlt er sofort bei Kauf. Geben Sie an, wie die beiden Anschaffungen gemäß § 6 (2a) EStG zu buchen sind.

5. Eine GmbH kauft im April 01 zehn Rasenmäher zum Preis von je 800,00 € zzgl. 19 % Umsatzsteuer. Die betriebsgewöhnliche Nutzungsdauer beträgt acht Jahre. Im Jahr 02 veräußert sie drei dieser Rasenmäher, da die Geschäfte rückläufig sind.

a) Geben Sie an, wie
   aa) die Anschaffung,
   ab) zum 31.12.01 und
   ac) zum 31.12.02 gemäß § 6 (2a) EStG zu buchen ist.

b) Geben Sie an, wie
   ba) die Anschaffung und
   bb) zum 31.12.01 gemäß § 6 (2) EStG zu buchen ist.

6. Eine Unternehmerin schafft in den Jahren 01 bis 03 laufend abnutzbare bewegliche Wirtschaftsgüter des Anlagevermögens an, deren Anschaffungskosten zwischen 250,01 € und 1.000,00 € betragen.

   Die Sammelposten der einzelnen Jahre haben folgende Höhe:
   01: 42.000,00 €
   02: 16.000,00 €
   03: 24.000,00 €

   Stellen Sie die Entwicklung der einzelnen Sammelposten von Jahr 01 bis Jahr 07 tabellarisch dar.

7. Ihr Mandant erwirbt im Jahr 01 die folgenden Wirtschaftsgüter.

	Anschaffungs-stückkosten	Stück	Anschaffungs-kosten	Nutzungsdauer	Zeitpunkt der Anschaffung
Aktenkoffer	400,00 €	4	1.600,00 €	6 Jahre	04.03.01
Notebook	510,00 €	2	1.020,00 €	3 Jahre	15.11.01
Stühle	140,00 €	8	1.120,00 €	8 Jahre	04.01.01
Tisch	980,00 €	1	980,00 €	8 Jahre	04.01.01
Stehlampe	270,00 €	2	540,00 €	5 Jahre	03.02.01

   Entscheiden Sie, unter der Voraussetzung, dass ein möglichst niedriger Gewinn angestrebt wird, ob die Regelung des § 6 (2) EStG oder die Poolabschreibung des § 6 (2a) EStG für Ihren Mandanten die günstigere Alternative ist.

4.7 Investitionsabzugsbetrag

4.7.1 Allgemeines

Abzugsbetrag

§ 7g EStG

Bei der Inanspruchnahme der Regelungen des § 7 g EStG handelt es sich um die Ausübung eines **steuerlichen Wahlrechts** im Sinne des § 5 (1) S. 1 HS 2 EStG, d. h., sie sind **nur steuerlich** zu berücksichtigen.

Dies kann durch die Aufstellung einer separaten Steuerbilanz erfolgen oder durch eine Korrekturrechnung zur Handelsbilanz und die Aufnahme dieser Wirtschaftsgüter in laufend zu führende Verzeichnisse gemäß § 5 (1) S. 2, 3 EStG. Die Handelsbilanz wird nicht verändert.

Die Verzeichnisse müssen

- den Tag der Anschaffung oder Herstellung,
- die Anschaffungs- oder Herstellungskosten,
- die Vorschrift des ausgeübten steuerlichen Wahlrechts und
- die vorgenommenen Abschreibungen

nachweisen.

Steuerpflichtige können für die künftige Anschaffung oder Herstellung eines abnutzbaren beweglichen Wirtschaftsguts des Anlagevermögens **bis zu 40%** der voraussichtlichen Anschaffungs- oder Herstellungskosten gewinnmindernd abziehen. *§ 7g (1) EStG*

Der Abzugsbetrag wird **außerbilanziell** vom Gewinn abgezogen. Das Eigenkapital in der Bilanz wird nicht gemindert. Der Abzugsbetrag kann auch weniger als 40% betragen.

Der absolute Höchstbetrag für **alle** im laufenden Wirtschaftsjahr und in den drei vorangegangenen Wirtschaftsjahren vorgenommenen Abzüge beträgt 200.000,00 €.

Der Abzugsbetrag wird **betriebsbezogen**, nicht personenbezogen gewährt.

Begünstigte Wirtschaftsgüter

Begünstigt sind sowohl **neue** wie auch **gebrauchte** Wirtschaftsgüter.

Nicht begünstigt sind immaterielle Wirtschaftsgüter und Finanzanlagen.

Größenmerkmale

§ 7g (1) S. 2 EStG

Gemäß § 7g (1) S. 2 EStG kann der Investitionsabzugsbetrag nur in Anspruch genommen werden, wenn

1. bei bilanzierenden Betrieben das steuerliche Betriebsvermögen 235.000,00 € zum Schluss des Wirtschaftsjahres, in dem der Abzug vorgenommen wird, nicht übersteigt,
2. der Wirtschaftswert bei Land- und Forstwirtschaftsbetrieben nicht mehr als 125.000,00 € beträgt und
3. der Gewinn bei Gewerbebetrieben oder bei der selbstständigen Arbeit dienenden Betrieben, die ihren Gewinn nach § 4 (3) EStG ermitteln, nicht mehr als 100.000,00 € beträgt.

Mit Betriebsvermögen in diesem Sinne ist das Eigenkapital aus der Bilanz gemeint. Bei Personengesellschaften gilt das Kapital aus der Gesamthandsbilanz zzgl. dem Kapital aus Sonder- und Ergänzungsbilanzen.

Investitionsabsicht

Die bzw. der Steuerpflichtige beabsichtigt, das begünstigte Wirtschaftsgut voraussichtlich in den dem Wirtschaftsjahr des Abzugs folgenden **drei Wirtschaftsjahren** anzuschaffen bzw. herzustellen = **Investitionsfrist somit drei Jahre**.

Nutzung

Das Wirtschaftsgut muss bis zum Ende des dem Wirtschaftsjahr der Anschaffung oder Herstellung folgenden Wirtschaftsjahres in einer inländischen Betriebsstätte fast ausschließlich (90%) betrieblich genutzt werden.

Die bzw. der Steuerpflichtige muss das begünstige Wirtschaftsgut seiner Funktion nach benennen und die Höhe der voraussichtlichen Anschaffungs- oder Herstellungskosten angeben.

Der Zeitpunkt der Investition muss nicht angegeben werden.

Beispiel

Seit Jahren betreibt ein Unternehmer einen Möbeleinzelhandel und erzielte in den letzten Jahren Gewinne in Höhe von 45.000,00 € für 01 und 47.000,00 € für 02. Das Betriebsvermögen zum 31.12.01 beträgt 70.000,00 € und zum 31.12.02 65.000,00 €.
Der Unternehmer möchte einen neuen Lkw anschaffen. Er schätzt die Anschaffungskosten auf 100.000,00 €.
Der Lkw wird ausschließlich zu betrieblichen Zwecken genutzt.

Lösung

Der Lkw ist ein bewegliches abnutzbares Wirtschaftsgut des Anlagevermögens, das ausschließlich betrieblichen Zwecken dienen soll. Die Größenmerkmale werden eingehalten. Der Unternehmer kann einen Investitionsabzugsbetrag in 02 bis zu maximal 40% von 100.000,00 € = 40.000,00 € außerbilanziell geltend machen.

HB-Gewinn	47.000,00 €
Investitionsabzugsbetrag, außerhalb der Bilanz	– 40.000,00 €
steuerlicher Gewinn	7.000,00 €

Die Inanspruchnahme des Investitionsabzugsbetrags kann auch zu einem Verlust führen.

4.7.2 Anschaffung eines begünstigten Wirtschaftsguts einschließlich Sonderabschreibung

Der Steuerpflichtige **muss** im Wirtschaftsjahr der Anschaffung des begünstigten Wirtschaftsguts **50 % der tatsächlichen Anschaffungs- bzw. Herstellungskosten**, höchstens den geltend gemachten Investitionsabzugsbetrag, dem Gewinn **außerbilanziell hinzurechnen**.

§ 7g (2) EStG

Außerdem **können** die Anschaffungs- oder Herstellungskosten des Wirtschaftsguts in dem Wirtschaftsjahr der Anschaffung um **bis zu 50 %, höchstens** jedoch um den **Hinzurechnungsbetrag**, gewinnmindernd herabgesetzt werden. Dies bedeutet, dass sich auch die AfA-Bemessungsgrundlage entsprechend mindert.

Beispiel

Fortsetzung
Der Unternehmer erwirbt in 03 einen Lkw für 100.000,00 € zzgl. 19 % Umsatzsteuer.

Lösung

Außerhalb der Bilanz werden 40 % der Anschaffungskosten, d. h. 40.000,00 €, dem Gewinn 03 hinzugerechnet.

1. Alternative: Es wird eine Steuerbilanz erstellt.
Die Anschaffungskosten können in der Steuerbilanz gewinnmindernd um bis zu 40.000,00 € herabgesetzt werden.

Buchungssatz

		Soll	Haben
6243	Anschaffungskostenkürzung nach § 7g (2) EStG	40.000,00 €	
an 0520	Fuhrpark		40.000,00 €

2. Alternative: Es wird keine separate Steuerbilanz erstellt.
Die Gewinnminderung durch die Herabsetzung der Anschaffungskosten um bis zu 40.000,00 € erfolgt außerbilanziell zur Ermittlung des steuerlichen Gewinns.

Sonderabschreibung

§ 7g (5) EStG

Gemäß § 7g (5) EStG **können** bei abnutzbaren beweglichen Wirtschaftsgütern des Anlagevermögens im Jahr der Anschaffung oder Herstellung und in den vier folgenden Jahren Sonderabschreibungen **bis zu insgesamt 40 %** der Anschaffungs- oder Herstellungskosten in Anspruch genommen werden.

Voraussetzungen hierfür sind,

- dass der Betrieb zum Schluss des Wirtschaftsjahres **vor** der Anschaffung/Herstellung die oben erwähnten Größenmerkmale nicht überschreitet und
- das Wirtschaftsgut im Jahr der Anschaffung oder Herstellung und im darauffolgenden Wirtschaftsjahr in einer **inländischen** Betriebsstätte **ausschließlich** oder **fast ausschließlich** (90 %) betrieblich genutzt wird.

Beispiel

Fortsetzung
Der Unternehmer möchte die Sonderabschreibung bereits im Jahr der Anschaffung voll in Anspruch nehmen.

Lösung

Im Jahr 03 beträgt die Sonderabschreibung 12.000,00 €.

Die AfA-Bemessungsgrundlage ermittelt sich wie folgt:

ursprüngliche Anschaffungskosten	100.000,00 €
AK-Minderung 40 %	– 40.000,00 €
AfA-Bemessungsgrundlage	60.000,00 €
hiervon 20 % Sonderabschreibung	12.000,00 €

1. Alternative: Es wird eine Steuerbilanz erstellt.
Die Sonderabschreibung wird in der Steuerbilanz gewinnmindernd erfasst.

Buchungssatz

		Soll	Haben
6241	Sonderabschreibung nach § 7g (5) EStG	12.000,00 €	
an 0520	Fuhrpark		12.000,00 €

2. Alternative: Es wird keine separate Steuerbilanz erstellt.
Die Sonderabschreibung in Höhe von 12.000,00 € wird außerbilanziell zur Ermittlung des steuerlichen Gewinns berücksichtigt.

Zusätzlich zur Sonderabschreibung kann die **lineare** Abschreibung in Anspruch genommen werden.

Die Sonderabschreibung gemäß § 7g (5) EStG setzt nicht voraus, dass für das abnutzbare bewegliche Wirtschaftsgut zuvor ein Investitionsabzugsbetrag gebildet wurde.

4.7.3 Auflösung des Investitionsabzugsbetrags

Ein Investitionsabzugsbetrag (IAB) kann seit 2016 für ein beliebiges angeschafftes/hergestelltes Wirtschaftsgut verwendet werden. Der Zusammenhang zwischen Bildung und Anschaffung/Herstellung eines Wirtschaftsguts entfällt. Die Hinzurechnung im Jahr der Anschaffung/Herstellung ist künftig nicht mehr zwingend. Die bzw. der Steuerpflichtige kann also entscheiden, für welche Investitionen sie bzw. er einen IAB verwendet.

Erstmals ist gesetzlich geregelt, dass der IAB freiwillig rückgängig gemacht werden kann, um höhere Zinsen nach § 233a AO zu vermeiden. *§ 233a AO*

Auch bei einer schädlichen Nutzung ist eine Rückgängigmachung des Abzugs nicht mehr zwingend. Die Hinzurechnung/Herabsetzung der AK/HK kann bei anderen begünstigten Wirtschaftsgütern erfolgen, soweit dies verfahrensrechtlich noch zulässig ist. *§ 7 (4) EStG*

Beispiel

Es wird keine Investition getätigt.
Eine Unternehmerin plant die Anschaffung einer Maschine mit voraussichtlichen Anschaffungskosten von 50.000,00 €. Sie nimmt zulässigerweise einen Investitionsabzugsbetrag für 01 in Höhe von 40 % von 50.000,00 € = 20.000,00 € in Anspruch. Sie mindert also ihren Gewinn außerbilanziell um 20.000,00 €.
Die Unternehmerin nimmt in 04 von ihrer Investitionsabsicht Abstand, da die wirtschaftliche Situation ihres Unternehmens eine Neuanschaffung nicht mehr erfordert. Andere begünstigte Wirtschaftsgüter hat sie nicht.

Lösung

Der **ursprüngliche** Investitionsabzug ist rückwirkend rückgängig zu machen.

Der Gewinn des Jahres 01 ist um den Ursprungsbetrag von 20.000,00 € zu erhöhen. Für diese Fälle enthält § 7g EStG eine spezielle Korrekturvorschrift, die es erlaubt, eine bereits bestandskräftige Steuerfestsetzung zu ändern.

Die sich durch die Rückgängigmachung des Abzugs ergebende Steuernachzahlung ist nach § 233a AO mit 6 % jährlich zu verzinsen. Auf Antrag der bzw. des Steuerpflichtigen können Investitionsabzugsbeträge innerhalb des Investitionszeitraums jederzeit freiwillig ganz oder teilweise rückgängig gemacht werden.

Beispiel

tatsächliche Anschaffungs- oder Herstellungskosten < unterstellte Anschaffungs- oder Herstellungskosten

Ein Unternehmer plant die Anschaffung eines Pkw für 60.000,00 € und nimmt deshalb für 01 einen Abzugsbetrag in Höhe von 24.000,00 € in Anspruch. Die tatsächlichen Anschaffungskosten betragen in 02 45.000,00 €.

Lösung

Für 02 sind außerbilanziell 18.000,00 € hinzuzurechnen. Der Gewinn des Jahres 01 ist um 6.000,00 € außerbilanziell zu erhöhen.

Jahr 02

Anschaffungskosten 45.000,00 € · 40 % = 18.000,00 €.
Der Gewinn 02 ist außerbilanziell um 18.000,00 € zu erhöhen.
Gewinnminderung um bis zu 18.000,00 € durch Minderung der Anschaffungskosten möglich.
Sonderabschreibung bis zu 20 % von 27.000,00 € (45.000,00 € - 18.000,00 €) = 5.400,00 € möglich.
Lineare Abschreibung ist zusätzlich möglich.

Jahr 01

Es ist nur ein Abzugsbetrag von 18.000,00 € in 02 zulässig.
In Anspruch genommen wurden 24.000,00 €.
Gewinn um 6.000,00 € erhöhen.
Steuernachzahlung führt zu einer Verzinsung gemäß § 233a EStG.

Nichterfüllung der Nutzungsvoraussetzungen

Wird das angeschaffte/hergestellte Wirtschaftsgut z. B. nicht im vorgeschriebenen Zeitraum überwiegend betrieblich genutzt oder nicht in einer inländischen Betriebsstätte, so sind

- der gewinnmindernde Investitionsabzugsbetrag im Jahr der Bildung,
- die Herabsetzung der Anschaffungs- oder Herstellungskosten,
- die Verringerung der AfA-Bemessungsgrundlage,
- die Hinzurechnung und
- die Sonderabschreibung rückgängig zu machen, wenn kein anders begünstigtes Wirtschaftsgut vorhanden ist.

Beispiel

Ein Unternehmer, der die Voraussetzungen des § 7g EStG erfüllt, plant im Jahr 01, eine Maschine im Jahr 03 anzuschaffen. Die voraussichtlichen Anschaffungskosten betragen 80.000,00 €. Die Handelsbilanz weist einen Gewinn von 120.000,00 € aus.

Lösung

Der Unternehmer kann außerbilanziell einen Investitionsabzugsbetrag in Höhe von 32.000,00 € in Anspruch nehmen.

HB-Gewinn	120.000,00 €
Investitionsabzugsbetrag (80.000,00 € · 40 %)	– 32.000,00 €
steuerlicher Gewinn	88.000,00 €

Beispiel

Fortsetzung

Im Juli 03 erwirbt der Unternehmer die entsprechende Maschine für 80.000,00 € zzgl. 19 % Umsatzsteuer. Die betriebsgewöhnliche Nutzungsdauer der Maschine beträgt zehn Jahre. Sie soll linear abgeschrieben werden. Der HB-Gewinn beträgt ohne Berücksichtigung der Abschreibung 90.000,00 €. Der Unternehmer möchte die Anschaffungskosten gemäß § 7g (2) EStG so weit wie möglich mindern und auch die Sonderabschreibung gemäß § 7g (5) EStG in Anspruch nehmen.

Lösung

Handelsrecht

In der Handelsbilanz wird die Maschine linear abgeschrieben.

Ermittlung Abschreibung

Anschaffungskosten	80.000,00 €	
: 10 Jahre = 8.000,00 € · 6/12 =	4.000,00 €	Abschreibung für 03

Buchungssatz

		Soll	Haben
6220	Abschreibungen auf Sachanlagen	4.000,00 €	
an 0440	Maschinen		4.000,00 €

Ermittlung HB-Gewinn

vorläufiger HB-Gewinn	90.000,00 €
lineare Abschreibung	– 4.000,00 €
endgültiger HB-Gewinn	86.000,00 €

Buchwert der Maschine in der Handelsbilanz

Anschaffungskosten	80.000,00 €
lineare Abschreibung	– 4.000,00 €
Buchwert 31.12.03	76.000,00 €

Steuerrecht

1. Alternative: Es wird eine Steuerbilanz erstellt.

Gemäß § 7g (2) EStG erfolgt eine Minderung der Anschaffungskosten um 32.000,00 € (80.000,00 € · 40 %), die gewinnmindernd gebucht wird.

Buchungssatz

		Soll	Haben
6243	Anschaffungskostenkürzung nach § 7g (2) EStG	32.000,00 €	
an 0440	Maschinen		32.000,00 €

Ermittlung Sonderabschreibung

Anschaffungskosten	80.000,00 €
AK-Minderung	– 32.000,00 €
AfA-Bemessungsgrundlage	48.000,00 €
· 20 %	9.600,00 €

Gemäß § 7g (5) EStG wird eine Sonderabschreibung in Höhe von 9.600,00 € in Anspruch genommen.

Buchungssatz

		Soll	Haben
6241	Sonderabschreibungen nach § 7g (5) EStG	9.600,00 €	
an 0440	Maschinen		9.600,00 €

Berechnung der linearen AfA

AfA-Bemessungsgrundlage	48.000,00 €
: 10 Jahre = 4.800,00 € · 6/12 =	2.400,00 €

Die lineare AfA beträgt 2.400,00 €.

Buchungssatz

		Soll	Haben
6220	Abschreibungen auf Sachanlagen	2.400,00 €	
an 0440	Maschinen		2.400,00 €

Gewinnauswirkungen

HB-Gewinn ohne Abschreibung	90.000,00 €
steuerliche Gewinnänderungen	
Kürzung der Anschaffungskosten	– 32.000,00 €
S-Abschreibung	– 9.600,00 €
lineare Abschreibung	– 2.400,00 €
StB-Gewinn	46.000,00 €

StB-Ansatz der Maschine

Anschaffungskosten	80.000,00 €
AK-Minderung	– 32.000,00 €
S-Abschreibung	– 9.600,00 €
lineare Abschreibung	– 2.400,00 €
Buchwert 31.12.03	36.000,00 €

Der ursprüngliche Investitionsabzugsbetrag ist außerbilanziell gewinnerhöhend zu berücksichtigen.

StB-Gewinn	46.000,00 €
Gewinnerhöhung Investitionsabzugsbetrag aus 01, maximal 80.000,00 € · 40 % =	+ 32.000,00 €
steuerlicher Gewinn	78.000,00 €

2. Alternative: Es wird keine Steuerbilanz erstellt.
Die Minderung der Anschaffungskosten, die Sonderabschreibung und die lineare Abschreibung sind außerbilanziell zu erfassen. Buchungssätze sind nicht erforderlich.

HB-Gewinn ohne Abschreibung	90.000,00 €
Gewinnminderung durch AK-Minderung	– 32.000,00 €
S-Abschreibung	– 9.600,00 €
lineare Abschreibung	– 2.400,00 €
Hinzurechnung Investitionsabzugsbetrag	+ 32.000,00 €
steuerlicher Gewinn	78.000,00 €

4.7.4 Investitionsabzugsbetrag und geringwertige Wirtschaftsgüter/Sammelposten

§ 6 (2) EStG
§ 6 (2a) EStG

Durch die Inanspruchnahme des Investitionsabzugsbetrags und der daraus resultierenden Minderung der Anschaffungs- bzw. Herstellungskosten kann ein Wirtschaftsgut mit Anschaffungs- bzw. Herstellungskosten innerhalb der Grenzen des § 6 (2) EStG bzw. § 6 (2a) EStG entstehen.

Beispiel

Ein Unternehmer, Rechtsanwalt, hat zulässigerweise in 01 einen Investitionsabzugsbetrag in Höhe von 480,00 € (40 % aus 1.200,00 €) in Anspruch genommen. Die Investition, ein PC, tätigt er im Januar 02. Die Anschaffungskosten betragen 1.200,00 €. Sie werden mit Überweisung gezahlt. Eine ordnungsgemäße Rechnung liegt vor. Die Nutzungsdauer wird mit drei Jahren angegeben. Die Abschreibung erfolgt linear.

Lösung

Buchungssatz Kauf

		Soll	Haben
0650	Betriebs- und Geschäftsausstattung	1.200,00 €	
1400	Vorsteuer	228,00 €	
an 1800	Bank		1.428,00 €

Handelsrecht

Die lineare Abschreibung beträgt 400,00 €.

Buchungssatz

		Soll	Haben
6220	Abschreibungen auf Sachanlagen	400,00 €	
an 0650	Betriebs- und Geschäftsausstattung		400,00 €

Steuerrecht

Die Minderung der Anschaffungskosten beträgt 480,00 €. Die Anschaffungskosten des PC betragen somit 720,00 € (1.200,00 € - 480,00 €) und sind in einen Sammelposten einzustellen, wenn von der Regelung des § 6 Abs. 2a EStG Gebrauch gemacht wird. Eine Sonderabschreibung ist unzulässig.

1. Alternative: Eine Steuerbilanz wird erstellt.
Minderung der Anschaffungskosten

Buchungssatz

		Soll	Haben
6243	Anschaffungskostenkürzung nach § 7g (2) EStG	480,00 €	
an 0650	Betriebs- und Geschäftsausstattung		480,00 €

Einstellung Sammelposten

Buchungssatz

		Soll	Haben
0675	Sammelposten GWG	720,00 €	
an 0650	Betriebs- und Geschäftsausstattung		720,00 €

Abschreibung Sammelposten

Buchungssatz

		Soll	Haben
6264	Auflösung Sammelposten GWG	144,00 €	
an 0675	Sammelposten GWG		144,00 €

außerbilanziell: Gewinnerhöhung um 480,00 €

Ermittlung Gewinnauswirkung

in der Steuerbilanz:

Anschaffungskostenminderung	– 480,00 €
Abschreibung Sammelposten	– 144,00 €
Gewinnminderung	– 624,00 €

außerbilanziell:

Hinzurechnung Investitionsabzugsbetrag	+ 480,00 €
steuerliche Gewinnauswirkung	- 144,00 €

2. Alternative: Es wird keine Steuerbilanz erstellt.
Die außerbilanziellen Gewinnänderungen betragen:

Anschaffungskostenminderung	- 480,00 €
Abschreibung Sammelposten	- 144,00 €
Hinzurechnung Investitionsabzugsbetrag	+ 480,00 €
außerbilanzielle Gewinnminderung	- 144,00 €

Buchungssätze sind nicht erforderlich. Die Korrekturen erfolgen nach steuerlichen Vorschriften und sind außerhalb der Handelsbilanz zu erfassen.

Alternativ kann der Unternehmer den PC auch über die gewöhnliche Nutzungsdauer abschreiben, wenn er die Regelung des § 6 Abs. 2 EStG in Anspruch nimmt.
Die AfA-Bemessungsgrundlage beträgt in diesem Fall 720,00 € (1.200,00 € – 480,00 €).

Betragen die Anschaffungs- bzw. Herstellungskosten eines begünstigten Wirtschaftsguts nach Herabsetzung der Anschaffungs- bzw. Herstellungskosten nicht mehr als 150,00 € im Fall des § 6 (2a) EStG bzw. nicht mehr als 410,00 € bei § 6 (2) EStG, liegt ein geringwertiges Wirtschaftsgut vor, das sofort als Betriebsausgabe geltend gemacht werden kann.

Zusammenfassung

1. Für die beabsichtigte Anschaffung oder Herstellung von beweglichen abnutzbaren Wirtschaftsgütern des Anlagevermögens kann der Unternehmer außerbilanziell gewinnmindernd einen Investitionsabzugsbetrag vom Gewinn abziehen.
2. Der Investitionsabzugsbetrag beträgt 40 % der voraussichtlichen Anschaffungs- oder Herstellungskosten.
3. Im Jahr der Anschaffung werden 40 % der Anschaffungs- bzw. Herstellungskosten, höchstens der ursprüngliche Abzugsbetrag außerbilanziell dem Gewinn wieder hinzugerechnet.
4. Der Unternehmer kann im Jahr der Anschaffung oder Herstellung die Anschaffungs- bzw. Herstellungskosten um bis zu 40 % gewinnmindernd herabsetzen.
5. Der Unternehmer kann im Jahr der Anschaffung oder Herstellung und in den vier folgenden Jahren Sonderabschreibungen bis zu insgesamt 20 % der Anschaffungs- oder Herstellungskosten in Anspruch nehmen.
6. Ein zu Unrecht in Anspruch genommener Investitionsabzugsbetrag ist im Ursprungsjahr rückgängig zu machen.

Aufgaben

1. Nennen Sie die Wirtschaftsgüter, für die eine Unternehmerin bzw. ein Unternehmer den Investitionsabzugsbetrag in Anspruch kann.
2. Geben Sie an, in welcher Höhe ein Investitionsabzugsbetrag angesetzt werden kann und wie die Inanspruchnahme erfolgt.
3. Nennen Sie den Zeitraum, in dem die Investition getätigt werden muss.
4. Nennen Sie die steuerlichen Vergünstigungen, die die Unternehmerin bzw. der Unternehmer im Wirtschaftsjahr der Anschaffung geltend machen kann.
5. Erläutern Sie den Begriff der Sonderabschreibung gemäß § 7g (5) und (6) EStG.

6. Erläutern Sie die Konsequenzen, wenn keine Investition nach Abzug eines Investitionsabzugsbetrags erfolgt.

Vorbemerkung: Die in den folgenden Fällen genannten Unternehmerinnen und Unternehmer erfüllen alle die Voraussetzungen des § 7g EStG. Ordnungsgemäße Rechnungen liegen in allen Fällen vor.

7. Ihre Mandantin beabsichtigt in den nächsten zwei Jahren einen neuen Lkw anzuschaffen, den sie ausschließlich betrieblich nutzen wird. Die voraussichtlichen Anschaffungskosten betragen 120.000,00 € zzgl. 19 % Umsatzsteuer 22.800,00 €, Gesamtbetrag 142.800,00 €.
   Nennen Sie die Höhe des Abzugsbetrags, den Ihre Mandantin geltend machen kann.
   Erläutern Sie die Vorgehensweise.

8. Ein Unternehmer hat im Jahr 01 zulässigerweise einen Investitionsabzugsbetrag in Höhe von 20.000,00 € für den Kauf einer Maschine geltend gemacht. Im Januar 03 erwirbt er diese Maschine für 60.000,00 € zzgl. 19 % Umsatzsteuer. Den Kaufpreis zahlt er per Banküberweisung. Die Nutzungsdauer beträgt zehn Jahre. Stellen Sie die handels- und steuerrechtlichen Konsequenzen im Jahr 03 dar, unter der Voraussetzung, dass der Unternehmer einen möglichst geringen Gewinn in 03 erzielen möchte.

9. Ihr Mandant, ein Reiseunternehmen, hat für eine beabsichtigte Investition (Reisebus) im Jahr 01 zulässigerweise einen Investitionsabzugsbetrag in Höhe von 36.000,00 € in Anspruch genommen. Im Januar 04 kauft er einen Reisebus für 80.000,00 € zzgl. 19 % Umsatzsteuer auf Ziel. Die Nutzungsdauer wird mit acht Jahren geschätzt.
   a) Ermitteln Sie den Buchwert des Busses zum 31.12.04 in der Handels- und Steuerbilanz. Unterstellen Sie, dass Ihr Mandant einen möglichst niedrigen Gewinn wünscht.
   b) Stellen Sie auch die Auswirkungen auf den Gewinn dar.
   c) Geben Sie die Buchungssätze für das Jahr 04 an.

10. Eine Unternehmerin kauft im Juni 02 einen Kleintransporter auf Ziel von einem ortsansässigen Autohändler. Der Kaufpreis beträgt 41.650,00 €. Die betriebsgewöhnliche Nutzungsdauer wird mit acht Jahren angegeben. Ermitteln Sie die steuerlichen Abschreibungen (die Unternehmerin wünscht lineare Abschreibung) und den Buchwert in der Steuerbilanz zum 31.12.02. Bilden Sie die erforderlichen Buchungssätze.

11. Ihr Mandant möchte eine Werkhalle kaufen, die neben seinem Betrieb steht. Der Kaufpreis soll 1.000.000,00 € für die Halle und 200.000,00 € für den Grund und Boden betragen. Da noch einige Verhandlungen nötig sind, rechnet Ihr Mandant mit dem Kauf im nächsten Jahr. Er möchte aber schon für das laufende Wirtschaftsjahr einen Investitionsabzugsbetrag in Anspruch nehmen.
    Geben Sie an, ob Ihr Mandant einen Investitionsabzugsbetrag geltend machen kann und wenn ja, in welcher Höhe.

12. Seit Jahren betreibt Ihre Mandantin, eine Ärztin, ihre Praxis. Sie möchte in zwei Jahren ein neues Röntgengerät anschaffen, voraussichtliche Anschaffungskosten 80.000,00 €. Bereits im laufenden Jahr 01 überlegt sie, ob sie ihren Gewinn mindern kann, um dadurch weniger Steuern zu zahlen und die geplante Investition zu finanzieren.
    Beurteilen Sie die Jahre 01 bis 03. Stellen Sie die Gewinnauswirkungen dar und berechnen Sie die jeweiligen Buchwerte zum 31.12. Unterstellen Sie, dass Ihre Mandantin wie geplant im Januar 03 das Röntgengerät erwirbt, die Nutzungsdauer mit zehn Jahren angegeben wird und sie einen möglichst geringen Gewinn anstrebt.

13. Ein Unternehmer plant im Jahr 01, einen Schreibtisch in 03 zu erwerben. Die voraussichtlichen Anschaffungskosten betragen 1.500,00 €. Am 10.06.03 erwirbt er den Schreibtisch für brutto 1.785,00 € (Nutzungsdauer acht Jahre). Er möchte in 01 einen Investitionsabzugsbetrag in Anspruch nehmen und in 03 von der Herabsetzung der Anschaffungskosten Gebrauch machen.
    Berechnen Sie den Investitionsabzugsbetrag 01, bilden Sie die erforderlichen Buchungssätze 03 für die Handelsbilanz und für den Fall, dass eine Steuerbilanz erstellt wird. Geben Sie die Gewinnauswirkungen 03 an. Der Unternehmer wendet die Regelung des § 6 (2a) EStG an.

14. Ihre Mandantin hat zulässigerweise für die Anschaffung von drei Aktenkoffern einen Investitionsabzugsbetrag in 01 in Höhe von 204,00 € in Anspruch genommen.
In 03 erwirbt sie drei Aktenkoffer zu je 170,00 € zzgl. 19 % Umsatzsteuer.
Sie zahlt die Koffer bar.
Bilden Sie die erforderlichen handels- und steuerrechtlichen Buchungssätze für das Jahr 03 und geben Sie die Gewinnauswirkung an, unter der Voraussetzung, dass Ihre Mandantin eine Steuerbilanz aufstellt und die Herabsetzung der Anschaffungskosten wünscht.

5 Abgang von Anlagevermögen

5.1 Verkauf von Anlagevermögen

Der **Verkauf von abnutzbaren Anlagegütern** stellt einen steuerpflichtigen Umsatz dar. Grundlage für die Berechnung der Umsatzsteuer ist der Nettoverkaufspreis. Verkäufe von Grundstücken und Gebäuden sind umsatzsteuerfrei, da der Erwerber hierfür bereits eine andere Verkehrsteuer, nämlich die Grunderwerbsteuer (3,5 % bis 6,5 %[1]), zu zahlen hat.

Der Buchwert des verkauften Anlagegutes stimmt nur selten mit dem erzielten Nettoverkaufspreis überein. In der Regel sind die Nettoverkaufspreise höher oder niedriger als der Buchwert.

Ist der **Nettoverkaufspreis höher als der Buchwert**, wirkt sich der Verkauf **gewinnerhöhend** aus. Der Buchwert ist über Abschreibungen auszubuchen, da ja das verkaufte Anlagegut nicht mehr zum Unternehmen gehört. Diesem Abgang aus Anlagevermögen ist der (höhere) Nettoverkaufspreis als außerordentlicher Ertrag gegenüberzustellen. Ist der Ertrag höher als der Aufwand, steigt der Gewinn in der GuV.

Ist der **Nettoverkaufspreis geringer als der Buchwert**, wirkt sich der Verkauf **gewinnmindernd** aus. Der Buchwert ist wieder über Abschreibungen auszubuchen. Diesem Abgang aus Anlagevermögen ist der (geringere) Nettoverkaufspreis als Ertrag gegenüberzustellen. Ist der Ertrag geringer als der Aufwand, wird der Gewinn in der GuV gemindert.

Hinweis: Wegen der Umsatzsteuerverprobung in der GuV sollte der gesamte Verkaufserlös als Ertrag gebucht werden, der auch umsatzsteuerpflichtig ist. So kann später die Ertragseite der GuV mit der Umsatzsteuererklärung verprobt werden, das heißt, der Summenwert der Erträge in der GuV mit dem Umsatzsteuersatz multipliziert ergibt die Umsatzsteuerschuld. Wird lediglich die Differenz Nettoverkaufspreis abzüglich Buchwert als Ertrag gebucht, stimmen Ertrag in der GuV und Umsatzsteuerschuld (19 % aus dem Ertrag der GuV) nicht überein.

Es ist empfehlenswert, die **finanzielle Transaktion** einerseits und den **Vermögensabgang** andererseits getrennt zu buchen.

Beispiel 1

Ein Gabelstapler wird am 15. April für 3.000,00 € + 570,00 € Umsatzsteuer bar verkauft.
Die fortgeführten Anschaffungskosten zu Beginn des Jahres belaufen sich auf 1.400,00 €. Der Gabelstapler wird linear mit jährlich 1.200,00 € abgeschrieben.

a) Ermitteln und buchen Sie die Abschreibung für das laufende Jahr.
b) Buchen Sie die finanzielle Transaktion.
c) Buchen Sie den Vermögensabgang.
d) Geben Sie an, wie sich der Verkauf in der GuV auswirkt.

1 Unterschiedliche Steuersätze in den einzelnen Bundesländern: Bayern = 3,5 %; Baden-Württemberg, Bremen, Niedersachsen, Rheinland-Pfalz, Sachsen-Anhalt, Thüringen = 5,0 %; Hamburg, Sachsen = 5,5 %; Berlin, Hessen, Mecklenburg-Vorpommern = 6,0 %, Bandenburg, Nordrhein-Westfalen, Saarland, Schleswig-Holstein = 6,5 %

Lösung 1

a) Abschreibung pro Jahr = 1.200,00 €
Abschreibung pro Monat = 1.200,00 € : 12 = 100,00 €
Abschreibung für 4 Monate = 100,00 € · 4 = 400,00 €

Buchungssatz

		Soll	Haben
6220	Abschreibung auf Sachanlagen	400,00 €	
an 0520	Fuhrpark		400,00 €

b) **Buchungssatz für die finanzielle Transaktion**

		Soll	Haben
1600	Kasse	3.570,00 €	
an 4845	an Erlöse aus Anlagenverkäufen bei Buchgewinn		3.000,00 €
3800	Umsatzsteuer		570,00 €

c) **Buchungssatz für den Vermögensabgang**

		Soll	Haben
4855	Anlagenabgänge bei Buchgewinn	1.000,00 €	
an 0520	Fuhrpark		1.000,00 €

d)
- Der Verkauf ist umsatzsteuerpflichtig. Es werden 3.000,00 € Ertrag gebucht.
- Der Gabelstapler steht zum Verkaufszeitpunkt noch mit 1.000,00 € in der Buchführung. Das Fahrzeug ist vollständig auszubuchen. Folglich ist es mit 1.000,00 € abzuschreiben.
- In der GuV werden durch b) 3.000,00 € Ertrag und c) 1.000,00 € Aufwand gebucht. Insgesamt wirkt sich dieser Vorgang um **2.000,00 € gewinnerhöhend** aus.

Beispiel 2

Ein Pkw wird am 15. August für 6.000,00 € + 1.140,00 € Umsatzsteuer bar verkauft.
Die fortgeführten Anschaffungskosten betrugen zu Beginn des Jahres 10.000,00 €. Der Pkw wurde linear mit jährlich 4.800,00 € abgeschrieben.

a) Ermitteln und buchen Sie die Abschreibung für das laufende Jahr.
b) Buchen Sie die finanzielle Transaktion.
c) Buchen Sie den Vermögensabgang.
d) Geben Sie an, wie sich der Verkauf in der GuV auswirkt.

Lösung 2

a) Abschreibung pro Jahr = 4.800,00 €

Abschreibung pro Monat = 4.800,00 € : 12 = 400,00 €
Abschreibung für 8 Monate = 400,00 € · 8 = 3.200,00 €

Buchungssatz

		Soll	Haben
6220	Abschreibung auf Sachanlagen	3.200,00 €	
an 0520	Fuhrpark		3.200,00 €

b) Buchungssatz für die finanzielle Transaktion

			Soll	Haben
	1600	Kasse	7.140,00 €	
an	6885	an Erlöse aus Anlagenverkäufen bei Buchverlust		6.000,00 €
	3800	Umsatzsteuer		1.140,00 €

c) Buchungssatz für den Vermögensabgang

			Soll	Haben
	6895	Anlagenabgänge bei Buchverlust	6.800,00 €	
an	0520	Fuhrpark		6.800,00 €

d)
- Der Verkauf ist umsatzsteuerpflichtig. Es werden 6.000,00 € Ertrag gebucht.
- Der Pkw steht noch mit 6.800,00 € in der Buchführung. Das Fahrzeug ist vollständig auszubuchen. Folglich ist es mit 6.800,00 € abzuschreiben.
- In der GuV werden durch b) 6.000,00 € Ertrag und c) 6.800,00 € Aufwand gebucht. Insgesamt wirkt sich dieser Vorgang **um 800,00 € gewinnmindernd** aus.

Zusammenfassung

Verkauf von Anlagegütern mit Buchgewinn

Verkaufserlös > Buchwert
→ Buchgewinn in Höhe von Nettoverkaufspreis abzüglich Buchwert

Buchung bei Buchgewinn

Buchung des Verkaufserlöses | **Aufwandsbuchung Restabschreibung**

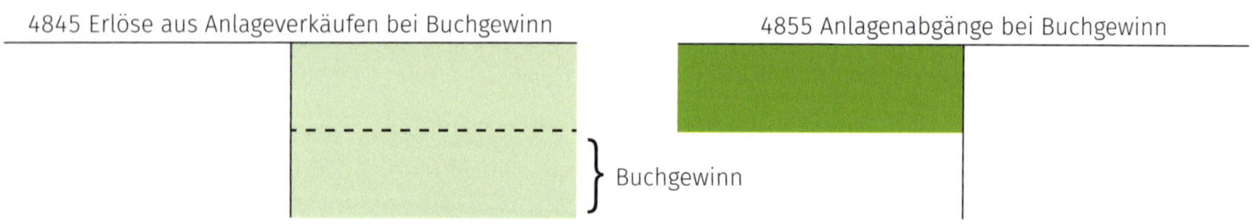

Verkaufserlös > Restabschreibung Anlagenabgang
→ Buchgewinn in Höhe von Nettoverkaufspreis abzüglich Restabschreibung

Verkauf von Anlagegütern mit Buchverlust

Verkaufserlös < Buchwert
→ Buchverlust in Höhe von Buchwert abzüglich Nettoverkaufspreis

Buchung bei Buchverlust

Buchung des Verkaufserlöses | **Aufwandsbuchung Restabschreibung**

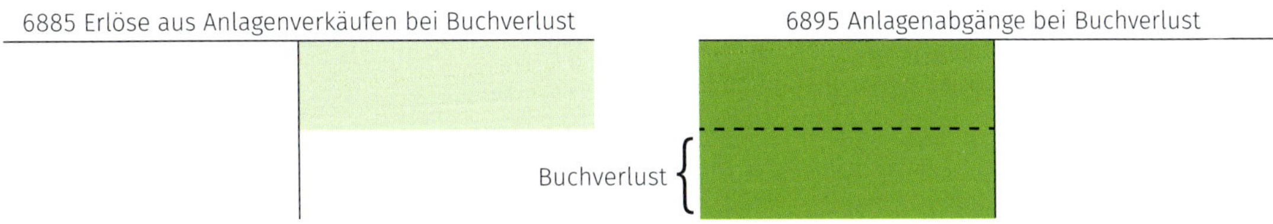

Verkaufserlös < Restabschreibung Anlagenabgang
→ Buchverlust in Höhe von Restabschreibung abzüglich Nettoverkaufspreis

Aufgaben

1. Ein Gabelstapler, der zum Zeitpunkt des Ausscheidens einen Buchwert von 2.500,00 € hat, wird gegen Bankscheck verkauft für

a) 4.000,00 € zzgl. Umsatzsteuer
b) 2.500,00 € zzgl. Umsatzsteuer
c) 2.300,00 € zzgl. Umsatzsteuer
d) 1.500,00 € zzgl. Umsatzsteuer

1. Ermitteln Sie die Erfolgsauswirkung in den Fällen a) bis d).
2. Bilden Sie die jeweiligen Buchungssätze.

2. Die fortgeführten Anschaffungskosten einer Fräsmaschine belaufen sich zum Jahresbeginn auf 3.000,00 €. Jährlich werden 1.000,00 € linear abgeschrieben. Die Fräsmaschine wird am 20. Juni bar verkauft für

a) 4.000,00 € zzgl. Umsatzsteuer
b) 2.500,00 € zzgl. Umsatzsteuer
c) 1.500,00 € zzgl. Umsatzsteuer

1. Ermitteln Sie die Erfolgsauswirkung in den Fällen a) bis c).
2. Bilden Sie die jeweiligen Buchungssätze.

3. Ein nicht mehr benötigter Lkw wird auf Ziel (AR 755) verkauft. Nettopreis 32.000,00 € zzgl. Umsatzsteuer. Der Buchwert des Lkw beträgt am Verkaufstag 20.000,00 €.

a) Buchen Sie den Verkauf.
b) Geben Sie an, wie sich der Verkauf in der GuV auswirkt.

4. Ihr Mandant verkauft eine gebrauchte Verpackungsmaschine am 05.08.01 gegen Bankscheck für

a) 21.420,00 € brutto,
b) 35.700,00 € brutto.

Der Buchwert der Verpackungsmaschine beträgt am 01.01.01 32.000,00 €, die jährliche Abschreibung 9.000,00 €.
Nennen Sie die erforderlichen Buchungssätze für die Fälle a) und b).

5. Ein Unternehmer, der seit Jahren ein unbebautes Grundstück mit 18.000,00 € bilanziert, verkauft dieses Grundstück am 11.06.01 für 25.000,00 €. Außerdem fallen noch Veräußerungskosten in Höhe von 1.000,00 € zzgl. 19 % Umsatzsteuer an, die durch Überweisung gezahlt werden.
   Buchen Sie den Verkauf des Grundstücks.

6. Zum Betriebsvermögen Ihres Mandanten gehört ein 1 000 m^2 großes unbebautes Grundstück, das als Lagerplatz genutzt wird und mit 30.000,00 € aktiviert ist. Zum 10.12.01 veräußert Ihr Mandant 250 m^2 zum Preis von 10.000,00 €.
   Bisher wurde gebucht:
   Bank 10.000,00 € **an** Sonstige betriebliche Erträge 10.000,00 €
   Nehmen Sie die erforderlichen Korrekturbuchungen vor.

7. Ihr Mandant veräußert eine Lagerhalle für 800.000,00 €. Der Grund- und Bodenanteil beträgt 20 %. Der Buchwert der Lagerhalle betrug zum Zeitpunkt der Veräußerung 480.000,00 € und der des Grundstücks 100.000,00 €.
   Geben Sie die notwendigen Buchungen an. Gehen Sie davon aus, dass der Kaufpreis bereits durch Überweisung auf das private Bankkonto gezahlt wurde.

8. Ein Unternehmer hat vor zehn Jahren ein Verwaltungsgebäude mit Anschaffungskosten von 600.000,00 € erworben und schreibt es seitdem mit 3 % linear ab. Die Anschaffungskosten des Grundstücks beliefen sich auf 40.000,00 €. Der Buchwert des Gebäudes zum 31.12.00 beträgt 420.000,00 €.
   Er veräußert das gesamte Grundstück zum 01.07.01 für 700.000,00 €.
   Geben Sie an, wie zu buchen ist, wenn Veräußerungskosten in Höhe von brutto 2.618,00 € angefallen sind und sowohl der Kaufpreis als auch die Veräußerungskosten noch nicht bezahlt wurden.

9. Ihr Mandant bilanziert ein Bürogebäude, dessen Anschaffungskosten 500.000,00 € betrugen, mit 340.000,00 € und den dazugehörenden Grund und Boden mit 35.000,00 €. Das Gebäude wird mit 3 % jährlich abgeschrieben.
   Da auf dem Grundstück Altlasten gefunden wurden, verkauft Ihr Mandant das Grundstück am 01.11.01 zum Preis von 280.000,00 €.
   Bisher wurde nichts gebucht. Holen Sie dies nach.

10. Eine Lagerhalle ist zum 31.12.01 mit 330.000,00 € bilanziert, der dazugehörende Grund und Boden mit 40.000,00 €. Die jährliche Abschreibung beträgt 13.500,00 €. Das Grundstück wurde zum 01.12.01 zum Preis von 415.000,00 € veräußert. Der Kaufpreis wurde noch nicht gezahlt.
    Buchen Sie den gesamten Vorgang.

5.2 Inzahlunggabe von Anlagevermögen

Bei Anschaffung eines neuen Anlagegutes wird oft ein gebrauchtes in Zahlung gegeben. Es ist buchhalterisch klarer, zunächst den Kauf des neuen Anlagegutes als Verbindlichkeit zu buchen. Die Gutschrift über das in Zahlung gegebene Anlagegut wird dann ebenfalls über das Konto Verbindlichkeiten gebucht. Der Saldo des Kontos Verbindlichkeiten weist dann den zu zahlenden Restkaufpreis aus.

Beispiel 1

Ein Großhändler kauft eine neuen Lkw für 80.000,00 € zzgl. Umsatzsteuer auf Rechnung.
Ein gebrauchter Lkw, dessen fortgeführte Anschaffungskosten zu Beginn des Jahres 10.000,00 € betrugen und der jährlich mit 20.000,00 € linear abgeschrieben wird, wird am 30.03. mit 9.000,00 € zzgl. Umsatzsteuer in Zahlung gegeben.

a) Buchen Sie die Anschaffung
b) Buchen Sie die Inzahlunggabe.
c) Buchen Sie den Rechnungsausgleich durch Banküberweisung.
d) Buchen Sie den Vermögensabgang.
e) Buchen Sie die anteilige Abschreibung für den gebrauchten Lkw.

Lösung 1

a) Buchungssatz für die Anschaffung

		Soll	Haben
0520	Fuhrpark	80.000,00 €	
1400	Vorsteuer	15.200,00 €	
an 3310	Verbindlichkeiten a. LL.		95.200,00 €

Der Kauf des neuen Anlagegutes wird zunächst als Verbindlichkeit gebucht.

b) Buchungssatz für die Inzahlunggabe

		Soll	Haben
3310	Verbindlichkeiten a. LL.	10.710,00 €	
an 4845	Erlöse aus Anlagenverkäufen bei Buchgewinn		9.000,00 €
3800	Umsatzsteuer		1.710,00 €

Die Inzahlungnahme mindert die ursprüngliche Verbindlichkeit.
Der Verkauf stellt einen umsatzsteuerpflichtigen Ertrag dar.

c) Buchungssatz für den Rechnungsausgleich

		Soll	Haben
3310	Verbindlichkeiten a. LL.	84.490,00 €	
an 1800	Bank		84.490,00 €

Die Restverbindlichkeit wird durch Banküberweisung beglichen.

d) Buchungssatz für den Vermögensabgang

		Soll	Haben
4855	Anlagenabgänge (Restbuchwert) bei Buchgewinn	5.000,00 €	
an 0520	Fuhrpark		5.000,00 €

Der Vermögensabgang des alten Lkw ist zu buchen.

e) Buchungssatz für die anteilige Abschreibung

		Soll	Haben
6220	Abschreibungen auf Sachanlagen	5.000,00 €	
an 0520	Fuhrpark		5.000,00 €

Beispiel 2

Ein Großhändler kauft einen neuen Lkw für 80.000,00 € zzgl. Umsatzsteuer auf Rechnung.
Ein gebrauchter Lkw, dessen fortgeführte Anschaffungskosten zu Beginn des Jahres 30.000,00 € betrugen und der jährlich mit 20.000,00 € linear abgeschrieben wird, wird am 30.03. mit 9.000,00 € zzgl. Umsatzsteuer in Zahlung gegeben.

a) Buchen Sie die Anschaffung
b) Buchen Sie die Inzahlunggabe.
c) Buchen Sie den Rechnungsausgleich durch Banküberweisung.
d) Buchen Sie den Vermögensabgang.
e) Buchen Sie die anteilige Abschreibung für den gebrauchten Lkw.

Lösung 2

a) Buchungssatz für die Anschaffung

		Soll	Haben
0520	Fuhrpark	80.000,00 €	
1400	Vorsteuer	15.200,00 €	
an 3310	Verbindlichkeiten a. LL.		3.200,00 €

Der Kauf des neuen Anlagegutes wird zunächst als Verbindlichkeit gebucht.

b) Buchungssatz für die Inzahlunggabe

		Soll	Haben
3310	Verbindlichkeiten a. LL.	10.710,00 €	
an 6885	Erlöse aus Anlageverkäufen bei Buchverlust		9.000,00 €
3800	Umsatzsteuer		1.710,00 €

Die Inzahlungnahme mindert die ursprüngliche Verbindlichkeit.
Der Verkauf stellt einen umsatzsteuerpflichtigen Ertrag dar.

c) Buchungssatz für den Rechnungsausgleich

		Soll	Haben
3310	Verbindlichkeiten a. LL.	84.490,00 €	
an 1800	Bank		84.490,00 €

Die Restverbindlichkeit wird durch Banküberweisung beglichen.

d) Buchungssatz für den Vermögensabgang

		Soll	Haben
6885	Erlöse aus Anlageverkäufen bei Buchverlust	25.000,00 €	
an 0520	Fuhrpark		25.000,00 €

Der Vermögensabgang des alten Lkw ist zu buchen.

e) Buchungssatz für die anteilige Abschreibung

		Soll	Haben
6220	Abschreibungen auf Sachanlagen	5.000,00 €	
an 0520	Fuhrpark		5.000,00 €

Aufgaben

1. Ein Sanitärbetrieb kauft eine neue Telefonanlage zu netto 40.000,00 € zzgl. Umsatzsteuer. Die alte Telefonanlage wird mit 3.000,00 € zzgl. Umsatzsteuer in Zahlung gegeben. Die Restzahlung erfolgt durch Banküberweisung. Der Buchwert der alten Telefonanlage beträgt am Verkaufstag 1.000,00 €.

   a) Buchen Sie die Anschaffung.
   b) Buchen Sie die Inzahlunggabe.
   c) Buchen Sie den Rechnungsausgleich durch Banküberweisung.
   d) Buchen Sie den Vermögensabgang.

2. Anschaffung und Installation einer neuen EDV-Anlage: 100.000,00 € zzgl. Umsatzsteuer. Eine gebrauchte EDV-Anlage, die noch mit 1,00 € zu Buche steht, wird mit 12.000,00 € netto zzgl. Umsatzsteuer in Zahlung genommen. Die Restzahlung erfolgt durch Banküberweisung.

a) Buchen Sie die Anschaffung.
b) Buchen Sie die Inzahlungnahme.
c) Buchen Sie den Rechnungsausgleich durch Banküberweisung.
d) Buchen Sie den Vermögensabgang.

3. Ihre Mandantin kauft am 26.02. des laufenden Geschäftsjahres einen neuen Pkw für 57.120,00 € einschließlich 19 % Umsatzsteuer. Der alte Pkw wird gleichzeitig für 14.280,00 € in Zahlung gegeben. Die Restzahlung erfolgt durch Banküberweisung. Der Buchwert des alten Pkw beträgt zu Beginn des Wirtschaftsjahres 14.400,00 €. Er wurde jährlich mit 9.600,00 € linear abgeschrieben.
Buchen Sie alle Sachverhalte.

4. Ihre Mandantin kauft am 28.04. des laufenden Geschäftsjahres einen neuen spritsparenden Lkw für 144.800,00 € einschließlich 19 % Umsatzsteuer. Der alte Lkw wird für 21.420,00 € in Zahlung gegeben. Die Restzahlung erfolgt durch Banküberweisung. Der Buchwert des alten Lkw beträgt zu Beginn des Wirtschaftsjahres 30.000,00 €. Er wurde jährlich mit 15.000,00 € linear abgeschrieben.
Buchen Sie alle Sachverhalte.

5. Das Möbelhaus Fischer GmbH erwirbt einen neuen Möbelwagen, der am 10.6. geliefert und in Gebrauch genommen wurde. Er hat eine Nutzungsdauer von 8 Jahren. Ein gebrauchtes Möbelfahrzeug wird am 10.6. in Zahlung gegeben.
Auszug aus der Eingangsrechnung für den neuen Möbelwagen:

Listenpreis	98.500,00 €
– Rabatt	8.500,00 €
=	90.000,00 €
+ Sonderausstattung	4.800,00 €
= Nettoangebotspreis	94.800,00 €
+ 19 % Umsatzsteuer	18.012,00 €
= Bruttoangebotspreis	112.812,00 €

Der Fahrzeughändler stellt weiterhin in Rechnung:

Überführungskosten	2.000,00 €
+ erste Tankfüllung	180,00 €
+ Nummernschilder	50,00 €
= Summe, netto	2.230,00 €
+ 19 % Umsatzsteuer	423,70 €
= Summe, brutto	2.653,70 €
+ Zulassungsgebühren	48,00 €
= Gesamtbetrag	2.701,70 €

Gleichzeitig geht der Kfz-Steuerbescheid des Finanzamtes in Höhe von 1.540,00 € ein.

Alle Rechnungsbeträge wurden am 30.06. per Banküberweisung beglichen.

Der alte Möbelwagen wurde für 17.850,00 € einschl. 19 % Umsatzsteuer in Zahlung gegeben. Er hatte eine betriebsgewöhnliche Nutzungsdauer von acht Jahren. Zu Jahresbeginn betrugen die fortgeführten Anschaffungskosten noch 12.000,00 €. Die ursprünglichen Anschaffungskosten betrugen 82.000,00 €. Der Möbelwagen wurde linear abgeschrieben.

a) Buchen Sie die Anschaffung des neuen Möbelwagens und die weiteren Eingangsrechnungen.
b) Nehmen Sie alle für den alten Möbelwagen notwendigen Buchungen für das laufende Geschäftsjahr vor.
c) Buchen Sie die sämtliche Zahlungen zum 30.06.
d) Buchen Sie Abschreibung des neuen Möbelwagens im Anschaffungsjahr.

6 Anlagenverzeichnis

R 5.4 (1) EStR

In das Anlagenverzeichnis (Bestandsverzeichnis) werden alle abnutzbaren Vermögensgegenstände des Anlagevermögens außer den geringwertigen Wirtschaftsgütern aufgenommen. Mit dem Anlagenverzeichnis erhält man einen Überblick über die einzelnen Wirtschaftsgüter.

R 5.4 (1) EStR

Allgemeines

Nach § 240 (2) HGB, §§ 140 und 141 AO besteht die Verpflichtung, für jeden Bilanzstichtag auch ein Verzeichnis der Gegenstände des beweglichen Anlagevermögens aufzustellen (Bestandsverzeichnis). In das Bestandsverzeichnis müssen sämtliche beweglichen Gegenstände des Anlagevermögens, auch wenn sie bereits in voller Höhe abgeschrieben sind, aufgenommen werden. Das gilt nicht für geringwertige Wirtschaftsgüter (§ 6 (2) EStG), für Wirtschaftsgüter, die in einem Sammelposten erfasst werden (§ 6 (2a) EStG) und für die mit einem Festwert angesetzten Wirtschaftsgüter. Das Anlagenverzeichnis (Bestandsverzeichnis) muss

- **die genaue Bezeichnung des Gegenstandes und ❶**
- **seinen Bilanzwert am Bilanzstichtag ❾**

} **Mindestanforderungen**

enthalten. Das Bestandsverzeichnis ist aufgrund einer jährlichen Bestandsaufnahme aufzustellen.

R 5.4 (4) EStR

Keine Inventur bei fortlaufendem Bestandsverzeichnis

Der Steuerpflichtige braucht die jährliche körperliche Bestandsaufnahme (siehe Absatz 1 Allgemeines) für steuerliche Zwecke nicht durchzuführen, wenn er jeden Zugang und jeden Abgang laufend in das Bestandsverzeichnis einträgt und die am Bilanzstichtag vorhandenen Gegenstände des beweglichen Anlagevermögens aufgrund des fortlaufend geführten Bestandsverzeichnisses ermittelt werden können; in diesem Fall müssen aus dem Bestandsverzeichnis außer den in Absatz 1 bezeichneten Angaben noch ersichtlich sein:

- **der Tag der Anschaffung oder Herstellung des Gegenstandes, ❷**
- **die Höhe der Anschaffungs- oder Herstellungskosten oder [...], ❸**
- **der Tag des Abgangs. ❻**

} **Weitere Anforderungen, um die jährliche Bestandsaufnahme nicht durchführen zu müssen.**

Sinnvolle Ergänzungen können freiwillig vorgenommen werden, um die Aussagefähigkeit des Anlagenverzeichnisses zu verbessern. Häufig werden noch ergänzt:

- **Nutzungsdauer ❹**
- **Buchwert zu Beginn des Gewinnermittlungszeitraums ❺**
- **AfA; unterteilt in Methode – Abschreibungssatz – Abschreibungsbetrag ❼**
- **IAB Sonderabschreibung ❽**

} **sinnvolle freiwillige Ergänzungen**

Beispiel

Für die Drauz und Gaab GmbH ist ein Anlagenverzeichnis für den Gewinnermittlungszeitraum 2024 zu erstellen:

Anlagegenstand	AK/HK	Anschaffungsdatum	AfA-Methode	AfA-Dauer
Fabrikgebäude	1.500.000,00 €	02.01.2001	linear	40 Jahre
Maschine 1	400.000,00 €	20.10.2020	linear	5 Jahre
Maschine 2	560.000,00 €	10.04.2020	linear	8 Jahre
Pkw Audi	42.000,00 €	14.09.2024	linear	5 Jahre
Pkw Opel	30.000,00 €	30.05.2018	linear	5 Jahre
Lkw	180.000,00 €	19.10.2021	linear	6 Jahre
Förderband	90.000,00 €	02.01.2019	linear	10 Jahre
Lastenzug	48.000,00 €	06.05.2018	linear	12 Jahre
EDV-Anlage	120.000,00 €	26.10.2023	linear	5 Jahre
Tresor	5.000,00 €	22.07.2017	linear	20 Jahre

Erstellen Sie das Anlagenverzeichnis nach dem folgenden Beispiel eines Tabellenkopfes eines Anlagenverzeichnisses.

Muster eines Tabellenkopfes eines Anlagenverzeichnisses

Bezeichnung des Wirtschaftsgutes	Anschaffungs-/Herstellungsdatum TT/MM/JJJJ	AK bzw. HK	Nutzungsdauer in Jahren	Buchwert zu Beginn des Gewinnermittlungszeitraums	Tag des Abgangs	AfA M/S/B[1]	Sonderabschreibung	Buchwert zum Ende des Gewinnermittlungszeitraums
❶	❷	❸	❹	❺	❻	❼	❽	❾

1 M/S/B ist hier die Abkürzung für M = Methode, S = Satz, B = Betrag

Lösung

Bezeichnung des Wirtschaftsgutes	Anschaffungs-/ Herstellungsdatum TT/MM/JJJJ	AK bzw. HK in €	Nutzungsdauer in Jahren	Buchwert zu Beginn des Gewinnermittlungszeitraums (01.01.2024) in €	Tag des Abgangs	AfA			Sonderabschreibung	Buchwert zum Ende des Gewinnermittlungszeitraums (31.12.2024) in €
						Methode	Satz	Betrag in €		
1	2	3	4	5	6	7			8	9
Fabrikgebäude	02.01.2001	1.500.000,00	40	637.500,00		linear	2,5 %	37.500,00		600.000,00
Maschinen										
Maschine 1	20.10.2020	400.000,00	5	140.000,00		linear	20 %	80.000,00		60.000,00
Maschine 2	10.04.2020	560.000,00	8	297.500,00		linear	12,5 %	70.000,00		227.500,00
Fahrzeuge										
Pkw Audi	14.09.2024	42.000,00	5	–		linear	20 %	8.400,00		39.200,00
Pkw Opel	30.05.2018	30.000,00	5	1,00	15.09.2024	linear	20 %	1,00		– ausgebucht –
Lkw	19.10.2021	180.000,00	6	112.500,00		linear	16 2/3 %	30.000,00		82.500,00
Betriebsausstattung										
Förderband	02.01.2019	90.000,00	10	45.000,00		linear	10 %	9.000,00		36.000,00
Lastenzug	06.05.2018	48.000,00	12	25.333,00		linear	8 1/3 %	4.000,00		21.333,00
Geschäftsausstattung										
EDV-Anlage	26.10.2023	120.000,00	5	114.000,00		linear	20 %	24.000,00		90.000,00
Tresor	22.07. 2017	5.000,00	20	3.375,00		linear	5 %	250,00		3.125,00

7 Finanzierungsarten

7.1 Überblick über die Finanzierungsmöglichkeiten

Der Begriff Finanzierung beschreibt unterschiedliche Methoden, mit denen Unternehmen Kapital aufbringen können, um das laufende Geschäft aufrecht zu halten oder Investitionen zu tätigen. Neben dem Kapitalzufluss ist auch die Verhinderung von Geldabfluss ein wichtiger Finanzierungsaspekt.

Fragen	Außenfinanzierung		Innenfinanzierung	
Kommen die Mittel von außerhalb des Unternehmens oder von innen?	Die Mittel kommen von außerhalb des Unternehmens.		Die Mittel stammen aus dem Unternehmen (innen).	
Wie wird die Finanzierung bezeichnet?	**Eigenfinanzierung**	**Fremdfinanzierung**	**Selbstfinanzierung**	
Wer trägt zu der Finanzierung bei?	**„Eigene“**, deshalb als **Eigenfinanzierung** bezeichnet auch Beteiligungsfinanzierung genannt	**„Fremde“**, deshalb als **Fremdfinanzierung** bezeichnet, Außenstehende tragen zur Finanzierung bei	**„das Unternehmen selbst“**, deshalb als **Selbstfinanzierung** bezeichnet	
			Offene Selbstfinanzierung	**Stille (verdeckte) Selbstfinanzierung**
Wie wird zu der Finanzierung beigetragen?	Bereits vorhandene oder neu hinzutretende Gesellschafter bringen Geld- oder Sacheinlagen **(Kapitalzufluss)** ein. Kapitalgeber sind Miteigentümer (Aktionäre, Gesellschafter).	Aufnahme von Darlehen führt zu **Kapitalzufluss** von außen.	Erwirtschaftete, **ausgewiesene Gewinne** werden im Unternehmen **einbehalten**. Gewinnrücklagenzuführung bei der AG	**Gewinnausweis** wird durch Unterbewertung des Anlagevermögens und/oder Überbewertung der Schulden **reduziert**. Dies kann erreicht werden durch überhöhte Abschreibungen und/oder überhöhte Einstellungen in Rückstellungen.
Wie wirkt die Finanzierung?	Zuführung von Eigenkapital in Form von Geld- oder Sacheinlagen	Zuführung von Fremdkapital	Verhinderung von Gewinnabflüssen	geringerer Gewinnausweis und dadurch auch Verhinderung von Gewinnabflüssen
Welcher Kapitaldienst ist erforderlich und wie wird die Finanzquelle entlohnt?	kein regelmäßiger Kapitaldienst, Gewinnbeteiligung nur bei Gewinnerzielung und entsprechendem Ausschüttungsbeschluss	regelmäßige Zinszahlung; unabhängig vom Unternehmenserfolg	kein Kapitaldienst	kein Kapitaldienst
Welche Sonderformen gibt es?		Factoring Leasing		

Erläuterungen zum Überblick über die Finanzierungsmöglichkeiten

Möglichkeiten der Außenfinanzierung in Form der Beteiligungsfinanzierung bei der KG		
Gesellschafter	**Möglichkeit**	**Bedeutung**
Komplementär	zusätzliche Einlage aus Privatvermögen	nur begrenzt möglich, stellt kein zusätzliches Haftungskapital dar
Komplementär	Neuaufnahme eines weiteren Komplementärs	Für die reine Kapitalanlage uninteressant, da persönlich gehaftet werden muss; ein neuer Komplementär stellt auch für den alten Komplementär ein Risiko dar, weil der alte Komplementär auch für die Geschäfte des neuen Komplementärs unbeschränkt haftet.
Kommanditist	zusätzliche Einlage aus Privatvermögen	stellt zusätzliches Haftungskapital dar
Kommanditist	Neuaufnahme eines weiteren Kommanditisten	für die reine Kapitalanlage relativ uninteressant, da kein organisierter Markt für Kauf/Verkauf der Beteiligung

Möglichkeiten der Außenfinanzierung in Form der Kreditfinanzierung	
• Wird benötigt, wenn das Eigenkapital für Investitionen nicht ausreicht. • Ist oft schneller und einfacher zu beschaffen als Eigenkapital. • Erfordert entsprechende Sicherheiten des Kreditnehmers. • Der Zinsaufwand ist im Gegensatz zu Gewinnausschüttungen gewinn- und steuermindernd.	
langfristig	**kurzfristig**
Darlehen, Bankkredit	Kontokorrentkredit

Möglichkeiten der Selbstfinanzierung	
Offene Selbstfinanzierung	**Stille (verdeckte) Selbstfinanzierung**
Die offene Selbstfinanzierung wird in der Bilanz offen ausgewiesen.	Die stille Selbstfinanzierung wird in der Bilanz nicht offen ausgewiesen.
Ein erwirtschafteter und ausgewiesener Gewinn wird nicht ausgeschüttet sondern verbleibt im Unternehmen.	Ein erwirtschafteter aber durch Unterbewertung des Vermögens bzw. Überbewertung der Schulden nicht ausgewiesener Gewinn kann nicht ausgeschüttet werden und verbleibt somit im Unternehmen.

7.2 Darlehen und Kontokorrentkredit

Der Büroartikelhersteller Beier & Kramer GmbH, Jena, benötigt zur Ergänzung seiner Produktpalette dringend eine neue Druckmaschine. Das verfügbare Eigenkapital reicht nicht aus, um die Anschaffungskosten von ca. 1.000.000,00 € zu decken.

Wer sich mit dem Erwerb hochwertiger Investitionsgüter wie Druckmaschinen beschäftigen muss, weiß, dass die Frage nach der richtigen Finanzierung eine spannende Angelegenheit ist.

Was tun, wenn die Druckmaschine nicht mit Eigenkapital bezahlt werden kann? Neben dem Bankkredit in unterschiedlichen Ausprägungsarten bietet sich hier auch das Leasing als Alternative an.

Wenn liquide Mittel von Unternehmensfremden in das Unternehmen fließen sollen, eignen sich das Darlehen und der Kontokorrentkredit. Dieser Mittelzufluss von Unternehmensfremden (Fremdfinanzierung) wird benötigt, wenn das Eigenkapital nicht ausreicht. Fremdkapital ist oftmals schneller und einfacher zu bekommen als weiteres Eigenkapital. Weiterhin ist der Zinsaufwand für Fremdkapital gewinn- und steuermindernd. Allerdings erfordert die Kreditfinanzierung auch entsprechende Kreditsicherheiten.

Das Darlehen dient der mittel- bis langfristigen Finanzierung, während der Kontokorrentkredit ein kurzfristiger Kredit ist, der aber oftmals problemlos verlängert werden kann.

Darlehen	Kontokorrentkredit
Ein Darlehen ist ein Kredit in bestimmter Höhe. Der Darlehensbetrag ist in gleicher Höhe zurückzuzahlen (§ 607 BGB).	**Ein Kontokorrentkredit ist ein Kredit in laufender Rechnung, der sich täglich mindern oder erhöhen kann.**
Im **Darlehensvertrag** wird vereinbart: · fester Darlehensbetrag (Kreditsumme) · Auszahlungsbetrag · Damnum (Abgeld) · Zinssatz Der Zinssatz ist deutlich geringer als beim Kontokorrentkredit, da das Darlehen von der Laufzeit und Höhe genau kalkulierbar ist · Laufzeit in der Regel mittel- bis langfristig · Tilgung nach Tilgungsplan (siehe Darlehensarten)	Im **Kontokorrentkreditvertrag** wird vereinbart: · festgelegtes Kreditlimit · (entfällt) · (entfällt) · Zinssatz Der Zinssatz ist deutlich höher als beim Darlehen, da die Bank täglich unterschiedliche Beträge zur Verfügung stellen muss. · Laufzeit: in der Regel kurzfristig, aus dem formal kurzfristigen Kontokorrentkredit kann bei ordnungsgemäßer Kontoführung ein mittel- bis langfristiger Kredit werden · Tilgung: jederzeit rückzahlbar
↓	↓
Das **Darlehen** dient der Finanzierung von exakt planbaren Vorgängen; z. B. Anschaffungen (Investitionen).	Der **Kontokorrentkredit** dient dem kurzfristigen Ausgleich von Zahlungsströmen, die sich nicht genau terminieren lassen.

Buchen von Kontokorrentkrediten

Bei einem Kontokorrentkonto können sowohl Guthaben- als auch Soll-Zinsen anfallen. Außerdem verlangt das Kreditinstitut oftmals Gebühren für das Führen des Kontokorrentkontos.

Beispiel

Zum Monatsabschluss berechnet die Bank:

- Guthabenzinsen 10,00 €
- davon 25 % KapESt 2,50 €
- und 5,5 % SolZ 0,14 €
- Buchungsgebühr 7,50 €
- Soll-Zinsen 57,00 €
- Überziehungszinsen 15,00 €

Lösung

Buchungssatz

		Soll	Haben
7300	Zinsen und ähnliche Aufwendungen	72,00 €	
6855	Nebenkosten des Geldverkehrs	7,50 €	
2100	Privatentnahmen	2,64 €	
an 1800	Bank		72,14 €
7100	Zinsen und ähnliche Erträge		10,00 €

Kreditfinanzierung

Wenn die Bank einen Kredit für die Anschaffung eines Anlagegutes gewährt, wird sie in der Regel nur bis zu 60 % der Anschaffungskosten zur Verfügung stellen. Die restlichen 40 % muss die Kreditnehmerin bzw. der Kreditnehmer üblicherweise in Form von verfügbarem Eigenkapital beisteuern.

Falls die Kreditnehmerin bzw. der Kreditnehmer kein verfügbares Eigenkapital hat, steigt das Kreditrisiko der Bank. Sie kann auch dann die vollen Anschaffungskosten finanzieren, wenn die Kreditnehmerin bzw. der Kreditnehmer einen höheren Zinssatz akzeptiert oder den Kredit innerhalb einer Kreditlaufzeit zurückbezahlt, die wesentlich kürzer ist als die Nutzungsdauer des Gutes. Mit dieser Vereinbarung ist gewährleistet, dass die Bank ihr Geld sehr schnell zurückbekommt. Sollte die Kreditnehmerin bzw. der Kreditnehmer die Bankschulden nicht begleichen können, könnte die Bank den noch relativ neuwertigen Gegenstand verkaufen und sich so schadlos halten.

Für den vereinbarten Kredit wird die Bank Tilgungsleistungen und Zinszahlungen verlangen. Die Kreditnehmerin bzw. der Kreditnehmer wird in der GuV-Rechnung den Zinsaufwand und die Abschreibungen als Aufwand gewinnmindernd ansetzen. Sie bzw. er muss Zinsen und Tilgung als Geldabfluss (Ausgabe) bezahlen können.

Beispiel

Eine Kunststoffstanzmaschine muss angeschafft werden.

Anschaffungskosten, netto	400.000,00 €
+ 19 % Umsatzsteuer	76.000,00 €
= Anschaffungspreis, brutto	476.000,00 €

Die Kunststoffstanzmaschine wird acht Jahre lang genutzt. Die Abschreibung erfolgt linear. Die Bank gewährt einen Kredit über fünf Jahre. Die jährliche Tilgung beträgt 20 % und der Zinssatz 6 %.
Zins- und Tilgungszahlungen erfolgen jährlich am Jahresende.

Berechnen Sie die fehlenden Werte in der nachstehenden Tabelle.

Jahr	Darlehensschuld am Jahresanfang in €	Zinsen in €	Tilgung in €	Abschreibung in €	Ausgabe (Geldabfluss) in €	Aufwand (Gewinnminderung) in €
		(Aufwand und Ausgabe)	(Ausgabe)	(Aufwand)	(Zinsen und Tilgung)	(Zinsen und Abschreibung)
1						
2						
3						
4						
5						
6						
7						
8						
Summe						

Lösung

Hinweis: Da für die Umsatzsteuer kein Finanzierungsbedarf entsteht, müssen lediglich die Anschaffungskosten (hier also 400.000,00 €) finanziert werden.

Jahr	Darlehensschuld am Jahresanfang In €	Zinsen ❸ in €	Tilgung ❶ in €	Abschreibung ❻ in €	Ausgabe (Geldabfluss) ❺ in €	Aufwand (Gewinnminderung) ❼ in €
		(Aufwand und Ausgabe)	(Ausgabe)	(Aufwand)	(Zinsen und Tilgung)	(Zinsen und Abschreibung)
1	400.000,00	24.000,00	80.000,00	50.000,00	104.000,00	74.000,00
2	320.000,00	19.200,00	80.000,00	50.000,00	99.200,00	69.200,00
3	240.000,00	14.400,00	80.000,00	50.000,00	94.400,00	64.400,00
4	160.000,00	9.600,00	80.000,00	50.000,00	89.600,00	59.600,00
5	80.000,00	4.800,00	80.000,00	50.000,00	84.800,00	54.800,00
6				50.000,00		50.000,00
7				50.000,00		50.000,00
8				50.000,00		50.000,00
Summe		❹ 72.000,00	❷ 400.000,00	400.000,00	472.000,00	472.000,00

Lösungsweg

❶ Die Tilgung erfolgt innerhalb von fünf Jahren mit jeweils 20 %.
Der jährliche Tilgungsbedarf in den ersten fünf Jahren beträgt 400.000,00 € · 20 % = 80.000,00 €, danach muss keine Tilgung mehr erfolgen.

❷ Tilgung über gesamte Laufzeit = 400.000,00 €

❸ Zinsberechnung im ersten Jahr: 400.000,00 € · 6,0 % = 24.000,00 €
Zinsberechnung im zweiten Jahr: 320.000,00 € · 6,0 % = 19.200,00 €

❹ Zinszahlungen während Gesamtlaufzeit

❺ Der Geldabfluss setzt sich aus Zins- und Tilgungszahlungen zusammen; Addition von ❶ und ❸

❻ Die Kunststoffstanzmaschine wird acht Jahre lang genutzt. Bei linearer Abschreibung sind jährlich 400.000,00 € : 8 = 50.000,00 € abzuschreiben.

❼ Der Gesamtaufwand wird durch Addition der Zinsen und Abschreibungen ermittelt.
Zinsen und Abschreibungen gehen als Aufwand gewinnmindernd in die GuV-Rechnung ein. Die Tilgung stellt lediglich eine Ausgabe dar, aber keinen Aufwand.

Bei der Bankfinanzierung muss ein wichtiger Vorteil gesehen werden: Mit dem Scheck der Bank lassen sich beim Verkaufsgespräch durchaus Preise erzielen, die weit vom Listenpreis der Hersteller abweichen.

MERKE:

Bankkredit verursacht Geldabfluss	→ Zinsen → Tilgung
Bankkredit verursacht Aufwand	→ Zinsen → Abschreibungen
Bankkredit belastet	→ die Liquidität in den ersten Kreditjahren sehr stark.
Bankkredit erfordert	→ Eigenkapitalanteil von ca. 40 % oder → vollständige Tilgung innerhalb der ersten Hälfte der Nutzungsdauer bzw.
Bankkredit ermöglicht Finanzierung trotz geringem Eigenkapital	→ höheren Zinssatz einschließlich Risikozuschlag.

7.3 Darlehensarten

Darlehen werden über eine bestimmte Laufzeit zu einem bestimmten Zinssatz gewährt. Manche Darlehen werden erst am Ende der Laufzeit komplett getilgt, manche mit gleichbleibenden Tilgungsraten und andere mit gleichbleibenden Belastungen aus Zins und Tilgung insgesamt.

Der Kreditgeber berechnet in der Regel für die Vergabe eines Kredits Bearbeitungs-, Abschluss- und/oder Verwaltungsgebühren. Bei Darlehens- bzw. Hypothekenschulden ist der Auszahlungsbetrag oft niedriger als der Rückzahlungsbetrag (= Darlehensbetrag). Die Differenz nennt man **Disagio** oder **Damnum**.

Rückzahlungsbetrag (= Darlehensbetrag)
– Disagio
= Auszahlungsbetrag

Die Höhe des Disagios beeinflusst die Höhe des Zinssatzes, mit dem das Darlehen bzw. die Hypothek verzinst wird. Je höher das Disagio, desto niedriger ist der Zinssatz. Es stellt deshalb eine Art Vorauszins dar.

Effektivzinsberechnung mit Disagio

$$p_{eff} = \frac{(p_{nom} + \frac{d}{n}) \cdot 100}{100 - d}$$

p_{nom} = Nominalzinssatz
p_{eff} = Effektivzinssatz
d = Prozentsatz des Disagios
n = Laufzeit in Jahren

Hinweis: Der mit der vorstehenden Formel berechnete Effektivzinssatz berücksichtigt lediglich die Beeinflussung des Nominalzinssatzes durch das Disagio. Bearbeitungs-, Abschluss- und/oder Verwaltungsgebühren sind hierbei noch nicht berücksichtigt.

§ 253 (1) S. 2 HGB Darlehens- und Hypothekenschulden sind handelsrechtlich gemäß § 253 (1) S. 2 HGB mit dem Erfüllungsbetrag und steuerlich mit dem Rückzahlungsbetrag zu passivieren.

Handelsrechtlich darf das Disagio in den Rechnungsabgrenzungsposten auf der Aktivseite aufgenommen werden. Es ist durch planmäßige jährliche Abschreibungen zu tilgen, die auf die gesamte Laufzeit der Verbindlichkeit verteilt werden können. *§ 250 (3) HGB*

Steuerrechtlich ist das Disagio zu aktivieren und auf die Laufzeit zu verteilen. Die Auflösung wird auf dem Konto „Zinsen und ähnliche Aufwendungen" gebucht. *§ 5 (5) Nr. 1 EStG*

Die Bearbeitungs-, Abschluss- oder Verwaltungsgebühren sind ebenfalls zu aktivieren und aufwandsmäßig auf die Laufzeit des Darlehens bzw. der Hypothek zu verteilen. Diese Kosten nennt man **Finanzierungskosten**.

Beispiel

Eine Unternehmerin nimmt einen Kredit zu folgenden Bedingungen auf:

Bankkredit:	100.000,00 €
Disagio:	10.000,00 €
Bearbeitungsgebühr:	800,00 €
Auszahlung am 01.10.01:	89.200,00 €

Rückzahlung des Darlehens in einem Betrag nach zehn Jahren (= Fälligkeitsdarlehen). Am 31.12.01 werden 2.000,00 € Zinsen berechnet.
Buchen Sie das Darlehen aus steuerrechtlicher Sicht.

Lösung

Das Disagio und die Bearbeitungsgebühr sind zu aktivieren und auf die Laufzeit des Darlehens zeitanteilig zu verteilen.

Buchungssatz bei Kreditaufnahme

		Soll	Haben
1800	Bank	89.200,00 €	
1940	Damnum/Disagio	10.800,00 €	
an 3150	Verbindlichkeiten gegenüber Kreditinstituten		100.000,00 €

Buchungssatz bei Zinszahlung

		Soll	Haben
7300	Zinsen und ähnliche Aufwendungen	2.000,00 €	
an 1800	Bank		2.000,00 €

Auflösung des Disagios und der Bearbeitungsgebühr im ersten Jahr
linear: 10.800,00 €/10 Jahre = 1.080,00 € · 3/12 = 270,00 €

Buchungssatz

		Soll	Haben
7300	Zinsen und ähnliche Aufwendungen	270,00 €	
an 1940	Damnum/Disagio		270,00 €

Aufwendungen, die dem Darlehensnehmer im Zusammenhang mit der Darlehensaufnahme durch **Zahlungen an Dritte** entstehen, sind **sofort abzugsfähige Betriebsausgaben**.

Hierunter fallen z. B.
- Vermittlungsprovisionen,
- Bürgschaftsgebühren,
- Schätzungsgebühren,
- Notarkosten für die Eintragung einer Grundschuld ins Grundbuch und
- Gerichtskosten für die Eintragung einer Grundschuld ins Grundbuch.

Sie werden auf dem Konto „Nebenkosten des Geldverkehrs" gebucht. Hierbei handelt es sich um Geldbeschaffungskosten.

Beispiel

Ein Unternehmer kauft eine Lagerhalle für 600.000,00 € und muss dafür ein Darlehen in Höhe von 400.000,00 € aufnehmen. Das Darlehen wird durch eine Grundschuld abgesichert. Hierfür fallen Gerichtskosten in Höhe von 1.000,00 € und Notarkosten in Höhe von brutto 1.785,00 € an.

Lösung

Die Gerichts- und Notarkosten sind als Nebenkosten des Geldverkehr sofort abzugsfähige Betriebsausgaben.

Buchungssatz

		Soll	Haben
6855	Nebenkosten des Geldverkehrs	2.785,00 €	
an 3150	Verbindlichkeiten gegenüber Kreditinstituten		2.785,00 €

Zusammenfassung

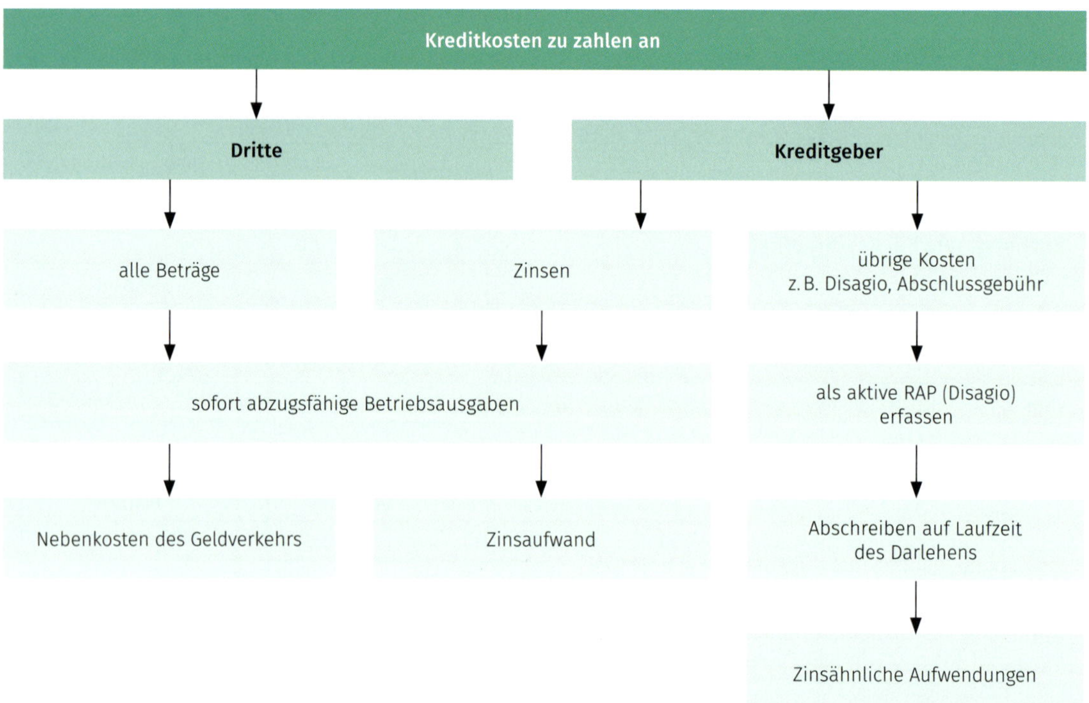

Darlehensarten	Entwicklung während der Laufzeit		
	Zinsanteil (Z)	Tilgungsanteil (T)	Gesamtbelastung (Z+T)
Ratentilgungsdarlehen (Abzahlungsdarlehen mit konstanten Tilgungsraten)	**wird geringer,** da die Zinsen von der sinkenden Restschuld zu zahlen sind	**bleibt konstant**	**wird geringer**
Annuitätendarlehen	**wird geringer,** da die Zinsen von der sinkenden Restschuld zu zahlen sind	**steigt,** da die gleichbleibende Annuität bei geringer werdenden Zinsen einen höheren Tilgungsanteil beinhaltet	**bleibt konstant**
Festdarlehen (Fälligkeitsdarlehen, Rückzahlungsdarlehen)	**bleibt konstant**	**keine laufende Tilgung**	**bleibt konstant**

Ratentilgungsdarlehen

Das Darlehen wird in gleichmäßigen Beträgen (Raten) getilgt. Aus dem aktuellen Darlehensbetrag (Restschuld) werden die Zinsen berechnet. Konstante Tilgungen und fallende Zinsen führen zu einer geringer werdenden Gesamtbelastung aus Zinsen und Tilgung. Das Ratentilgungsdarlehen erfordert über die Laufzeit immer weniger liquide Mittel, um Zinsen und Tilgung zu leisten.

Annuitätendarlehen

Das Annuitätendarlehen wird mit einem über die Laufzeit gleichbleibenden Betrag (Annuität[1]) bedient. Dieser gleichbleibende Betrag beinhaltet Zins und Tilgung. Die Zinsen werden dabei immer geringer, da sich aus der sinkenden Darlehensrestschuld ein geringerer Zinsbetrag ergibt. In dem Maße, wie die Zinsen geringer werden, steigt die Tilgungsleistung, sodass die Belastung über die Laufzeit konstant bleibt.

Die Annuität wird mithilfe des Annuitätenfaktors berechnet, der sich aus Zinssatz und Laufzeit des Darlehens ergibt. Der jeweilige Annuitätenfaktor kann aus Annuitätentabellen abgelesen werden.

Festdarlehen

Die Besonderheit des Festdarlehens (auch Rückzahlungsdarlehen, Fälligkeitsdarlehen oder endfälliges Darlehen) ist, dass es keine regelmäßige Tilgung innerhalb der monatlichen Raten gibt. Stattdessen muss das gesamte Darlehen über eine einzige Tilgungsrate zurückbezahlt werden, nämlich am Ende der Laufzeit. Dies führt dazu, dass der Kreditnehmer während der gesamten Nutzungsdauer ausschließlich die Zinsen an die Bank zahlt.

Beispiel

Ihr Mandant erwirbt am 3. September ein neues Geschäftsgebäude. Zur Finanzierung nimmt er am 1. Oktober einen Grundschuldkredit über 1.800.000,00 € bei seiner Hausbank zu folgenden Kreditkonditionen auf:

Zinssatz: 3,5 %
Disagio: 3 %
Laufzeit: 10 Jahre

a) Buchen Sie die Darlehensaufnahme.
b) Buchen Sie alle erforderlichen Vorgänge zum 31.12. des Kreditaufnahmejahres.

Lösung

a) Buchungssatz bei Kreditaufnahme

		Soll	Haben
1800	Bank	1.746.000,00 €	
1940	Damnum/Disagio	54.000,00 €	
an 3150	Verbindlichkeiten gegenüber Kreditinstituten		1.800.000,00 €

b) Abgrenzung des Disagios für Kreditaufnahmejahr

Disagio insgesamt 3 % von 1.800.000,00 € = 54.000,00 €
Disagio p. a. = 54.000,00 € : 10 Jahre = 5.400,00 €/Jahr
Disagio zeitanteilig für drei Monate im Kreditaufnahmejahr: 5.400,00 € : 12 · 3 = 1.350,00 €

Buchungssatz für das Disagio

		Soll	Haben
7300	Zinsen und ähnliche Aufwendungen	1.350,00 €	
an 1940	Damnum/Disagio		1.350,00 €

1 Annuität = jährlich gleichbleibende Zahlung für Zinsen und Tilgung

Aufgaben

1. Unterscheiden Sie die Begriffe Finanzierungskosten und Geldbeschaffungskosten.

2. Geben Sie an, wie Finanzierungs- und Geldbeschaffungskosten buchhalterisch behandelt werden.

3. Erläutern Sie, was ein Disagio ist.

4. Erklären Sie, wie ein Disagio handelsrechtlich und steuerrechtlich behandelt wird.

5. Die Hausbank eines Mandanten gewährt diesem einen Kredit in Höhe von 480.000,00 € zu folgenden Bedingungen:

   Auszahlung: 96 % (Wertstellung: 1. Januar)
   Bearbeitungsgebühr: 2.000,00 €
   Zinssatz: 6 % p. a. (Zinsen sind vierteljährlich nachträglich zahlbar)
   Laufzeit: 8 Jahre

   a) Nennen Sie den Buchungssatz für die Kreditauszahlung (Bankgutschrift) bei Aktivierung des Disagios und der Bearbeitungsgebühren.
   b) Nennen Sie den Buchungssatz für die jährliche lineare Abschreibung des Disagios und der Bearbeitungsgebühren.
   c) Nennen Sie den Buchungssatz für die Abbuchung der Kreditzinsen am Ende des 1. Quartals (Banklastschrift).

6.

Höhe des Kredits	Auszahlung (01.01.)	Bearbeitungsgebühr	Zinssatz p. a.	Laufzeit (Jahre)	Fälligkeit für Zinsen (nachträglich)
I. 120.000,00 €	94 %	1 %	5 %	10	Quartalsende
II. 300.000,00 €	95 %	1.500,00 €	6 %	8	Monatsende
III. 450.000,00 €	96 %	2.000,00 €	7 %	10	Monatsende

   a) Nennen Sie den Buchungssatz für die Kreditauszahlung (Bankgutschrift) bei Aktivierung des Disagios und der Bearbeitungsgebühren
   b) Nennen Sie den Buchungssatz für die lineare Abschreibung des Disagios und der Bearbeitungsgebühren.
   c) Nennen Sie den Buchungssatz für die Abbuchung der Kreditzinsen am Ende des 1. Fälligkeitstermins.

7. Ihre Mandantin nimmt ein Darlehen zu folgenden Bedingungen auf:

   Aufnahme: 01.10.01
   Darlehensbetrag: 500.000,00 €
   Auszahlung: 95 %
   Zinssatz: 6 %
   Laufzeit: 5 Jahre, Fälligkeitsdarlehen
   Zinsen: nachträglich vierteljährlich fällig
   Bearbeitungsgebühr: 0,5 % vom Darlehensbetrag

   An einen Makler zahlt Ihre Mandantin 2.300,00 € Provision, umsatzsteuerfrei.

   Bilden Sie die Buchungssätze bei Auszahlung des Darlehens, bei Zahlung der Maklerprovision per Banküberweisung und der Bearbeitungsgebühr am 05.10.01 und zum 31.12.01.

8. Ihr Mandant ist Kurt Wiegand, Kölnstraße 1, 50079 Köln.
   Mit den Buchführungsunterlagen für Oktober erhalten Sie u. a. folgenden Kontoauszug:

Kontostand in EUR am 09.10.01, 17:05 UHR			100.000,00 +
10.10.01	Darlehen 500498852 Wert: 10.10.01		308.700,00 +
	Darlehensbetrag	320.000,00	
	– Disagio	9.600,00	
	– Bearbeitungsgebühr	1.600,00	
	– Spesen	100,00	
Kontostand in EUR am 11.10.01, 16:07 Uhr			408.700,00 +

a) Geben Sie an, welcher Geschäftsvorfall dem Beleg zugrunde liegt.
b) Nennen Sie den Buchungssatz.

9. Ihre Mandantin kauft zum 01.07.01 ein unbebautes Grundstück in bester Lage zum Preis von 450.000,00 €. Zur Finanzierung nimmt sie ein Darlehen in Höhe von 300.000,00 € auf.

Auszahlung:	293.000,00 €
Disagio:	6.000,00 €
Bearbeitungsgebühr:	1.000,00 €
Laufzeit:	5 Jahre, in einer Summe fällig
Zinssatz:	8,5 %, Zinsen nachträglich halbjährlich

Sie sichert das Darlehen durch Eintragung einer Grundschuld ab. Hierfür fallen Notargebühren in Höhe von brutto 1.428,00 € und Gerichtskosten in Höhe von 900,00 € an, die sofort per Banküberweisung gezahlt werden.

Nehmen Sie alle erforderlichen Buchungen im Zusammenhang mit dem Darlehen vor.

10. Ein Unternehmer nimmt am 01.08.01 einen Kredit in Höhe von 35.000,00 € auf, der mit 34.000,00 € ausgezahlt wird. Der Kredit ist am 31.07.03 in einer Summe zurückzuzahlen. Der Zinssatz beträgt 7 %. Die Zinsen sind nachträglich monatlich fällig. Der Unternehmer hat bisher gebucht:

		Soll	Haben
1800	Bank	34.000,00 €	
7300	Zinsen und ähnliche Aufwendungen	1.000,00 €	
an 3560	Darlehen		35.000,00 €

Nehmen Sie die erforderlichen Buchungen zum 31.08.01 und zum 31.12.01 vor.

7.4 Anzahlungen

Anzahlungen liegen vor, wenn der Auftraggeber/Leistungsempfänger, bevor er die Leistung oder eine Teilleistung erhalten hat, bereits eine Zahlung/Gegenleistung erbringt.

§§ 250 (1), 253, 266 (1) B Nr. 4, 266 (3) C Nr. 3 HGB

Vorauszahlungen liegen vor, wenn der Auftraggeber/Leistungsempfänger bereits den gesamten vereinbarten Preis zahlt, bevor er die Leistung erhalten hat.

§§ 13 (1) Nr. 1 a, 15 (1) Nr. 1 UStG

Die Anforderung von Anzahlungen ist bei größeren Aufträgen oder z. B. bei Anfertigung eines speziell auf die Wünsche der Kundin bzw. des Kunden abgestimmten Gegenstandes, den der Auftragnehmer anderweitig nicht veräußern könnte, üblich. Auf diese Weise kann der Auftragnehmer davon ausgehen, dass die Kundin bzw. der Kunde die Leistung auch abnimmt. Ferner beteiligt sich die Kundin bzw. der Kunde an der Finanzierung des Auftrags.

Da

- der Auftragnehmer noch keine Leistung erbracht hat bzw.
- der Auftraggeber noch keine Leistung erhalten hat,

sind

- erhaltene Anzahlungen beim Auftragnehmer noch kein Ertrag und
- geleistete Anzahlungen beim Auftraggeber noch kein Aufwand.

Der Auftraggeber/Leistungsempfänger, der die Anzahlung leistet, hat darüber eine Forderung auszuweisen.

Die geleisteten Anzahlungen sind dabei getrennt zu buchen und auszuweisen als

- geleistete Anzahlungen für Gegenstände des Anlagevermögens und
- geleistete Anzahlungen für Gegenstände des
- Umlaufvermögens.

Der Auftragnehmer/Leistende, der die Anzahlung erhält, hat darüber eine Verbindlichkeit auszuweisen. Sie werden auf dem Konto Erhaltene Anzahlungen gebucht.

Umsatzsteuer

§ 13 (1) Nr. 1 a UStG

Wird das Entgelt (Vorauszahlung) oder ein Teil des Entgelts (Anzahlung) vereinnahmt, bevor die Leistung ausgeführt worden ist, entsteht die Steuer bereits mit Ablauf des Voranmeldungszeitraums, in dem das Entgelt vereinnahmt wurde.

Auf eine ordnungsgemäße Rechnung kommt es nicht an.

Vorsteuer

§ 15 (1) Nr. 1 S. 3 UStG

Der Auftraggeber hat einen Vorsteuerabzug, wenn er die Anzahlung/Vorauszahlung geleistet und eine ordnungsgemäße Rechnung vorliegen hat.

Beispiel

Ein Unternehmer, der Sportboote und Segeljachten verkauft, bestellt bei einem Schiffsbauer eine Segeljacht. Der Kaufpreis beträgt 1.000.000,00 € zzgl. 19 % Umsatzsteuer. Die Auslieferung soll am 22.06.01 erfolgen.

Beim Abschluss des Vertrages werden folgende Anzahlungen vereinbart:
05.03.01 100.000,00 € + 19.000,00 € Umsatzsteuer = 119.000,00 €
05.04.01 200.000,00 € + 38.000,00 € Umsatzsteuer = 238.000,00 €
05.05.01 200.000,00 € + 38.000,00 € Umsatzsteuer = 238.000,00 €
05.06.01 200.000,00 € + 38.000,00 € Umsatzsteuer = 238.000,00 €

Die Überweisungen erfolgen pünktlich. Außer für die Anzahlung am 05.04.01 liegen ordnungsgemäße Rechnungen vor. Die Auslieferung erfolgt ebenfalls pünktlich. Die Schlussrechnung wird ordnungsgemäß erstellt und geht noch im Juni beim Auftraggeber ein. Die Zahlung des Restbetrags erfolgt im Juli 01.

Lösung

Auftragnehmer/Leistender

Die **erhaltenen Anzahlungen** sind auf dem Konto Erhaltene Anzahlungen zu buchen. Umsatzsteuer entsteht bei jeder Zahlung und ist entsprechend zu buchen.

Buchungssatz am 05.03.01

		Soll	Haben
1800	Bank	119.000,00 €	
an 3250	Erhaltene Anzahlungen		100.000,00 €
3800	Umsatzsteuer		19.000,00 €

Buchungssatz am 05.04.01

		Soll	Haben
1800	Bank	238.000,00 €	
an 3250	Erhaltene Anzahlungen		200.000,00 €
3800	Umsatzsteuer		38.000,00 €

Buchungssatz am 05.05.01

		Soll	Haben
1800	Bank	238.000,00 €	
an 3250	Erhaltene Anzahlungen		200.000,00 €
3800	Umsatzsteuer		38.000,00 €

Buchungssatz am 05.06.01

		Soll	Haben
1800	Bank	238.000,00 €	
an 3250	Erhaltene Anzahlungen		200.000,00 €
3800	Umsatzsteuer		38.000,00 €

Buchungssätze bei Lieferung am 22.06.01

		Soll	Haben
1210	Forderungen a. LL.	1.190.000,00 €	
an 4000	Umsatzerlöse		1.000.000,00 €
3800	Umsatzsteuer		190.000,00 €

		Soll	Haben
3250	Erhaltene Anzahlungen	700.000,00 €	
3800	Umsatzsteuer	133.000,00 €	
an 1210	Forderungen a. LL.		833.000,00 €

oder zusammengefasst

		Soll	Haben
1210	Forderungen a. LL.	357.000,00 €	
3250	Erhaltene Anzahlungen	700.000,00 €	
3800	Umsatzsteuer	133.000,00 €	
an 4000	Umsatzerlöse		1.000.000,00 €
3800	Umsatzsteuer		190.000,00 €

Auftraggeber/Leistungsempfänger

Die **geleisteten Anzahlungen** sind auf dem Konto Geleistete Anzahlungen auf Vorräte zu buchen. Soweit eine ordnungsgemäße Rechnung vorliegt, ist ein Vorsteuerabzug möglich.

Buchungssatz am 05.03.01

		Soll	Haben
1180	Geleistete Anzahlungen auf Vorräte	100.000,00 €	
1400	Vorsteuer	19.000,00 €	
an 1800	Bank		119.000,00 €

Buchungssatz am 05.04.01

		Soll	Haben
1180	Geleistete Anzahlungen auf Vorräte	238.000,00 €	
an 1800	Bank		238.000,00 €

Buchungssatz am 05.05.01

		Soll	Haben
1180	Geleistete Anzahlungen auf Vorräte	200.000,00 €	
1400	Vorsteuer	38.000,00 €	
an 1800	Bank		238.000,00 €

Buchungssatz am 05.06.01

		Soll	Haben
1180	Geleistete Anzahlungen auf Vorräte	200.000,00 €	
1400	Vorsteuer	38.000,00 €	
an 1800	Bank		238.000,00 €

Buchungssätze bei Lieferung am 22.06.01

		Soll	Haben
5200	Wareneingang	1.000.000,00 €	
1400	Vorsteuer	190.000,00 €	
an 3310	Verbindlichkeiten a. LL.		1.190.000,00 €

		Soll	Haben
3310	Verbindlichkeiten a. LL.	833.000,00 €	
an 1180	Geleistete Anzahlungen auf Vorräte		738.000,00 €
1400	Vorsteuer		95.000,00 €

oder zusammengefasst

		Soll	Haben
5200	Wareneingang	1.000.000,00 €	
1400	Vorsteuer	190.000,00 €	
an 1400	Vorsteuer		95.000,00 €
1180	Geleistete Anzahlungen auf Vorräte		738.000,00 €
3310	Verbindlichkeiten a. LL.		357.000,00 €

Anzahlungen

	Auftraggeber	Auftragnehmer
Arten	geleistete Anzahlung	erhaltene Anzahlung
wird gebucht als	Forderung	Verbindlichkeit
darf **nicht** gebucht werden als	Aufwand	Ertrag
Konten, z. B.	Geleistete Anzahlungen auf Vorräte	Erhaltene Anzahlungen
Umsatzsteuer/Vorsteuer	Vorsteuerabzug ist zulässig, • wenn eine ordnungsgemäße Rechnung vorliegt und • die Anzahlung/Vorauszahlung geleistet wurde.	Die Umsatzsteuer entsteht mit Ablauf des Voranmeldungszeitraums, in dem die Anzahlung/Vorauszahlung vereinnahmt wurde.

Aufgaben

1. Geben Sie an, wie erhaltene Anzahlungen bzw. geleistete Anzahlungen zu buchen sind.

2. Ihr Mandant, ein Einzelhändler, bestellt am 03.01.01 Waren zum Preis von 100.000,00 € zzgl. 19 % Umsatzsteuer. Vereinbarungsgemäß leistet er am 05.01.01 eine Anzahlung von 40.000,00 € zzgl. 7.600,00 € Umsatzsteuer = 47.600,00 €. Am 03.02.01 wird die Ware geliefert. Sowohl die Anzahlungsrechnung als auch die Endrechnung sind ordnungsgemäß. Die Schlusszahlung erfolgt noch per Banküberweisung im Februar.

   Erläutern Sie die umsatzsteuerliche Behandlung der geleisteten Anzahlung. Bilden Sie sämtliche Buchungssätze für Ihren Mandanten.

3. Ihr Mandant bestellt Rohstoffe für brutto 76.398,00 € (19 % USt). Laut Vereinbarung mit dem Lieferanten zahlt er am 08.08.01 eine Anzahlung in Höhe von 25.466,00 €. Es liegt keine ordnungsgemäße Anzahlungsrechnung vor. Mit Lieferung am 09.09.01 erhält Ihr Mandant gleichzeitig eine Endrechnung mit einer ordnungsgemäßen Abrechnung. Die Anzahlung hat Ihr Mandant wie folgt gebucht:

		Soll	Haben
5200	Wareneingang	21.400,00 €	
1400	Vorsteuer	4.066,00 €	
an 1800	Bank		25.466,00 €

   Erläutern Sie die umsatzsteuerliche Behandlung der geleisteten Anzahlung. Nehmen Sie die erforderlichen Buchungen vor. Unterstellen Sie dabei, dass die Endrechnung noch nicht bezahlt wurde.

4. Ein Unternehmer erstellte am 10.01.01 folgende Anzahlungsrechnung:

Für die Anfertigung von Einbaumöbeln berechne ich	
vereinbarungsgemäß	12.500,00 €
zzgl. 19 % Umsatzsteuer	2.375,00 €
Summe	14.875,00 €

Der Kunde überwies zwei Tage später einen Betrag von 14.400,00 €.

Im Februar erfolgt die Lieferung und die Endrechnung, die u. a. folgende Angaben enthält:

Lieferung und Einbau von Möbeln	40.800,00 €
+ 19 % Umsatzsteuer	7.752,00 €
= Rechnungsbetrag	48.552,00 €
– Anzahlung vom 12.01.	12.100,84 €
– 19 % Umsatzsteuer	2.299,16 €
= Restzahlbetrag	**34.152,00 €**

Erläutern Sie die umsatzsteuerliche Behandlung der erhaltenen Anzahlung. Nehmen Sie die erforderlichen Buchungen vor, unter der Voraussetzung, dass die Rechnung noch nicht bezahlt wurde.

5. Ihr Mandant verkauft für 150.000,00 € zzgl. 19 % Umsatzsteuer (28.500,00 €) einen Lkw an einen Kunden. Am 15.02.01 erhält er eine Anzahlung in Höhe von 23.800,00 €. Die Anzahlungsrechnung enthielt keinen Umsatzsteuerausweis. Bei Lieferung am 15.03.01 übergab Ihr Mandant seinem Kunden mit dem Lkw gleichzeitig die ordnungsgemäße Endrechnung.

Geben Sie an, wie Ihr Mandant den Vorgang zu buchen hat, wenn noch keine Zahlung erfolgt ist.

6. Ihr Mandant soll eine EDV-Anlage zum Preis von brutto 22.500,00 € zzgl. 4.275,00 € Umsatzsteuer = 26.775,00 € liefern. Bei Bestellung am 16.09.01 erhält er eine Anzahlung von 11.900,00 €, die er wie folgt bucht:

		Soll	Haben
1800	Bank	11.900,00 €	
an 3250	Erhaltene Anzahlungen		11.121,50 €
3800	Umsatzsteuer		778,50 €

Die EDV-Anlage wird im Oktober geliefert und der Restbetrag vereinbarungsgemäß unter Abzug einer Preisminderung von 1.500,00 € im November per Banküberweisung gezahlt. In der Anzahlungsrechnung wurde keine Umsatzsteuer gesondert ausgewiesen, die Endrechnung ist ordnungsgemäß.

Nehmen Sie alle erforderlichen Buchungen vor.

7. Ihr Mandant verkauft Ware an einen Kunden für brutto 107.100,00 € (19 % Umsatzsteuer). Am 18.01.01 erstellt er eine Anzahlungsrechnung, die u. a. folgende Angaben enthält:

Laut Vereinbarung bitten wir um eine Anzahlung	
in Höhe von 25 % des Warenwertes	22.500,00 €
zzgl. 19 % Umsatzsteuer	4.275,00 €
Anzahlungsbetrag	26.775,00 € €
Dieser Betrag ist bis zum 25.01.01 zu zahlen.	

Die Banküberweisung erfolgt rechtzeitig.

Am 18.02.01 erfolgt mit der Warenlieferung gleichzeitig die Endabrechnung mit folgenden Angaben:

Warenwert	90.000,00 €
+ 19 % Umsatzsteuer	17.100,00 €
= Rechnungsbetrag	107.100,00 €
– Anzahlung vom 25.01.01	22.500,00 €
– 19 % Umsatzsteuer	4.275,00 €
= Restzahlbetrag	**80.325,00 €**

Der Restbetrag wurde nach Prüfung der Ware unter Abzug von 2 % Skonto am 25.02.01 gezahlt.

Buchen Sie den gesamten Vorgang.

8. Ihr Mandant kauft Ware beim Großhändler. Am 05.03.01 erhält er eine Anzahlungsrechnung,u. a. mit folgenden Angaben:

... 25 % Anzahlung, wie vereinbart 59.500,00 €

Die Überweisung einen Tag später bucht Ihr Mandant wie folgt:

		Soll	Haben
5200	Wareneingang	50.000,00 €	
1400	Vorsteuer	9.500,00 €	
an 1800	Bank		59.500,00 €

Die Endrechnung, die am 15.04.01 mit Lieferung bei Ihrem Mandanten eingeht, sieht u. a. wie folgt aus:

Gesamtwert der Ware	200.000,00 €
+ 19 % Umsatzsteuer	38.000,00 €
= Rechnungsbetrag	238.000,00 €
– Anzahlung vom 06.03.01	59.500,00 €
= Restzahlbetrag	**178.500,00 €**

Da die Ware zum Teil schadhaft ist, einigt man sich auf eine Preisnachlass von 10.000,00 €.
Der Restbetrag wird per Überweisung am 25.05.01 gezahlt.

Geben Sie alle erforderlichen Buchungssätze an.

9. Eine Innenarchitektin übernimmt die Planung für ein neues Verwaltungsgebäude eines Unternehmens (zum vollen Vorsteuerabzug berechtigt). Die gesamten Kosten für die Planung betragen 250.000,00 € zzgl. 19 % Umsatzsteuer 47.500,00 € = 297.500,00 €.
Vereinbarungsgemäß sind folgende Anzahlungen fällig, die alle pünktlich überwiesen werden:

08.04.01 50.000,00 € + 9.500,00 € Umsatzsteuer = 59.500,00 €
08.05.01 = 65.450,00 €
08.06.01 45.000,00 € + 8.550,00 € Umsatzsteuer = 53.550,00 €

Für die Anzahlung vom 08.05.01 liegt keine ordnungsgemäße Rechnung vor.

Bei Fertigstellung der Arbeiten am 02.07.01 wird der Restbetrag fällig, der unter Abzug von 2 % Skonto gezahlt wird. Eine ordnungsgemäße Endrechnung liegt vor.

Geben Sie die erforderlichen Buchungen sowohl für die Innenarchitektin als auch für den Unternehmer an.

10. Ein Rohstofflieferant liefert Rohstoffe an eine Kundin. Der Auftrag wurde wie folgt bezahlt:

Rechnung	Betrag	davon ausgewiesene Steuer	Zahlungsdatum	Überweisungsbetrag
1. Anzahlung	17.850,00 €	2.850,00 €	03.10.01	17.850,00 €
2. Anzahlung	24.990,00 €	3.990,00 €	03.11.01	20.000,00 €
3. Anzahlung	11.900,00 €	1.900,00 €	03.12.01	20.000,00 €
Restbetrag bei Lieferung (20.12.01)	35.700,00 €	5.700,00 €	04.01.02	34.000,00 €

Buchen Sie den gesamten Vorgang sowohl für den Rohstofflieferanten als auch für dessen Kundin, die eine zum vollen Vorsteuerabzug berechtigte Unternehmerin ist.

7.5 Leasing

Beim Leasing[1] werden Investitionsgüter für eine gewisse Dauer, üblicherweise mehrere Jahre, angemietet. Während dieser Zeit ist der Leasingvertrag unkündbar, die gleichbleibende Leasingrate ist monatlich zu bezahlen. Nach Ablauf dieser mehrjährigen unkündbaren Grundmietzeit kann der Leasinggegenstand zum Restkaufpreis übernommen oder zu besonders günstigen Leasingraten weiterhin genutzt werden.

Der Leasinggegenstand gehört dem Leasinggeber und wird bei ihm bilanziert. Der Leasingnehmer hat während der Leasingdauer die Leasingrate zu entrichten.

Bei der Berechnung der **Leasingrate** wird der Leasinggeber den Kaufpreis für das Leasinggut, Zinsen, Vertriebs- und Verwaltungskosten, Risikoprämie und Gewinnanteil einrechnen. Wenn der Leasinggeber große Mengen des Leasinggutes erwirbt, kann durch die indirekte Weitergabe der günstigen Einkaufsbedingungen die Leasingrate attraktiv gestaltet werden.

Leasingverträge beinhalten Merkmale von Kauf- und Mietverträgen. Die Vorteile liegen darin, dass dem Unternehmen keine hohen Geldmittel abfließen. Die finanziellen Mittel stehen für andere Ausgaben zur Verfügung. Ferner ist eine schnelle Anpassung an den aktuellen technischen Stand möglich. Die Unternehmerin bzw. der Unternehmer trägt kein Investitionsrisiko.

Die monatlichen Leasingraten können als Betriebsausgaben sofort gewinnmindernd berücksichtigt werden. Allerdings muss die Unternehmerin bzw. der Unternehmer auf die gesamte Zeit gesehen mehr an den Leasinggeber zahlen, als die Anschaffungskosten betragen würden.

In der Praxis kommt überwiegend das Finanzierungsleasing vor.

Leasingerlass

Nach dem BMF-Schreiben vom 19.04.1971 liegt Finanzierungsleasing vor,

- wenn der Vertrag über eine bestimmte Zeit abgeschlossen wird, während dieser der Vertrag nicht gekündigt werden kann (= Grundmietzeit) und
- der Leasingnehmer mit seinen zu zahlenden Raten während der Grundmietzeit mindestens die Anschaffungs- oder Herstellungskosten sowie alle Nebenkosten einschließlich der Finanzierungskosten des Leasinggebers deckt.

Zu klären ist in diesen Fällen, wem der Leasinggegenstand zuzurechnen ist, d. h., wer ihn bilanzieren muss.

- Beträgt die Grundmietzeit weniger als 40 % der betriebsgewöhnlichen Nutzungsdauer oder mehr als 90 % der betriebsgewöhnlichen Nutzungsdauer, so ist der Leasinggegenstand dem Leasingnehmer stets zuzurechnen. Im ersten Fall unterstellt man einen Kaufvertrag, da der Leasingnehmer alle Anschaffungskosten und Nebenkosten des Leasinggebers zahlt und der Gegenstand nach Ablauf der Grundmietzeit noch einen erheblichen wirtschaftlichen Wert hat. Im letzten Fall wird der Leasingnehmer wirtschaftlicher Eigentümer des Gegenstandes, da dieser nach Ablauf der Grundmietzeit so gut wie verbraucht ist.

1 to lease = mieten; ein Mietvertrag mit einer unkündbaren Grundmietzeit wird als Leasing, genauer als „Financial Leasing" bezeichnet.

- Beträgt die Grundmietzeit zwischen 40 % und 90 % der betriebsgewöhnlichen Nutzungsdauer des Gegenstandes, so ist für die Zurechnung des Gegenstandes entscheidend, ob im Vertrag eine Option für die Zeit nach Ablauf der Grundmietzeit vereinbart wurde und ggf. die Bedingungen dieser Option.

Leasingverträge ohne Optionsmöglichkeit

In diesen Fällen hat der Leasingnehmer den Gegenstand nach Ablauf der Grundmietzeit an den Leasinggeber zurückzugeben. Der Gegenstand ist dem Leasinggeber zuzurechnen.

MERKE:

Leasing bedeutet → Mietvertrag über unkündbare Grundmietzeit.
Leasing verursacht Geldabfluss → in Höhe der Leasingraten.
Leasing verursacht Aufwand → in Höhe der Leasingraten.
Leasing erfordert → kein Eigenkapital.
Leasing befreit → von der Gewerbesteuerlast für den Leasinggegenstand.[1]
Leasing belastet → die Liquidität gleichmäßig.

Beispiel

Ein Lkw soll über mehrere Jahre geleast werden. Die monatliche Leasingrate für die ersten vier Jahre (Grundmietzeit) beträgt 2,0 % der Anschaffungskosten. Bei Vertragsverlängerung wird eine Jahresmiete in Höhe von 26.000,00 € fällig. Der Lkw wird voraussichtlich sieben Jahre benötigt. Die Anschaffungskosten für den Lkw betragen 180.000,00 €. Die betriebsgewöhnliche Nutzungsdauer beträgt 7 Jahre.

Berechnen Sie die fehlenden Positionen in nachstehender Tabelle.

Jahr	Leasingrate	Ausgabe	Aufwand
1			
2			
3			
4			
5			
6			
7			
Summe			

1 Da der Leasinggegenstand nicht beim Leasingnehmer bilanziert wird, muss dieser auch keine Gewerbesteuer aus dem Leasinggut bezahlen.

Lösung

Jahr	Leasingrate	Ausgabe	Aufwand
1	❶ 43.200,00 €	43.200,00 €	43.200,00 €
2	43.200,00 €	43.200,00 €	43.200,00 €
3	43.200,00 €	43.200,00 €	43.200,00 €
4	43.200,00 €	43.200,00 €	43.200,00 €
5	❷ 26.000,00 €	26.000,00 €	26.000,00 €
6	26.000,00 €	26.000,00 €	26.000,00 €
7	26.000,00 €	26.000,00 €	26.000,00 €
Summe	❸ 250.800,00 €	250.800,00 €	250.800,00 €

Lösungsweg

❶ Jährliche Leasingrate in den ersten vier Jahren: 180.000,00 € · 2 % · 12 = 43.200,00 €

❷ Jährliche Leasingrate ab dem fünften Jahr: 26.000,00 €

❸ Leasingzahlungen während der gesamten Laufzeit

Prüfung der Zuordnung

Der Leasinggegenstand ist dem Leasinggeber zuzurechnen, da die Grundmietzeit zwischen 40 % und 90 % der betriebsgewöhnlichen Nutzungsdauer liegt und die jährliche lineare Abschreibung in Höhe von 25.714,29 € unter der Miete bei Vertragsverlängerung liegt.

Leasingverträge mit Kaufoption

Hier hat der Leasingnehmer die Möglichkeit, den Gegenstand nach Ablauf der Grundmietzeit zu erwerben.

Ist der vereinbarte Kaufpreis niedriger als der bei linearer Abschreibung ermittelte Restbuchwert, so ist der Gegenstand dem Leasingnehmer zuzurechnen, da dieser wirtschaftlicher Eigentümer wird. Es ist davon auszugehen, dass er von seinem Optionsrecht Gebrauch machen wird.

Beispiel

Ein Unternehmer least eine Maschine, deren Anschaffungskosten 180.000,00 € betragen. Die betriebsgewöhnliche Nutzungsdauer wird mit acht Jahren angenommen. Nach Ablauf der Grundmietzeit von fünf Jahren beträgt der vereinbarte Kaufpreis 15.000,00 €.

Lösung

Da der vereinbarte Kaufpreis von 15.000,00 € unter dem Restbuchwert in Höhe von 30.000,00 € bei linearer AfA liegt, ist die Maschine dem Leasingnehmer zuzurechnen.

Leasingverträge mit Mietverlängerungsoption

Hierbei hat der Leasingnehmer das Recht, das Vertragsverhältnis auf bestimmte oder unbestimmte Zeit zu verlängern. Deckt die Anschlussmiete den Werteverzehr für den Gegenstand nicht mehr, so ist der Gegenstand dem Leasingnehmer zuzurechnen. Als Werteverzehr wird der Betrag angenommen, der sich ergibt, wenn man den Restbuchwert linear auf die Restnutzungsdauer verteilt.

Beispiel

Eine Unternehmerin least eine Maschine mit Anschaffungskosten in Höhe von 120.000,00 € und einer betriebsgewöhnlichen Nutzungsdauer von zehn Jahren für eine Grundmietzeit von sechs Jahren. Der Leasingvertrag sieht eine Mietverlängerung vor, mit einer monatlichen Rate von

a) 1.200,00 € und
b) 800,00 €.

Lösung

Der Restbuchwert nach sechs Jahren beträgt 48.000,00 €. Bei einer Restnutzungsdauer von vier Jahren beträgt die jährliche lineare AfA 12.000,00 €.

a) Hier wird der Werteverzehr mit der Miete in Höhe von 14.400,00 € jährlich gedeckt. Die Zurechnung des Gegenstandes erfolgt beim Leasinggeber.

b) Die jährliche Miete beträgt 9.600,00 € und deckt nicht den Werteverzehr. Die Maschine wird dem Leasingnehmer zugerechnet.

Buch- und bilanzmäßige Behandlung der Leasingraten

Wird der Gegenstand dem Leasinggeber zugerechnet, so hat der Leasinggeber den Gegenstand zu aktivieren und gemäß § 7 EStG abzuschreiben. Die Leasingraten sind als Betriebseinnahmen zu erfassen.

Beim Leasingnehmer sind die Leasingraten sofort abzugsfähige Betriebsausgaben.

Beispiel 1

Eine Mandantin schließt im September einen Leasingvertrag über eine EDV-Anlage ab. Die EDV-Anlage wird zu 100 % betrieblich genutzt. Der Leasingvertrag wird über 36 Monate abgeschlossen. Die monatliche Leasingrate beträgt 773,50 € einschließlich 19 % Umsatzsteuer. Die jeweilige Leasingrate wird zu Beginn des Monats vom Bankkonto abgebucht. Der Leasinggegenstand wird unstrittig dem Leasinggeber zugerechnet.

Buchen Sie die erste Leasingrate.

Lösung 1

Buchungssatz der ersten Leasingrate

		Soll	Haben
6840	Mietleasing (bewegliche Wirtschaftsgüter)	650,00 €	
1400	Vorsteuer	123,50 €	
an 1800	Bank		773,50 €

Beispiel 2

Ein Unternehmer least einen Pkw mit Anschaffungskosten in Höhe von 30.000,00 € bei einer betriebsgewöhnlichen Nutzungsdauer von sechs Jahren für eine Grundmietzeit von drei Jahren. Die monatliche Leasingrate beträgt 500,00 € zzgl. 19 % Umsatzsteuer.

Lösung 2

Behandlung beim Leasingnehmer
Die monatlichen Raten werden gewinnmindernd erfasst.

Buchungssatz

		Soll	Haben
6840	Mietleasing (bewegliche Wirtschaftsgüter)	500,00 €	
1400	Vorsteuer	95,00 €	
an 1800	Bank		595,00 €

Behandlung beim Leasinggeber
Der Leasinggeber aktiviert die Anschaffungskosten von 30.000,00 € und schreibt den Pkw z. B. gemäß § 7 (1) EStG linear mit jährlich 5.000,00 € ab. Die Leasingraten sind Betriebseinnahmen.

Buchungssätze

		Soll	Haben
6220	Abschreibungen auf Sachanlagen	5.000,00 €	
an 0520	Fuhrpark		5.000,00 €

		Soll	Haben
1800	Bank	595,00 €	
an 4000	Umsatzerlöse		500,00 €
3800	Umsatzsteuer		95,00 €

Beispiel 3 Die Logistik GmbH least einen neuen Lkw. Die Anschaffungskosten der Leasinggesellschaft für den Lkw betragen 90.000,00 €. Die Nutzungsdauer für den Lkw beträgt acht Jahre.
Die Leasingrate beträgt monatlich netto 1.125,00 € zuzüglich 19 % Umsatzsteuer. Bei Übergabe des Leasingfahrzeuges am 01.06. wird eine Leasingsonderzahlung in Höhe von 16.065,00 € incl. 19 % Umsatzsteuer fällig, die per Banküberweisung beglichen wird. Die unkündbare Grundmietzeit beträgt fünf Jahre. Es besteht weder eine Verlängerungsoption noch eine Kaufoption.

a) Entscheiden Sie begründet, wem der Leasinggegenstand zuzurechnen ist.
b) Buchen Sie die Zahlung der ersten Leasingrate für Juni.
c) Nehmen Sie alle erforderlichen Buchungen vor, die im Zusammenhang mit der Leasingsonderzahlung anfallen.

Lösung 3

a) Die Grundmietzeit fünf Jahre liegt bei einer Nutzungsdauer von acht Jahren zwischen 40 % und 90 % der Nutzungsdauer; genau bei 62,5 %. Es liegt weder ein Spezialleasing noch eine Verlängerungs- oder Kaufoption vor. Daher ist der Leasinggegenstand dem Leasinggeber zuzurechnen.

b)

		Soll	Haben
6840	Mietleasing (bewegliche Wirtschaftsgüter)	1.125,00 €	
1400	Vorsteuer	213,75 €	
an 1800	Bank		1.338,75 €

c) Leasingsonderzahlung 16.065,00 € : 1,19 = 13.500,00 €; 13.500,00 € : 5 = 2.700,00 €/Jahr;
2.700,00 €/Jahr : 12 = 225,00 €/Monat;
zeitanteilig im 1. Jahr: 225,00 € · 7 = 1.575,00 €

Buchungssatz

		Soll	Haben
6840	Mietleasing (bewegliche Wirtschaftsgüter)	1.575,00 €	
1400	Vorsteuer	2.565,00 €	
1900	Aktive Rechnungsabgrenzung	11.925,00 € €	
an 1800	Bank		16.065,00 €

Erfolgt die Zurechnung des Gegenstandes beim Leasingnehmer, so hat dieser

- die Anschaffungskosten (des Leasinggebers) für den Gegenstand zu aktivieren,
- in gleicher Höhe eine Verbindlichkeit gegenüber dem Leasinggeber zu passivieren,
- den Gegenstand gemäß § 7 EStG abzuschreiben,
- die monatlichen Leasingraten in einen Tilgungs- und einen Zinsanteil aufzuteilen und entsprechend zu buchen.

Beispiel

Ein Produktionsunternehmen least eine Maschine mit Anschaffungskosten in Höhe von 180.000,00 € und einer betriebsgewöhnlichen Nutzungsdauer von zwölf Jahren für eine Grundmietzeit von elf Jahren für monatlich 2.000,00 € zzgl. 19 % Umsatzsteuer. Der Tilgungsanteil beträgt 1.700,00 €, der Zinsanteil 300,00 €.

Lösung

Die Maschine ist dem Leasingnehmer zuzurechnen, da die Grundmietzeit länger als 90 % der betriebsgewöhnlichen Nutzungsdauer ist.

Buchungssatz bei Anschaffung der Maschine

		Soll	Haben
0440	Maschinen	180.000,00 €	
an 3310	Verbindlichkeiten a. LL.		180.000,00 €

Buchungssatz der monatlichen Rate

		Soll	Haben
3310	Verbindlichkeiten a. LL.	1.700,00 €	
7300	Zinsen und ähnliche Aufwendungen	300,00 €	
1400	Vorsteuer	380,00 €	
an 1800	Bank		2.380,00 €

Buchungssatz der Abschreibung der Maschine

		Soll	Haben
6220	Abschreibungen auf Sachanlagen	15.000,00 €	
an 0440	Maschinen		15.000,00 €

Zusammenfassung

Grundmietzeit	Zurechnung beim
kürzer als 40 %	Leasingnehmer
länger als 90 %	Leasingnehmer
zwischen 40 % und 90 %	
• ohne Option	Leasinggeber
• mit Kaufoption Kaufpreis kleiner als fiktiver Restbuchwert bei linearer AfA	Leasingnehmer
• mit Mietverlängerungsoption Anschlussmiete ist geringer als Werteverzehr (= fiktiver Restbuchwert linear auf die Restnutzungsdauer verteilen)	Leasingnehmer

Aufgaben

1. Ihre Mandantin least eine Produktionsmaschine mit Anschaffungskosten in Höhe von 58.000,00 €, bei einer betriebsgewöhnlichen Nutzungsdauer von acht Jahren für einer Grundmietzeit von vier Jahren. Nach Ablauf der Grundmietzeit muss Ihre Mandantin die Maschine wieder an den Leasinggeber zurückgeben. Die monatlichen Leasingraten betragen 1.350,00 € zzgl. 19 % Umsatzsteuer.

   a) Geben Sie an, wem der Leasinggegenstand zuzurechnen ist.
   b) Geben Sie an, wie Ihre Mandantin die monatlichen Raten zu buchen hat.

2. Ihr Mandant least einen Pkw für monatlich 850,00 € zzgl. 19 % Umsatzsteuer. Die Anschaffungskosten betragen 36.000,00 €, die betriebsgewöhnliche Nutzungsdauer beträgt sechs Jahre. Nach Ablauf der Grundmietzeit von vier Jahren hat Ihr Mandant das Recht, den Pkw für 15.000,00 € zzgl. 19 % Umsatzsteuer zu kaufen.

   a) Geben Sie an, wem der Leasinggegenstand zuzurechnen ist.
   b) Geben Sie an, wie Ihr Mandant die monatlichen Raten zu buchen hat.

3. Ein Reiseunternehmen least einen Reisebus für monatlich 3.900,00 € zzgl. 19 % Umsatzsteuer, die per Banküberweisung gezahlt werden. Die Anschaffungskosten betragen 250.000,00 € zzgl. 19 % Umsatzsteuer, die betriebsgewöhnliche Nutzungsdauer wird mit zehn Jahren angenommen. Nach Ablauf der Grundmietzeit von sechs Jahren kann der Unternehmer den Bus für 50.000,00 € zzgl. 19 % Umsatzsteuer kaufen. Die monatliche Rate enthält einen Tilgungsanteil von 1.800,00 € und einen Zinsanteil von 2.100,00 €.

   a) Geben Sie an, wem der Leasinggegenstand zuzurechnen ist.
   b) Nehmen Sie die Buchungen zu Beginn des Leasingvertrages vor. Buchen Sie außerdem die erste Leasingrate.

7.6 Finanzierungsberatung: Leasing oder Kreditfinanzierung?

Bei der Entscheidung, ob bei einer Investition das Leasing oder eine Kreditfinanzierung die bessere Lösung ist, sollte zunächst ein rein rechnerischer Vergleich durchgeführt werden. Darüber hinaus sollten allerdings noch weitere betriebswirtschaftliche Sachverhalte, wie z. B. die Liquidität und die steuerliche Auswirkung berücksichtigt werden.

Beispiel

Ein mittelständischer Getränkehersteller benötigt eine neue Abfüllanlage. Die Abfüllanlage soll während der nächsten acht Jahre ständig eingesetzt werden. Es ist kein verfügbares Eigenkapital vorhanden.
Die Abfüllanlage hat einen Anschaffungspreis ohne Umsatzsteuer von 2.000.000,00 €. Sie soll acht Jahre genutzt und linear abgeschrieben werden.

Die Hausbank bietet folgende Finanzierungsmöglichkeit:
Darlehen von 2.000.000,00 €, Ratentilgung innerhalb von vier Jahren mit jeweils 25 % pro Jahr. Da der Getränkehersteller kein verfügbares Eigenkapital hat, verlangt die Bank die vollständige Kredittilgung nach der halben Nutzungsdauer.
Der Zinssatz beträgt 6,5 %, die Zins- und Tilgungszahlungen erfolgen jährlich am Jahresende.

Alternativ unterbreitet die Leasing AG folgendes Angebot:
Monatliche Leasingrate für die ersten fünf Jahre (Grundmietzeit) 1,5 % der Anschaffungskosten.
Bei Vertragsverlängerung wird eine Jahresmiete von 10 % des Anschaffungswertes fällig.
Die Geschäftsleitung überlegt, ob Leasing oder Kreditfinanzierung durchgeführt werden soll.

a) Vergleichen Sie Kreditfinanzierung und Leasing, indem Sie die Tabelle ergänzen.

(in €)	Kreditfinanzierung					Leasing	
Jahr	Zins	Tilgung	Abschreibung	Ausgabe (Geldabfluss)	Gesamtaufwand (Gewinnminderung)	Ausgabe (Geldabfluss)	Aufwand (Gewinnminderung)
1							
2							
3							
4							
5							
6							
7							
8							
Summe							

b) Beurteilen Sie die beiden Finanzierungsarten hinsichtlich der Liquiditätsbelastung in den einzelnen Nutzungsjahren und über die gesamte Nutzungsdauer.

Lösung

a)

(in €)	Kreditfinanzierung					Leasing	
Jahr	Zins ❸	Tilgung ❶	Abschreibung ❻	Ausgabe (Geldabfluss) ❺	Gesamtaufwand (Gewinnminderung) ❼	Ausgabe (Geldabfluss)	Aufwand (Gewinnminderung)
1	130.000	500.000	250.000	630,000	380.000	❽ 360.000	❽ 360.000
2	97.500	500.000	250.000	597.500	347.500	360.000	360.000
3	65.000	500.000	250.000	565.000	315.000	360.000	360.000
4	32.500	500.000	250.000	532.500	282.500	360.000	360.000
5	–	–	250.000	–	250.000	360.000	360.000
6	–	–	250.000	–	250.000	❾ 200.000	❾ 200.000
7	–	–	250.000	–	250.000	200.000	200.000
8	–	–	250.000	–	250.000	200.000	200.000
Summe	❹ 325.000	❷ 2.000.000	2.000,000	⓫ 2.325.000	2.325.000	❿ 2.400.000	2.400,000

Erläuterungen zur Lösung

❶ Tilgung innerhalb von vier Jahren mit jeweils 25 %; jährlicher Tilgungsbedarf in den ersten vier Jahren 2.000.000,00 € · 25 % = 500.000,00 €; danach keine Tilgung mehr

❷ Tilgung über gesamte Laufzeit = 2.000.000,00 €

❸ Zinsberechnung im ersten Jahr: 2.000.000,00 € · 6,5 % = 130.000,00 €
Zinsberechnung im zweiten Jahr: 1.500.000,00 € · 6,5 % = 97.500,00 €

❹ Zinszahlungen während Gesamtlaufzeit: 325.000,00 €

❺ Der Geldabfluss setzt sich aus Zins- und Tilgungszahlungen zusammen; Addition von ❶ und ❸.

❻ Die Abfüllanlage wird acht Jahre lang genutzt. Bei linearer Abschreibung sind jährlich 2.000.000,00 € : 8 = 250.000,00 € abzuschreiben.

❼ Der Gesamtaufwand wird durch Addition der Zinsen und Abschreibungen ermittelt. Zinsen und Abschreibungen gehen als Aufwand gewinnmindernd in die GuV-Rechnung ein. Die Tilgung stellt lediglich eine Ausgabe dar, aber keinen Aufwand.

❽ In den ersten fünf Jahren beträgt die monatliche Leasingrate 2.000.000,00 € · 1,5 % = 30.000,00 €. Jährlich sind dann 30.000,00 € · 12 = 360.000,00 € zu bezahlen.

❾ Nach den ersten fünf Jahren beträgt die jährliche Leasingrate 2.000.000,00 € · 10 % = 200.000,00 €.

Über die gesamte Nutzungsdauer hinweg verursacht Leasing ❿ 2.400.000,00 € Ausgaben, die Kreditfinanzierung ⓫ lediglich 2.325.000,00 €.

b) In den ersten vier Nutzungsjahren liegt die Liquiditätsbelastung bei der Kreditfinanzierung deutlich über dem Leasing. So werden im ersten Nutzungsjahr 630.000,00 € bei der Kreditfinanzierung benötigt, dagegen nur 360.000,00 € beim Leasing. Ab dem fünften Jahr erfordert nur Leasing einen Geldabfluss. Die hohe Liquiditätsbelastung in den ersten vier Jahren kann eine schwere Bürde für den Unternehmer sein, also ein weiterer Grund für das Leasing.
Über die gesamte Laufzeit hinweg ist der Geldabfluss beim Leasing etwas höher als bei der Kreditfinanzierung. Trotz der etwas geringeren Liquiditätsbelastung beim Kreditkauf werden viele Unternehmer das Leasing vorziehen, da sich die Ausgabenbelastung gleichmäßiger über die gesamte Nutzungsdauer verteilt.

Zusammenfassung

Gegenüber der Kreditfinanzierung hat Leasing folgende ...	
Vorteile	**Nachteile**
· Beim Leasing ist kein Eigenkapital erforderlich. · Leasing ist bilanzneutral, d. h., die Kennzahlen werden nicht belastet. · Beim Leasing fällt keine Gewerbesteuer an. · Beim Leasing ist die Liquiditätsbelastung gleichmäßiger als beim Bankkredit.	· Leasing ist insgesamt betrachtet teurer als die bankfinanzierte Anschaffung.

8 Kreditsicherheiten

8.1 Bürgschaft

Bei der Kreditgewährung sichert sich der Gläubiger oft gegen das Ausfallrisiko ab. Personensicherheiten verringern das Kreditrisiko. Bei der Personensicherheit verbürgt sich eine Person dafür, dass der Kreditnehmer seine Verpflichtung erfüllt. Derartige Personensicherheiten sind Bürgschaften.

Bürgschaftskredit

§ 765 BGB Kreditgeber und Kreditnehmer schließen einen Kreditvertrag ab. Der Kredit wird durch eine weitere Person gesichert, durch den Bürgen. Zwischen dem Kreditgeber und dem Bürgen wird ein Bürgschaftsvertrag abgeschlossen.

Bürgschaftsarten

Gewöhnliche Bürgschaft

§ 771 BGB Der Bürge hat das Recht zur Einrede der Vorausklage nach § 771 BGB. Der Bürge muss also erst dann für den Kreditnehmer einspringen, wenn der Kreditgeber den Klageweg erfolglos beschritten hat.

Selbstschuldnerische Bürgschaft

Der Kreditgeber kann sich bei Fälligkeit der Kreditschuld sofort an den Bürgen wenden, der dann sofort für die Zahlungsverpflichtung des Kreditnehmers einspringen muss. Bei der selbstschuldnerischen Bürgschaft hat der Bürge kein Recht zur Einrede der Vorausklage. Bürgschaften der Kaufleute im Rahmen ihres Handelsgeschäftes sind stets selbstschuldnerisch. *§ 349 HGB*

Gesamtschuldnerische Bürgschaft

Mehrere Bürgen haften gemeinsam für dieselbe Schuld. Der Kreditgeber kann sich an jeden Bürgen wenden. *§ 421 BGB*

Formvorschriften der Bürgschaft

Bei der gewöhnlichen Bürgschaft ist gemäß § 766 BGB die Schriftform erforderlich. Kaufleute können bei der selbstschuldnerischen Bürgschaft im Rahmen ihrer Handelsgeschäfte auch mündlich wirksam bürgen. *§ 766 BGB* *§ 350 HGB*

8.2 Sicherungsübereignung

Bei der Sicherungsübereignung erhält der Kreditgeber Eigentumsrechte an der Kreditsicherheit; der Kreditnehmer bleibt unmittelbarer Besitzer und kann mit der Kreditsicherheit im Betrieb arbeiten. *§ 929 BGB* *§ 930 BGB*

Zur Sicherungsübereignung eignen sich insbesondere Maschinen, Betriebs- und Geschäftsausstattung, Kraftfahrzeuge, Waren in einem Raum (Raumsicherungsvertrag).

Vorteil für den Kreditgeber ist, dass er eine Kreditsicherheit erhält, die er im Bedarfsfall verwerten kann. Allerdings sind die Risiken für den Kreditgeber relativ groß: Mehrfachübereignung der Kreditsicherheit, zwischenzeitlicher Verkauf der Kreditsicherheit, Wertverlust der Kreditsicherheit.

8.3 Grundschuld und Hypothek

8.3.1 Grundschuld

Bei der Grundschuld wird ein Pfandrecht an einem unbebauten oder bebauten Grundstück bestellt. Die Grundschuld wird in einer bestimmten Höhe und mit einem bestimmten Zinssatz in das Grundbuch eingetragen. Der im Grundbuch eingetragene Zinssatz liegt häufig über dem aktuell vereinbarten Darlehenszinssatz. Insbesondere Banken verfolgen eine derartige Strategie, damit es keine rechtlichen Probleme bei eventuellen Zinssatzerhöhungen und bei der Einforderung etwaiger Verzugszinsen geben wird. Kommt der Kreditnehmer seinen Zahlungsverpflichtungen nicht nach, kann der Kreditgeber die Versteigerung des Grundstücks bewirken und den fälligen Betrag einziehen. *§ 1191 BGB*

Beachte: Eventuelle Kredittilgungen muss der Kreditgeber nicht berücksichtigen, weil die Grundschuld eine abstrakte[1] Schuld und somit losgelöst von der Kreditrestschuld ist. Der Haftungsbetrag der Grundschuld kann dabei sogar deutlich höher sein als die eingetragene Grundschuld (siehe Aufgabe 2).

Rangfolge

Kann bei einer eingetragenen Grundschuld ein Kreditnehmer die vereinbarten Raten nicht mehr bezahlen, hat der Kreditgeber das Recht, eine Zwangsvollstreckung in die Wege zu leiten. Ob der Kreditgeber bei einer Zwangsvollstreckung sein Geld wiederbekommt, hängt auch davon ab, auf welchem Rang die Grundschuld im Grundbuch steht. Stehen mehrere Gläubiger für ein Objekt im Grundbuch und reicht der Erlös nicht aus, um alle Kreditgeber zu bedienen, kommt die Rangfolge der eingetragenen Rechte zum Tragen. Die Rangfolge bestimmt, wer als Erster Anspruch auf Auszahlung hat. Der nächste Rang kommt erst dann zum Zuge, wenn der vorstehende Rang vollständig bedient werden konnte.

1 Die Grundschuld ist nicht akzessorisch, d. h. sie ist nicht an eine bestimmte Forderung gebunden.

Grundschuldarten

Grundschulden werden in der Abteilung II oder III im Grundbuch eingetragen. Das Grundbuch ist ein öffentliches Register über Grundstücke, das beim Amtsgericht geführt wird. Es genießt öffentlichen Glauben. Im Grundbuch werden Eigentumsverhältnisse, Lasten und Beschränkungen, wie z. B. Wegerecht oder Leitungsrecht, und die Grundpfandrechte Grundschuld und Hypothek eingetragen.

§ 1195 BGB
§ 1196 BGB

Grundschuldarten		
Buchgrundschuld	**Briefgrundschuld**	**Eigentümergrundschuld**
... entsteht durch Einigung und Eintragung im Grundbuch.	... entsteht durch Einigung und Eintragung im Grundbuch; Grundschuldbrief wird ausgestellt.	Rechte aus der Grundschuld stehen dem Grundstückseigentümer selbst zu.
... kann bei vollständiger Rückzahlung gelöscht werden.	Bei vollständiger Rückzahlung wird der Grundschuldbrief an den Kreditnehmer zurückgegeben.	Nach vollständiger Darlehensrückzahlung wird die Grundschuld in eine Eigentümergrundschuld umgewandelt.
... kann für einen erneuten Kredit wieder verwendet werden, wenn zuvor keine Lösung erfolgte.	... kann für einen erneuten Kredit verwendet werden, ohne Grundbuchkosten zu verursachen.	... kann für eine erneute Kreditaufnahme verwendet werden.
... ist die häufigste Form der Grundschuld.	... wird selten verwendet.	... wird ganz selten verwendet.

8.3.2 Hypothek

§ 1113 BGB Die Hypothek ist wie die Grundschuld ein Realkredit. Im Gegensatz zur Grundschuld ist die Hypothek zwingend von dem zugrundeliegenden Immobilienkredit abhängig und sinkt mit der Tilgung des Darlehens. Die Hypothek kann nicht für eine erneute Kreditaufnahme verwendet werden, da sie ja an eine ganz bestimmte Kreditforderung gebunden ist.

Banken bevorzugen fast immer die Grundschuld vor der Hypothek, weil die Hypothek weniger Sicherungspotenzial bietet als die Grundschuld.

8.4 Kreditsicherheiten im Überblick

Kreditsicherheiten			
Bürgschaft		**Sicherungsübereignung**	**Grundschuld**
verstärkter Personalkredit		Realkredit	Realkredit
Der Bürge steht für Rückzahlung der Verbindlichkeiten des Hauptschuldners, er verstärkt den Hauptschuldner.		Der Gläubiger wird treuhänderischer Eigentümer des Sicherungsgegenstandes; der Schuldner bleibt unmittelbarer Besitzer.	Bestellung eines Pfandrechts an einem Grundstück durch Einigung und Eintragung im Grundbuch Die Grundschuld ist nicht an eine Hauptschuld gebunden. Sie ist davon losgelöst, also abstrakt bzw. nicht akzessorisch! **Form:** notarielle Beurkundung plus Eintragung ins Grundbuch
Gewöhnliche Bürgschaft	**Selbstschuldnerische Bürgschaft**		
· Der Bürge hat das Recht zur Einrede der Vorausklage. · Form: Schriftform erforderlich · (§ 766 BGB)	· Der Bürge hat kein Recht zur Einrede der Vorausklage. · Form: unter Kaufleuten auch mündlich möglich (§ 350 HGB)		

Aufgaben

1. Ein Unternehmen benötigt 50.000,00 €, die es sich von seiner Hausbank beschaffen möchte. Weiterhin besteht auch die Möglichkeit, von einem Geschäftspartner eine Bürgschaft zu bekommen. Die folgende Bilanz wird der Hausbank zur Kreditwürdigkeitsprüfung vorgelegt:

Aktiva	**Bilanz in €**		**Passiva**
Grundstücke	150.000,00	Eigenkapital	378.000,00
Fuhrpark	40.000,00	Darlehen	90.000,00
Maschinen	110.000,00	Verbindlichkeiten a. LL.	132.000,00
Wertpapiere	30.000,00		
Rohstoffe	170.000,00		
Forderungen a. LL.	70.000,00		
Bank	2.000,00		
Kasse	28.000,00		
	600.000,00		**600.000,00**

a) Geben Sie an, wie Grundpfandrechte bestellt werden.
b) Nennen Sie die Bedeutung der Rangordnung bei Grundpfandrechten.
c) Geben Sie an, wie nach Rückzahlung des Kredits die grundpfandrechtliche Sicherheit für eine künftige Inanspruchnahme erhalten bleiben kann.
d) Geben Sie an, womit ein Grundstück außer den Grundpfandrechten noch belastet sein kann.
e) Nennen Sie die Vermögensgegenstände aus obiger Bilanz, die sich vorwiegend zur Sicherungsübereignung eignen.
f) Erläutern Sie, wie die Sicherungsübereignung durchgeführt wird.
g) Geben Sie an, warum sich aus der vorgelegten Bilanz allein nicht erkennen lässt, in welchem Umfang die Vermögensgegenstände des Unternehmens zur Sicherung des benötigten Kredits dienen können.
h) Nennen Sie die Möglichkeiten, die das Kreditinstitut außerdem noch hat, um die persönliche und materielle Kreditwürdigkeit zu prüfen.
i) Nennen Sie die Arten der Bürgschaften. Begründen Sie, welche Art der Bürgschaft die Bank in diesem Fall verlangen wird.
j) Geben Sie an, wie die Bürgschaft zustande kommt.

2. Die Ehefrau des Unternehmers Siegfried Herzog ließ auf ihr Privathaus eine Buchgrundschuld in Höhe von 120.000,00 € für den Bankkredit ihres Ehepartners eintragen. Der Zinssatz der eingetragenen Grundschuld beträgt 18 %; der vereinbarte Darlehenszinssatz 6 %. Nachdem der Ehemann Tilgung und Zinsen zwei Jahre ordnungsgemäß bezahlt hatte, musste er Insolvenz anmelden. Seine Schulden gegenüber der Bank belaufen sich auf 400.00,00 €.
Die Bank verlangt von der Ehefrau wegen der eingetragenen Grundschuld 163.200,00 €. Überprüfen Sie die Forderung der Bank.

9 Betriebswirtschaftliche Auswertung

Auf Grundlage des Jahresabschlusses werden Kennzahlen aus der Bilanz und der Gewinn- und Verlustrechnung entwickelt, die die Unternehmensführung und -planung unterstützen. Die ermittelten Kennzahlen müssen anschließend analysiert werden, um so betriebswirtschaftliche Vorgänge und Tatbestände ausdrücken und steuern zu können.

Nachstehende Bilanzen der CHEMO-TEC GmbH, Köln, sollen analysiert werden.

Aktiva	Bilanz der CHEMO-TEC GmbH in T €				Passiva
	Berichtsjahr	**Vorjahr**		**Berichtsjahr**	**Vorjahr**
Anlagevermögen			**Eigenkapital**	1.418	1.292
1. Sachanlagen	2.000	1.700			
2. Finanzanlagen	300	450	**Fremdkapital**		
			1. langfristiges	1.154	1.071
Umlaufvermögen			2. kurzfristiges	448	435
1. Vorräte	84	90			
2. Forderungen	542	472			
3. liquide Mitel	94	86			
	3.020	2.798		3.020	2.798

Die Bilanzanalyse wird unterteilt in:

- Kennzahlen der Vermögensstruktur (Aktivseite, vertikale Kennzahlen)
- Kennzahlen der Kapitalstruktur (Passivseite, vertikale Kennzahlen)
- Kennzahlen der Vermögens- und Kapitalstruktur (horizontale Kennzahlen)

9.1 Kennzahlen der Vermögensstruktur (vertikale Kennzahlen der Aktivseite)

Das Vermögen steht auf der **Aktivseite der Bilanz**. Die Vermögensstruktur eines Unternehmens ist abhängig von der Branche, in der es tätig ist. So ist die Industriebranche mit einem Anteil von 70 % bis 80 % Anlagevermögen sehr anlageintensiv, während bei Handelsunternehmen das Umlaufvermögen überwiegt.

Anlageintensität

Bei anlageintensiven Betrieben ist in den Anlagen langfristig Kapital gebunden und verursacht so erhebliche fixe Kosten in Form von Abschreibungen, Zinsen des investierten Kapitals, Instandhaltungskosten, Steuern und Versicherungen. Diese hohen Fixkosten zwingen das Unternehmen, einen hohen Auslastungsgrad anzustreben, um erfolgreich arbeiten zu können. In Konjunkturkrisen bzw. bei Absatzrückgang führt eine hohe Fixkostenbelastung zu höheren Stückkosten, die jedoch am Markt meist nicht durchzusetzen sind.

Umlaufintensität

Sie sagt aus, wie viel Prozent des Vermögens als Umlaufvermögen gehalten werden.

Forderungsintensität

Die Forderungsintensität zeigt, welchen prozentualen Anteil die Forderungen am Vermögen haben. Eine hohe Forderungsintensität weist auf „schleppende Forderungseingänge" hin.

$$\textbf{Anlageintensität} = \frac{\text{Anlagevermögen} \cdot 100^1}{\text{Gesamtvermögen}}$$

$$\textbf{Umlaufintensität} = \frac{\text{Umlaufvermögen} \cdot 100^1}{\text{Gesamtvermögen}}$$

$$\textbf{Forderungsintensität} = \frac{\text{Forderungen} \cdot 100^1}{\text{Gesamtvermögen}}$$

1 Da auf dem Bruchstrich mit 100 multipliziert wird, ist das Ergebnis in Prozent (%).

Berechnung der Kennzahlen der Vermögensstruktur am Beispiel der CHEMO-TEC GmbH:

		Berichtsjahr	Vorjahr
Anlageintensität	$\frac{AV \cdot 100}{Vermögen}$	$\frac{2.300 \cdot 100}{3.020} = 76{,}2\,\%$	$\frac{2.150 \cdot 100}{2.798} = 76{,}8\,\%$
Umlaufintensität	$\frac{UV \cdot 100}{Vermögen}$	$\frac{720 \cdot 100}{3.020} = 23{,}8\,\%$	$\frac{648 \cdot 100}{2.798} = 23{,}2\,\%$
Forderungs-intensität	$\frac{Ford. \cdot 100}{Vermögen}$	$\frac{542 \cdot 100}{3.020} = 18{,}0\,\%$	$\frac{472 \cdot 100}{2.798} = 16{,}9\,\%$

Auswertung

Die Anlageintensität ist gegenüber dem Vorjahr zwar zurückgegangen, aber dies ist nur auf den Rückgang der Finanzanlagen zurückzuführen. Die hohe Anlageintensität verursacht hohe Fixkosten. Deshalb sollte die CHEMO-TEC GmbH auf einen hohen Auslastungsgrad achten.

Die Forderungsintensität ist gegenüber dem Vorjahr leicht gestiegen, was auf „schleppenderen Forderungseingang" zurückgeführt werden kann.

9.2 Kennzahlen der Kapitalstruktur (vertikale Kennzahlen der Passivseite)

Die **Passivseite der Bilanz** gibt über die **Finanzierung** (Kapitalherkunft, Kapitalstruktur) Auskunft. Die Finanzierungskennzahlen zeigen auf, inwieweit das Unternehmen mit eigenen oder fremden Mitteln arbeitet.

Das Eigenkapital erfüllt eine Haftungsfunktion gegenüber den Gläubigern und eine Finanzierungsfunktion.

Eigenkapitalquote (Grad der finanziellen Unabhängigkeit) $= \frac{\text{Eigenkapital} \cdot 100^{1}}{\text{Gesamtkapital (EK + FK)}}$

Fremdkapitalquote (Grad der Verschuldung) $= \frac{\text{Fremdkapital} \cdot 100^{1}}{\text{Gesamtkapital (EK + FK)}}$

Berechnung der Kennzahlen der Kapitalstruktur am Beispiel der CHEMO-TEC GmbH:

		Berichtsjahr	Vorjahr
Eigenkapitalquote (Grad der finanziellen Unabhängigkeit)	$\frac{EK \cdot 100}{Gesamtkapital}$	$\frac{1.418 \cdot 100}{3.020} = 46{,}95\,\%$	$\frac{1.292 \cdot 100}{2.798} = 46{,}18\,\%$
Fremdkapitalquote (Grad der Verschuldung)	$\frac{FK \cdot 100}{Gesamtkapital}$	$\frac{1.602 \cdot 100}{3.020} = 53{,}05\,\%$	$\frac{1.506 \cdot 100}{2.798} = 53{,}82\,\%$

Auswertung

Mit ca. 47 % ist der Grad der finanziellen Unabhängigkeit der CHEMO-TEC GmbH weit über dem Durchschnitt der deutschen Unternehmen insgesamt, der bei rund 30 % (2023) liegt. Damit ist eine überdurchschnittliche Krisenfestigkeit und Kreditwürdigkeit des Unternehmens gegeben.

Der Rückgang des Verschuldungsgrades von 53,82 % auf 53,05 % zeigt, dass etwas weniger Vermögen als bisher mit Fremdkapital finanziert wird.

---

1 Wenn auf dem Bruchstrich mit 100 multipliziert wird, ist das Ergebnis immer in Prozent (%).

9.3 Kennzahlen der Vermögens- und Kapitalstruktur (horizontale Kennzahlen)

Bisher wurden Zahlenwerte der Aktivseite (Vermögensseite) einerseits und der Passivseite (Kapital) andererseits in ein Verhältnis zueinander gesetzt. Weiterhin kann man nun Zahlenwerte der Aktivseite mit bestimmten Posten der Passivseite in Beziehung setzen. Solche Kennzahlen werden als **horizontale Kennzahlen** bezeichnet.

9.3.1 Anlagendeckung

Um die finanzielle Stabilität der Finanzierung des Anlagevermögens zu sichern, sollte ein möglichst hoher Anteil des Anlagevermögens mit Eigenkapital finanziert werden. Den prozentualen Anteil des mit Eigenkapital finanzierten Anlagevermögens gibt die Kennzahl **Anlagendeckung I** an.

Den prozentualen Anteil des langfristigen Kapitals im Verhältnis zum Anlagevermögen gibt die Kennzahl **Anlagendeckung II** an. Auf jeden Fall sollte das Anlagevermögen langfristig finanziert werden – entweder mit Eigenkapital oder langfristigem Fremdkapital. Damit wird sichergestellt, dass das Anlagevermögen in einer Krisensituation nicht verkauft werden muss. Als **„Goldene Bilanzregel"** wird eine Anlagendeckung II gefordert, die größer als 100 % ist.

$$\text{Anlagendeckung I} = \frac{\text{Eigenkapital} \cdot 100}{\text{Anlagevermögen}}$$

$$\text{Anlagendeckung II (Goldene Bilanzregel)} = \frac{(\text{EK} + \text{langfr. FK}) \cdot 100}{\text{Anlagevermögen}}$$

Berechnung der Kennzahlen der Kapital- und Vermögensstruktur am Beispiel der CHEMO-TEC GmbH:

		Berichtsjahr	Vorjahr
Anlagendeckung I (Deckungsgrad I)	$\frac{\text{EK} \cdot 100}{\text{Anlageverm.}}$	$\frac{1.418 \cdot 100}{2.300} = 61{,}65\,\%$	$\frac{1.292 \cdot 100}{2.150} = 60{,}09\,\%$
Anlagendeckung II (Deckungsgrad II) (Goldene Bilanzregel)	$\frac{(\text{EK} + \text{langfr. FK}) \cdot 100}{\text{Anlageverm.}}$	$\frac{2.572 \cdot 100}{2.300} = 111{,}83\,\%$	$\frac{2.363 \cdot 100}{2.150} = 109{,}91\,\%$

Auswertung

In der anlageintensiven Chemiebranche ist die **Anlagendeckung I** mit über 60 % zufriedenstellend, zumal der Anteil des mit Eigenkapital finanzierten Anlagevermögens gegenüber dem Vorjahr gesteigert werden konnte.

Die Forderung der **Anlagendeckung II** (Goldene Bilanzregel) nach einer Mindestdeckung von 100 % ist in beiden Berichtsjahren erfüllt. Die CHEMO-TEC GmbH zeigt mit einem Wert von ca. 110 % eine gute Krisenfestigkeit, die durch den Anstieg dieser Kennzahl gegenüber dem Vorjahr unterstrichen wird.

9.3.2 Liquidität

Unter **Liquidität**[1] versteht man die Zahlungsfähigkeit eines Unternehmens. Die Erhaltung der Zahlungsfähigkeit ist für jedes Unternehmen existenznotwendig. Dauerhafte Zahlungsunfähigkeit führt zur Insolvenz des Unternehmens. Zahlungsein- und -ausgänge müssen exakt geplant werden, damit Zahlungsunfähigkeit vermieden wird.

- Die **Liquidität I. Grades** zeigt die **Barliquidität** des Unternehmens an. Sie gibt an, wie viel Prozent der kurzfristigen Verbindlichkeiten mit den Barmitteln (Bank, Kasse) bezahlt werden können. In der Regel reichen 20 % Barliquidität aus, um die Zahlungsfähigkeit zu erhalten.

1 Liquidität (lat. „Flüssigsein"), die Zahlungsbereitschaft einer Wirtschaftseinheit

- Die **Liquidität II. Grades** zeigt die **einzugsbedingte Liquidität** des Unternehmens an. Sie gibt an, wie viel Prozent der kurzfristigen Verbindlichkeiten mit Barmitteln und eingegangenen Forderungen beglichen werden können. Für eine ausreichende Zahlungsbereitschaft sollten bei der einzugsbedingten Liquidität mindestens 100 % erreicht werden.
- Die **Liquidität III. Grades** zeigt die **umsatzbedingte Liquidität** des Unternehmens an. Sie gibt an, wie viel Prozent der kurzfristigen Verbindlichkeiten mit dem Umlaufvermögen (Barmittel, Forderung, Vorräte) beglichen werden können.

$$\text{Liquidität I. Grades (Barliquidität)} = \frac{\text{flüssige Mittel} \cdot 100}{\text{kurzfristige Verbindlichkeiten}}$$

$$\text{Liquidität II. Grades (einzugsbedingte Liquidität)} = \frac{(\text{flüssige Mittel} + \text{Forderungen}) \cdot 100}{\text{kurzfristige Verbindlichkeiten}}$$

$$\text{Liquidität III. Grades (umsatzbedingte Liquidität)} = \frac{(\text{flüssige Mittel} + \text{Forderungen} + \text{Vorräte}) \cdot 100}{\text{kurzfristige Verbindlichkeiten}}$$

Berechnung der Kennzahlen der Kapital- und Vermögensstruktur am Beispiel der CHEMO-TEC GmbH:

		Berichtsjahr	Vorjahr
Liquidität I. Grades (Barliquidität)	$\frac{\text{fl. Mittel} \cdot 100}{\text{kurzfr. Verb.}}$	$\frac{94 \cdot 100}{448} = 20{,}98\,\%$	$\frac{86 \cdot 100}{435} = 19{,}77\,\%$
Liquidität II. Grades (einzugsbedingte Liquidität)	$\frac{(\text{fl. Mittel} + \text{Ford.}) \cdot 100}{\text{kurzfr. Verb.}}$	$\frac{636 \cdot 100}{448} = 141{,}96\,\%$	$\frac{558 \cdot 100}{435} = 128{,}28\,\%$
Liquidität III. Grades (umsatzbedingte Liquidität)	$\frac{(\text{fl. Mittel} + \text{Ford.} + \text{Vorräte}) \cdot 100}{\text{kurzfr. Verb.}}$	$\frac{720 \cdot 100}{448} = 160{,}71\,\%$	$\frac{648 \cdot 100}{435} = 148{,}97\,\%$

Auswertung

Die Liquidität I. Grades hat sich gegenüber dem Vorjahr geringfügig verbessert. Die Liquidität II. Grades hat sich wesentlich verbessert, wobei jedoch bereits das Vorjahr zufriedenstellende Werte ausweist. Generell sollte bei der Liquidität II. Grades beachtet werden, dass die durchschnittliche Forderung erst nach ca. 55 Tagen eingeht. Deshalb sollte die Liquidität II. Grades größer als 100 % sein.

9.3.3 Zusammenfassende Übersicht: Kennzahlen der Bilanzauswertung

1. Kennzahlen der Vermögensstruktur (vertikale Kennzahlen der Aktivseite)

Aktiva | Bilanz | Passiva

Anlageintensität

$$= \frac{\text{Anlagevermögen} \cdot 100}{\text{Gesamtvermögen}}$$

Umlaufintensität

$$= \frac{\text{Umlaufvermögen} \cdot 100}{\text{Gesamtvermögen}}$$

2. Kennzahlen der Kapitalstruktur (vertikale Kennzahlen der Passivseite)

Aktiva | Bilanz | Passiva

Eigenkapitalquote
(Grad der finanziellen Unabhängigkeit)

$$= \frac{\text{Eigenkapital} \cdot 100}{\text{Gesamtkapital}}$$

Fremdkapitalquote
(Grad der Verschuldung)

$$= \frac{\text{Fremdkapital} \cdot 100}{\text{Gesamtkapital}}$$

3. Kennzahlen der Vermögens- und Kapitalstruktur (horizontale Kennzahlen)

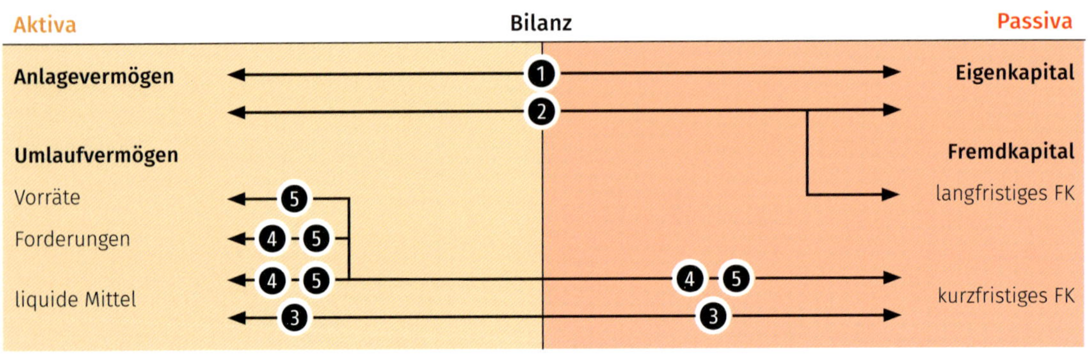

❶ **Anlagendeckung I** $= \frac{\text{Eigenkapital} \cdot 100}{\text{Anlagevermögen}}$

❷ **Anlagendeckung II**
(Goldene Bilanzregel) $= \frac{(\text{Eigenkapital + langfrist. Fremdkapital}) \cdot 100}{\text{Anlagevermögen}}$

❸ **Liquidität I. Grades**
(Barliquidität) $= \frac{\text{flüssige Mittel} \cdot 100}{\text{kurzfristige Verbindlichkeiten}}$

❹ **Liquidität II. Grades**
(einzugsbedingte Liquidität) $= \frac{(\text{flüssige Mitel + Forderungen}) \cdot 100}{\text{kurzfristige Verbindlichkeiten}}$

❺ **Liquidität III. Grades**
(umsatzbedingte Liquidität) $= \frac{(\text{flüssige Mitel + Forderungen + Vorräte}) \cdot 100}{\text{kurzfristige Verbindlichkeiten}}$

Aufgaben

1. Als Assistent der Geschäftsleitung der Metallfabrik GmbH sollen Sie folgende Bilanzkennzahlen ermitteln und analysieren:

- Anlageintensität, Umlaufintensität
- Eigenkapitalquote, Fremdkapitalquote
- Anlagendeckung I und II
- Liquidität I. Grades und II. Grades

Hinweis: Die gesamten Rückstellungen sind langfristig.

Bilanz Metallfabrik GmbH

Aktiva		Passiva	
I. Anlagevermögen		**I. Eigenkapital**	
1. Bebaute Grundstücke	950.000,00 €	1. Stammkapital	1.000.000,00 €
2. Fuhrpark	935.000,00 €	2. Rücklagen	150.000,00 €
3. BGA	1.847.000,00 €	**II. Fremdkapital**	
II. Umlaufvermögen		1. Rückstellungen	356.000,00 €
1. Vorräte	69.000,00 €	2. Darlehensschulden	2.500.000,00 €
2. Forderungen	633.000,00 €	3. kurzfr. Verbindlichkeiten	594.000,00 €
3. Flüssige Mittel	166.000,00 €		
	4.600.000,00 €		4.600.000,00 €

2. Die Allsped GmbH, Dessau, steht zum Verkauf. Zur Beurteilung des Unternehmens steht Ihnen die letzte Bilanz zur Verfügung.
Analysieren Sie die Bilanz der Allsped GmbH bezüglich:

- Anlageintensität, Umlaufintensität
- Eigenkapitalquote, Fremdkapitalquote
- Anlagendeckung I
- Anlagendeckung II
- Liquidität I. Grades
- Liquidität II. Grades

Hinweis: Die Rückstellungen sind zu 50 % langfristig. Der Bilanzgewinn verbleibt im Unternehmen und wird den Rücklagen zugeführt. Die Darlehensschulden sind langfristig

Bilanz zum 31. Dezember

Aktiva		Passiva	
I. Anlagevermögen		**I. Eigenkapital**	
1. Grundstücke, Gebäude	360.000,00 €	1. Stammkapital	650.000,00 €
2. Techn. Anlagen	370.000,00 €	2. Rücklagen	96.000,00 €
3. Fuhrpark	430.000,00 €	3. Bilanzgewinn	63.000,00 €
4. Betriebs- und Geschäftsausstattung	90.000,00 €	**II. Fremdkapital**	
II. Umlaufvermögen		1. Rückstellungen	30.000,00 €
		2. Verbindlichkeiten	
1. Vorräte	42.000,00 €	a) Darlehensschulden	562.200,00 €
2. Forderungen a. LL.	240.000,00 €	b) Verbindlichk. a. LL.	189.000,00 €
3. Kasse, Bank	78.600,00 €	c) Sonst. kurzf. Verbindl.	20.400,00 €
	1.610.600,00 €		1.610.600,00 €

9.4 Kennzahlen der Gewinn- und Verlustrechnung

Als Ergänzung zur Bilanzanalyse werden mithilfe der Gewinn- und Verlustrechnung Kennzahlen zur Rentabilität des Kapitaleinsatzes, zur Produktivität des Faktoreinsatzes und zur Ermittlung des Cashflows entwickelt und bewertet.

Nachstehende Gewinn- und Verlustrechnung der CHEMO-TEC GmbH in Staffelform soll ausgewertet werden:

GuV-Position	Berichtsjahr in €	Vorjahr in €
1. Umsatzerlöse	6.340.000,00	6.056.000,00
+ 2. Sonstige betriebliche Erträge	20.000,00	12.000,00
– 3. Materialaufwand	2.815.000,00	2.805.000,00
= 4. Rohergebnis	**3.545.000,00**	**3.263.000,00**
– 5. Personalaufwand	2.620.000,00	2.577.000,00
– 6. Abschreibungen[1]	188.000,00	165.000,00
– 7. Sonstige betriebliche Aufwendungen	520.000,00	317.000,00
= 8. Betriebsergebnis (EBIT[2])	**217.000,00**	**204.000,00**
+ 9. Erträge aus dem Finanzbereich	172.000,00	182.000,00
– 10. Aufwendungen aus dem Finanzbereich	145.000,00	163.000,00
– 11. Steuern vom Einkommen und vom Ertrag (gewinnabhängige Steuern)	40.000,00	36.500,00
= 12. Ergebnis nach (gewinnabhängigen) Steuern	**204.000,00**	**186.500,00**
– 13. Sonstige Steuern	78.000,00	67.500,00
= 14. Jahresüberschuss/Jahresfehlbetrag (Gewinn/Verlust)[3]	**126.000,00**	**119.000,00**

9.4.1 Rentabilität

Hauptziel jeder unternehmerischen Tätigkeit ist die Erzielung eines angemessenen Gewinns (Jahresüberschusses). Der erzielte Gewinn kann aber erst dann richtig beurteilt werden, wenn er zu bestimmten Größen ins Verhältnis gesetzt wird. Als Größen dienen hauptsächlich

- das *Eigenkapital* zur Berechnung der *Eigenkapitalrentabilität*,
- das *Gesamtkapital* zur Berechnung der *Gesamtkapitalrentabilität*,
- der *Umsatz* zur Berechnung der *Umsatzrentabilität*.

Die Rentabilität fragt, wie sich der Kapitaleinsatz oder der Umsatz „lohnt". So bedeutet beispielsweise eine Umsatzrentabilität von 4 %, dass 100,00 € Umsatz 4,00 € Gewinn abwerfen.

Eigenkapitalrentabilität

Der Gewinn stellt die Verzinsung des durch den Unternehmer eingesetzten Eigenkapitals dar. Die Eigenkapitalrentabilität sollte über dem landesüblichen Zinssatz für langfristige Anleihen liegen, da man dem Unternehmer auch eine Risikoprämie für sein Unternehmerwagnis zugestehen muss.

$$\textbf{Eigenkapitalrentabilität}\ \text{(Unternehmerrentabilität)} = \frac{\text{Gewinn} \cdot 100}{\text{Eigenkapital}}$$

1 ohne Abschreibungen auf Wertpapiere, die unter 10. erfasst werden

2 EBIT = Earnings before interest and tax; Gewinn vor Steuern und Zinsen

3 Bei der Gewinnbezeichnung – insbesondere bei einer AG – muss später in Lernfeld 10 genauer differenziert werden. In Lernfeld 7 wird – stark vereinfachend – der Gewinn mit dem Jahresüberschuss gleichgesetzt.

Gesamtkapitalrentabilität

Bei der Gesamtkapitalrentabilität müssen neben dem Gewinn auch die gezahlten Fremdkapitalzinsen berücksichtigt werden, da das Gesamtkapital neben dem Gewinn auch die gezahlten Zinsen für das Fremdkapital erwirtschaftet hat. Wenn nichts anderes angegeben ist, wird ein Fremdkapitalzinssatz von 7 % unterstellt.

Für die Entscheidung, ob eine Investition fremdfinanziert oder aus Eigenkapital finanziert werden soll, ist der Vergleich von Eigenkapital- und Gesamtkapitalrentabilität notwendig. Solange der Fremdkapitalzinssatz unter dem Gesamtkapitalzinssatz liegt, erhöht sich die Eigenkapitalrentabilität bei einer weiteren Fremdfinanzierung. In diesem Fall wirkt das zusätzliche Fremdkapital als „Hebel" zur Steigerung der Eigenkapitalrentabilität (Leverage-Effekt[1]).

$$\text{Gesamtkapitalrentabilität (Unternehmensrentabilität)} = \frac{(\text{Gewinn} + \text{Zinsaufwand}) \cdot 100}{\text{Gesamtkapital}}$$

Umsatzrentabilität

Die Umsatzrentabilität zeigt, wie viel Prozent der Umsatzerlöse dem Unternehmen als Gewinn zufließen. Dies ist der Anteil am Umsatz, der nicht durch Aufwand gebunden ist und für Gewinnausschüttungen bzw. zu Investitionszwecken zur freien Verfügung steht. In der Bundesrepublik Deutschland beträgt die durchschnittliche Umsatzrentabilität aller Wirtschaftszweige ca. 2,5 %. Dies bedeutet, dass von 100,00 € Umsatz 97,50 € als Aufwand fest gebunden sind und nur 2,50 € zur freien Verfügung des Unternehmens übrig bleiben.

$$\text{Umsatzrentabilität (Gewinnanteil)} = \frac{\text{Gewinn} \cdot 100}{\text{Umsatzerlöse}}$$

Berechnung der Rentabilitätskennzahlen am Beispiel der CHEMO-TEC GmbH:[2]

CHEMO-TEC GmbH		Berichtsjahr	Vorjahr
Eigenkapital-rentabilität	$\frac{\text{Gewinn} \cdot 100}{\text{Eigenkapital}}$	$\frac{126.000,00 \cdot 100}{1.418.000,00} = 8{,}89\,\%$	$\frac{119.000,00 \cdot 100}{1.292.000,00} = 9{,}21\,\%$
Gesamtkapital-rentabilität	$\frac{(\text{Gew.} + \text{Zinsaufw.}) \cdot 100}{\text{Vermögen}}$	$\frac{(126.000,00 + 145.000,00) \cdot 100}{3.020.000,00} = 8{,}97\,\%$	$\frac{(119.000,00 + 163.000,00 \cdot 100}{2.798.000,00} = 10{,}17\,\%$
Umsatz-rentabilität	$\frac{\text{Gewinn} \cdot 100}{\text{Umsatz}}$	$\frac{126.000,00 \cdot 100}{6.340.000,00} = 1{,}99\,\%$	$\frac{119.000,00 \cdot 100}{6.056.000,00} = 1{,}96\,\%$

Die **Eigenkapitalrentabilität** liegt über dem Kapitalmarktzinssatz und ist deshalb als zufriedenstellend anzusehen. Bei dem angegebenen langfristigen Kapitalmarktzinssatz von 7 % ist bei einer Eigenkapitalrentabilität von 8,9 % eine verbleibende Risikoprämie von 1,9 % (8,9–7 %) ebenfalls als zufriedenstellend anzusehen.

Die **Gesamtkapitalrentabilität** beträgt ca. 9 %. Können Investitionen zu einem tatsächlichen Zinssatz unter 9 % fremdfinanziert werden, lohnt sich die Aufnahme von Darlehen, da sich dadurch die Eigenkapitalrentabilität verbessern würde. Bei Zinssätzen über 9 % wäre die Finanzierung mit Eigenmitteln (Gewinn bzw. zusätzliches Eigenkapital) sinnvoll, weil sonst die Eigenkapitalrentabilität sinken würde.

Die **Umsatzrentabilität** der CHEMO-TEC GmbH liegt zwar mit 1,99 % unter der allgemeinen Umsatzrentabilität, aber bezogen auf die Chemiebranche ist diese Umsatzrentabilität noch akzeptabel. Von 100,00 € sind 98,01 € als Aufwand gebunden und 1,99 € stehen zur freien Disposition des Unternehmers. Gegenüber dem Vorjahr hat sich eine geringe Verbesserung der Umsatzrentabilität eingestellt.

1 lever (frz.) = heben, anheben; Leverage-Effekt = Hebeleffekt

2 Bilanz-Daten siehe Seite 284; GuV-Daten siehe Seite 290

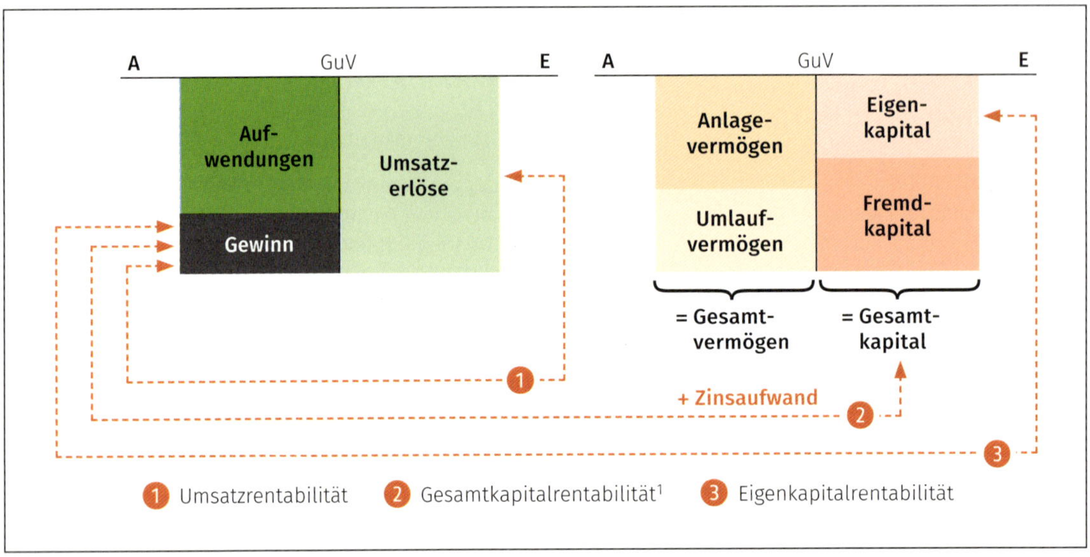

9.4.2 Cashflow-Analyse

Messzahl für die Ertrags- und Selbstfinanzierungskraft des Unternehmens ist der Cashflow. Unter Cashflow versteht man den Finanzüberschuss; vereinfacht ausgedrückt, die Differenz zwischen den Einnahmen und den Ausgaben. Diese Differenz steht dem Unternehmen zur Verfügung für:

- Finanzierung von Investitionen
- Schuldentilgung
- Gewinnausschüttung

Da normalerweise Aufwendungen und Erträge und damit auch der **Jahresüberschuss** (Gewinn) bekannt sind, wird ausgehend vom Jahresüberschuss (Erträge – Aufwendungen) **zum Cashflow** (Einnahmen – Ausgaben) gerechnet.

Der Jahresüberschuss (Gewinn) muss korrigiert werden um

- Aufwendungen, die keine Ausgaben sind (ausgabelose Aufwendungen),
- Erträge, die keine Einnahmen sind (einnahmelose Erträge).

Zum Cashflow zählen deshalb der Jahresüberschuss und alle nicht auszahlungswirksamen Aufwendungen des Geschäftsjahres, wie z.B. Abschreibungen und Einstellungen in Rückstellungen. Nicht auszahlungswirksame Aufwendungen führen zu keiner Ausgabe (Geldabfluss). Somit sind sie neben dem Jahresüberschuss (Gewinn) verfügbar.

Nicht einnahmewirksame Erträge des Geschäftsjahres, wie z.B. Erträge aus der Auflösung von Rückstellungen, werden abgezogen, da diese Erträge nicht in Form von Einnahmen zur Verfügung stehen.

Berechnung des Cashflows nach der vereinfachten „Praktikerformel":

Cashflow =	**Jahresüberschuss (Gewinn)**
	+ Abschreibungen im lfd. Geschäftsjahr
	+ Einstellungen in Rückstellungen im lfd. Geschäftsjahr
	= Cashflow

Statt des Jahresüberschusses wird häufig der aussagefähigere Cashflow herangezogen, um die Finanzierungskraft eines Unternehmens zu beurteilen. Der externen Analytikerin bzw. dem externen Analytiker bleibt nichts anderes übrig, als den Cashflow aus dem Jahresüberschuss zu berechnen:

1 Bei der Gesamtkapitalrentabilität werden die Zinsaufwendungen zum Gewinn dazugerechnet. Vgl. Seite 291

Ausgangssituation	Umbewertung
Jahresüberschuss = Erträge - Aufwendungen **Probleme:** • Erträge stellen nicht immer gleichzeitig auch Einnahmen (= zugeflossene Geldmittel) dar. • Aufwendungen stellen nicht immer auch gleichzeitig Ausgaben (= abgeflossene Geldmittel) dar.	**Jahresüberschuss** = Erträge - Aufwendungen + **ausgabelose** Aufwendungen • Abschreibungen des laufenden Geschäftsjahres auf das Anlagevermögen • Einstellungen des laufenden Geschäftsjahres in langfristige Rückstellungen **– einnahmelose Erträge** Herabsetzung bzw. Auflösung langfristiger Rückstellungen **= Brutto-Cashflow** – Gewinnausschüttung **= Netto-Cashflow**

Aussagefähigkeit des Cashflows

Der Cashflow lässt erkennen, in welchem Umfang sich ein Unternehmen aus eigener Kraft finanziert. Aus Höhe und Entwicklung des Cashflows können Rückschlüsse auf die Ertragskraft, Selbstfinanzierungskraft, Kreditwürdigkeit und Expansionsfähigkeit gezogen werden. Deshalb ist der Cashflow aussagefähiger als die rein gewinnorientierten Rentabilitätskennzahlen.

Cashflow-Kennzahlen

Sehr aussagefähig ist der Cashflow, wenn man ihn zu den Umsatzerlösen in Beziehung setzt. In diesem Fall wird erkennbar, wie viel Prozent der Umsatzerlöse für Investitionszwecke, Kredittilgung und Dividendenausschüttung frei zur Verfügung stehen.

$$\textbf{Cashflow-Umsatzverdienstrate} = \frac{\text{Cashflow} \cdot 100}{\text{Umsatzerlöse}}$$

Berechnung der Cashflow-Werte am Beispiel der CHEMO-TEC GmbH:

Beispiel: CHEMO-TEC GmbH	Berichtsjahr	Vorjahr
Jahresüberschuss (Gewinn) in € + Abschreibungen lfd. Jahr in € **= Cashflow in €**	126.000,00 + 188.000,00 = 314.000,00	119.000,00 + 165.000,00 = 284.000,00
Cashflow-Umsatzverdienstrate	$\frac{314.000,00 \cdot 100}{6.340.000,00} = 4,95\,\%$	$\frac{284.000,00 \cdot 100}{6.056.000,00} = 4,69\,\%$

Auswertung

Im Berichtsjahr stehen somit der CHEMO-TEC GmbH 4,95 % der Umsatzerlöse als selbst erwirtschaftete Finanzierungsmittel frei zur Verfügung. Oder anders ausgedrückt: Je 100,00 € Umsatz stehen 4,95 € als freier Finanzüberschuss zur Verfügung. Gegenüber dem Vorjahr trat eine leichte Steigerung ein, die auf den gestiegenen Gewinn und die höheren Abschreibungen zurückzuführen ist.

Aufgaben

1. Folgende GuV-Daten sind bekannt: Jahresüberschuss 212.000,00 €, Abschreibungen 304.000,00 €, Zinsaufwendungen 104.000,00 €, Zinserträge 16.000,00 €, Unternehmenserlöse 3.356.000,00 €.
Das Eigenkapital beträgt 1.500.000,00 €, das Fremdkapital 1.300.000,00 €.

Berechnen und interpretieren Sie

a) die Eigenkapitalrentabilität,
b) die Gesamtkapitalrentabilität,
c) die Umsatzrentabilität,
d) den Cashflow,
e) die Cashflow-Umsatzverdienstrate.

2. Begründen Sie, welche nachstehenden GuV-Positionen in den Cashflow – ausgehend vom Jahresüberschuss – einzurechnen sind.

a) Personalaufwand
b) Zinsaufwand
c) Abschreibungen
d) Treibstoffverbrauch
e) Einstellungen in Steuerrückstellungen
f) Allgemeine Verwaltungskosten

3. Ermitteln und interpretieren Sie aus den Angaben der nachfolgenden Aufgabe 4

a) die Anlagenintensität,
b) die Umlaufintensität,
c) die Forderungsintensität,
d) die Eigenkapitalquote,
e) die Fremdkapitalquote,
f) die Anlagendeckung I,
g) die Anlagendeckung II,
h) die Liquidität I. Grades,
i) die Liquidität II. Grades,
j) die Eigenkapitalrentabilität,
k) die Gesamtkapitalrentabilität,
l) die Umsatzrentabilität,
m) den Cashflow,
n) die Cashflow-Umsatzverdienstrate

4. Berechnen Sie zu nachstehenden Angaben die Beträge für das Eigenkapital und die kurzfristigen Verbindlichkeiten, wenn der Bilanzgewinn zu 50 % ausgeschüttet wird und zu 50 % im Unternehmen verbleibt.

Aktiva	Bilanz zum 31. Dezember		Passiva
I. Anlagevermögen		**I. Eigenkapital**	
1. Grundstücke, Gebäude	550.000,00 €	1. Stammkapital	1.100.000,00 €
2. Techn. Anlagen	600.000,00 €	2. Rücklagen	300.000,00 €
3. Fuhrpark	1.200.000,00 €	3. Bilanzgewinn	240.000,00 €
4. Betriebs- und Geschäftsausstattung	300.000,00 €	**II. Fremdkapital**	
		1. Rückstellungen	60.000,00 €
II. Umlaufvermögen		2. Verbindlichkeiten	
1. Vorräte	100.000,00 €	a) Darlehensschulden	1.500.000,00 €
2. Forderungen a. LL.	500.000,00 €	b) Verbindlichk. a. LL.	160.000,00 €
3. Kasse, Bank	150.000,00 €	c) Sonst. kurzf. Verbindl.	40.000,00 €
	3.400.000,00 €		3.400.000,00 €

GuV-Position	Berichtsjahr in €
1. Umsatzerlöse + 2. Sonstige betriebliche Erträge	6.344.000,00 30.000,00
− 3. Materialaufwand	3.400.000,00
= 4. Rohergebnis	**2.974.000,00**
− 5. Personalaufwand − 6. Abschreibungen − 7. Sonstige betriebliche Aufwendungen	1.980.000,00 410.000,00 205.000,00
= 8. Betriebsergebnis (EBIT)	**379.000,00**
+ 9. Erträge aus dem Finanzbereich − 10. Aufwendungen aus dem Finanzbereich − 11. Steuern vom Einkommen und vom Ertrag (gewinnabhängige Steuern)	18.000,00 64.000,00 55.000,00
= 12. Ergebnis nach (gewinnabhängigen) Steuern	**278.000,00**
− 13. Sonstige Steuern	38.000,00
= 14. Jahresüberschuss/Jahresfehlbetrag	**240.000,00**

Hinweis: Der Jahresüberschuss verbleibt in voller Höhe im Unternehmen.
Die Rückstellungen sind zu 80 % langfristig.
Die Darlehensschulden sind langfristig.

9.5 Weitere Erfolgskennzahlen

Mit den Erfolgskennzahlen können die Quellen des Erfolges ermittelt werden. Die Entwicklung der Umsatzhöhe je Beschäftigten oder der Pro-Kopf-Ertrag zeigen, ob das Unternehmen erfolgreich arbeitet bzw. an welchen Stellen Korrekturen erforderlich sind. Andere Kennzahlen wie beispielsweise die Personalaufwandsquote zeigen den Anteil der Personalkosten und deren Entwicklung an. Je früher der Unternehmer unerwünschte Entwicklungen bemerkt, desto effizienter kann er reagieren.

Personalaufwandsquote

Der Personalaufwand (Löhne, Gehälter, soziale Abgaben) wird in Prozent der Umsatzerlöse (Gesamtleistung) ausgedrückt. Die Personalaufwandsquote gibt an, wie viel Prozent der Umsatzerlöse auf Personalkosten entfallen. Eine Personalaufwandsquote von z. B. 15 % sagt aus, dass die Personalkosten 15 % der Umsatzerlöse ausmachen.

$$\textbf{Personalaufwandsquote} = \frac{\text{Personalaufwand} \cdot 100}{\text{Umsatzerlöse}}$$

Abschreibungsaufwandsquote

Die Jahresabschreibungen werden in Prozent der Umsatzerlöse ausgedrückt. Die Abschreibungsaufwandsquote gibt an, wie viel Prozent der Umsatzerlöse auf Abschreibungen entfallen.

$$\textbf{Abschreibungsaufwandsquote} = \frac{\text{bilanzielle Abschreibungen} \cdot 100}{\text{Umsatzerlöse}}$$

Zinsaufwandsquote

Die Zinsaufwendungen werden in Prozent der Umsatzerlöse (Gesamtleistung) ausgedrückt. Die Zinsaufwandsquote gibt an, wie viel Prozent der Umsatzerlöse auf Zinsaufwendungen entfallen.

$$\textbf{Zinsaufwandsquote} = \frac{\text{Zinsaufwendungen} \cdot 100}{\text{Umsatzerlöse}}$$

Umsatz je Beschäftigtem

Die Umsatzerlöse werden auf die Zahl der Beschäftigten umgelegt. Das Ergebnis zeigt, welcher Umsatz durchschnittlich auf eine Beschäftigte bzw. einen Beschäftigten entfällt. Der Umsatz je Beschäftigtem lag im Branchendurchschnitt im Jahr 2022 im Einzelhandel bei 180.000,00 € und im Maschinenbau bei 265.000,00 €[1]. Von diesem Umsatz müssen aber neben den Personalkosten alle anderen Aufwendungen wie beispielsweise Zinsen, Abschreibungen, Aufwand für bezogene Leistungen, Treibstoffverbrauch, Steuern gedeckt werden.

$$\textbf{Umsatz je Beschäftigtem} = \frac{\text{Umsatzerlöse}}{\text{Zahl der Beschäftigten}}$$

Pro-Kopf-Rohergebnis

Das Pro-Kopf-Rohergebnis wird auf die Zahl der Beschäftigten umgelegt. Dabei werden die Umsatzerlöse abzüglich Aufwand für bezogene Leistungen gerechnet. Denn die Mitarbeiterinnen bzw. Mitarbeiter haben ja nur die Wertschöpfung nach dem Einkauf bis zum Verkauf der Unternehmensleistungen erbracht. Das Ergebnis zeigt, welche Wertschöpfung (Wertzugewinn) durchschnittlich auf eine Beschäftigte bzw. einen Beschäftigten entfällt. Im Vergleich zum Umsatz je Beschäftigter bzw. Beschäftigten zeigt das Pro-Kopf-Rohergebnis lediglich die von der Mitarbeiterin bzw. dem Mitarbeiter des Unternehmens bewirkte Wertschöpfung. Das Pro-Kopf-Rohergebnis ist eine der wichtigsten Kennzahlen für die Erfolgsentwicklung eines Unternehmens.

$$\textbf{Pro-Kopf-Rohergebnis} = \frac{\substack{\text{Rohergebnis} \\ \text{(Umsatzerlöse − Aufwand für bezogene Leistungen)}}}{\text{Zahl der Beschäftigten}}$$

EBIT und EBITDA

Der Jahresüberschuss ist insbesondere im internationalen Vergleich eine unzureichende Kennzahl, da dieser von den nationalen Steuer- und Zinssätzen und Abschreibungsmöglichkeiten beeinflusst ist. Der **EBIT** (**E**arnings **B**efore **I**nterests and **T**axes) und der **EBITDA** (**E**arnings **B**efore **I**nterests, **T**axes, **D**epreciation and **A**mortisation) eleminieren die nationalen Komponenten Steuer- und Zinssätze und ermöglichen so eine für den internationalen Vergleich sinnvolle Kennzahl.

Jahresüberschuss
+ Ertragsteuern
+ Zinsergebnis (Zinsaufwendungen − Zinserträge)
= EBIT
+ Abschreibungen auf Anlagevermögen
= EBITDA

1 nach Statistischem Bundesamt

Aufgaben

1. Die CHEMO-TEC GmbH hatte im Jahresdurchschnitt 27 Mitarbeiter.
Berechnen Sie aus der Gewinn- und Verlustrechnung der CHEMO-TEC GmbH

a) die Personalaufwandsquote,
b) die Abschreibungsaufwandsquote,
c) die Zinsaufwandsquote,
d) den Umsatz je Beschäftigtem,
e) das Pro-Kopf-Rohergebnis.

2. Ermitteln und interpretieren Sie aus nachstehenden Angaben

a) die Anlagenintensität,
b) die Umlaufintensität,
c) die Forderungsintensität,
d) die Eigenkapitalquote,
e) die Fremdkapitalquote,
f) die Anlagendeckung I,
g) die Anlagendeckung II,
h) die Liquidität I. Grades,
i) die Liquidität II. Grades,
j) die Eigenkapitalrentabilität,
k) die Gesamtkapitalrentabilität,
l) die Umsatzrentabilität,
m) den Cashflow,
n) die Cashflow-Umsatzverdienstrate.

Aktiva	Bilanz zum 31. Dezember		Passiva
I. Anlagevermögen		**I. Eigenkapital**	
1. Grundstücke, Gebäude	650.000,00 €	1. Stammkapital	2.000.000,00 €
2. Techn. Anlagen	1.800.000,00 €	2. Rücklagen	300.000,00 €
3. Fuhrpark	600.000,00 €	3. Bilanzgewinn	240.000,00 €
4. Betriebs- und Geschäftsausstattung	400.000,00 €	**II. Fremdkapital**	
II. Umlaufvermögen		1. Rückstellungen	60.000,00 €
1. Vorräte	100.000,00 €	2. Verbindlichkeiten	
2. Forderungen a. LL.	600.000,00 €	a) Darlehensschulden	600.000,00 €
3. Kasse, Bank	150.000,00 €	b) Verbindlichk. a. LL.	350.000,00 €
		c) Sonst. kurzt. Verbindl.	750.000,00 €
	4.300.000,00 €		4.300.000,00 €

GuV-Position	Berichtsjahr in €
1. Umsatzerlöse	8.130.000,00
+ 2. Sonstige betriebliche Erträge	40.000,00
− 3. Materialaufwand	3.810.000,00
= 4. Rohergebnis	**4.360.000,00**
− 5. Personalaufwand	3.119.000,00
− 6. Abschreibungen	540.000,00
− 7. Sonstige betriebliche Aufwendungen	250.000,00
= 8. Betriebsergebnis (EBIT)	**451.000,00**
+ 9. Erträge aus dem Finanzbereich	26.000,00
− 10. Aufwendungen aus dem Finanzbereich	57.000,00
− 11. Steuern vom Einkommen und vom Ertrag (gewinnabhängige Steuern)	120.000,00
= 12. Ergebnis nach (gewinnabhängigen) Steuern	**300.000,00**
− 13. Sonstige Steuern	60.000,00
= 14. Jahresüberschuss/Jahresfehlbetrag	**240.000,00**

Hinweis: Der Jahresüberschuss verbleibt in voller Höhe im Unternehmen.
Die Rückstellungen sind zu 80 % langfristig. Die Darlehensschulden sind langfristig. Es werden durchschnittlich 45 Mitarbeiterinnen und Mitarbeiter beschäftigt.

3. Berechnen Sie zu obiger Aufgabe die Beträge für das Eigenkapital und die kurzfristigen Verbindlichkeiten, wenn der Jahresüberschuss zu 50 % ausgeschüttet wird und zu 50 % im Unternehmen verbleibt.

4. Berechnen Sie zu obiger Aufgabe
   a) die Personalaufwandsquote,
   b) die Abschreibungsaufwandsquote,
   c) die Zinsaufwandsquote,
   d) den Umsatz je Beschäftigtem,
   e) das Pro-Kopf-Rohergebnis.

5. Die Büromaschinen AG plant, die Computer GmbH zu übernehmen.
   Es liegt folgende Bilanz der Computer GmbH vor:

Aktiva	Zusammengefasste Bilanz		Passiva
Sachanlagen	10.000.000,00 €	Eigenkapital	5.000.000,00 €
Vorräte	3.000.000,00 €	Rückstellungen, langfristige	1.500.000,00 €
Forderungen	4.000.000,00 €	Rückstellungen, kurzfristige	500.000,00 €
Liquide Mittel	1.000.000,00 €	Verbindlichkeiten, langfristige	1.500.000,00 €
		Verbindlichkeiten, kurzfristige	9.500.000,00 €
	18.000.000,00 €		18.000.000,00 €

Die Umsatzerlöse der Computer GmbH betrugen 30,0 Mio. €. Der Jahresüberschuss wurde mit 1,2 Mio. € ausgewiesen. In das Anlagevermögen wurden 4 Mio. € investiert, die Abschreibungen auf das Anlagevermögen betrugen 3 Mio. €, die kumulierten Abschreibungen gemäß Anlagenspiegel betrugen 6 Mio. €. Die langfristigen Rückstellungen haben sich um 0,8 Mio. € erhöht.

a) Berechnen und interpretieren Sie zwei Kennzahlen zur Liquiditätslage der Computer GmbH. Beurteilen Sie kritisch deren Aussagekraft.

b) Berechnen Sie
   - die Eigenkapitalrentabilität und die Umsatzrentabilität sowie
   - den Cashflow

   Beurteilen Sie die Ertragslage insgesamt.

c) Treffen Sie eine Aussage über den Altersaufbau des Sachanlagevermögens.

d) Beurteilen Sie die Finanzierung der Computer GmbH anhand je einer horizontalen und vertikalen Bilanzkennzahl.

9.6 Beraten mit Kennzahlen

9.6.1 Kennzahlenanalyse und Beratungsempfehlung

Auszug aus dem Geschäftsbericht der Software AG:
„Die Personalaufwendungen sind im Vergleich zum Vorjahr um 242.000,00 € auf 3.011.000,00 € gestiegen. Im Branchendurchschnitt erhöhte sich der Personalaufwand nur um 1,3 %."

Welche Interpretation lässt die Entwicklung der Personalkosten bei der Software AG zu?

Der Unternehmer kann mithilfe von Erfolgskennzahlen die Entwicklung des Unternehmens kontrollieren und entsprechend korrigieren.

Geeignete Erfolgskennzahlen werden dabei über einen mehrjährigen Zeitraum verglichen. Meistens werden mehrere Kennzahlen gleichzeitig zusammenhängend analysiert, da eine einzige Kennzahl Fehlinterpretationen zulässt. Eine häufige Fehlinterpretation ist die Ansicht, dass Aufwandsteigerungen, z. B. steigender Personalaufwand, grundsätzlich den Gewinn mindern. Man bedenke dabei: Wird eine neue Mitarbeiterin bzw. ein neuer Mitarbeiter eingestellt, verursacht sie bzw. er zwar weitere Personalkosten; führt aber ihre bzw. seine Arbeitsleistung zu einer deutlichen Umsatzerhöhung, steigt auch die Umsatzrentabilität und der Umsatz je Beschäftigtem.

Beispiele für Kennzahlenanalyse und Führungsentscheidungen:

Kennzahl	Entwicklung	Bedeutung/Interpretation Beratungshinweise
Beispiel 1: Umsatzrentabilität Personalaufwandsquote	 sinkt steigt	Gestiegene Personalkosten drücken die Umsatzrentabilität. Die Personalkosten müssen geprüft und eventuell reduziert werden.
Beispiel 2: Umsatzrentabilität Personalaufwandsquote	 steigt steigt	Steigende Personalkosten haben auch die Umsatzrentabilität erhöht. Mehr Mitarbeiter/-innen erzielen aber auch mehr Umsatz und mehr Gewinn. Die eingeschlagene Unternehmensstrategie kann erfolgreich weitergeführt werden.
Beispiel 3: Umsatz je Beschäftigtem Pro-Kopf-Rohergebnis	 steigt sinkt	Der Umsatz je Beschäftigter bzw. Beschäftigtem steigt. Gleichzeitig nimmt die Wertschöpfung (Pro-Kopf-Rohergebnis) jedoch ab. Pro Mitarbeiter/-in werden demnach mehr Leistungen bezogen; die nachfolgende innerbetriebliche Wertschöpfung nimmt jedoch ab. Dies kann dazu führen, dass der Unternehmer eigenes Personal abbaut und bestimmte Leistungen nicht mehr selbst erstellt, sondern von außen bezieht.

Beispiel

Die Spedition Rapid GmbH legt nachstehendes Zahlenwerk vor:

GuV-Position	Berichtsjahr in €	Vorjahr €
1. Speditionserlöse (Gesamtleistung)	11.350.000,00	10.825.000,00
– 2. Speditionsaufwendungen a) Aufwand für bezogene Leistungen b) Aufwand für bezogene Treibstoffe	 5.220.000,00 920.000,00	 5.216.000,00 790.000,00
= 3. Rohergebnis	**5.210.000,00**	**4.819.000,00**
– 4. Personalaufwand – 5. Abschreibungen – 6. Sonstige betriebliche Aufwendungen	3.216.000,00 452.000,00 804.000,00	3.276.000,00 448.000,00 752.000,00
= 7. Betriebsergebnis (EBIT)	**738.000,00**	**343.000,00**
+ 8. Erträge aus dem Finanzbereich – 9. Aufwendungen aus dem Finanzbereich – 10. Steuern vom Einkommen und Ertrag (gewinnabhängige Steuern)	14.000,00 164.000,00 97.000,00	13.000,00 171.000,00 30.500,00
= 11. Ergebnis nach (gewinnabhängigen) Steuern	**491.000,00**	**154.500,00**
– 12. Sonstige Steuern	41.000,00	35.500,00
= 13. Jahresüberschuss/Jahresfehlbetrag	**450.000,00**	**119.000,00**
Mitarbeiter/-innen	**93**	**97**

Teil I:

Berechnen Sie für das Berichtsjahr und das Vorjahr

a) die Umsatzrentabilität,
b) die Personalaufwandsquote,
c) die Abschreibungsaufwandsquote,
d) den Umsatz je Beschäftigtem,
e) das Pro-Kopf-Rohergebnis.

Beschreiben Sie die Entwicklung der jeweiligen Kennzahl gegenüber dem Vorjahr.

Teil II:
Vergleichen Sie den Umsatz je Beschäftigtem und die Personalaufwandsquote im Berichtsjahr und im Vorjahr. Begründen Sie, welche der beiden Kennzahlen für die Unternehmensleitung wichtiger ist.

Teil III:
a) Übertragen Sie die GuV-Positionen in eine Excel-Tabelle.
b) Berechnen Sie die Umsatzrentabilität, die Personalaufwandsquote, die Abschreibungsaufwandsquote, den Umsatz je Beschäftigtem und den Pro-Kopf-Rohertrag für das Berichtsjahr und das Vorjahr in der übertragenen Excel-Tabelle.
c) Berechnen Sie in einer weiteren Spalte die prozentuale Veränderung der einzelnen GuV-Positionen gegenüber dem Vorjahr.
d) Geben Sie die verwendeten Formeln an.

Lösung

Teil I:

Kennzahl	Berichtsjahr	Vorjahr
Umsatzrentabilität		
Personalaufwandsquote		
Abschreibungsaufwandsquote		
Umsatz je Beschäftigtem		
Pro-Kopf-Rohergebnis		

Umsatzrentabilität
Die Umsatzrentabilität hat sich erfreulicherweise von 1,10 % auf 3,96 % verändert. Von 100,00 € Umsatz beträgt der Gewinn nunmehr 3,96 € gegenüber 1,10 € im Vorjahr.

Personalaufwandsquote
Bei steigenden Umsatzerlösen haben sich die Personalaufwendungen reduziert. Statt bisher 30,26 % beträgt die Personalaufwandsquote nun nur noch 28,33 % der Umsatzerlöse.

Abschreibungsaufwandsquote
Die Abschreibungsaufwandsquote blieb nahezu konstant. Die Spedition hat ihr Anlagevermögen nicht erhöht.

Umsatz je Beschäftigtem
Der Umsatz je Beschäftigtem ist kräftig gestiegen. Je Mitarbeiterin bzw. Mitarbeiter beträgt die Umsatzsteigerung 10.445,07 €. In diesem Betrag ist allerdings auch der Wert der bezogenen Leistungen enthalten.

Pro-Kopf-Rohergebnis
Das Pro-Kopf-Rohergebnis, also die innerbetriebliche Wertschöpfung je Mitarbeiterin bzw. Mitarbeiter, ist um 6.341,10 € gestiegen.

Teil II:
Der Umsatz je Beschäftigtem umfasst bezogene Leistungen und innerbetriebliche Wertschöpfung. Der Pro-Kopf-Rohertrag stellt dagegen lediglich die innerbetriebliche Wertschöpfung dar. Deshalb muss der Umsatz je Beschäftigtem höher sein als der Pro-Kopf-Rohertrag. Zur Beurteilung der eigenen Unternehmensleistung ist der Pro-Kopf-Rohertrag wichtiger, da er die eigene Unternehmensleistung wiedergibt.

Teil III:
Excel-Tabellen

Tabelle 1

	A	B	C	D
1	**Erfolgskennzahlen der Spedition Rapid GmbH**			
2				
3	**Nr.**	**GuV-Position**	**Berichtsjahr**	**Vorjahr**
4	1	Speditionserlöse (Gesamtleistung)	11.350.000,00 €	10.825.000,00 €
5	2	Speditionsaufwendungen		
6		a) Aufwand für bezogene Leistungen	5.220.000,00 €	5.216.000,00 €
7		b) Aufwand für Treibstoffe usw.	920.000,00 €	790.000,00 €
8	**3**	**Rohergebnis**	**5.210.000,00 €**	**4.819.000,00 €**
9	4	Personalaufwand	3.216.000,00 €	3.276.000,00 €
10	5	Abschreibungen	452.000,00 €	448.000,00 €
11	6	Sonstige betriebliche Aufwendungen	804.000,00 €	752.000,00 €
12	**7**	**Betriebsergebnis (EBIT)**	**738.000,00 €**	**343.000,00 €**
13	8	Erträge aus Finanzbeteiligungen	14.000,00 €	13.000,00 €
14	9	Aufwendungen aus Finanzbeteiligungen	164.000,00 €	171.000,00 €
15	10	Steuern vom Einkommen und Ertrag	97.000,00 €	30.500,00 €
16	**11**	**Ergebnis nach Steuern**	**491.000,00 €**	**154.500,00 €**
17	12	Sonstige Steuern	41.000,00 €	35.500,00 €
18	**13**	**Jahresüberschuss/Jahresfehlbetrag**	**450.000,00 €**	**119.000,00 €**
19				
20				
21		Mitarbeiter/-innen	93	97
22				
23				
24	a)	Umsatzrentabilität		
25	b)	Personalaufwandsquote		
26	c)	Abschreibungsaufwandsquote		
27	d)	Umsatz je Beschäftigten		
28	e)	Pro-Kopf-Rohergebnis		

Tabelle 2

	A	B	C	D
1	**Erfolgskennzahlen der Spedition Rapid GmbH**			
2				
3	**Nr.**	**GuV-Position**	**Berichtsjahr**	**Vorjahr**
4	1	Speditionserlöse (Gesamtleistung)	11.350.000,00 €	10.825.000,00 €
5	2	Speditionsaufwendungen		
6		a) Aufwand für bezogene Leistungen	5.220.000,00 €	5.216.000,00 €
7		b) Aufwand für Treibstoffe usw.	920.000,00 €	790.000,00 €
8	**3**	**Rohergebnis**	**5.210.000,00 €**	**4.819.000,00 €**
9	4	Personalaufwand	3.216.000,00 €	3.276.000,00 €
10	5	Abschreibungen	452.000,00 €	448.000,00 €
11	6	Sonstige betriebliche Aufwendungen	804.000,00 €	752.000,00 €
12	**7**	**Betriebsergebnis (EBIT)**	**738.000,00 €**	**343.000,00 €**
13	8	Erträge aus Finanzbeteiligungen	14.000,00 €	13.000,00 €
14	9	Aufwendungen aus Finanzbeteiligungen	164.000,00 €	171.000,00 €
15	10	Steuern vom Einkommen und Ertrag	97.000,00 €	30.500,00 €
16	**11**	**Ergebnis nach Steuern**	**491.000,00 €**	**154.500,00 €**
17	12	Sonstige Steuern	41.000,00 €	35.500,00 €
18	**13**	**Jahresüberschuss/Jahresfehlbetrag**	**450.000,00 €**	**119.000,00 €**
19				
20				
21		Mitarbeiter/-innen	93	97
22				
23				
24	a)	Umsatzrentabilität	3,96 %	1,10 %
25	b)	Personalaufwandsquote	28,33 %	30,26 %
26	c)	Abschreibungsaufwandsquote	3,98 %	4,14 %
27	d)	Umsatz je Beschäftigten	122.043,01 €	111.597,94 €
28	e)	Pro-Kopf-Rohergebnis	56.021,51 €	49.680,41 €

Tabelle 3

	A	B	C	D	E
1	**Erfolgskennzahlen der Spedition Rapid GmbH**				
2					
3	**Nr.**	**GuV-Position**	**Berichtsjahr**	**Vorjahr**	**Prozentuale Veränderung gegenüber Vorjahr**
4	1	Speditionserlöse (Gesamtleistung)	11.350.000,00 €	10.825.000,00 €	4,85 %
5	2	Speditionsaufwendungen			
6		a) Aufwand für bezogene Leistungen	5.220.000,00 €	5.216.000,00 €	0,08 %
7		b) Aufwand für Treibstoffe usw.	920.000,00 €	790.000,00 €	16,46 %
8	**3**	**Rohergebnis**	**5.210.000,00 €**	**4.819.000,00 €**	8,11 %
9	4	Personalaufwand	3.216.000,00 €	3.276.000,00 €	-1,83 %
10	5	Abschreibungen	452.000,00 €	448.000,00 €	0,89 %
11	6	Sonstige betriebliche Aufwendungen	804.000,00 €	752.000,00 €	6,91 %
12	**7**	**Betriebsergebnis (EBIT)**	**738.000,00 €**	**343.000,00 €**	115,16 %
13	8	Erträge aus Finanzbeteiligungen	14.000,00 €	13.000,00 €	7,69 %
14	9	Aufwendungen aus Finanzbeteiligungen	164.000,00 €	171.000,00 €	-4,09 %
15	10	Steuern vom Einkommen und Ertrag	97.000,00 €	30.500,00 €	218,03 %
16	**11**	**Ergebnis nach Steuern**	**491.000,00 €**	**154.500,00 €**	217,80 %
17	12	Sonstige Steuern	41.000,00 €	35.500,00 €	15,49 %
18	**13**	**Jahresüberschuss/Jahresfehlbetrag**	**450.000,00 €**	**119.000,00 €**	278,15 %
19					
20					
21		Mitarbeiter/-innen	93	97	-4,12 %
22					
23					
24	a)	Umsatzrentabilität	3,96 %	1,10 %	260,00 %
25	b)	Personalaufwandsquote	28,33 %	30,26 %	-6,37 %
26	c)	Abschreibungsaufwandsquote	3,98 %	4,14 %	-3,86 %
27	d)	Umsatz je Beschäftigten	122.043,01 €	111.597,94 €	9,36 %
28	e)	Pro-Kopf-Rohergebnis	56.021,51 €	49.680,41 €	12,76 %

Tabelle 4

	A	B	C	D	E
1	**Erfolgskennzahlen der Spedition Rapid GmbH**				
2					
3	**Nr.**	**GuV-Position**	**Berichtsjahr**	**Vorjahr**	**Prozentuale Veränderung gegenüber Vorjahr**
4	1	Speditionserlöse (Gesamtleistung)	11350000	10825000	=(C4-D4)/D4
5	2	Speditionsaufwendungen			
6		a) Aufwand für bezogene Leistungen	5220000	5216000	=(C6-D6)/D6
7		b) Aufwand für Treibstoffe usw.	920000	790000	=(C7-D7)/D7
8	**3**	**Rohergebnis**	**C4-C6-C7**	**D4-D6-D7**	=(C8-D8)/D8
9	4	Personalaufwand	3216000	3276000	=(C9-D9)/D9
10	5	Abschreibungen	452000	448000	=(C10-D10)/D10
11	6	Sonstige betriebliche Aufwendungen	804000	752000	=(C11-D11)/D11
12	**7**	**Betriebsergebnis (EBIT)**	**C8-C9-C10-C11**	**D8-D9-D10-D11**	=(C12-D12)/D12
13	8	Erträge aus Finanzbeteiligungen	14000	13000	=(C13-D13)/D13
14	9	Aufwendungen aus Finanzbeteiligungen	164000	171000	=(C14-D14)/D14
15	10	Steuern vom Einkommen und Ertrag	97000	30500	=(C15-D15)/D15
16	**11**	**Ergebnis nach Steuern**	**C12+C13-C14-C15**	**D12+D13-D14-D15**	=(C16-D16)/D16
17	12	Sonstige Steuern	41000	35500	=(C17-D17)/D17
18	**13**	**Jahresüberschuss/Jahresfehlbetrag**	**C16-C17**	**D16-D17**	=(C18-D18)/D18
19					
20					
21		Mitarbeiter/-innen	93	97	=(C21-D21)/D21
22					
23					
24	a)	Umsatzrentabilität	=C18/C4	=D18/D4	=(C24-D24)/D24
25	b)	Personalaufwandsquote	=C9/C4	=D9/D4	=(C25-D25)/D25
26	c)	Abschreibungsaufwandsquote	=C10/C4	=D10/D4	=(C26-D26)/D26
27	d)	Umsatz je Beschäftigten	=C4/C21	=D4/D21	=(C27-D27)/D27
28	e)	Pro-Kopf-Rohergebnis	=C8/C21	=D8/D21	=(C28-D28)/D28

Aufgaben

1. Die Spedition Rapid GmbH legt nachstehendes Zahlenwerk vor:

GuV-Position	Berichtsjahr in €	Vorjahr €
1. Speditionserlöse (Gesamtleistung)	3.011.000,00	2.930.000,00
– 2. Speditionsaufwendungen a) Aufwand für bezogene Leistungen b) Aufwand für bezogene Treibstoffe	 1.377.000,00 241.000,00	 1.300.000,00 199.000,00
= 3. Rohergebnis	**1.393.000,00**	**1.431.000,00**
– 4. Personalaufwand – 5. Abschreibungen – 6. Sonstige betriebliche Aufwendungen	902.000,00 115.000,00 205.000,00	879.000,00 117.000,00 217.000,00
= 7. Betriebsergebnis (EBIT)	**171.000,00**	**218.000,00**
+ 8. Erträge aus dem Finanzbereich – 9. Aufwendungen aus dem Finanzbereich – 10. Steuern vom Einkommen und Ertrag (gewinnabhängige Steuern)	7.000,00 84.000,00 16.000,00	9.000,00 94.000,00 22.000,00
= 11. Ergebnis nach (gewinnabhängigen) Steuern	**78.000,00**	**111.000,00**
– 12. Sonstige Steuern	6.000,00	4.000,00
= 13. Jahresüberschuss/Jahresfehlbetrag	**72.000,00**	**107.000,00**
Mitarbeiter/-innen	**26**	**24**

Teil I:
Berechnen Sie für das Berichtsjahr und das Vorjahr
a) die Umsatzrentabilität,
b) die Personalaufwandsquote,
c) die Abschreibungsaufwandsquote,
d) den Umsatz je Beschäftigten,
e) das Pro-Kopf-Rohergebnis.
Beschreiben Sie die Entwicklung der jeweiligen Kennzahl gegenüber dem Vorjahr.

Teil II:
Berechnen Sie die Veränderung bei Ziffer 2 b „Aufwendungen für Treibstoffe".
a) Wie ist diese Veränderung zu erklären?
b) Welche Maßnahmen sind geeignet, um dieser Entwicklung gegenzusteuern?

Teil III:
a) Übertragen Sie die GuV-Positionen in eine Excel-Tabelle.
b) Berechnen Sie die Umsatzrentabilität, die Personalaufwandsquote, die Abschreibungsaufwandsquote, den Umsatz je Beschäftigten und das Pro-Kopf-Rohergebnis für das Berichtsjahr und das Vorjahr in der übertragenen Excel-Tabelle.
c) Berechnen Sie in einer weiteren Spalte die prozentuale Veränderung der einzelnen GuV-Positionen gegenüber dem Vorjahr.
d) Geben Sie die verwendeten Formeln an.

2. Der Branchendienst einer Bank hat für die Unternehmen der Dienstleistungsbranche Branchendurchschnitte ermittelt:

Bezeichnung der Kennzahl	Berichtsjahr	Vorjahr
Umsatzrentabilität	1,4 %	1,1 %
Cashflow-Rate	4,1 %	3,4 %
Personalaufwandsquote	13,2 %	12,8 %
Abschreibungsaufwandsquote	1,8 %	1,5 %

Bezeichnung der Kennzahl	Berichtsjahr	Vorjahr
Umsatz je Beschäftigten	174.100,00 €	204.000,00 €
Pro-Kopf-Rohergebnis	53.800,00 €	59.700,00 €
Eigenkapitalquote	6,2 %	5,3 %

a) Analysieren und beschreiben Sie allgemein die Lage der Dienstleistungsbranche im Berichtsjahr.
b) Beurteilen Sie die Entwicklung in der Dienstleistungsbranche, indem Sie die Veränderung vom Vorjahr zum Berichtsjahr berücksichtigen.

9.6.2 Fallstudie: Beraten mit Kennzahlen

Aufgabe

Die Klimatechnik Hildenbrand GmbH, Erfurt, legt für das Berichtsjahr und das Vorjahr nachstehende Informationen vor:

GuV-Rechnung der Klimatechnik Hildenbrand GmbH

GuV-Position	Berichtsjahr in €	Vorjahr in €
1. Umsatzerlöse (Gesamtleistung)	1.320.000,00	1.180.000,00
– 2. Materialaufwand	540.000,00	589.000,00
= 3. Rohergebnis	**780.000,00**	**591.000,00**
– 4. Personalaufwand – 5. Abschreibungen – 6. Sonstige betriebliche Aufwendungen	332.000,00 39.000,00 50.000,00	299.000,00 36.000,00 47.000,00
= 7. Betriebsergebnis (EBIT)	**359.000,00**	**209.000,00**
+ 8. Erträge aus dem Finanzbereich – 9. Aufwendungen aus dem Finanzbereich – 10. Steuern vom Einkommen und vom Ertrag (gewinnabhängige Steuern)	1.000,00 44.000,00 52.000,00	1.000,00 35.000,00 29.000,00
= 11. Ergebnis nach (gewinnabhängigen) Steuern	**264.000,00**	**146.000,00**
– 12. Sonstige Steuern	94.000,00	46.000,00
= 13. Jahresüberschuss/Jahresfehlbetrag (Gewinn/Verlust)	**170.000,00**	**100.000,00**
Mitarbeiter/-innen	**11**	**10**

Bilanz der Klimatechnik Hildenbrand GmbH in T €

Aktiva	Berichtsjahr	Vorjahr	Passiva	Berichtsjahr	Vorjahr
Anlagevermögen			**Eigenkapital**	412	388
1. Sachanlagen	1.020	985			
2. Finanzanlagen	15	20	**Fremdkapital**		
			1. langfristiges	550	540
Umlaufvermögen			2. kurzfristiges	1.081	885
1. Vorräte	35	50			
2. Forderungen	950	740			
3. liquide Mitel	23	18			
	2.043	1.813		2.043	1.813

Teil I:

a) Berechnen und beurteilen Sie für das Berichtsjahr und das Vorjahr die Vermögensstruktur anhand einer geeigneten Kennzahl.
b) Berechnen und beurteilen Sie für das Berichtsjahr und das Vorjahr die Kapitalstruktur anhand einer geeigneten Kennzahl.
c) Beurteilen Sie die Bilanz für das Berichtsjahr und das Vorjahr anhand von geeigneten horizontalen Kennzahlen.
d) Ermitteln und beurteilen Sie für das Berichtsjahr und das Vorjahr Rentabilitätskennzahlen und Cashflow-Werte.
e) Ermitteln und beurteilen Sie für das Berichtsjahr und das Vorjahr die Personalaufwandsquote, die Abschreibungsaufwandsquote, den Umsatz je Beschäftigtem und das Pro-Kopf-Rohergebnis.
f) Verfassen Sie einen kurzen Geschäftsbericht. Stellen Sie dabei die Situation der Klimatechnik Hildenbrand GmbH im Berichtsjahr und im Vergleich Berichtsjahr zu Vorjahr dar.

Teil II:

a) Geben Sie die oben stehende Angaben in eine vierspaltige Excel-Tabelle ein. Gliedern Sie Spalte 1 wie folgt: GuV-Positionen; danach Mitarbeiterinnen bzw. Mitarbeiter, danach Bilanz Aktiva und Passiva und schließlich die unterschiedlichen Kennzahlen.
b) Fügen Sie in Spalte 1 die in Teil I verwendeten Kennzahlen hinzu. Berechnen Sie in Spalte 2 (Berichtsjahr), in Spalte 3 (Vorjahr) und in Spalte 4 (prozentuale Abweichung) die jeweiligen Werte mithilfe von Formeln.

Lernfeld 8

Gewinneinkünfte und weitere Überschusseinkünfte ermitteln

Zielbeschreibung:

Die Schülerinnen und Schüler besitzen die Kompetenz, die Gewinneinkünfte und die weiteren Überschusseinkünfte zu ermitteln und die Einkommensteuer unter Berücksichtigung der Besonderheiten dieser Einkünfte zu berechnen.

Es folgen die Inhalte des Rahmenlehrplans für Lernfeld 8:

Gewinneinkünfte und weitere Überschusseinkünfte ermitteln

Die Schülerinnen und Schüler **sichten** die vorliegenden steuerrelevanten Unterlagen der Mandantinnen und Mandanten und informieren sich in Gesprächen über die betrieblichen und persönlichen Verhältnisse. Dabei verschaffen sie sich einen Überblick über verschiedene Unternehmensformen.

Die Schülerinnen und Schüler **sondieren** die gesetzlichen Grundlagen bezüglich der Gewinneinkünfte *(Land- und Forstwirtschaft in Grundzügen, laufender Gewerbebetrieb, selbstständige Arbeit)* und der Überschusseinkünfte *(Kapitalvermögen, Vermietung und Verpachtung, sonstige Einkünfte)* bezogen auf das aktuelle Mandat. Dazu erschließen sie sich die gesellschaftsrechtlichen Vorschriften und Fragestellungen *(Vertretung, Geschäftsführung, Haftung und Gewinnverteilung)* bezüglich der Personengesellschaften *(Gesellschaft bürgerlichen Rechts, Offene Handelsgesellschaft und Kommanditgesellschaft)*.

Die Schülerinnen und Schüler **planen** anhand des Einkommensteuerermittlungsschemas die Vorgehensweise zur Berechnung der Einkommensteuer unter Berücksichtigung der weiteren Einkünfte. Dabei ordnen sie die erlangten Informationen und Belege entsprechend zu und bereiten sie strukturiert auf.

Die Schülerinnen und Schüler bestimmen die Einkunftsarten gemäß den gesetzlichen Voraussetzungen, grenzen sie voneinander ab und **berechnen** die Einkünfte unter Verwendung der steuerlichen Fachbegriffe *(Übersicht Gewinnermittlungsarten, Einnahmenüberschussrechnung, Zuordnung zum Gewinnermittlungszeitraum)*. Dabei korrigieren sie den Gewinn unter Beachtung von nicht abzugsfähigen Betriebsausgaben. Sie ermitteln die Summe der Einkünfte und den Gesamtbetrag der Einkünfte *(Freibetrag für Land- und Forstwirte)*. Danach berechnen sie das Einkommen *(Verlustabzug, Vorsorgeaufwendungen)*. Sie ermitteln das zu versteuernde Einkommen, die festzusetzende Einkommensteuer unter Benutzung digitaler Berechnungshilfen und die sich nach Berücksichtigung von Abzugsbeträgen ergebende Einkommensteuernachzahlung oder -erstattung. Im Hinblick auf das Mandantinnen- und Mandantengespräch bereiten sie die Steuerberechnungen übersichtlich unter Berücksichtigung der steuerlichen Fachbegriffe auch unter Nutzung digitaler Medien auf.

Die Schülerinnen und Schüler **überprüfen** die Steuerberechnungen auf ihre Richtigkeit unter Plausibilitäts- und Vollständigkeitsgesichtspunkten. Sie wägen zusätzlich verschiedene steuerliche Gestaltungsmöglichkeiten im Hinblick auf die Gegebenheiten und Wünsche der Mandantinnen und Mandanten ab.

Die Schülerinnen und Schüler **reflektieren** das Mandantinnen- und Mandantengespräch, ihre Handlungsergebnisse und Möglichkeiten der Steuergestaltung unter Berücksichtigung aktueller Rechtsänderungen. Sie leiten Maßnahmen zur Optimierung einer ressourcenschonenden, adressatengerechten und effizienten Kommunikation mit Mandantinnen und Mandanten ab.

1 Einkunftsarten der Einkommensteuer

In Lernfeld 4 wurde das Ermittlungsschema für das zu versteuernde Einkommen bereits behandelt. Im Einkommensteuergesetz finden sich die Regelungen zur Berechnung des zu versteuernden Einkommens in § 2.

Ermittlung des zu versteuernden Einkommens bei Einzelveranlagung	
Einkünfte aus Land- und Forstwirtschaft + Einkünfte aus Gewerbebetrieb + Einkünfte aus selbständiger Arbeit	Das Einkommensteuergesetz kennt sieben Einkunftsarten. In Lernfeld 4 wurden nur die Einkünfte aus nichtselbstständiger Arbeit behandelt. In diesem Lernfeld 8 werden die drei nebenstehenden **Gewinneinkunftsarten** behandelt. Sie heißen so, da sie durch den Gewinn ermittelt werden (§ 2 (2) Nr. 1 EStG). Was genau der Gewinn ist, lernen Sie in den Lernfeldern 2 und 10.
+ Einkünfte aus nichtselbstständiger Arbeit + Einkünfte aus Kapitalvermögen + Einkünfte aus Vermietung und Verpachtung + sonstige Einkünfte	Die vier nebenstehenden Einkunftsarten werden ermittelt durch den Überschuss der Einnahmen über die Werbungskosten, sog. **Überschusseinkunftsarten** (§ 2 (2) Nr. 2 EStG). Das haben Sie schon in Lernfeld 4 bei den Einkünften aus nichtselbstständiger Arbeit kennengelernt. In diesem Lernfeld werden die restlichen Überschusseinkunftsarten behandelt.
= Summe der Einkünfte (§ 2 (3) EStG) – Altersentlastungsbetrag (§ 24 a EStG) – Entlastungsbetrag für Alleinerziehende (§ 24b EStG) – Freibetrag für Land- und Forstwirte (§ 13 (3) EStG) **= Gesamtbetrag der Einkünfte (§ 2 (3) EStG)** – Verlustabzug (§ 10 d EStG) – Sonderausgaben (§§ 10, 10b, 10c EStG) – außergewöhnliche Belastungen (§§ 33-33bEStG) **= Einkommen (§ 2 (4) EStG)** – Kinder- und Betreuungsfreibetrag (§ 32 (6) EStG) – Härteausgleich (§ 46 (3),(5) EStG, § 70 EStDV) **= zu versteuerndes Einkommen (§ 2 (5) EStG)**	Die weiteren steuerlichen Abzüge vom zu versteuernden Einkommen haben Sie bereits in Lernfeld 4 kennen gelernt. Nur der Verlustabzug wird in diesem Lernfeld behandelt, da er meist bei den Gewinneinkünften entsteht. In Übungsaufgaben wird nochmal auf die anderen, bereits bekannten Abzugsmöglichkeiten eingegangen.

2 Einkünfte aus Land- und Forstwirtschaft ermitteln

2.1 Definition der Einkünfte aus Land- und Forstwirtschaft

§ 13 (1), (2) EStG R 15.5 (1) EStR

Land- und Forstwirtschaft ist die planmäßige Nutzung der natürlichen Kräfte des Bodens zur Erzeugung von Pflanzen und Tieren sowie die Verwertung der dadurch selbstgewonnenen Erzeugnisse.

Insbesondere sind dies:

- Landwirtschaft
- Forstwirtschaft
- Weinbau
- Gartenbau
- Tierzucht und -haltung
- Binnenfischerei
- land- und forstwirtschaftliche Nebenbetriebe (z. B. Molkerei)

R 15.5 (5), (6), (11) EStR

Liegen teils gewerbliche und teils land- und forstwirtschaftliche Tätigkeiten vor, sind die Tätigkeiten zu trennen.

Werden z. B. nicht nur selbstgewonnene Erzeugnisse, sondern auch hinzugekaufte fremde Erzeugnisse verkauft, so liegen für den Verkauf fremder Erzeugnisse keine Einkünfte aus Land- und Forstwirtschaft, sondern Einkünfte aus Gewerbebetrieb vor, wenn folgende Voraussetzungen erfüllt sind:

- fremde Erzeugnisse von mehr als 1/3 des Gesamtumsatzes netto
  oder
- Umsätze aus dem Zukauf mehr als 51.500,00 € netto
  oder
- Einnahmen aus gewerblichen Tätigkeiten insgesamt betragen mehr als 50 % des Gesamtumsatzes.

Die Voraussetzungen müssen dauerhaft (= drei Jahre) erfüllt sein. Die Einordnung als gewerbliche Tätigkeit gilt dann ab dem vierten Jahr nach Überschreiten der Grenzen.

2.2 Ermittlung der Einkünfte aus Land- und Forstwirtschaft

Die Einkünfte aus Land- und Forstwirtschaft werden durch folgende Gewinnermittlungsarten berechnet:

- für buchführungspflichtige Land- und Forstwirte Betriebsvermögensvergleich nach § 4 (1) oder nach § 5 EStG,
- für nicht buchführungspflichtige Land- und Forstwirte Einnahmen-Überschuss-Rechnung nach § 4 (3) EStG oder unter den Voraussetzungen des § 13a EStG Ermittlung des Gewinns nach Durchschnittssätzen.

§ 4a (1) Nr. 1 EStG

§ 8c EStDV

Der Gewinn ist gem. § 4a (1) Nr. 1 EStG nach dem Wirtschaftsjahr zu ermitteln. Das Wirtschaftsjahr umfasst einen Zeitraum von zwölf Monaten, es sei denn der Betrieb wird eröffnet, aufgegeben oder veräußert (Rumpfwirtschaftsjahr). Wirtschaftsjahr ist bei Land- und Forstwirten der Zeitraum vom 1. Juli bis zum 30. Juni. Eine Abweichung von diesem Wirtschaftsjahr ist unter den Voraussetzungen des § 8c EStDV möglich.

§ 4a (2) Nr. 1 EStG

Der Gewinn des Wirtschaftsjahres ist auf das Kalenderjahr, in dem das Wirtschaftsjahr beginnt, und auf das Kalenderjahr, in dem das Wirtschaftsjahr endet, aufzuteilen (zeitanteilige Zurechnung).

§ 13 (3) EStG

Bei den Einkünften aus Land- und Forstwirtschaft wird ein Freibetrag

- von 900,00 € bei Einzelveranlagung abgezogen, maximal bis zur Höhe der Einkünfte.
  Dies gilt nur, wenn die Summe der Einkünfte 30.700,00 € nicht übersteigt.
- von 1.800,00 € bei Zusammenveranlagung abgezogen, maximal bis zur Höhe der Einkünfte.
  Dies gilt nur, wenn die Summe der Einkünfte 61.400,00 € nicht übersteigt.

Der Freibetrag wird nicht bei den Einkünften, sondern erst nach der Summe der Einkünfte abgezogen.

Beispiel

Die Landwirtin Rosi Schmidt betreibt in Dessau eine Baumschule. Ihre Steuerberaterin hat für das Wirtschaftsjahr 01/02 einen Gewinn von 12.500,00 € und für das Wirtschaftsjahr 02/03 einen Gewinn von 17.200,00 € ermittelt. Das Wirtschaftsjahr läuft nach § 4a (1) Nr. 1 vom 01.07. bis 30.06. Da sie von den Erträgen ihrer Baumschule nicht leben kann, geht sie noch einer Angestelltentätigkeit nach und erzielt in 02 daraus Einkünfte aus nichtselbstständiger Arbeit in Höhe von 15.000,00 €.

Lösung

Für die Einkünfte aus Land- und Forstwirtschaft 02 ist der Gewinn der beiden Wirtschaftsjahre anteilig auf das Jahr 02 zu verteilen:

Gewinn 01/02: 12.500,00 € · 6/12 =	6.250,00 €	
Gewinn 02/03: 17.200,00 € · 6/12 =	8.600,00 €	
Einkünfte aus Land- und Forstwirtschaft 02	14.850,00 €	
Einkünfte aus nichtselbstständiger Arbeit	15.000,00 €	
Summe der Einkünfte 02	29.850,00 €	
Freibetrag § 13 (3) EStG	900,00 €	(da Summe der Einkünfte < 30.700,00 €)
Gesamtbetrag der Einkünfte 02	28.950,00 €	

Zusammenfassung

Einkünfte aus Land- und Forstwirtschaft

Definition § 13 (1), (2) EStG	Gewinnermittlungsart und -zeitraum	Freibetrag für Land- und Forstwirte § 13 (3) EStG
• Land- und Forstwirtschaft ist die planmäßige Nutzung der natürlichen Kräfte des Bodens zur Erzeugung von Pflanzen und Tieren sowie die Verwertung der dadurch selbstgewonnen Erzeugnisse.	• für buchführungspflichtige Land- und Forstwirte Betriebsvermögensvergleich nach § 4 (1) oder nach § 5 EStG • für nicht buchführungspflichtige Land- und Forstwirte Einnahmen-Überschuss-Rechnung nach § 4 (3) EStG oder unter den Voraussetzungen des § 13a EStG Ermittlung des Gewinns nach Durchschnittssätzen • Der Gewinn ist nach dem Wirtschaftsjahr zu ermitteln. Das Wirtschaftsjahr umfasst einen Zeitraum von zwölf Monaten.	• 900,00 € bei Einzelveranlagung maximal bis zur Höhe der Einkünfte. Dies gilt nur, wenn die Summe der Einkünfte 30.700,00 € nicht übersteigt. • 1.800,00 € bei Zusammenveranlagung, maximal bis zur Höhe der Einkünfte. Dies gilt nur, wenn die Summe der Einkünfte 61.400,00 € nicht übersteigt. • Der Freibetrag wird erst nach der Summe der Einkünfte abgezogen.

Aufgaben

1. **Definition der Einkünfte aus Land- und Forstwirtschaft (§ 13 EStG)**
   Prüfen Sie in den folgenden Fällen, ob es sich um Einkünfte aus Land- und Forstwirtschaft handelt.

   a) Landwirt Adams bewirtschaftet eine Ackerfläche von 200 ha und baut vorwiegend Weizen an.
   b) Landwirtin Braun hat sich in ihrem Betrieb auf die Schweinezucht spezialisiert. Sie hält neun Vieheinheiten auf 20 Hektar.
   c) Herr Clement betreibt eine Baumschule und verkauft seine Pflanzen vorwiegend an Großmärkte.
   d) Frau Dörsam betreibt neben ihrer normalen Tätigkeit eine kleine Imkerei, aus der sie pro Jahr 5.000,00 € Gewinn erwirtschaftet.
   e) Herr Ehrmann besitzt ein 500 ha großes Waldgebiet, das er bewirtschaftet. Von den Einkünften aus dem Holzverkauf bestreitet er seinen Lebensunterhalt.
   f) Frau Fellhauer kauft von Landwirten Gemüse und Obst in großen Mengen an, um sie dann auf Wochenmärkten gewinnbringend zu verkaufen.

2. **Abgrenzung zum Gewerbetrieb (R 15.5 (5), (11) EStR)**
Christof Kohler betreibt in Mecklenburg-Vorpommern einen Obstanbau. Er verkauft seine eigenen Erzeugnisse auf Wochenmärkten. Zusätzlich kauft er, um sein Sortiment abzurunden, noch andere Obstsorten hinzu. Seine Umsätze stellten sich wie folgt dar:

	Wirtschaftsjahr 01/02	Wirtschaftsjahr 02/03	Wirtschaftsjahr 03/04	Wirtschaftsjahr 04/05
Umsätze	170.000,00 €	168.000,00 €	190.000,00 €	210.000,00 €
Zukauf fremder Erzeugnisse zu einem Einkaufwert von (1)	42.500,00 €	52.080,00 €	51.300,00 €	37.800,00 €
in % des Umsatzes				
Einkunftsart für den Zukauf fremder Erzeugnisse (2)	59.500,00 €	67.200,00 €	72.200,00 €	84.000,00 €
in % des Umsatzes				
Einkunftsart für den Zukauf fremder Erzeugnisse				

a) Berechnen Sie den prozentualen Anteil der Zukäufe und tragen Sie ihn in die Tabelle ein.
b) Beurteilen Sie, ob in den Fällen (1) und (2) Einkünfte aus Land- und Forstwirtschaft oder aus Gewerbebetrieb vorliegen.

3. **Berechnung der Einkünfte aus Land- und Forstwirtschaft (§§ 13, 4a EStG)**
Hans Biesel, ledig, hat mehrere landwirtschaftliche Betriebe.

Aus seinem Obstanbau erzielte er für das
- Wirtschaftsjahr 01.07.01 bis 30.06.02 einen Gewinn von 10.000,00 €
- Wirtschaftsjahr 01.07.02 bis 30.06.03 einen Gewinn von 30.000,00 €

Aus seiner Imkerei erzielt er für das
- Wirtschaftsjahr 01.07.01 bis 30.06.02 einen Verlust von 5.000,00 €
- Wirtschaftsjahr 01.07.02 bis 30.06.03 einen Gewinn von 3.500,00 €.

a) aa) Berechnen Sie die Einkünfte aus Land- und Forstwirtschaft für das Jahr 02.
ab) Berechnen Sie die Summe und den Gesamtbetrag der Einkünfte. Gehen Sie davon aus, dass keine weiteren Einkünfte vorliegen. Beachten Sie insbesondere den § 13 (3) EStG.
b) Geben Sie an, wie sich Ihr Ergebnis unter a) ändert, wenn Sie davon ausgehen, dass Herr Biesel verheiratet ist und mit seiner Frau zusammen veranlagt wird.

4. **Ermittlung der Einkünfte aus Land- und Forstwirtschaft – andere Einkunftsarten (§§ 13, 4a EStG)**
Susanne Merser, ledig, betreibt in Brandenburg einen landwirtschaftlichen Betrieb. Ihr Gewinn hat im Wirtschaftsjahr 01/02 21.000,00 € und im Wirtschaftsjahr 02/03 27.000,00 € betragen.
Frau Merser hat neben den Einkünften aus Land- und Forstwirtschaft noch Einkünfte aus Vermietung und Verpachtung in Höhe von 2.000,00 €.

a) Ermitteln Sie den Gesamtbetrag der Einkünfte für 02.
b) Ermitteln Sie den Gesamtbetrag der Einkünfte unter der Voraussetzung, dass die Einkünfte aus Vermietung und Verpachtung 12.000,00 € betragen hätten.

5. **Ermittlung der Einkünfte aus Land- und Forstwirtschaft – abweichendes Wirtschaftsjahr (§§ 13, 4a EStG)**
Horst Sunder betreibt einen forstwirtschaftlichen Betrieb in Mecklenburg-Vorpommern. Das Wirtschaftsjahr läuft vom 1. Oktober bis zum 30. September (§ 8c Abs. 1 Nr. 2 EStDV).
Der Betrieb erwirtschaftet im Wirtschaftsjahr 01/02 einen Gewinn von 42.000,00 € und im folgenden Wirtschaftsjahr 02/03 einen Gewinn von 25.500,00 €.
Berechnen Sie die Einkünfte aus Land- und Forstwirtschaft für 02.

3 Einkünfte aus Gewerbebetrieb ermitteln

3.1 Definition der Einkünfte aus Gewerbebetrieb

Eine Tätigkeit ist Gewerbebetrieb, wenn sie

- **selbstständig**
  Darunter versteht man eine eigenverantwortliche Tätigkeit auf eigene Gefahr und Rechnung. Es besteht keine Weisungsgebundenheit gegenüber Dritten.
- **nachhaltig**
  Es muss eine Wiederholungsabsicht gegeben sein.
- **mit Gewinnerzielungsabsicht**
  Eine tatsächliche Gewinnerzielung muss nicht gegeben sein. Ist aber eine Tätigkeit nicht geeignet, auf Dauer einen Gewinn zu erzielen, wird die Gewinnerzielungsabsicht verneint und der steuermindernde Ansatz der Verluste aus dieser Tätigkeit ist nicht möglich (sog. Liebhaberei).
- **unter Beteiligung am allgemeinen wirtschaftlichen Verkehr**
  Die Tätigkeit muss nach außen hin in Erscheinung treten und sich an eine – wenn auch begrenzte – Allgemeinheit richten.
- **weder land- und forstwirtschaftliche Betätigung**
- **noch freiberufliche Betätigung**
- **noch Vermögensverwaltung ist.**
  Die bloße Verwaltung (z. B. Vermietung) von Vermögen stellt keine gewerbliche Tätigkeit dar. Ist die Vermietung kurzfristig und kommen noch andere Dienstleistungen (z. B. Reinigung, Frühstück) hinzu, liegt eine gewerbliche Tätigkeit vor. *R 15.7 (1) EStR*
  Handelt jemand mit Grundstücken und Gebäuden, liegt eine gewerbliche Tätigkeit vor, wenn er mehr als drei Objekte innerhalb von fünf Jahren veräußert (sog. „Drei-Objekt-Grenze", BMF Schreiben vom 26.03.2004).

3.2 Arten von Einkünften aus Gewerbebetrieb

Einkünfte aus Gewerbebetrieb können gem. § 15 (1) Nr. 1 und 2 EStG sein: *§ 15 (1) Nr. 1 und 2 EStG*

- Gewinne aus gewerblichen Einzelunternehmen
  Handwerker, Handelsbetriebe, Handelsvertreter usw.
- Gewinnanteile aus Personengesellschaften
  Offene Handelsgesellschaft (OHG)
  Kommanditgesellschaft (KG)
  Gesellschaft bürgerlichen Rechts (GbR)
- Gewinne als stiller Gesellschafter, der nicht nur am Erfolg, sondern auch am Betriebsvermögen und den stillen Reserven beteiligt ist (sog. atypischer oder unechter stiller Gesellschafter). Laut einem Urteil des FG Münster vom 05.12.2003 reicht für eine atypisch stille Gesellschaft nicht nur die Beteiligung an den stillen Reserven. Hinzukommen muss eine Beteiligung am Verlust.

Aufgabe

Voraussetzungen und Arten des Gewerbebetriebs (§ 15 (1), (2) EStG)

Beurteilen Sie, ob in den folgenden Fällen Einkünfte aus Gewerbebetrieb vorliegen.

a) Susanne Völlinger ist Handelsvertreterin für die Firma Vorwerk. Für die von ihr vermittelten Geschäfte erhält sie eine Provision.
b) Hans Kraus vermittelt Versicherungen. Er möchte hiermit seinen Lebensunterhalt verdienen. Für die erste Vermittlung erhält er eine Provision von 500,00 €. Danach gibt er aber seine Tätigkeit auf, weil er ein besseres Angebot als Angestellter erhalten hat.
c) Klaus Kraft arbeitet als Angestellter in einer Kfz-Werkstatt. Abends repariert er regelmäßig „schwarz" die Autos verschiedener Leute, die von seiner Tätigkeit über „Mundpropaganda" erfahren haben (Beachten Sie § 40 AO).
d) Dr. Gold ist Zahnärztin und betreibt eine Praxis in Köln (beachten Sie § 18 EStG).
e) Die CH-GmbH handelt mit Computern aller Art. Ihr Geschäftssitz ist in Wuppertal.
f) Der bekannte Arzt Prof. Dr. Schneid unterhält eine berühmte Oldtimersammlung. Aus dieser Tätigkeit macht er Jahr für Jahr Verluste. Seine Einnahmen als Arzt verwendet er u.a., um die Oldtimer unterhalten zu können. Er möchte gerne die Verluste der Oldtimersammlung einkommensteuerlich geltend machen, da er der Meinung ist, dass es sich hier um einen Gewerbebetrieb handelt und demgemäß auch die Verluste anzuerkennen sein.
g) Traudel Jaschke ist Eigentümerin mehrerer Wohnhäuser, die sie vermietet. Weil die Verwaltung der Wohnhäuser sehr viel Arbeit macht und die Einnahmen für ihren Lebensunterhalt ausreichen, übt sie keine andere berufliche Tätigkeit aus.
h) Kurt Reichert ist ebenfalls Eigentümer mehrerer Wohnhäuser. Seine Tätigkeit ist aber nicht hauptsächlich die Verwaltung seiner Häuser, sondern er beschäftigt sich mit An- und Verkauf von Immobilien aus Spekulationszwecken.
i) Renate Scheler ist Inhaberin eines Hotels im Schwarzwald und vermietet dort Zimmer an Touristen. Zusätzlich bietet sie für die Hotelgäste noch Frühstück an.
j) Peter Frank und Ursula Freiberg betreiben zusammen die Frank & Freiberg OHG, die sich mit dem Vertrieb von Haushaltsgeräten beschäftigt.
k) Die beiden Steuerberater Huttmann und Kull betreiben ihre Kanzlei in der Rechtsform einer Gesellschaft bürgerlichen Rechts (GbR).

3.3 Personengesellschaften

Die Einkünfte von Personengesellschaften werden gegenüber den einzelnen Gesellschaftern im Rahmen einer gesonderten und einheitlichen Feststellung ermittelt und durch das Finanzamt festgesetzt.

Personengesellschaften sind insbesondere die

- Gesellschaft bürgerlichen Rechts (GbR)
- Offene Handelsgesellschaft (OHG)
- Kommanditgesellschaft (KG)
- Partnerschaftsgesellschaft
- stille Gesellschaft

3.3.1 Gesellschaft bürgerlichen Rechts (GbR)

Eine Gesellschaft bürgerlichen Rechts ergibt sich durch den vertraglichen Zusammenschluss zweier Rechtssubjekte – in der Regel natürliche Personen – zur Erreichung eines gemeinsamen Zwecks. Dies ist zum Beispiel bei Erbengemeinschaften der Fall. Seit dem 01.01.2024 existieren mit der rechtsfähigen Gesellschaft bürgerlichen Rechts und der nicht-rechtsfähigen Gesellschaft bürgerlichen Rechts zwei Formen dieser Gesellschaft.

§ 705 (2) BGB Die rechtsfähige Gesellschaft bürgerlichen Rechts tritt im Geschäftsverkehr nach außen auf und kann die Rechtsfähigkeit mit Eintragung in das Gesellschaftsregister deutlich machen. Sie ist dann eine eingetragene GbR und führt als Namenszusatz im Geschäftsverkehr „eGbR" oder „eingetragene Gesellschaft bürgerlichen Rechts".

Als rechtsfähige GbR kann sie selbst Träger von Rechten und Pflichten sein kann. Die Eintragung in das Gesellschaftsregister ist bei den Amtsgerichten vor Ort anzumelden. Hierzu müssen alle Gesellschafter der Eintragung zustimmen. Es gilt die Registerpublizität. Auf die Richtigkeit der Eintragungen im Gesellschaftsregister kann im Rechtsverkehr vertraut werden.

Die nicht eingetragene Gesellschaft bürgerlichen Rechts kann sowohl rechtsfähig als auch nicht-rechtsfähig sein. Sofern sie Träger von Rechten und Pflichten sein soll, empfiehlt sich eine Eintragung in das Gesellschaftsregister, um die Rechtsfähigkeit für Geschäftspartner zu bezeugen. Dies kann zum Beispiel sein, wenn die Gesellschaft sich als Gesellschafter an einer anderen Gesellschaft beteiligt, ein Grundstück erwirbt oder Geschäftspartner die Rechtsfähigkeit der Gesellschaft einfordern.

Eine nicht rechtsfähige GbR, die nach außen nicht auftritt und nur den Zweck hat das Innenverhältnis der Gesellschafter zueinander zu regeln, kann nicht eingetragen werden.

Die Geschäftsführung (Verhältnis der Gesellschafterinnen bzw. Gesellschafter untereinander) einer GbR erfolgt gem. § 709 BGB durch die Gesellschafterinnen bzw. Gesellschafter gemeinsam. Es ist also grundsätzlich für jedes Rechtsgeschäft die Zustimmung aller Gesellschafterinnen bzw. Gesellschafter erforderlich. Dies kann jedoch vertraglich abweichend geregelt werden (vgl. § 710 BGB). *§§ 709, 710 BGB*

Die Vertretung (Verhältnis der Gesellschaft zu außenstehenden Personen und Unternehmen) erfolgt grundsätzlich durch Gesellschafter gemeinsam. Im Gesellschaftsvertrag können abweichende Vereinbarungen zur Vertretung getroffen werden (Gesamtvertreterermächtigung). *§ 720 (1) BGB*

Die Geschäftsführung (Innenverhältnis) steht gesetzlich ebenfalls allen Gesellschaftern gemeinsam zu. Im Gesellschaftsvertrag können abweichende Vereinbarungen getroffen werden.

Im Fall von Pflichtverletzungen haften die Gesellschafterinnen bzw. Gesellschafter unmittelbar (es kann direkt auf das Vermögen der Gesellschafterinnen bzw. Gesellschafter zugegriffen werden), solidarisch (der Gläubiger kann von jeder Gesellschafterin bzw. jedem Gesellschafter einzeln den vollen geschuldeten Betrag fordern) und unbeschränkt (die Gesellschafterinnen bzw. Gesellschafter haften mit dem Betriebs- und Privatvermögen).

Der Gewinn einer Personengesellschaft wird gemäß § 709 (3) BGB gemäß den vereinbarten Beteiligungsverhältnissen auf die beteiligten Gesellschafterinnen bzw. Gesellschafter verteilt. Sind keine Werte für die Beteiligungsverhältnisse und Beiträge vereinbart worden, wird ein Gewinn oder Verlust gleichmäßig auf die Beteiligten verteilt. Es wird seit 2024 von einer Vollausschüttung des Gewinns ausgegangen. Dies bedeutet, dass jeder Gesellschafter Anspruch auf die Auszahlung des kompletten Gewinnanteils hat. Abweichende Gewinnverteilungen können vertraglich vereinbart werden. Steuerrechtlich sind gem. § 15 (1) Nr. 2 EStG Vergütungen, die Gesellschafterinnen bzw. Gesellschaftern für *§ 15 (1) Nr. 2 EStG*

- Tätigkeit im Dienste der Gesellschaft, z. B. Gehälter der Gesellschafterinnen bzw. Gesellschafter
- Hingabe von Darlehen, z. B. Zinszahlungen an die Gesellschafterinnen bzw. Gesellschafter
- Überlassung von Wirtschaftsgütern, z. B. Mieten an die Gesellschafterinnen bzw. Gesellschafter

gezahlt werden, den Gewinnanteilen der Gesellschafterinnen bzw. Gesellschafter hinzuzurechnen.

Eine Eintragung in das Handelsregister ist nicht möglich, da dies nur den Kaufleuten offen steht.

Die Gesellschaft bürgerlichen Rechts ist in bestimmten Fällen aber zu der Eintragung in das Gesellschaftsregister verpflichtet. Dies ist zum Beispiel der Fall, wenn die Gesellschaft selbst Eigentümerin von Grundstücken sein soll. Gesellschaften, die bisher nicht eingetragen waren, aber nach neuem Recht eintragungspflichtig sind, müssen die Eintragung nachholen, wenn sich eine relevante Änderung ergibt, z. B. ein Grundbuch mit der GbR als Eigentümerin geändert wird oder ein Gesellschafterwechsel stattfindet.

Die Gründung ist – trotz Eintragung – einfach, flexibel und ohne Mindestkapital möglich.

Zusammenfassung

Wesentliche Merkmale der Gesellschaft bürgerlichen Rechts (GbR)

Merkmal	Eingetragene GbR (eGbR)	Nicht eingetragene GbR
Rechtsfähigkeit	ja	möglich (bei nichteingetragener Außen-GbR)
Eintragung	Gesellschaftsregister	nein
Vertretung	Gesamtvertretung	Gesamtvertretung
Haftung	unbeschränkt, unmittelbar, solidarisch	unbeschränkt, unmittelbar, solidarisch
Gewinnverteilung	vorrangig nach Beteiligungsverhältnis	vorrangig nach Beteiligungsverhältnis
Einkünfte	abhängig von Tätigkeit der Gesellschaft	abhängig von Tätigkeit der Gesellschaft
Besteuerung ESt	auf Ebene der Gesellschafter	auf Ebene der Gesellschafter

3.3.2 Offene Handelsgesellschaft (OHG)

§ 105 HGB *§ 15 (2) EStG*

Eine offene Handelsgesellschaft ist ein Zusammenschluss von mindestens zwei natürlichen Personen. Sie ist damit mit der GbR vergleichbar, allerdings ist bei der OHG der Zweck der Betrieb eines Handelsgewerbes. (vgl. § 105 HGB). Ein Handelsgewerbe liegt vor, wenn die Voraussetzungen des § 15 (2) EStG (selbstständig, nachhaltig, Gewinnerzielungsabsicht, Beteiligung am allgemeinen wirtschaftlichen Verkehr, kein freier Beruf und keine Land- und Forstwirtschaft) erfüllt sind.

§ 106 HGB *§ 123 (1) HGB*

Die OHG entsteht mit dem Beginn der Aufnahme der Geschäftstätigkeit. Sie muss ins Handelsregister in der Abteilung A eingetragen werden (vgl. § 106 HGB), allerdings entsteht sie auch ohne Eintrag in das Handelsregister (§ 123 (1) HGB). Dies nennt man eine deklaratorische (rechtsbezeugende) Eintragung.

§ 116 HGB

Bei der OHG sind alle Gesellschafterinnen bzw. Gesellschafter zur Geschäftsführung berechtigt und verpflichtet (vgl. § 116 HGB). Abweichende vertragliche Vereinbarungen sind zulässig (vgl. § 116 (3) ff. HGB).

Gegenüber Dritten vertreten werden kann die OHG durch jede Gesellschafterin bzw. jeden Gesellschafter alleine. Somit kann jede Gesellschafterin bzw. jeder Gesellschafter für die OHG rechtswirksame Geschäfte abschließen.

§ 126 HGB

Bei Pflichtverletzungen haften die Gesellschafterinnen bzw. Gesellschafter unmittelbar, solidarisch und unbeschränkt. Unmittelbar bedeutet, dass Gläubiger jeden Gesellschafter direkt in Anspruch nehmen können. Solidarisch heißt, dass sie gemeinschaftlich für die Schulden einstehen, selbst wenn sie kein Verschulden trifft und Unbeschränkt bedeutet, dass Gesellschafter mit dem gesamten Gesellschafts- und Privatvermögen haften. Für die Gründung wird kein Mindestkapital benötigt.

§ 709 (3) BGB

Gemäß § 120 HGB wird der handelsrechtliche Gewinn einer OHG so verteilt, wie bei einer GbR, also nach den Beteiligungsverhältnissen. Sofern diese nicht vereinbart sind, gilt das vereinbarte Verhältnis der Werte der Beiträge und nachrangig die Verteilung nach Köpfen. Im Rahmen der Vertragsfreiheit können abweichende Gewinnverteilungen durch die Gesellschafterinnen bzw. Gesellschafter vereinbart werden.

Steuerrechtlich sind gem. § 15 (1) Nr. 2 EStG Vergütungen, die Gesellschafterinnen bzw. Gesellschaftern für

- Tätigkeiten im Dienste der Gesellschaft → Gehälter der Gesellschafterinnen bzw. Gesellschafter
- Hingabe von Darlehen → Zinszahlungen an die Gesellschafterinnen bzw. Gesellschafter
- Überlassung von Wirtschaftsgütern → Mieten an die Gesellschafterinnen bzw. Gesellschafter

gezahlt werden, den Gewinnanteilen der Gesellschafterinnen bzw. Gesellschafter hinzuzurechnen.

Beispiel

Die Kinke OHG hat zwei Gesellschafterinnen, Thea und Klara Kinke. Thea ist mit einem Kapital von 100.000,00 € und Klara mit 60.000,00 € an der OHG beteiligt. Die OHG hat im Veranlagungszeitraum einen handelsrechtlichen Gewinn von 120.000,00 € erzielt, der nach den gesetzlichen Vorschriften verteilt werden soll. Die Gehälter der beiden Gesellschafterinnen haben den Gewinn gemindert (Thea 60.000,00 €, Klara 40.000,00 €). Außerdem hat Klara der OHG ganzjährig ein Grundstück für eine monatliche Miete von 2.000,00 € überlassen.

Lösung

	Thea Kinke Kapital 100.000,00 €	Klara Kinke Kapital 60.000,00 €	Gesamt
nach Anteilsquote	75.000,00 €	45.000,00 €	120.000,00 €
Gewinn 1. Stufe	**75.000,00 €**	**45.000,00 €**	**120.000,00 €**
Vergütungen § 15 (1) Nr. 2 EStG			
Tätigkeitsvergütung	60.000,00 €	40.000,00 €	100.000,00 €
Miete	–	24.000,00 €	24.000,00 €
Einkünfte aus Gewerbebetrieb § 15 (1) Nr. 2 EStG	**135.000,00 €**	**109.000,00 €**	**244.000,00 €**

Zusammenfassung

Wesentliche Merkmale der Offene Handelsgesellschaft (OHG)

Merkmal	OHG
Rechtsfähigkeit	ja
Eintragung	Gesellschaftsregister
Vertretung	Einzelvertretung
Haftung	unbeschränkt, unmittelbar, solidarisch
Gewinnverteilung	vorrangig nach Beteiligungsverhältnis
Einkünfte	Einkünfte aus Gewerbebetrieb § 15 (1) Nr. 2 EStG
Besteuerung	auf Ebene der Gesellschafter

3.3.3 Kommanditgesellschaft (KG)

Eine Kommanditgesellschaft ist eine Personengesellschaft, deren Zweck auf den Betrieb eines Handelsgewerbes ausgerichtet ist, wenn bei einigen Gesellschafterinnen bzw. Gesellschaftern die Haftung auf den Betrag der Vermögenseinlage beschränkt ist **(Kommanditisten)** und bei anderen Gesellschafterinnen bzw. Gesellschaftern nicht **(Komplementäre)**. Eine Eintragung ins Handelsregister in der Abteilung A für Personengesellschaften ist zwar zwingend erforderlich, hat aber lediglich deklaratorische Wirkung. Mit Aufnahme der Geschäftstätigkeit ist die KG bereits entstanden. *§ 161 HGB* *§ 162 HGB*

Bei der KG sind die Komplementäre zur Geschäftsführung befugt. Die Kommanditisten sind von der Geschäftsführung ausgeschlossen. Sie können bei Geschäften, die über den gewöhnlichen Geschäftsbetrieb des Handelsgewerbes hinausgehen, ein Widerspruchsrecht ausüben. Abweichende vertragliche Vereinbarungen sind zulässig. *§ 164 HGB*

Die Vertretung der Kommanditgesellschaft nach außen erfolgt durch die Komplementäre.

Bei Pflichtverletzungen haften die Komplementäre unmittelbar, solidarisch und unbeschränkt mit dem gesamten Gesellschafts- und Privatvermögen. Kommanditisten hingegen haften nur mit ihrer Einlage. Sofern die Einlage noch nicht vollständig geleistet wurde, haften sie für den noch ausstehenden Betrag auch mit ihrem Privatvermögen. Für die Gründung ist kein Mindestkapital erforderlich. *§ 171 HGB*

Die Gewinnverteilung erfolgt seit 2024 wie bei der OHG. Somit werden Gewinne und Verluste für alle Gesellschafter grundsätzlich nach Beteiligungsverhältnissen, nachrangig nach den vereinbarten Werten der Beiträge und ausnahmsweise nach Köpfen verteilt. Gemäß § 169 HGB sind bei Kommanditisten Gewinne vorrangig mit vorherigen Verlusten auf seinem Kapitalkonto zu belassen, sofern die Verluste den Kapitalanteil zuvor in der Art gemindert haben, dass er unter den vereinbarten Wert gesunken ist. Es wird von einer Vollausschüttung des Gewinns ausgegangen. Das bedeutet, dass jeder Gesellschafter Anspruch auf die Auszahlung des kompletten Gewinnanteils hat.

§ 15 (1) Nr. 2 EStG

Steuerrechtlich sind gem. § 15 (1) Nr. 2 EStG Vergütungen, die Gesellschafterinnen bzw. Gesellschaftern für

- Tätigkeiten im Dienste der Gesellschaft → Gehälter der Gesellschafterinnen bzw. Gesellschafter
- Hingabe von Darlehen → Zinszahlungen an die Gesellschafterinnen bzw. Gesellschafter
- Überlassung von Wirtschaftsgütern → Mieten an die Gesellschafterinnen bzw. Gesellschafter

gezahlt werden, den Gewinnanteilen der Gesellschafterinnen bzw. Gesellschafter hinzuzurechnen.

Beispiel

Die Bertram KG hat drei Gesellschafter, Max, Jens und Karl Bertram. Max ist mit einem Kapital von 50.000,00 €, Jens mit 120.000,00 € und Karl mit 80.000,00 € an der KG beteiligt. Das Beteiligungsverhältnis laut Gesellschaftsvertrag ist wie folgt: Max 30 %, Jens 50 % und Karl 20 %. Jens ist als Komplementär tätig, während Max und Karl Kommanditisten sind. Die KG hat im Veranlagungszeitraum einen handelsrechtlichen Gewinn von 240.000,00 € erzielt, der nach den gesetzlichen Vorschriften verteilt werden soll. Das Gehalt von Jens in Höhe von 100.000,00 € hat den Gewinn gemindert. Außerdem hat Karl der KG seit dem 01.10. ein Grundstück für eine monatliche Miete von 4.000,00 € überlassen. Max hat der KG ein Darlehen über 200.000,00 € gewährt, das ganzjährig mit 2 % verzinst wurde. Miete und Zinsen haben den Gewinn gemindert.

Lösung

	Max Bertam Kapital 50.000,00 €	Jens Bertram Kapital 120.000,00 €	Karl Bertram Kapital 80.000,00 €	Gesamt 250.000,00 €
Gewinn gemäß Beteiligungsverhältnis	72.000,00 €	120.000,00 €	48.000,00 €	240.000,00 €
Gewinn 1. Stufe	**72.000,00 €**	**120.000,00 €**	**48.000,00 €**	**240.000,00 €**
Vergütungen § 15 (1) Nr. 2 EStG				
Tätigkeitsvergütung	–	100.000,00 €	–	100.000,00 €
Miete	–	–	12.000,00 €	12.000,00 €
Zinsen	4.000,00 €	–	–	4.000,00 €
Einkünfte aus Gewerbebetrieb § 15 (1) Nr. 2 EStG	**76.000,00 €**	**220.000,00 €**	**60.000,00 €**	**356.000,00 €**

Zusammenfassung

Wesentliche Merkmale der Kommanditgesellschaft (KG)

Merkmal	KG
Rechtsfähigkeit	ja
Eintragung	Gesellschaftsregister
Vertretung	Komplementär
Geschäftsführung	Komplementär
Haftung	Komplementäre unbeschränkt, Kommanditisten beschränkt
Gewinnverteilung	vorrangig nach Beteiligungsverhältnis
Einkünfte	Einkünfte aus Gewerbebetrieb § 15 (1) Nr. 2 EStG
Besteuerung	auf Ebene der Gesellschafter

3.3.4 Partnerschaftsgesellschaft

Die Partnerschaftsgesellschaft ist eine besondere Form der Gesellschaft bürgerlichen Rechts. Die gesetzlichen Regelungen für Partnerschaftsgesellschaften sind im **Partnerschaftsgesellschaftsgesetz (PartGG)** zu finden. Sie ermöglicht Freiberuflerinnen bzw. Freiberuflern den Zusammenschluss für ihre beruflichen Tätigkeiten.

Dementsprechend übt eine Partnerschaftsgesellschaft kein Handelsgewerbe aus. Für die Gründung einer Partnerschaftsgesellschaft ist ein schriftlicher Partnerschaftsvertrag abzuschließen. Es ist kein Mindestkapital erforderlich.

Die Partnerschaft ist im **Partnerschaftsregister** einzutragen. Bis zur Eintragung existiert eine Gesellschaft bürgerlichen Rechts. Die Eintragung ist somit konstitutiv (rechtserzeugend). Die Partnerinnen bzw. Partner erbringen ihre beruflichen Leistungen und müssen dabei das jeweilige Berufsrecht beachten. *§ 7 PartGG*

Der wesentliche Unterschied zur GbR liegt in einer Haftungsbeschränkung. Grundsätzlich haften die Partnerinnen bzw. Partner solidarisch und persönlich (also mit dem Gesellschafts- und Privatvermögen). Wenn nur einzelne Partnerinnen bzw. Partner einen Auftrag bearbeitet und dabei berufliche Fehler gemacht haben, haften nur diese Partnerinnen bzw. Partner auch persönlich für die so entstandenen Schäden. Weitere Möglichkeiten der Haftungsbeschränkung können vertraglich vereinbart und durch Abschluss entsprechender Berufshaftpflichtversicherungen erreicht werden. *§ 8 (2) PartGG*

Der Gewinn einer Partnerschaftsgesellschaft wird gleichmäßig auf die beteiligten Partnerinnen bzw. Partner verteilt. *§ 1 (4) PartGG*

Abweichende Gewinnverteilungen können vertraglich vereinbart werden. *§ 18 (4) S. 2 EStG*

Steuerrechtlich sind gem. § 18 (4) S. 2 EStG i. V. m. § 15 (1) Nr. 2 EStG Vergütungen, die Partnerinnen bzw. Partner für

- Tätigkeiten im Dienste der Gesellschaft → Gehälter der Partnerinnen bzw. Partner
- Hingabe von Darlehen → Zinszahlungen an die Partnerinnen bzw. Partner
- Überlassung von Wirtschaftsgütern → Mieten an die Partnerinnen bzw. Partner

gezahlt werden, den Gewinnanteilen der Partnerinnen bzw. Partner hinzuzurechnen. Die Partnerinnen bzw. Partner erzielen Einkünfte aus selbstständiger Tätigkeit i. S. v. § 18 (1) Nr. 1 EStG. *§ 18 (1) Nr. 1 EStG*

Wesentliche Merkmale der Partnerschaftsgesellschaft

§ 1 ff. PartGG	Erläuterung
Eintragung in Partnerschaftsregister	erforderlich
Vertretung	durch alle Partner/-innen, wobei jede/-r ihre/seine freie berufliche Tätigkeit ausübt
Haftung	unmittelbar, solidarisch und unbeschränkt, Beschränkungen möglich
Gewinnverteilung nach Gesetz	gleichmäßig nach Köpfen

3.3.5 Stille Gesellschaft

Eine stille Gesellschafterin bzw. ein stiller Gesellschafter beteiligt sich dabei an einem Unternehmen. Sie bzw. er überlässt dem Unternehmen Geld oder Gegenstände und erhält im Gegenzug dafür einen Anteil am Gewinn des Unternehmens. Die Vereinbarungen können im Detail frei vereinbart werden. Die stille Gesellschafterin bzw. der stille Gesellschafter kann auch an einem Verlust des Unternehmens beteiligt werden. Der Gesellschaftsvertrag ist an keine Form gebunden und die stille Gesellschaft ist nicht eintragungspflichtig (Ausnahme bei einer Aktiengesellschaft). Die stille Gesellschaft bietet eine einfache Möglichkeit, Kapital in das Unternehmen zu holen und gleichzeitig die volle Entscheidungsgewalt zu behalten. Die stille Gesellschaft ist keine eigene Rechtsform, die nach außen Wirksamkeit entfaltet. Es handelt sich um eine reine Innengesellschaft. Stille Gesellschafterinnen bzw. Gesellschafter bleiben in der Regeln anonym. Steuerlich ist zwischen der **typisch stillen Gesellschaft** und der **atypisch stillen Gesellschaft** zu unterscheiden. Sobald die stille Gesellschafterin bzw. der stille Gesellschafter auch an den stillen Reserven des Unternehmens beteiligt wird, liegt eine atypisch stille Gesellschaft vor. Stille Gesellschafterinnen bzw. Gesellschafter sind nicht zur Vertretung und/oder Geschäftsführung befugt. Sie haben lediglich beschränkte Kontrollrechte und haften nur beschränkt mit ihrer Einlage.

Wesentliche Merkmale der stillen Gesellschaft

Merkmal	Typisch stille Gesellschaft	Atypisch stille Gesellschaft
Eintragung	nicht erforderlich	
Vertretung	nicht erlaubt	
Haftung	grundsätzlich beschränkt auf die Einlage	
Gewinnverteilung	Beteiligung am Gewinn (und ggf. am Verlust)	Beteiligung am Gewinn/Verlust und den stillen Reserven
Einkünfte	Kapitalvermögen	Gewerbebetrieb
Besteuerung	25 % Kapitalertragsteuer	persönlicher Steuersatz

Zusammenfassung

Merkmal	Eingetragene GbR (eGbR)	Nicht eingetragene GbR	OHG	KG	Partnerschaftsgesellschaft	Typisch stille Gesellschaft	Atypisch stille Gesellschaft
Rechtsfähigkeit	ja	möglich (bei nicht eingetragener Außen-GbR)	ja	ja	ja	nein	nein
Eintragung	Gesellschaftsregister	nein	Gesellschaftsregister	Gesellschaftsregister	Partnerschaftsregister	nein	nein
Vertretung	Gesamtvertretung	Gesamtvertretung	Einzelvertretung	Komplementär	Gesamtvertretung durch Partner	nicht durch stille/-n Gesellschafter/-in	nicht durch stille/-n Gesellschafter/-in
Haftung	unbeschränkt, unmittelbar, solidarisch	unbeschränkt, unmittelbar, solidarisch	unbeschränkt, unmittelbar, solidarisch	Komplementär unbeschränkt, Kommanditist auf Einlage beschränkt	unbeschränkt, unmittelbar, gesamtschuldnerisch	beschränkt auf Einlage	beschränkt auf Einlage
Gewinnverteilung	vorrangig nach Beteiligungsverhältnis	vorrangig nach Beteiligungsverhältnis	vorrangig nach Beteiligungsverhältnis	vorrangig nach Beteiligungsverhältnis	vorrangig nach Beteiligungsverhältnis	Gewinn (und ggf. Verlust)	Gewinn, Verlust und stille Reserven
Einkünfte	abhängig von Tätigkeit der Gesellschaft	abhängig von Tätigkeit der Gesellschaft	Einkünfte aus Gewerbebetrieb § 15 (1) Nr. 2 EStG	Einkünfte aus Gewerbebetrieb § 15 (1) Nr. 2 EStG	Einkünfte aus selbstständiger Tätigkeit i.S.v. § 18 (1) Nr. 1 EStG	Einkünfte aus Kapitalvermögen § 20 (1) Nr. 1 EStG	Einkünfte aus Gewerbebetrieb § 15 (1) Nr. 2 EStG
Besteuerung ESt	auf Ebene der Gesellschafter	auf Ebene der Gesellschafter	auf Ebene der Gesellschafter	auf Ebene der Gesellschafter	auf Ebene der Gesellschafter	auf Ebene der Gesellschafter	auf Ebene der Gesellschafter

Aufgaben

1. Gründung einer Personengesellschaft

Die Mandanten Gero Gisau und Anton Jung betreiben gemeinsam eine Werbeagentur. Zuvor waren sie zum Teil als angestellte und freiberufliche Werbetexter tätig. Sie haben sich mündlich darauf geeinigt, dass sie künftig gemeinsam arbeiten, da sie sich in ihren Fähigkeiten sehr gut ergänzen. Sie wollen ihre Geschäftstätigkeit auf wenige Großkunden fokussieren. Ab dem 01. Juli 02 mieten sie gemeinsam Räume an. Beide bringen ihre bisherigen Arbeitsmaterialien ein. Bei Herrn Gisau sind das Vermögenswerte von 2.000,00 €. Herr Jung bringt Werte in Höhe von 4.000,00 € ein. Zusätzlich bringen beide jeweils 5.000,00 € Kapital ein. Weitere Arbeitnehmerinnen bzw. Arbeitnehmer gibt es in der Agentur nicht. Beide sollen in gleichem Umfang an dem Geschäft beteiligt sein. Einige Wochen nach dem Start kommen sie in die Kanzlei Rekens und möchten die dazugehörigen steuerlichen Fragen klären lassen.

a) Prüfen Sie in welcher Rechtsform Herr Gisau und Herr Jung ihre Agentur betreiben.
b) Prüfen Sie unter Angabe der Rechtsgrundlagen die Vertretungsbefugnis im vorliegenden Fall und geben Sie an, ob Herr Jung dazu berechtigt wäre, einen neuen Großbildschirm für 1.000,00 € für die Gesellschaft zu kaufen.
c) Erläutern Sie die Haftung von Herrn Jung und Herrn Gisau unter Angabe der rechtlichen Grundlagen.
d) Erläutern Sie kurz die Grundsätze der Gewinnverteilung für die zukünftig entstehenden Gewinne der Agentur.

2. **Gründung einer offenen Handelsgesellschaft (OHG)**
Die Mandanten Stefan Müller und Melanie Beyer gründen einen Elektrogroßhandel in der Rechtsform einer OHG, an der sie mit jeweils 160.000,00 € beteiligt sind. Laut Gesellschaftsvertrag sind sie ausschließlich gemeinsam zur Vertretung der OHG berechtigt. Der Gesellschaftsvertrag wird am 10. April 01 rechtsgültig abgeschlossen. Die Eintragung in das Handelsregister erfolgt am 07. Juli 01. Bereits ab dem 20. Juni 01 werden die ersten Geschäftstätigkeiten (Raumanmietung, Wareneinkäufe usw.) ausgeführt. Am 02. Juli 01 kauft Frau Beyer einen Posten Haartrockner für die OHG ein. Sie hält zuvor keine Rücksprache mit Herrn Müller.

a) Erläutern Sie unter Angabe der Rechtsgrundlage, zu welchem Zeitpunkt die OHG entstanden ist.
b) Erläutern Sie die Rechtswirkung der Eintragung in das Handelsregister.
c) Erläutern Sie unter Angabe der gesetzlichen Grundlagen, ob der von Frau Beyer abgeschlossene Kaufvertrag wirksam ist.
d) Erläutern Sie mögliche Folgen, die das Verhalten von Frau Beyer im Innenverhältnis zwischen den Gesellschaftern haben könnte.
e) Beschreiben Sie kurz die Haftung der Gesellschafter für die Verbindlichkeiten der OHG.
f) Zum 1. März. 02 nimmt die OHG Frau Seitz als weitere Gesellschafterin auf. Kurze Zeit nach ihrem Eintritt wird sie von einer Gläubigerin der OHG, Frau Pleissner, aufgefordert, eine Rechnung vom 7. Februar 02 zu begleichen.
Erläutern Sie unter Angabe der Rechtsgrundlage, ob Frau Seitz für die Verbindlichkeit in Anspruch genommen werden kann.

3. **Stille Gesellschaft**
Frau Dökel beteiligt sich an dem Einzelunternehmen von Herrn Schieber mit 50.000,00 € als typisch stille Gesellschafterin. Eine Lieferantin verlangt von Frau Dökel die Bezahlung einer Rechnung in Höhe von 20.000,00 €, die das Einzelunternehmen von Herrn Schieber nicht gezahlt hat.

a) Erläutern Sie kurz unter Angabe der gesetzlichen Grundlage, ob die Möglichkeit besteht, Frau Dökel vertraglich von der Beteiligung an einem Verlust auszuschließen.
b) Erläutern Sie kurz, ob Frau Dökel die Rechnung des Einzelunternehmens begleichen muss.
c) Geben Sie an, welche Geschäfte Frau Dökel als stille Gesellschafterin für das Einzelunternehmen abschließen darf.
d) Erläutern Sie die Versteuerung der Einkünfte von Frau Dökel aus ihrer Beteiligung an der stillen Gesellschaft.
e) Beschreiben Sie die Beteiligung von Frau Dökel am Gewinn und den stillen Reserven des Einzelunternehmens.
f) Erläutern Sie die Versteuerung der Einkünfte von Frau Dökel, wenn sie auch am Verlust und den stillen Reserven beteiligt wäre.

4. **Gründung einer Kommanditgesellschaft (KG)**
Der Einzelunternehmer Dardai betreibt einen Tischlereibetrieb. Er möchte sein Unternehmen erweitern. Das benötigte Kapital soll durch die Aufnahme von zwei Gesellschaftern und die damit nötige Umwandlung des Unternehmens in eine Kommanditgesellschaft beschafft werden. Herr Dardai wird in der KG als Komplementär eingetragen werden. Die neuen Gesellschafter Holzapfel (als Kommanditist) und Kellner (als weiterer Komplementär) treten am 13. März 02 mit Unterzeichnung des Gesellschaftsvertrages ein. Der Handelsregistereintrag erfolgte am 2. April 02.

a) Erläutern Sie unter Angabe der Rechtsgrundlage, zu welchem Zeitpunkt die KG im konkreten Fall entstanden ist, wenn der Gesellschaftsvertrag keine gesonderte Regelung hierzu enthält.
b) Herr Holzapfel kauft im Namen der KG ohne Rücksprache mit den anderen Gesellschaftern eine Fräsmaschine für 899,00 €. Erläutern Sie unter Angabe der Rechtsgrundlage, ob der Kaufvertrag rechtswirksam für die KG abgeschlossen wurde.
c) Herr Dardai und Herr Kellner planen, dass Frau Jung als Bürokauffrau eingestellt wird. Herr Holzapfel ist mit dieser Personalie nicht einverstanden und widerspricht der Einstellung. Erläutern Sie unter Angabe der Rechtsgrundlage, ob Herr Holzapfel hier widersprechen darf.
d) Die KG kommt am 27. Mai 02 in Zahlungsschwierigkeiten. Der Lieferant Karl Ducksch verlangt seine fällige Forderung in Höhe von 70.000,00 € sofort. Hierfür wendet er sich an Herrn Holzapfel und verlangt von ihm die 70.000,00 €. Herr Holzapfel hat bisher 10.000,00 € von seiner vereinbarten Einlage i. H. v. 30.000,00 € eingezahlt. Erläutern Sie unter Angabe der Rechtsgrundlage, ob und in welcher Höhe Ducksch die Zahlung von Herrn Holzapfel einfordern kann.
e) Erläutern Sie unter Einbezug des § 176 HGB, wie die Situation aus Aufgabenteil d) zu beurteilen wäre, wenn sich der Gläubiger bereits am 30. März 02 an Herrn Holzapfel mit dem gleichen Anliegen gewendet hätte.

5. Gewinnverteilung bei einer GbR

Die Mandanten Dr. Schmitt und Dr. Toprak betreiben seit Jahren zusammen eine Arztpraxis für Schönheitsoperationen in der Form einer eingetragenen rechtsfähigen GbR. Es werden Operationen aus medizinischen und aus kosmetischen Gründen durchgeführt. Aus der Praxis erzielten sie im Veranlagungszeitraum einen Gewinn in Höhe von 250.000,00 €. Dieser Gewinn wurde gemindert um die Gehälter, die sich beide Ärzte in Höhe von monatlich 4.000,00 € entnommen hatten. Außerdem hat Herr Dr. Schmitt der GbR bei Gründung ein Darlehen für die Anschaffung von Gerätschaften in Höhe von 300.000,00 € gegeben, welches mit 3 % Zinsen pro Jahr vergütet wird. Herr Dr. Toprak überlässt der Gesellschaft für 3.000,00 € im Monat die Räume, in denen die Praxis betrieben wird. Gemäß Gesellschaftsvertrag wird den gesetzlichen Regelungen gefolgt. Die beiden Doktoren sind zu gleichen Teilen an der GbR beteiligt. Allerdings darf jeder Arzt seine Behandlungen eigenmächtig vornehmen.

a) Erläutern Sie kurz den Umfang der Haftung der beiden Gesellschafter.
b) Ermitteln Sie die Einkünfte aus Gewerbebetrieb für Dr. Schmitt und Dr. Toprak in einer geordneten Übersicht.

6. Gewinnverteilung bei einer OHG

Die Mandanten Thomas und Sebastian Haselbauer führen gemeinsam einen Großhandel für Stoffe in der Form einer OHG. Thomas ist mit einem Kapital von 300.000,00 € und Sebastian mit 160.000,00 € an der OHG beteiligt. Die Kapitalanteile entsprechen dem vereinbarten Beteiligungsverhältnis. Der handelsrechtliche Gewinn der Hasel OHG betrug im Veranlagungszeitraum 184.000,00 €. Dieser Gewinn wurde gemindert um die Gehälter, die sich die beiden Brüder Haselbauer in Höhe von monatlich 4.500,00 € für Sebastian und 5.000,00 € für Thomas entnommen haben. Sebastian hat der OHG außerdem das Grundstück überlassen, auf dem der Großhandel betrieben wird. Dafür erhält er eine monatliche Miete in Höhe von 2.500,00 €. Thomas brachte zum 01.04. des Veranlagungszeitraums ein Darlehen für die Finanzierung eines Hochregallagers in Höhe von 200.000,00 € ein, das mit 2,5 % Zinsen pro Jahr vergütet wird. Gemäß Gesellschaftsvertrag wird den gesetzlichen Regelungen gefolgt.

a) Erläutern Sie kurz den Umfang der Haftung der beiden Gesellschafter.
b) Ermitteln Sie die Einkünfte aus Gewerbebetrieb für Thomas und Sebastian Haselbauer in einer geordneten Übersicht.

7. Gewinnverteilung bei einer KG

Die Mandantinnen Stefanie Mauer, Ariane Blume, Patricia Stelter führen gemeinsam einen Großhandel für Blumen in der Form einer KG. Stefanie ist als Komplementärin in das Handelsregister eingetragen und tätig, während Ariane und Patricia Kommanditistinnen sind. Die KG hat im Veranlagungszeitraum einen handelsrechtlichen Gewinn von 80.000,00 € erzielt, der nach den gesetzlichen Vorschriften verteilt werden soll. Die Gehälter von Stefanie in Höhe von 120.000,00 € und Patricia in Höhe von 36.000,00 € haben den Gewinn gemindert. Außerdem hat Ariane der KG seit dem 01.03. ein Grundstück für eine monatliche Miete von 3.500,00 € überlassen. Patricia hat der KG ein Darlehen über 100.000,00 € gewährt, das seit dem 01.05. mit 3 % verzinst wurde. Miete und Zinsen haben den Gewinn gemindert. Stefanie ist mit 120.000,00 €, Ariane mit 40.000,00 € und Patricia mit 80.000,00 € an der Gesellschaft beteiligt. Die Kapitalanteile entsprechen dem vereinbarten Beteiligungsverhältnis.

a) Erläutern Sie kurz den Umfang der Haftung der Gesellschafterinnen.
b) Ermitteln Sie die Einkünfte aus Gewerbebetrieb für Stefanie Mauer, Ariane Blume, Patricia Stelter in einer geordneten Übersicht.

3.3.6 Vollmachten

Da die Unternehmerinnen bzw. Unternehmer oft nicht jede einzelne Entscheidung in ihren Unternehmen selbst treffen können, ist es in der Regel erforderlich, dass sie von ihren Angestellten beim Abschluss von Rechtsgeschäften vertreten werden. Hierfür werden Vollmachten an qualifizierte Personen erteilt. Vollmachten ermöglichen also eine Form der Vertretung.

Prokura

Die Prokura ist die umfangreichste Vollmacht. Sie kann gem. § 48 (1) HGB nur von der Inhaberin bzw. dem Inhaber des Unternehmens oder deren bzw. dessen gesetzlichen Vertreterin bzw. Vertreter ausdrücklich, schriftlich oder mündlich erteilt werden. *§ 48 (1) HGB*

Die Erteilung der Prokura erfolgt bei Personengesellschaften durch die geschäftsführenden Gesellschafterinnen bzw. Gesellschafter gemeinschaftlich. Bei einer GmbH entscheidet die Gesellschafterversammlung, bei der Aktiengesellschaft der Vorstand über das Erteilen einer Prokura.

Die Prokura ermächtigt zu allen Arten von gerichtlichen und außergerichtlichen Geschäften und Rechtshandlungen, die der Betrieb eines Handelsgewerbes mit sich bringt. *§ 49 HGB*

Die Prokuristin bzw. der Prokurist darf z. B.

- Waren und Anlagevermögen einkaufen und verkaufen,
- Personal einstellen und entlassen,
- Rechnungen bezahlen,
- Darlehen aufnehmen,
- Bürgschaften eingehen,
- Prozesse für das Unternehmen führen,
- Grundstucke kaufen.

Die Veräußerung und Belastung von Grundstücken darf jedoch nur mit einer besonderen Genehmigung erfolgen.

Es gibt Aufgaben, die die verantwortlichen Unternehmerinnen bzw. Unternehmer zwingend selbst erledigen müssen. So darf die Prokuristin bzw. der Prokurist folgende Handlungen nicht selbst vornehmen:

- Bilanzen unterschreiben,
- Steuererklärungen unterschreiben,
- Eintragungen im Handelsregister vornehmen lassen,
- Insolvenzverfahrenseröffnung beantragen,
- Prokura erteilen,
- Grundstücke verkaufen,
- neue Gesellschafter aufnehmen,
- das Unternehmen auflösen oder verkaufen.

Im Geschäftsverkehr muss die Prokuristin bzw. der Prokurist ihre bzw. seine Stellung geltend machen. Daher unterschreibt sie bzw. er, indem sie bzw. er der Firma seinen Namen mit einem Zusatz, der die Prokura andeutet (z. B. ppa.), hinzufügt. Die Prokura muss in das Handelsregister eingetragen werden. Die Eintragung hat lediglich deklaratorische Wirkung, da die Prokura bereits vorher wirksam ist. Sie kann im Innenverhältnis, also zwischen der Geschäftsinhaberin bzw. dem Geschäftsinhaber und der Prokuristin bzw. dem Prokuristen, eingeschränkt werden. Diese Einschränkungen gelten jedoch nicht im Außenverhältnis gegenüber Dritten. *§ 51 HGB* *§ 50 (1) HGB*

Beispiel Die Unternehmerin Meyer hat die Prokura ihres Prokuristen Tadic dahingehend eingeschränkt, dass dieser keine Darlehen aufnehmen darf. Tadic nimmt dennoch in seiner Funktion als Prokurist ein Darlehen bei der Sparkasse auf. Der Darlehensvertrag ist wirksam, da die Prokura nach außen nicht beschränkt werden darf.

Die Prokura erlischt,

- durch Widerruf durch die Inhaberin bzw. den Inhaber des Handelsgeschäftes oder ihre bzw. seine gesetzliche Vertretung,
- durch Ausscheiden der Prokuristin bzw. des Prokuristen aus dem Unternehmen,
- durch Auflösung oder Verkauf des Handelsgeschäfts.

Sie erlischt nicht beim Tod der Geschäftsinhaberin bzw. des Geschäftsinhabers.

Der Widerruf der Prokura erfolgt bei Personengesellschaften durch eine Gesellschafterin bzw. einen Gesellschafter, bei einer GmbH durch die die Gesellschafterversammlung und bei der Aktiengesellschaft durch den Vorstand. Die Aufhebung der Prokura muss in das Handelsregister eingetragen und bekannt gemacht werden. Erst dadurch ist die Prokura auch im Außenverhältnis gegenüber Dritten gelöscht.

Arten der Prokura sind

- **Einzelprokura**
  Die Prokuristin bzw. der Prokurist mit Einzelprokura darf Rechtsgeschäfte allein abschließen.
- **Gesamtprokura**
  § 48 (2) HGB Bei Prokuristinnen bzw. Prokuristen mit Gesamtprokura dürfen nur zwei oder mehrere Prokuristinnen bzw. Prokuristen die Vollmacht gemeinsam ausüben.
- **Filialprokura**
  § 50 (3) HGB Die Filialprokura beschränkt die Vollmacht der Prokuristin bzw. des Prokuristen auf nur eine Filiale oder eine Niederlassung des Unternehmens.

Die Gesamt- und Filialprokura stellen Einschränkungen der Prokura dar, die nur dann Gültigkeit haben, wenn sie in das Handelsregister eingetragen wurden oder die Geschäftspartner davon Kenntnis haben.

Handlungsvollmacht

§ 54 HGB Die Handlungsvollmacht ist in § 54 HGB geregelt. Sie erstreckt sich nur auf Rechtsgeschäfte, die das jeweilige Handelsgewerbe gewöhnlich mit sich bringt. Sie ist somit nicht so umfangreich wie eine Prokura. Die Handlungsvollmacht wird nicht in das Handelsregister eingetragen. Somit müssen Geschäftspartner sich über das Vorliegen der Vollmacht und ihren Umfang und mögliche Beschränkungen vergewissern.

Es gibt folgende **Arten der Handlungsvollmacht**:

- allgemeine Handlungsvollmacht,
- Artvollmacht und
- Einzelvollmacht.

Die **allgemeine Handlungsvollmacht** berechtigt zur Ausübung aller gewöhnlichen Rechtsgeschäfte, die in dem Betrieb vorkommen, z. B.

- übliche Zahlungsgeschäfte erledigen,
- Ware verkaufen,
- Ware einkaufen,
- Personal einstellen und entlassen.

§ 54 (2) HGB Explizit ausgenommen von der Handlungsvollmacht sind gem. § 54 (2) HGB die Veräußerung oder Belastung von Grundstücken, die Eingehung von Wechselverbindlichkeiten, die Darlehensaufnahme und die Prozessführung.

Die **Artvollmacht** berechtigt Angestellte, bestimmte Rechtsgeschäfte, die in ihren Zuständigkeitsbereich fallen, dauernd zu erledigen. Eine Artvollmacht besitzen z. B. Verkaufs-, Einkaufs- oder Kassenpersonal.

Wer eine **Einzelvollmacht** erhalt, darf ein bestimmtes, in der Vollmacht beschriebenes Rechtsgeschäft, einmalig tätigen.

Die Handlungsvollmacht kann formlos (schriftlich, mündlich oder stillschweigend) von der Inhaberin bzw. dem Inhaber des Handelsgeschäftes und von Prokuristinnen bzw. Prokuristen erteilt werden. Sie muss nicht ausdrücklich erteilt werden, sondern ist auch durch konkludentes Handeln erteilt. Alle Bevollmächtigten können innerhalb ihrer Vollmacht Untervollmachten erteilen, d.h.,

- Eine Angestellte bzw. ein Angestellter mit allgemeiner Handlungsvollmacht darf innerhalb dieser Vollmacht eine Artvollmacht,
- Eine Artbevollmächtigte bzw. ein Artbevollmächtigter innerhalb dieser Artvollmacht eine Einzelvollmacht erteilen.

Handlungsvollmachten werden nicht in das Handelsregistereingetragen.

Die Handlungsvollmacht erlischt z.B. durch Widerruf, Beendigung des Anstellungsverhältnisses, Tod der bzw. des Bevollmächtigten, Auflösung des Unternehmens.

Ein Geschäftshandlung, die im Rahmen einer Handlungsvollmacht getätigt wird, wird durch Unterschrift mit dem Zusatz „i.V." (in Vollmacht) oder „i.A." (im Auftrag) unterzeichnet.

Vergleich von Prokura und Handlungsvollmacht

Kriterium	Prokura	Handlungsvollmacht
Gesetzliche Grundlage	§§ 48–53 HGB	§ 54 HGB
Erteilung und Handelsregister	ausdrückliche Erklärung der Geschäftsinhaberin bzw. des Geschäftsinhabers, Eintragung im Handelsregister erforderlich (deklaratorisch)	Erklärung der Geschäftsinhaberin bzw. des Geschäftsinhabers (konkludent möglich), keine Eintragung im Handelsregister erforderlich
Umfang der Befugnisse	berechtigt zu allen Arten von gerichtlichen und außergerichtlichen Geschäften, die der Betrieb eines Handelsgewerbes mit sich bringt.	ermächtigt nur zu den im Rahmen der gewöhnlichen Geschäfte des Handelsgewerbes notwendigen Handlungen
Beispiel für Beschränkungen	· Prokura erteilen · Unternehmen verkaufen · Gesellschafterbestand ändern · Insolvenzverfahren beantragen · Bilanzen, Steuererklärungen unterschreiben · Grundstücksgeschäfte nur mit besonderer Ermächtigung (§ 49 (2) HGB)	· Beschränkungen des Prokuristen und zusätzlich z.B. · Grundstücksgeschäfte · Aufnahme von Krediten · Eingehen von Bürgschaften · Prozessführung → ggf. mit besonderer Ermächtigung möglich
Arten	· Einzelprokura · Gesamtprokura · Filialprokura	· allgemeine Handlungsvollmacht · Artvollmacht · Einzelvollmacht
Einschränkungen im Außenverhältnis	Nur Grundstücksgeschäfte und Belastungen sind ausgeschlossen, ansonsten umfassende Außenwirkung.	Beschränkungen sind im Außenverhältnis grundsätzlich wirksam.
Zusatz	per procura, ppa.	im Auftrag, i.A. in Vertretung, i.V.

Aufgaben

1. **Befugnisse des Prokuristen**
   Die Kleinhenn GmbH hat Herrn Dittmers mit Prokura ausgestattet. Nun steht die Geschäftsleitung vor der Herausforderung, die Befugnisse des einzigen Prokuristen des Unternehmens klar zu handhaben und mögliche Grenzen abzustecken. Der Prokurist darf gemäß der erteilten Prokura Verträge und Ausgaben bis zu einem Betrag von 100.000,00 € ohne zusätzliche Genehmigung tätigen. Beträge, die darüber hinaus gehen, bedürfen der Zustimmung der Geschäftsführung.

   a) Erstellen Sie eine Übersicht über die Befugnisse einer Prokuristin bzw. eines Prokuristen gemäß Handelsgesetzbuch (HGB) hat. Gehen Sie dabei auf die allgemeinen Rechte und Pflichten einer Prokuristin bzw. eines Prokuristen ein.

b) Nennen Sie mindestens drei Beispiele, bei denen die Befugnisse einer Prokuristin bzw. eines Prokuristen gesetzlich eingeschränkt sind. Erläutern Sie die Gründe für diese Einschränkungen.
c) Erklären Sie für die folgenden drei Situationen, ob diese Handlungen in den gesetzlichen und unternehmensinternen Rahmen der erteilten Prokura passen.
   ca) Herr Dittmers schließt einen Vertrag mit einem Lieferanten über den Kauf von Rohstoffen im Wert von 80.000,00 € ab.
   cb) Herr Dittmers möchte ein Grundstück für eine neue Betriebsstätte erwerben.
   cc) Dittmers nimmt einen kurzfristigen Kredit von 150.000,00 € zur Überbrückung eines Liquiditätsengpasses auf.

2. **Prokura**
Die Stanze GmbH möchte eine Vollmacht für einen ihrer leitenden Angestellten, Herrn Carsten Büker, erteilen. Herr Büker ist sehr vertrauenswürdig und lange Zeit im Unternehmen tätig. Er soll möglichst weitreichende Befugnisse bekommen.

a) Beschreiben Sie die Unterschiede zwischen einer Prokura und einer allgemeinen Handlungsvollmacht.
b) Erläutern Sie die Bedeutung der Prokura im Handelsregister. Geben Sie an, welche Informationen im Handelsregister eingetragen werden müssen. Recherchieren Sie auch online.
c) Geben Sie eine ausführliche und begründete Handlungsempfehlung für den vorliegenden Sachverhalt.

3. **Allgemeine Handlungsvollmacht**
Die Elektrogeräte AG erteilt Frau Caarls folgende allgemeine Handlungsvollmacht für den Vertrieb (Auszug):

> Die Elektrogeräte AG, vertreten durch den Vorstandsvorsitzenden Herrn Christian Reusch, erteilt hiermit Frau Simone Caarls, geboren am 01.01.1985, wohnhaft in der Blumenstraße 3, 30171 Hannover, eine allgemeine Handlungsvollmacht gemäß § 54 HGB.
>
> Frau Caarls ist berechtigt, sämtliche Geschäfte und Rechtshandlungen im Vertrieb der Elektrogeräte AG vorzunehmen, die der gewöhnliche Betrieb des Handelsgewerbes mit sich bringt.

a) Untersuchen Sie, in welchen Bereichen Frau Caarls mit dieser Vollmacht Entscheidungen treffen kann und in welchen nicht.
b) Erläutern Sie die möglichen Risiken und Vorteile einer allgemeinen Handlungsvollmacht für die Elektrogeräte AG.

4. **Filialprokura**
Die Sommerstyle KG ist ein großes Unternehmen mit zahlreichen Filialen in ganz Deutschland. Herr Krüger soll für die Filiale in Hamburg folgende Filialprokura erhalten (Auszug):

> Die Sommerstyle KG, vertreten durch die geschäftsführenden Gesellschafter Herrn Kuno Tegeler und Frau Lara Henke, erteilt hiermit Herrn Björn Krüger, geboren am 23.05.1985, wohnhaft in der Kastanienstraße 17, 22335 Hamburg, eine Filialprokura gemäß § 48 HGB.
>
> Herr Krüger ist berechtigt, sämtliche Geschäfte und Rechtshandlungen für die Filiale in Hamburg, Alsterstraße 45, 20148 Hamburg, vorzunehmen, die der gewöhnliche Betrieb des Handelsgewerbes dieser Filiale mit sich bringt.

a) Erklären Sie den Unterschied zwischen einer Filialprokura und einer allgemeinen Prokura.
b) Geben Sie an, wie die Sommerstyle KG sicherstellen kann, dass die Vollmachten in ihren verschiedenen Filialen korrekt und einheitlich verwaltet und genutzt werden.

5. **Einzelvollmacht**
Die Waltz GmbH möchte Herrn Pautsch, um bestimmte Geschäfte abzuwickeln, folgende Einzelvollmacht erteilen (Auszug):

> Die Waltz GmbH, vertreten durch die Geschäftsführerin Frau Melanie Waltz, erteilt hiermit Herrn Leo Pautsch, geboren am 28.02.1968, wohnhaft in der Calenberger Straße 9, 30159 Hannover, eine Einzelvollmacht gemäß § 167 BGB.
>
> Herr Pautsch ist berechtigt, im Namen der Waltz GmbH den Kaufvertrag mit der Firma Mabau GmbH über die Lieferung einer Fertigungsmaschine abzuschließen. Der Vertragsabschluss ist bis zum 31.08.2024 durchzuführen.

Beschreiben Sie die Vorteile und Nachteile einer Einzelvollmacht im Vergleich zu einer allgemeinen Handlungsvollmacht.

6. **Gründe für das Erlöschen der Prokura**
   Die Geschäftsführung der Stanze GmbH möchte ein umfassendes Verständnis der Gründe für das Erlöschen einer Prokura erlangen. Dazu sollen verschiedene Szenarien untersucht werden, in denen eine Prokura erlischt.

   a) Erläutern Sie die gesetzlichen Grundlagen und Definitionen für das Erlöschen einer Prokura gemäß Handelsgesetzbuch (HGB).
   b) Erläutern Sie mindestens fünf verschiedene Gründe, aus denen eine Prokura erlöschen kann. Stellen Sie sicher, dass sowohl gesetzliche als auch unternehmensinterne Gründe berücksichtigt werden.
   c) Beschreiben Sie, welche Schritte die Stanze GmbH unternehmen muss, nachdem eine Prokura erloschen ist, um sicherzustellen, dass das Erlöschen der Prokura rechtssicher und effektiv erfolgt und alle relevanten Parteien umfassend informiert sind. Gehen Sie dabei sowohl auf die rechtlichen als auch auf die praktischen Schritte ein.

7. **Widerruf einer Prokura**
   Der alleinige Gesellschafter und gleichzeitig Geschäftsführer der Besser Wohnen GmbH, Simon Holzapfel, erteilte am 09.11.01 dem Abteilungsleiter Einkauf, Daniel Waide, Prokura. Es wurde vereinbart, dass Herr Waide nicht berechtigt ist, Rechtsgeschäfte über 30.000,00,00 € abzuschließen. Die Prokura wurde am 24.11. 01. in das Handelsregister eingetragen.
   Am 13.12.01 bestellte Herr Waide bei der Lifestyle KG Sofas im Wert von 39.500,00 €.
   Da es mehrere Unregelmäßigkeiten in den Handlungen des Prokuristen gab, entzieht Geschäftsführer Holzapfel Herrn Waide die Prokura am 24.02.02. Der Widerruf wird am 07.03.02 im Handelsregister eingetragen und bekannt gemacht. Herr Waide schließt dennoch am 02.03.02 mit dem Lieferanten Kühne einen Kaufvertrag über Wohnaccessoires im Wert von 6.500,00 € ab.

   a) Erläutern Sie die Befugnisse von Herrn Waide als Prokurist unter Angabe der gesetzlichen Grundlage.
   b) Erläutern Sie, wann die Prokura von Herrn Waide wirksam wurde.
   c) Ermitteln Sie unter Angabe der gesetzlichen Grundlage, ob der Kaufvertrag mit der Lifestyle KG rechtswirksam abgeschlossen wurde.
   d) Begründen Sie unter Angabe der gesetzlichen Grundlage, ob Herr Waide zum Abschluss des Kaufvertrages mit dem Unternehmer Kühne berechtigt war.
   e) Geben Sie an, ob die Besser Wohnen GmbH zur Zahlung des Kaufpreises an den Unternehmer Kühne verpflichtet ist. Nennen Sie auch die gesetzliche Grundlage.

8. **Mögliche Rechtsgeschäfte mit einer allgemeinen Handlungsvollmacht**
   Basilios Singin ist Inhaber des griechischen Restaurants „Greek Taverna“. Er erteilt Luisa Harm, die schon lange für ihn arbeitet, eine allgemeine Handlungsvollmacht. Frau Harms nimmt ohne Wissen von Herrn Singin die folgenden Rechtshandlungen vor.

   a) Kauf von 100 Kartons zu je 6 Flaschen Wein zum Preis von 7.500,00 €.
   b) Aufnahme eines kurzfristigen Darlehens zur Finanzierung des Warenkaufs.
   c) Anmietung von Räumen, um ein weiteres Restaurant unter demselben Namen zu eröffnen.

   Erläutern Sie, unter Angabe der gesetzlichen Vorschriften, ob Frau Harms diese Rechtsgeschäfte im Rahmen ihrer Vollmacht tätigen durfte.

3.4 Ermittlung der Einkünfte aus Gewerbebetrieb

Die Einkünfte aus Gewerbebetrieb werden durch den Gewinn ermittelt. Die Gewinnermittlung

- erfolgt für buchführungspflichtige Gewerbetreibende durch den Betriebsvermögensvergleich nach § 4 (1) oder nach § 5 EStG und
- für nicht buchführungspflichtige (kleine) Gewerbetreibende durch die Einnahmen-Überschuss-Rechnung nach § 4 (3) EStG.

§ 4 (5), (5b), (6) EStG

Bei der Gewinnermittlung ist zu beachten, dass für gewisse Ausgaben, die zwar betrieblich veranlasst sind, dennoch ein Abzugsverbot besteht. Sie dürfen den Gewinn nach § 4 (5), (5b) und (6) EStG nicht mindern. Beispiele für diese sog. **nicht abzugsfähigen Betriebsausgaben** sind folgende Aufwendungen:

- Geschenke an Geschäftskunden über 50,00 € netto
- 30 % der angemessenen Aufwendungen für Bewirtungen von Personen aus geschäftlichem Anlass
- Mehraufwendungen für Verpflegung über den gesetzlichen Höchstbeträgen von:
  - 28,00 € bei 24-stündiger Abwesenheit
  - 14,00 € bei 8- bis 24-stündiger Abwesenheit
  - jeweils 14,00 € für den An- und Abreisetag, wenn die Arbeitnehmerin bzw. der Arbeitnehmer außerhalb ihrer bzw. seiner Wohnung übernachtet
  - Pauschbetrag für Berufskraftfahrer 9,00 € zusätzlich zu den Verpflegungspauschalen
- für Fahrten zwischen Wohnung und erster Tätigkeitsstätte der Unterschiedsbetrag zwischen 0,03 % des inländischen Bruttolistenpreises je Kalendermonat oder den tatsächlichen Aufwendungen für Fahrten zwischen Wohnung und erster Tätigkeitsstätte und Entfernungskilometer und der Entfernungspauschale in Höhe von 0,30 € je Entfernungskilometer, ab dem 20. km 0,38 €.
- Schmiergelder
- Spenden an politische Parteien
- Gewerbesteuer
- u. a. (Aufzählung nicht vollständig)

§ 12 EStG

Nach § 12 EStG dürfen zusätzlich folgende Ausgaben nicht vom Gewinn abgezogen werden:

- Beträge, die für den Haushalt der bzw. des Steuerpflichtigen und für den Unterhalt ihrer bzw. seiner Familienangehörigen aufgewendet werden, auch wenn sie zur Förderung des Berufes beitragen
- freiwillige Zuwendungen (z. B. Spenden)
- Geldstrafen und Geldbußen

§ 15 (1) Nr. 2 EStG

Neben dem Gewinn aus einer Personengesellschaft gehören noch folgende Vergütungen an die Gesellschafter gem. § 15 (1) Nr. 2 EStG zu den Einkünften aus Gewerbebetrieb und dürfen damit den Gewinn ebenfalls nicht mindern:

- Tätigkeit im Dienste der Gesellschaft („Gehalt")
- Hingabe von Darlehen („Zinsen")
- Überlassung von Wirtschaftsgütern („Miete")

Beispiel

Gesellschafter der Greuter OHG aus Kiel sind Hans und Elvira Greuter. Laut der Buchhaltung beträgt der vorläufig ermittelte Gewinn 245.600,00 €.

Folgende Aufwendungen haben dabei den Gewinn gemindert:
- Bewirtungskosten 500,00 €
- Gewerbesteuer 12.500,00 €
- Strafe für zu schnelles Fahren mit dem betrieblichen Pkw 100,00 €
- Betriebliche Spende an eine gemeinnützige Einrichtung 500,00 €
- Erstattung von Verpflegungskosten für eine 2-tägige Dienstreise 150,00 €
- Tätigkeitsvergütung an den Geschäftsführer Hans Greuter 48.000,00 €

Lösung

vorläufiger (zu korrigierender) Gewinn	245.600,00 €	
+ 30 % der Bewirtungskosten von 500,00 €	150,00 €	(§ 4 (5) Nr. 2 EStG)
+ Gewerbesteuer	12.500,00 €	(§ 4 (5b) EStG)
+ Strafe	100,00 €	(§ 4 (5) Nr. 8 EStG)
+ Spende	500,00 €	(§ 12 Nr. 2 EStG)
+ Erstattung über die Verpflegungsmehraufwendungen (Anreise- und Abreisetag je 14,00 €) hinaus 150,00 € – 28,00 €	122,00 €	(§ 4 (5) Nr. 5 EStG)
+ Tätigkeitsvergütung Gesellschafter	48.000,00 €	(§ 15 (1) Nr. 2 EStG)
= endgültiger steuerlicher Gewinn	306.972,00 €	

Der Gewinn ist nach dem Wirtschaftsjahr zu ermitteln. Das Wirtschaftsjahr umfasst gem. § 4a (1) Nr. 1 EStG und § 8b EStDV einen Zeitraum von zwölf Monaten, es sei denn der Betrieb wird eröffnet, aufgegeben oder veräußert (Rumpfwirtschaftsjahr). *§ 4a (1) Nr. 1 EStG § 8b EStDV*

Das Wirtschaftsjahr ist bei Gewerbetreibenden, die im Handelsregister eingetragen sind, der Zeitraum, für den sie regelmäßig Abschlüsse erstellen. Dieser Zeitraum kann das Kalenderjahr oder ein davon abweichendes Wirtschaftsjahr sein. Bei der Umstellung des Wirtschaftsjahres auf ein vom Kalenderjahr abweichendes Wirtschaftsjahr ist die Zustimmung des Finanzamtes notwendig.

Bei Gewerbetreibenden, die nicht im Handelsregister eingetragen sind, ist das Wirtschaftsjahr das Kalenderjahr.

Der Gewinn des Wirtschaftsjahres gilt nach § 4a (2) Nr. 2 EStG in dem Kalenderjahr bezogen, in dem das Wirtschaftsjahr endet. *§ 4a (2) Nr. 2 EStG*

Zusammenfassung

Einkünfte aus Gewerbebetrieb

Definition § 15 (2) EStG	**Arten von Einkünften § 15 (1) Nr. 1 und 2 EStG**	**Einkunftsermittlung**
Eine Tätigkeit ist Gewerbebetrieb wenn sie • selbstständig • nachhaltig • mit Gewinnerzielungsabsicht • unter Beteiligung am allgemeinen wirtschaftlichen Verkehr • weder land- und forstwirtschaftliche Betätigung • noch freiberufliche Betätigung • noch Vermögensverwaltung ist.	• gewerbliche Einzelunternehmen • Gewinnanteile aus Personengesellschaften • gewerblich geprägte Personengesellschaft	• für buchführungspflichtige Gewerbetreibende Betriebsvermögensvergleich nach § 4 (1) oder nach § 5 EStG • für nicht buchführungspflichtige (kleine) Gewerbetreibende Einnahmen-Überschuss-Rechnung nach § 4 (3) EStG • Der Gewinn des Wirtschaftsjahres gilt als in dem Kalenderjahr bezogen, in dem das Wirtschaftsjahr endet.

Aufgaben

1. Nicht abzugsfähige Betriebsausgaben (§ 4 (5), (5b) und (6) EStG, § 12 EStG)

Beurteilen Sie in den folgenden Fällen, ob es sich um
(1) abzugsfähige Betriebsausgaben
(2) nicht abzugsfähige Betriebsausgaben
(3) keine Betriebsausgaben
handelt.

Der Maschinenhersteller Stein hat folgende Ausgaben:

a) Für eingekaufte Materialien zahlt er 120.000,00 €.
b) An Löhnen bezahlt er seinen Arbeitnehmerinnen und Arbeitnehmern 50.000,00 €.
c) Die Aufwendungen für die Kleidung für Herrn Stein und seine Ehefrau betragen 3.415,00 €.

d) Herr Stein richtet zu seinem 50. Geburtstag eine große Feier aus, zu der auch Geschäftskundinnen und Geschäftskunden kommen. Die Kosten der Feier belaufen sich auf 1.500,00 €.
e) Aufwendungen in Höhe von 400,00 € für die Bewirtung von Geschäftsfreunden; jedoch ist nur ein Betrag von 300,00 € als angemessen anzusehen.
f) 25 Geschäftspartnern schenkt Herr Stein einen Schreibtischterminkalender für jeweils 12,00 €.
g) Seinen drei besten Geschäftspartnern schenkt er Markenarmbanduhren für jeweils 350,00 €.
h) An Beiträgen für den Tennisclub „Rot-Gold" wurden 420,00 € überwiesen.
i) Spenden an eine gemeinnützige Organisation, die vom betrieblichen Bankkonto überwiesen werden.
j) Die Gewerbesteuervorauszahlung für das erste Quartal wird gezahlt.
k) Herr Stein benutzt den betrieblichen Pkw an 230 Tagen auch für Fahrten zwischen seiner Wohnung und der 15 km entfernt liegenden Arbeitsstätte. Die Aufwendungen des Pkw wurden alle als Betriebsausgaben gebucht. Der Pkw hat einen Bruttolistenpreis von 35.000,00 €.
l) Herr Stein ist mit dem betrieblichen Pkw zu einer zweitägigen Messe in Stuttgart gefahren. Die Benzinkosten belaufen sich auf 120,00 € zzgl. Umsatzsteuer. Die Übernachtungskosten betragen 75,00 € zzgl. Umsatzsteuer. Das Frühstück ist mit 25,00 € zzgl. Umsatzsteuer separat auf der Rechnung ausgewiesen. An weiteren Verpflegungsaufwendungen neben dem Frühstück fallen 150,00 € zzgl. Umsatzsteuer an. Er fährt am Anreisetag um 08:00 Uhr zu Hause los und kommt am Abreisetag um 21:00 Uhr zu Hause an. Er hat alle Ausgaben privat getätigt und ersetzt sich diese vollständig aus der betrieblichen Kasse.

2. Gewinnanteile an einer Personengesellschaft – steuerlicher Gewinn (§ 15 (1) EStG)
Neumeier, Neumüller und Neuschmidt sind an einer OHG zu jeweils 50.000,00 € beteiligt.

a) Die OHG macht im Jahr 01 einen Gewinn von 80.000,00 €. Der Gewinn soll nach den Regelungen des HGB verteilt werden.
Berechnen Sie Gewinnanteile für jeden der drei Gesellschafter.

b) Die OHG hat im Jahr 02 einen Verlust von 30.000,00 € gemacht.
Berechnen Sie die Verlustanteile für jeden der drei Gesellschafter.

c) Die OHG hat im Jahr 03 einen Gewinn von 3.000,00 € gemacht. Der Gewinn soll nach den Regelungen des HGB verteilt werden.
Berechnen Sie die Gewinnanteile für jeden der drei Gesellschafter.

d) Die OHG hat im Jahr 04 einen Gewinn von 90.000,00 € gemacht. Im Laufe des Jahres hat Herr Neumeier für seine Tätigkeit im Dienste der Gesellschaft bereits 60.000,00 € erhalten. Herr Neumüller hat ab dem 01.07.04 ein Grundstück an die OHG vermietet und dafür 3.000,00 € monatlich erhalten. Herr Neuschmidt hat der OHG ein Darlehen in Höhe von 20.000,00 € zu einem Zinssatz von 7 % ab dem 01.10.04 gewährt. Diese Aufwendungen sind bereits gewinnmindernd verbucht worden. Es sollen die Regelungen des HGB gelten.
Berechnen Sie die Einkünfte aus Gewerbebetrieb für jeden der drei Gesellschafter.

3. Gewinnermittlungszeitraum (§ 4a EStG)

a) Das Wirtschaftsjahr des im Handelsregister eingetragenen Gewerbetreibenden Hans Günter aus Karlsruhe läuft seit der Eröffnung des Betriebes vom 1. Juli bis zum 30. Juni. Im Wirtschaftsjahr vom 01.07.01 bis 30.06.02 erzielte Günter einen Gewinn von 80.000,00 €, im darauffolgenden Wirtschaftsjahr einen Verlust von 40.000,00 €.
aa) Ermitteln Sie die Einkünfte aus Gewerbebetrieb für das Jahr 02.
ab) Geben Sie an, welche Einkünfte sich in welcher Höhe für das Jahr 02 ergeben würden, wenn es sich um einen Obstanbau handelte.

b) Der Hifi-Einzelhändler Siegfried Schall in Goslar möchte seinen steuerlichen Gewinn statt wie bisher nach dem Kalenderjahr künftig nach einem vom Kalenderjahr abweichenden Wirtschaftsjahr (01.07. bis 30.06.) ermitteln.
Stellen Sie fest, ob eine Umstellung des Wirtschaftsjahres gem. § 4a EStG möglich ist.

c) Sibylle Bertram aus Görlitz hat bei Gründung ihres Unternehmens ein vom Kalenderjahr abweichendes Wirtschaftsjahr (01.10. bis 30.09.) gewählt. Zum 01.01.07 erfolgt ohne Zustimmung des Finanzamtes die Umstellung auf ein mit dem Kalenderjahr übereinstimmendes Wirtschaftsjahr.

Folgende Gewinne hat sie in folgenden Zeiträumen erzielt:
- für die Zeit vom 01.10.05 bis 30.09.06 120.000,00 €
- für die Zeit vom 01.10.06 bis 31.12.06 40.000,00 €
- für die Zeit vom 01.01.07 bis 31.12.07 110.000,00 €

ca) Stellen Sie fest, ob eine Umstellung des Wirtschaftsjahres gem. § 4a EStG möglich ist.
cb) Ermitteln Sie die Einkünfte für die Veranlagungszeiträume 06 und 07.

4 Einkünfte aus selbstständiger Arbeit ermitteln

4.1 Definition der Einkünfte aus selbstständiger Arbeit

Einkünfte aus selbstständiger Arbeit sind:

1. **Einkünfte aus freiberuflicher Tätigkeit gemäß § 18 (1) Nr. 1 EStG**
   - selbstständig ausgeübte wissenschaftliche, künstlerische, schriftstellerische, unterrichtende oder erziehende Tätigkeit
   - selbstständige Berufstätigkeit bestimmter im Gesetz aufgeführter Berufe (sog. Katalogberufe)
   - diesen Katalogberufen ähnliche selbstständig ausgeübte Berufe (z. B. Ergotherapeut, Insolvenzverwalter, Hebamme, Logopäde)

   Die für einen Gewerbebetrieb geltenden Voraussetzungen Selbstständigkeit, Nachhaltigkeit, Gewinnerzielungsabsicht, Beteiligung am allgemeinen wirtschaftlichen Verkehr müssen auch für die selbstständige Tätigkeit erfüllt sein. *H 15.6 EStR*
   Wenn die Freiberuflerin bzw. der Freiberufler fachlich vorgebildete Mitarbeiterinnen bzw. Mitarbeiter beschäftigt, hat er auch Einkünfte aus selbstständiger Arbeit, solange sie bzw. er aufgrund eigener Fachkenntnisse leitend und eigenverantwortlich tätig wird.
   Schließen sich Freiberuflerinnen bzw. Freiberufler zu einer Personengesellschaft zusammen, erzielt jede Gesellschafterin bzw. jeder Gesellschafter Einkünfte aus selbstständiger Arbeit

2. **Einkünfte aus sonstiger selbstständiger Tätigkeit gem. § 18 (1) Nr. 2 EStG**
   z. B. Vergütung für Vollstreckung von Testamenten, für Vermögensverwaltungen und für die Tätigkeit als Aufsichtsratsmitglied

Aufgabe

Definition Einkünfte aus selbstständiger Arbeit (§ 18 EStG)
Beurteilen Sie in folgenden Fällen, welche Einkünfte vorliegen.

a) A besitzt als selbstständiger Arzt eine Praxis in Düsseldorf.
b) B ist als Oberarzt in einem Krankenhaus angestellt.
c) Ein Lehrer erteilt außerhalb seiner Schulzeit Nachhilfeunterricht.
d) Der Steuerberater S betreut rund 100 Mandanten und hat Einkünfte von 115.000,00 €.
e) Der Architekt E hat ein großes Architekturbüro. Er hat 20 angestellte Architektinnen bzw. Architekten und Ingenieurinnen bzw. Ingenieure, die selbstständig die Projekte durchführen. E beschafft lediglich die Aufträge und führt die Kundengespräche durch.
f) Der Zahntechniker Z betreibt ein Dentallabor.
g) Der Diplom-Betriebswirt D hat in seinem erlernten Beruf keine Anstellung bekommen. Um seinen Lebensunterhalt zu sichern, arbeitet er vorübergehend als selbstständiger Staubsaugervertreter.
h) Der Schriftsteller JMS tritt in einer Talkshow auf, um sein neues Buch zu vermarkten.
i) Der Politiker Johannes Blau ist Mitglied des Aufsichtsrates (Kontrollorgan einer AG) der Mayer AG in Leverkusen. Für die Teilnahme an den Aufsichtsratssitzungen erhält er jährlich 5.000,00 €.
j) Die Rechtsanwälte Sandmann und Rappe haben ihre beiden Kanzleien zu einer Gesellschaft bürgerlichen Rechts (GbR) zusammengeschlossen.

4.2 Ermittlung der Einkünfte aus selbstständiger Arbeit

Die Einkünfte aus selbstständiger Arbeit werden durch den Gewinn ermittelt. Die Gewinnermittlung ist

- für nicht buchführungspflichtige Freiberuflerinnen bzw. Freiberufler die Einnahmen-Überschuss-Rechnung nach § 4 (3) EStG,
- für freiwillig Bücher führende Freiberuflerinnen bzw. Freiberufler der Betriebsvermögensvergleich nach § 4 (1) EStG.

Bei hauptberuflicher selbstständiger schriftstellerischer oder journalistischer Tätigkeit kann ein pauschaler Betriebsausgabenabzug von 30 % der Betriebseinnahmen (max. 3.600,00 €) und bei wissenschaftlicher, künstlerischer oder schriftstellerischer Nebentätigkeit (auch Vortrags-, Lehr- oder Prüfungstätigkeit) ein pauschaler Betriebsausgabenabzug von 25 % der Betriebseinnahmen (max. 900,00 €) geltend gemacht werden BMF-Schreiben vom 06.03.2023.

§ 2 (7) EStG Der Gewinn ist gem. § 2 (7) EStG nach dem Wirtschaftsjahr zu ermitteln. Das Wirtschaftsjahr entspricht bei Freiberuflerinnen bzw. Freiberuflern immer dem Kalenderjahr.

4.3 Einnahmen-Überschuss-Rechnung

§ 60 (4) EStDV Alle Steuerpflichtigen, die ihre Einkünfte als Gewinn ermitteln, aber nicht buchführungspflichtig sind, ermitteln den Gewinn als Überschuss der Betriebseinnahmen über die Betriebsausgaben. Gemäß § 60 (4) EStDV muss eine Anlage EÜR abgegeben werden.

Grundbegriffe der Einnahmen-Überschuss-Rechnung	
Betriebseinnahmen	Der Begriff der Betriebseinnahmen ist im Gesetz nicht gesondert geregelt. Deswegen sind die Regelungen des § 4 (4) EStG und § 8 EStG analog auf den Betriebseinnahmenbegriff anzuwenden. Betriebseinnahmen sind demnach Erträge, die durch den Betrieb veranlasst sind.
Betriebsausgaben **§ 4 (4), (5), (5b), (6) EStG** **§ 12 EStG**	Betriebsausgaben sind die Aufwendungen, die durch den Betrieb veranlasst sind. Es gelten dieselben Vorschriften über die nicht abziehbaren Betriebsausgaben sowie die privaten Aufwendungen wie bei der Gewinnermittlung nach dem Betriebsvermögensvergleich.
Zufluss-/Abflussprinzip	Das Zufluss-/Abflussprinzip regelt, wann Betriebseinnahmen bzw. -ausgaben versteuert werden müssen.
§ 11 EStG	**Einnahmen** sind in dem Kalenderjahr als Betriebseinnahmen anzusetzen, in dem sie zugeflossen sind. **Ausgaben** sind in dem Kalenderjahr als Betriebsausgaben abzusetzen, in dem sie abgeflossen sind. Bei Barzahlung und Schecks gilt immer der Tag der Übergabe, bei Überweisung der Zeitpunkt des Eingangs des Überweisungsauftrages, wenn das Konto eine nötige Deckung aufweist oder ein entsprechender Kreditrahmen vorhanden ist, ansonsten bei Lastschrift. Bei Zahlung mit einer Kreditkarte ist der Abfluss mit Unterschrift auf dem Beleg erfolgt. Es gelten folgende grundsätzliche **Ausnahmen vom Zufluss-/Abflussprinzip**:
H 11 EStR (Allgemeines)	· Regelmäßig wiederkehrende Einnahmen oder Ausgaben, die kurze Zeit vor oder nach Ende des Kalenderjahres fließen, sind in dem Kalenderjahr anzusetzen, zu dem sie wirtschaftlich gehören, wenn die Zahlungen auch innerhalb dieses Zeitraums fällig geworden sind. Als kurze Zeit gilt ein Zeitraum von zehn Tagen.
BMF-Schreiben vom 5.11.2002	· Zinsen gelten immer am 31. Dezember des Jahres als zugeflossen, unabhängig davon, wann die Zinsen gutgeschrieben wurden.

Grundbegriffe der Einnahmen-Überschuss-Rechnung	
§ 38 (1) EStG	• Bei den Einnahmen aus nichtselbstständiger Arbeit gilt laufender Arbeitslohn in dem Kalenderjahr als zugeflossen, in dem der Lohnzahlungszeitraum endet. Nicht laufender Arbeitslohn (sonstige Bezüge) wird in dem Kalenderjahr bezogen, in dem er dem Arbeitnehmer zufließt.
§ 44 (2) EStG	• Für Gewinnanteile (Dividenden) gilt grundsätzlich das Zuflussprinzip. Allerdings gilt für die Zwecke der Kapitalertragsteuer, dass Gewinnanteile (Dividenden) an dem Tag als zugeflossen gelten, der im Gesellschafterbeschluss als Tag der Auszahlung bestimmt worden ist. Fehlt ein solcher Tag im Beschluss, ist der Tag des Zuflusses der Tag der Beschlussfassung.
§ 11 (2) Satz 3 EStG	• Bei einer Vorauszahlung von Ausgaben für eine Nutzungsüberlassung von mehr als fünf Jahren muss eine gleichmäßige Verteilung der Ausgaben auf den Zeitraum der Nutzungsüberlassung erfolgen.

Wichtige Ausnahmen für die Einnahmen-Überschuss-Rechnung	
nicht abnutzbare Wirtschaftsgüter des Anlagevermögens, Anteile an Kapitalgesellschaften, Wertpapiere, Grund und Boden und Gebäude Wirtschaftsgüter des Umlaufvermögens (Anteile an Kapitalgesellschaften, Wertpapiere, Boden und Gebäude) **§ 4 (3) Satz 4 EStG**	Im Jahr der Veräußerung oder der Entnahme werden die Betriebseinnahmen den Anschaffungs- /Herstellungskosten gegenübergestellt. Somit ist im Veräußerungs-/Entnahmejahr nur der Gewinn/Verlust zu erfassen. Im Jahr der Anschaffung oder Herstellung erfolgt keine Berücksichtigung der Aufwendungen als Betriebsausgaben.
abnutzbare Wirtschaftsgüter des Anlagevermögens außer Gebäuden	Die Anschaffungskosten werden wie bei der Gewinnermittlung durch Betriebsvermögensvergleich planmäßig auf die Nutzungsdauer verteilt. Die Abschreibung ist dabei schon im Jahr der ersten Nutzung und nicht erst bei Zahlung möglich. Ein Veräußerungs-/Entnahmeerlös ist als Betriebseinnahme, der Anlagenabgang als Betriebsausgabe zu behandeln. Die Sonderregelung für geringwertige Wirtschaftsgüter ist anwendbar. Eine Teilwertabschreibung ist nicht erlaubt.
Darlehen	Die Einnahme aus der Auszahlung des Darlehens ist nicht als Betriebseinnahme und die Tilgung nicht als Betriebsausgabe zu behandeln.
Disagio **§ 11 (2) EStG** **BFH-Urteil vom 08.03.2016**	Das Disagio ist zum Zeitpunkt der Darlehensaufnahme als Betriebsausgabe in voller Höhe zu behandeln. Voraussetzung ist, dass das Darlehen einen Zinsfestschreibungszeitraum von mindestens fünf Jahren hat und ein Disagio von höchstens 5 % vereinbart wurde. Anderslautend ist die Auffassung des BFH, der ein Disagio nur dann nicht für sofort abziehbar hält, wenn es sich nicht im Rahmen des aktuellen Kreditmarkts im Üblichen hält.
Umsatzsteuer **H 11 EStH** **BFH- Urteil vom 27.06.2018**	Die Umsatzsteuer und die Umsatzsteuererstattung ist eine Betriebseinnahme, die Vorsteuer und die Umsatzsteuervorauszahlung eine Betriebsausgabe. Die Umsatzsteuervorauszahlung/-erstattung ist eine regelmäßig wiederkehrende Ausgabe/Einnahme i. S. d. § 11 EStG. Die Verlängerung der Zahlungsfrist aufgrund der Wochenendregelung wirkt sich auf die Zehn-Tage-Regelung nicht aus; entscheidend ist auch in diesem Fall, dass die Zahlung spätestens bis zum 10.01. erfolgt ist.
Forderungen und Verbindlichkeiten	Zielkäufe und -verkäufe werden nicht erfasst.
Forderungsausfälle	Forderungsausfälle sind nicht als Betriebsausgabe zu erfassen.
Anzahlungen	Anzahlungen sind im Zeitpunkt des Zuflusses/Abflusses zu erfassen.
Verlust von Waren durch Verderb, Diebstahl usw.	Diese Verluste sind nicht als Betriebsausgabe zu erfassen.
Schadenersatzleistungen	Schadenersatzleistungen sind als Betriebseinnahme zu erfassen.

Wichtige Ausnahmen für die Einnahmen-Überschuss-Rechnung	
Unentgeltliche Gegenstands-/ Wertentnahmen	Unentgeltliche Entnahmen sind als Betriebseinnahme zu erfassen.
Investitionsabzugsbetrag	Die Regelungen zum Investitionsabzugsbetrag gelten auch für die Einnahmen-Überschuss-Rechnung. Die Bildung des Investitionsabzugsbetrages ist eine Betriebsausgabe, die Auflösung eine Betriebseinnahme.
gewillkürtes Betriebsvermögen R 4.2 EStR	Auch bei der Gewinnermittlung nach § 4 (3) EStG ist gewillkürtes Betriebsvermögen möglich.

Beispiel

Der Steuerberater Jens Riemelt betreibt seine Kanzlei in Düsseldorf. Den für die Besteuerung notwendigen Gewinn ermittelt er mithilfe der folgenden Einnahme-Überschuss-Rechnung

Einnahmen-Überschuss-Rechnung der Steuerkanzlei Jens Riemelt		
Positionen	**Betriebseinnahmen**	**Betriebsausgaben**
An Honoraren erzielt er 156.000,00 € inkl. Umsatzsteuer.	Die Honorare sind ihm zugeflossen, ebenso die Umsatzsteuer. **156.000,00 €**	
Die Miete für sein Büro beträgt 1.000,00 € monatlich. Die Dezembermiete hat er erst am 03.01. des Folgejahres überwiesen.		Auch die Miete für den Monat Dezember gehört wegen der 10-Tage-Regelung in das alte Jahr. **12.000,00 €**
Im Mai kaufte er einen Betriebs-Pkw für 25.700,00 €. Die Nutzungsdauer beträgt 6 Jahre. Der Bruttolistenpreis des Fahrzeugs beträgt 33.780,00 €. Er benutzt das Fahrzeug auch für private Zwecke.	Die private Pkw- Nutzung muss mit der 1 %-Regelung versteuert werden. 1 % · 33.700,00 · 8 Monate = **2.696,00 €** Die Umsatzsteuer darauf ist ebenfalls eine Betriebseinnahme. 2.696,00 € – 20 % nicht mit Vorsteuer belastete Kosten = Bemessungsgrundlage Umsatzsteuer 2.156,80 € 19 % Umsatzsteuer **409,79 €**	Die Abschreibung ist auch ohne Mittelabfluss eine Betriebsausgabe. 25.700,00 : 6 Jahre · 8/12 = **2.855,55 €**
Für eine neue Computeranlage gewährte ihm im Juli seine Bank ein Darlehen in Höhe von 40.000,00 €. Das Darlehen ist mit jährlich 3 % zu tilgen, der zu zahlende Zins beträgt 3,5 %.	Der Darlehenszufluss ist keine Betriebseinnahme.	Die Tilgung ist keine Betriebsausgabe, dagegen die gezahlten Zinsen schon. 40.000,00 · 3,5 % · 6/12 = **700,00 €**
Eine Forderung an einen Kunden über 2.750,00 € wird wegen Insolvenz des Kunden uneinbringlich.		Forderungsverluste werden in der EÜR nicht berücksichtigt, da die Forderungen bei der Entstehung nicht angesetzt werden, sondern erst bei Zahlung.
Herr Riemelt hat zwei Halbtagskräfte eingestellt. Das Gehalt der beiden beträgt zusammen 12.912,00 €.		Gehälter sind betrieblich veranlasste Aufwendungen und damit Betriebsausgaben. **12.912,00 €**
An Büromaterial verausgabt Herr Riemelt im laufenden Jahr 2.756,00 €.		Aufwendungen für Büromaterial sind betrieblich veranlasste Aufwendungen und damit Betriebsausgaben. **2.756,00 €**
Gewinn 127.882,24 €	**Summe der Betriebseinnahmen 159.105,79 €**	**Summe der Betriebsausgaben 31.223,55 €**

Einkünfte aus selbstständiger Arbeit		
Definition **§ 18 (1) EStG**	**Gewinnermittlungsart und -zeitraum**	**Einnahmen-Überschuss-Rechnung (EÜR)** **§ 4 (3) EStG**
• Einkünfte aus freiberuflicher Tätigkeit: - selbstständig ausgeübte wissenschaftliche, künstlerische, schriftstellerische, unterrichtende oder erzieherische Tätigkeit - selbstständige Berufstätigkeit bestimmter im Gesetz aufgeführter Berufe (sog. Katalogberufe)	• für nicht buchführungspflichtige Freiberufler Einnahmen- Überschuss-Rechnung nach § 4 (3) EStG. • für freiwillig Bücher führende Freiberufler Betriebsvermögensvergleich nach § 4 (1) EStG	• Betriebseinnahmen – Betriebsausgaben = Gewinn/Verlust • Es gilt das Zufluss-Abflussprinzip gem. § 11 EStG. • Es gibt zahlreiche Ausnahmen vom Zufluss-Abflussprinzip.

Aufgaben

1. Einnahmen-Überschuss-Rechnung (§ 4 (3) EStG)

Cornelia Müller ist selbstständige Rechtsanwältin in Wuppertal. Sie ermittelt ihren Gewinn zulässigerweise nach § 4 (3) EStG und versteuert ihre Umsätze nach vereinnahmten Entgelten (§ 20 UStG). Sie gibt monatliche Umsatzsteuervoranmeldungen ab. Es soll ein möglichst geringer Gewinn ausgewiesen werden.

Folgende Informationen liegen Ihnen vor:

Die bisher ermittelten Betriebseinnahmen für das Wirtschaftsjahr 01 betragen 174.000,00 €, die Betriebsausgaben 112.500,00 €.

Folgende Geschäftsfälle sind noch zu berücksichtigen.

a) In den Betriebseinnahmen sind 20.000,00 € enthalten, die aus der Aufnahme eines betrieblichen Darlehens stammen. In 01 hat Frau Müller für das Darlehen eine Tilgung von 500,00 € und Zinsen in Höhe von 1.100,00 € geleistet. Beide Beträge sind in den Betriebsausgaben enthalten.

b) Eine Honorarrechnung, die Frau Müller am 15.12.01 über 4.760,00 € brutto erstellte, ist erst am 15.01.02 bezahlt worden. Der Betrag ist in den Betriebseinnahmen enthalten.

c) Honorarforderungen in Höhe von 2.380,00 € brutto wurden in 01 uneinbringlich. Diese Beträge sind als Betriebsausgabe erfasst worden.

d) Frau Müller hat die Miete für das Büro für den Monat Dezember in Höhe von 1.100,00 € erst am 07.01.02 gezahlt. Der Betrag ist in den Betriebsausgaben nicht enthalten.

e) Frau Müller hatte sich Anfang 01 einen neuen betrieblichen Pkw gekauft. Der Anschaffungspreis belief sich auf 24.500,00 € zzgl. 19 % Umsatzsteuer. Die Nutzungsdauer beträgt fünf Jahre. Das Fahrzeug soll linear abgeschrieben werden. Ihren bisher genutzten Pkw hat Frau Müller für 2.380,00 € verkaufen können. Der Pkw hatte zum Zeitpunkt des Verkaufs einen Restbuchwert von 1,00 €. Der Vorgang wurde bis jetzt nicht berücksichtigt.

f) Der private Nutzungsanteil des Pkw wurde noch nicht berücksichtigt. Frau Müller benutzte den Wagen nicht für Fahrten zwischen Wohnung und erster Tätigkeitsstätte. Ein Fahrtenbuch hat sie nicht geführt.

g) Am 18.08.01 kaufte Frau Müller einen neuen Aktenschrank für die Rechtsanwaltskanzlei zum Anschaffungspreis von 8.000,00 € zzgl. Umsatzsteuer. Die Nutzungsdauer beträgt zehn Jahre. Die Abschreibung soll linear erfolgen. Die Bezahlung erfolgte am 21.08.01 unter Abzug von 2,5 % Skonto Der gesamte Vorgang wurde noch nicht berücksichtigt.

h) Laut Anlagenverzeichnis betrug die AfA der restlichen Anlagegegenstände 1.700,00 € und ist bisher unberücksichtigt.

i) Die Umsatzsteuervorauszahlung in Höhe von 1.450,00 € für den Dezember 01 hat Frau Müller erst am 13.01.02 geleistet. Der Betrag ist in den Betriebsausgaben enthalten.

j) Aufgrund einer in 01 durchgeführten Umsatzsteuersonderprüfung musste Frau Müller am 19.11.01 eine Umsatzsteuernachzahlung für die vergangenen Jahre in Höhe von 2.360,00 € leisten. Die Zahlung wurde bisher nicht berücksichtigt.

k) Die Kfz-Versicherung in Höhe von 240,00 € bezahlte Frau Müller am 01.07.01 für ein Jahr im Voraus. Der Vorgang wurde bis jetzt nicht berücksichtigt.

l) Frau Müller erwarb am 15.02.01 aus betrieblichen Überschüssen 50 Aktien eines Automobilherstellers zum Kurswert von 120,00 €. Sie möchte die Aktien als Betriebsvermögen behandeln. Am 30.11.01 verkaufte sie die Aktien mit einem Kursgewinn von insgesamt 500,00 €.

Ermitteln Sie den Gewinn nach § 4 (3) EStG.

2. **Wiederholungsfall Gewinneinkünfte**
Konrad und Irmgard Lose werden zusammen veranlagt. Sie haben in 02 folgende Einkünfte:

a) Konrad Lose ist als Rechtsanwalt selbstständig tätig. Er erzielte Einnahmen in Höhe von 120.000,00 € und hat Ausgaben in Höhe von 75.000,00 € nachgewiesen. In diesen Ausgaben sind ein Geschenk in Höhe von 240,00 € an seinen langjährigen Kollegen zu dessen Jubiläum, ein wertvolles Geschenk für seine Frau in Höhe von 500,00 € sowie eine Geldbuße für zu schnelles Fahren in Höhe von 50,00 € enthalten.

b) Irmgard Lose ist als freiberufliche Designerin für ein großes Konfektionsunternehmen tätig. Im Februar 02 erzielt sie für einen größeren Auftrag, den sie bereits in 01 beendet hatte, ein Honorar von 31.000,00 €.

c) Des Weiteren ist Frau Irmgard Lose mit 20.000,00 € an einer OHG beteiligt, in der sie eigene Entwürfe umsetzen kann. Ihre Mitgesellschafterin ist mit 80.000,00 € beteiligt. Der Gewinn der OHG betrug in 02 50.000,00 €. Frau Lose hatte für ihre Geschäftsführertätigkeit ein Gehalt von 2.000,00 € monatlich erhalten. Dieses Gehalt ist als Betriebsausgabe gebucht worden. Im Gesellschaftsvertrag wurde eine Gewinnverteilung von 75 % für Frau Lose und 25 % für ihre Mitgesellschafterin vereinbart. Auf eine Verzinsung des Kapitals wurde verzichtet. Der Gewinnanteil für 02 wurde Frau Lose erst im Februar 03 überwiesen.

d) Als begeisterter Pflanzenliebhaber bewirtschaftet Herr Konrad Lose im Nebenerwerb noch eine kleine Gärtnerei. Der Gewinn des Wirtschaftsjahres 01/02 betrug 9.000,00 €, im Wirtschaftsjahr 02/03 wurde ein Verlust von 1.000,00 € verzeichnet.

Herr und Frau Lose haben Sonderausgaben in Höhe von 6.200,00 € nachgewiesen. Weitere Aufwendungen können sie nicht geltend machen.
Berechnen Sie das zu versteuernde Einkommen der Eheleute Konrad und Irmgard Lose in 02.

5 Einkünfte aus Kapitalvermögen ermitteln

5.1 Definition der Einkünfte aus Kapitalvermögen

§ 20 (1) EStG

Einkünfte aus Kapitalvermögen stellen Erträge dar, die dem Kapitalgeber für die Hingabe von Kapital gewährt werden.

Folgende Erträge sind die wichtigsten Einkünfte aus Kapitalvermögen:

- Gewinnanteile an Kapitalgesellschaften (sog. Dividenden, § 20 (1) Nr. 1 EStG)
- Einnahmen als typisch stiller Gesellschafter (§ 20 (1) Nr. 4 EStG)
  Ein typisch stiller Gesellschafter ist lediglich am Erfolg des Unternehmens beteiligt.

- Zinserträge (z. B. aus Spareinlagen, Guthaben, Darlehen, Pfandbriefen; dazu gehören auch Erstattungszinsen nach § 233a AO, § 20 (1) Nr. 7 EStG)
- Erträge aus Renten- und Lebensversicherungen mit Kapitalwahlrecht, die nach dem 31.12.2004 abgeschlossen wurden, soweit nicht die Rentenzahlung gewählt wird und Kapitalversicherungen mit Sparanteil (z. B. Kapitalversicherungen auf den Todes- oder Erlebensfall) . Zu versteuern ist der Unterschiedsbetrag zwischen der Versicherungsleistung und den entrichteten Beiträgen. Wird die Versicherung erst nach dem 62. Lebensjahr und nach dem Ablauf von zwölf Jahren seit Vertragsabschluss ausgezahlt, wird der Ertrag nur zur Hälfte besteuert. Bei einem Vertragsabschluss vor dem 01.01.2005 ist der Ertrag der Versicherung steuerfrei (§ 20 (1) Nr. 6 EStG, BMF-Schreiben vom 01.10.2009).
- Gewinn aus der Veräußerung von Anteilen einer Körperschaft ohne Veräußerungsfrist (§ 20 (2) EStG). Das Gleiche gilt auch für die Gewinne aus der Veräußerung einer Beteiligung als stiller Gesellschafter, für die Veräußerung von Ansprüchen aus einer Versicherungsleistung nach § 20 (1) Nr. 6 EStG sowie aus der Veräußerung von sonstigen Kapitalforderungen nach § 20 (1) Nr. 7 EStG.

  Der Gewinn wird wie folgt berechnet:

  Veräußerungspreis
  – Aufwendungen im Zusammenhang mit dem Veräußerungsgeschäft
  – Anschaffungskosten
  = Gewinn

  Bei einem unentgeltlichen Erwerb (wie z. B. Schenkung, Erbe) sind dem Erwerber (z. B. der Erbin/dem Erben oder der/dem Beschenkten) für diese Regelung die Anschaffungskosten zuzurechnen.

  Verluste aus Kapitalvermögen dürfen nicht mit Einkünften aus anderen Einkunftsarten ausgeglichen werden. Sie mindern aber die Einkünfte aus Kapitalvermögen in den Folgejahren.

  Innerhalb der Einkünfte aus Kapitalvermögen dürfen Verluste aus Aktienkäufen nicht mit anderen Einkünften aus Kapitalvermögen verrechnet werden

Es liegen gem. § 20 (8) EStG nur Einkünfte aus Kapitalvermögen vor, soweit sie nicht Einkünfte aus Land- und Forstwirtschaft, aus Gewerbebetrieb, aus selbstständiger Arbeit oder aus Vermietung und Verpachtung sind. *§ 20 (8) EStG*

Aufgabe

Definition der Einkünfte aus Kapitalvermögen (§ 20 EStG)
Bestimmen Sie, zu welcher Einkunftsart die folgenden Einkünfte zählen.

a) A erhält aus einem Sparguthaben Zinsen in Höhe von 3.250,00 €.

b) B ist an der B & Z GmbH beteiligt und erhält 01 einen Gewinnanteil in Höhe von 27.250,00 €. Außerdem ist er als Geschäftsführer bei der GmbH angestellt und erhält ein monatliches Gehalt in Höhe von 2.500,00 €.

c) C hat der Firma Müller ein Darlehen gewährt. Dafür wird er am Erfolg des Unternehmens mit 4 % pro Jahr beteiligt. Vom Gewinn der Firma erhält er in 01 2.500,00 €.

d) Geben Sie an, wie Ihre Antwort zu Aufgabenteil c) lauten würde, wenn C sowohl am Erfolg als auch am Geschäftsvermögen der Firma Müller beteiligt wäre.

e) E hat als Kommanditist der E & F KG der KG ein Darlehen gewährt und erhält Zinsen in Höhe von 6.000,00 € pro Jahr. Außerdem erhält er seinen Gewinnanteil in Höhe von 10.000,00 €.

f) Unternehmer F hat in seinem Betriebsvermögen Aktien der Form AG. Aus diesen Aktien erhält er in 01 eine Dividende in Höhe von 1.500,00 €, die er auch als Betriebseinnahmen verbucht.

g) G (65 Jahre) hat aus einer Kapitallebensversicherung im Jahr 2020 eine Auszahlung in Höhe von 120.000,00 € erhalten. Die Versicherung hat er im Jahr 2005 abgeschlossen. Seine Versicherungsbeiträge betrugen 83.000,00 €.

ga) Geben Sie an, ob Einkünfte aus Kapitalvermögen vorliegen.

gb) Berechnen Sie die zu versteuernden Einnahmen.

h) A verkauft am 15.01.02 Aktien der Z-AG (Beteiligung unter 1 %) mit einem Gewinn von 5.000,00 €. Die Aktien hatte er am 15.09.01 gekauft.

i) Ändert sich an Ihrer Antwort zu Aufgabenteil h) etwas, wenn er die Aktien schon vor zehn Jahren gekauft hätte?

j) B hat Aktien (Beteiligung unter 1 %) vor acht Jahren zu einem Wert von 6.000,00 € gekauft. In 01 haben diese Aktien einen Wert von 16.000,00 €. B schenkt Anfang 01 die Aktien seinem Sohn, der diese Aktien sofort für 16.000,00 € verkauft.

5.2 Ermittlung der Einkünfte aus Kapitalvermögen

§ 32d (1) EStG
§ 43 (5) EStG

Es kommt grundsätzlich zu keiner Veranlagung bei den Einkünften aus Kapitelvermögen. Die auszahlende Stelle (zumeist eine Bank) behält von dem Kapitalertrag einheitlich 25 % Kapitalertragsteuer ein. Mit der einbehaltenen Kapitalertragsteuer auf Kapitaleinkünfte ist die Einkommensteuer abgegolten. Eine Angabe der Einkünfte in der Einkommensteuererklärung ist nicht mehr notwendig. Gleichzeitig werden von der Bank bei bestehender Kirchensteuerpflicht die Kirchensteuer und der Solidaritätszuschlag einbehalten.

Der Abzug von tatsächlichen Werbungskosten ist nicht möglich. Stattdessen wird ein Sparerpauschbetrag in Höhe von 1.000,00 € (Alleinstehende)/2.000,00 € (Verheiratete/Verpartnerte) abgezogen.

§ 32d (4) EStG

Für einzelne Kapitalerträge, die der Abgeltungssteuer unterlegen haben, hat man gem. § 32d (4) EStG ein Wahlrecht zur Veranlagung, um bisher nicht berücksichtigte Umstände geltend zu machen.

Dies gilt insbesondere für:

- nicht ausgeschöpften Sparerfreibetrag
- Anrechnung ausländischer Quellensteuer (max. 25 %)
- einen noch zu berücksichtigenden Verlustvortrag (bei Verlusttöpfen bei unterschiedlichen Banken)
- den Fall, wenn der Durchschnittssteuersatz der bzw. des Steuerpflichtigen geringer ist als der Abgeltungssteuersatz von 25 %.

Ein Abzug von Kapitalertragsteuer findet nicht statt, wenn

- eine Nichtveranlagungsbescheinigung nach § 44a (2) EStG vorgelegt werden kann,
- dem Kreditinstitut ein Freistellungsauftrag in Höhe von 1.000,00 €/2.000,00 € (Sparerpauschbetrag gem. § 44a (2) EStG vorliegt.

§ 20 (4) EStG

Die Gewinne aus der Veräußerung von Anteilen an Kapitalgesellschaften sind ebenfalls Einkünfte aus Kapitalvermögen und unterliegen damit der Abgeltungssteuer.

Der Gewinn wird wie folgt berechnet:

Veräußerungspreis
– Aufwendungen im Zusammenhang mit dem Veräußerungsgeschäft
– Anschaffungskosten

= Gewinn

§ 20 (6) EStG

Verluste aus Kapitalvermögen dürfen gem. § 20 (6) EStG nicht mit anderen Einkunftsarten verrechnet werden. Verluste aus Aktienverkäufen sind sogar nur mit Gewinnen aus Aktienverkäufen verrechenbar. Dazu wird bei jeder auszahlenden Stelle ein sog. Verlusttopf gebildet, innerhalb dessen zunächst sämtliche positiven und negativen Kapitaleinkünfte verrechnet werden. Ein verbleibender nicht ausgeglichener Verlust wird in das nächste Kalenderjahr fortgeschrieben.

Beispiel

Frank Busch, ledig, hat bei seiner Bank verschiedene Geldanlagen abgeschlossen, aus denen er jährlich Erträge erzielt. Er hat seiner Bank einen Freistellungsauftrag in Höhe von 1.000,00 € erteilt.

Die Abrechnung sieht wie folgt aus:

Zinsen aus festverzinslichen Wertpapieren	6.000,00 €
Dividende aus einer Beteiligung an einer AG	8.500,00 €
Veräußerungsgewinn Aktien Rausch AG	1.500,00 €
Veräußerungsverlust Aktien Redecker AG	2.000,00 €

Lösung

Die Veräußerungsgewinne und -verluste sind untereinander verrechenbar. Es ergibt sich ein Gesamtverlust von 500,00 €. Dieser ist nicht mit den anderen Erträgen aus Kapitalvermögen verrechenbar. Er wird auf die nächsten Jahre vorgetragen, bis er mit Gewinnen aus der Veräußerung von Aktien verrechnet werden kann.

Es ergibt sich somit folgende Abrechnung:

	Summe der Kapitalerträge	14.500,00 €	14.500,00 €
–	Freistellungsauftrag	1.000,00 €	
=	Bemessungsgrundlage der Kapitalertragsteuer	13.500,00 €	
	– 25 % Kapitalertragsteuer		– 3.375,00 €
	– 5,5 % Solidaritätszuschlag (aus der Kapitalertragsteuer)		– 185,63 €
	– 9 % Kirchensteuer (aus der Kapitalertragsteuer)		– 303,75 €
=	Auszahlungsbetrag		= 10.635,62 €

Damit sind die Kapitalerträge abgegolten und müssen nicht mehr in der Steuererklärung angegeben werden.

Zusammenfassung

Einkünfte aus Kapitalvermögen

Definition § 20 (1), (2) EStG	Abgeltung §§ 32d (1), 43 (5) EStG	Veranlagung § 44a (2) EStG
Einkünfte aus Kapitalvermögen stellen Erträge dar, die dem Kapitalgeber für die Hingabe von Kapital gewährt werden. Folgende Erträge sind die wichtigsten Einkünfte aus Kapitalvermögen: • Gewinnanteile an Kapitalgesellschaften (sog. Dividenden) • Zinserträge (z. B. aus Spareinlagen, Guthaben, Darlehen, Pfandbriefen) • Gewinn aus der Veräußerung von Anteilen einer Körperschaft ohne Veräußerungsfrist	• grundsätzlich keine Veranlagung bei den Einkünften aus Kapitalvermögen • auszahlende Stelle (zumeist eine Bank) behält von dem Kapitalertrag einheitlich 25 % Kapitalertragsteuer ein. • Mit der einbehaltenen Kapitalertragsteuer auf Kapitaleinkünfte ist die Einkommensteuer abgegolten (§ 43 (5) EStG). Eine Angabe der Einkünfte in der Einkommensteuererklärung ist nicht mehr notwendig.	• In folgenden Ausnahmefällen wird aber trotzdem eine Veranlagung durchgeführt: - wenn eine Nichtveranlagungsbescheinigung vorgelegt werden kann - dem Kreditinstitut ein Freistellungsauftrag in Höhe von 1.000,00 € / 2.000,00 € (sog. Sparerpauschbetrag) vorliegt.

Aufgaben

1. **Veranlagung oder Abgeltung (§ 20 EStG)**

Susanne Arendt hat folgende Einnahmen in 01 erzielt. Beurteilen Sie, welcher Einkunftsart die Einnahmen zuzuordnen sind und ob eine Veranlagung dieser Einnahmen erfolgt. Berechnen Sie die Einkünfte gegebenenfalls.

a) Zinseinnahmen in Höhe von 2.500,00 €. Dafür hatte sie einen Freistellungsauftrag in Höhe von 1.000,00 € bei der Bank abgegeben. Die entsprechende Kapitalertragsteuer von 25 % sowie die Kirchensteuer und der Solidaritätszuschlag wurden von der Bank einbehalten.

b) Dividendeneinnahmen aus einer Beteiligung an der BASF AG in Höhe von 5.000,00 €. Hiervon wurden 25 % Kapitalertragsteuer sowie Kirchensteuer und Solidaritätszuschlag einbehalten.
c) Verkauf von Aktien zu einem Preis von 4.000,00 €. Die Aktien hatte Frau Arendt vor fünf Jahren zu einem Preis von 2.000,00 € gekauft. An Veräußerungskosten entstanden 100,00 €. Die Bank hatte vom Veräußerungsgewinn in Höhe von 1.900,00 € 25 % Kapitalertragsteuer sowie Kirchensteuer und Solidaritätszuschlag einbehalten.
d) Verkauf eines GmbH-Anteils (< 1 %) zu einem Preis von 6.000,00 €. Den Anteil hatte Frau Arendt vor drei Jahren zu einem Preis von 3.000,00 € gekauft. An Veräußerungskosten entstanden 300,00 €. Die Steuer wurde nicht abgegolten.
e) Geben Sie an, wie sich die Berechnung unter Aufgabenteil d) ändert, wenn dies die einzigen Einkünfte aus Kapitalvermögen von Frau Arendt wären.
f) Geben Sie an, welche Änderung sich ergibt, wenn die anderen Einkünfte von Frau Arendt so gering sind, dass ihr Einkommensteuersatz nur 20 % beträgt.

2. **Gesamtfall**

Rudi Walter, wohnhaft in Hamburg, 45 Jahre und seine Frau Susanne, 43 Jahre, haben folgende Einkünfte: Rudi Walter ist als praktischer Arzt selbstständig tätig. In 01 hat er aus seiner Praxis Betriebseinnahmen in Höhe von 150.000,00 € und Betriebsausgaben in Höhe von 60.000,00 € vorzuweisen. In den Betriebsausgaben sind Bewirtungskosten in Höhe von 1.500,00 € enthalten.
Seine Frau Susanne arbeitet als angestellte Assistenzärztin in einem Hamburger Krankenhaus. Sie erhält ein monatliches Bruttogehalt in Höhe von 3.800,00 €. Die Fahrten an ihren 245 Arbeitstagen (Bescheinigung vom Arbeitgeber liegt vor) legt sie mit öffentlichen Verkehrsmitteln zurück. Die Kosten belaufen sich dabei auf 40,00 € pro Monat. Die einfache Entfernung beträgt 12 km.
Weitere Kosten kann sie nicht nachweisen.

Die beiden haben aufgrund einer Erbschaft Geldmittel, aus denen sie folgende Erträge erzielt haben:

- **Bank A:**
  - Zinsen aus festverzinslichen Wertpapieren in Höhe von 1.200,00 €.
  - Dividenden der BASF AG in Höhe von 3.000,00 €.
  - Veräußerungserlös aus Aktienverkäufen in Höhe von 13.000,00 €, die Anschaffungskosten vor drei Jahren haben 10.000,00 € betragen.
- **Bank B:**
  - Veräußerungserlös aus Aktienverkäufen von 5.600,00 €, die Aktien hatten vor zwei Jahren 6.000,00 € gekostet.

Berechnen Sie die Einkommensteuer für das Ehepaar Stich in 01.

6 Einkünfte aus Vermietung und Verpachtung ermitteln

6.1 Definition der Einkünfte aus Vermietung und Verpachtung

§ 21 (1) EStG

Zu den Einkünften aus Vermietung und Verpachtung gehören gem. § 21 (1) EStG die Erträge

- aus der Vermietung und Verpachtung von unbeweglichem Vermögen, insbesondere Grundstücke und Gebäude,
- aus der Vermietung und Verpachtung von Sachinbegriffen,
  → mehrere bewegliche Sachen, die zusammen eine Einheit bilden (z. B. bewegliches Betriebsvermögen, Büroeinrichtung)
- aus der zeitlich begrenzten Überlassung von Rechten (Urheberrechte).

§ 21 (3) EStG

Es liegen nur Einkünfte aus Vermietung und Verpachtung vor, soweit sie keiner anderen Einkunftsart zuzurechnen sind.

6.2 Ermittlung der Einkünfte aus Vermietung und Verpachtung

Zur Ermittlung der Einkünfte aus Vermietung und Verpachtung werden von den Einnahmen die tatsächlichen Werbungskosten abgezogen. Eine Werbungskostenpauschale gibt es nicht.

Einnahmen sind bei

- der Vermietung und Verpachtung von unbeweglichem Vermögen, insbesondere Grundstücke und Gebäude:
  → Mieteinnahmen aus der Vermietung von Wohnräumen, Geschäftsräumen, Garagen, Werbeflächen
  → Einnahmen aus Umlagen für Heizung, Wasser, Müllabfuhr, Straßenreinigung usw.
- bei der Vermietung und Verpachtung von Sachinbegriffen die Miet- bzw. Pachteinnahmen,
- bei der zeitlich begrenzten Überlassung von Rechten (Urheberrechte) die dafür gezahlten Entgelte.

Zu den wichtigsten Werbungskosten gehören:

- **Schuldzinsen**
  für die Aufnahme eines Darlehens zur Finanzierung des Grundstücks oder Gebäudes. Dazu gehören auch Geldbeschaffungskosten, wie z.B. Bereitstellungsgebühren, Notargebühren für die Eintragung der Grundschuld, Disagio im Jahr der Aufnahme des Darlehens in voller Höhe, Kreditprovisionen u.Ä.
  Das Disagio kann nur abgezogen werden, wenn im Kreditvertrag mit einem Zinsfestschreibungszeitraum von fünf Jahren ein Disagio von bis zu 5 % vereinbart wurde. § 11 (2) Satz 3 EStG gilt nicht für ein Disagio. *§ 11 (2) EStG*
  Anderslautend ist die Auffassung des BFH (BFH-Urteil vom 08.03.2016), der ein Disagio nur dann nicht für sofort abziehbar hält, wenn es sich nicht im Rahmen des aktuellen Kreditmarkts im Üblichen hält.
- **Erhaltungsaufwendungen**
  Dies sind Kosten für die laufende Instandhaltung des Gebäudes. Größerer Erhaltungsaufwand kann gem. § 82 EStDV auf zwei bis fünf Jahre gleichmäßig verteilt werden, wenn das Gebäude im Zeitpunkt des Erhaltungsaufwandes nicht zum Betriebsvermögen gehört und zu mehr als 50 % Wohnzwecken dient. Betragen die Aufwendungen nach Fertigstellung eines Gebäudes für die einzelne Baumaßnahme nicht mehr als 4.000,00 € (Rechnungsbetrag ohne Umsatzsteuer) je Gebäude, so ist auf Antrag dieser Aufwand als Erhaltungsaufwand zu behandeln. *§ 82 EStDV* *R21.1 (2) EStR*
- **Absetzung für Abnutzung (AfA)**
  Die AfA kann für die Wertminderung des Gebäudes durch Abnutzung angesetzt werden. Als Abschreibungsmethode ist die lineare AfA zulässig.
  Nur das Gebäude kann abgeschrieben werden, der Anteil für Grund und Boden ist nicht abschreibungsfähig.
  Für Gebäude, die nach dem 01.01.2006 gekauft oder hergestellt wurden ist nur noch die lineare AfA möglich. Deshalb wird auf die Darstellung der degressiven AfA verzichtet. Diese gilt nur noch für Altfälle.
  Angeschaffte Gebäude werden ab dem Zeitpunkt der Anschaffung abgeschrieben. Der Zeitpunkt der Anschaffung ist der Zeitpunkt, zu dem laut Kaufvertrag Besitz, Nutzen und Lasten auf den Erwerber übergehen. *H 7.4 „Lieferung" EStR*
  Hergestellte Gebäude werden ab dem Zeitpunkt der Fertigstellung abgeschrieben. Ein Gebäude ist fertig gestellt, wenn die wesentlichen Bauarbeiten abgeschlossen sind und der Bau soweit errichtet ist, dass der Bezug der Wohnungen zumutbar ist. *H 7.4 „Fertigstellung" EStR*

  Die lineare AfA beträgt
  - bei Gebäuden, die zum Betriebsvermögen gehören und nicht Wohnzwecken dienen und für die ein Bauantrag nach dem 31. März 1985 gestellt wurde, 3 % der Anschaffungs- oder Herstellungskosten, *§ 7 (4) Nr. 1 EStG*
  - bei Mietwohngebäuden, die ab 2023 fertiggestellt werden, 3 % jährlich,
  - bei allen anderen Gebäuden jährlich *§ 7 (4) Nr. 2 EStG*
    → 2 % der Anschaffungs- oder Herstellungskosten, wenn sie nach dem 31. Dezember 1924 fertiggestellt worden sind,
    → 2,5 % der Anschaffungs- oder Herstellungskosten, wenn sie vor dem 1. Januar 1925 fertiggestellt worden sind.

  Wird das Gebäude im Laufe eines Jahres angeschafft oder hergestellt, kann für das Jahr der Anschaffung oder Herstellung die AfA nur für den Zeitraum zwischen Anschaffung oder Herstellung und dem Ende des Jahres angesetzt werden (zeitanteilige AfA oder AfA pro rata temporis). *R 7.4 (2) EStR*

  Zu Wohnzwecken dienen Gebäude, wenn sie dazu bestimmt sind, Menschen auf Dauer Aufenthalt und Unterkunft zu ermöglichen. Sie dienen nicht zu Wohnzwecken, soweit sie zur vorübergehenden Beherbergung von Personen bestimmt sind.

§ 7b EStG

Für Wohnungsneubauten ist nach § 7b EStG eine Sonderabschreibung möglich. Voraussetzungen dafür sind:
- Anschaffung oder Herstellung neuer Gebäude oder Wohnungen, soweit diese mindestens zehn Jahre vermietet werden
- Der Bauantrag muss nach dem 30.09.2023 und vor dem 01.10.2029 gestellt sein.
- Das Gebäude muss die Kriterien eines „Effizienzhaus 40" mit Nachhaltigkeitsklasse erfüllen und dies durch Qualitätssiegel „Nachhaltiges Gebäude" nachweisen.
- Die Anschaffungs- oder Herstellungskosten dürfen die Baukostenobergrenze von 5.200,00 € je m² nicht übersteigen.
- Die Sonderabschreibung beträgt im Jahr der Anschaffung und den folgenden drei Jahren jährlich bis zu 5 %. Sie wird für max. 4.000,00 € je m² gewährt.

Die Sonderabschreibung ist rückwirkend rückgängig zu machen, wenn
- die Wohnung in der ersten zehn Jahren nicht der entgeltlichen Überlassung zu Wohnzwecken dient.
- die Wohnung in den ersten zehn Jahren veräußert wird und der Veräußerungsgewinn nicht der Einkommensteuer unterliegt.
- die Baukostengrenze innerhalb von zehn Jahren durch nachträgliche Anschaffungs- oder Herstellungskosten überschritten wird.

Zur Berechnung der AfA müssen die Anschaffungs- oder Herstellungskosten des Gebäudes ermittelt werden. Anschaffungskosten eines Gebäudes sind die Aufwendungen, die geleistet werden, um das Gebäude zu erwerben und es in einen betriebsbereiten Zustand zu versetzen, soweit sie dem Gebäude einzeln zugeordnet werden können, ferner die Nebenkosten und die nachträglichen Anschaffungskosten. Ein Gebäude ist betriebsbreit, wenn es entsprechend seiner Zweckbestimmung genutzt werden kann. Die Kosten für Grund und Boden dürfen nicht in die Bemessungsgrundlage für die AfA einbezogen werden, da Grund und Boden nicht abnutzbar ist. Folgende Übersicht dient zur Ermittlung der Anschaffungskosten des Gebäudes:

Ermittlung der Anschaffungskosten	
Kaufpreis (inkl. Grund und Boden)	
+ Anschaffungsnebenkosten → → → →	
= gesamte Anschaffungskosten	
anteilig für Gebäude (im Verhältnis des Gebäudeanteils am Kaufpreis)	
+ anschaffungsnaher Herstellungsaufwand	
= Anschaffungskosten des Gebäudes = Bemessungsgrundlage der AfA	

Herstellungskosten eines Gebäudes sind Aufwendungen für die Herstellung eines Gebäudes sowie Aufwendungen, die für die Erweiterung oder für die über den ursprünglichen Zustand hinausgehende wesentliche Verbesserung eines Gebäudes entstehen. Dazu gehören z. B. Baukosten, Architektenkosten, Kanalanschlusskosten (nur Hausanschlusskosten).

Hat die bzw. der Steuerpflichtige nach dem Kauf oder der Herstellung noch Aufwendungen für das Gebäude, sind die sog. nachträglichen Herstellungskosten von den Erhaltungsaufwendungen abzugrenzen (§ 6 (1) Nr. 1a i. V. m. § 9 (5) EStG, R 21.1 EStR, BMF-Schreiben vom 20.10.2017, H 6.4 EStR).

Erhaltungsaufwand ist Aufwand für die laufende Instandhaltung. Er bewirkt keine Änderung der Wesensart des Gebäudes und dient zur Erhaltung des ordnungsgemäßen Zustandes. Er ist sofort als Werbungskosten abzugsfähig.

Nachträgliche Herstellungskosten sind nachträgliche Aufwendungen zur Verbesserung und Erweiterung eines Wirtschaftsgutes und stellen eine erhebliche Änderung der Wesensart dar und dienen zur deutlichen Verbesserung des Zustandes des Wirtschaftsgutes. Sie erhöhen die Anschaffungs-/Herstellungskosten und damit die Absetzung für Abnutzung (AfA).

Herstellungskosten liegen auch vor, wenn innerhalb der ersten drei Jahre nach Anschaffung hohe Reparatur- oder Modernisierungsaufwendungen anfallen, die (ohne Umsatzsteuer) 15 % der Anschaffungskosten des Gebäudes übersteigen (sog. anschaffungsnaher Herstellungsaufwand). Auch reine Schönheitsreparaturen sind in diese Grenze einzubeziehen (BFH-Urteil vom 14.06.2016), nicht dagegen Erhaltungsaufwendungen, die üblicherweise jährlich anfallen, wie z. B die Heizungswartung, und Aufwendungen für Erweiterungen, da sie Herstellungskosten darstellen. Wird das Gebäude unterschiedlich genutzt, ist die 15-%-Grenze für jede Nutzungseinheit separat zu prüfen. Die Dreijahresfrist ist taggenau zu ermitteln. Aufwendungen, die in dieser Dreijahresfrist anfallen, werden zusammengerechnet. Bei Überschreiten der 15-%-Grenze werden alle Aufwendungen (rückwirkend) als Herstellungskosten behandelt und erhöhen die Afa-Bemessungsgrundlage.

Nachträgliche Herstellungskosten erhöhen die bisherige Bemessungsgrundlage der AfA ab dem Jahr, in dem diese nachträglichen Herstellungskosten entstanden sind. Dabei sind diese Kosten so zu berücksichtigen, als wären sie zu Beginn des Jahres aufgewendet worden. Die Höhe der Abschreibung bemisst sich nach dem bisherigen AfA-Satz. Die Abschreibung erfolgt dann so lange, bis die Anschaffungs-/Herstellungskosten zuzüglich der nachträglichen Anschaffungs-/Herstellungskosten abgeschrieben sind. *H 7.3 EStR*

Beispiel

Simone Schaub ist seit Anfang 01 Eigentümerin eines Grundstücks mit aufstehendem Wohngebäude. Sie hat dafür 550.000,00 € bezahlt, wovon 150.000,00 € auf den Grund und Boden entfallen. Sie musste für den Kauf noch 30.250,00 € Grunderwerbsteuer zahlen. Für den Kauf hatte sie noch ein Darlehen in Höhe von 200.000,00 € aufgenommen. Ein Notar beurkundete den Kauf und die Grundschuld zur Absicherung des Darlehens und erhielt dafür 1.500,00 € zzgl. Umsatzsteuer und 450,00 € zzgl. Umsatzsteuer. Für das Darlehen hat Frau Schaub in 01.01.780,00 € Zinsen bezahlt. Der Eigentümerwechsel und die Grundschuld mussten noch im Grundbuch eingetragen werden. Dafür fielen Kosten in Höhe von 460,00 € und 130,00 € an.

Da das Haus in einem schlechten Zustand war, investierte Frau Schaub im ersten Jahr nach dem Kauf 70.000,00 € zzgl. Umsatzsteuer in die Renovierung des Hauses.

Lösung

Ermittlung der Anschaffungskosten	
Kaufpreis (inkl. Grund und Boden)	550.000,00 €
+ Anschaffungsnebenkosten → Grunderwerbsteuer → Notar Kaufvertrag → Grundbuchamt Kaufvertrag	 30.250,00 € 1.785,00 € 450,00 €
= gesamte Anschaffungskosten	582.485,00 € Bei den Notar- und Grundbuchamtskosten für die Grundschuld und dem Zinsaufwand handelt es sich um Werbungskosten.
anteilig für Gebäude (im Verhältnis des Gebäudeanteils am Kaufpreis)	400/550 · 582.485,00 € = 423.625,45 €
+ anschaffungsnaher Herstellungsaufwand	Renovierung innerhalb von drei Jahren nach dem Kauf: hier ein Jahr Erhaltungsaufwand > 15 % der Anschaffungskosten des Gebäudes: Hier 70.000,00 € > 15 % von 423.625,45 € = 63.543,82 € 70.000,00 € sind anschaffungsnaher Herstellungsaufwand und erhöhen die Anschaffungskosten des Gebäudes.
= Anschaffungskosten des Gebäudes = Bemessungsgrundlage der AfA	493.625,45 €

- **Grundsteuer**
- **Müllabfuhr, Wasser, Kanalbenutzung, Straßenreinigung**
- **Heizung, Warmwasser, Hausbeleuchtung**
- **Schornsteinfeger**
- **Hausversicherungen, Hausbesitzerverein**
- **Hausmeister, Hausverwaltung**
- **Fahrtkosten** zu einem vermieteten Haus können nur in Höhe der Entfernungspauschale von 0,30 € je Entfernungskilometer angesetzt werden, da es sich bei dem vermieteten Haus um eine regelmäßige Tätigkeitsstätte handelt.

§ 21 (2) EStG R 21.3 EStR

Ein voller Werbungskostenabzug ist gem. § 21 (2) EStG bei den Einkünften aus Vermietung und Verpachtung nur möglich, wenn die Miete mindestens 50 % der ortsüblichen Miete (Kaltmiete zuzüglich der nach der 2. Berechnungsverordnung umlagefähigen Nebenkosten) beträgt.

Beträgt die Miete zwischen 50 % und 66 % der Vergleichsmiete, ist aber eine Totalüberschuss-Prognose zu erstellen. Nur bei einem prognostizierten positiven Totalüberschuss ist dann der vollständige Werbungskostenabzug zulässig.

Sind die Voraussetzungen nicht erfüllt, gilt die Vermietung als teilentgeltlich und die Werbungskosten können nur anteilig im Verhältnis der tatsächlichen zur ortsüblichen Miete angesetzt werden.

R21.1 (5) EStR

Wird ein Teil des Gebäudes oder der Wohnung zu eigenen Wohnzwecken genutzt, sind die Aufwendungen für diesen Teil nicht als Werbungskosten absetzbar. Lassen sich die Aufwendungen nicht eindeutig dem vermieteten oder dem selbst genutzten Teil zuordnen, ist eine Aufteilung im Verhältnis der Wohnflächen vorzunehmen.

Bei einer ausschließlichen Nutzung zu eigenen Wohnzwecken können keine Werbungskosten abgesetzt werden. Es handelt sich dabei nicht um Einkünfte aus Vermietung und Verpachtung.

Zusammenfassung

Einkünfte aus Vermietung und Verpachtung

Definition **§ 21 (1) EStG**	**Ermittlung** **§§ 8, 9 EStG**	**Werbungskosten** **§ 9 EStG**
Zu den Einkünften aus Vermietung und Verpachtung gehören die Erträge · aus der Vermietung und Verpachtung von unbeweglichem Vermögen, insbesondere Grundstücke und Gebäude · aus der Vermietung und Verpachtung von Sachinbegriffen (z. B. bewegliches Betriebsvermögen, Büroeinrichtung) · aus der zeitlich begrenzten Überlassung von Rechten (Urheberrechte)	Einnahmen – tatsächliche Werbungskosten = Einkünfte aus Vermietung und Verpachtung	· Schuldzinsen · Erhaltungsaufwendungen · Absetzung für Abnutzung (AfA) · Grundsteuer · Müllabfuhr, Wasser, Kanalbenutzung, Straßenreinigung · Heizung, Warmwasser, Hausbeleuchtung · Schornsteinfeger · Hausversicherungen, Hausbesitzerverein · Hausmeister, Hausverwaltung

Aufgaben

1. **Einkünfte aus Vermietung und Verpachtung (§ 21 EStG)**
   Bestimmen Sie, zu welcher Einkunftsart die folgenden Einkünfte zählen.

   a) A vermietet ein unbebautes Grundstück zu Lagerzwecken.
   b) Kommanditist B vermietet an die KG ein Geschäftsgrundstück.
   c) C ist Eigentümer eines Zweifamilienhauses. Eine Wohnung ist vermietet, die andere bewohnt er selbst.
   d) D vermietet einem Arbeitskollegen sein Wohnmobil für eine Urlaubsreise.

e) E hat ihren Betrieb zur Herstellung von Werkzeugen aus Altersgründen aufgegeben. Sie verpachtet die gesamte Betriebseinrichtung an einen ehemaligen Geschäftskunden.
f) F überlässt die Urheberrechte an dem schriftstellerischen Werk seiner Frau dem G-Verlag und erhält dafür jährlich 50.000,00 €.
g) Unternehmer G vermietet ein zu seinem Betriebsvermögen gehörendes Grundstück an einen Geschäftsfreund als Kundenparkplatz.
h) Hotelbesitzer H vermietet Zimmer an ständig wechselnde Gäste.

2. **Ermittlung der Einkünfte aus Vermietung und Verpachtung – größerer Erhaltungsaufwand nach § 82b EStDV**
Irmgard Göttert ist Eigentümerin eines Mehrfamilienhauses in Düsseldorf. Das Haus hat vier Etagen mit je 100 m^2 Nutzfläche. Das Erdgeschoss ist an einen Steuerberater vermietet. Die restlichen Etagen sind als Wohnungen an private Mieter vermietet. Sie hat in 02 folgende Einnahmen und Werbungskosten:

- vereinnahmte Mieten 26.500,00 €
- Ein Mieter überweist die Miete in Höhe von 500,00 € für Dezember erst am 06.02.03.
- Einnahmen aus Umlagen (Heizung, Strom usw.) 6.000,00 €
- AfA nach § 7 (4) Nr. 2 EStG 2 % linear von den Anschaffungskosten (250.000,00 €) 5.000,00 €
- Kosten für die Reparatur des Dachstuhls 17.500,00 €
- sonstige kleinere Reparaturen 750,00 €
- Schuldzinsen 1.750,00 €
- Tilgungszahlungen 2.000,00 €
- Versicherung 250,00 €
- Grundsteuer, Kanalbenutzung usw. 1.000,00 €

Berechnen Sie die Einkünfte aus Vermietung und Verpachtung. Frau Göttert möchte dabei von der Regelung des § 82b EStDV Gebrauch machen und eine Aufteilung von fünf Jahren beantragen.

3. **Teilentgeltliche Vermietung (§ 21 (2) EStG)**
Rudi Gehrer hat in Berlin eine Eigentumswohnung als Anlageobjekt gekauft. Er überlässt seinem Sohn diese Wohnung. Aus steuerlichen Gründen verlangt er eine monatliche Warmmiete von 360,00 €. Die ortsübliche Miete beträgt monatlich 800,00 €. An Aufwendungen für die Wohnung sind im Jahr 12.000,00 € entstanden, die er als Werbungskosten geltend machen möchte. Die Überschussprognose fällt anerkanntermaßen positiv aus.

a) Prüfen Sie, ob es sich um eine vollentgeltliche oder teilentgeltliche Vermietung handelt und berechnen Sie den Prozentsatz, mit dem die Werbungskosten abgezogen werden dürfen.
b) Berechnen Sie die Einkünfte aus Vermietung und Verpachtung.
c) Geben sie an, wie Ihre Antwort zu Aufgabenteil a) lautet, falls die tatsächliche gezahlte Miete 600,00 € monatlich betragen würde.
d) Geben Sie an, zu welcher Miethöhe Sie Herrn Gehrer unter der Voraussetzung, dass er die Werbungskosten voll absetzen möchte, raten würden.
e) Erläutern Sie die steuerlichen Folgen, die sich ergeben, wenn Herr Gehrer die Wohnung seinem Sohn unentgeltlich überlassen würde.

4. **Lineare Gebäude-AfA (§ 7 (4) EStG)**
Ermitteln Sie in den folgenden Fällen die höchstmögliche AfA folgender Mietobjekte nach § 7 (4) EStG für 2024 und 2025:

a) Mietshaus, das 1910 errichtet wurde, Kauf 01.10.2024 und anschließende vollständige Vermietung. Die Anschaffungskosten betrugen 300.000,00 €, darin enthalten ist der Wert des Grund und Bodens in Höhe von 60.000,00 €
b) selbst hergestelltes Mietshaus, Herstellungskosten 250.000,00 €, Fertigstellung am 30.11.2024, Datum des Bauantrages am 12.01.2024, Kosten des Grund und Bodens 50.000,00 €
c) Wohnhaus, Kauf am 01.12.2024, Fertigstellung am 01.09.2024, Bauantrag Anfang 2024, Anschaffungskosten 250.000,00 €, darin enthalten der Wert für Grund und Boden 50.000,00 €
d) Wohnhaus; Kauf am 01.02.2024, Fertigstellung am 31.01.2024, Bauantrag 2022, Anschaffungskosten 350.000,00 €, darin enthalten der Wert für Grund und Boden 70.000,00 €

5. Sonderabschreibung für Wohnungsneubauten (§ 7b EStG)
Manuela Winter erwirbt mit Kaufvertrag vom 10.03.2024 eine 70-m^2-Eigentumswohnung zu einem Kaufpreis von 260.000,00 € (Anteil Grund und Boden 104.000,00 €), für die am 15.01.2024 ein Bauantrag gestellt wurde. Die Übergabe erfolgt mit der Bezugsfertigkeit am 01.10.2024. Sie vermietet die Wohnung. Prüfen Sie, ob eine Sonderabschreibung nach § 7b EStG vorgenommen werden kann und berechnen Sie ggf. die Höhe.

6. Ermittlung der Anschaffungs- oder Herstellungskosten eines Gebäudes (§ 255 HGB)

a) Silke Reimann hat am 01.11.01 ein Wohnhaus gekauft, das vor sechs Jahren errichtet wurde. Der Kaufpreis betrug 400.000,00 €, darin enthalten war der Grund und Boden mit 60.000,00 €.

Weiterhin musste sie im Zusammenhang mit dem Kauf folgende Aufwendungen tätigen:
- Grunderwerbsteuer 20.000,00 €
- Notarkosten für den Abschluss des Kaufvertrages 750,00 € zzgl. 19 % Umsatzsteuer
- Grundbuchamtkosten für die Eigentumsumschreibung im Grundbuch 200,00 €
- Maklercourtage 13.825,00 € inkl. Umsatzsteuer

Den Kauf des Hauses hat Frau Reimann durch einen Kredit finanziert. Als Sicherheit verlangte die Bank eine Grundschuld auf das Gebäude. Dafür entstanden folgende Kosten:
- Notarkosten für die Bestellung der Grundschuld 400,00 € zzgl. 19 % Umsatzsteuer
- Grundbuchamtskosten für die Eintragung der Grundschuld 100,00 €

Für das Darlehen fielen für die Zeit vom 01.11. bis 31.12.01 Zinsen in Höhe von 2.500,00 € an.
aa) Ermitteln Sie die Anschaffungskosten des Gebäudes.
ab) Ermitteln Sie die höchstmögliche AfA für das Jahr 01 und 02.

b) Simon Marx hat Anfang 04 ein Grundstück für 70.000,00 € gekauft, auf dem er ein Wohngebäude errichten lässt. Die Rechnung des Bauträgers beläuft sich auf 260.000,00 €. In 04 fallen noch folgende weiteren Kosten im Zusammenhang mit dem Bau des Hauses an:

• Zinszahlung für das Hypothekendarlehen	4.500,00 €
• Grunderwerbsteuer für das Grundstück	3.500,00 €
• Architektenhonorar	25.000,00 €
• Kanalanschlussgebühr der Gemeinde	1.500,00 €
• Kaminabnahmegebühr des Schornsteinfegers	200,00 €

Berechnen Sie die Herstellungskosten des Gebäudes.

7. Abgrenzung Erhaltungsaufwendungen/nachträgliche Herstellungskosten (§ 6 (1) Nr. 1a EStG i. V. m. § 9 (5) EStG, R 21.1 EStR, BMF-Schreiben vom 20.10.2017, H 6.4 EStR)

a) Prüfen Sie in folgenden Fällen, ob es sich um Erhaltungsaufwendungen oder um nachträgliche Anschaffungs-/Herstellungskosten handelt, und beurteilen Sie die steuerliche Behandlung.
- Aufwendungen für den Austausch von Fenstern
- Einbau eines Aufzugs
- Ausbau des Dachgeschosses
- Umbau von kleinen Wohneinheiten in große Geschäftsräume
- notwendige Reparaturen an Installationseinrichtungen und Elektroleitungen
- Erneuerung von sanitären Anlagen
- neue Heizungsanlage
- zweigeschossiger Anbau

b) Prüfen Sie in den folgenden Fällen, ob es sich um anschaffungsnahen Herstellungsaufwand handelt und beurteilen Sie die steuerliche Behandlung.
ba) Der Steuerpflichtige Günter Krüger hat im letzten Jahr in Düsseldorf ein Mehrfamilienhaus (Baujahr 1950) für 250.000,00 € (Anteil Grund und Boden 50.000,00 €) gekauft. Er hat in diesem Jahr Renovierungsarbeiten für 65.000,00 € durchführen lassen.

bb) Der Steuerpflichtige Stefan Ebener hat vor zwei Jahren ein Einfamilienhaus zur Vermietung für 150.000,00 € (Anteil Grund und Boden 30.000,00 €) gekauft. In diesem Jahr lässt er Renovierungsarbeiten für 10.000,00 € durchführen.

bc) Nina Fuhrmann hat vor vier Jahren ein Mietswohnhaus zu Anschaffungskosten von 150.000,00 € gekauft. In diesem Jahr hat sie sich entschlossen, das Haus in größerem Umfang zu renovieren und wendet dafür 40.000,00 € auf.

8. **Teilweise Vermietung (R 21.1 (5))**

Rudi Ostmann erwarb am 01.08.01 ein im Jahr 1930 erbautes Mehrfamilienhaus für 350.000,00 €. Davon entfallen 20 % auf den Grund und Boden.
Das Erdgeschoss (100 m^2) hat er an einen Steuerberater vermietet. Die Mieteinnahmen betragen 1.000,00 € monatlich sowie 35,00 € für Pkw-Einstellplätze.
Das 1. Obergeschoss (100 m^2) hat er an private Mieter vermietet. Die Miete beträgt monatlich 500,00 €. Die Miete für den Dezember 01 hat Ostmann erst im Februar 02 erhalten.
Das 2. Obergeschoss (100 m^2) bewohnt Herr Ostmann selbst.
Pro m^2 ergeben sich Nebenkosten von 1,50 €, die alle Mieter monatlich zusätzlich zu den Mietzahlungen leisten.

Die Hauskosten betrugen in 01

• Heizungskosten	1.900,00 €
• Grundsteuer	250,00 €
• Eigentümerhaftpflichtversicherung	100,00 €
• Müllabfuhr, Wasser, Entwässerung	1.200,00 €
• Hausbesitzerverein	25,00 €
• Schuldzinsen	6.500,00 €
• Renovierungskosten für das Erdgeschoss	1.500,00 €
• Renovierungskosten für das 2. Obergeschoss	750,00 €

Berechnen Sie die Einkünfte aus Vermietung und Verpachtung für 02. Benutzen Sie dabei die folgende Übersicht:

Einkünfte aus Vermietung und Verpachtung	
Einnahmen	
Summe Einnahmen	
aufzuteilende Werbungskosten	
Summe	
Anteil für die vermieteten Wohnungen	
voll abzugsfähige Werbungskosten	
Summe der Werbungskosten	
Einkünfte aus Vermietung und Verpachtung	

9. Behandlung der nachträglichen Herstellungskosten (H 7.3 EStR)

Josef Hoffman besitzt ein vermietetes Zweifamilienhaus (Baujahr 1930), das er in 1989 gekauft hat. Die ursprünglichen Anschaffungskosten des Hauses betrugen 300.000,00 €. In 2024 ließ er das Dach neu decken und instand setzen. Dabei baute er auch das Dachgeschoss zu einer vermietbaren Wohnung aus. Folgende Kosten entstanden:

- Ausbau des Dachgeschosses 10.000,00 €
- Renovierung des Daches 6.000,00 €

Berechnen Sie die Höhe der Abschreibung für 2023 und 2024.

10. Wiederholungsfall

Herbert und Marianne Koch haben in 04 ein Mehrfamilienhaus in Ludwigshafen, Lindenstr. 10 (Baujahr vor 20 Jahren), mit notariellem Kaufvertrag am 01.07.04 gekauft. Ab diesem Zeitpunkt gehen auch der Nutzen und die Lasten auf die Eheleute Koch über. Jeder hat einen Eigentumsanteil von 50 %. Der Kaufpreis beträgt 450.000,00 €, wovon 150.000,00 € auf den Wert des Grund und Bodens entfallen.

Bezüglich des Mehrfamilienhauses liegen folgende Informationen vor:

- Die Wohnungen sind gleich groß, die Wohnfläche beträgt jeweils 150 m^2.
- Die Wohnung im Erdgeschoss hat Frau Koch ihrem Bruder Heinz seit dem 01.07.04 unentgeltlich überlassen. Die Wohnung im 1. Obergeschoss ist ab demselben Zeitpunkt für monatlich 1.000,00 € an private Mieter vermietet. An Nebenkosten haben die Mieter 120,00 € pro Monat bezahlt. Die Wohnung im 2. OG bewohnen die Eheleute Koch selbst.
- Die Kochs haben das Dachgeschoss für 50.000,00 € ausbauen lassen. Die Größe der entstandenen Wohnung beträgt 50 m^2. Ab dem 01.11.04 wurde die Wohnung zu einer Miete von 300,00 € zzgl. 70,00 € Nebenkosen pro Monat vermietet.
- Die Kochs haben in 04 folgende Beträge verauslagt:

– Grunderwerbsteuer	22.500,00 €
– Notarkosten für die Bekundung des Kaufvertrages	2.600,00 € + 19 % Umsatzsteuer
– Notarkosten für die Grundschuldbestellung	600,00 € + 19 % Umsatzsteuer
– Grundbuchkosten für die Eigentumsumschreibung	560,00 €
– Grundbuchkosten für die Eintragung der Grundschuld	300,00 €
– Zur Finanzierung haben die Kochs ab dem 01.07.04 ein Darlehen in Höhe von 300.000,00 € aufgenommen. Der Zinssatz beträgt 6,5 % p. a. Bei der Auszahlung des Darlehens wurde ein Disagio in Höhe von 10.000,00 € einbehalten. In 04 wurde eine Tilgung von 3.000 € geleistet.	
– Dachreparaturkosten Die Kochs wollen die Dachreparaturkosten gem. § 82b EStDV auf drei Jahre verteilen.	21.000,00 €
– Generalüberholung der veralteten Heizungsanlage für (Einbau eines neuen Kessels, Erneuerung des Rohrsystems) Die Hälfte des Betrages bezahlten die Kochs in 04, die andere Hälfte im März 05.	10.000,00 €
– Instandsetzung der sanitären Anlagen im Erdgeschoss	3.500,00 €
– Instandsetzung der sanitären Anlagen im 1. Obergeschoss	10.500,00 €
– sonstige Aufwendungen (Wasser, Grundsteuer usw..)	9.000,00 €

Ermitteln Sie die Einkünfte aus Vermietung und Verpachtung für 04.

11. Gesamtfall

Erwin Fischer wohnt in Köln und hat folgende Einkünfte:

- Herr Fischer ist als Geschäftsführer bei der Stahl AG beschäftigt. Die Lohnsteuerbescheinigung 02 enthält u. a. folgende Eintragungen:

– Bruttoarbeitslohn	31.670,00 €
– Tantieme für das Jahr 01 ausgezahlt in 02	1.200,00 €

Herr Fischer ist an 230 Tagen mit dem eigenen Pkw zu seiner ersten Tätigkeitsstätte gefahren. Die Entfernung zwischen Wohnung und erster Tätigkeitsstätte beträgt 10 km.

Die weiteren berufsbedingten Aufwendungen betragen:

- Aufwendungen für Fachliteratur 100,00 €
- In 02 hat er vier Messen besucht, die aber alle in der Nähe seines Wohnortes waren, sodass er nicht am Messeort übernachtete. Er fuhr mit seinem eigenen Pkw zu den Messen, bei denen er jeweils nur einen Tag blieb. Insgesamt hat er mit dem Pkw 1 200 km zurückgelegt. Er war an den vier Messetagen ca. 14 Stunden von zu Hause abwesend. Eine Erstattung der Kosten durch seinen Arbeitgeber erfolgte nicht.

- Herr Fischer erhielt am 01.06.02 eine Dividende für Aktien der BASF AG. Seinem Bankkonto wurde ein Betrag von 4.567,69 € nach Abzug aller Steuern gutgeschrieben. An Depotgebühren wurden von der Bank 30,00 € berechnet. Außerdem wurden für die Erträgnisaufstellung des Depots 18,00 € Gebühren berechnet. Für eine Sparanlage erhielt er am 31.12.02 Zinsen in Höhe von 642, 96 € nach Abzug aller Steuern. Er hatte er einen Freistellungsauftrag bei der Bank abgegeben. Die Bank hatte die Einnahmen ordnungsgemäß der Abgeltungssteuer unterworfen. Fischer wünscht keine Veranlagung.
- Herr Fischer ist neben seinem Job bei der Stahl AG noch selbstständiger Werkzeughändler. Das Wirtschaftsjahr des Einzelunternehmens lief bisher vom 01.09. bis 31.08. Im Jahr 02 stellte Herr Fischer jedoch auf ein mit dem Kalenderjahr übereinstimmendes Wirtschaftsjahr um. Für das Wirtschaftsjahr 01/02 ermittelte er zutreffend einen Verlust von 10.000,00 € und für den Zeitraum vom 01.09.02 bis 31.12.02 einen Gewinn von 3.000,00 €.
- Herr Fischer kaufte in 02 ein Gebäude mit Wohn- und Büroräumen. Das Gebäude wurde vor vier Jahren fertiggestellt. Herr Fischer vermietete das Haus ab dem 01.10.02. Laut Kaufvertrag erfolgte der Übergang von Nutzen und Lasten zum 01.09.02. Der Kaufpreis für das Objekt betrug 330.000,00 €, davon entfielen auf den Grund und Boden 110.000,00 €. Zur teilweisen Finanzierung hatte Fischer einen Kredit aufgenommen. Es entstanden ihm folgende Ausgaben:

– Disagio	7.500,00 €
– Schuldzinsen	3.100,00 €
– Grunderwerbsteuer	16.500,00 €
– Notar- und Grundbuchkosten wegen Kauf	2.220,00 €
– Notar- und Grundbuchkosten wegen Grundschuld	800,00 €
zehn Fahrten zu dem vermieteten Haus in Jahr 02, Entfernung von seiner Wohnung 30 km	
– sonstige Kosten	2.000,00 €

Das Erdgeschoss (150 m²) ist an einen Arzt für monatlich 1.200,00 € vermietet. Obergeschoss (100 m²) und Dachgeschoss (50 m²) vermietete er für monatlich insgesamt 900,00 € zu Wohnzwecken.

Berechnen Sie in einer übersichtlichen Darstellung die Summe der Einkünfte von Herrn Fischer für 02.

7 Sonstige Einkünfte ermitteln

7.1 Definition der sonstigen Einkünfte

Die sonstigen Einkünfte stellen einen Auffangtatbestand von Einkünften dar, die nicht in eine der anderen Einkunftsarten eingeordnet werden können. Sie haben nichts miteinander zu tun und die Aufzählung des § 22 EStG ist abschließend. *§ 22 EStG*

Zu den sonstigen Einkünften gehören insbesondere:

- **Einkünfte aus wiederkehrenden Bezügen** *§ 22 Nr. 1 EStG R 22.1 EStR*
  Wiederkehrende Bezüge setzen voraus, dass sie mit einer gewissen Regelmäßigkeit wiederkehren. Sie dürfen keine Kapitalrückzahlung sein. Eine Einordnung als wiederkehrender Bezug kommt nur in Betracht, falls sich keine andere Einkunftsart findet.

Zu den wiederkehrenden Bezügen gehören vor allem die Leibrenten.

Zu den Leibrenten gehören:
- Rente aus der gesetzlichen Unfallversicherung (steuerfrei)
- Rente aus der gesetzlichen Rentenversicherung
- Rente aus einer privaten Renten- oder Lebensversicherung
- Betriebsrenten, die auf Beitragszahlungen der Arbeitnehmerin bzw. des Arbeitnehmers zurückzuführen sind
- Erwerbsunfähigkeitsrenten
- Erwerbsminderungsrenten
- Waisenrenten

Die Renten können sowohl lebenslang als auch für einen kürzeren Zeitraum (abgekürzte Leibrenten) gewährt werden).

§ 22 Nr. 1a EStG

- **Einkünfte aus Unterhaltsleistungen** des geschiedenen oder dauernd getrennt lebenden Ehegatten/Lebenspartners, soweit sie bzw. er sie als Sonderausgabe abzieht

§ 22 Nr. 2, 23 EStG H 23 EStR

- **Einkünfte aus privaten Veräußerungsgeschäften** nach § 23 EStG
  Veräußerungsgeschäfte bei Grundstücken liegen vor, wenn zwischen Anschaffung und Veräußerung nicht mehr als zehn Jahre vergangen sind. Veräußerungsgeschäfte bei anderen Wirtschaftsgütern außer Wertpapieren liegen vor, wenn zwischen Anschaffung und Veräußerung nicht mehr als ein Jahr vergangen ist. Als Anschaffung gilt auch die Überführung eines Wirtschaftsgutes in das Privatvermögen der bzw. des Steuerpflichtigen durch Entnahme oder Betriebsaufgabe. Keine Anschaffung stellt der Erwerb von unentgeltlich erworbenen Gegenständen (Schenkung, Erbschaft) dar. Bei der Veräußerung wird die **Spekulationsfrist** des Übertragenden fortgeführt (H 23 „Anschaffung" EStR, § 23 (1) Satz 3 EStG). Wird auf einem erworbenen Grundstück ein Gebäude errichtet, so liegt beim Verkauf auch hinsichtlich des Gebäudes ein privates Veräußerungsgeschäft vor (§ 23 (1) Nr. 1 Satz 2 EStG).
  Ausgenommen ist die Veräußerung von selbstgenutztem Wohneigentum, wenn es mindestens im Jahr der Veräußerung und in den beiden vorangegangenen Jahren zu eigenen Wohnzwecken genutzt wurde.
  § 20 (2) Nr. 1 EStG
  Veräußerungsgeschäfte bei anderen Wirtschaftsgütern liegen vor, wenn der Zeitraum zwischen Anschaffung und Veräußerung nicht mehr als ein Jahr beträgt. Ausgenommen sind Veräußerungen von Gegenständen des täglichen Gebrauchs. Ebenfalls nicht dazu zählen Verkäufe von Wertpapieren.

- **Einkünfte aus Leistungen**, soweit sie weder zu den anderen Einkunftsarten noch zu den anderen sonstigen Einkünften gehören. Eine Steuerpflicht entfällt, falls die Einkünfte weniger als 256,00 € im Kalenderjahr betragen haben (§ 22 Nr. 3 EStG).
  H 22.6 EStR
  Eine Leistung i. S. d. § 22 Nr. 3 EStG ist jedes Tun, Dulden oder Unterlassen, das Gegenstand eines entgeltlichen Vertrages sein kann. Beispiele sind gelegentliche Vermittlungen, Vermietung beweglicher Gegenstände, Entgelt für die Mitnahme eines Arbeitskollegen. Sobald die Einkünfte 256,00 € überschritten haben, ist der gesamte Betrag steuerpflichtig (sog. **Freigrenze**).

§ 22 Nr. 4 EStG

- **Einkünfte aus Abgeordnetenbezügen**

§ 22 Nr. 5 EStG

- **Leistungen aus Altersvorsorgeverträgen** (sog. Riesterrenten)

7.2 Ermittlung der sonstigen Einkünfte

Bei **Einnahmen aus Leibrenten aus den gesetzlichen Rentenversicherungen**, den landwirtschaftlichen Alterskassen, den berufsständischen Versorgungseinrichtungen und privater kapitalgedeckter Altersversorgung i. S. d. § 10 (1) Nr. 2b EStG ist die Bruttorente zu versteuern (§ 22 Nr. 1 Satz 3 a) aa) EStG, BMF-Schreiben vom 19.08.2013). Die Berechnung von Brutto- und Nettorente erfolgt folgendermaßen:

  Altersrente (Bruttorente)
– Kranken- und Pflegeversicherungsbeitrag
= Saldo
+ Zuschuss zum Krankenversicherungsbeitrag (steuerfrei nach § 3 Nr. 14 EStG)
= Auszahlungsbetrag (Nettorente)

Ein Teil der Rente bleibt steuerfrei. Bei Renten mit Rentenbeginn bis 2005 beträgt der steuerpflichtige Anteil 50 %. Für Renten, die in 2024 beginnen, beträgt der steuerpflichtige Anteil 83 %. Dieser steuerfreie Teil bleibt auf Dauer festgeschrieben. Die Festschreibung gilt erst ab dem Jahr, das auf das Jahr des ersten Rentenbezugs folgt.

Für Renten, die in späteren Jahren beginnen, wird der steuerfreie Teil nach und nach abgesenkt (siehe Tabelle § 22 Nr. 1 Satz 3 Buchstabe a Doppelbuchstabe aa EStG).

Mit dieser Regelung sind auch die Renten wegen verminderter Erwerbsfähigkeit und die Hinterbliebenenrenten aus der gesetzlichen Rentenversicherung erfasst. Die Erwerbsminderungsrente wird spätestens nach Vollendung des 65. Lebensjahres des Berechtigten in eine Regelaltersrente umgewandelt. Bei Umwandlung muss man zur Ermittlung des Besteuerungsanteils die Laufzeit der Erwerbsunfähigkeitsrente von dem Jahr des Beginns der Alternsrente abziehen. Der Besteuerungsanteil beträgt allerdings mindestens 50 %.

Die auszahlenden Stellen haben gem. § 22a EStG eine jährliche Rentenbezugsmitteilung an eine zentrale Stelle der Deutschen Rentenversicherung Bund bis zum 01.03. des Folgejahres zu übermitteln. Die gesammelten Daten werden an die Finanzbehörden übermittelt und somit wird eine Besteuerung der Renten sichergestellt. *§ 22a EStG*

Bei **Einnahmen aus sonstigen Leibrenten** und auf Antrag Leibrenten, soweit diese auf bis zum 31. Dezember 2004 geleisteten Beiträgen beruhen, die mindestens zehn Jahre oberhalb des Höchstbetrages zur gesetzlichen Rentenversicherung gezahlt wurden, ist ebenfalls die Bruttorente zu versteuern (§ 22 Nr. 1 Satz 3 Buchstabe a Doppelbuchstabe bb EStG). Allerdings ist nur ein **Ertragsanteil** (= Zinsertrag aus den angelegten Rentenbeiträgen) zu versteuern. Er bestimmt sich nach dem bei Rentenbeginn vollendeten Lebensjahr (siehe Tabelle § 22 Nr. 1 Satz 3 Buchstabe a Doppelbuchstabe bb EStG).

Der Ertragsanteil bleibt dann für die Dauer der Rente unverändert. Beispiel für diese Art von Renten ist die Veräußerung eines Betriebes gegen eine Rente oder Rentenversicherungen nach altem Recht oder private Rentenversicherungen, die nicht § 10 (1) Nr. 2 EStG entsprechen.

Bei **Einnahmen aus abgekürzten Leibrenten** ist der sog. **Ertragsanteil** steuerpflichtig (§ 55 EStDV, R 22.4 (5) EStR). Abgekürzte Leibrenten sind Renten, die auf eine bestimmte Zeit beschränkt sind. Dazu gehören vor allem die Renten aus einer privaten Berufsunfähigkeitsversicherung. Bei diesen Renten ist nur ein sog. Ertragsanteil steuerpflichtig. Dieser Ertragsanteil ergibt sich aus der Tabelle des § 55 EStDV.

Einnahmen aus einer sog. Riesterrente, aus Direktversicherungen, Pensionsfonds und Pensionskassen-Renten sind mit dem vollen Rentenbetrag zu versteuern. *§ 22 Nr. 5 EStG*

Von den Einnahmen werden die **Werbungskosten** abgezogen.

Dies können sein:

- Rechtsanwaltskosten
- Rentenberatungskosten

Die **Werbungskostenpauschale** beträgt nach § 9a Nr. 3 EStG 102,00 € und ist insgesamt für alle Einnahmen aus Renten abzuziehen. *§ 9a Nr. 3 EStG*

Beispiel

Herbert Frank geht am 01.07.2024 in Rente. Er erhält ab diesem Zeitpunkt eine Rente der Deutschen Rentenversicherung in Höhe von 980,00 €. Am 01.07.2025 erfolgt eine Rentenerhöhung auf 1.000,00 € und am 01.07.2026 auf 1.050,00 €.

Lösung Die sonstigen Einkünfte betragen:

	Jahr 2024	Jahr 2025	Jahr 2026
Rentenhöhe	980,00 € · 6 = 5.880,00 €	980,00 € · 6 = 5.880,00 € 1.000,00 € · 6 = 6.000,00 € 11.880,00 €	1.000,00 € · 6 = 6.000,00 € 1.050,00 € · 6 = 6.300,00 € 12.300,00 €
- Freibetrag	100 % - 83 % = 17 % 999,60 €	17 % = 2.019,60 € (Festschreibung)	2.019,60 €
- Werbungskosten-pauschale	102,00 €	102,00 €	102,00 €
= sonstige Einkünfte	4.778,40 €	9.758,40 €	10.178,40 €

§ 22 Nr. 1 EStG

Einnahmen aus Unterhaltsleistungen des geschiedenen oder dauernd getrennt lebenden Ehegatten/Lebenspartners sind bis maximal 13.805,00 € anzusetzen. Als Werbungskosten können z. B. Rechtsanwalts- und Gerichtskosten angesetzt werden. Die Werbungskostenpauschale beträgt nach § 9 Nr. 3 EStG 102,00 €.

§ 23 EStG

Die **sonstigen Einkünfte aus privaten Veräußerungsgeschäften** sind gem. § 23 EStG der Gewinn bzw. Verlust. Er berechnet sich wie folgt:

Veräußerungspreis
– Anschaffungs-/Herstellungskosten
– Werbungskosten
= Veräußerungsgewinn/-verlust

Der Abzug einer Werbungskostenpauschale ist nicht möglich.

Sind für das veräußerte Wirtschaftsgut Absetzungen für Abnutzungen bei anderen Einkunftsarten berücksichtigt worden, so sind die Anschaffungs- oder Herstellungskosten um diese Beträge zu mindern.

Gewinne bleiben steuerfrei, wenn sie weniger als 1.000,00 € im Kalenderjahr betragen. Sind die Gewinne höher, so sind sie vollständig zu versteuern (sog. **Freigrenze**). Die Freigrenze gilt im Falle der Zusammenveranlagung je Ehegatte/Lebenspartner.

§ 23 (3) EStG
§ 10d EStG

Verluste aus privaten Veräußerungsgeschäften dürfen gem. § 23 (3) EStG nur mit Gewinnen aus anderen privaten Veräußerungsgeschäften ausgeglichen werden. Eine Verrechnung mit anderen Einkunftsarten ist nicht möglich. Allerdings dürfen die nicht berücksichtigungsfähigen Verluste eines Jahres in das vorangegangene Kalenderjahr zurückgetragen oder in folgende Kalenderjahre vorgetragen werden und dort mit Gewinnen aus privaten Veräußerungsgeschäften verrechnet werden.

Ein Ausgleich der Gewinne und Verluste aus privaten Veräußerungsgeschäften bei zusammenveranlagten Ehepaaren/Lebenspartnerschaften ist nicht möglich.

Einkünfte aus Vermietung und Verpachtung		
Definition **§ 22 EStG**	**Ermittlung** **§§ 8, 9 EStG**	**Einnahmen** **§§ 8, 22 EStG**
Die sonstigen Einkünfte stellen einen Auffangtatbestand von Einkünften dar, die nicht in eine der anderen Einkunftsarten eingeordnet werden können. Zu den sonstigen Einkünften gehören insbesondere: • Rente aus der gesetzlichen Unfallversicherung (steuerfrei) • Rente aus der gesetzlichen Rentenversicherung • Rente aus einer privaten Renten- oder Lebensversicherung • Betriebsrenten, die auf Beitragszahlungen des Arbeitnehmers zurückzuführen sind • Erwerbsunfähigkeitsrenten • Erwerbsminderungsrenten • Waisenrenten • Einkünfte aus Unterhaltsleistungen des geschiedenen oder dauernd getrennt lebenden Ehegatten/Lebenspartners, soweit sie/er diese als Sonderausgabe abzieht • Einkünfte aus privaten Veräußerungsgeschäften nach § 23 EStG • Einkünfte aus Leistungen, soweit sie weder zu den anderen Einkunftsarten noch zu den anderen sonstigen Einkünften gehören. Eine Steuerpflicht entfällt, falls die Einkünfte weniger als 256,00 € im Kalenderjahr betragen haben. • Einkünfte aus Abgeordnetenbezügen • Leistungen aus Altersvorsorgeverträgen (sog. Riesterrenten)	Einnahmen – tatsächliche Werbungskosten oder Werbungskostenpauschale = sonstige Einkünfte	• Einnahmen aus Leibrenten aus den gesetzlichen Rentenversicherungen, den landwirtschaftlichen Alterskassen, den berufsständischen Versorgungseinrichtungen und privater kapitalgedeckter Altersversorgung i. S. d. § 10 (1) Nr. 2b EStG: Steuerpflichtiger Anteil der Bruttorente • Einnahmen aus sonstigen Leibrenten und auf Antrag Leibrenten, soweit diese auf bis zum 31.12.2004 geleisteten Beiträgen beruhen, die mindestens zehn Jahre oberhalb des Höchstbetrages zur gesetzlichen Rentenversicherung gezahlt wurden. • Ertragsanteil der Rente • Einnahmen aus einer sog. Riesterrente, aus Direktversicherungen, Pensionsfonds und Pensionskassen • Einnahmen aus Unterhaltsleistungen des geschiedenen oder dauernd getrennt lebenden Ehegatten/Lebenspartners, max. 13.805,00 € • Die sonstigen Einkünfte aus privaten Veräußerungsgeschäften sind der Gewinn bzw. Verlust. Er berechnet sich wie folgt: Veräußerungspreis – Anschaffungs-/Herstellungskosten – Werbungskosten = Veräußerungsgewinn/-verlust

Aufgaben

1. Definition der sonstigen Einkünfte

Bestimmen Sie in den folgenden Fällen die Einkunftsart(en).

a) Der 65-jährige Rentner A erhält seit dem 10.07.01 eine Rente durch die Rentenversicherungsanstalt ausbezahlt. Außerdem zahlt ihm sein ehemaliger Arbeitgeber eine Betriebsrente vom gleichen Zeitpunkt an.

b) B verkauft sein Haus am 01.05.01 für 500.000,00 €. Er hatte dieses Haus vor 17 Jahren für 210.000,00 € gekauft.

c) C hat von seinem verstorbenen Vater ein Haus geerbt. Dies hatte er zwei Jahre nach der Erbschaft für 150.000,00 € verkauft.

d) D hat in 02 ein Grundstück für 100.000,00 € gekauft. Er errichtet darauf ein Gebäude für 150.000,00 €. In 06 verkauft er das Grundstück zusammen mit dem Gebäude für 300.000,00 €.

e) E wohnt in einer Eigentumswohnung, die er in 01 gekauft hat. Ende 04 veräußert er diese Eigentumswohnung mit einem Gewinn von 30.000,00 €.

f) F hat seinem Bekannten Anton Kurz sein Auto für zwei Wochen verliehen und dafür
   fa) 200,00 €,
   fb) 350,00 €,
   fc) 256,00 €
   erhalten.
g) Der Politiker G erhält als Mitglied des Bundestages Diäten in Höhe von 3.500,00 € monatlich. Außerdem erhält er eine Aufwandsentschädigung von 500,00 € für Fahrkosten usw.
h) H erhält aufgrund eines Arbeitsunfalls eine Teilerwerbsunfähigkeitsrente aus der gesetzlichen Unfallversicherung.
i) I ist seit zwei Jahren von seiner Frau geschieden. Die beiden Kinder leben in seinem Haushalt. Er erhält von seiner Exfrau, da sie weitaus mehr verdient, einen Ehegatten-/Lebenspartnerunterhalt von 200,00 € monatlich und den Kindesunterhalt von 900,00 € monatlich. Die Anlage U, auf der er bestätigt, dass er die entsprechenden Einnahmen bei seiner Steuererklärung angibt, hat er unterschrieben.
j) J hat im Lotto „6 Richtige" getippt und einen Gewinn von 1.000.000,00 € erhalten.
k) K hat von ihrer Mutter 500.000,00 € geschenkt bekommen.
l) L hat für 3.000,00 € Bitcoins veräußert, die er
   la) für 2.000,00 € vor 3 Monaten gekauft hat,
   lb) für 2.000,00 € vor 2 Jahren gekauft hat,
   lc) auf seinem PC selbst generiert hat. Die Stromkosten für seinen PC belaufen sich auf 500,00 €.
   ld) Weiterhin bezahlt er im Internet einen Wareneinkauf mit Bitcoins. Die Ware kostet in Euro umgerechnet 1.500,00 €. Die Bitcoins hatte er vor zwei Monaten für 700,00 € erworben.

2. Ermittlung der sonstigen Einkünfte bei Leibrenten

a) Stefan Bender erhält ab dem 01.07.2023 eine Altersrente der Bundesversicherungsanstalt für Angestellte in Höhe von 1.000,00 € (Bruttorente). Zum 01.07.2024 erfolgt eine Rentenerhöhung auf 1.100,00 €, zum 01.07.2025 auf 1.200,00 €.
   Berechnen Sie die sonstigen Einkünfte für das Jahr 2023, 2024 und 2025, indem Sie folgende Tabelle ausfüllen.

	Jahr 2023	Jahr 2024	Jahr 2025
Rentenbezug			
– Freibetrag			
– Werbungskosten-pauschale			
= sonstige Einkünfte			

b) Der selbstständige Apotheker Reiner Heimes geht am 01.04.2023 in den Ruhestand. Ab diesem Zeitpunkt erhält er von dem Apothekerversorgungswerk eine monatliche Rente in Höhe von 2.500,00 €.
   Berechnen Sie die sonstigen Einkünfte für das Jahr 2023, 2024 und 2025.
c) Aufgrund eines Unfalles erhält Herbert Kehl (geb. am 25.07.1959) seit dem 01.09.2005 eine Rente wegen verminderter Erwerbsfähigkeit. Der monatliche Bruttorentenbetrag beläuft sich auf 350,00 €. Ab dem 01.07.2025 wird diese Rente in eine Altersrente in gleicher Höhe umgewandelt.
   Berechnen Sie die sonstigen Einkünfte für das Jahr 2024 und 2025.
d) Der alleinstehende Rentner Hubert Maier (65 Jahre) erhält ab dem 01.01.2024 eine Rente der gesetzlichen Rentenversicherung in Höhe von 19.000,00 €. Aus einer privaten Rentenversicherung, die er im Jahr 1988 abgeschlossen hat erhält er eine Rente in Höhe von 2.400,00 €.
   Berechnen Sie die sonstigen Einkünfte für 2024.

3. Ermittlung der sonstigen Einkünfte bei Unterhaltsleistungen

Beate Klemmer ist seit drei Jahren von ihrem Ehemann Bert Klemmer geschieden. Herr Klemmer zahlt in 02 laut Gerichtsbeschluss monatlich 950,00 € an seine geschiedene Ehefrau. Zusätzlich zahlt er monatlich noch 750,00 € für den Unterhalt des gemeinsamen Kindes. Frau Klemmer stimmt mit der Unterzeichnung der Anlage U zu, dass ihr geschiedener Mann die Unterhaltsleistungen als Sonderausgaben steuerlich berücksichtigen kann.
Berechnen Sie die sonstigen Einkünfte von Frau Klemmer für 02.

4. **Ermittlung der sonstigen Einkünfte bei privaten Veräußerungsgeschäften**
   a) Der Steuerpflichtige Herbert Richter hat mit Kaufvertrag vom 01.05.06 ein unbebautes Grundstück zum Preis von 40.000,00 € erworben. Das Grundstück gehört zu seinem Privatvermögen. Die Anschaffungsnebenkosten (Grunderwerbsteuer, Notargebühren usw.) betragen 2.000,00 €.
   Mit Vertrag vom 24.04.08 verkauft er das Grundstück zum Preis von 46.500,00 €, da er sich für ein Grundstück in besserer Lage interessiert. Im Rahmen der Veräußerung sind Kosten von 750,00 € angefallen.
   aa) Prüfen Sie, ob ein privates Veräußerungsgeschäft vorliegt.
   ab) Ermitteln Sie gegebenenfalls den Gewinn/Verlust aus diesem privaten Veräußerungsgeschäft.
   b) Peter Reich erwarb mit Kaufvertrag vom 01.08.06 ein Mehrfamilienhaus (Baujahr 1980) für 500.000,00 € inkl. 50.000,00 € für Grund und Boden. Nutzen und Lasten gingen am 01.09.06 auf Herrn Reich über. Am 30.06.07 veräußerte Herr Reich das Gebäude inkl. Grund und Boden für 600.000,00 €. Der Übergang der Nutzen und Lasten wurde auf den 01.09.07 festgelegt. Herrn Reich entstanden Veräußerungskosten in Höhe von 3.450,00 €. Die Gebäude-AfA von jährlich 2 % wurde als Werbungskosten bei den Einkünften aus Vermietung und Verpachtung geltend gemacht.
   Ermitteln Sie den Gewinn/Verlust aus dem privaten Veräußerungsgeschäft.

5. **Gesamtfall 1 Gesamtbetrag der Einkünfte**
   Die Eheleute Ralf (geb. am 30.04.1959) und Stefanie Schmidt (geb. am 21.07.1964), wohnhaft in Gießen, haben in 2024 folgende Einkünfte:
   - Ralf Schmidt war bis zum Beginn seines Ruhestandes am 01.06.2024 Angestellter in der Personalabteilung eines Maschinenherstellers in Siegen. Sein Bruttogehalt vom 01.01. bis zum 31.05. betrug insgesamt 27.020,00 €. Er hat eine Wohnung in Siegen, die monatlich 500,00 € kostet. An den Wochenenden fuhr er immer wieder nach Gießen zurück. Insgesamt tätigte er 16 Wochenendheimfahrten, Hin- und Rückfahrt je 160 km, die letzte Fahrt von Siegen nach Gießen erfolgte am 28.05.
   - Im Rahmen seiner Tätigkeit fiel noch eine Dienstreise an. Dazu ist er am 03.04. um 17:00 Uhr von zu Hause abgefahren und am 07.04. um 15:00 Uhr wieder angekommen. Die Übernachtung ohne Frühstück und Fahrtkosten zahlte der Arbeitgeber.
   - Ab dem 01.06. bezieht er eine Bruttorente aus der gesetzlichen Rentenversicherung in Höhe von monatlich 1.820,00 € und eine Werksrente vom früheren Arbeitgeber in Höhe von 610,00 € monatlich.
   - Stefanie Schmidt ist als Komplementärin an einer KG beteiligt. Ihr Gewinnanteil beträgt 21.670,00 €. Das Gehalt an die Komplementärin in Höhe von 39.000,00 € wurde von der KG als Aufwand gebucht, ebenso die Jahresmiete in Höhe von 12.000,00 € für einen Lagerplatz, der Frau Schmidt gehört. Die Grundstücksaufwendungen in Höhe von 1.400,00 € wurden von Frau Schmidt privat getragen.
   - Ab August erhält Frau Schmidt aus einer privaten Rentenversicherung (nicht i. S. d. § 10 (1) Nr. 2b EStG) monatlich 580,00 € Rente.
   - Für die Vermietung einer Eigentumswohnung, die Frau Schmidt vor neun Jahren für 180.000,00 € (Grund und Bodenanteil 20 %) gekauft hatte, erhält sie 820,00 € monatlich. Die unstreitigen Werbungskosten ohne AfA betragen 3.720,00 €.
   - Am Ende des Jahres verkauft Frau Schmidt die Wohnung für 160.000,00 € wegen eines finanziellen Engpasses.

   Ermitteln Sie den Gesamtbetrag der Einkünfte für das Ehepaar Schmidt in einer übersichtlichen Darstellung

6. **Gesamtfall 2 Gesamtbetrag der Einkünfte**
   Die Eheleute Peter (65 Jahre) und Susanne Korn (63 Jahre) leben in Düsseldorf. Sie haben im Veranlagungszeitraum 2024 folgende Einkünfte erzielt:

   - Peter Korn ist am 30.06.2024 in Ruhestand getreten. Er war als Beamter bei der Stadt Düsseldorf beschäftigt. Sein Bruttogehalt betrug 1.800,00 € monatlich. Die Entfernung zwischen Wohnung und erster Tätigkeitsstätte beträgt 12 km, die er jeden Arbeitstag mit dem Fahrrad zurücklegte. Herr Korn war an 115 Arbeitstagen tätig. Ab dem 01.07.2024 erhält er von der Stadt Düsseldorf eine Pension in Höhe von 1.200,00 € monatlich.
   - Frau Korn war im gesamten Veranlagungszeitraum 2024 als angestellte Kindergärtnerin tätig. Ihr Bruttogehalt betrug 980,00 € monatlich. Die Entfernung zur ersten Tätigkeitsstätte betrug 20 km, die sie mit der Straßenbahn zurücklegte. Sie arbeitete an 230 Tagen. Das Straßenbahnticket kostet sie monatlich 25,00 €.

- Das Ehepaar hat ein gemeinsames Sparguthaben in Höhe von 40.000,00 €. Am 30.12.2024 wurden ihnen Zinsen für das Jahr 2024 in Höhe von 1.200,00 € auf dem Sparbuch gutgeschrieben. Das Ehepaar hatte einen Freistellungsauftrag in Höhe von 2.000,00 € abgegeben. Das Ehepaar wünscht keine Veranlagung.
- Herr Korn betreibt seit seiner Pensionierung eine kleine Hühnerzucht. Die überschüssigen Eier verkauft er an Bekannte. Über Mundpropaganda hat sich die ausgezeichnete Qualität herumgesprochen, sodass er mittlerweile viele Kunden hat. Vom 01.07.2024 bis 31.12.2024 hat er 4.200,00 € eingenommen. Kosten sind ihm dabei in Höhe von 3.000,00 € entstanden.
- Frau Korn ist an dem Unternehmen ihres Bruders als atypisch stille Gesellschafterin beteiligt. In 2024 erhielt sie eine Gewinnbeteiligung in Höhe von 5.000,00 €.

Berechnen Sie in einer übersichtlichen Darstellung den Gesamtbetrag der Einkünfte für das Jahr 2024.

7. **Gesamtfall 3 Gesamtbetrag der Einkünfte**
Tina Lauterbach (43 Jahre) lebt zusammen mit ihrem 9-jährigen Sohn Tim in Berlin. Sie ist seit fünf Jahren geschieden. Der Vater kommt seinen Unterhaltspflichten regelmäßig nach.
Frau Lautenbach arbeitet halbtags als angestellte Rechtsanwältin. Ihr Bruttogehalt betrug in 01 1.950,00 € monatlich.
Die Fahrten zur ersten Tätigkeitsstätte (einfache Entfernung 20 km, 230 Arbeitstage) legt sie mit öffentlichen Verkehrsmitteln zurück. Die tatsächlichen Kosten betragen 25,00 € pro Monat, die ihr Arbeitgeber ihr pauschal versteuert ersetzt.
Im Juni hat sie an einer Fortbildung teilgenommen. Die Kursgebühren in Höhe von 200,00 € hat ihr Arbeitgeber ersetzt, die Fahrtkosten mit der Bahn haben 54,00 € betragen. Am ersten Tag der Fortbildung war sie 13 Stunden von zu Hause abwesend, am zweiten Tag neun Stunden.
Neben ihrer Angestelltentätigkeit bearbeitet Frau Lauterbach mit Genehmigung des Arbeitgebers noch einige Fälle als selbstständige Rechtsanwältin. Daraus haben sich für sie Einnahmen in Höhe von 3.000,00 € ergeben. Folgende Ausgaben sind ihr in 01 im Zusammenhang mit dieser Tätigkeit entstanden:

- Büromaterial 230,00 €
- Fahrtkosten (nachgewiesen) 120,00 €
- Abschreibung PC 120,00 €
- Bewirtungskosten 70,00 €
- Kammerbeitrag 300,00 € (entfällt zu 20 % auf die selbstständige Tätigkeit)

Von ihrem geschiedenen Ehemann erhält sie Unterhaltsleistungen für das Kind in Höhe von 350,00 € und für sich in Höhe von 150,00 € monatlich. Die Anlage U hat Frau Lautenbach unterschrieben.

Ermitteln Sie den Gesamtbetrag der Einkünfte für 01 in einer übersichtlichen Aufstellung.

8 Verluste verrechnen

8.1 Horizontaler und vertikaler Verlustausgleich

§ 2 (3) EStG
§ 26 EStG

Gemäß § 2 (3) EStG sind die Einkünfte zur Summe der Einkünfte zusammenzurechnen. Bei Ehepaaren/Lebenspartnerschaften geschieht dies für jeden Ehegatten/Lebenspartner einzeln, um danach die beiden Summen der Einkünfte zu addieren. Ab dann werden die beiden wie eine Steuerpflichtige bzw. ein Steuerpflichtiger behandelt. Bei der Ermittlung der Summe der Einkünfte werden positive und negative Einkünfte miteinander verrechnet.

Dabei gelten folgende Regelungen:

- **horizontaler Verlustausgleich**
Negative und positive Einkünfte derselben Einkunftsart werden miteinander verrechnet. Diese Verrechnung ist unbegrenzt möglich und kann auch zu einem negativen Ergebnis führen.

- **vertikaler Verlustausgleich**
Positive Einkünfte einer Einkunftsart werden mit negativen Einkünften einer anderen Einkunftsart verrechnet. Grundsätzlich ist auch diese Verrechnungsmöglichkeit unbegrenzt möglich, sodass sich eine negative Summe der Einkünfte ergeben kann.

Es gelten aber folgende wichtige Ausnahmen:

- Negative Einkünfte aus Kapitalvermögen dürfen nicht mit anderen Einkünften verrechnet werden, sondern nur mit positiven Einkünften aus Kapitalvermögen in folgenden Veranlagungszeiträumen. *§ 20 (6) Satz 1 und 2 EStG*
- Verluste aus der Veräußerung von Aktien dürfen nicht mit anderen Einkünften aus Kapitalvermögen verrechnet werden, sondern nur mit Gewinnen aus der Veräußerung von Aktien. *§ 20 (6) Satz 4 EStG*
- Verluste aus privaten Veräußerungsgeschäften dürfen nur mit Gewinnen aus privaten Veräußerungsgeschäften verrechnet werden. *§ 23 (3) Satz 7 EStG*
- Verluste aus gelegentlichen Leistungen dürfen nicht verrechnet werden. *§ 22 Nr. 3 Satz 3 EStG*

Beispiel

Petra Grothe erzielte in 01 folgende Einkünfte:

Einkünfte aus Gewerbebetrieb	+ 80.000,00 €
Einkünfte aus Vermietung und Verpachtung Haus 1	– 15.000,00 €
Einkünfte aus Vermietung und Verpachtung Haus 2	+ 10.000,00 €
Gewinn Beteiligung GmbH	+ 12.000,00 €
Verluste aus der Veräußerung von Aktien	– 7.000,00 €
Gewinne aus der Veräußerung von Aktien	+ 5.000,00 €
Verlust aus dem Verkauf eines privaten Grundstücks (Verkauf innerhalb von zehn Jahren)	– 6.000,00 €

Lösung

Die Summe der Einkünfte berechnet sich wie folgt:

Einkünfte aus Gewerbebetrieb		+ 80.000,00 €
Einkünfte aus Vermietung und Verpachtung		– 5.000,00 €
Einkünfte aus Kapitalvermögen		
Gewinn GmbH		+ 12.000,00 €
Veräußerungsgewinn Aktien	5.000,00 €	
Veräußerungsverlust Aktien	- 7.000,00 €	
Veräußerungsverlust gesamt	- 2.000,00 €	
Nicht mit anderen Einkünften verrechenbar		0,00 €
Vortragsfähig	- 2.000,00 €	
Veräußerungsverlust privates Grundstück nicht verrechenbar, nur vortragsfähig		0,00 €

8.2 Verlustvortrag und Verlustrücktrag

Ergibt sich bei der Berechnung eine negative Summe der Einkünfte, so kann sie *R 10d EStR*

- bis zu einem Betrag von 1.000.000 € (bei Zusammenveranlagung von Ehegatten/Lebenspartnern 2.000.000 €) vom Gesamtbetrag der Einkünfte des vorangegangenen Veranlagungszeitraums abgezogen werden (Verlustrücktrag).
  Auf Antrag kann der Verlustrücktrag ganz unterbleiben (§ 10d (1) Satz 6 EStG).
- Der Teil der negativen Einkünfte, der nicht für den Verlustrücktrag verbraucht wurde, wird zeitlich unbefristet in den folgenden Veranlagungszeiträumen vom Gesamtbetrag der Einkünfte abgezogen (Verlustvortrag). Bis zu einem Gesamtbetrag der Einkünfte von 1 Mio. € (bei zusammenveranlagten Ehegatten/Lebenspartnern 2 Mio. €) ist der Verlustvortrag unbeschränkt möglich. Darüber hinaus ist ein Verlustvortrag lediglich bis zu 70 % des verbleibenden Gesamtbetrags der Einkünfte möglich.

Der Altersentlastungsbetrag, der Freibetrag für Land- und Forstwirte und der Entlastungsbetrag für Alleinerziehende werden nicht verlusterhöhend berücksichtigt. *R 10d (1) EStR*

Bei Zusammenveranlagung ist zunächst ein horizontaler und ein vertikaler Verlustausgleich mit den anderen Einkaufsquellen des Ehegatten/Lebenspartners vorzunehmen. Verbleibt dann bei einem Ehegatten/Lebens- *R 10d (7) EStR* partner ein negativer Betrag, ist dieser bei der Ermittlung der Summe der Einkünfte mit dem positiven Betrag des anderen Ehegatten/Lebenspartners auszugleichen. Ist dann die Summe der Einkünfte negativ, erfolgt ein Verlustrück- oder -vortrag.

Der Verlustabzug erfolgt vorrangig vor den Sonderausgaben und den außergewöhnlichen Belastungen.

§ 10d EStG Verluste aus privaten Veräußerungsgeschäften können nach den Regelungen des § 10d EStG mit Gewinnen aus privaten Veräußerungsgeschäften des unmittelbar vorangegangenen oder den folgenden Veranlagungszeiträumen verrechnet werden. Ein horizontaler Verlustausgleich des laufenden Veranlagungszeitraums ist als Erstes vorzunehmen.

§ 10d (4) EStG. Der am Schluss eines Veranlagungszeitraums verbleibende Verlustabzug muss gesondert festgestellt werden.

Beispiel 1 **Verlustvortrag und Verlustrücktrag**

Für den Steuerpflichtigen Andreas Herrmann berechnen sich die zu versteuernden Einkommen unter Berücksichtigung des Verlustvortrages und des Verlustrücktrages wie folgt:

Jahr	02	03	04	05
Einkünfte GB	40.000,00 €	– 65.000,00 €	30.000,00 €	70.000,00 €
+ Einkünfte VV	– 9.000,00 €	– 11.000,00 €	– 5.000,00 €	– 12.000,00 €
= Summe der Einkünfte	31.000,00 €	– 76.000,00 €	25.000,00 €	58.000,00 €
– Verlustrück- bzw. -vortrag	– 31.000,00 €		– 25.000,00 €	20.000,00 €
– Sonderausgaben	7.000,00 €	5.000,00 €	9.000,00 €	8.000,00 €
– außergewöhnliche Belastungen	6.000,00 €	2.000,00 €	3.000,00 €	5.000,00 €
= zu versteuerndes Einkommen	0,00 €	0,00 €	0,00 €	25.000,00 €

Falls der Verlustrücktrag unterbleibt, berechnet sich der Verlustvortrag wie folgt:

Jahr	03	04	05
Einkünfte GB	– 65.000,00 €	30.000,00 €	70.000,00 €
+ Einkünfte VV	– 11.000,00 €	– 5.000,00 €	– 12.000,00 €
= Summe der Einkünfte	– 76.000,00 €	25.000,00 €	58.000,00 €
– Verlustrück- bzw. -vortrag		– 25.000,00 €	51.000,00 €
– Sonderausgaben	5.000,00 €	9.000,00 €	8.000,00 €
– außergewöhnliche Belastungen	2.000,00 €	3.000,00 €	5.000,00 €
= zu versteuerndes Einkommen	0,00 €	0,00 €	0,00 €

Dies könnte sinnvoll sein, wenn in einem folgenden Zeitraum (hier z. B. 05) ein hohes Einkommen erzielt wird und daher die Verlustverrechnung in einem folgenden Jahr sinnvoller sein könnte.

Beispiel 2

Verlustausgleich > 1 Mio. €

Für die Steuerpflichtige Alexandra Zehtmeier stellt sich die Berechnung der zu versteuernden Einkommen unter Berücksichtigung der Verlustverrechnung wie folgt dar:

Jahr	02	03	04
GdE	2.400.000,00 €	– 3.800.000,00 €	3.100.000,00 €
Verlustrücktrag	1.000.000,00 €	1.000.000,00 €	
verbleibender Verlustvortrag		2.800.000,00 €	
unbeschränkter Verlustvortrag		1.000.000,00 €	1.000.000,00 €
verbleibender GdE			2.100.000,00 €
eingeschränkter Verlustvortrag		70 % von verbleibendem GdE 2.100.000,00 € = 1.470.000,00 €	1.470.000,00 €
verbleibender Verlustvortrag		330.000,00 €	
verbleibender GdE			630.000,00 €

Zusammenfassung

Verluste verrechnen

Verlustverrechnung im laufenden Jahr	Ausnahmen	Verlustvortrag und Verlustrücktrag
· **horizontaler Verlustausgleich** Negative und positive Einkünfte derselben Einkunftsart werden miteinander verrechnet. · **vertikaler Verlustausgleich** Positive Einkünfte einer Einkunftsart werden mit negativen Einkünften einer anderen Einkunftsart verrechnet.	· Negative Einkünfte aus Kapitalvermögen dürfen nicht mit anderen Einkünften verrechnet werden, sondern nur mit positiven Einkünften aus Kapitalvermögen in folgenden Veranlagungszeiträumen. · Verluste aus der Veräußerung von Aktien dürfen nicht mit anderen Einkünften aus Kapitalvermögen verrechnet werden, sondern nur mit Gewinnen aus der Veräußerung von Aktien. · Verluste aus privaten Veräußerungsgeschäften dürfen nur mit Gewinnen aus privaten Veräußerungsgeschäften verrechnet werden.	· Eine negative Summe der Einkünfte kann bis zu einem Betrag von 1 Mio. €/2 Mio. € vom Gesamtbetrag der Einkünfte des vorangegangenen Veranlagungszeitraums abgezogen werden (Verlustrücktrag). · Der Teil der negativen Einkünfte, der nicht für den Verlustrücktrag verbraucht wurde, wird zeitlich unbefristet in den folgenden Veranlagungszeiträumen vom Gesamtbetrag der Einkünfte abgezogen (Verlustvortrag). Bis zu einem Gesamtbetrag der Einkünfte von 1 Mio. €/2 Mio. €) ist der Verlustvortrag unbeschränkt möglich. Darüber hinaus ist ein Verlustvortrag lediglich bis zu 70 % des verbleibenden Gesamtbetrags der Einkünfte möglich.

Aufgaben

1. **Horizontaler und vertikaler Verlustausgleich**
Der Steuerpflichtige Eugen Knoll erzielte folgende Einkünfte:

- Einkünfte aus Gewerbebetrieb + 120.000,00 €
- Einkünfte aus Vermietung und Verpachtung
  - Mietwohnhaus in Mannheim – 30.000,00 €
  - Mietwohnhaus in Ludwigshafen + 20.000,00 €
- sonstige Einkünfte
  - privates Veräußerungsgeschäft Grundstücksverkauf – 10.000,00 €

Ermitteln Sie die Summe der Einkünfte.

2. Verlustvortrag und Verlustrücktrag

Für die Steuerpflichtige Susanne Peters liegen folgende Angaben vor:

	Jahr 02	Jahr 03	Jahr 04	Jahr 05
Einkünfte aus Gewerbebetrieb	50.000,00 €	– 60.000,00 €	60.000,00 €	60.000,00 €
+ Einkünfte aus Vermietung und Verpachtung	– 7.000,00 €	– 10.000,00 €	– 10.000,00 €	– 10.000,00 €
= Summe der Einkünfte				
– Verlustrück- bzw. -vortrag				
– Sonderausgaben	8.000,00 €	9.000,00 €	8.000,00 €	7.000,00 €
– außergewöhnliche Belastungen	4.000,00 €	3.000,00 €	5.000,00 €	4.000,00 €
= zu versteuerndes Einkommen				

a) Berechnen Sie das zu versteuernde Einkommen für die Jahre 02 bis 05. Beachten Sie dabei auch die Verlustverrechnungsmöglichkeiten. Füllen Sie dazu die Tabelle aus. Anträge nach § 10 d (1) Satz 5 EStG hat Frau Peters nicht gestellt.

b) Geben Sie an, wann ein Antrag auf Unterlassung des Verlustrücktrags sinnvoll wäre

3. Verlustausgleich > 1 Mio. €

Der ledige Unternehmer Frank Wild hat Ende 03 einen Verlustvortrag in Höhe von 2.900.000,00 €. Im Jahr 01 beträgt der Gesamtbetrag der Einkünfte 2.100.000,00 € und im Jahr 02 2.300.000,00 €. Führen Sie den Verlustrücktrag nach 01 und den Verlustvortrag nach 03 durch.

4. Gesamtfall zum zu versteuernden Einkommen

Ermitteln Sie in einer systematischen übersichtlichen Darstellung das zu versteuernde Einkommen von Angelika Pietsch für 01.

Sachverhalt

Angelika Pietsch ist 40 Jahre alt und seit fünf Jahren geschieden. Sie wohnt mir ihrer 16-jährigen Tochter in einem Haushalt in Köln. Der Vater kommt seinen Unterhaltspflichten regelmäßig nach.
Die Tochter besucht ein Gymnasium in Köln.
Frau Pietsch arbeitet bei einem Bauunternehmen in Köln und erhält ein monatliches Bruttogehalt von 3.900,00 €. Außerdem erhält sie mit dem Novembergehalt das Weihnachtsgeld in Höhe von 3.000,00 € (brutto) ausgezahlt. In Juli 01 hatte sie außerdem eine Tantiemenvorauszahlung in Höhe von 2.000,00 € (brutto) erhalten. Der Restbetrag von 2.400,00 € wurde im Januar 02 ausgezahlt.
Von ihrem Bruttogehalt wurden in 01 11.805,96 € Lohnsteuer und 945,60 € Kirchensteuer einbehalten.
Frau Pietsch hat von ihrem Arbeitgeber einen Geschäftswagen für private Zwecke zur Verfügung gestellt bekommen. Der Bruttolistenpreis beträgt 24.500,00 €. Ein Fahrtenbuch hat Frau Pietsch nicht geführt. Der geldwerte Vorteil für die private Nutzung ist noch nicht im Bruttogehalt berücksichtigt.
Frau Pietsch fuhr an 230 Tagen mit dem Geschäftswagen zur Arbeit. Die Entfernung betrug 18 km.
Als leitende Angestellte besuchte sie ein Wochenendseminar in Münster zum Thema: „Tipps und Tricks für Führungskräfte“. Dafür hat sie insgesamt 320,00 € aufgewendet.
Frau Pietsch hat Ersparnisse in festverzinslichen Wertpapieren und in Aktien angelegt. An Dividenden erhielt sie in 01 5.200,00 € (vor Steuerabzug), die der Abgeltungssteuer unterworfen wurden. An Depotgebühren für die Aktien sind 20,00 € angefallen. An Zinsen für das Jahr 01 erhielt sie am 15.1.02 986,00 € (vor Steuerabzug), die ebenfalls abgegolten wurden.
Frau Peitsch hat in 01 ein Zweifamilienhaus erworben. Der Kaufpreis betrug 250.000,00 €. Der Kaufvertrag wurde am 01.06.01 abgeschlossen, der Übergang der Nutzen und Lasten erfolgte am 01.07.01. Der Anteil des Grund und Bodens beträgt 105.000,00 €. Das Haus wurde vor 20 Jahren fertiggestellt.
Sie finanzierte den Kauf durch ein Darlehen, das durch eine Grundschuld auf das Haus abgesichert wurde. Das Erdgeschoss (120 m²) bewohnt sie mit ihrer Tochter selbst. Das 1. Obergeschoss (80 m²) ist für 700,00 € monatlich vermietet. Die Umlagen betragen 120,00 € und werden ebenfalls monatlich gezahlt.

Für dieses Haus weist sie 01 folgende Ausgaben nach:

• Darlehenszinsen	9.200,00 €
• Grunderwerbsteuer	12.500,00 €
• Notarkosten Kaufvertrag	1.200,00 € zzgl. Umsatzsteuer
• Notarkosten Grundschuld	300,00 € zzgl. Umsatzsteuer
• Gerichtskosten Kaufvertrag	320,00 €
• Gerichtskosten Grundschuld	105,00 €
• Reparaturkosten Heizungsanlage	562,00 € zzgl. Umsatzsteuer
• Grundsteuer	156,00 €
• Müllabfuhr	275,00 €
• Wassergeld	380,00 € zzgl. Umsatzsteuer
• Heizung	800,00 € zzgl. Umsatzsteuer

Für Reparaturen in ihrer Wohnung hat sie in 01 1.500,00 € ausgegeben.

Von ihrem geschiedenen Ehemann erhielt sie monatliche Unterhaltszahlungen für ihre Tochter Uschi in Höhe von 550,00 €.

Sie spendete 500,00 € an ein Krebsforschungsinstitut und 2.000,00 € an eine gemeinnützige Organisation.

Folgende Aufwendungen für Versicherungen hatte Frau Pietsch in 01:

• freiwillige Kranken- und Pflegeversicherung (in Höhe einer Basisversicherung)	2.400,00 €
• Haftpflichtversicherung	475,00 €
• Hausratversicherung	165,00 €
• gesetzliche Rentenversicherung (Arbeitnehmeranteil)	5.266,63 €
• gesetzliche Arbeitslosenversicherung (Arbeitnehmeranteil)	844,91 €

Frau Pietsch unterstützte ihren Vater, der pflegebedürftig in einem Heim untergebracht ist, mit 400,00 € monatlich. Der Vater hatte eine eigene Rente der Bundesversicherungsanstalt in Höhe von 650,00 € monatlich. Der Aufwand für die Pflege wird vom Vater bzw. der Pflegeversicherung getragen. Der steuerfreie Anteil der Rente beträgt 3.900,00 € jährlich. Am 05.05.01 verstarb der Vater.

5. Gesamtfall zur Einkommensteuernachzahlung/-erstattung

Ermitteln Sie in einer übersichtlichen Aufstellung das zu versteuernde Einkommen der Eheleute Völker, die Einkommensteuer, die Kirchensteuer (9 %) und den Solidaritätszuschlag sowie die gesamte Steuererstattung bzw. -nachzahlung für den Veranlagungszeitraum 2024. Die Eheleute haben keine Wahl bezüglich der Veranlagungsart getroffen. Sie haben im Laufe des gesamten Jahres Kindergeld erhalten.

Sachverhalt

Die Eheleute Völker sind seit 34 Jahren verheiratet und bewohnen eine Eigentumswohnung in Düsseldorf. Herr Völker ist 63 Jahre und Frau Völker 58 Jahre alt.
Der gemeinsame Sohn Stefan, 24 Jahre alt, studierte während des gesamten Jahres an der Universität Essen. Neben seinem Studium hat er in den Semesterferien im Februar und im Juli gearbeitet. Der auf der Lohnsteuerbescheinigung eingetragene Bruttoarbeitslohn beträgt 2.500,00 €. Bis zum 10.08. wohnte Stefan bei seinen Eltern. Dann mietete er wegen Differenzen mit den Eltern eine Wohnung im Studentenwohnheim in Essen. Die Eltern bezahlten die Miete von 240,00 € pro Monat und zusätzlich einen Unterhalt in Höhe von 300,00 € an ihren Sohn.
Herr Völker war bei einem Chemieunternehmen in Düsseldorf bis zum 30.06. als Diplom-Chemiker angestellt. Sein Bruttogehalt betrug monatlich 4.800,00 €. An Lohnsteuer wurden ihm 761,66 € und an Kirchensteuer 49,56 € monatlich einbehalten. Alle Beträge sind auf der Lohnsteuerbescheinigung ausgewiesen. Der Arbeitnehmeranteil zur Rentenversicherung beträgt 448,40 € monatlich und zur Arbeitslosenversicherung 72,00 €. Er ist privat kranken- und pflegeversichert. Der monatliche Beitrag beläuft sich auf 748,00 €, wovon der Arbeitgeber die Hälfte ersetzt. Die Aufwendungen entsprechen der einer Basisversicherung. Die Ehefrau und der Sohn sind in der privaten Versicherung mitversichert. Da Herr Völker für die Planung von Produktionsprozessen zuständig ist, kann er auch viel von zu Hause aus arbeiten. Er hat deswegen ein Arbeitszimmer in seiner Wohnung, in dem er an 150 Tagen gearbeitet hat. Die Anschaffungskosten der Eigentumswohnung haben insgesamt 150.000,00 € betragen, darin enthalten ist ein Anteil für

Grund und Boden in Höhe von 20.000,00 €. Die Wohnung haben die Völkers vor zehn Jahren erworben, die Wohnung selber ist schon 30 Jahre alt. An Nebenkosten müssen die Völkers monatlich 275,00 € aufwenden. Die Wohnung ist insgesamt 150 m^2 groß, der Anteil des Arbeitszimmers beträgt 15 m^2.
Herr Völker hat das ganze Jahr über die Zeitschrift „Chemie heute" abonniert. Die Kosten hierfür betragen 20,00 € pro Monat.
Er ist an 110 Tagen mit seinem privaten Pkw zur Arbeit gefahren. Die einfache Entfernung beträgt 20 km.
Ab dem 01.07. ist Herr Völker Rentner. Er erhält ab diesem Zeitpunkt von der Deutschen Rentenversicherung eine Bruttorente in Höhe von 1.200,00 € monatlich und zusätzlich eine Betriebsrente seines ehemaligen Arbeitgebers in Höhe von 900,00 € monatlich.
Frau Völker ist selbstständige Krankengymnastin. Sie erzielte Betriebseinnahmen in Höhe von 24.900,00 €. An Betriebsausgaben kann sie 13.100,00 € nachweisen. Sie hat Einkommensteuervorauszahlungen von jährlich 400,00 € und Kirchensteuervorauszahlungen von jährlich 36,00 € geleistet.
Außerdem ist sie an einer BGB-Gesellschaft beteiligt, aus der sie Einkünfte aus Vermietung und Verpachtung in Höhe von 10.500,00 € erzielte.
Die Völkers haben ihre Ersparnisse in festverzinslichen Wertpapieren angelegt. Im Veranlagungszeitraum erhielten sie eine Zinszahlung in Höhe von 6.500,00 € (Betrag vor Abzug der Abgeltungssteuer). Einen Freistellungsauftrag in voller Höhe haben die Völkers bei der Bank abgegeben. Der Betrag wurde der Abgeltungssteuer unterworfen.

Folgende Ausgaben möchte Ehepaar Völker geltend machen:

• Pkw-Unfallversicherung	270,00 €
• Prämien für eine Lebensversicherung auf den Todesfall	3.700,00 €
• Prämie zur Haftpflichtversicherung (Privat-Pkw)	280,00 €
• Spende an das Deutsche Rote Kreuz	500,00 €

Es besteht noch ein gesondert festgestellter Verlustabzug aus dem Vorjahr in Höhe von 1.900,00 €.

Abkürzungsverzeichnis mit Weblinks und QR-Codes

Abkürzung	Begriff/Gesetz	Weblink	QR-Code
AAG	Aufwendungsausgleichsgesetz	https://www.gesetze-im-internet.de/aufag/	
AfA	Absetzung für Abnutzung		
AG	Aktiengesellschaft oder Arbeitgeber je nach Kontext		
AK	Anschaffungskosten		
ALV	Arbeitslosenversicherung		
AN	Arbeitnehmer/-in		
AO	Abgabenordnung	https://www.gesetze-im-internet.de/ao_1977/	
ArbStättV	Arbeitsstättenverordnung	https://www.gesetze-im-internet.de/arbst_ttv_2004/BJNR217910004.html	
ArbZG	Arbeitszeitgesetz	https://www.gesetze-im-internet.de/arbzg/BJNR117100994.html	
ASiG	Arbeitssicherheitsgesetz	https://www.gesetze-im-internet.de/asig/	
AV	Anlagevermögen		
AVmG	Altersvermögensgesetz		
BAföG	Bundesausbildungsförderungsgesetz	https://www.gesetze-im-internet.de/baf_g/	
BBiG	Berufsbildungsgesetz	https://www.gesetze-im-internet.de/bbig_2005/	

Abkürzung	Begriff/Gesetz	Weblink	QR-Code
BDSG	Bundesdatenschutzgesetz	https://www.gesetze-im-internet.de/bdsg_2018/	
BewG	Bewertungsgesetz	https://www.gesetze-im-internet.de/bewg/	
BFH	Bundesfinanzhof	https://www.bundesfinanzhof.de/de/	
BGB	Bürgerliches Gesetzbuch	https://www.gesetze-im-internet.de/bgb/	
BildscharbV	Bildschirmarbeits-verordnung		
BKB	Betriebswirtschaftlicher Kurzbericht		
BMF	Bundesministerium der Finanzen	https://www.bundesfinanzministerium.de/Web/DE/Home/home.html	
BMG	Bemessungsgrundlage		
BOStB	Berufsordnung der Steuerberater und der Steuerbevollmächtigten	https://www.bstbk.de/downloads/bstbk/recht-und-berufsrecht/fachinfos/BStBK_Berufsordnung-inkl-Fachberaterordnung.pdf	
BStBK	Bundessteuerberater-kammer	https://www.bstbk.de/de/	
BUrlG	Bundesurlaubsgesetz	https://www.gesetze-im-internet.de/burlg/	

Abkürzung	Begriff/Gesetz	Weblink	QR-Code
BZSt	Bundeszentralamt für Steuern	https://www.bzst.de/DE/Home/home_node.html	
DBA	Doppelbesteuerungsabkommen		
DMS	Dokumentenmanagementsystem		
DSGVO	EU-Datenschutzgrundverordnung	https://dsgvo-gesetz.de/	
EBIT	Earnings Before Interests and Taxes		
EBITDA	Earnings Before Interests, Taxes, Depreciation and Amortisation		
EBK	Eröffnungsbilanzkonto		
ELStAM	Elektronische LohnSteuerAbzugsMerkmale		
ESt	Einkommensteuer		
EStDV	Einkommensteuerdurchführungsverordnung	https://www.gesetze-im-internet.de/estdv_1955/index.html	
EStG	Einkommensteuergesetz	https://www.gesetze-im-internet.de/estg/	
EStH	Einkommensteuerhinweise	https://esth.bundesfinanzministerium.de/esth/2020/Meta/Inhaltsuebersicht/inhalt.html	
EStR	Einkommensteuerrichtlinien		
EÜR	Einnahmen-Überschuss-Rechnung		
EUSt	Einfuhrumsatzsteuer	https://www.zoll.de/DE/Fachthemen/Steuern/Einfuhrumsatzsteuer/einfuhrumsatzsteuer_node.html	
FA	Finanzamt		

Abkürzung	Begriff/Gesetz	Weblink	QR-Code
FAIT	Fachassistent/-in Digitalisierung und IT-Prozesse		
FALF	Fachassistent/-in Lohn und Gehalt		
FALG	Fachassistent/-in Land- und Forstwirtschaft		
FARC	Fachassistent/-in Rechnungswesen und Controlling		
FG	Finanzgericht		
FGKZ	Fertigungsgemeinkostenzuschlag		
FGO	Finanzgerichtsordnung	https://www.gesetze-im-internet.de/fgo/	
FVG	Finanzverwaltungsgesetz	https://www.gesetze-im-internet.de/fvg_1971/	
GbR	Gesellschaft bürgerlichen Rechts		
GefStoffV	Gefahrstoffverordnung	https://www.gesetze-im-internet.de/gefstoffv_2010/	
GG	Grundgesetz	https://www.gesetze-im-internet.de/gg/BJNR000010949.html	
GuV	Gewinn- und Verlustrechnung		
GWG	Geringwertige Wirtschaftsgüter		
HGB	Handelsgesetzbuch	https://www.gesetze-im-internet.de/hgb/	
HK	Herstellungskosten		
HR	Handelsrecht		
IAB	Investitionsabzugsbetrag		
igE	innergemeinschaftlicher Erwerb		

Abkürzung	Begriff/Gesetz	Weblink	QR-Code
igL	innergemeinschaftliche Lieferung		
igV	innergemeinschaftliches Verbringen		
IHK	Industrie- und Handelskammer		
JArbSchG	Jugendarbeitsschutzgesetz	https://www.gesetze-im-internet.de/jarbschg/	
KG	Kommanditgesellschaft		
KI	Kreditinstitut		
KiSt	Kirchensteuer		
KStG	Körperschaftsteuergesetz	https://www.gesetze-im-internet.de/kstg_1977/	
KV	Krankenversicherung		
Lasthand-habV	Lastenhandhabungs-verordnung	https://www.gesetze-im-internet.de/lasthandhabv/BJNR184200996.html	
LSt	Lohnsteuer		
LStDV	Lohnsteuerdurchführungs-verordnung	https://www.gesetze-im-internet.de/lstdv/BJNR701570949.html	
LStR	Lohnsteuerrichtlinien		
MES	Materialentnahmescheine		
MGKZ	Materialgemeinkosten-zuschlag		
MuSchG	Mutterschutzgesetz	https://www.gesetze-im-internet.de/muschg_2018/	
MwSt	Mehrwertsteuer		
MwStSystRL	Mehrwertsteuersystem-richtlinie		

Abkürzung	Begriff/Gesetz	Weblink	QR-Code
NachwG	Nachweisgesetz	https://www.gesetze-im-internet.de/nachwg/	
ND	Nutzungsdauer		
OHG	Offene Handelsgesellschaft		
OSS	One-Stop-Shop-Verfahren	https://www.bzst.de/DE/Unternehmen/Umsatzsteuer/One-Stop-Shop_EU/one_stop_shop_eu_node.html	
PartG	Parteiengesetz	https://www.gesetze-im-internet.de/partg/	
PartGG	Partnerschaftsgesellschaftsgesetz	https://www.gesetze-im-internet.de/partgg/	
PV	Pflegeversicherung		
RV	Rentenversicherung		
SBK	Schlussbilanzkonto		
SGB XI	Sozialgesetzbuch XI	https://www.gesetze-im-internet.de/sgb_11/	
SolZ	Solidaritätszuschlag		
SR	Steuerrecht		
StBerG	Steuerberatungsgesetz	https://www.gesetze-im-internet.de/stberg/	
StBVV	Steuerberatervergütungsverordnung	https://www.gesetze-im-internet.de/stbgebv/BJNR014420981.html	
StGB	Strafgesetzbuch	https://www.gesetze-im-internet.de/stgb/	

Abkürzung	Begriff/Gesetz	Weblink	QR-Code
SvEV	Sozialversicherungsentgelt-verordnung	https://www.gesetze-im-internet.de/svev/	
TBM	Tatbestandsmerkmal/-e		
USt	Umsatzsteuer		
UStAE	Umsatzsteuer-Anwendungserlass	https://www.bundesfinanzministerium.de/Content/DE/Downloads/BMF_Schreiben/Steuerarten/Umsatzsteuer/Umsatzsteuer-Anwendungserlass/Umsatzsteuer-Anwendungserlass-aktuell.pdf?__blob=publicationFile&v=97	
UStDV	Umsatzsteuer-durchführungsverordnung	https://www.gesetze-im-internet.de/ustdv_1980/	
UStG	Umsatzsteuergesetz	https://www.gesetze-im-internet.de/ustg_1980/	
USt-IdNr	Umsatzsteuer-Identifikationsnummer	https://www.bzst.de/DE/Unternehmen/Identifikationsnummern/Umsatzsteuer-Identifikationsnummer/FAQ/faq_ust_node.htm	
USt-VA	Umsatzsteuer-Voranmeldung		
USt-Zahllast	Umsatzsteuerzahllast		
VAZ	Voranmeldungszeitraum		
vL	vermögenswirksame Leistung		
VSt	Vorsteuer		
VtGKZ	Vertriebsgemeinkosten-zuschlag		
VwGKZ	Verwaltungssgemeinkosten-zuschlag		
FGKZ	Fertigungsgemeinkosten-zuschlag		
WEG	Wareneingang		
WG	Wirtschaftsgut		

Sachwortverzeichnis

W

Z

Symbole

Bildquellenverzeichnis

fotolia.com, New York: cpauschert 95.3, 95.18; moonrun 95.2, 95.17; Thaut Images 95.7, 95.8, 95.9, 95.13, 95.14, 95.15, 136.1.

Getty Images (RF), München: Drazen_ Titel, Titel.

Hild, Claudia, Angelburg: 17.1.

iStockphoto.com, Calgary: cybrain 93.1; emma 95.4, 95.5, 95.6, 95.12, 95.19, 95.20, 95.21, 95.22, 95.23, 95.24; Popov, Andrey 307.1; Wasan Tita 167.1.

Marckwort, Ulf, Kassel: 95.1, 95.10, 95.16.

punktgenau gmbh, Bühl: 187.1, 301.1, 301.2, 302.1, 302.2.

stock.adobe.com, Dublin: magele-picture 9.1; Stockfotos-MG 95.11.